Helfen Sie uns, die Arbeit des Drupal-Projekts zu unterstützen

Wie bei fast allen Open Source-Projekten hängt auch die erfolgreiche Weiterentwicklung des Web Content Management-Systems Drupal von der finanziellen Unterstützung durch Dritte ab. Daher führen wir vom Erlös des Drupal-Entwicklerhandbuchs € 1,- an die Drupal-Association ab. Indem Sie als Käufer dieses Buches diese Spende online bestätigen, leisten Sie einen wichtigen Beitrag zu Bestand und Weiterentwicklung der Software.

Um die Spende zu bestätigen, wählen Sie unter *http://www.addison-wesley.de/oslib* aus der Liste der angezeigten Bücher per Mausklick das Drupal-Entwicklerhandbuch aus. Im dann erscheinenden Formularfeld geben Sie bitte den nachfolgenden Code ein und klicken dann auf den »Spenden«-Button, um die Spende abzuschließen. Am erhöhten Zählerstand können Sie ablesen, dass die Spende registriert worden ist.

GLSX-3ZH9-TQ9M

Ab einem bestimmten Spendenstand werden wir den Gesamtbetrag an das Drupal-Projekt überweisen und dies unter *http://blog.addison-wesley.de* mit einer kurzen Meldung dokumentieren. Schauen Sie einfach öfter herein, um zu sehen, was sich tut!

Ihr Addison-Wesley-Team

John K. VanDyk

Das Drupal-Entwicklerhandbuch

Der Praxisleitfaden
für Drupal-basierte Webprojekte

An imprint of Pearson Education

München • Boston • San Francisco • Harlow, England
Don Mills, Ontario • Sydney • Mexico City
Madrid • Amsterdam

Bibliografische Information der Deutschen Nationalbibliothek
Die Deutsche Nationalbibliothek verzeichnet diese Publikation in der Deutschen Nationalbibliografie;
detaillierte bibliografische Daten sind im Internet über http://dnb.d-nb.de abrufbar.

Die Informationen in diesem Produkt werden ohne Rücksicht auf einen eventuellen Patentschutz
veröffentlicht.
Warennamen werden ohne Gewährleistung der freien Verwendbarkeit benutzt.
Bei der Zusammenstellung von Texten und Abbildungen wurde mit größter Sorgfalt vorgegangen.
Trotzdem können Fehler nicht vollständig ausgeschlossen werden.
Verlag, Herausgeber und Autoren können für fehlerhafte Angaben und deren Folgen weder eine
juristische Verantwortung noch irgendeine Haftung übernehmen.
Für Verbesserungsvorschläge und Hinweise auf Fehler sind Verlag und Herausgeber dankbar.

Alle Rechte vorbehalten, auch die der fotomechanischen Wiedergabe und der Speicherung in
elektronischen Medien.
Die gewerbliche Nutzung der in diesem Produkt gezeigten Modelle und Arbeiten ist nicht zulässig.

Fast alle Hardware- und Softwarebezeichnungen und weitere Stichworte und sonstige Angaben, die in diesem
Buch verwendet werden, sind als eingetragene Marken geschützt. Da es nicht möglich ist, in allen Fällen zeitnah
zu ermitteln, ob ein Markenschutz besteht, wird das ® Symbol in diesem Buch nicht verwendet.

Umwelthinweis:
Dieses Produkt wurde auf chlorfrei gebleichtem Papier gedruckt.
Die Einschrumpffolie – zum Schutz vor Verschmutzung –
ist aus umweltverträglichem und recyclingfähigem PE-Material.

Original English language edition published by Apress, 2855 Telegraph Avenue, #600, Berkeley,
CA 94705 USA. Copyright © 2008 by Apress. German-language edition copyright © 2009 by
Pearson Education Deutschland GmbH, publishing as Addison-Wesley. All rights reserved.
Übersetzung: G&U Language and Publishing Services

10 9 8 7 6 5 4 3 2 1

10 09

ISBN 978-3-8273-2798-7

© 2009 by Addison-Wesley Verlag,
ein Imprint der Pearson Education Deutschland GmbH
Martin-Kollar-Straße 10–12, D-81829 München/Germany
Alle Rechte vorbehalten
Einbandgestaltung: Marco Lindenbeck, webwo GmbH (mlindenbeck@webwo.de)
Lektorat: Boris Karnikowski, bkarnikowski@pearson.de
Fachlektorat: Hagen Graf, cocoate.com
Korrektorat: Florence Maurice, maurice-web.de
Herstellung: Monika Weiher, mweiher@pearson.de
Satz: Reemers Publishing Services GmbH, Krefeld (www.reemers.de)
Druck: Bercker Graph. Betrieb, Kevelaer
Printed in Germany

Inhaltsübersicht

	Über den Autor	25
	Über die Fachlektoren	27
	Einleitung	29
	Danksagungen	31
1	So funktioniert Drupal	33
2	Ein Modul schreiben	45
3	Hooks, Aktionen und Trigger	71
4	Das Menüsystem	97
5	Mit Datenbanken arbeiten	129
6	Mit Benutzern arbeiten	159
7	Mit Nodes arbeiten	183
8	Das Theme-System	213
9	Mit Blöcken arbeiten	255
10	Die Formular-API	273
11	Benutzereingaben bearbeiten: Das Filtersystem	329
12	Inhalte durchsuchen und indizieren	345
13	Mit Dateien arbeiten	365
14	Mit Taxonomien arbeiten	385
15	Caching	409
16	Sitzungen (Sessions)	427
17	jQuery	439
18	Lokalisierung und Übersetzung	471
19	XML-RPC	507
20	Sicheren Code schreiben	521
21	Bewährte Vorgehensweisen in der Entwicklung	549

22	Drupal optimieren	607
23	Installationsprofile	629
A	Referenz zu Datenbanktabellen	655
B	Quellen	693
	Stichwortverzeichnis	701

Inhaltsverzeichnis

	Über den Autor	25
	Über die Fachlektoren	27
	Einleitung	29
	Danksagungen	31
1	**So funktioniert Drupal**	**33**
1.1	Was ist Drupal?	33
1.2	Die Systemarchitektur	33
1.3	Der Core	35
1.4	Die Verwaltungsoberfläche	35
1.5	Module	36
1.6	Hooks	36
1.7	Themes	38
1.8	Nodes	38
1.9	Blöcke	39
1.10	Dateilayout	39
1.11	Ein Drupal-Seitenaufruf	41
1.11.1	Die Rolle des Webservers	41
1.11.2	Der Bootstrap-Prozess	42
1.11.3	Eine Anforderung verarbeiten	44
1.11.4	Daten mit Themes versehen	44
1.12	Zusammenfassung	44
2	**Ein Modul schreiben**	**45**
2.1	Die Dateien erstellen	45
2.2	Einen Hook implementieren	48
2.3	Modulspezifische Einstellungen hinzufügen	49
2.4	Das Formular zur Dateneingabe hinzufügen	53
2.4.1	Daten in einer Datenbanktabelle speichern	57
2.5	Den eigenen Verwaltungsabschnitt definieren	61
2.6	Dem Benutzer ein Formular mit Einstellungen anzeigen	64
2.7	Vom Benutzer übermittelte Einstellungen prüfen	66

		2.8	Einstellungen speichern	67
		2.8.1	Verwenden der Drupal-Tabelle variables	68
		2.8.2	Abrufen von gespeicherten Werten mit variable_get()	69
	2.9		Weitere Schritte	69
	2.10		Zusammenfassung	69
3	**Hooks, Aktionen und Trigger**			**71**
	3.1		Grundlagen von Ereignissen und Triggern	71
	3.2		Grundlagen von Aktionen	73
		3.2.1	Die Benutzeroberfläche für Trigger	74
		3.2.2	Eine erste Aktion	76
		3.2.3	Zuweisen der Aktion	77
		3.2.4	Ändern der von einer Aktion unterstützten Trigger	78
		3.2.5	Aktionen, die alle Trigger unterstützen	79
		3.2.6	Erweiterte Aktionen	79
	3.3		Den Kontext für Aktionen verwenden	84
		3.3.1	Wie das Trigger-Modul den Kontext vorbereitet	84
		3.3.2	Einrichten des Kontextes	86
	3.4		Untersuchen des Kontextes	88
	3.5		Wie Aktionen gespeichert werden	89
		3.5.1	Die Tabelle actions	90
		3.5.2	Aktions-IDs	90
	3.6		Eine Aktion direkt mit actions_do() aufrufen	91
	3.7		Eigene Trigger mit hook_hook_info() definieren	92
	3.8		Trigger zu bestehenden Hooks hinzufügen	94
	3.9		Zusammenfassung	96
4	**Das Menüsystem**			**97**
	4.1		Callback-Zuordnung	97
		4.1.1	URLs zu Funktionen zuordnen	98
		4.1.2	Seitencallback-Argumente	103
	4.2		Menüs verschachteln	107
	4.3		Zugriffssteuerung	108
	4.4		Titellokalisierung und Anpassung	109
		4.4.1	Einen Titelcallback definieren	110
		4.4.2	Titelargumente	112

4.5	Platzhalter in Menüelementen	113
	4.5.1 Einfache Platzhalter	113
	4.5.2 Platzhalter und Seitencallback-Parameter	114
	4.5.3 Den Wert eines Platzhalters verwenden	114
	4.5.4 Platzhalter- und Parameterersetzung	115
	4.5.5 Mit to_arg()-Funktionen Pfade aus Platzhaltern erstellen	118
4.6	Menüelemente von anderen Modulen ändern	119
4.7	Menülinks von anderen Modulen ändern	121
4.8	Arten von Menüelementen	121
4.9	Häufige Aufgaben	123
	4.9.1 Callbacks ohne Hinzufügen eines Links zuweisen	123
	4.9.2 Menüelemente als Registerkarten anzeigen	123
	4.9.3 Menüelemente verbergen	126
4.10	menu.module verwenden	126
4.11	Häufige Fehler	127
4.12	Zusammenfassung	127

5 Mit Datenbanken arbeiten — 129

5.1	Datenbankparameter definieren	129
5.2	Grundlagen der Datenbankabstraktionsschicht	129
5.3	Verbindungen zur Datenbank	131
5.4	Einfache Abfragen durchführen	132
5.5	Abfrageergebnisse abrufen	134
	5.5.1 Einen einzelnen Wert abrufen	134
	5.5.2 Mehrere Zeilen abrufen	134
	5.5.3 Das Ergebnis einschränken	135
	5.5.4 Ergebnisse seitenweise anzeigen	135
5.6	Die Schema-API	136
	5.6.1 .install-Moduldateien verwenden	136
	5.6.2 Tabellen erstellen	137
	5.6.3 Das Schema-Modul verwenden	139
	5.6.4 Feldtypzuordnung zwischen Schema und Datenbank	141
	5.6.5 Deklarieren eines Spaltentyps mit mysql_type	144
	5.6.6 Tabellen pflegen	145
	5.6.7 Tabellen beim Deinstallieren löschen	146
	5.6.8 Vorhandene Schemas mit hook_schema_alter() löschen	147
5.7	Einfüge- und Aktualisierungsvorgänge mit drupal_write_record()	148

Inhaltsverzeichnis

- 5.8 Abfragen mit hook_db_rewrite_sql() für andere Module ermöglichen 150
  - 5.8.1 hook_db_rewrite_sql() verwenden 151
  - 5.8.2 Abfragen anderer Module ändern 152
- 5.9 Verbindungen mit mehreren Datenbanken in Drupal 153
- 5.10 Eine temporäre Tabelle verwenden 154
- 5.11 Einen eigenen Datenbanktreiber schreiben 155
- 5.12 Zusammenfassung 157

6 Mit Benutzern arbeiten 159
- 6.1 Das Objekt $user 159
  - 6.1.1 Daten in $user speichern 162
  - 6.1.2 Ist der Benutzer angemeldet? 162
- 6.2 Einführung in hook_user() 163
  - 6.2.1 Grundlagen von hook_user ('view') 164
- 6.3 Die Benutzerregistrierung 166
  - 6.3.1 Benutzerinformationen mit profile.module erfassen 168
- 6.4 Der Anmeldevorgang 169
  - 6.4.1 Daten zur Ladezeit zu $user hinzufügen 171
  - 6.4.2 Kategorien für Benutzerinformationen bereitstellen 174
- 6.5 Externe Anmeldung 175
  - 6.5.1 Einfache externe Authentifizierung 175
- 6.6 Zusammenfassung 181

7 Mit Nodes arbeiten 183
- 7.1 Was genau ist ein Node? 183
- 7.2 Nicht alles ist ein Node 186
- 7.3 Ein Node-Modul erstellen 187
  - 7.3.1 Die .install-Datei erstellen 187
  - 7.3.2 Die .info-Datei erstellen 188
  - 7.3.3 Die .module-Datei erstellen 189
  - 7.3.4 Informationen über unseren Node-Typ bereitstellen 189
  - 7.3.5 Den Menücallback ändern 191
  - 7.3.6 Berechtigungen für den Node-Typ mit hook_perm() definieren 192
  - 7.3.7 Zugriff auf einen Node-Typ mit hook_access() einschränken 192
  - 7.3.8 Das Node-Formular für den Node-Typ anpassen 193
  - 7.3.9 Unterstützung für Filterformate hinzufügen 195
  - 7.3.10 Felder mit hook_validate() validieren 196

Inhaltsverzeichnis

	7.3.11	Daten mit hook_insert() speichern	197
	7.3.12	Daten mit hook_update() auf dem neuesten Stand halten	197
	7.3.13	Aufräumen mit hook_delete()	198
	7.3.14	Nodes eines Typs mit hook_load() ändern	198
	7.3.15	Und nun die Pointe: hook_view()	199
	7.3.16	Nodes eines fremden Typs mit hook_nodeapi() bearbeiten	203
7.4	Wie Nodes gespeichert werden	206
7.5	Node-Typen mit CCK erstellen	207
7.6	Den Zugriff auf Nodes einschränken	208
	7.6.1	Node-Rechte definieren	208
	7.6.2	Zugriff auf Nodes	210
7.7	Zusammenfassung	211

8 Das Theme-System 213

8.1	Komponenten des Theme-Systems	213
	8.1.1	Template-Sprachen und Theme-Engines	213
	8.1.2	Themes	215
8.2	Ein Theme installieren	217
8.3	Ein PHP-Template-Theme erstellen	217
	8.3.1	Vorhandene HTML- und CSS-Dateien verwenden	218
	8.3.2	Eine .info-Datei für das Theme erstellen	220
8.4	Grundlagen von Template-Dateien	225
	8.4.1	Überblick	225
	8.4.2	Für Themes geeignete Elemente überschreiben	229
	8.4.3	Überschreiben mit Template-Dateien	231
	8.4.4	Template-Variablen hinzufügen und bearbeiten	232
	8.4.5	Variablen für alle Templates	235
	8.4.6	page.tpl.php	235
	8.4.7	node.tpl.php	239
	8.4.8	block.tpl.php	242
	8.4.9	comment.tpl.php	243
	8.4.10	box.tpl.php	244
	8.4.11	Weitere tpl.php-Dateien	245
	8.4.12	Templates mit mehreren Seiten	245
8.5	Erweiterte Theme-Gestaltung in Drupal	246
	8.5.1	Die Theme-Registry	246
	8.5.2	Eine ausführliche Beschreibung von theme()	248

		8.5.3	Neue Blockregionen definieren	252
		8.5.4	Drupal-Formulare mit Themes versehen	252
		8.5.5	Das Theme-Developer-Modul verwenden	252
	8.6		Zusammenfassung	253

9 Mit Blöcken arbeiten **255**

	9.1		Was ist ein Block?	255
	9.2		Optionen zur Blockkonfiguration	257
	9.3		Platzierung von Blöcken	258
	9.4		Einen Block definieren	258
		9.4.1	Blöcke mit Themes versehen	260
		9.4.2	Einen Block-Hook verwenden	261
	9.5		Einen Block aufbauen	263
		9.5.1	Bonusbeispiel: Einen Block für noch nicht aktivierte Benutzerkonten hinzufügen	270
	9.6		Einen Block während der Installation eines Moduls aktivieren	271
	9.7		Beispiele für die Sichtbarkeit von Blöcken	271
		9.7.1	Einen Block nur für angemeldete Benutzer anzeigen	272
		9.7.2	Einen Block nur für anonyme Benutzer anzeigen	272
	9.8		Zusammenfassung	272

10 Die Formular-API **273**

	10.1		Grundlagen der Formularverarbeitung	274
		10.1.1	Den Vorgang initialisieren	275
		10.1.2	Ein Token festlegen	275
		10.1.3	Eine ID festlegen	275
		10.1.4	Definitionen aller möglichen Formularelemente erfassen	275
		10.1.5	Eine Validierungsfunktion suchen	277
		10.1.6	Eine Übermittlungsfunktion suchen	277
		10.1.7	Das Formular vor dem Aufbau durch Module ändern lassen	278
		10.1.8	Das Formular aufbauen	278
		10.1.9	Das Formular nach dem Aufbau durch Funktionen ändern lassen	278
		10.1.10	Die Übermittlung des Formulars prüfen	278
		10.1.11	Eine Theme-Funktion für das Formular finden	279
		10.1.12	Das Formular vor dem Rendern durch Module ändern lassen	279
		10.1.13	Das Formular rendern	279
		10.1.14	Das Formular validieren	280

Inhaltsverzeichnis

	10.1.15	Das Formular übertragen	281
	10.1.16	Den Benutzer umleiten	281
10.2	Einfache Formulare erstellen		282
	10.2.1	Formulareigenschaften	284
	10.2.2	Formular-IDs	285
	10.2.3	Feldgruppen	286
	10.2.4	Formulare mit Themes versehen	288
	10.2.5	Validierungs- und Übermittlungsfunktionen mit hook_forms() festlegen	291
	10.2.6	Die Aufrufreihenfolge von Theme-, Validierungs- und Übermittlungsfunktionen	292
	10.2.7	Eine Validierungsfunktion schreiben	293
	10.2.8	Das Formular neu aufbauen	297
	10.2.9	Eine Übermittlungsfunktion schreiben	298
	10.2.10	Formulare mit hook_form_alter() ändern	299
	10.2.11	Formulare programmgesteuert mit drupal_execute() übertragen	300
	10.2.12	Mehrseitige Formulare	300
10.3	Eigenschaften der Formular-API		305
	10.3.1	Eigenschaften für den Formularstamm	305
	10.3.2	Zu allen Elementen hinzugefügte Eigenschaften	308
	10.3.3	In allen Elementen zugelassene Eigenschaften	309
	10.3.4	Formularelemente	310
	10.3.5	Die Eigenschaft #ahah	321
10.4	Zusammenfassung		327

11 Benutzereingaben bearbeiten: Das Filtersystem 329

11.1	Filter		329
11.2	Filter und Eingabeformate		330
	11.2.1	Einen Filter installieren	333
	11.2.2	Wann sind Filter notwendig?	334
11.3	Einen benutzerdefinierten Filter erstellen		336
	11.3.1	hook_filter() implementieren	337
	11.3.2	Die Operation list	338
	11.3.3	Die Operation description	338
	11.3.4	Die Operation settings	339
	11.3.5	Die Operation no cache	339
	11.3.6	Die Operation prepare	340
	11.3.7	Die Operation process	340
	11.3.8	Die Operation default	340
	11.3.9	hook_filter_tips()	341

11.4	Schutz gegen potenziell gefährliche Daten		343
11.5	Zusammenfassung		343

12 Inhalte durchsuchen und indizieren 345

12.1	Eine benutzerdefinierte Suchseite erstellen		345
	12.1.1	Das standardmäßige Suchformular	346
	12.1.2	Das erweiterte Suchformular	347
	12.1.3	Das Suchformular erweitern	347
12.2	Den HTML-Indexer für die Suche verwenden		353
	12.2.1	Wann ist der Indexer geeignet?	354
	12.2.2	Die Funktionsweise des Indexers	354
12.3	Zusammenfassung		364

13 Mit Dateien arbeiten 365

13.1	Wie Drupal Dateien bereitstellt		365
	13.1.1	Öffentliche Dateien	366
	13.1.2	Private Dateien	367
13.2	PHP-Einstellungen		367
13.3	Umgang mit Medien		368
	13.3.1	Das Upload-Modul	368
	13.3.2	Andere generische Module zur Dateiverarbeitung	369
	13.3.3	Bilder und Bildergalerien	369
	13.3.4	Video und Audio	370
13.4	Die Datei-API		370
	13.4.1	Das Datenbankschema	370
	13.4.2	Häufige Aufgaben und Funktionen	371
	13.4.3	Authentifizierungshooks für den Download	382
13.5	Zusammenfassung		384

14 Mit Taxonomien arbeiten 385

14.1	Was ist eine Taxonomie?		385
	14.1.1	Begriffe	385
	14.1.2	Vokabulare	386
14.2	Arten von Taxonomien		388
	14.2.1	Flach	389
	14.2.2	Hierarchisch	390
	14.2.3	Mehrfach hierarchisch	391

14.3　Inhalte nach Begriffen anzeigen 392
　　14.3.1　AND und OR in URLs verwenden 392
　　14.3.2　Die Tiefe für hierarchische Vokabulare angeben 393
　　14.3.3　Automatische RSS-Feeds 394
14.4　Taxonomien speichern 395
14.5　Modulgestützte Vokabulare 396
　　14.5.1　Ein modulgestütztes Vokabular erstellen 396
　　14.5.2　Benutzerdefinierte Pfade für Begriffe bereitstellen 397
　　14.5.3　Mit hook_taxonomy() über Vokabuläränderungen
　　　　　　informiert bleiben 398
14.6　Häufige Aufgaben 399
　　14.6.1　Taxonomiebegriffe in einem Knotenobjekt finden 400
　　14.6.2　Eigene Taxonomieabfragen erstellen 400
14.7　Taxonomiefunktionen 401
　　14.7.1　Informationen über Vokabulare abrufen 401
　　14.7.2　Vokabulare hinzufügen, ändern und löschen 401
　　14.7.3　Informationen über Begriffe abrufen 402
　　14.7.4　Begriffe hinzufügen, ändern und löschen 403
　　14.7.5　Informationen über die Begriffshierarchie abrufen 404
　　14.7.6　Informationen über Begriffssynonyme abrufen 406
　　14.7.7　Nodes mit bestimmten Begriffen finden 407
14.8　Weitere Quellen 408
14.9　Zusammenfassung 408

15　Caching 409
15.1　Wann muss zwischengespeichert werden? 409
15.2　Wie Caching funktioniert 410
15.3　Caching im Drupal-Core 412
　　15.3.1　Das Menüsystem 412
　　15.3.2　Gefilterte Eingabeformate 412
　　15.3.3　Verwaltungsvariablen und Moduleinstellungen 413
　　15.3.4　Seiten 413
　　15.3.5　Blöcke 420
　　15.3.6　Abfrageweises Caching mit statischen Variablen 422
　　15.3.7　Die Cache-API verwenden 422
15.4　Zusammenfassung 426

16 Sitzungen (Sessions) **427**
    16.1 Was sind Sitzungen? 427
    16.2 Verwendung 428
    16.3 Einstellungen für Sitzungen 430
        16.3.1 In .htaccess 430
        16.3.2 In settings.php 430
        16.3.3 In bootstrap.inc 431
        16.3.4 Die Verwendung von Cookies erzwingen 432
    16.4 Speicherung 432
    16.5 Lebenszyklus von Sitzungen 433
    16.6 Konversationen in Sitzungen 435
        16.6.1 Erster Besuch 436
        16.6.2 Zweiter Besuch 436
        16.6.3 Benutzer mit einem Konto 436
    16.7 Häufige Aufgaben 436
        16.7.1 Die Gültigkeitsdauer eines Cookies verlängern 436
        16.7.2 Den Namen der Sitzung ändern 437
        16.7.3 Daten in der Sitzung speichern 437
    16.8 Zusammenfassung 438

17 jQuery **439**
    17.1 Was ist jQuery? 439
    17.2 Die herkömmliche Vorgehensweise 440
    17.3 So funktioniert jQuery 441
        17.3.1 Einen CSS-ID-Selektor verwenden 441
        17.3.2 Einen CSS-Klassenselektor verwenden 442
    17.4 jQuery in Drupal 443
        17.4.1 Ein erstes Codebeispiel mit jQuery 444
        17.4.2 Ein Element über die ID ansprechen 447
        17.4.3 Methodenverkettung 448
        17.4.4 Klassen hinzufügen und entfernen 448
        17.4.5 Vorhandene Elemente mit einem Wrapper versehen 448
        17.4.6 Die Werte von CSS-Elementen ändern 449
        17.4.7 Wohin mit dem JavaScript-Code? 450
        17.4.8 Überschreibbarer JavaScript-Code 453

17.5 Ein Abstimmungs-Widget mit jQuery erstellen 456
    17.5.1 Das Modul erstellen 459
    17.5.2 Drupal.behaviors verwenden 468
    17.5.3 Erweiterungsmöglichkeiten für dieses Modul 468
    17.5.4 Kompatibilität 469
17.6 Die nächsten Schritte 469
17.7 Zusammenfassung 469

18 Lokalisierung und Übersetzung 471
18.1 Das Locale-Modul aktivieren 471
18.2 Übersetzung der Benutzeroberfläche 471
    18.2.1 Strings 471
    18.2.2 Strings mit t() übersetzen 472
    18.2.3 Eingebaute Strings durch benutzerdefinierte ersetzen 474
18.3 Eine neue Übersetzung beginnen 485
    18.3.1 .pot-Dateien für Drupal herunterladen 486
    18.3.2 .pot-Dateien mit dem Translation Template Extractor erstellen 487
18.4 Eine Übersetzung installieren 490
    18.4.1 Eine Übersetzung zur Installationszeit einrichten 490
    18.4.2 Eine Übersetzung auf einer bestehenden Site installieren 491
18.5 Unterstützung für von rechts nach links geschriebene Sprachen 492
18.6 Sprachaushandlung 493
    18.6.1 Keine 494
    18.6.2 Nur Pfadpräfix 495
    18.6.3 Pfadpräfix mit Ausweichsprache 497
    18.6.4 Nur Domain-Name 497
18.7 Übersetzung des Inhalts 498
    18.7.1 Einführung in das Modul zur Inhaltsübersetzung 498
    18.7.2 Unterstützung für mehrere Sprachen 498
    18.7.3 Unterstützung für mehrere Sprachen mit Übersetzung 500
18.8 Dateien für Lokalisierung und Übersetzung 503
18.9 Weitere Quellen 504
18.10 Zusammenfassung 504

19 XML-RPC 507
19.1 Was ist XML-RPC? 507
19.2 Voraussetzungen für XML-RPC 507

19.3	XML-RPC-Clients	508
	19.3.1 Ein Beispiel für einen XML-RPC-Client: Die Uhrzeit abrufen	508
	19.3.2 Ein Beispiel für einen XML-RPC-Client: Den Namen eines Bundesstaats abrufen	510
	19.3.3 Vorgehensweise bei XML-RPC-Clientfehlern	511
	19.3.4 Parametertypen umwandeln	513
19.4	Ein einfacher XML-RPC-Server	514
	19.4.1 Die Methode mit hook_xmlrpc() zuordnen	515
	19.4.2 Automatische Validierung von Parametertypen mit hook_xmlrpc()	516
19.5	Eingebaute XML-RPC-Methoden	518
	19.5.1 system.listMethods	518
	19.5.2 system.methodSignature	519
	19.5.3 system.methodHelp	519
	19.5.4 system.getCapabilities	519
	19.5.5 system.multiCall	520
19.6	Zusammenfassung	520

20 Sicheren Code schreiben **521**

20.1	Benutzereingaben handhaben	521
	20.1.1 Überlegungen zu Datentypen	522
	20.1.2 Gesunde Ausgaben mit check_plain() und t()	524
	20.1.3 Mit filter_xss() Angriffe durch siteübergreifendes Scripting verhindern	527
	20.1.4 filter_xss_admin() verwenden	529
20.2	URLs sicher handhaben	529
20.3	Abfragen mit db_query() sicher gestalten	530
20.4	Private Daten mit db_rewrite_sql() schützen	535
20.5	Dynamische Abfragen	536
20.6	Berechtigungen und Seitencallbacks	537
20.7	Cross-Site Request Forgery (CSRF)	538
20.8	Dateisicherheit	539
	20.8.1 Dateiberechtigungen	539
	20.8.2 Geschützte Dateien	539
	20.8.3 Dateiuploads	540
	20.8.4 Dateinamen und Pfade	541
20.9	Mailheader verschlüsseln	542
	20.9.1 Dateien für Produktionsumgebungen	542

	20.10	cron.php schützen	543
	20.11	SSL-Unterstützung	544
	20.12	Eigenständiges PHP	544
	20.13	AJAX-Sicherheit	545
	20.14	Sicherheit in der Formular-API	546
	20.15	Das Superuser-Konto schützen	547
	20.16	eval() verwenden	547
	20.17	Zusammenfassung	548

21 Bewährte Vorgehensweisen in der Entwicklung ... 549

- 21.1 Standards für die Programmierung ... 549
  - 21.1.1 Zeileneinzug ... 549
  - 21.1.2 Öffnende und schließende Tags in PHP ... 549
  - 21.1.3 Steuerstrukturen ... 550
  - 21.1.4 Funktionsaufrufe ... 551
  - 21.1.5 Funktionsdeklarationen ... 552
  - 21.1.6 Funktionsnamen ... 552
  - 21.1.7 Arrays ... 553
  - 21.1.8 Konstanten ... 554
  - 21.1.9 Globale Variablen ... 554
  - 21.1.10 Modulnamen ... 554
  - 21.1.11 Dateinamen ... 555
- 21.2 PHP-Kommentare ... 556
  - 21.2.1 Beispiele zur Dokumentierung ... 557
  - 21.2.2 Konstanten dokumentieren ... 557
  - 21.2.3 Funktionen dokumentieren ... 558
  - 21.2.4 Hookimplementierungen dokumentieren ... 560
- 21.3 Den Programmierstil per Programm überprüfen ... 560
  - 21.3.1 code-style.pl verwenden ... 560
  - 21.3.2 Das Coder-Modul verwenden ... 561
- 21.4 Orientierung im Code mit egrep ... 562
- 21.5 Die Vorteile der Versionssteuerung nutzen ... 563
  - 21.5.1 CVS-fähiges Drupal installieren ... 564
  - 21.5.2 CVS-fähiges Drupal verwenden ... 565
  - 21.5.3 Einen CVS-Client installieren ... 565
  - 21.5.4 Drupal in CVS auschecken ... 565
  - 21.5.5 Zweige und Tags ... 567

	21.5.6	Code mit CVS aktualisieren 572
	21.5.7	Änderungen im Drupal-Code nachverfolgen 574
	21.5.8	CVS-Konflikte lösen 575
	21.5.9	Kerncode sauber ändern 575

21.6 Patches erstellen und anwenden 576
  21.6.1 Einen Patch anwenden 577

21.7 Ein Modul warten 578
  21.7.1 Ein Drupal-CVS-Konto einrichten 578
  21.7.2 Das Beitragsrepository auschecken 579
  21.7.3 Eigene Module zum Repository hinzufügen 581
  21.7.4 Der Anfangscommit 582
  21.7.5 Das eigene Modul auschecken 583
  21.7.6 Ein Projekt auf drupal.org erstellen 583
  21.7.7 Commit eines Bugfix 584
  21.7.8 Den Verlauf einer Datei anzeigen 586
  21.7.9 Einen Zweig erstellen 586
  21.7.10 Einen Drupal-6-kompatiblen Zweig erstellen 590
  21.7.11 Erweiterte Verzweigung 594
  21.7.12 Einen Release-Node erstellen 596

21.8 SVN mit CVS für die Projektverwaltung kombinieren 597

21.9 Code testen und entwickeln 598
  21.9.1 Das Devel-Modul 598
  21.9.2 Abfragen anzeigen 599
  21.9.3 Zeitintensive Abfragen 600
  21.9.4 Andere Anwendungen für das Devel-Modul 601

21.10 Das Modul-Builder-Modul 602

21.11 Profilerstellung für Anwendungen und Debugging 602

21.12 Zusammenfassung 605

22 Drupal optimieren 607

22.1 Engpässe finden 607
  22.1.1 Eine erste Untersuchung 607
  22.1.2 Andere Formen der Webserveroptimierung 611
  22.1.3 Datenbankengpässe 612

22.2 Drupal-spezifische Optimierungen 617
  22.2.1 Seitencaching 618
  22.2.2 Bandbreitenoptimierung 618

		22.2.3	Die Sitzungstabelle aufräumen 618
		22.2.4	Den Datenverkehr authentifizierter Benutzer verwalten 619
		22.2.5	Fehlerprotokolle straffen 619
		22.2.6	cron ausführen 620
		22.2.7	Automatische Drosselung 621
	22.3	Architekturen	 624
		22.3.1	Einzelner Server 624
		22.3.2	Eigener Datenbankserver 624
		22.3.3	Eigenständiger Datenbankserver und Webservercluster 624
		22.3.4	Mehrere Datenbankserver 626
	22.4	Zusammenfassung	 627
23	**Installationsprofile**		.... **629**
	23.1	Der Speicherort der Profile	 629
	23.2	Funktionsweise von Installationsprofilen	 630
		23.2.1	Die zu aktivierenden Module angeben 631
		23.2.2	Zusätzliche Installationsaufgaben definieren 633
		23.2.3	Zusätzliche Installationsaufgaben ausführen 636
		23.2.4	Quellen 652
	23.3	Zusammenfassung	 654
A	**Referenz zu Datenbanktabellen**		.... **655**
	A.1	access (User-Modul)	 655
	A.2	accesslog (Statistics-Modul)	 656
	A.3	actions (Trigger-Modul)	 656
	A.4	actions_aid (Trigger-Modul)	 657
	A.5	aggregator_category (Aggregator-Modul)	 657
	A.6	aggregator_category_feed (Aggregator-Modul)	 657
	A.7	aggregator_category_item (Aggregator-Modul)	 658
	A.8	aggregator_feed (Aggregator-Modul)	 658
	A.9	aggregator_item (aggregator-Modul)	 659
	A.10	authmap (User-Modul)	 659
	A.11	batch (batch.inc)	 660
	A.12	blocks (Block-Modul)	 660
	A.13	blocks_roles (Block-Modul)	 662
	A.14	book (Book-Modul)	 662

A.15 boxes (Block-Modul) 662
A.16 cache 663
A.17 cache_block (Block-Modul) 663
A.18 cache_filter (Filter-Modul) 664
A.19 cache_form 664
A.20 cache_menu 665
A.21 cache_page 665
A.22 cache_update 666
A.23 comments (Comment-Modul) 666
A.24 contact (Contact-Modul) 667
A.25 files (Upload-Modul) 668
A.26 filter_formats (Filter-Modul) 668
A.27 filters (Filter-Modul) 669
A.28 flood (Contact-Modul) 669
A.29 forum (Forum-Modul) 669
A.30 history (Node-Modul) 670
A.31 languages (Locale-Modul) 670
A.32 locales_source (Locale-Modul) 671
A.33 locales_target (Locale-Modul) 671
A.34 menu_custom (Menu-Modul) 672
A.35 menu_links (Menu-Modul) 672
A.36 menu_router 674
A.37 node (Node-Modul) 676
A.38 node_access (Node-Modul) 677
A.39 node_comment_statistics (Comment-Modul) 677
A.40 node_counter (Statistics-Modul) 678
A.41 node_revisions (Node-Modul) 678
A.42 node_type (Node-Modul) 679
A.43 openid_association (Openid-Modul) 680
A.44 permission (User-Modul) 680
A.45 poll (Poll-Modul) 681
A.46 poll_choices (Poll-Modul) 681
A.47 poll_votes (Poll-Modul) 681

A.48 profile_fields (Profile-Modul) 682

A.49 profile_values (Profile-Modul) 683

A.50 role (User-Modul) 683

A.51 search_dataset (Search-Modul) 683

A.52 search_index (Search-Modul) 684

A.53 search_node_links (Search-Modul) 684

A.54 search_total (Search-Modul) 684

A.55 sessions 685

A.56 system 685

A.57 term_data (Taxonomy-Modul) 686

A.58 term_hierarchy (Taxonomy-Modul) 687

A.59 term_node (Taxonomy-Modul) 687

A.60 term_relation (Taxonomy-Modul) 687

A.61 term_synonym (Taxonomy-Modul) 688

A.62 trigger_assignments (Trigger-Modul) 688

A.63 upload (Upload-Modul) 688

A.64 url_alias (Path-Modul) 689

A.65 users (User-Modul) 689

A.66 users_roles (users) 690

A.67 variable 691

A.68 vocabulary (Taxonomy-Modul) 691

A.69 vocabulary_node_types (Taxonomy-Modul) 692

A.70 watchdog (Dblog-Modul) 692

B   Quellen 693

    B.1   Code 693

        B.1.1   Drupal-CVS 693

        B.1.2   Drupal-API-Referenz 693

        B.1.3   Sicherheitsratschläge 693

        B.1.4   Module aktualisieren 694

        B.1.5   Themes aktualisieren 694

    B.2   Handbücher 694

    B.3   Foren 694

B.4   Mailinglisten 695
    B.4.1   development 695
    B.4.2   documentation 695
    B.4.3   drupal-cvs 695
    B.4.4   infrastructure 695
    B.4.5   support 695
    B.4.6   themes 695
    B.4.7   translations 696
    B.4.8   webmasters 696
    B.4.9   CVS-applications 696
    B.4.10 consulting 696
B.5   Benutzer- und Interessengruppen 696
B.6   Internet Relay Chat 696
    B.6.1   #drupal-support 697
    B.6.2   #drupal-themes 697
    B.6.3   #drupal-ecommerce 697
    B.6.4   #drupal 697
    B.6.5   #drupal-dev 697
    B.6.6   #drupal-consultants 698
    B.6.7   #drupal-dojo 698
B.7   Videocasts 698
B.8   Weblogs 698
    B.8.1   Planet Drupal 698
B.9   Konferenzen 698
B.10 Eigene Beiträge 699

Stichwortverzeichnis **701**

Über den Autor

John VanDyk begann seine Arbeit mit Computern auf einem Black Bell und einem Howell Apple II, indem er den BASIC-Code von *Little Brick Out* ausdruckte und darüber grübelte, wie er die Schlägerbreite vergrößern konnte. Später veränderte er in Assembler die Zeitablaufsteuerung, um Pac-Man einen größeren Zeitanteil als den Geistern zu geben. Bevor er Drupal entdeckte, war John an der UserLand Frontier-Community beteiligt und verwendete Plone, bevor er (zusammen mit Matt Westgate) sein eigenes Content-Management-System in Ruby schrieb.

John ist leitender Webarchitekt bei Lullabot, einer Firma, die Kunden in Drupal schult und berät. Zuvor war John Systemanalytiker und Assistenzprofessor im Fachbereich Entomologie der Iowa State University of Science and Technology. Thema seiner Diplomarbeit war die Kältetoleranz von Rotwildzecken, während er sich in seiner Doktorarbeit mit der Effektivität von fotografisch erstellten, virtuellen 3D-Insekten im Studium beschäftigte.

John lebt mit seiner Frau Tina in Ames (Iowa). Sie unterrichten Ihre Kinderschar zu Hause, wobei sich ihre Sprösslinge schon an Gute-Nacht-Geschichten wie »Die Abenteuer einer Node-Revision im Land der Mehrfachen JOIN-Operationen« gewöhnt haben.

Über die Fachlektoren

Der Fachlektor des US-Buches

Robert Douglass Drupal-Karriere begann 2003, als er seine persönliche Website (*RobsHouse.net*) erstellte. Im Jahre 2005 schrieb Robert als Co-Autor an dem Buch *Building Online Communities with Drupal, phpBB, and WordPress* (Apress). Als das erste Buch, das sich eingehender mit Drupal beschäftigte, hat es sich als wertvolle Anleitung für Drupal-Neulinge und ebenso für erfahrene Drupal-Anwender bewiesen.

Robert war für die Beteiligung von Drupal am *Summer of Code*-Programm von Google verantwortlich. Er hat auf vielen Konferenzen über Drupal gesprochen, Dutzende Artikel über Drupal online veröffentlicht und ist Gründer der Drupal-Benutzergruppe Köln/Bonn.

Als leitender Drupal-Berater bei Acquia arbeitet Robert daran, Drupal für ein größeres Spektrum von Personen und Organisationen zugänglicher, attraktiver und produktiver zu gestalten. Robert liebt klassische Musik und Open-Source-Software innig und sieht beides als Quelle der Motivation und des Optimismus an.

Der Fachlektor der deutschen Übersetzung

Hagen Grafs Drupal-Karriere begann 2004, als er nach Open Source-Alternativen zum Content Management System Mambo (heute: Joomla!) suchte. Drupals modularer Aufbau und die Tatsache, dass Drupal-Anwender Webapplikationen ohne eigentliche Programmierung umsetzen können, begeisterten ihn vom Start weg. Anfang 2006 schrieb Hagen Graf für Addison-Wesley das erste deutschsprachige Buch zu Drupal, damals noch zur Version 4.7. Ein Jahr später veröffentlichte er ein Video-Training auf DVD zur Drupal-Version 5, und wieder ein Jahr später, 2008, erschienen sein Buch und Video-Training zur Drupal-Version 6, beide wiederum bei Addison-Wesley.

Im Rahmen seiner Arbeit für die französische Consulting-Firma *cocoate.com* (übrigens einer der ersten Partner von *Acquia*) berät Hagen Graf Unternehmen in ganz Europa, die Drupal in ihr Portfolio einbauen oder einfach nutzen wollen, veranstaltet Seminare zum Thema Drupal und ist an der Realisierung komplexer Drupal-Projekte beteiligt. Außerdem betreut er viele europäische Projekt-Websites auf Drupal-Basis.

Das Fachlektorat dieser Übersetzung des im Original bei *Apress* erschienenen *Pro Drupal Development* war Hagen Graf ein Herzensanliegen. Ihm ist bis heute keine Anforderung begegnet, die sich nicht mit Drupal umsetzen ließe und er ist sich sicher, dass es Ihnen – mit diesem Buch als Wegweiser zur Entwicklung eigener Drupal-Anwendungen – ebenso ergehen wird.

Einleitung

Die Arbeit eines Softwareentwicklers ist sehr interessant. Sie beginnt damit, die Dinge auseinander zu nehmen und anschließend isoliert zu untersuchen, um das zugrunde liegende System zu verstehen. Danach wird versucht in das System einzudringen und sein Verhalten zu verändern. Dies ist die Art auf und Weise, auf die man lernt – durch Hacken.

Sie folgen diesem allgemeinen Verfahren einige Zeit, bis Sie so viel Vertrauen in sich selbst haben, dass Sie sich zutrauen, ein eigenes System von Grund auf zu erstellen. Vielleicht legen Sie Ihr eigenes Content-Management-System an, stellen es auf mehreren Sites bereit und haben dabei das Gefühl, die Welt zu verändern.

Doch irgendwann kommt der kritische Punkt, und zwar gewöhnlich, wenn Sie feststellen, dass die Verwaltung Ihres Systems mehr Zeit in Anspruch nimmt als die Erstellung der Funktionen. Dann werden Sie sich wünschen, Sie hätten dies bereits beim Schreiben des System gewusst. Sie werden andere Systeme aufkommen sehen, die das können, was Ihr System leistet, und noch viel mehr. Es gibt eine Community von Menschen, die zusammenarbeiten, um die Software zu verbessern, und Sie werden feststellen, dass diese Personen oftmals schlauer sind als Sie. Darüber hinaus ist die Software frei verfügbar.

Dies ist mir passiert – und vielleicht auch Ihnen –, bis ich auf Drupal stieß. Die Arbeit mit Drupal ist eine gemeinsame Reise mit einem guten Ende – Hunderte von Entwicklern arbeiten gleichzeitig an diesem einen Projekt. Sie lernen Freunde kennen, erstellen Code und werden aufgrund Ihrer Beiträge genauso gewürdigt, als wenn Sie sich als Einzelkämpfer durchschlagen würden.

Der Stoff in diesem Buch wird auf drei verschiedenen Ebenen vermittelt. Die erste und wichtigste sind die schönen Bilder in Form von Diagrammen und Flussdiagrammen. Wer einen Überblick über die Funktionsweise von Drupal sucht, wird diese hilfreich finden. Die mittlere Ebene sind Codeteile und Beispielmodule. Hier müssen Sie selbst Hand anlegen. Es ist sinnvoll, Drupal zu installieren und die Beispiele bei der Lektüre des Buchs durchzuarbeiten (bevorzugt mit einem guten Debugger), wodurch Sie mit Drupal vertraut werden. Die letzte Ebene ist das Buch als Gesamtes: die Beobachtungen, Tipps, und Erklärungen zwischen dem Code und den Bildern. Sie sind es, die die Ebenen zusammenhalten.

Wenn Sie noch nicht mit Drupal gearbeitet haben, empfehle ich Ihnen, das Buch von vorne nach hinten durchzuarbeiten, da die Kapitel aufeinander aufbauen.

Die Codebeispiele und Flussdiagramme dieses Buchs können Sie von *http://drupalbook.com* oder *http://www.apress.com* herunterladen.

Viel Erfolg und willkommen in der Drupal-Community!

Hinweis

Zur Lokalisierung von Screenshots und Listings in der deutschen Übersetzung

Bei der deutschen Übersetzung eines US-Buches über ein im Kern englischsprachiges System wie Drupal stellt sich die Frage, wie man mit den systemspezifischen Fachbegriffen umgeht. Dass zum Beispiel der Begriff *Node* – das Konstrukt, das in Drupal einen Inhalt repräsentiert – auch im Deutschen ein *Node* bleibt und nicht etwa zum »Knoten« wird, ist noch relativ leicht zu verstehen und in der deutschen Oberflächenübersetzung von Drupal auch so vorgesehen.

Was macht man aber mit Variablennamen, Strings im Quellcode, Kommentaren und ähnlichen Dingen?

Grundsätzlich gilt:

- Ein installiertes Drupal ist immer auch in englischer Sprache verfügbar. Eine deutsche Version von Drupal ist also immer zweisprachig, Englisch ist lediglich deaktiviert.
- Strings und Kommentare in PHP-Quellcode sollten immer in englischer Sprache verfasst sein.
- Alle Strings im Quellcode werden in die `t()`- oder die `st()`-Funktion eingeschlossen und in separaten Dateien übersetzt.

Da wir nun davon ausgehen, dass Sie ein Drupal mit einer deutschen Oberflächensprache benutzen, haben wir zum besseren Verständnis die Kommentare im Beispielcode übersetzt, zu allen Beispielen eine Übersetzungsdatei erstellt und diese jeweils im `/translation`-Verzeichnis des jeweiligen Moduls abgelegt. Diese Datei wurde bei Aktivierung des Moduls automatisch eingelesen, so dass auf dem Bildschirm der ins Deutsche übersetzte Inhalt erschien. Für dieses Buch bedeutet das: Die gezeigten *Quellcodes* enthalten Kommentare in deutscher sowie Textstrings in englischer Sprache, die *Screenshots* zu den Quellcodes zeigen, dank der hinterlegten Übersetzungsdateien, Textstrings in deutscher Sprache.

Alle Codebeispiele können Sie – samt Übersetzung – auf *addison-wesley.de* herunterladen. Geben Sie dazu im SUCHEN-Feld den Titel dieses Buches ein.

Danksagungen

Zunächst möchte ich mich bei meinen Familienmitgliedern für ihr Verständnis und ihre Unterstützung während der Zeit danken, in der ich dieses Buchs schrieb. Dies ist besonders zu betonen, da eine einfache Überarbeitung in ein Projekt umschlug, das genauso umfangreich war wie die Erstausgabe.

Drupal ist im Grunde genommen das Projekt einer Community. Dieses Buch hätte nicht ohne die selbstlosen Beiträge vieler Personen entstehen können, die Dokumentationen geschrieben, Fehlerberichte eingereicht und Verbesserungen erstellt und geprüft haben, wodurch Drupal zu dem wurde, was es heute ist.

Doch unter den vielen möchte ich einigen ganz besonders danken, die weit mehr geleistet haben als erwartet.

Dazu gehören die Mitglieder des IRC-Kanals #*drupal*, die sich der fortwährend auf sie einprasselnden Fragen angenommen haben, was wie funktioniert, warum etwas auf bestimmte Art und Weise geschrieben wurde und ob ein Codebeitrag brillant ist oder überhaupt keinen Sinn ergibt. Bedeutende Beiträge kamen von Brandon Bergren, Øivind Binde, Larry »Crell« Garfield, Dmitri Gaskin, Charlie Gordon, Gerhard Killesreiter, Greg Knaddison, Druplicon, Rob Loach, Chad Phillips und Oleg Terenchuck. Ich möchte noch meine ehrlich empfundene Entschuldigung an diejenigen aussprechen, die mitgewirkt haben, hier aber nicht namentlich erwähnt werden.

Besonderen Dank auch an Robert Douglass, Károly Négyesi, Addison Berry, Angela Byron, Heine Deelstra, Jeff Eaton, Nathan Haug, Kevin Hemenway, Gábor Hojtsy, Barry Jaspan, Earl Miles und James Walker für ihre kritische Durchsicht von Teilen des Manuskripts.

Danke ebenfalls an Joel Coats von der Iowa State University, der daran glaubte, dass dieses Buch eine lohnende Zeitinvestition ist, und danke auch an das erstaunliche Team von Lullabot.

Als Nächstes möchte ich den Apress-Mitarbeitern für ihre Gelassenheit danken, wenn Codebeispiele wieder einmal geändert werden mussten, und dafür, dass sie meine Skizzen in ein Buch verwandelt haben.

Zu guter Letzt natürlich vielen Dank an Dries Buytaert dafür, dass er der Welt Drupal geschenkt hat.

1 So funktioniert Drupal

In diesem Kapitel gebe ich einen Überblick über Drupal. Einzelheiten über die Funktionsweise der einzelnen Teile des Systems folgen in den weiteren Kapiteln. Hier stellen wir die Systemarchitektur, auf der Drupal ausgeführt wird, das Layout der Dateien, aus denen Drupal besteht, sowie die Begriffe vor, die in Drupal verwendet werden, zum Beispiel Nodes, Hooks, Blöcke und Themes.

1.1 Was ist Drupal?

Drupal dient zur Erstellung von Webseiten. Es ist ein hochgradig modulares Open-Source-Framework zur Verwaltung von Webinhalten, dessen Schwerpunkt auf Zusammenarbeit liegt. Es ist erweiterbar, hält sich an Standards und bemüht sich um klaren Code und einen geringen Speicherbedarf. Drupal wird mit grundlegenden Corefunktionen ausgeliefert. Zusätzliche Funktionen lassen sich durch Aktivierung integrierter Module oder solcher von Drittanbietern ergänzen. Drupal ist so entworfen, dass es sich anpassen lässt, was jedoch nicht durch Ändern des Codes im Core, sondern durch Überschreiben des Cores oder durch Hinzufügen von Modulen erfolgt. Außerdem wird die Verwaltung des Inhalts deutlich von seiner Präsentation getrennt.

Mit Drupal können Sie ein Internetportal, eine private, eine Abteilungs- oder eine Firmenwebsite, eine E-Commerce-Site, ein Ressourcenverzeichnis, eine Onlinezeitung, eine Bildergalerie oder ein Intranet aufbauen – um nur einige wenige Möglichkeiten zu nennen. Es kann sogar für Fernunterricht eingesetzt werden.

Ein eigens dafür eingesetztes Team kümmert sich fortlaufend um die Sicherheit von Drupal, indem es auf Bedrohungen reagiert und Sicherheitsupdates herausgibt. Eine nichtkommerzielle Organisation, die Drupal Association, unterstützt Drupal durch Verbesserungen an der Infrastruktur der Website `drupal.org` und der Organisation von Drupal-Konferenzen und -Veranstaltungen. Darüber hinaus arbeitet eine sehr aktive Onlinecommunity von Benutzern, Administratoren, Designern und Webentwicklern intensiv an der kontinuierlichen Weiterentwicklung der Software (siehe *http://drupal.org* und *http://groups.drupal.org*).

1.2 Die Systemarchitektur

Das Design von Drupal verfolgt zwei Ziele: Die Software soll erstens gut auf preisgünstigen Webhosting-Paketen laufen und zweitens auf umfangreiche verteilte

Standorte skaliert werden können. Das erste Ziel bedeutet, die am weitesten verbreitete Technologie zu verwenden, das zweite sorgfältige, ökonomische Programmierung. Die Systemarchitektur von Drupal ist in Abbildung 1.1 dargestellt.

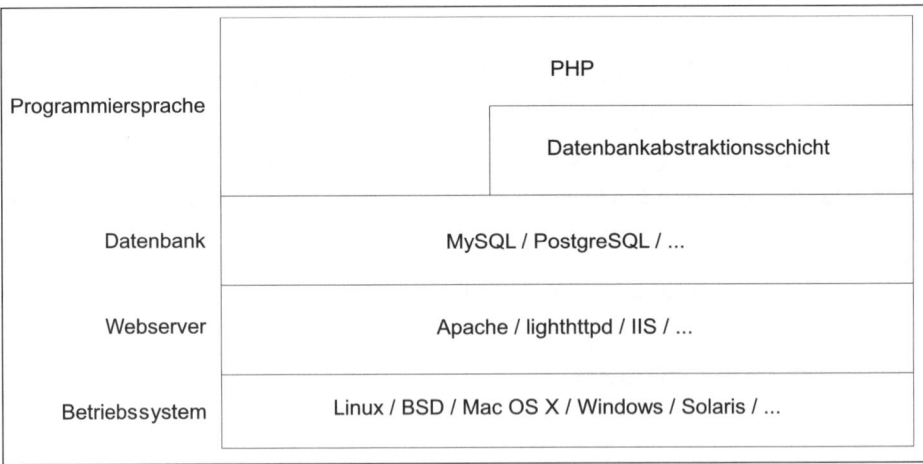

Abbildung 1.1: Die Systemarchitektur von Drupal

Das Betriebssystem ist so weit unten in der Architektur angesiedelt, dass es Drupal ziemlich gleichgültig ist. Drupal lässt sich auf jedem System erfolgreich betreiben, das PHP unterstützt. Als Webserver wird für Drupal am häufigsten Apache eingesetzt, obwohl auch andere (darunter der IIS von Microsoft) möglich sind. Wegen der langen Zusammenarbeit von Drupal mit Apache gehören *.htaccess*-Dateien zum Lieferumfang, die die Drupal-Installation schützen. *Saubere URLs* – d.h. solche ohne Fragezeichen, kaufmännisches Und und andere Sonderzeichen – werden mithilfe des Apache-Moduls *mod_rewrite* erstellt. Dies ist besonders wichtig, weil die URLs des Inhalts bei der Migration von einem anderen Content-Management-System oder von statischen Dateien nicht geändert werden müssen, was nach Tim Berners-Lee eine gute Sache ist (*http://www.w3.org/Provider/Style/URI*). Auf anderen Webservern lassen sich saubere URLs durch die jeweiligen Funktionen zum Umschreiben von URLs erreichen.

Die Schnittstelle von Drupal zur nächsten Schicht der Architektur (der Datenbank) bildet eine schlanke Datenbankabstraktionsschicht, die die Bereinigung von SQL-Abfragen übernimmt und es ermöglicht, Datenbanken unterschiedlicher Anbieter zu verwenden, ohne den Code neu erstellen zu müssen. Am umfangreichsten wurden MySQL und PostgreSQL getestet, aber auch die Unterstützung von SQL Server von Microsoft und von Oracle nimmt zu.

Drupal ist in PHP geschrieben. Da diese Sprache leicht erlernbar ist, gibt es viele von Anfängern geschriebene Programme. Die Qualität von Anfängercode hat PHP in schlechten Ruf gebracht. Man kann damit aber auch ordentlichen Code schreiben. Der gesamte wesentliche Drupal-Code hält strikte Programmierstandards ein (*http://drupal.org/nodes/318*) und unterliegt durch den Open-Source-Prozess einer gründlichen Überprüfung. Für Drupal bedeutet die flache Lernkurve von PHP, dass die Schwelle für Beiträge von Anfängern niedrig ist, während die laufende Überprüfung dafür sorgt, dass der leichte Zugang nicht auf Kosten der Qualität des Endprodukts geht. Die Rückmeldungen, die die Anfänger von der Community erhalten, helfen ihnen, ihr Können zu verbessern.

1.3 Der Core

Ein schlankes Framework bildet den *Core* von Drupal, den Sie bekommen, wenn Sie Drupal von *drupal.org* herunterladen. Er stellt die Grundfunktionen bereit, die die übrigen Teile des Systems unterstützen.

Der Core enthält Code, der den Start des Drupal-Systems beim Eingang einer Anforderung ermöglicht, eine Bibliothek häufig in Drupal verwendeter Funktionen sowie Module für Grundfunktionen wie Benutzerverwaltung, Taxonomie und Template-Erstellung (siehe Abbildung 1.2).

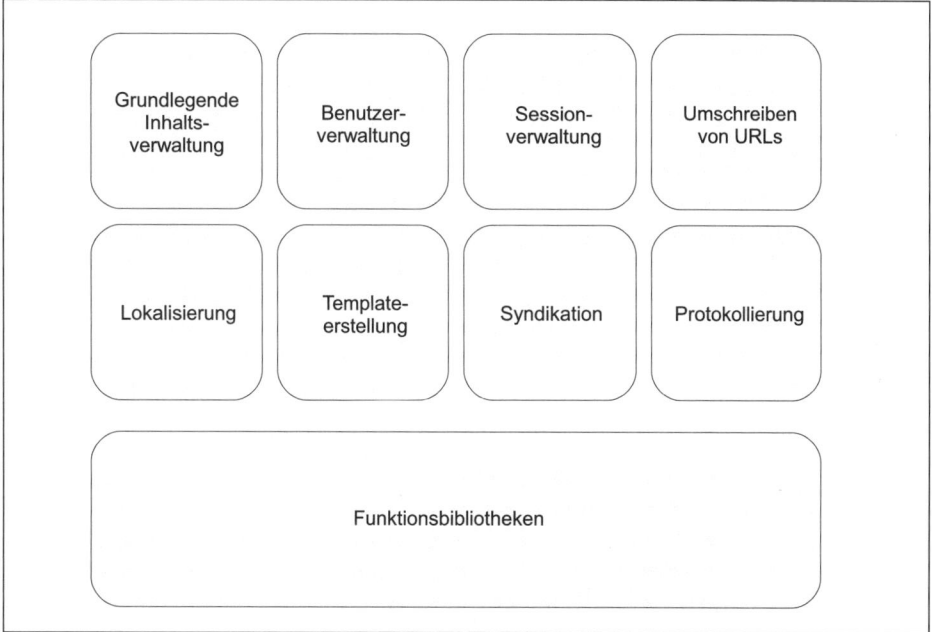

Abbildung 1.2: Überblick über den Drupal-Core (nicht alle Funktionen sind abgebildet)

1.4 Die Verwaltungsoberfläche

Die Verwaltungsoberfläche von Drupal ist eng in den Rest der Website integriert und verwendet standardmäßig dieselbe optische Gestaltung. Der erste Benutzer, *User 1*, ist der Superuser mit vollständigem Zugriff auf die Website. Nach der Anmeldung als *User 1* sehen Sie in Ihrem Benutzerblock den Link VERWALTEN (siehe den

Abschnitt 1.9, *Blöcke*). Mit einem Klick darauf gelangen Sie zur Drupal-Verwaltungsoberfläche. Die Blöcke der einzelnen Benutzer enthalten je nach erlaubtem Zugriff unterschiedliche Links.

1.5 Module

Drupal ist ein echtes modulares Framework. Die Funktionen sind in *Modulen* enthalten, die sich (mit Ausnahme einiger erforderlicher Module) beliebig aktivieren oder deaktivieren lassen. Funktionen werden einer mit Drupal erstellten Website durch Aktivieren vorhandener Module, Installieren von Modulen aus der Drupal-Community oder Schreiben neuer Module hinzugefügt. Auf diese Weise können Websites, die nicht sämtliche Funktionen benötigen, schlank und einfach ausgeführt werden, während diejenigen, die mehr brauchen, nach Bedarf erweitert werden können (siehe Abbildung 1.3).

Auch das Hinzufügen neuer Inhaltstypen wie Rezepte, Blogbeiträge oder Dateien und neuer Verhalten wie E-Mail-Benachrichtigung, Peer-to-Peer-Veröffentlichung und Aggregation erfolgt mithilfe von Modulen. Drupal nutzt das Entwurfsmuster der *Steuerungsumkehrung* (Inversion of Control), bei dem modulare Funktionen zur passenden Zeit vom Framework aufgerufen werden. Diese Anknüpfungspunkte für Module werden als *Hooks* bezeichnet.

1.6 Hooks

Hooks können Sie sich als interne Drupal-Ereignisse vorstellen. Sie werden auch als *Callbacks* bezeichnet, obwohl sie in Wirklichkeit gar nicht zurückgerufen werden, weil sie nicht durch Registrierung bei einem Listener, sondern durch Konventionen zur Benennung von Funktionen erstellt werden. Hooks bieten Modulen die Möglichkeit, sich in das »einzuhaken«, was im Rest von Drupal geschieht.

Nehmen Sie an, ein Benutzer meldet sich bei Ihrer Drupal-Website an. Im Augenblick der Anmeldung löst Drupal den Benutzer-Hook aus, d.h., es wird eine Funktion aufgerufen, die nach der Konvention `Modulname` plus `Hookname` benannt ist. Dies gilt beispielsweise für die Funktion `comment_user()` im Kommentarmodul, `locale_user()` im Lokalisierungsmodul, `node_user()` im Node-Modul und alle anderen ähnlich benannten Funktionen. Schreiben Sie ein benutzerdefiniertes Modul *spammy.module* mit einer Funktion `spammy_user()`, die dem Benutzer eine E-Mail schickt, wird auch diese Funktion aufgerufen, sodass der arme Benutzer bei jeder Anmeldung eine unerwünschte E-Mail erhält.

Die Implementierung von Hooks in Modulen ist der gängigste Weg, um die Core-Funktionen von Drupal zu nutzen.

1.6 Hooks

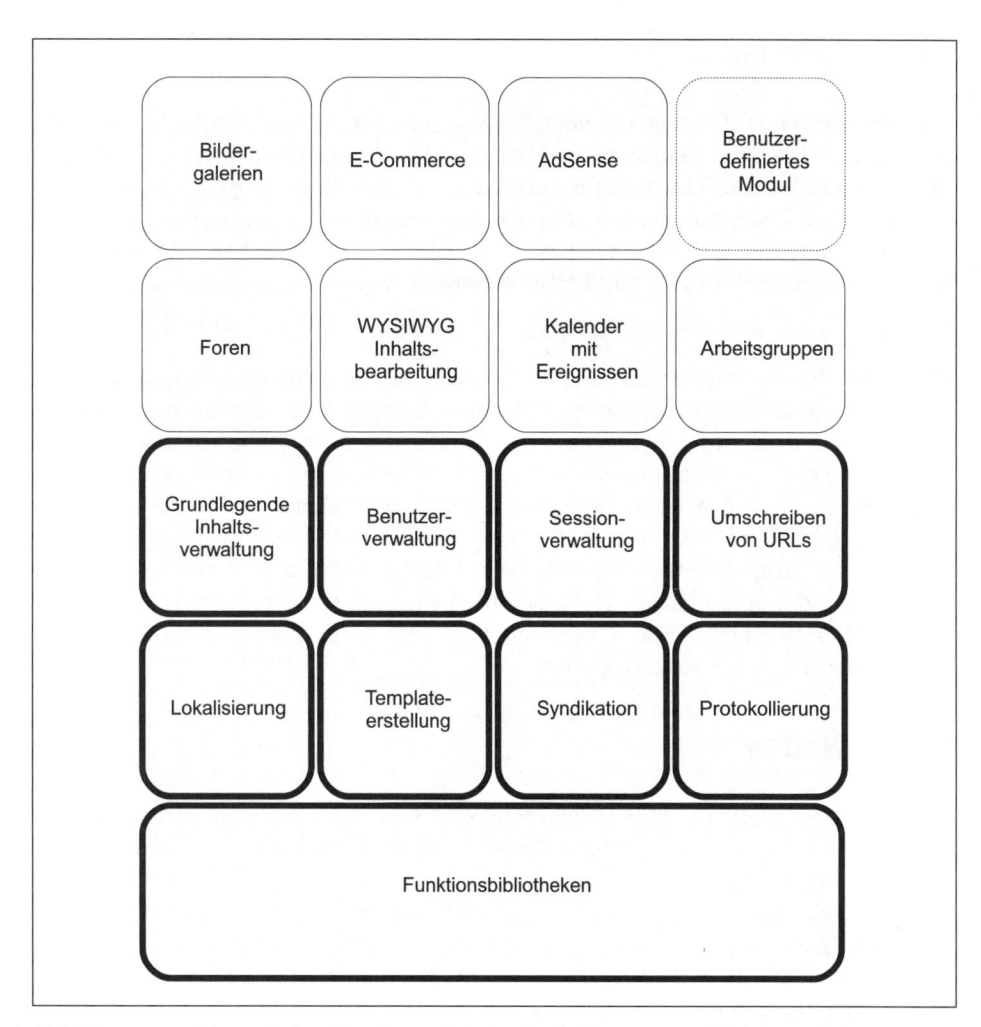

```
┌─────────────────────────────────────────────────────────┐
│  ╭─────────╮  ╭─────────╮  ╭─────────╮  ╭─────────╮    │
│  │ Bilder- │  │E-Commerce│ │ AdSense │  │Benutzer-│    │
│  │galerien │  │          │ │         │  │definiertes│  │
│  │         │  │          │ │         │  │ Modul   │   │
│  ╰─────────╯  ╰─────────╯  ╰─────────╯  ╰─────────╯    │
│                                                          │
│  ╭─────────╮  ╭─────────╮  ╭─────────╮  ╭─────────╮    │
│  │  Foren  │  │ WYSIWYG │  │Kalender │  │Arbeits- │    │
│  │         │  │ Inhalts-│  │  mit    │  │gruppen  │    │
│  │         │  │bearbeit.│  │Ereign.  │  │         │    │
│  ╰─────────╯  ╰─────────╯  ╰─────────╯  ╰─────────╯    │
│ ...                                                      │
└─────────────────────────────────────────────────────────┘
```

Abbildung 1.3: Die Funktionalität lässt sich durch Aktivieren zusätzlicher Module erweitern

> **Tipp**
>
> Weitere Einzelheiten darüber, welche Hooks Drupal verwendet, finden Sie in der Onlinedokumentation unter der Adresse *http://api.drupal.org/api/6* unter »Components of Drupal« und dort »Module System (Drupal hooks)«.

1.7 Themes

Beim Erstellen einer Webseite für einen Browser gibt es zwei wesentliche Anliegen: die Zusammenstellung der gewünschten Daten und das Markup der Daten für das Web. In Drupal ist die Theme-Schicht dafür zuständig, den HTML-Code (bzw. JSON-, XML- oder sonstigen Code) zu erstellen, den der Browser erhält. Drupal kann verschiedene beliebte Template-Techniken benutzen, beispielsweise Smarty, PHPTAL (Template Attribute Language for PHP) und PHPTemplate.

Wichtig ist dabei, dass Drupal die Trennung von Inhalt und Auszeichnung fördert.

Mit Drupal haben Sie verschiedene Möglichkeiten, Aussehen und Gestaltung Ihrer Website anzupassen und zu ändern. Die einfachste Methode besteht in der Benutzung von CSS (Cascading Style Sheet), mit dem Sie die in Drupal integrierten Klassen und IDs überschreiben. Es ist jedoch ebenfalls einfach, darüber hinauszugehen und die eigentliche HTML-Ausgabe anzupassen. Die Drupal Theme-Dateien bestehen aus standardmäßigem HTML- und PHP-Code. Außerdem lässt sich jedes dynamische Element einer Drupal-Seite (beispielsweise ein Feld, eine Liste oder eine Breadcrumb-Navigation) durch einfaches Deklarieren einer Funktion mit einem passenden Namen überschreiben. Drupal verwendet anschließend diese Funktion, um den betreffenden Teil der Seite zu erstellen.

1.8 Nodes

Die Inhaltstypen leiten sich in Drupal von einem einzigen Basistyp ab, der als *Node* bezeichnet wird. Ob es sich um einen Blogeintrag, ein Rezept oder sogar eine Projektaufgabe handelt – allen liegt dieselbe Datenstruktur zugrunde. Das Geniale an diesem Ansatz ist seine Erweiterbarkeit. Modulentwickler können in Nodes allgemein Funktionen wie Bewertungen, Kommentare, Dateianhänge, Geodaten usw. einfügen, ohne sich Gedanken darüber zu machen, ob es sich bei dem Node-Typ um ein Blog, ein Rezept oder etwas anderes handelt. Anschließend kann der Administrator der Site Funktionen nach Inhaltstyp mischen und zusammenstellen. Er kann zum Beispiel in Blogs Kommentare zulassen, aber keine für Rezepte, oder das Hochladen von Dateien nur für Projektaufgaben aktivieren.

Nodes enthalten auch einen Grundbestand an Verhaltenseigenschaften, den alle anderen Inhaltstypen erben. Jeder Node kann auf die Titelseite der Website verschoben, veröffentlicht oder aus der Veröffentlichung herausgenommen und sogar durchsucht werden. Aufgrund dieser gleichförmigen Struktur ermöglicht die Verwaltungsoberfläche die Sammelverarbeitung für die Arbeit mit Nodes.

1.9 Blöcke

Ein *Block* umfasst Informationen, die an einer bestimmten Stelle im Theme Ihrer Website aktiviert oder deaktiviert werden können. Er kann zum Beispiel die Anzahl der gerade aktiven Benutzer Ihrer Site ausgeben. Sie können einen Block mit Links zu den beliebtesten Inhalten der Website oder einer Liste bevorstehender Ereignisse versehen. Blöcke werden üblicherweise in der Sidebar, der Kopf- oder Fußzeile eines Templates platziert. Sie können so eingerichtet werden, dass sie bei Nodes eines bestimmten Typs, nur auf der Titelseite oder nach bestimmten anderen Kriterien angezeigt werden.

Häufig dienen Blöcke zur Ausgabe von Informationen, die auf den konkreten Benutzer zugeschnitten sind. Der Benutzerblock enthält beispielsweise nur Links auf die Verwaltungsbereiche der Site, auf die er Zugriff hat, etwa die Seite Mein Konto (My account). Wo Blöcke erscheinen können (Kopf- und Fußzeile, Sidebar usw.), ist im Theme der Website definiert; die Platzierung und die Sichtbarkeit der Blöcke in diesen Bereichen werden über die webbasierte Verwaltungsoberfläche eingestellt.

1.10 Dateilayout

Die Verzeichnisstruktur einer üblichen Drupal-Installation lehrt Sie einige bewährte Vorgehensweisen, beispielsweise, wo heruntergeladene Module und Themes untergebracht werden und wie Sie zu unterschiedlichen Drupal-Installationsprofilen kommen. Den Aufbau einer Drupal-Standardinstallation sehen Sie in Abbildung 1.4.

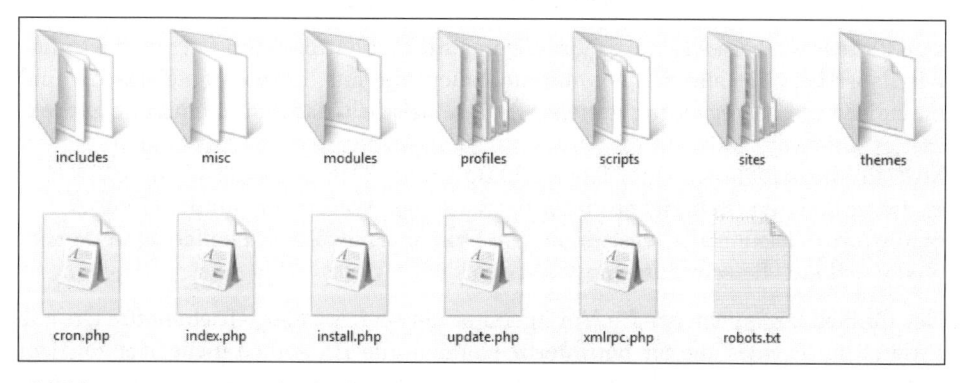

Abbildung 1.4: Die Standardordnerstruktur einer Drupal-Installation

Die Ordnerstruktur setzt sich aus folgenden Elementen zusammen:

Der Ordner *includes* enthält Bibliotheken mit häufig von Drupal verwendeten Funktionen.

Der Ordner *misc* umfasst JavaScript und verschiedene Symbole und Bilder, die in einer üblichen Drupal-Installation zur Verfügung stehen.

Im Ordner *modules* befinden sich die wesentlichen Module, jedes in einem eigenen Unterordner. Am besten rühren Sie in diesem Ordner (und in den anderen außer *profiles* und *sites*) nichts an. Zusätzliche Module fügen Sie im Verzeichnis *sites* hinzu.

Der Ordner *profiles* bietet verschiedene Installationsprofile für eine Site. Gibt es dort außer dem Standardprofil weitere, fragt Drupal bei der ersten Installation Ihrer Drupal-Site, welches Sie installieren wollen. Der Hauptzweck eines Installationsprofils besteht darin, bestimmte Core- und Ergänzungsmodule automatisch zu aktivieren, beispielsweise ein E-Commerce-Profil, das Drupal automatisch als E-Commerce-Plattform einrichtet.

Im Ordner *scripts* finden Sie Skripte, um die Syntax zu prüfen, den Code zu bereinigen, Drupal von der Befehlszeile aus auszuführen und Sonderfälle mit `cron` zu behandeln. Innerhalb des Lebenszyklus von Drupal-Anforderungen wird dieser Ordner nicht verwendet. Er enthält Shell- und Perl-Hilfsskripte.

Der Ordner *sites* (siehe Abbildung 1.5) nimmt Ihre Änderungen an Drupal in Form von Einstellungen, Modulen und Themes auf. Ergänzen Sie Drupal durch selbst geschriebene Module oder solche aus dem Drupal-Modul-Verzeichnis, so werden sie im Verzeichnis *sites/all/modules* abgelegt. Daher finden Sie all Ihre Änderungen in einem einzigen Ordner. Innerhalb des Verzeichnisses *sites* gibt es ein Unterverzeichnis *default*, in dem die Standardkonfigurationsdatei für Ihre Drupal-Site steht, *default.settings.php*. Die Drupal-Installationsroutine ändert diese Ausgangseinstellungen auf der Grundlage der von Ihnen festgelegten Informationen und legt eine *settings.php*-Datei für Ihre Site an. Das Standardverzeichnis wird üblicherweise kopiert und von demjenigen, der die Website bereitstellt, in den URL der Website umbenannt, sodass die Datei mit Ihren Einstellungen schließlich *sites/www.example.com/settings.php* heißt.

Der Ordner *sites/default/files* gehört nicht zum Standardlieferumfang von Drupal, wird aber benötigt, um Dateien aufzunehmen, die auf Ihre Site hochgeladen und anschließend zur Verfügung gestellt werden. Beispiele dafür sind ein benutzerdefiniertes Logo, die Aktivierung von Benutzer-Avataren und das Hochladen anderer Medien, die mit Ihrer neuen Site verknüpft sind. Das genannte Unterverzeichnis erfordert Lese- und Schreibberechtigungen auf dem Webserver, auf dem Drupal ausgeführt wird. Die Installationsroutine von Drupal legt es wenn möglich an und prüft, ob die richtigen Berechtigungen vorhanden sind.

Der Ordner *themes* enthält die Vorlagenmodule und Standard-Themes für Drupal. Zusätzliche Themes, die Sie herunterladen oder anlegen, sollten nicht dort abgelegt werden, sondern in *sites/all/themes*.

Die Datei *cron.php* dient zum Ausführen regelmäßiger Aufgaben, beispielsweise der Bereinigung von Datenbanktabellen und der Berechnung statistischer Daten.

Die Datei *index.php* ist der Haupteingangspunkt für die Bedienung von Anforderungen.

Die Datei *install.php* ist der Haupteingangspunkt für die Drupal-Installationsroutine.

Mit *update.php* wird nach einer Drupal-Aktualisierung das Datenbankschema aktualisiert.

Die Datei *xmlrpc.php* nimmt XML-RPC-Anforderungen entgegen und kann aus Installationen, die solche Anforderungen nicht vorsehen, problemlos gelöscht werden.

Die Datei *robots.txt* ist eine Standardimplementierung des Robots-Exclusion-Standards.

Die hier nicht aufgeführten Dateien gehören zur Dokumentation.

```
▲ 📁 sites
   ▲ 📁 all
      ▲ 📁 modules
            📁 views
         📁 themes
   ▲ 📁 default
         📁 files
      ▷ 📁 www.example.com
```

Abbildung 1.5: Der Ordner sites nimmt alle Ihre Drupal-Änderungen auf

1.11 Ein Drupal-Seitenaufruf

Eine Vorstellung davon zu haben, was beim Eingang einer Anforderung in Drupal geschieht, kann manchmal hilfreich sein, weshalb dieser Abschnitt einen kurzen Überblick darüber gibt. Wenn Sie es selbst nachvollziehen wollen, nehmen Sie einen guten Debugger und beginnen mit *index.php*, wo Drupal die meisten Anforderungen entgegennimmt. Die in diesem Abschnitt skizzierte Reihenfolge mag für die Anzeige einer einfachen Website kompliziert erscheinen, bietet jedoch eine Menge Flexibilität.

1.11.1 Die Rolle des Webservers

Drupal wird unter einem Webserver ausgeführt, üblicherweise Apache. Respektiert dieser die Drupal-Datei *.htaccess*, werden einige PHP-Einstellungen initialisiert und der URL untersucht. Nahezu alle Drupal-Aufrufe gehen über *index.php*. Der Aufruf von *http://example.com/foo/bar* durchläuft zum Beispiel folgenden Prozess:

1. Die *mod_rewrite*-Regeln in der *.htaccess*-Datei von Drupal betrachten den eingehenden URL und trennen den eigentlichen URL vom Pfad, der in diesem Fall *foo/bar* lautet.
2. Dieser Pfad wird dem URL-Abfrageparameter q zugewiesen.
3. Daraus ergibt sich der URL *http://example.com/index.php?q=foo/bar*.
4. Drupal behandelt *foo/bar* als internen Drupal-Pfad und beginnt mit der Verarbeitung in *index.php*.

Als Ergebnis dieses Vorgangs behandelt Drupal *http://example.com/index.php?q=foo/bar* und *http://example.com/foo/bar* vollkommen gleich, weil der Pfad intern identisch ist. Dies ermöglicht Drupal, URLs ohne merkwürdig aussehende Zeichen zu verwenden, also sogenannte saubere URLs.

Bei anderen Webservern, beispielsweise IIS von Microsoft, lassen sich saubere URLs mithilfe eines ISAPI-Moduls (Internet Server Application Programming Interface) wie ISAPI Rewrite erreichen. IIS Version 7 und höher unterstützen die Umformung möglicherweise direkt.

1.11.2 Der Bootstrap-Prozess

Drupal startet sich bei jeder Anforderung selbst, indem es eine Folge von Bootstrap-Phasen durchläuft. Sie sind in der Datei *bootstrap.inc* definiert, und ihr Ablauf wird in den folgenden Abschnitten beschrieben.

Konfigurationsinitialisierung

In dieser Phase wird das interne Konfigurationsarray von Drupal gefüllt und der Basis-URL der Website ($base_url) erstellt. Mithilfe von include_once() wird die Datei *settings.php* analysiert, und alle dort verzeichneten Überschreibungen von Variablen oder Strings werden durchgeführt. In den Abschnitten »Variable Overrides« bzw. »String Overrides« der Datei *sites/all/default/default.settings.php* finden Sie Einzelheiten dazu.

Früher Seitencache

In Situationen, die ein hohes Maß an Skalierbarkeit erfordern, muss möglicherweise ein Cachingsystem aufgerufen werden, bevor eine Datenverbindung auch nur versucht wird. Die Phase des frühen Seitencaches erlaubt (mit include()) das Einbinden einer PHP-Datei mit der Funktion page_cache_fastpath(), die Inhalte vom Browser übernimmt und an diesen zurückgibt. Der frühe Seitencache wird aktiviert, indem Sie die Variable page_cache_fastpath auf TRUE setzen, und die einzubindende Datei definieren Sie, indem Sie die Variable cache_inc mit ihrem Pfad belegen. Im Kapitel über Caching (Kapitel 15) finden Sie ein Beispiel dafür.

Datenbankinitialisierung

In der Datenbankphase wird der Typ der Datenbank festgelegt und eine erste Verbindung hergestellt, die für Datenbankabfragen benutzt wird.

Zugriffssteuerung über den Hostnamen oder die IP-Adresse

Drupal erlaubt es, Hosts über den Namen oder die IP-Adresse auszuschließen. In der Phase der Zugriffssteuerung erfolgt eine Schnellprüfung, ob die Anforderung von einem ausgeschlossenen Host stammt, was ggf. zur Verweigerung des Zugriffs führt.

Initialisierung der Session

Drupal nutzt die integrierte Sessionverwaltung von PHP, überschreibt jedoch einige Handler durch eigene, um eine datenbankgestützte Sitzungsverwaltung zu implementieren. Sitzungen werden in der entsprechenden Phase initialisiert oder wiedererstellt. Das globale Objekt $user, das für den aktuellen Benutzer steht, wird an dieser Stelle ebenfalls initialisiert, obwohl aus Effizienzgründen nicht alle Eigenschaften verfügbar sind (sie werden bei Bedarf durch einen expliziten Aufruf der Funktion user_load() hinzugefügt).

Später Seitencache

In der Phase des späten Seitencaches lädt Drupal ausreichend Unterstützungscode, um festzustellen, ob eine Seite aus dem Cache bedient werden kann. Dabei werden Einstellungen aus der Datenbank in das Array integriert, das bei der Konfigurationsinitialisierung angelegt wurde, sowie der Modulcode geladen und analysiert. Deutet die Sitzung darauf hin, dass die Anforderung von einem anonymen Benutzer stammt, und ist der Seitencache aktiviert, wird die Seite aus dem Cache zurückgegeben und die Ausführung beendet.

Sprachbestimmung

In der Phase der Sprachbestimmung wird die Mehrsprachenunterstützung von Drupal initialisiert und auf der Grundlage von Site- und Benutzereinstellungen eine Entscheidung darüber getroffen, welche Sprache zur Rückgabe der aktuellen Anforderung verwendet wird. Drupal unterstützt mehrere Methoden der Sprachbestimmung, beispielsweise das Pfadpräfix und die Sprachverhandlungen auf Domänenebene.

Pfad

In der Pfadphase wird Code für die Verarbeitung von Pfaden und die Vergabe von Aliasnamen für Pfade geladen. Sie ermöglicht die Auflösung von benutzerfreundlichen URLs und erledigt das interne Caching und Nachschlagen von Pfaden.

Abschluss

Diese Phase schließt den Startvorgang ab und lädt eine Bibliothek häufiger Funktionen, die Themes-Unterstützung und die Unterstützung für die Callback-Zuordnung, Dateihandhabung, Unicode, PHP-Bildwerkzeuge, Formularerstellung und -verarbeitung, Umgang mit E-Mails, automatisch sortierbare Tabellen und Auslagerung von Resultsets. Der Errorhandler von Drupal wird eingerichtet und alle aktivierten Module werden geladen. Schließlich löst Drupal den Initialisierungs-Hook aus, damit die Module benachrichtigt werden können, bevor die offizielle Verarbeitung der Anforderungen beginnt.

Sobald Drupal den Startvorgang abgeschlossen hat, stehen alle Komponenten des Frameworks zur Verfügung. Jetzt kann die Anforderung des Browsers entgegengenommen und an die PHP-Funktion übergeben werden, die sie verarbeiten soll. Die Zuordnung der URLs zu den Funktionen, die sie verarbeiten, erfolgt mithilfe einer

Callback-Registrierung, die sich sowohl um die URL-Zuordnung als auch um die Zugriffssteuerung kümmert. Module lassen ihre Callbacks mithilfe des Menü-Hooks registrieren (Einzelheiten dazu finden Sie in Kapitel 4).

Sobald Drupal festgestellt hat, dass es einen Callback gibt, dem sich der URL des Browsers zuordnen lässt und für den der Benutzer die erforderlichen Zugriffsberechtigungen hat, wird die Steuerung an die Callback-Funktion übergeben.

1.11.3 Eine Anforderung verarbeiten

Die Callback-Funktion erledigt alles, was zur Verarbeitung und Zusammenstellung der erforderlichen Daten zum Erfüllen der Anforderung notwendig ist. Geht beispielsweise eine Anforderung von Inhalten wie *http://example.com/q=node/3* ein, wird der URL der Funktion node_page_view() in *node.module* zugeordnet. Die weitere Verarbeitung ruft die Daten für den Node aus der Datenbank ab und überträgt sie in eine Datenstruktur. Damit ist die Zeit für Themes gekommen.

1.11.4 Daten mit Themes versehen

Um sie *mit Themes zu versehen*, werden die abgerufenen, bearbeiteten oder erstellten Daten in HTML (oder XML oder ein anderes Ausgabeformat) umgewandelt. Mithilfe des vom Administrator gewählten Themes verleiht Drupal der Webseite das gewünschte Aussehen. Anschließend wird das Ergebnis an den Webbrowser (oder einen anderen HTTP-Client) gesendet.

1.12 Zusammenfassung

Sie sollten jetzt in Grundzügen wissen, wie Drupal funktioniert, und einen Überblick darüber haben, was geschieht, wenn Drupal eine Anforderung bedient. Die einzelnen Bestandteile für die Bereitstellung von Webseiten werden in den weiteren Kapiteln ausführlich behandelt.

2 Ein Modul schreiben

Viele Open-Source-Programme können Sie durch Veränderung des Quellcodes anpassen. Obwohl diese Methode zum gewünschten Verhalten führt, wird sie im Allgemeinen missbilligt und in der Drupal-Community als letztes Mittel angesehen. Die Anpassung des Codes bedeutet, dass Sie bei jeder Aktualisierung von Drupal weitere Arbeiten ausführen müssen – denn Sie müssen herausfinden, ob die Anpassung noch wie gewünscht funktioniert. Daher ist Drupal von Grund auf modular und erweiterbar aufgebaut.

Drupal ist ein sehr schlankes Framework für die Erstellung von Programmen, dessen standardmäßige Installation als Drupal-Core bezeichnet wird. Durch die Aktivierung von Modulen werden Funktionen zum Core hinzugefügt. Module sind Dateien, die PHP-Code enthalten. Core-Module befinden sich im Unterverzeichnis *modules* Ihrer Drupal-Installation. Schauen Sie sich das Verzeichnis jetzt an und vergleichen Sie es mit der Liste der Module, die Sie unter VERWALTUNG > STRUKTURIERUNG > MODULE (ADMINISTER > SITE BUILDING > MODULES) Ihrer Drupal-Site finden.

In diesem Kapitel werden wir ein Modul von Grund auf erstellen. Hierbei lernen Sie die Standards kennen, an die sich Module halten müssen. Wir brauchen ein realistisches Ziel, weshalb wir uns auf das Problem der Kommentierung konzentrieren. Wenn Benutzer sich die Seiten einer Drupal-Website ansehen, können sie den Inhalt kommentieren, sofern der Administrator das Kommentarmodul aktiviert hat. Aber wie sieht es mit Anmerkungen aus, also mit Hinweisen, die nur ihr Urheber sehen kann? Dies kann für die vertrauliche Kommentierung des Inhalts nützlich sein. (Ich weiß, dies erscheint weit hergeholt, doch lesen Sie bitte trotzdem weiter.)

2.1 Die Dateien erstellen

Zunächst wählen wir einen Namen für das Modul aus. Der Name »annotate« scheint angemessen – er ist kurz und beschreibend. Als Nächstes benötigen wir einen Speicherort für das Modul. Wir könnten es im Verzeichnis *modules* zusammen mit den Core-Modulen sichern, was allerdings die Wartung erschweren würde, da wir uns merken müssten, welche Module Core-Module und welche selbst erstellte sind. Lassen Sie es uns unter *sites/all/modules* speichern, um es von den Core-Modulen getrennt abzulegen.

Falls notwendig erstellen Sie das Verzeichnis *sites/all/modules*. Anschließend legen Sie einen Unterordner namens *custom* in *sites/all/modules* und ein weiteres Unterverzeichnis in *sites/all/modules/custom* an, das Sie *annotate* nennen. Dieses Verzeichnis wird die benutzerdefinierten Module enthalten, die Sie unabhängig von heruntergeladenen Modulen von Drittherstellern entwickeln. Die Anordnung bleibt natürlich Ihnen überlassen, doch kann sie anderen Entwicklern helfen, sich besser zurechtzufinden, wenn Sie ihnen Ihre Site aushändigen. Wir erstellen ein Unterverzeichnis und nicht nur eine Datei mit dem Namen *annotate.module*, da zusätzlich noch andere Dateien in Ihrer Modul-Distribution enthalten sein werden. Beispielsweise benötigen wir eine *README.txt*-Datei, um anderen Benutzern zu erklären, was Ihr Modul bewirkt und wie es verwendet werden kann. Außerdem brauchen wir noch eine *annotate.info*-Datei, mit der Modulinformationen für Drupal bereitgestellt werden. Sind Sie bereit?

Hier die *annotate.info*-Datei:

```
; $Id$
name = Annotate
description = Anmerkungen von Benutzern zu Nodes.
core = 6.x
package = Drupal Entwickler Buch
```

Die Datei befindet sich in einem einfachen Format und definiert Schlüssel und Werte. Wir beginnen mit einem CVS-Identifizierungstag (Concurrent Versions System). Falls unser Modul gemeinsam mit anderen verwendet werden soll und deshalb in das von Drupal erstellte Modulverzeichnis verschoben wird, wird dieser Wert automatisch von CVS ersetzt. Anschließend stellen wir einen Namen und eine Beschreibung für Drupal bereit, die im Modulverwaltungsabschnitt der Website angezeigt werden. Wir beschreiben genau, mit welcher Hauptversion von Drupal unser Modul kompatibel ist – in diesem Fall also 6.x. Drupal 6 und spätere Versionen lassen die Aktivierung von inkompatiblen Modulen nicht zu. Module werden in Gruppen angezeigt, und die Gruppierung wiederum wird vom Paket bestimmt. Haben wir also drei unterschiedliche Module, in denen package = Drupal Entwickler Buch ist, dann erscheinen diese in einer Gruppe. Wir könnten zusätzlich zu den gerade aufgelisteten noch optionale Werte angeben. Das folgende Beispiel zeigt ein Modul, das PHP 5.2 sowie die Module *forum* und *taxonomy* benötigt:

```
; $Id$
name = Forum Verwirrung
description = Zufällige Neuanordnungen der Antworten aus unterschiedlichen
Forumsthreads.
core = 6.x
dependencies[] = forum
dependencies[] = taxonomy
package = "Bobs böses Forum BonusPak"
php = 5.2
```

2.1 Die Dateien erstellen

> **Hinweis**
>
> Sie fragen sich vielleicht, warum wir eine separate *.info*-Datei benötigen. Warum verwenden wir nicht einfach eine Funktion unseres Hauptmoduls, die diese Metadaten zurücksetzt? Dies geschieht deshalb, weil beim Laden der Administrationsseite jedes einzelne Modul geladen und analysiert werden müsste, unabhängig davon, ob es aktiviert ist oder nicht. Dies würde zu einem hohen Speicherverbrauch führen, der weit über dem normalen liegt und eventuell sogar über das Speicherlimit von PHP hinausgeht. Durch *.info*-Dateien können diese Informationen schnell und mit geringem Speicherverbrauch geladen werden.

Jetzt sind wir bereit, das eigentliche Modul zu erstellen. Erstellen Sie eine Datei mit dem Namen *annotate.module* innerhalb des Unterverzeichnisses *sites/all/modules/custom/annotate*. Beginnen Sie die Datei mit einem öffnenden PHP-Tag und einem CVS-Identifizierungstag, gefolgt von einem Kommentar:

```
<?php
// $Id$
/**
 * @file
 * Lässt die Benutzer private Anmerkungen zu Nodes hinzufügen.
 *
 * Fügt ein Textfeld hinzu, wenn ein Node angezeigt wird,
 * sodass authentifizierte Benutzer Anmerkungen machen können.
 */
```

Beachten Sie zunächst den Stil des Kommentars. Wir beginnen mit /** und verwenden in jeder nachfolgenden Zeile einen mit einem Leerzeichen eingerückten Stern (*) sowie */ in einer eigenen Zeile, um den Kommentar abzuschließen. Das `@file`-Token besagt, dass das, was in der nächsten Zeile folgt, eine Beschreibung dessen ist, was die Datei bewirkt. Diese einzeilige Beschreibung wird von `api.module` (Drupals automatischem Tool für die Extrahierung und Formatierung) genutzt, um herauszufinden, wozu die Datei gut ist. Nach einer Leerzeile fügen wir eine längere Beschreibung für Programmierer hinzu, die unseren Code untersuchen und zweifelsohne auch verbessern. Beachten Sie, dass wir absichtlich kein schließendes Tag (?>) verwenden, da diese in PHP optional sind und in Dateien Probleme mit nachfolgenden Leerzeichen verursachen können. Schauen Sie sich dazu *http://drupal.org/node/545* an.

> **Hinweis**
>
> Warum sind wir so pingelig, wenn es um die Strukturen geht? Dies geschieht deshalb, weil die Einhaltung des Standards sehr viel Zeit spart, wenn Hunderte von Menschen in aller Welt an einem Projekt arbeiten. Einzelheiten über den Programmierstil für Drupal finden Sie im Abschnitt *Standards für die Programmierung* ab Seite 549 und im Abschnitt *Coding Standards* von *Developing for Drupal Handbook* (*http://drupal.org/node/318*).

Der nächste Schritt besteht in der Festlegung einiger Einstellungen, durch die wir über ein webbasiertes Formular die Arten von Nodes auswählen können, die mit Anmerkungen versehen werden dürfen. Hierfür sind zwei Arbeitsschritte erforderlich. Zunächst bestimmen wir einen Pfad, über den wir auf unsere Einstellungen zugreifen können. Anschließend erstellen wir das Einstellungsformular.

2.2 Einen Hook implementieren

Denken Sie daran, dass Drupal auf einem System von Hooks aufgebaut ist, die manchmal als *Callbacks* bezeichnet werden. Während der Ausführung fragt Drupal die Module, ob sie etwas tun möchten. Um beispielsweise zu bestimmen, welches Modul für die aktuelle Abfrage verantwortlich ist, werden alle Module aufgefordert, die Pfade anzugeben, die sie verwenden. Dies geschieht, indem eine Liste aller Module erstellt und in jedem Modul die Funktion abgefragt wird, die den Namen des Moduls sowie _menu enthält. Wenn das *annotate*-Modul entdeckt wird (was schnell geschieht, da die Auflistung standardmäßig alphabetisch erfolgt), wird die Funktion annotate_menu() angerufen, die ein Array der Menüelemente zurückgibt. Der Schlüssel eines Elements (wir haben momentan nur eins) ist jeweils sein Pfad, in diesem Fall also *admin/settings/annotate*. Der Wert unseres Menüelements ist ein Array aus Schlüsseln und Werten, die beschreiben, was Drupal machen soll, wenn dieser Pfad angefordert wird. Dies werden wir in Kapitel 4 genauer behandeln, das sich mit dem *menu/callback*-System von Drupal beschäftigt. Unserem Modul fügen wir Folgendes hinzu:

```
/**
* Implementierung von hook_menu().
*/
function annotate_menu() {
  $items['admin/settings/annotate'] = array(
    'title' => 'Anmerkungen',
    'description' -> 'Konfigurieren Sie die Anmerkungen.',
    'page callback' => 'drupal_get_form',
    'page arguments' => array('annotate_admin_settings'),
    'access arguments' => array('administer site configuration'),
    'type' => MENU_NORMAL_ITEM,
    'file' => 'annotate.admin.inc',
  );
  return $items;
}
```

Machen Sie sich derzeit über die Details nicht zu viele Gedanken. Der Code besagt »Wenn der Benutzer zu http:/example.com/?q=admin/settings/annotate geht, rufe die Funktion drupal_get_form() auf und überreiche die Formular-ID annotate_admin_settings. Suche eine Funktion, die dieses Formular in der Datei *annotate.admin.inc* beschreibt. Nur Benutzer mit der Berechtigung *administer site configuration* können dieses Menüobjekt sehen.« Wenn es soweit ist, dass das Formular angezeigt werden soll, fordert Drupal uns auf, eine Formulardefinition bereitzustellen (Sie erfahren gleich mehr darüber). Sobald Drupal mit der Abfrage der Menüelemente von allen Modulen fertig ist, verfügt es über ein Menü, aus dem es die passende Funktion für den Aufruf des angeforderten Pfads auswählen kann.

> **Hinweis**
>
> Wenn Sie die Funktion sehen möchten, die den Hook-Mechanismus ausführt, schauen Sie sich `module_invoke_all()` in *includes/module.inc* an.

Jetzt sollten Sie erkennen, warum wir die Funktion `hook_menu()` oder den *Menü-Hook* nennen. Drupal-Hooks werden immer durch Anhängen des Hook-Namens an den Namen des Moduls erstellt.

> **Tipp**
>
> Drupal-Hooks erlauben die Änderung nahezu aller Aspekte der Software. Eine vollständige Liste der unterstützten Hooks und ihrer Verwendungszwecke finden Sie auf der Drupal-API-Dokumentationssite (*http://api.drupal.org*).

2.3 Modulspezifische Einstellungen hinzufügen

Drupal verfügt über verschiedene Node-Typen, die in der Benutzeroberfläche als *Inhaltstypen* bezeichnet werden, beispielsweise *Artikel* und *Seiten*. Wir wollen die Verwendung von Anmerkungen auf wenige Node-Typen einschränken. Dazu müssen wir eine Seite erstellen, auf der wir unserem Modul mitteilen können, welche Node-Typen kommentiert werden können. Auf dieser Seite wird ein Satz von Kontrollkästchen zu sehen sein, eines für jeden vorhandenen Inhaltstyp. Dadurch kann der Benutzer entscheiden, welche Inhaltsarten Kommentare erhalten können, indem er die Kontrollkästchen aktiviert bzw. deaktiviert (siehe Abbildung 2.1). Eine solche Seite ist administrativ und der Code für sie muss nur geladen und analysiert werden, wenn die Seite auch benötigt wird. Daher platzieren wir den Code in einer eigenen Datei und nicht in *annotate.module*, da diese Datei bei jeder Webanforderung geladen und ausgeführt wird. Da wir Drupal angewiesen haben, nach unserem Einstellungsformular in der Datei *annotate.admin.inc* zu sehen, erstellen wir die Datei in *sites/all/modules/custom/annotate/annotate.admin.inc* und fügen folgenden Code hinzu:

```php
<?php
// $Id$
/**
 * @file
 * Callbacks der Administrationsseite für das annotate-Modul.
 */

/**
 * Formularerstellung. Anmerkungen werden konfiguriert.
 *
 * @ingroup forms
 * @see system_settings_form().
 */
function annotate_admin_settings() {
  // Ruft ein Array der Node-Typen mit internen Namen als Schlüssel
  // und benutzerfreundlichen Namen als Werte ab, z.B.:
  // Die Werte in der t() Funktion sind bewusst in Englisch gehalten.
  // Sie werden über das Lokalisierungssystem separat übersetzt
  $options = node_get_types('names');
    $form['annotate_node_types'] = array(
    '#type' => 'checkboxes',
    '#title' => t('Users may annotate these content types'),
    '#options' => $options,
    '#default_value' => variable_get('annotate_node_types',
       array('story')),
    '#description' => t('A text field will be available on these content types to make
       user-specific notes.'),
    );
    return system_settings_form($form);
}
```

Formulare werden in Drupal als verschachtelte Baumstruktur dargestellt, also in einem Array von Arrays. Diese Struktur sagt der Formular-Engine von Drupal, wie das Formular angezeigt werden soll. Der besseren Lesbarkeit halber platzieren wir jedes Element des Arrays in einer eigenen Zeile. Jede Formulareigenschaft wird mit einem Nummernzeichen (#) gekennzeichnet und dient als Array-Schlüssel. Wir beginnen damit, den Typ des Formularelements als checkboxes zu deklarieren, was bedeutet, dass mehrere Kontrollkästchen (Checkboxen) mit einem Array erstellt werden, das Schlüssel enthält. Wir haben bereits ein solches Array in der Variable $options.

Wir richten die Optionen für die Ausgabe der Funktion node_get_types('names') ein, die normalerweise ein mit Schlüsseln versehenes Array der Node-Typen zurückgibt, die momentan in dieser Installation von Drupal verfügbar sind. Die Ausgabe sieht wie folgt aus:

```
'page' => 'Seite', 'story' => 'Artikel'
```

2.3 Modulspezifische Einstellungen hinzufügen

Die Schlüssel des Arrays sind die internen Namen von Drupal für die Node-Typen mit den benutzerfreundlichen Namen (die dem Benutzer angezeigt werden) auf der rechten Seite. Wenn Ihre Installation von Drupal über einen Node verfügt, der mit *leckere Rezepte* bezeichnet ist, sieht das Array so aus:

`'page' => 'Seite', 'savory_recipe' => 'leckere Rezepte', 'story' => 'Artikel'`

Daher generiert Drupal in Ihrem Webformular Kontrollkästchen für die Nodes *Seite* und *Artikel*.

Wir geben dem Formularelement einen Titel, indem wir den Wert der Eigenschaft `#title` festlegen.

> **Hinweis**
>
> Jeder zurückgegebene Text, der dem Benutzer angezeigt wird (beispielsweise die Eigenschaften `#title` und `#description` unseres Formularfelds) befinden sich innerhalb einer `t()`-Funktion, die von Drupal zur Vereinfachung von Stringübersetzungen bereitgestellt wird. Wenn Sie den gesamten Text durch eine Funktion zur Stringübersetzung schleusen, vereinfacht das die Lokalisierung Ihres Moduls in eine andere Sprache. Dies haben wir bei unseren Menüelementen nicht getan, da sie automatisch übersetzt werden.

Die nächste Direktive, `#default_value`, wird der Standardwert für dieses Formularelement sein. Da `checkboxes` ein multiples Formularelement ist (das heißt, es gibt mehr als ein Kontrollkästchen), ist der Wert für `#default_value` ein Array.

Der Wert von `#default_value` ist eine Erklärung wert:

`variable_get('annotate_node_types', array('story'))`

Drupal ermöglicht Programmierern, jeden Wert mit einem Paar besonderer Funktionen zu speichern und abzurufen: `variable_get()` und `variable_set()`. Diese Werte werden in der Datenbank *variables* gespeichert und sind jederzeit bei der Bearbeitung einer Abfrage verfügbar. Da diese Variablen von der Datenbank bei jeder Abfrage abgerufen werden, ist es keine gute Idee, große Datenmengen auf diese Weise zu speichern. Doch stellt dies ein benutzerfreundliches System dar, um Werte wie Konfigurationseinstellungen von Modulen zu sichern. Beachten Sie, dass das, was wir zu `variable_get()` übertragen, ein Standardwert und ein Schlüssel ist, der unseren Wert beschreibt (sodass wir ihn wieder abrufen können). In diesem Fall ist der Standardwert ein Array darüber, welche Node-Typen Anmerkungen zulassen sollen. Wir werden Anmerkungen standardmäßig bei *Artikel*-Nodes zulassen.

> **Tipp**
>
> Wenn Sie `system_settings_form()` verwenden, muss der Name des Formularelements (hier `annotate_node_types`) mit dem Namen übereinstimmen, der in `variable_get()` verwendet wird.

Abschließend stellen wir eine Beschreibung bereit, die den Site-Administratoren etwas über die Art der Informationen mitteilt, die in die Felder eingetragen werden sollten.

Speichern Sie die erstellten Dateien und wechseln Sie zu VERWALTEN > STRUKTURIERUNG > MODULE. Ihr Modul sollte am Ende der Liste aufgeführt sein und sich in der Gruppe *Drupal Entwickler Buch* befinden. Ist dies nicht der Fall, überprüfen Sie die Syntax der Dateien *annotate.info* und *annotate.module* und stellen Sie sicher, dass sich beide im Verzeichnis *sites/all/modules/custom* befinden. Fahren Sie fort und aktivieren Sie Ihr neues Modul.

Da das Modul *annotate* jetzt aktiviert ist, begeben Sie sich zu VERWALTEN > EINSTELLUNGEN > ANMERKUNGEN. Dort sollten Sie das Konfigurationsformular für *annotate.module* sehen können (siehe Abbildung 2.1).

Abbildung 2.1: Das Konfigurationsformular für annotate.module wird generiert.

Mit nur wenigen Codezeilen verfügen wir über ein funktionierendes Konfigurationsformular für unser Modul, das unsere Einstellungen automatisch speichert und abruft. Nun, eine der Zeilen war ziemlich lang, aber dennoch können Sie schon erkennen, über welche Möglichkeiten Sie mit Drupal verfügen. Die Übersetzung und Lokalisierung werden wir in Kapitel 18 behandeln.

2.4 Das Formular zur Dateneingabe hinzufügen

Damit der Benutzer Bemerkungen über eine Webseite eingeben kann, ist ein Ort notwendig, an dem dies geschehen kann. Fügen wir also ein Formular für Bemerkungen zum Modul *annotate.module* hinzu.

```
/**
 * Implementierung von hook_nodeapi().
 */
function annotate_nodeapi(&$node, $op, $teaser, $page) {
  global $user;
  switch ($op) {
    // Die Operation 'view' bedeutet, dass der Node
    // angezeigt werden soll.
    case 'view':
      // Abbrechen, falls der Benutzer anonym (nicht
      // angemeldet) ist oder der Node nicht auf einer
      // eigenen Seite angezeigt wird
      // (weil er sich z.B. in einer Node-Auflistung
      // oder einem Suchergebnis befindet).
      if ($user->uid == 0 || !$page) {
        break;
      }
      // Findet heraus, welche Node-Typen mit Anmerkungen
      // versehen werden können.
      $types_to_annotate = variable_get('annotate_nodetypes', array('page'));
      // Abbrechen, wenn dieser Node nicht zu den
      // kommentierbaren Typen gehört.
      if (!in_array($node->type, $types_to_annotate)) {
        break;
      }
      // Fügt das Formular als Inhaltselement ein.
      $node->content['annotation_form'] = array(
        '#value' => drupal_get_form('annotate_entry_form', $node),
        '#weight' => 10
      );
      break;
  }
}
```

Das sieht kompliziert aus, also lassen Sie es uns durcharbeiten. Beachten Sie zunächst, dass wir einen weiteren Drupal-Hook implementieren. Dieses Mal ist es der `nodeapi`-Hook, der aufgerufen wird, wenn Drupal verschiedene Aktivitäten an einem Node ausführt, sodass andere Module (wie unseres) den Node anpassen können, bevor die Verarbeitung fortgesetzt wird. Uns wird ein Node über die Variable `$node` zugewiesen. Das kaufmännische Und (&) im ersten Parameter zeigt an, dass es sich um eine Referenz des Objekts `$node` handelt. Dies ist insofern bemerkenswert, als dies bedeutet, dass alle Änderungen, die wir hier in unserem Modul am Objekt $node vornehmen, erhalten bleiben. Da unser Ziel darin besteht, ein Formular anzufügen, sind wir froh über die Möglichkeit, den Node modifizieren zu können.

Wir erhalten zusätzlich Informationen über das, was in Drupal in dem Augenblick passiert, in dem unser Code aufgerufen wird. Diese Informationen befinden sich im Parameter $op (Operation) und können insert (der Node wird erstellt), delete (der Node wird gelöscht) oder einer von vielen anderen Werten sein. Momentan sind wir nur daran interessiert, den Node zu ändern, wenn er für die Anzeige vorbereitet wird. Daher erhält die Variable $op in diesem Fall den Wert view. Wir strukturieren unseren Code mit einer switch-Anweisung, sodass wir problemlos verschiedene Fälle hinzufügen und sehen können, was unser Modul jeweils tut.

Als Nächstes überprüfen wir die Situationen, in denen das Anmerkungsfeld nicht angezeigt werden soll. Ein Fall liegt vor, wenn der Benutzer, der sich den Node ansieht, nicht angemeldet ist. (Beachten Sie, dass wir das Schlüsselwort global für den Gültigkeitsbereich des Objekts $user verwendet haben, sodass wir überprüfen können, ob der aktuelle Benutzer angemeldet ist.) Außerdem möchten wir verhindern, dass das Formular angezeigt wird, wenn der Parameter $page nicht TRUE ist. Ist der Parameter $page also FALSE, wird nicht der eigentliche Node selbst angezeigt, sondern ein Eintrag für ihn in einer Liste, wie es in Suchergebnissen oder Listen gerade aktualisierter Nodes der Fall ist. Wir sind nicht daran interessiert, in solchen Fällen irgendetwas hinzuzufügen, sondern nutzen die Anweisung break, um die Anweisung switch zu verlassen, und verhindern so, dass die Seite geändert wird.

Bevor wir das Formular zur Webseite hinzufügen, müssen wir überprüfen, ob der Node, der für die Anzeige verarbeitet wird, zu einem der Typen gehört, für die wir auf unserer Einstellungsseite Anmerkungen aktiviert haben. Dies ist notwendig, damit wir die Arrays der Node-Typen aktualisieren können, die wir zuvor bei der Implementierung der Hook-Einstellungen gespeichert haben. Wir speichern diese Information in einer Variable mit dem beschreibenden Namen $types_to_annotate. Als zweiten Parameter des Aufrufs von variable_get() legen wir noch ein Standardarray für den Fall fest, dass der Site-Administrator die Einstellungsseite unseres Moduls noch nicht besucht und somit auch keine Einstellungen eingegeben hat. Der nächste Schritt ist die Überprüfung, ob der verwendete Node tatsächlich zu einem Typ gehört, der in $types_to_annotate enthalten ist. Erneut nutzen wir die Anweisung break, wenn es sich um einen Node handelt, bei dem Anmerkungen nicht aktiviert werden sollen.

Unsere abschließende Aufgabe besteht in der Erstellung des Formulars und darin, es zum Objekt $node hinzuzufügen. Zunächst aber müssen wir das Formular definieren, sodass wir etwas zum Hinzufügen haben. Dies geschieht in einer separaten Funktion von *annotate.module*, die allein für die Definition des Formulars verantwortlich ist:

```
/**
 * Definiert das Formular für die Eingabe der Anmerkungen.
 */
function annotate_entry_form($form_state, $node) {
```

2.4 Das Formular zur Dateneingabe hinzufügen

```
  // Bestimmt eine Feldgruppe.
  $form['annotate'] = array(
    '#type' => 'fieldset',
    '#title' => t('Annotations'),
  );
  // Legt einen Textbereich innerhalb der Feldgruppe fest.
  $form['annotate']['note'] = array(
    '#type' => 'textarea',
    '#title' => t('Notes'),
    '#default_value' => isset($node->annotation) ? $node->annotation : '',
    '#description' => t('Make your personal annotations about this content here. Only
       you (and the site administrator) will be able to see them.')
  );
  // Speichert die Node-ID der Einfachheit halber.
  $form['annotate']['nid'] = array(
    '#type' => 'value',
    '#value' => $node->nid,
  );
  // Definiert eine Übertragungsfunktion.
  $form['annotate']['submit'] = array(
    '#type' => 'submit',
    '#value' => t('Update'),
  );
  return $form;
}
```

Die Funktion verwendet zwei Parameter. Der erste ($form_state) wird von Drupal automatisch an alle Formularfunktionen übertragen. Wir werden sie zunächst ignorieren und in Kapitel 10 detailliert besprechen, wo es um die Formular-API geht. Der zweite Parameter ist das $node-Objekt, das wir vorher in drupal_get_form() verschoben haben (innerhalb unseres nodeapi-Hooks).

Wir erstellen das Formular auf dem gleichen Weg wie die Funktion annotate_admin_settings – wir legen ein Array mit Schlüsseln an, bei dem dieses Mal allerdings das Textfeld und die Bestätigungsschaltfläche innerhalb einer Feldgruppe liegen, sodass sie auf der Webseite gruppiert angezeigt werden. Als Erstes erstellen wir ein Array, setzen #type auf 'fieldset' und geben einen Titel an. Anschließend erstellen wir ein Array, das den Textbereich beschreibt. Beachten Sie, dass der Array-Schlüssel des Arrays textarea ein Member des Arrays fieldset ist. Anders ausgedrückt verwenden wir $form['annotate']['note'] anstatt $form['note']. So kann Drupal erkennen, dass das textarea-Element ein Member des fieldset-Elements ist. Wir nutzen den ternären Operator, um den Textbereich vorab mit einer bestehenden Anmerkung oder einem leeren String zu füllen, wenn noch keine Anmerkung vorhanden ist. Als Letztes kommt die Bestätigungsschaltfläche hinzu, und wir geben das Array zurück, das unser Formular definiert.

Wieder zurück in der Funktion annotate_nodeapi() hängen wir das Formular an den Inhalt der Seite an, indem wir einen Wert und eine Gewichtung zum Inhalt des Nodes hinzufügen. Der Wert enthält das, was angezeigt werden soll, und die Gewichtung weist Drupal an, wo die Anzeige in Relation zum restlichen Inhalt des Nodes erscheinen soll. Unser Formular für Anmerkungen soll im unteren Bereich der Seite platziert werden, daher weisen wir ihm die relativ hohe Gewichtung *10* zu. Was angezeigt werden soll, ist unser Formular, daher rufen wir `drupal_get_form()` auf, um aus dem Array, das beschreibt, wie das Formular aussehen soll, das letztendliche HTML-Formular zu gewinnen. Beachten Sie, dass wir das Objekt `$node` dabei unserer Formularfunktion übergeben – dies ist nötig, um alle vorherigen Anmerkungen zu erhalten und das Formular damit vorab zu füllen.

Erstellen Sie einen *Artikel*-Node in Ihrem Webbrowser und sehen Sie sich ihn an. Sie sollten erkennen können, dass an das Formular das ANMERKUNGS-Formular angehängt wurde (siehe Abbildung 2.2).

Abbildung 2.2: Das Formular Anmerkungen, wie es auf einer Drupal-Webseite erscheint

Hinweis

Die Zeichenketten der Module werden gewöhnlich in englischer Sprache definiert. Um diese Texte übersetzen zu können, benötigen Sie eine Drupal-Installation mit mindestens einer Sprache außer Englisch und aktiviertem *locale*-Modul. Um die englischen Texte zu übersetzen, klicken Sie in VERWALTEN > STRUKTURIERUNG > OBERFLÄCHE ÜBERSETZEN auf das Tab SUCHEN. Geben Sie im Feld SUCHEN Teile der englischen Texte ein. Achten Sie dabei auf die Groß- und Kleinschreibung. Sie erhalten als Ergebnis die gefundenen Zeichenketten und Hinweise auf den Ursprung. Im Feld SPRACHEN sehen Sie bei fehlender deutscher Übersetzung ein durchgestrichenen de. Wenn Sie auf den Link BEARBEITEN klicken, können Sie die deutsche Übersetzung eingeben. Sie finden alle Code-Beispiele auf der beiliegenden CD mit deutschen Übersetzungsdateien. Wenn Sie diese Module installieren, installiert Drupal automatisch die deutsche Übersetzung. Mehr zum Thema Lokalisierung finden Sie in Kapitel 18.

2.4 Das Formular zur Dateneingabe hinzufügen

Was passiert, wenn wir auf die Schaltfläche AKTUALISIEREN klicken? Nichts, da wir noch keinen Code geschrieben haben, der irgendetwas mit dem Inhalt des Formulars anstellt. Lassen Sie uns dies jetzt hinzufügen. Zunächst sollten wir allerdings darüber nachdenken, wo wir die Daten speichern wollen, die die Benutzer eingeben.

2.4.1 Daten in einer Datenbanktabelle speichern

Die gebräuchlichste Möglichkeit, um Daten zu speichern, die von einem Modul verwendet werden, besteht darin, eine separate Datenbanktabelle dafür zu erstellen. Dadurch bleiben die Daten von den Drupal-Kerntabellen getrennt. Bei der Entscheidung, welche Felder für Ihr Modul erstellt werden sollen, müssen Sie sich folgende Fragen stellen: Welche Daten müssen gespeichert werden? Welche Felder und Indizes sind hilfreich, wenn ich eine Abfrage an die Tabelle stelle? Welche Pläne habe ich zukünftig für mein Modul?

Die Daten, die wir speichern müssen, sind einfach der Text der Anmerkungen, die numerische ID des zugehörigen Nodes und die Benutzer-ID des entsprechenden Benutzers. Außerdem kann es hilfreich sein, einen Zeitstempel zu speichern, sodass wir eine Liste kürzlich aktualisierter Anmerkungen in zeitlicher Reihenfolge anzeigen lassen können. Die Frage, die wir am häufigsten an die Tabelle richten lautet: »Welche Anmerkung hat dieser Benutzer für diesen Node eingeben?« Wir werden einen zusammenhängenden Index der Felder uid und nid erstellen, um unsere häufigste Abfrage so gut es geht zu beschleunigen. Der SQL-Code für unsere Tabelle umfasst die folgende Anweisung:

```
CREATE TABLE annotations (
  uid INT(10) NOT NULL ,
  nid INT(10) NOT NULL ,
  note LONGTEXT NOT NULL ,
  when INT( 11 ) NOT NULL DEFAULT '0',
  PRIMARY KEY ( uid, nid )
) ;
```

Wir könnten diesen SQL-Code in einer *README.txt*-Datei zusammen mit unserem Modul bereitstellen, wodurch andere, die das Modul installieren möchten, die Datenbanktabellen manuell zu den Datenbanken hinzufügen müssten. Stattdessen werden wir die Fähigkeit von Drupal nutzen, dass Datenbanktabellen gleichzeitig mit der Aktivierung des Moduls erstellt werden können. Dazu werden wir eine besondere Datei erstellen, deren Dateiname mit dem Modulnamen beginnt und mit dem Suffix *.install* endet. Für *annotate.module* lautet der Dateiname also *annotate.install*. Erstellen Sie *sites/all/modules/custom/annotate/annotate.install* und geben Sie folgenden Code ein:

```
<?php
// $Id$
/**
 * Implementierung von hook_install().
 */
```

```
function annotate_install() {
  // Verwendet die Schema-API, um die
  // Datenbanktabelle zu erstellen.
  drupal_install_schema('annotate');
}
/**
 * Implementierung von hook_uninstall().
 */
function annotate_uninstall() {
  // Verwendet die Schema-API, um die
  // Datenbanktabelle zu löschen.
  drupal_uninstall_schema('annotate');
  // Löscht die Variablen des Moduls aus
  // der Variablentabelle.
  variable_delete('annotate_node_types');
}
/**
 * Implementierung von hook_schema().
 */
function annotate_schema() {
  $schema['annotations'] = array(
    'description' => t('Stores node annotations that users write.'),
    'fields' => array(
      'nid' => array(
        'type' => 'int',
        'unsigned' => TRUE,
        'not null' => TRUE,
        'default' => 0,
        'description' => t('The {node}.nid to which the annotation applies.'),
      ),
      'uid' => array(
        'type' => 'int',
        'unsigned' => TRUE,
        'not null' => TRUE,
        'default' => 0,
        'description' => t('The {user}.uid of the user who created the annotation.')
      ),
      'note' => array(
        'description' => t('The text of the annotation.'),
        'type' => 'text',
        'not null' => TRUE,
        'size' => 'big'
      ),
      'created' => array(
        'description' => t('A Unix timestamp indicating when the annotation was
          created.'),
        'type' => 'int',
        'not null' => TRUE,
        'default' => 0
```

2.4 Das Formular zur Dateneingabe hinzufügen

```
    ),
  ),
  'primary key' => array(
    'nid', 'uid'
  ),
);
return $schema;
}
```

Wenn das Modul *annotate* zum ersten Mal aktiviert wird, sucht Drupal nach der Datei *annotate.install* und führt die Funktion `annotate_install()` aus, die das in unserer Implementierung des Schema-Hooks beschriebene Schema ausliest. Wir beschreiben die Datenbanktabellen und -felder, die von Drupal erstellt werden sollen, wodurch diese für die verwendete Datenbank in standardmäßiges SQL übersetzt werden. Weitere Informationen hierüber finden Sie in Kapitel 5. Wenn alles gut läuft, werden die Datenbanktabellen erstellt. Lassen Sie uns dies jetzt versuchen. Da wir das Modul bereits ohne Datenbanktabellen aktiviert haben, müssen wir es mit unserer neuen *.install*-Datei erneut installieren. Gehen Sie dazu wie folgt vor:

1. Deaktivieren Sie das Modul auf der Seite VERWALTEN > STRUKTURIERUNG > MODULE.
2. Deinstallieren Sie das Modul auf der Registerkarte DEINSTALLIEREN auf der Seite VERWALTEN > STRUKTURIERUNG > MODULE. Dies weist Drupal an, die Datenbanktabellen zu vergessen, die ggf. mit einem Modul verbunden sind.
3. Aktivieren Sie das Modul. Dieses Mal erstellt Drupal die Tabelle, während das Modul installiert wird.

> **Tipp**
>
> Wenn es in Ihrer *.install*-Datei einen Tippfehler gibt oder die Ausführung aus einem anderen Grund fehlschlägt, können Sie Drupal anweisen, Ihr Modul und seine Tabellen zu ignorieren. Dies erreichen Sie über VERWALTEN > STRUKTURIERUNG > MODULE, wo Sie auf der Registerkarte DEINSTALLIEREN die Modultabellen entfernen können. Als letztes Mittel können Sie das Modul aus der Tabelle *system* der Datenbank löschen.

Nachdem Drupal die Tabelle *annotations* zur Speicherung der Daten erstellt hat, müssen wir einige Anpassungen an unserem Code vornehmen. Zum einen müssen wir etwas Code hinzufügen, um die Verarbeitung der Daten zu bewerkstelligen, wenn Benutzer eine Anmerkung eingeben und auf AKTUALISIEREN klicken. Unsere Funktion für die Formularvorlage sieht wie folgt aus:

```
/**
 * Handhabt die Übermittlung des Anmerkungsformulars und
 * speichert die Daten in der Datenbank.
 */
```

```
function annotate_entry_form_submit($form, $form_state) {
  global $user;
  $note = $form_state['values']['note'];
  $nid = $form_state['values']['nid'];
  db_query('DELETE FROM {annotations} WHERE nid = %d AND uid = %d',
    $nid, $user->uid);
  db_query("INSERT INTO {annotations} (nid, uid, note, created)
    VALUES (%d, %d, '%s', %d)", $nid, $user->uid, $note, time());
  drupal_set_message(t('Your annotation has been saved.'));
}
```

Da wir nur eine Anmerkung pro Benutzer und Node zulassen, können wir die letzte beruhigt löschen (falls eine vorhanden ist) und unsere eigene in die Datenbank eingeben. Es gibt einige Dinge, auf die Sie bei der Interaktion mit der Datenbank achten sollten. Zunächst einmal müssen Sie sich über die Verbindung zur Datenbank keine Gedanken machen, da Drupal dies bereits für uns während der Bootstrap-Sequenz erledigt hat. Des Weiteren ist es so, dass eine Datenbanktabelle bei jedem Verweis auf sie in geschweifte Klammern gefasst wird. Dies dient dazu, Tabellen problemlos mit Präfixen zu versehen (mehr darüber erfahren Sie in den Hinweisen in *sites/default/settings.php*). Drittens verwenden wir in unseren Abfragen Platzhalter und stellen die einzufügenden Variablen bereit, sodass in Drupal integrierte Säuberungsmechanismen ihren Teil zur Verhinderung von SQL-Injektionsangriffen beitragen können. Wir nutzen %d als Platzhalter für ganze Zahlen und '%s' für Strings. Danach verwenden wir drupal_set_message(), um eine Nachricht in die Benutzersitzung zu packen, die Drupal als Hinweis auf der nächsten Seite der Benutzeransicht anzeigt. Dadurch erhält der Benutzer etwas Feedback.

Abschließend müssen wir den Code unseres *nodeapi*-Hooks so verändern, dass eine bestehende Anmerkung aus der Datenbank abgerufen und verwendet wird, um unser Formular vorab zu füllen. Kurz bevor wir unser Formular $node->content zuweisen, fügen wir die folgenden (fett gedruckten) Zeilen hinzu:

```
/**
 * Implementierung von hook_nodeapi().
 */
function annotate_nodeapi(&$node, $op, $teaser, $page) {
  global $user;
  switch ($op) {
    // Die Operation 'view' bedeutet, dass der Node
    // angezeigt wird.
    case 'view':
      // Abbrechen, wenn der Benutzer anonym
      // (nicht angemeldet) ist oder wenn
      // nur die Node-Übersicht angezeigt wird.
      if ($user->uid == 0 || !$page) {
        break;
      }
      // Findet heraus, welche Node-Typen kommentierbar
```

```
        // sein sollen.
        $types_to_annotate = variable_get('annotate_node_types',
                                 array('page'));
        // Abbrechen, wenn dieser Node nicht zu den kommentierbaren
        // Typen gehört.
        if (!in_array($node->type, $types_to_annotate)) {
          break;
        }
        // Ruft die aktuelle Anmerkung für diesen Node aus
        // der Datenbank ab und speichert sie im Node-Objekt.
        $result = db_query('SELECT note FROM {annotations}
          WHERE nid = %d AND uid = %d', $node->nid, $user->uid);
        $node->annotation = db_result($result);
        // Fügt das Formular als Inhaltsobjekt hinzu.
        $node->content['annotation_form'] = array(
          '#value' => drupal_get_form('annotate_entry_form', $node),
          '#weight' => 10
        );
        break;
      case 'delete':
        db_query('DELETE FROM {annotations}
          WHERE nid = %d', $node->nid);
        break;
  }
}
```

Zur Auswahl der Anmerkung für diesen Benutzer auf diesem Node fragen wir zunächst die Datenbanktabelle ab. Danach verwenden wir `db_result()`, eine Funktion, die nur das erste Feld der ersten Zeile aus dem Ergebnissatz holt. Da wir nur eine Anmerkung pro Benutzer auf einem Node zulassen, sollte es immer nur eine Zeile geben.

Außerdem haben wir einen Fall für die `delete`-Operation des `nodeapi`-Hooks hinzugefügt, sodass beim Löschen eines Nodes auch dessen Anmerkungen gelöscht werden.

Testen Sie Ihr Modul. Es sollte in der Lage sein, Anmerkungen zu empfangen und zu erneuern. Klopfen Sie sich selbst auf die Schultern – Sie haben ein Drupal-Modul von Grund auf erstellt. Damit sind Sie auf dem besten Weg, ein Drupal-Coreentwickler zu werden.

2.5 Den eigenen Verwaltungsabschnitt definieren

Drupal verfügt über mehrere Kategorien administrativer Einstellungen wie Inhalts- und Benutzerverwaltung, die auf der Hauptverwaltungsseite erscheinen. Wenn Ihr Modul eine eigene Kategorie benötigt, können Sie diese leicht erstellen. In diesem Beispiel erstellen wir eine neue Kategorie namens »Node annotation«. Dazu ändern wir die Menü-Hooks unserer Module und definieren so die neue Kategorie:

```
/**
 * Implementierung von hook_menu().
 */
function annotate_menu() {
  $items['admin/annotate'] = array(
    'title' => 'Node annotation',
    'description' => 'Adjust node annotation options.',
    'position' => 'right',
    'weight' => -5,
    'page callback' => 'system_admin_menu_block_page',
    'access arguments' => array('administer site configuration'),
    'file' => 'system.admin.inc',
    'file path' => drupal_get_path('module', 'system'),
  );
  $items['admin/annotate/settings'] = array(
    'title' => 'Annotation settings',
    'description' => 'Change how annotations behave.',
    'page callback' => 'drupal_get_form',
    'page arguments' => array('annotate_admin_settings'),
    'access arguments' => array('administer site configuration'),
    'type' => MENU_NORMAL_ITEM,
    'file' => 'annotate.admin.inc',
  );
  return $items;
}
```

Das Ergebnis der Änderung an unserem Code ist eine neue Kategorie, in der ein Einstellungslink unseres Moduls enthalten ist (siehe Abbildung 2.3).

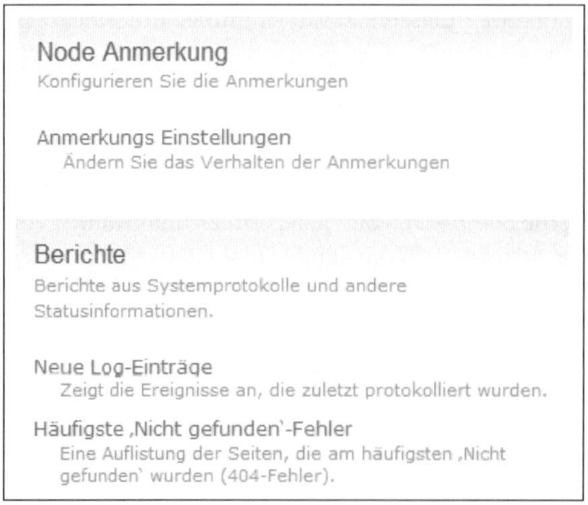

Node Anmerkung
Konfigurieren Sie die Anmerkungen

Anmerkungs Einstellungen
Ändern Sie das Verhalten der Anmerkungen

Berichte
Berichte aus Systemprotokolle und andere Statusinformationen.

Neue Log-Einträge
Zeigt die Ereignisse an, die zuletzt protokolliert wurden.

Häufigste ‚Nicht gefunden'-Fehler
Eine Auflistung der Seiten, die am häufigsten ‚Nicht gefunden' wurden (404-Fehler).

Abbildung 2.3: Der Link zu den annotation-Moduleinstellungen erscheint jetzt als eigene Kategorie

2.5 Den eigenen Verwaltungsabschnitt definieren

Wenn Sie dies zu Hause nachverfolgen, müssen Sie den Menücache leeren, damit der Link erscheint. Dies erreichen Sie, indem Sie die Tabelle *cache_menu* leeren oder auf den Link MENÜS NEU AUFBAUEN klicken, der vom Drupal-Entwicklungsmenü (*devel.module*) bereitgestellt wird. Außerdem können Sie auch die Schaltfläche CACHE LEEREN verwenden, die Sie unter VERWALTEN > EINSTELLUNGEN > LEISTUNG finden.

> **Tipp**
>
> Das Entwicklungsmodul (*http://drupal.org/project/devel*) wurde eigens zur Unterstützung der Drupal-Entwicklung geschrieben. Es ermöglicht einen schnellen Zugriff auf viele Entwicklerfunktionen wie das Löschen des Caches, das Ansehen von Variablen, die Abfrageverfolgung und vieles mehr. Für ernsthafte Entwicklung ist es unerlässlich. Sollte es bei Ihnen noch nicht installiert sein, laden Sie es herunter und platzieren Sie es im Ordner *sites/all/modules/devel*. Anschließend können Sie den Entwicklungsblock über VERWALTEN > STRUKTURIERUNG > BLÖCKE aufrufen.

Wir haben unsere neue Kategorie in zwei Schritten eingerichtet. Zunächst haben wir ein Menüobjekt hinzugefügt, das den Kategorie-Header beschreibt. Dieses Menüobjekt besitzt einen eindeutigen Pfad (`admin/annotate`). Wir legen fest, dass es in der rechten Spalte mit einer Gewichtung von -5 platziert werden soll. Dadurch erscheint es direkt über der Kategorie »Site configuration«, was uns als guter Ort erscheint (siehe Abbildung 2.3).

Der zweite Schritt besteht darin, Drupal anzuweisen, den aktuellen Link zu den Einstellungen von `annotation` innerhalb der Kategorie »Node Anmerkung« zu platzieren. Dazu haben wir den Pfad unseres ursprünglichen Menüobjekts geändert, sodass statt *admin/settings/annotate* jetzt *admin/annotate/settings* der aktuelle Pfad ist. Vorher war das Menüobjekt ein Unterobjekt von *admin/settings*, was gleichzeitig der Pfad zu der Kategorie »Einstellungen« ist (siehe Tabelle 2.1). Wenn Drupal die Menüstruktur neu erstellt, schaut es sich die Pfade an, um Beziehungen zwischen über- und untergeordneten Objekten einzurichten. Dadurch stellt Drupal fest, dass *admin/annotate/settings* ein Unterobjekt von *admin/annotate* ist und auch als solches dargestellt werden soll. Die Platzierung von Menüobjekt-Pfaden unter einem der Pfade aus Tabelle 2.1 führt dazu, dass diese Module auf der Administrationsseite von Drupal in der entsprechenden Kategorie erscheinen.

Drupal lädt nur die Dateien, die für die Erledigung der Aufgabe nötig sind, wodurch nur wenig Speicher benötigt wird. Da unser Seiten-Callback auf eine Funktion außerhalb des Gültigkeitsbereichs unseres Moduls verweist (sprich die Funktion `system_admin_menu_block_page()` in *system.module*), müssen wir Drupal mitteilen, statt *sites/all/modules/custom/annotate/system.admin.inc* die Datei *modules/system/system.admin.inc* zu laden. Dazu haben wir Drupal angewiesen, den Pfad des Systemmoduls abzurufen und das Ergebnis im Pfadschlüssel der Datei unseres Menüobjekts zu platzieren.

Natürlich ist dieses Beispiel gewollt, denn in der Praxis sollten Sie einen guten Grund haben, um eine neue Kategorie zu erstellen. Zu viele Kategorien können eventuell zur Verwirrung des Administrators führen, der oftmals Sie selber sind.

Pfad	Kategorie
admin/content	Inhaltsverwaltung
admin/build	Strukturierung
admin/settings	Einstellungen
admin/user	Benutzerverwaltung
admin/reports	Berichte

Tabelle 2.1: Pfade zu administrativen Kategorien

2.6 Dem Benutzer ein Formular mit Einstellungen anzeigen

Im *annotate*-Modul gaben wir dem Administrator die Möglichkeit, auszuwählen, welche Node-Typen `annotate` unterstützen sollen (siehe Abbildung 2.1). Schauen wir uns an, wie dies funktioniert.

Wenn ein Siteadministrator die Einstellungen für das *annotate*-Modul ändern möchte, wollen wir ihm ein Formular anzeigen, in dem er aus verschiedenen Optionen auswählen kann. In unserem Menüobjekt richten wir den Seiten-Callback so ein, dass er auf die Funktion `drupal_get_form()` verweist. Außerdem sollen die Seitenargumente ein Array bilden, das `annotate_admin_settings` enthält. Das bedeutet, dass `drupal_get_form ('annotate_admin_settings')` ausgeführt wird, wenn Sie die Seite *http://example.com/?q=admin/annotate/settings* besuchen. Dadurch wird Drupal angewiesen, das Formular zu erstellen, das von der Funktion `annotate_admin_settings()` definiert wird.

Schauen wir uns die Funktion genauer an, die das Formular definiert. Sie legt ein Kontrollkästchen (Checkbox) für Node-Typen (Abbildung 2.1) und zwei weitere Optionen fest. Die Funktion befindet sich in *sites/all/modules/custom/annotate/annotate.admin.inc*:

```
/**
 * Formularerstellung. Anmerkungen werden eingerichtet.
 *
 * @ingroup forms
 * @see system_settings_form().
 */
function annotate_admin_settings() {
  // Ruft ein Array der Node-Typen mit internen Namen als Schlüssel und
  // benutzerfreundlichen Namen als Werte ab, z.B.:
```

2.6 Dem Benutzer ein Formular mit Einstellungen anzeigen

```php
    // array('page' => 'Page', 'story' => 'Story')
    $options = node_get_types('names');
    $form['annotate_node_types'] = array(
      '#type' => 'checkboxes',
      '#title' => t('Users may annotate these content types'),
      '#options' => $options,
      '#default_value' => variable_get('annotate_node_types',
                                      array('page')),
      '#description' => t('A text field will be available on these content types to
        make user-specific notes.'),
    );
    $form['annotate_deletion'] = array(
      '#type' => 'radios',
      '#title' => t('Annotations will be deleted'),
      '#description' => t('Select a method for deleting
                          annotations.'),
      '#options' => array(
        t('Never'),
        t('Randomly'),
        t('After 30 days')
      ),
      '#default_value' => variable_get('annotate_deletion', 0)
// Default to Never
    );
    $form['annotate_limit_per_node'] = array(
      '#type' => 'textfield',
      '#title' => t('Annotations per node'),
      '#description' => t('Enter the maximum number of annotations allowed per
        node (0 for no limit).'),
      '#default_value' => variable_get('annotate_limit_per_node', 1),
      '#size' => 3
    );
    return system_settings_form($form);
}
```

Wir fügen eine Auswahlschaltfläche (Radio Button) hinzu, mit der entschieden werden kann, wann Anmerkungen gelöscht werden sollen. Außerdem fügen wir noch einen Texteintrag hinzu, der die Anzahl der zugelassenen Anmerkungen auf einem Node beschränkt (die Implementierung dieser Erweiterungen im Modul ist als Übung für Sie vorgesehen). Anstatt die Verarbeitung unseres eigenen Formulars selbst zu übernehmen, rufen wir `system_settings_form()` auf und überlassen dem Systemmodul das Hinzufügen einiger Schaltflächen sowie die Überprüfung und Einreichung des Formulars. Abbildung 2.4 zeigt, wie das Optionsformular jetzt aussieht.

Abbildung 2.4: Erweitertes Optionsformular mit Markierungsfeldern, Auswahlschaltflächen und Textfeldern

2.7 Vom Benutzer übermittelte Einstellungen prüfen

Wenn sich `system_settings_form()` um die Speicherung der Formularwerte kümmert, wie können wir dann überprüfen, ob der Wert des Felds ANNOTATIONS PER NODE eine Zahl ist? Können wir uns irgendwie in die Formularübermittlung einklinken? Natürlich können wir das. Wir müssen lediglich eine Überprüfungsfunktion in *sites/all/modules/custom/annotate/annotate.admin.inc* festlegen und dazu verwenden, einen Fehler zu melden, wenn irgendwas nicht in Ordnung ist.

```
/**
 * Überprüfung des annotation-Konfigurationsformulars.
 */
function annotate_admin_settings_validate($form, $form_state) {
  $limit = $form_state['values']['annotate_limit_per_node'];
  if (!is_numeric($limit)) {
    form_set_error('annotate_limit_per_node', t('Please enter a number.'));
  }
}
```

Wenn Drupal das Formular jetzt ausführt, greift es zur Überprüfung auf `annotate_admin_settings_validate()` zurück. Sobald wir feststellen, dass ein ungültiger Wert eingegeben wurde, platzieren wir eine Fehlermarkierung in dem betreffenden

Feld. Dies wird auf dem Bildschirm durch einen Warnhinweis und durch Hervorhebung des Feldes mit dem Fehler wiedergegeben (siehe Abbildung 2.5).

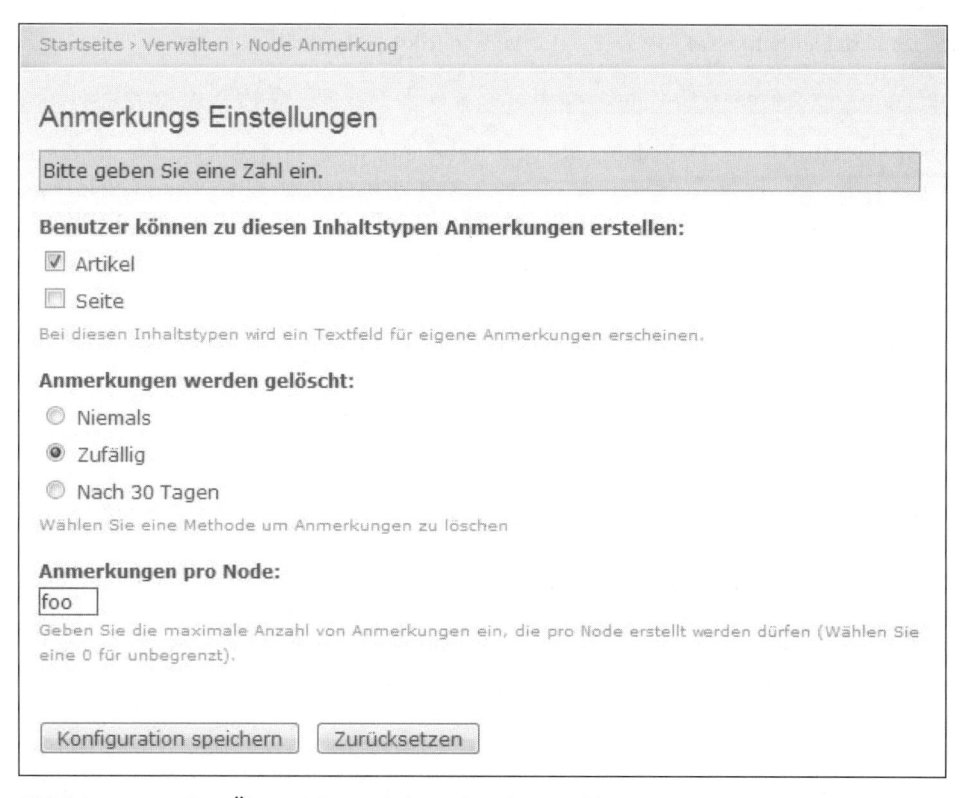

Abbildung 2.5: Das Überprüfungsskript zeigt einen Fehler an

Woher weiß Drupal, dass es unsere Funktion aufrufen soll? Wir haben sie auf besondere Weise benannt und dabei den Namen der Formulardefinitionsfunktion (annotate_admin_settings) und _validate verwendet. Eine vollständige Beschreibung darüber, wie Drupal entscheidet, welche Überprüfungsfunktion aufgerufen wird, finden Sie in Kapitel 10.

2.8 Einstellungen speichern

Im vorangegangenen Beispiel haben die Änderung der Einstellungen und die Schaltfläche KONFIGURATION SPEICHERN gut funktioniert. Wenn Sie ZURÜCKSETZEN anklicken, werden die Felder auf ihre Standardwerte zurückgesetzt. Der folgende Abschnitt beschreibt, wie dies funktioniert.

2.8.1 Verwenden der Drupal-Tabelle variables

Schauen wir uns zunächst das Feld ANNOTATION PER NODE (ANMERKUNGEN PRO NODE) an. Der Schlüssel #default_value ist wie folgt eingestellt:

```
variable_get('annotate_limit_per_node', 1)
```

Drupal verfügt in der Datenbank über die Tabelle *variables* und über Schlüssel/Wert-Paare, die mit variable_set($key, $value) gespeichert und mit variable_get($key, $default) abgerufen werden können. Letztlich sagen wir also: »Setze den Standardwert des Felds ANMERKUNGEN PRO NODE auf den Wert, der in der Datenbanktabelle *variables* für die Variable annotate_limit_per_node gespeichert ist. Wenn dort kein Wert vorhanden ist, verwende den Wert 1.« Wenn also auf die Schaltfläche ZURÜCKSETZEN geklickt wird, löscht Drupal den Eintrag für den Schlüssel annotate_limit_per_node aus der Tabelle *variables* und verwendet den Standardwert 1.

> **Achtung**
>
> Damit es beim Speichern und Abrufen von Einstellungen in der Tabelle *variables* nicht zu Namespace-Konflikten kommt, sollten Sie Ihrem Formularelement und Ihrem Variablenschlüssel den gleichen Namen geben (also annotate_limit_per_node im vorangegangenen Beispiel). Erstellen Sie den Namen des Formularelements und des Variablenschlüssels aus dem Modulnamen und einer beschreibenden Ergänzung.

Das Feld ANNOTATIONS WILL BE DELETED (ANMERKUNGEN WERDEN GELÖSCHT) ist etwas komplexer, da es sich um das Feld einer Auswahlschaltfläche (Radio Button) handelt. Für dieses Feld sind folgende #options-Einstellungen möglich:

```
'#options' => array(
  t('Never'),
  t('Randomly'),
  t('After 30 days')
)
```

Wenn PHP ein Array ohne Schlüssel erhält, fügt es stillschweigend numerische Schlüssel ein. Somit sieht das interne Array wie folgt aus:

```
'#options' => array(
  [0] => t('Never'),
  [1] => t('Randomly'),
  [2] => t('After 30 days')
)
```

Wenn wir den Standardwert für dieses Feld eingerichtet haben, verwenden wir:

```
'#default_value' => variable_get('annotate_deletion', 0)
// Standard ist Never (Niemals)
```

Dies bedeutet effektiv, dass der Standardwert das Element 0 im Array ist, also t('Never').

2.8.2 Abrufen von gespeicherten Werten mit variable_get()

Wenn Ihr Modul gespeicherte Einstellungen abruft, sollte `variable_get()` verwendet werden:

```
// Ruft die gespeicherte Einstellung der maximalen Anzahl
// von Anmerkungen je Node ab.
$max = variable_get('annotate_limit_per_node', 1);
```

Beachten Sie, dass auch hier ein Standardwert für `variable_get()` genutzt wird, wenn keine gespeicherten Werte verfügbar sind (es könnte ja sein, dass der Administrator die Einstellungsseite noch nicht besucht hat).

2.9 Weitere Schritte

Wir werden diese Module natürlich der Open-Source-Community zur Verfügung stellen. Deshalb sollte natürlich eine *README.txt*-Datei erstellt und im *Annotations*-Verzeichnis zusammen mit *annotate.info*, *annotate.module* und *annotate.install* platziert werden. Die *README.txt*-Datei enthält im Allgemeinen Informationen über den Autor und darüber, wie das Modul installiert werden kann. Es müssen keine Lizenzierungsinformationen angegeben werden, da alle auf *drupal.org* hochgeladenen Module GPL-lizenziert sind, wobei das Komprimierungsskript von *drupal.org* automatisch einen Lizenzierungstext hinzufügt. Als Nächstes können Sie das Modul in das Beitragsverzeichnis von *drupal.org* hochladen und eine Projektseite erstellen. Dadurch erhalten Sie Rückmeldungen von anderen Benutzern der Community.

2.10 Zusammenfassung

Nachdem Sie dieses Kapitel gelesen haben, sollten Sie in der Lage sein, folgende Aufgaben durchzuführen:

- Ein Drupal-Modul von Grund auf erstellen
- In die Codeausführung von Drupal eingreifen
- Modulspezifische Einstellungen speichern und erneuern
- Mit der Formular-API von Drupal einfache Formulare erstellen und ausführen

- Neue administrative Kategorien auf der Administrationsseite von Drupal erstellen
- Ein Formular für Siteadministratoren definieren, bei dem Kontrollkästchen, Texteingabefelder und Auswahlschaltflächen verwendet werden können
- Einstellungen überprüfen und Fehlermeldungen ausgeben, falls eine Überprüfung fehlschlägt
- Erklären, wie Drupal Einstellungen mithilfe des integrierten Variablensystems speichert und abruft

3 Hooks, Aktionen und Trigger

Bei der Arbeit mit Drupal soll oftmals dann etwas passieren, wenn ein bestimmtes Ereignis eintritt. Ein Siteadministrator möchte beispielsweise eine E-Mail erhalten, wenn eine Nachricht eingestellt wird, oder ein Benutzer soll gesperrt werden, wenn bestimmte Wörter in einem Kommentar auftauchen. Dieses Kapitel beschreibt, wie Hooks für bestimmte Drupal-Ereignisse definiert werden, sodass Ihr eigener Code ausgeführt wird, wenn diese Ereignisse auftreten.

3.1 Grundlagen von Ereignissen und Triggern

Während Drupal seine Arbeit verrichtet, durchläuft das Programm eine Abfolge von Ereignissen. Beim Eintreten dieser internen Ereignisse können Module mit der Ablaufsteuerung von Drupal zusammenwirken. Tabelle 3.1 zeigt einige der Ereignisse von Drupal.

Ereignis	Typ
Erstellen eines Nodes	Node
Löschen eines Nodes	Node
Anzeigen eines Nodes	Node
Erstellen eines Benutzerkontos	Benutzer
Aktualisieren eines Benutzerprofils	Benutzer
Anmelden	Benutzer
Abmelden	Benutzer

Tabelle 3.1: Beispiele für Drupal-Ereignisse

Drupal-Entwickler bezeichnen diese internen Ereignisse als *Hooks*, denn wenn ein solches Ereignis eintritt, erlaubt Drupal den Modulen, sich in den Ausführungspfad »einzuklinken«. In den vorangegangenen Kapiteln sind Ihnen bereits einige Hooks begegnet. Zur typischen Modulentwicklung gehört die Entscheidung, auf welche Drupal-Ereignisse Sie reagieren, d.h., welche Hooks Sie in Ihrem Modul implementieren möchten.

Angenommen, Sie haben gerade eine Website gestartet, die auf einem Computer in Ihrem Keller ausgeführt wird. Sobald die Site erfolgreich wird, möchten Sie sie an eine große Firma verkaufen und steinreich werden. In der Zwischenzeit wünschen Sie jedes Mal eine akustische Benachrichtigung, wenn sich ein Benutzer anmeldet. Da Ihre Katze schläft und die Töne als störend empfinden würde, entscheiden Sie sich dafür, das Signal zunächst mit einem einfachen Protokolleintrag zu simulieren. Sie schreiben daher schnell eine *.info*-Datei und stellen Sie in das Verzeichnis *sites/all/modules/custom/beep/beep.info*:

```
; $Id$
name = Beep
description = Simuliert einen Signalton.
package = Drupal Entwickler Buch
core = 6.x
```

Dann wird es Zeit, *sites/all/modules/custom/beep/beep.module* zu schreiben:

```
<?php
// $Id$
/**
 * @file
 * Simuliertes Signal
 */
function beep_beep() {
  watchdog('beep', 'Beep!');
}
```

Es schreibt die Meldung Beep! in die Protokolldatei von Drupal. Das soll fürs Erste reichen. Als Nächstes soll Drupal ein Signal ausgeben, wenn sich ein Benutzer anmeldet. Das können wir einfach erreichen, indem wir hook_user() in unserem Modul implementieren und die Operation login abfangen:

```
/**
 * Implementierung von hook_user().
 */
function beep_user($op, &$edit, &$account, $category = NULL) {
  if ($op == 'login') {
    beep_beep();
  }
}
```

Sehen Sie, das war einfach. Wie wäre es mit einem weiteren Signal, wenn neuer Inhalt hinzugefügt wird? Das ist möglich, wenn wir hook_nodeapi() in unserem Modul implementieren und die Operation insert abfangen:

```
/**
 * Implementierung von hook_nodeapi().
 */
```

```
function hook_nodeapi(&$node, $op, $a3 = NULL, $a4 = NULL) {
   if ($op == 'insert') {
      beep_beep();
   }
}
```

Was ist, wenn wir ein Signal wünschen, sobald ein Kommentar hinzugefügt wird? Nun, wir könnten `hook_comment()` implementieren und die Operation `comment` abfangen, doch lassen Sie uns zunächst etwas nachdenken. Im Wesentlichen führen wir immer wieder dieselbe Sache aus. Wäre es nicht gut, wenn wir eine grafische Benutzeroberfläche hätten, auf der wir die Aktion der Signalausgabe mit jedem beliebigen Hook und jeder beliebigen Operation verknüpfen könnten? Genau das macht das eingebaute Triggermodul von Drupal. Es gibt Ihnen die Möglichkeit, eine Aktion mit einem bestimmten Ereignis zu verknüpfen. Im Code wird ein Ereignis als eine eindeutige Verbindung aus Hook und Operation definiert, wie z. B. »Hook `user`, Operation `login`«, oder »Hook `nodeapi`, Operation `insert`«. Bei jedem Auftreten dieser Operationen können Sie mit *trigger.module* eine Aktion auslösen.

Um Verwirrungen vorzubeugen, sollten wir unsere Ausdrücke klarstellen:

- *Ereignis (Event)*: Im allgemeinen Verständnis der Programmierung bezeichnet dieser Ausdruck in der Regel eine Nachricht, die von einer Komponente eines Systems an andere Komponenten gesendet wird.

- *Hook*: Diese in Drupal verwendete Technik ermöglicht es Modulen, sich in den Ausführungsfluss »einzuklinken«.

- *Operation*: Bezeichnet den Prozess, der innerhalb eines Hooks ausgeführt wird. Die Operation `login` ist z. B. eine Operation des `user`-Hooks.

- *Trigger*: Bezeichnet eine Kombination aus einem Hook und einer Operation, mit der eine oder mehrere Aktionen verknüpft werden können. Beispielsweise kann die Aktion der Signalausgabe mit der Operation `login` des `user`-Hooks verknüpft werden.

3.2 Grundlagen von Aktionen

Eine *Aktion* ist etwas, das Drupal tut. Hier sehen Sie einige Beispiele:

- Einen Node auf die Titelseite befördern
- Einen Node von »nicht veröffentlicht« in »veröffentlicht« ändern
- Einen Benutzer löschen
- Eine E-Mail versenden

Jedes dieser Beispiele hat eine klar definierte Aufgabe. Programmierer werden in der vorstehenden Liste die Ähnlichkeit mit PHP-Funktionen bemerken. Beispielsweise können Sie eine E-Mail senden, indem Sie die Funktion `drupal_mail()` in *includes/*

mail.inc aufrufen. Aktionen ähneln Funktionen, weil sie Funktionen *sind* – Funktionen, die Drupal prüfen und lose mit Ereignissen koppeln kann (mehr dazu in Kürze). Lassen Sie uns jetzt das Triggermodul untersuchen.

3.2.1 Die Benutzeroberfläche für Trigger

Aktivieren Sie unter VERWALTEN > STRUKTURIERUNG > MODULE das Triggermodul. Rufen Sie dann VERWALTEN > EINSTELLUNGEN > TRIGGER auf. Sie sollten eine Benutzeroberfläche wie in Abbildung 3.1 sehen.

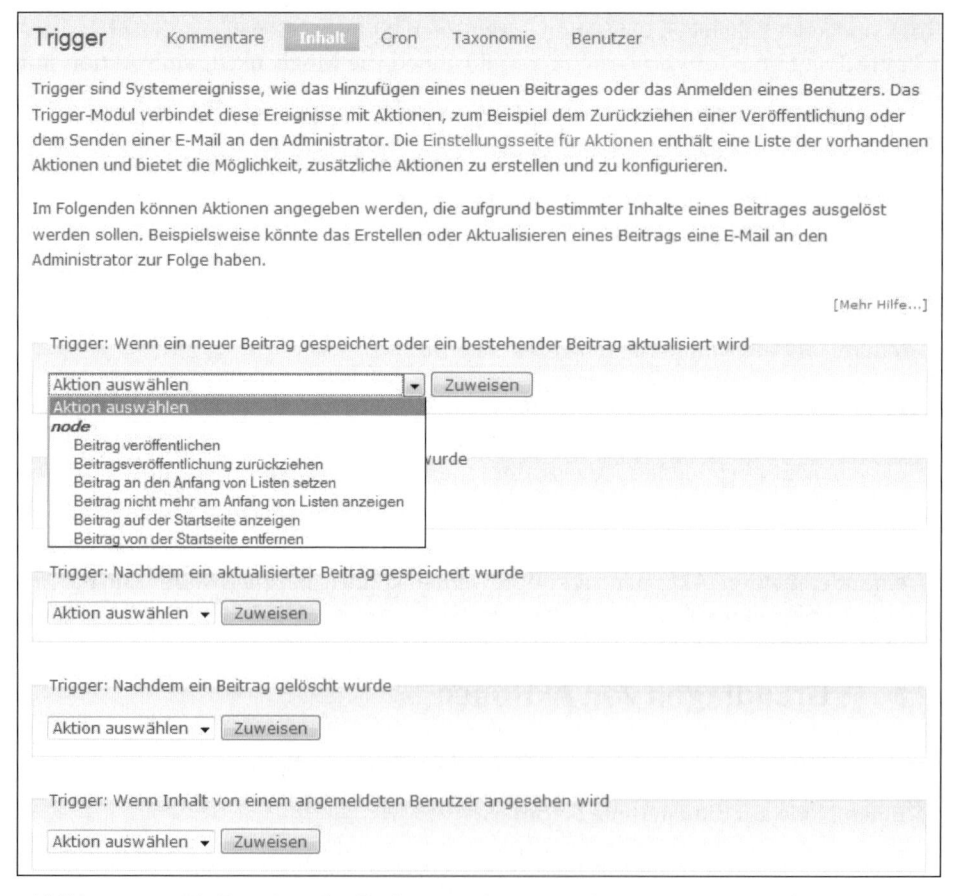

Abbildung 3.1: Die Benutzeroberfläche zur Triggerzuweisung

Beachten Sie die Registerkarten am oberen Rand. Sie entsprechen Drupal-Hooks! In Abbildung 3.1 sehen Sie die Registerkarte INHALT und damit die Operationen für den Hook nodeapi. Sie haben alle ausführliche Namen – beispielsweise heißt die Operation delete des Hooks nodeapi »Nachdem ein Beitrag gelöscht wurde«. Somit wird jede

3.2 Grundlagen von Aktionen

Operation des Hooks angezeigt, wobei Sie ihr eine Aktion wie »Beitrag auf der Startseite anzeigen« zuweisen können. Alle verfügbaren Aktionen sind in der Dropdownliste »Aktion auswählen« aufgeführt.

> **Hinweis**
>
> Nicht alle Aktionen sind für alle Trigger verfügbar, da einige Aktionen in bestimmten Zusammenhängen keinen Sinn haben. Sie würden z.B. die Aktion »Beitrag auf der Startseite anzeigen« nicht mit dem Trigger »Nachdem ein Beitrag gelöscht wurde« ausführen. Je nach Ihrer Installation können einige Trigger »Für diesen Trigger sind keine Aktionen vorhanden.« anzeigen.

Tabelle 3.2 zeigt einige Triggernamen und ihre entsprechenden Hooks und Operationen.

Hook	Operation	Triggername
comment	insert	Nach dem Speichern eines neuen Kommentars
comment	update	Nach dem Speichern eines aktualisierten Kommentars
comment	delete	Nach dem Löschen eines Kommentars
comment	view	Wenn ein Kommentar von einem authentifizierten Benutzer angesehen wird
cron	run	Wenn Cron läuft
nodeapi	presave	Wenn ein neuer Beitrag gespeichert oder ein bestehender Beitrag aktualisiert wird
nodeapi	insert	Nachdem ein neuer Beitrag gespeichert wurde
nodeapi	update	Nachdem ein aktualisierter Beitrag gespeichert wurde
nodeapi	delete	Nachdem ein Beitrag gelöscht wurde
nodeapi	view	Wenn Inhalt von einem angemeldeten Benutzer angesehen wird
taxonomy	insert	Nachdem ein neuer Begriff in der Datenbank gespeichert wird
taxonomy	update	Nachdem ein aktualisierter Begriff in der Datenbank gespeichert wird
taxonomy	delete	Nachdem ein Begriff gelöscht wurde
user	insert	Nachdem ein Benutzerprofil erstellt wurde
user	update	Nachdem ein Benutzerprofil aktualisiert wurde
user	delete	Nachdem ein Benutzer gelöscht wurde

Tabelle 3.2: Wie Hooks, Operationen und Trigger in Drupal 6 zusammenhängen

Hook	Operation	Triggername
user	login	Nachdem sich ein Benutzer angemeldet hat
user	logout	Nachdem sich ein Benutzer abgemeldet hat
user	view	Wenn ein Benutzerprofil angezeigt wird

Tabelle 3.2: Wie Hooks, Operationen und Trigger in Drupal 6 zusammenhängen (Forts.)

3.2.2 Eine erste Aktion

Was müssen wir tun, damit unsere Signalfunktion eine vollwertige Aktion wird? Es sind die folgenden zwei Schritte auszuführen:

1. Informieren Sie Drupal darüber, welche Trigger die Aktion unterstützen soll.
2. Erstellen Sie die Funktion für die Aktion.

Der erste Schritt wird durch die Implementierung von hook_action_info() erreicht. Für unser Signalmodul sollte sie wie folgt aussehen:

```
/**
 * Implementierung von hook_action_info().
 */

function beep_action_info() {
    $info['beep_beep_action'] = array(
        'type' => 'system',
        'description' => t('Beep annoyingly'),
        'configurable' => FALSE,
        'hooks' => array(
            'nodeapi' => array('view', 'insert', 'update', 'delete'),
            'comment' => array('view', 'insert', 'update', 'delete'),
            'user' => array('view', 'insert', 'update', 'delete',
                            'login'),
            'taxonomy' => array('insert', 'update', 'delete'),
        ),
    );
    return $info;
}
```

Der Funktionsname ist beep_action_info(), da wir wie bei anderen Hookimplementierungen den Namen unseres Moduls (*beep*) zusammen mit dem des Hooks (action_info) verwenden. Wir geben ein Array zurück, das für jede Aktion im Modul einen Eintrag enthält. Da wir nur eine Aktion schreiben, haben wir nur einen Eintrag, dessen Schlüssel der Name der Funktion ist, die die Aktion ausführt: beep_beep_action(). Es ist praktisch, beim Lesen des Codes zu wissen, wann eine Funktion eine Aktion ist, sodass wir an den Namen unser Funktion beep_beep() die Endung _action anhängen, was zu beep_beep_action() führt.

3.2 Grundlagen von Aktionen

Werfen wir nun einen genaueren Blick auf die Schlüssel unseres Arrays.

- `type`: Die Art der Aktion, die Sie schreiben. Drupal nutzt diese Information, um Aktionen in der Dropdownliste der Oberfläche für die Triggerzuweisung zu kategorisieren. Mögliche Typen sind `system`, `node`, `user`, `comment` und `taxonomy`. Um zu bestimmen, welche Art von Aktion Sie schreiben, können Sie sich fragen: »Mit welchen Objekten arbeitet diese Aktion?« (Wenn die Antwort unklar ist oder »Viele verschiedene Objekte!« lautet, verwenden Sie den Typ `system`.)
- `description`: Der benutzerfreundliche Name der Aktion, der in der Dropdownliste der Oberfläche für die Triggerzuweisung angezeigt wird.
- `configurable`: Bestimmt, ob die Aktion Parameter übernimmt oder nicht.
- `hooks`: In diesem Array aus Hooks müssen die einzelnen Einträge die Operationen angeben, die die Aktion unterstützt. Mithilfe dieser Informationen bestimmt Drupal, wo es angebracht ist, die möglichen Aktionen in der Oberfläche für die Triggerzuweisung anzuzeigen.

Wir haben unsere Aktion für Drupal beschrieben, sodass wir sie nun erstellen können:

```
/**
 * Simuliert ein akustisches Signal. Eine Drupal-Aktion.
 */
function beep_beep_action() {
    beep_beep();
}
```

Das war nicht zu schwierig, oder? Bevor wir weitermachen, sollten Sie `beep_user()` und `beep_nodeapi()` löschen, bzw. auskommentieren, da wir Trigger und Aktionen anstelle direkter Hookimplementierungen nutzen werden.

3.2.3 Zuweisen der Aktion

Nun schauen wir uns VERWALTEN > STRUKTURIERUNG > TRIGGER erneut an. Wenn Sie alles richtig gemacht haben, sollte Ihre Aktion in der Benutzerschnittstelle verfügbar sein, wie in Abbildung 3.2 zu sehen ist.

3 Hooks, Aktionen und Trigger

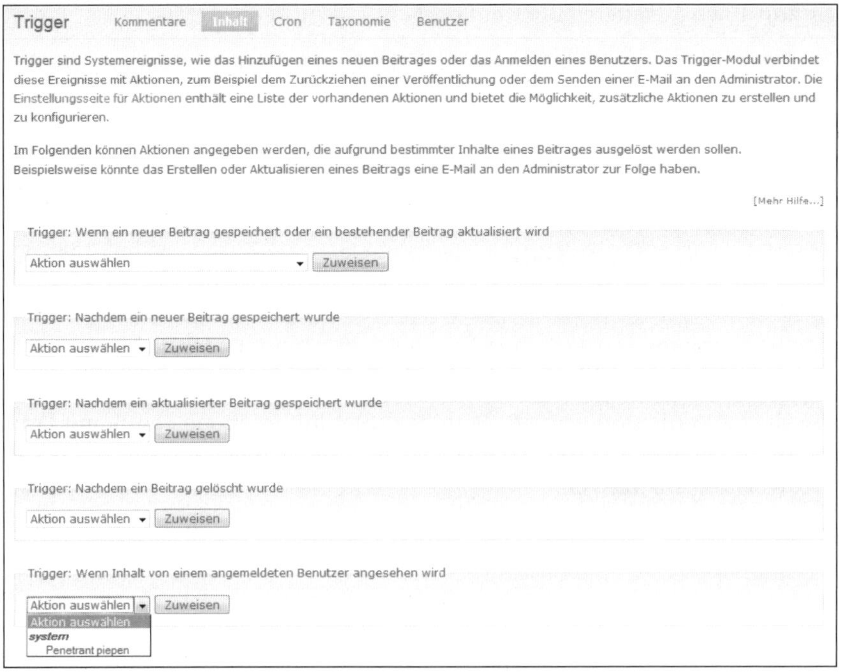

Abbildung 3.2: Die Aktion sollte in der Benutzerschnittstelle Triggers auswählbar sein

3.2.4 Ändern der von einer Aktion unterstützten Trigger

Wenn Sie die Werte ändern, die definieren, welche Operationen diese Aktion unterstützt, können Sie in der Benutzerschnittstelle eine Änderung der Verfügbarkeit sehen. Die Aktion »Beep« ist z.B. nur dann für den Trigger »Nachdem ein Beitrag gelöscht wurde« verfügbar, wenn Sie beep_action_info() wie folgt ändern:

```
/**
 * Implementierung von hook_action_info().
 */
function beep_action_info() {
    $info['beep_beep_action'] = array(
        'type' => 'system',
        'description' => t('Beep annoyingly'),
        'configurable' => FALSE,
        'hooks' => array(
            'nodeapi' => array('delete'),
        ),
    );

    return $info;
}
```

3.2.5 Aktionen, die alle Trigger unterstützen

Wenn Sie Ihre Aktion nicht auf einen bestimmten Trigger oder eine Menge von Triggern beschränken möchten, können Sie angeben, dass sie alle Trigger unterstützt:

```
/**
 * Implementierung von hook_action_info().
 */
function beep_action_info() {
   $info['beep_beep_action'] = array(
      'type' => 'system',
      'description' => t('Beep annoyingly'),
      'configurable' => FALSE,
      'hooks' => array(
         'any' => TRUE,
      ),
   );

   return $info;
}
```

3.2.6 Erweiterte Aktionen

Es gibt im Wesentlichen zwei Arten von Aktionen: solche, die Parameter übernehmen, und solche, die keine übernehmen. Die Aktion »Beep«, mit der wir gearbeitet haben, übernimmt keine Parameter. Wenn sie ausgeführt wird, ertönt ein Signal, und das war's. Aber es kommt häufig vor, dass Aktionen etwas mehr Kontext benötigen. Eine Aktion »Sende eine E-Mail« muss wissen, an wen sie die E-Mail senden soll und wie der Betreff und die Nachricht selbst lauten. Eine solche Aktion benötigt einige Einstellungen aus einem Konfigurationsformular und wird *erweiterte Aktion* oder auch *konfigurierbare Aktion* genannt.

Einfache Aktionen übernehmen keine Parameter, benötigen kein Konfigurationsformular und werden automatisch bei der Aktivierung des entsprechenden Moduls vom System zur Verfügung gestellt (über VERWALTEN > EINSTELLUNGEN > MODULE).

Sie teilen Drupal mit, dass Sie eine erweiterte Aktion verfasst haben, indem Sie in der hook_action_info()-Implementierung Ihres Moduls den Schlüssel configurable auf TRUE setzen, ein Formular zur Konfiguration der Aktion sowie einen optionalen Validierungs- und einen erforderlichen Übermittlungshandler bereitstellen, um das Formular zu verarbeiten. Die Unterschiede zwischen einfachen und erweiterten Aktionen sind in Tabelle 3.3 zusammengefasst.

	Einfache Aktion	Erweiterte Aktion
Parameter	Nein[a]	Erforderlich
Konfigurationsformular	Nein	Erforderlich
Verfügbarkeit	Automatisch	Es muss eine Instanz der Aktion unter Verwendung der Einstellungsseite für Aktionen erstellt werden.
Wert des Schlüssels configure in hook_action_info()	FALSE	TRUE

Tabelle 3.3: Unterschiede zwischen einfachen und erweiterten Aktionen

a. Die Parameter $object und $context sind bei Bedarf verfügbar.

Lassen Sie uns eine erweiterte Aktion erstellen, die mehrere Tonsignale ausgibt. Die Anzahl der Signale soll in einem Konfigurationsformular angegeben werden können.

Zunächst müssen wir Drupal mitteilen, dass diese Aktion konfigurierbar ist. Dazu fügen wir in der Implementierung des Hooks action_info von *beep.module* einen Eintrag für unsere neue Aktion ein.

```
/**
 * Implementierung von hook_action_info().
 */
function beep_action_info() {
    $info['beep_beep_action'] = array(
        'type' => 'system',
        'description' => t('Beep annoyingly'),
        'configurable' => FALSE,
        'hooks' => array(
            'nodeapi' => array('delete'),
        ),
    );
    $info['beep_multiple_beep_action'] = array(
        'type' => 'system',
        'description' => t('Beep multiple times'),
        'configurable' => TRUE,
        'hooks' => array(
            'any' => TRUE,
        ),
    );

    return $info;
}
```

3.2 Grundlagen von Aktionen

Lassen Sie uns schnell unter VERWALTEN > EINSTELLUNGEN > AKTIONEN überprüfen, ob wir die Implementierung korrekt durchgeführt haben. Tatsächlich erscheint die Aktion als Auswahlmöglichkeit in der Dropdownliste für die erweiterten Aktionen, wie Abbildung 3.3 zeigt.

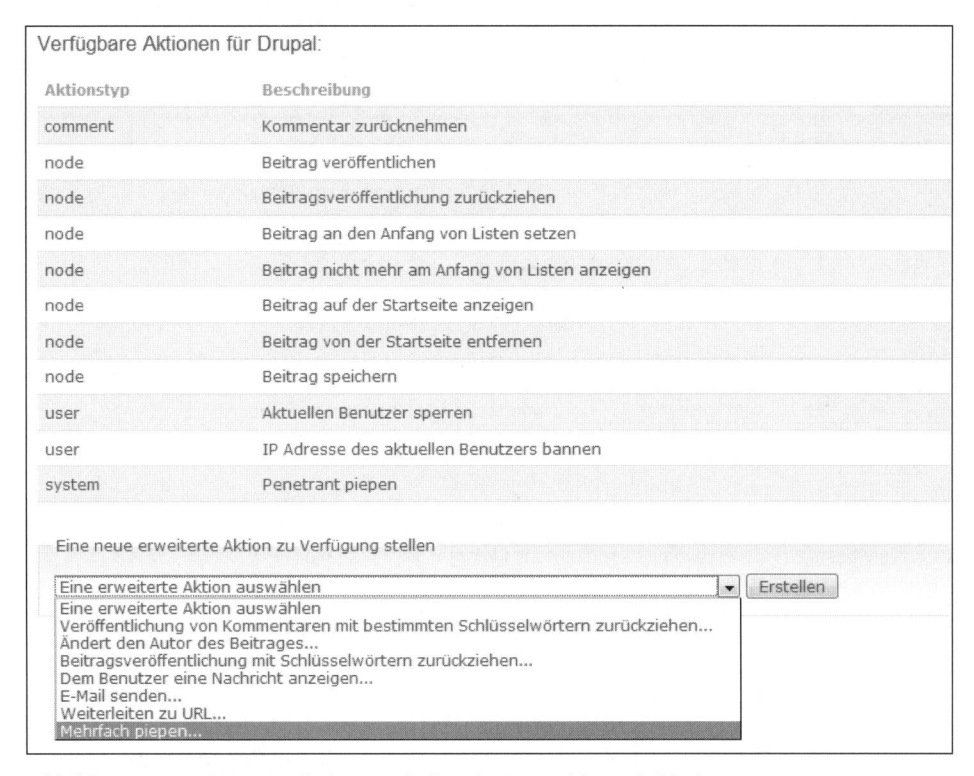

Verfügbare Aktionen für Drupal:	
Aktionstyp	Beschreibung
comment	Kommentar zurücknehmen
node	Beitrag veröffentlichen
node	Beitragsveröffentlichung zurückziehen
node	Beitrag an den Anfang von Listen setzen
node	Beitrag nicht mehr am Anfang von Listen anzeigen
node	Beitrag auf der Startseite anzeigen
node	Beitrag von der Startseite entfernen
node	Beitrag speichern
user	Aktuellen Benutzer sperren
user	IP Adresse des aktuellen Benutzers bannen
system	Penetrant piepen

Eine neue erweiterte Aktion zu Verfügung stellen

```
Eine erweiterte Aktion auswählen                                    [Erstellen]
Eine erweiterte Aktion auswählen
Veröffentlichung von Kommentaren mit bestimmten Schlüsselwörtern zurückziehen...
Ändert den Autor des Beitrages...
Beitragsveröffentlichung mit Schlüsselwörtern zurückziehen...
Dem Benutzer eine Nachricht anzeigen...
E-Mail senden...
Weiterleiten zu URL...
Mehrfach piepen...
```

Abbildung 3.3: Die neue Aktion erscheint als Auswahlmöglichkeit

Nun müssen wir ein Formular bereitstellen, damit der Administrator auswählen kann, wie viele Signaltöne er wünscht. Dazu definieren wir ein oder mehrere Felder unter Verwendung der Formular-API von Drupal. Außerdem schreiben wir Funktionen zur Validierung und Übermittlung des Formulars. Die Namen der Funktionen basieren auf der in `hook_action_info()` definierten Aktions-ID. Sie lautet für die hier betrachtete Aktion `beep_multiple_beep_action`, und wenn wir gemäß der Konvention ein `_form` an die Formulardefinition anhängen, erhalten wir `beep_multiple_beep_action_form`. Drupal erwartet eine Validierungsfunktion, deren Name aus der Aktions-ID plus `_validate` gebildet wird (`beep_multiple_beep_action_validate`), sowie eine Übermittlungsfunktion mit der Endung `_submit` (`beep_multiple_beep_action_submit`).

```
/**
 * Formular für eine konfigurierbare Drupal-Aktion, die einen
 * mehrfachen Piepton ausgibt.
 */
```

```
function beep_multiple_beep_action_form($context) {
    $form['beeps'] = array(
    '#type' => 'textfield',
    '#title' => t('Number of beeps'),
    '#description' => t('Enter the number of times to beep when
       this action executes.'),
    '#default_value' => isset($context['beeps']) ? $context['beeps'] : '1',
    '#required' => TRUE,
    );
    return $form;
}

function beep_multiple_beep_action_validate($form, $form_state) {
  $beeps = $form_state['values']['beeps'];
  if (!is_numeric($beeps)) {
    form_set_error('beeps', t('Please enter a numeric value.'));
  }
  else if ((int) $beeps > 10) {
    form_set_error('beeps', t('That would be too annoying. Please
       choose fewer than 10 beeps.'));
  }
}

function beep_multiple_beep_action_submit($form, $form_state) {
  return array(
    'beeps' => (int) $form_state['values']['beeps']
  );
}
```

Die erste Funktion beschreibt das Formular. Wir definieren lediglich ein einzelnes Textfeld, damit der Administrator die Anzahl der Signaltöne eingeben kann. Wenn der Administrator sich entscheidet, die erweiterte Aktion »Beep multiple times« hinzuzufügen, wie in Abbildung 3.3 gezeigt wird, verwendet Drupal unser Formularfeld, um ein vollständiges Formular zur Konfiguration der Aktion anzuzeigen, was in Abbildung 3.4 zu sehen ist.

Drupal hat dem Konfigurationsformular ein Beschreibungsfeld hinzugefügt. Der Wert dieses Felds ist veränderbar und wird anstelle der Standardbeschreibung verwendet, die im Hook action_info definiert wurde. Das ist sinnvoll, denn wir könnten eine erweiterte Aktion erstellen, die zwei Signaltöne ausgibt, und ihr die Beschreibung »2 mal piepen« geben, sowie eine weitere, die fünf Pieptöne ausgibt und die Beschreibung »5 mal piepen« erhält. Auf diese Weise können wir den Unterschied zwischen den beiden erweiterten Aktionen erkennen, wenn wir sie einem Trigger zuweisen möchten. Erweiterte Aktionen können demnach auf eine für den Administrator sinnvolle Art und Weise beschrieben werden.

3.2 Grundlagen von Aktionen

Abbildung 3.4: Das Konfigurationsformular für die Aktion »Beep multiple times«

> **Tipp**
>
> Diese beiden Aktionen »2 mal piepen« und »5 mal piepen« können als Instanzen der Aktion »mehrfach piepen« bezeichnet werden.

Die Validierungsfunktion ist eine der üblichen Formularvalidierungsfunktion von Drupal (weitere Informationen zur Formularvalidierung erhalten Sie in Kapitel 10). In diesem Fall führen wir eine Überprüfung durch, um sicherzustellen, dass der Benutzer tatsächlich eine Zahl eingegeben hat und diese Zahl nicht allzu hoch ist.

Der Rückgabewert der Übermittlungsfunktion gilt eigens für Aktionskonfigurationsformulare. Er sollte ein Array mit den Feldern als Schlüssel sein, die uns interessieren. Die Werte dieses Arrays sind für die Aktion verfügbar, wenn sie ausgeführt wird. Die Beschreibung wird automatisch gehandhabt, sodass wir nur das verwendete Feld zurückgeben müssen, d.h., die Anzahl der Pieptöne.

Nun ist es an der Zeit, die erweiterte Aktion selbst zu schreiben:

```
/**
 * Konfigurierbare Aktion. Gibt die angegebene Anzahl von
 * Tonsignalen aus.
 */
function beep_multiple_beep_action($object, $context) {
```

```
    for ($i = 0; $i < $context['beeps']; $i++) {
       beep_beep();
    }
}
```

Sie sehen, dass die Aktion zwei Parameter übernimmt, $object und $context. Das steht im Gegensatz zu der zuvor geschriebenen einfachen Aktion, die keine Parameter verwendete.

> **Hinweis**
>
> Einfache Aktionen können dieselben Parameter übernehmen wie konfigurierbare. Da PHP Parameter ignoriert, die an eine Funktion übergeben werden, aber nicht in ihrer Signatur erscheinen, können wir einfach die Signatur unserer einfachen Aktion von beep_beep_action() auf beep_beep_action($object, $context) ändern, wenn wir etwas über den aktuellen Kontext wissen müssen. Alle Aktionen werden mit den Parametern $object und $context aufgerufen.

3.3 Den Kontext für Aktionen verwenden

Wir haben festgestellt, dass die Signatur für Aktionen example_action($object, $context) lautet. Lassen Sie uns jeden dieser Parameter ausführlich untersuchen.

- $object: Viele Aktionen wirken auf eins der eingebauten Objekte von Drupal: Nodes, Benutzer, Vokabularbegriffe usw. Wird eine Aktion von *trigger.module* ausgeführt, so wird das gerade behandelte Objekt im Parameter $object an die Aktion übergeben. Soll z.B. eine Aktion ausgeführt werden, wenn ein neuer Node erstellt wird, enthält dieser Parameter das Node-Objekt.

- $context: Eine Aktion kann in vielen verschiedenen Kontexten aufgerufen werden. Aktionen geben durch Definition des Schlüssels hooks in hook_action_info() an, welche Trigger sie unterstützen. Aber Aktionen, die mehrere Trigger unterstützen, benötigen eine Möglichkeit, den Kontext zu bestimmen, in dem sie aufgerufen werden. Auf diese Weise kann eine Aktion je nach Kontext unterschiedlich reagieren.

3.3.1 Wie das Trigger-Modul den Kontext vorbereitet

Betrachten wir ein Beispiel. Angenommen, Sie betreiben eine Website, die kontroverse Streitfragen präsentiert. Das Geschäftsmodell besteht darin, dass die Benutzer für die Registrierung zahlen und nur einen einzigen Kommentar auf der Website hinterlassen dürfen. Sobald sie ihren Kommentar eingetragen haben, werden sie gesperrt und müssen erneut bezahlen, um die Sperrung aufzuheben. Ungeachtet der wirtschaftlichen Aussichten für eine solche Site konzentrieren wir uns darauf, wie wir das

3.3 Den Kontext für Aktionen verwenden

mit Triggern und Ereignissen einrichten können. Wir benötigen eine Aktion, die den aktuellen Benutzer sperrt. Wenn wir *user.module* untersuchen, stellen wir fest, dass Drupal bereits die passende Aktion bereithält:

```
/**
 * Implementierung von hook_action_info().
 */
function user_action_info() {
  return array(
       'user_block_user_action' => array(
       'description' => t('Block current user'),
       'type' => 'user',
       'configurable' => FALSE,
       'hooks' => array(),
    ),
       'user_block_ip_action' => array(
       'description' => t('Ban IP address of current user'),
       'type' => 'user',
       'configurable' => FALSE,
       'hooks' => array(),
    ),
  );
}
```

Diese Aktionen sind jedoch nicht auf der Triggerzuweisungsseite zu sehen, weil sie keine unterstützten Hooks deklarieren – der Schlüssel hooks ist lediglich ein leeres Array. Wenn wir das nur ändern könnten! Aber das können wir.

Vorhandene Aktionen mit drupal_alter() ändern

Wenn Drupal den Hook action_info ausführt, sodass alle Module die verfügbaren Aktionen deklarieren können, gibt das Programm ihnen auch eine Möglichkeit, diese Information zu ändern – auch Informationen, die andere Module bereitstellen. Im Folgenden sehen Sie, wie wir die Aktion »Aktuellen Benutzer sperren« für den Trigger zum Einfügen von Kommentaren verfügbar machen:

```
/**
 * Implementierung von hook_drupal_alter(). Wird von Drupal nach
 * hook_action_info() aufgerufen, sodass Module das Array
 * action_info verändern können.
 *
 * @param array $info
 * Das Ergebnis des Aufrufs von hook_action_info() für alle Module.
 */
function beep_action_info_alter(&$info) {
  // Macht die Aktion "Aktuellen Benutzer sperren " für den
  // Trigger zum Einfügen von Kommentaren verfügbar.
  // Wenn bereits andere Module das Array verändert haben,
  // lassen wir diese bestehen; wir stellen lediglich sicher,
```

```
// dass die Operation 'insert' vorhanden ist.
// Andernfalls weisen wir sie zu.
if (isset($info['user_block_user_action']['hooks']['comment'])) {
    array_merge($info['user_block_user_action']['hooks']
    ['comment'], array('insert'));
}
else {
    $info['user_block_user_action']['hooks']['comment'] =
        array('insert');
}
}
```

Als Endergebnis lässt sich die Aktion »Aktuellen Benutzer sperren« jetzt zuweisen, wie Abbildung 3.5 zeigt.

Abbildung 3.5: Zuweisen der Aktion »Aktuellen Benutzer sperren« an den Trigger zum Einfügen von Kommentaren

3.3.2 Einrichten des Kontextes

Aufgrund der von uns zugewiesenen Aktion wird der aktuelle Benutzer gesperrt, wenn er einen neuen Kommentar hinzugefügt hat. Lassen Sie uns genauer anschauen, wie das geschieht. Wir wissen bereits, dass Drupal Module über das Auftreten bestimmter Ereignisse informiert, indem es einen Hook auslöst. In diesem Fall handelt es sich um den Hook comment. Da ein neuer Kommentar hinzugefügt wird, wird die Operation insert ausgeführt. Das Trigger-Modul implementiert den Hook

3.3 Den Kontext für Aktionen verwenden

comment. Innerhalb des Hooks ermittelt es mithilfe einer Datenbankabfrage, ob diesem Trigger irgendwelche Aktionen zugewiesen sind. Die Datenbank übergibt ihm die Information über die von uns zugewiesene Aktion »Aktuellen Benutzer sperren«. Nun ist das Trigger-Modul bereit, die Aktion auszuführen, die die standardmäßige Funktionssignatur example_action($object, $context) hat.

Doch wir haben ein Problem. Die Aktion, die ausgeführt werden soll, hat den Typ user, nicht comment. Sie erwartet als übergebenes Objekt ein user-Objekt! Doch hier wird eine user-Aktion im Kontext eines comment-Hooks aufgerufen. Der Hook hat Informationen über den Kommentar erhalten, aber nicht über den Benutzer. Was sollen wir tun? Das Trigger-Modul bestimmt, dass unsere Aktion eine user-Aktion ist und lädt das von ihr erwartete Objekt $user. Im Folgenden sehen Sie Code aus *modules/trigger/trigger.module*, der diesen Vorgang zeigt:

```
/**
 * Wenn eine Aktion in einem Kontext aufgrufen wird, die nicht mit
 * ihrem Typ übereinstimmt, muss das Objekt, das die Aktion
 * erwartet, abgerufen werden. Wird z.B. eine Aktion für Nodes
 * im comment-Hook aufgerufen, ist das Node-Objekt nicht verfügbar,
 * da der comment-Hook es nicht übergeben hat. Daher laden wir hier
 * das Objekt, das die Aktion erwartet.
 *
 * @param $type
 *   Die Art von Aktion, die aufgerufen wird
 * @param $comment
 *   Der über den comment-Hook übergebene Kommentar
 * @return
 *   Das von der aufgerufenen Aktion erwartete Objekt
 */
function _trigger_normalize_comment_context($type, $comment) {
    switch ($type) {
        // Eine Aktion, die mit Nodes arbeitet, wird in einem comment-
        // Kontext aufgerufen.
        case 'node':
            return node_load($comment['nid']);
        // Eine Aktion, die mit Benutzern arbeitet, wird in einem
        // comment-Kontext aufgerufen.
        case 'user':
            return user_load(array('uid' => $comment['uid']));
    }
}
```

Wenn der vorstehende Code für unsere user-Aktion ausgeführt wird, tritt der zweite Fall ein, sodass das user-Objekt geladen und dann unsere user-Aktion ausgeführt wird. Die Information, die der comment-Hook kennt (beispielsweise der Betreff des Kommentars) wird der Aktion im Parameter $context übergeben. Beachten Sie, dass die Aktion die ID des Benutzers erst im Objekt und dann im Kontext sucht und schließlich auf den globalen $user zurückfällt:

```
/**
 * Implementierung einer Drupal-Aktion.
 * Sperrt den aktuellen Benutzer.
 */
function user_block_user_action(&$object, $context = array()) {
  if (isset($object->uid)) {
    $uid = $object->uid;
  }
  elseif (isset($context['uid'])) {
    $uid = $context['uid'];
  }
  else {
    global $user;
    $uid = $user->uid;
  }
  db_query("UPDATE {users} SET status = 0 WHERE uid = %d", $uid);
  sess_destroy_uid($uid);
  watchdog('action', 'Blocked user %name.', array('%name' =>
    check_plain($user->name)));
}
```

Aktionen müssen eine gewisse Intelligenz besitzen, weil sie nicht viel darüber wissen, was bei ihrem Aufruf geschieht. Daher sind die besten Kandidaten für Aktionen einfach, ja elementar. Das Triggermodul übergibt im Kontext stets den aktuellen Hook und die aktuelle Operation. Diese Werte sind in $context['hook'] und $context['op'] gespeichert. Dieser Ansatz bietet eine standardisierte Methode zur Übergabe von Informationen an eine Aktion.

3.4 Untersuchen des Kontextes

Die Tatsache, dass der Hook und die Operation im Kontext verfügbar sind, ist außerordentlich wertvoll. Ein Beispiel für eine Aktion, die das sehr stark ausnutzt, ist »E-Mail senden«. Es ist eine Aktion vom Typ system, die vielen verschiedenen Triggern zugewiesen werden kann.

Die Aktion »E-Mail senden« ermöglicht es, beim Erstellen der E-Mail bestimmte Token zu ersetzen. So können Sie z.B. den Titel eines Nodes in den Text der E-Mail einfügen oder den Autor des Nodes als Empfänger festlegen. Doch je nachdem, welchem Trigger die Aktion zugewiesen wird, ist der Empfänger möglicherweise nicht verfügbar. Wird z.B. im user-Hook eine E-Mail gesendet, ist kein Node und somit auch kein Autor eines Nodes als Empfänger verfügbar. Die Aktion »E-Mail senden« in *modules/system/system.module* verbringt einige Zeit damit, den Kontext zu untersuchen, um zu bestimmen, was verfügbar ist. Im folgenden Code stellt sie sicher, dass sie einen Node hat, damit mit einem Node verbundene Ersetzungen stattfinden können:

```
/**
 * Implementierung einer konfigurierbaren Drupal-Aktion.
 * Verschickt eine E-Mail.
 */
function system_send_email_action($object, $context) {
  global $user;
  switch ($context['hook']) {
    case 'nodeapi':
      // Da dies keine Aktion vom Typ 'node' ist (sondern vom Typ
      // 'system'), wird der Node nicht als $object übergeben,
      // ist aber weiterhin in $context verfügbar.
      $node = $context['node'];
      break;
    case 'comment':
      // Der comment-Hook stellt in $context die nid zur
      // Verfügung.
      $comment = $context['comment'];
      $node = node_load($comment->nid);
    case 'user':
      // Da dies keine Aktion vom Typ 'user' ist, wird das user-
      // Objekt nicht als $object übergeben, ist aber weiterhin
      // in $context verfügbar.
      $account = $context['account'];
      if (isset($context['node'])) {
        $node = $context['node'];
      }
      elseif ($context['recipient'] == '%author') {
        // Wenn wir keinen Node haben, haben wir keinen Autor
        // des Nodes.
        watchdog('error', 'Cannot use %author token in this
          context.');
        return;
      }
      break;
    default:
      // Direkter Aufruf.
      $node = $object;
} ...
```

3.5 Wie Aktionen gespeichert werden

Aktionen sind Funktionen, die zu einer bestimmten Zeit ausgeführt werden. Einfache Aktionen haben keine konfigurierbaren Parameter. Beispielsweise gab die von uns erstellte Aktion »Beep« lediglich einen Piepton aus und benötigte keine weiteren Informationen (obwohl $object und $context natürlich bei Bedarf verfügbar sind). Stellen Sie diese Aktion der Erweiterten gegenüber. Die Aktion »Mehrfach piepen« musste wissen, wie oft sie den Signalton ausgeben soll. Andere erweiterte Aktionen, z.B. »E-Mail senden«, benötigen noch mehr Informationen: den Empfänger und den Betreff der E-Mail usw. Diese Parameter müssen in der Datenbank gespeichert werden.

3.5.1 Die Tabelle actions

Wenn der Administrator eine Instanz einer erweiterten Aktion erstellt, werden die im Konfigurationsformular eingegebenen Informationen serialisiert und im Feld parameters der Tabelle *actions* gespeichert. Ein Eintrag für die einfache Aktion »Beep« würde wie folgt aussehen:

```
aid: 'beep_beep_action'
type: 'system'
callback: 'beep_beep_action'
parameters:
description: Piep
```

Im Gegensatz dazu lautet der Eintrag für eine Instanz der Aktion »Mehrfach piepen« folgendermaßen:

```
aid: 2
type: 'system'
callback: 'beep_beep_action'
parameters: (serialisiertes Array, das den Parameter beeps mit
   seinem Wert enthält, d.h. die Anzahl der Signaltöne)
description: 5 mal piepen
```

Unmittelbar vor dem Ausführen einer erweiterten Aktion wird der Inhalt des Felds parameters deserialisiert und in den Parameter $context aufgenommen, der an die Aktion übergeben wird. Somit erhält beep_multiple_beep_action() die Anzahl der Signaltöne in der Instanz unserer Aktion »mehrfach piepen« als $context['beeps'].

3.5.2 Aktions-IDs

Beachten Sie den Unterschied zwischen den Aktions-IDs der beiden Tabelleneinträge im vorstehenden Abschnitt. Die Aktions-ID der einfachen Aktion ist der tatsächliche Funktionsname. Doch offensichtlich können wir diesen Namen nicht zur Kennzeichnung erweiterter Aktionen verwenden, da mehrere Instanzen derselben Aktion gespeichert werden. Daher wird stattdessen eine numerische Aktions-ID verwendet (die in der Datenbanktabelle als aid gespeichert wird).

Die Ausführungs-Engine für Aktionen bestimmt anhand der Aktions-ID, ob sie gespeicherte Parameter für eine Aktion ermitteln muss. Ist die ID nicht numerisch, wird die Aktion einfach ausgeführt, ohne die Datenbank abzufragen. Das geht sehr schnell. Drupal verwendet dasselbe Verfahren in *index.php*, um Inhalt von Menükonstanten zu unterscheiden.

3.6 Eine Aktion direkt mit actions_do() aufrufen

Das Trigger-Modul stellt nur eine Möglichkeit zum Aufruf von Aktionen dar. Sie können ein gesondertes Modul erstellen, das Aktionen aufruft, und die Parameter selbst vorbereiten. In diesem Fall ist actions_do() das empfohlene Verfahren für den Aufruf. Die Funktion hat die folgende Signatur:

```
actions_do($action_ids, &$object, $context = array(), $a1 = NULL,
    $a2 = NULL)
```

Lassen Sie uns diese Parameter untersuchen:

- $action_ids: Die auszuführenden Aktionen, entweder eine einzelne Aktions-ID oder ein entsprechendes Array
- $object: Das Objekt, an dem die Aktion ausgeführt wird, sofern vorhanden
- $context: Assoziatives Array mit Informationen, die die Aktion möglicherweise nutzen möchte, z.B. Parameter für erweiterte Aktionen
- $a1 und $a2: Optionale zusätzliche Parameter, die an die Aktion übergeben werden, sofern actions_do() sie erhält

Hier sehen Sie, wie wir unsere einfache Aktion »Beep« mit actions_do() aufrufen können:

```
$object = NULL; // $object ist ein notwendiger Parameter, der aber
                // in diesem Fall nicht verwendet wird
actions_do('beep_beep_action', $object);
```

Und hier folgt der Aufruf der erweiterten Aktion »Mehrfach piepen«:

```
$object = NULL;
actions_do(2, $object);
```

Wir können sie auch aufrufen und die Abfrage der gespeicherten Parameter wie folgt umgehen:

```
$object = NULL;
$context['beeps'] = 5;
actions_do('beep_multiple_beep_action', $object, $context);
```

> **Hinweis**
>
> Vollblut-PHP-Entwickler fragen sich vielleicht: »Warum soll man überhaupt Aktionen verwenden? Warum ruft man die Funktion nicht direkt auf oder implementiert lediglich einen Hook? Warum quält man sich mit versteckten Parametern im Kontext, nur um sie wieder abzurufen, anstatt traditionelle PHP-Parameter zu verwenden?« Die Antwort lautet, dass der Siteadministrator selbst den Code wiederverwenden kann, wenn Aktionen mit einer sehr allgemeinen Funktionssignatur eingesetzt werden. Auch wenn der Administrator keine PHP-Kenntnisse besitzt, muss er keinen PHP-Entwickler damit beauftragen, eine Funktion zum Versenden einer E-Mail zu erstellen, wenn ein neuer Node hinzugefügt wird. Er verbindet einfach die Aktion »E-Mail senden« mit dem Trigger, der beim Speichern eines neuen Nodes ausgelöst wird, und braucht niemanden um Hilfe zu bitten.

3.7 Eigene Trigger mit hook_hook_info() definieren

Woher weiß Drupal, welche Trigger zur Anzeige in der Benutzeroberfläche verfügbar sind? Auf seine typische Weise lässt es Module Hooks definieren, die angeben, welche Hooks das Modul implementiert. Im folgenden Beispiel sehen Sie die Implementierung von hook_hook_info() aus *comment.module*. Hier werden die Triggerbeschreibungen definiert.

```
/**
 * Implementierung von hook_hook_info().
 */
function comment_hook_info() {
   return array(
      'comment' => array(
         'comment' => array(
            'insert' => array(
               'runs when' => t('After saving a new comment'),
            ),
            'update' => array(
               'runs when' => t('After saving an updated comment'),
            ),
            'delete' => array(
               'runs when' => t('After deleting a comment')
            ),
            'view' => array(
               'runs when' => t('When a comment is being viewed by
                  an authenticated user')
            ),
         ),
      ),
   );
}
```

3.7 Eigene Trigger mit hook_hook_info() definieren

Wenn wir ein Modul namens *monitoring.module* installiert hätten, das in Drupal einen neuen Hook mit der Bezeichnung `monitoring`-Hook einführt, könnte es seine beiden Operationen (`overheating` und `freezing`) wie folgt beschreiben:

```
/**
 * Implementierung von hook_hook_info().
 */
function monitoring_hook_info() {
  return array(
    'monitoring' => array(
      'monitoring' => array(
        'overheating' => array(
          'runs when' => t('When hardware is about to
            melt down'),
        ),
        'freezing' => array(
          'runs when' => t('When hardware is about to
            freeze up'),
        ),
      ),
    ),
  );
}
```

Nach der Aktivierung dieses Monitoring-Moduls greift Drupal die neue Implementierung von `hook_hook_info()` auf und ändert die Triggerseite ab, sodass sie eine gesonderte Registerkarte für den neuen Hook enthält, wie Abbildung 3.6 zeigt. Natürlich ist das Modul selbst weiterhin dafür verantwortlich, die Hooks mit `module_invoke()` oder `module_invoke_all()` und die Aktionen auszulösen. In diesem Beispiel muss das Modul `module_invoke_all('monitoring', 'overheating')` aufrufen. Anschließend muss es `hook_monitoring($op)` implementieren und die Aktionen mit `actions_do()` auslösen. Eine einfache Implementierung finden Sie in `trigger_cron()` aus *modules/trigger/trigger.module*.

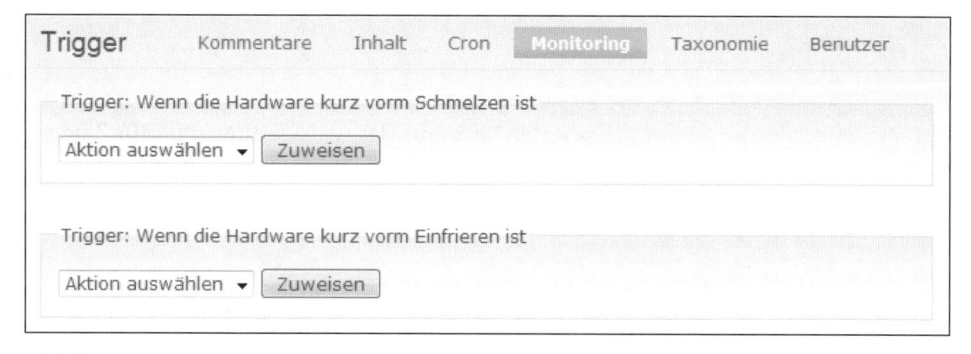

Abbildung 3.6: Der neu definierte Trigger erscheint als Registerkarte in der Benutzerschnittstelle

Zwar kann ein Modul mehrere neue Hooks definieren, doch erstellt nur derjenige Hook eine neue Registerkarte in der Benutzerschnittstelle, der dem Modulnamen entspricht. In unserem Beispiel definierte das Monitoring-Modul den monitoring-Hook. Wenn es noch einen anderen Hook definiert hätte, wäre dieser weder auf der Monitoring-Registerkarte sichtbar, noch hätte er eine eigene. Ein Hook, der nicht mit dem Modulnamen übereinstimmt, ist jedoch weiterhin auf *http://example.com/?q=admin/build/trigger/hookname* verfügbar.

3.8 Trigger zu bestehenden Hooks hinzufügen

Es kann manchmal vorkommen, dass Sie Trigger zu einem bestehenden Hook hinzufügen möchten, wenn Ihr Code um eine neue Operation erweitert wird. Betrachten Sie den Fall, dass Sie den Hook nodeapi um eine neue Operation ergänzen wollen. Angenommen, Sie haben ein Modul geschrieben, das alte Nodes archiviert und sie in ein Data Warehouse verschiebt. Dafür können Sie einen kompletten neuen Hook definieren, was durchaus angebracht wäre. Aber da diese Operation an einem Node stattfindet, können Sie stattdessen eine archive-Operation im Hook nodeapi auslösen, damit alle Operationen, die den Inhalt betreffen, auf derselben Registerkarte in der Benutzerschnittstelle für Trigger erscheinen. Der folgende Code fügt einen zusätzlichen Trigger hinzu:

```
/**
 * Implementiert einen neuen Trigger, der in der Node-Registerkarte erscheint.
 */
function archiveoffline_hook_info() {
  $info['archiveoffline'] = array(
    'nodeapi' => array(
      'archive' => array(
        'runs when' => t('When the post is about to be
          archived'),
      ),
    ),
  );
  return $info;
}
```

Der neue Trigger ist jetzt am Ende der Liste auf der Verwaltungsseite für Trigger unter VERWALTEN > STRUKTURIERUNG > TRIGGER verfügbar, wie in Abbildung 3.7 zu sehen ist.

3.8 Trigger zu bestehenden Hooks hinzufügen

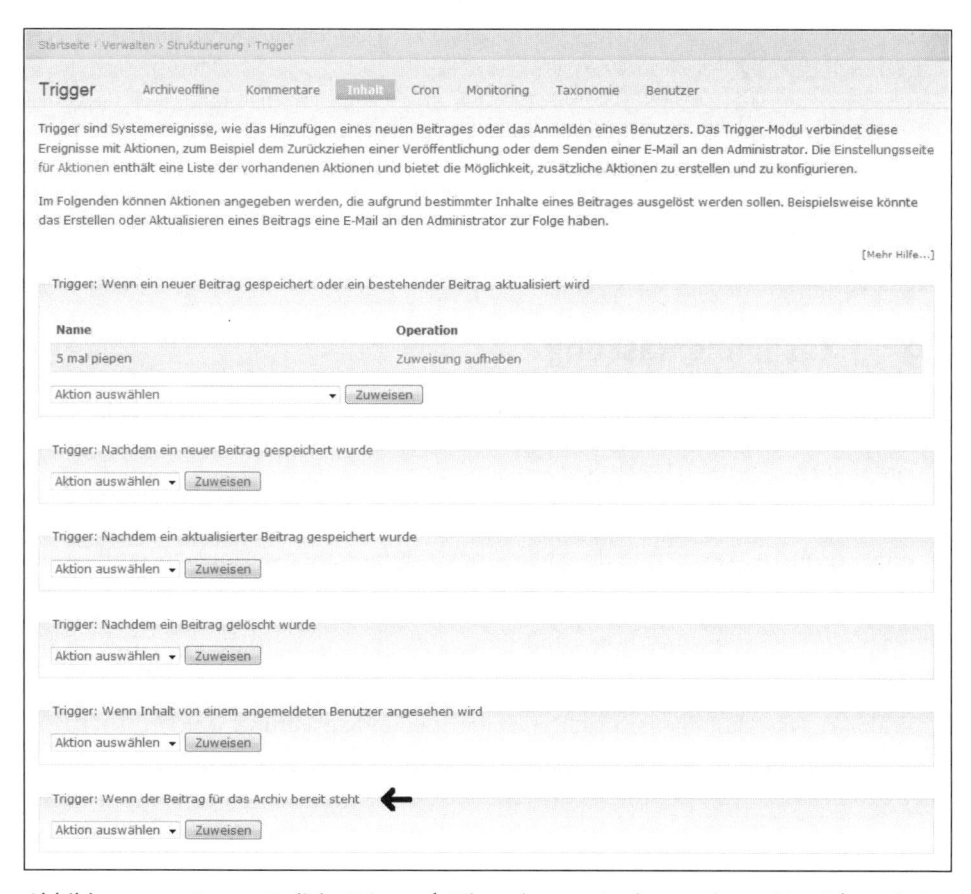

Abbildung 3.7: Der zusätzliche Trigger (»When the post is about to be archived«) erscheint in der Benutzerschnittstelle

Das Menüsystem von Drupal nutzt den ersten Schlüssel in der Implementierung von `hook_hook_info()`, um automatisch eine Registerkarte auf der Verwaltungsseite für Trigger zu erstellen. Drupal benennt die Registerkarte mit dem Modulnamen, der in der zugehörigen *.info*-Datei definiert wird (siehe die unbenutzte Registerkarte ARCHIVE OFFLINE in Abbildung 3.7). Aber unser neuer Trigger muss nicht auf seine eigene Registerkarte gestellt werden. Wir haben ihn absichtlich auf der Registerkarte INHALT platziert, indem wir dem Hook `nodeapi` unsere eigene Operation hinzugefügt haben. Mithilfe von `hook_menu_alter()` können wir die unerwünschte Registerkarte entfernen (in Kapitel 4 erhalten Sie weitere Informationen darüber, wie dieser Hook funktioniert). Der folgende Code ändert die automatisch erstellte Registerkarte vom Typ `MENU_LOCAL_TASK` (den Drupal standardmäßig als Registerkarte darstellt) in den Typ `MENU_CALLBACK`, den Drupal nicht anzeigt:

```
/**
 * Implementierung von hook_menu_alter().
 */
function archiveoffline_menu_alter(&$items) {
$items['admin/build/trigger/archiveoffline']['type'] = MENU_CALLBACK;
}
```

Damit die Funktion `archiveoffline_menu_alter()` in Kraft tritt, müssen Sie VERWALTEN > STRUKTURIERUNG > MODULE aufrufen, sodass die Menüs neu erstellt werden.

3.9 Zusammenfassung

Nach der Lektüre dieses Kapitels sollten Sie die folgenden Dinge beherrschen:

- Aktionen zu Triggern hinzufügen
- Eine einfache Aktion schreiben
- Eine erweiterte Aktion und das zugehörige Konfigurationsformular schreiben
- Erklären, was ein Kontext ist
- Erklären, wie Aktionen den Kontext verwenden können, um ihr Verhalten zu ändern
- Erklären, wie Aktionen gespeichert, abgerufen und ausgeführt werden
- Ihre eigenen Hooks definieren und sie als Trigger anzeigen lassen

4 Das Menüsystem

Das Drupal-Menüsystem ist komplex, aber sehr leistungsfähig. Der Begriff »Menüsystem« ist jedoch nicht sehr treffend. Möglicherweise ist es günstiger, sich vorzustellen, dass das Menüsystem im Wesentlichen für drei Dinge zuständig ist: die Zuordnung von Callbacks, die Zugriffssteuerung und die Anpassung von Menüs. Den grundlegenden Code finden Sie in der Datei *includes/menu.inc*, den optionalen, der Funktionen wie die Anpassung der Menüs ermöglicht, in *modules/menu*.

In diesem Kapitel geht es darum, was Callback-Zuordnung ist und wie sie funktioniert, wie sich die Menüelemente durch Zugriffssteuerung schützen lassen, wie Platzhalter in Menüs verwendet werden und welche vorgefertigten Typen von Menüelementen es gibt. Es endet damit, wie Sie Menüelemente überschreiben, hinzufügen und löschen, damit Sie Drupal möglichst geschickt anpassen können.

4.1 Callback-Zuordnung

Wenn ein Webbrowser eine Anforderung an Drupal richtet, übergibt er einen URL. Aus diesen Informationen muss Drupal erschließen, welcher Code auszuführen und wie die Anforderung zu handhaben ist, was im Allgemeinen als *Routing* oder *Dispatching* bezeichnet wird. Drupal kappt den Basisteil des URLs und verwendet nur den zweiten, den *Pfad*. Lautet der URL *http://example.com/?q=node/3*, stellt *node/3* den *Drupal-Pfad* dar. Wenn Sie die Drupal-Funktion für saubere URLs benutzen, erscheint in Ihrem Browser der URL *http://example.com/node/3*, aber Ihr Webserver wandelt ihn stillschweigend in *http://example.com/?q=node/3* um, bevor Drupal ihn sieht, sodass Drupal es immer mit demselben Pfad zu tun hat. Im vorstehenden Beispiel ist der Drupal-Pfad immer *node/3*, unabhängig davon, ob saubere URLs aktiviert sind oder nicht. In Abschnitt 1.11.1, *Die Rolle des Webservers*, erfahren Sie mehr darüber, wie dies funktioniert.

4.1.1 URLs zu Funktionen zuordnen

Der allgemeine Ansatz sieht folgendermaßen aus: Drupal bittet alle aktivierten Module, ein Array mit *Menüelementen* bereitzustellen. Jedes Element besteht aus einem Array mit einem Pfad als Schlüssel sowie Informationen über den Pfad. Zu den Informationen, die das Modul liefern muss, gehört ein Seitencallback. In diesem Kontext ist ein Callback einfach der Name einer PHP-Funktion, die ausgeführt wird, wenn der Browser einen bestimmten Pfad anfordert. Geht eine Anforderung ein, durchläuft Drupal folgende Schritte:

1. Drupal erstellt den Drupal-Pfad. Handelt es sich um einen Alias für einen realen Pfad, sucht es den realen und verwendet ihn stattdessen. Hat ein Administrator für *http://example.com/?q=node/3* das Alias *http://example.com/?q=about* gewählt (zum Beispiel mit dem Path-Modul), verwendet Drupal den Pfad *node/3*.

2. In der Datenbanktabelle *menu_router* hält Drupal fest, welche Pfade welchen Callbacks zugeordnet sind, in der Tabelle *menu_links*, welche Menüelemente Links sind. Es wird geprüft, ob diese beiden Tabellen neu erstellt werden müssen, was nur selten vorkommt, nämlich nach der Installation oder einer Aktualisierung von Drupal.

3. Drupal ermittelt, welcher Eintrag in der Tabelle *menu_router* dem Drupal-Pfad entspricht, und erstellt ein Routerelement, das den aufzurufenden Callback beschreibt.

4. Drupal lädt alle Objekte, die zur Übergabe des Callbacks erforderlich sind.

5. Drupal prüft, ob der Benutzer auf den Callback zugreifen darf. Falls nicht, wird die Meldung »Zugriff verweigert« ausgegeben.

6. Drupal übersetzt den Titel des Menüelements und die Beschreibung in die aktuelle Sprache.

7. Drupal lädt alle erforderlichen Include-Dateien.

8. Drupal ruft den Callback auf und gibt das Ergebnis zurück, das *index.php* anschließend mit `theme_page()` übergibt, sodass eine fertige Webseite entsteht.

Eine grafische Darstellung dieses Vorgangs finden Sie in den Abbildungen 4.1 und 4.2.

4.1 Callback-Zuordnung

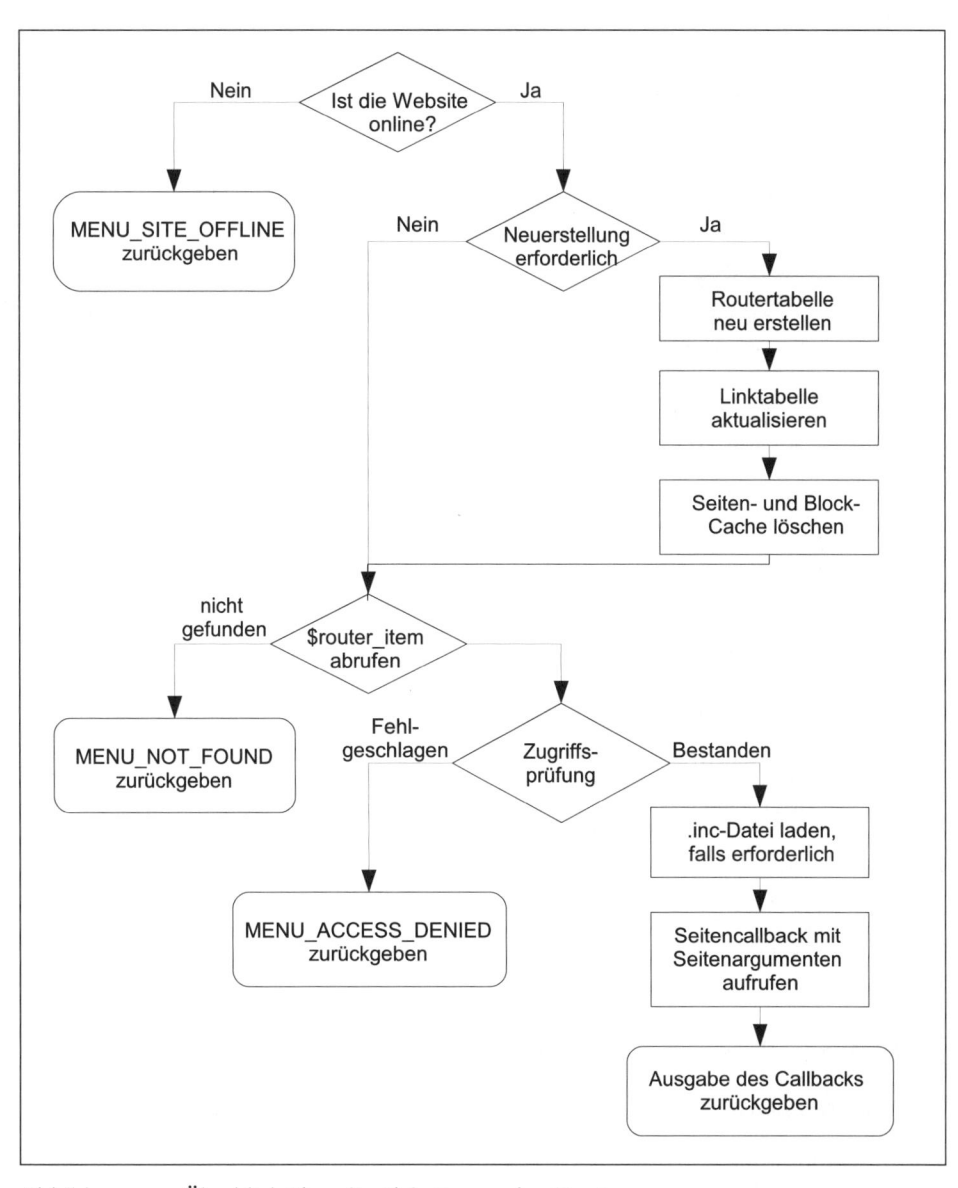

Abbildung 4.1: Überblick über die Abfertigung des Menüs

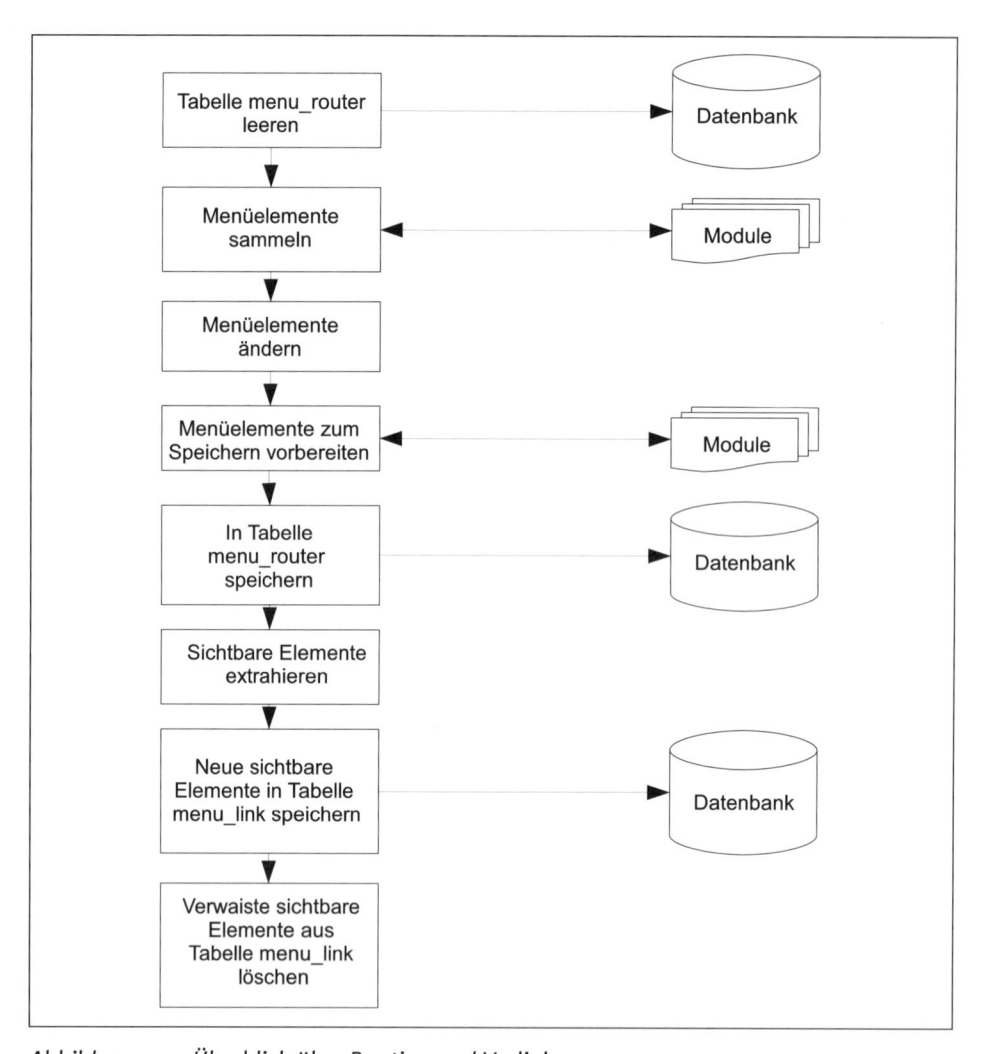

Abbildung 4.2: Überblick über Routing und Verlinkung

Ein Menüelement erstellen

Bei diesem Vorgang klinken Sie sich mithilfe des Menü-Hooks in Ihrem Modul ein. So können Sie Menüelemente definieren, die in die Routertabelle aufgenommen werden. Lassen Sie uns das Beispielmodul *menufun.module* erstellen, um mit dem Menüsystem zu experimentieren. Wir ordnen den Drupal-Pfad *menufun* der PHP-Funktion menufun_hello() zu, die wir schreiben. Zuerst brauchen wir die Datei *menufun.info* unter *sites/all/modules/custom/menufun/menufun.info*:

4.1 Callback-Zuordnung

```
; $Id$
name = Menu Fun
description = Learning about the menu system.
package = Pro Drupal Development
core = 6.x
```

Dann müssen wir die Datei *sites/all/modules/custom/menufun/menufun.module* erstellen, die unsere Implementierung von `hook_menu()` und die Funktion enthält, die wir ausführen wollen:

```
<?php
// $Id$

/**
 * @file
 * Verwenden Sie dieses Modul, um das Drupal-Menüsystem kennen
 * zu lernen.
 */

/**
 * Implementierung von hook_menu().
 */
function menufun_menu() {
  $items['menufun'] = array(
    'page callback' => 'menufun_hello',
    'access callback' => TRUE,
    'type' => MENU_CALLBACK,
  );

  return $items;
}

/**
 * Seiten-Callback.
 */
function menufun_hello() {
  return t('Hello!');
}
```

Die Aktivierung des Moduls unter VERWALTEN > STRUKTURIERUNG > MODULE führt dazu, dass das Menüelement in die Routertabelle eingefügt wird, sodass Drupal unsere Funktion findet und ausführt, wenn wir zu *http://example.com/?q=menufun* gehen (siehe Abbildung 4.3).

Wichtig ist dabei, dass wir einen Pfad definieren und einer Funktion zuordnen. Dabei handelt es sich um einen Drupal-Pfad, den wir als Schlüssel unseres Arrays $items definiert haben. Wir verwenden einen Pfad, der genauso heißt wie unser Modul. Diese Vorgehensweise garantiert einen sauberen URL-Namespace. Sie können jedoch einen beliebigen Pfad definieren.

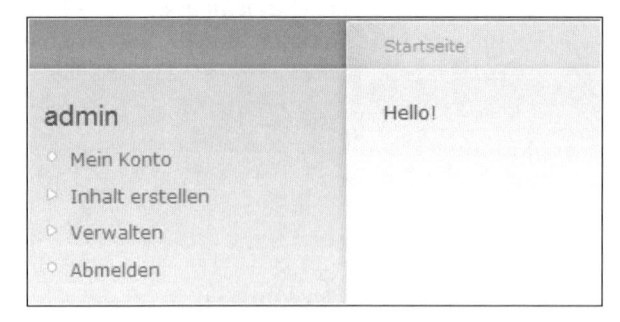

Abbildung 4.3: Das Menüelement hat Drupal in die Lage versetzt, die Funktion menufun_hello() zu finden und auszuführen

Einen Titel definieren

Die gerade geschriebene Implementierung von hook_menu() ist so einfach wie möglich. Fügen wir einige Schlüssel hinzu, um sie einer Implementierung ähnlicher zu machen, wie Sie sie sonst schreiben.

```
function menufun_menu() {
  $items['menufun'] = array(
    'title' => 'Greeting',
    'page callback' => 'menufun_hello',
    'access callback' => TRUE,
    'type' => MENU_CALLBACK,
  );

  return $items;
}
```

Wir haben unserem Menüelement einen Titel gegeben, der automatisch als Seitentitel verwendet wird, wenn die Seite im Browser angezeigt wird. (Falls Sie den Titel später bei der Ausführung des Codes überschreiben wollen, benutzen Sie drupal_set_title().) Nachdem Sie diese Änderungen gespeichert haben, gehen Sie vermutlich davon aus, dass der Browser nach einer Aktualisierung den von uns definierten Titel und »Hello!« anzeigt. Das ist aber nicht der Fall, weil Drupal sämtliche Menüelemente in der Datenbanktabelle *menu_router* ablegt, die trotz der Codeänderung nicht geändert wurde. Wir müssen Drupal anweisen, die Tabelle neu zu erstellen. Dafür gibt es zwei einfache Methoden. Am einfachsten ist es, das Entwicklermodul zu installieren (*http://drupal.org/project/devel*) und unter VERWALTEN > STRUKTURIERUNG > BLÖCKE den Block devel zu aktivieren, der einen Befehl MENÜS NEU AUFBAUEN enthält. Mit einem Klick

4.1 Callback-Zuordnung

darauf wird die Tabelle *menu_router* neu erstellt. Haben Sie das Entwicklermodul nicht zur Hand, reicht es aus, VERWALTEN > STRUKTURIERUNG > MODULE aufzusuchen; Drupal erstellt dann als Vorbereitung auf die Anzeige der betreffenden Seite die Menütabellen neu. Ab jetzt gehe ich davon aus, dass Sie wissen, dass Sie das Menü nach jeder Codeänderung aktualisieren müssen.

Danach sieht unsere Seite so aus wie in Abbildung 4.4.

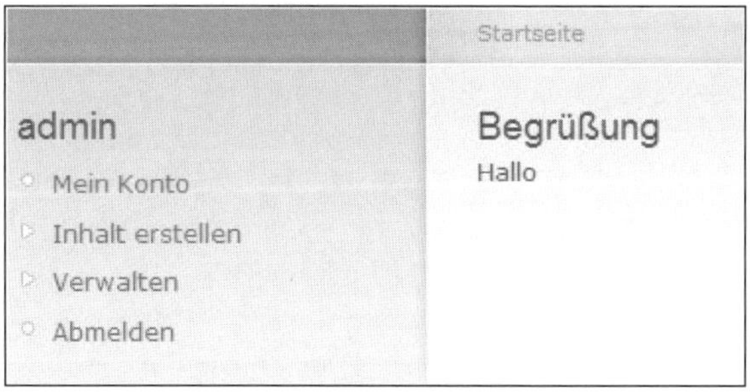

Abbildung 4.4: Der Titel des Menüelements wird in der Titelleiste der Seite und des Browsers angezeigt

4.1.2 Seitencallback-Argumente

Gelegentlich möchten Sie der Funktion, die dem Pfad zugeordnet ist, weitere Informationen liefern. Als Erstes sollen alle zusätzlichen Teile des Pfades automatisch übergeben werden. Ändern wir unsere Funktion wie folgt:

```
function menufun_hello($first_name = '', $last_name = '') {
  return t('Hello @first_name @last_name',
    array('@first_name' => $first_name, '@last_name' =>
      $last_name));
}
```

Gehen wir jetzt zu *http://example.com/?q=menufun/Fred/Feuerstein*, erhalten wir die Ausgabe von Abbildung 4.5.

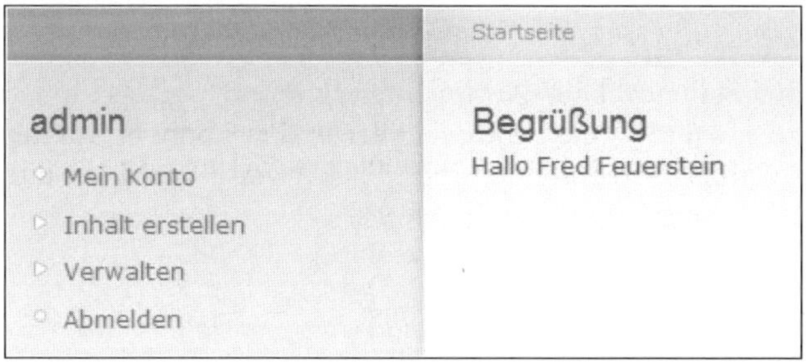

Abbildung 4.5: Der Callback-Funktion werden Teile des Pfads übergeben

Beachten Sie, wie die einzelnen Zusatzkomponenten des URLs unserer Callback-Funktion als Parameter übergeben wurden.

Sie können Seitencallback-Argumente auch innerhalb des Menü-Hooks definieren, indem Sie dem Array `$items` den optionalen Schlüssel `page arguments` hinzufügen. Das ist sinnvoll, weil Sie denselben Callback von unterschiedlichen Menüelementen aus aufrufen und ihm mithilfe von Seitenargumenten verborgenen Kontext mitgeben können. Definieren wir also einige Seitenargumente für unser Menüelement:

```
function menufun_menu() {
  $items['menufun'] = array(
    'title' => 'Greeting',
    'page callback' => 'menufun_hello',
    'page arguments' => array('Jane', 'Doe'),
    'access callback' => TRUE,
    'type' => MENU_CALLBACK,
  );

  return $items;
}
```

Die in `page arguments` definierten Callback-Argumente werden der Callback-Funktion *vor* allen aus dem Pfad generierten Argumenten übergeben (d.h., sie stehen am Anfang der Parameterwerteliste, die dem Callback übergeben wird). Die Argumente aus dem URL sind immer noch verfügbar. Um darauf zuzugreifen, ändern Sie die Funktionssignatur des Callbacks so, dass sie hinzugefügt werden. Bei unserem überarbeiteten Menüelement führt die Funktionssignatur also dazu, dass `$first_name` Wilma lautet (nach dem ersten Element des Seitenargument-Arrays), `$last_name` Feuerstein (nach dem zweiten Element des Arrays), `$a` Fred (aus dem URL) und `$b` Feuerstein (aus dem URL).

```
function menufun_hello($first_name = '', $last_name = '', $a = '',
  $b = '') {...}
```

Testen wir dies, indem wir Wilma Feuerstein in die Seitenargumente und Fred Feuerstein in den URL verlegen und schauen, was geschieht. Wenn wir *http://example.com/?Q=Wilma/Feuerstein* aufsuchen, erhalten wir die in Abbildung 4.6 gezeigten Ergebnisse (falls nicht, haben Sie vergessen, Ihre Menüs neu zu erstellen).

Schlüssel in Arrays werden bei Seitencallback-Argumenten ignoriert, sodass Sie zur Zuordnung von Funktionsparametern keine Schlüssel verwenden können; nur die Reihenfolge spielt eine Rolle. Callback-Argumente sind üblicherweise Variablen und werden häufig in dynamischen Menüelementen verwendet.

4.1 Callback-Zuordnung

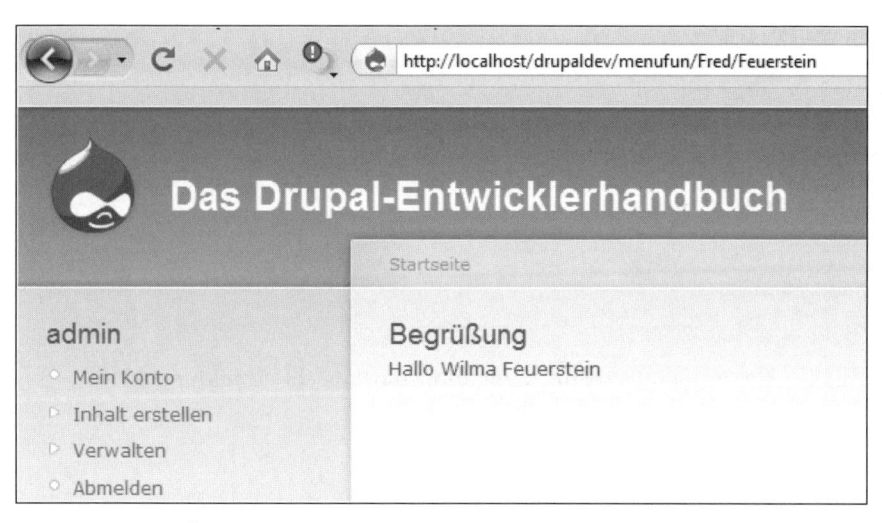

Abbildung 4.6: Übergabe von Argumenten an die Callback-Funktion und ihre Anzeige

Seitencallbacks in anderen Dateien

Wenn Sie nichts anders festlegen, geht Drupal davon aus, dass sich Ihr Seitencallback in Ihrem Modul befindet. In Drupal 6 wurden zahlreiche Module aufgeteilt, sodass bei einer Seitenanforderung möglichst wenig Code geladen wird. Der Schlüssel file eines Menüelements gibt an, welche Datei die Callback-Funktion enthält, wenn diese noch nicht im Gültigkeitsbereich liegt. Im Anmerkungsmodul in Kapitel 2 haben wir diesen Schlüssel benutzt.

Wenn Sie den Schlüssel file definieren, sucht Drupal die Datei in Ihrem Modulverzeichnis. Zeigen Sie auf einen Seitencallback, der von einem anderen Modul bereitgestellt wird und deshalb dort nicht zu finden ist, so müssen Sie Drupal den Dateipfad mitteilen. Dafür verwenden Sie den Schlüssel file path wie in Abschnitt 2.5, *Den eigenen Verwaltungsabschnitt definieren*.

Einen Link zum Navigationsblock hinzufügen

Für unser Menüelement haben wir den Typ MENU_CALLBACK definiert. Indem wir ihn in MENU_NORMAL_ITEM ändern, machen wir deutlich, dass wir den Pfad nicht einfach einer Callback-Funktion zuordnen, sondern in ein Menü einbinden wollen.

> **Tipp**
>
> Da MENU_NORMAL_ITEM der Drupal-Standardtyp für Menüelemente ist, kann der Typschlüssel in dem Codeausschnitt weggelassen werden. In den folgenden Beispielen werde ich so verfahren.

```
function menufun_menu() {
  $items['menufun'] = array(
    'title' => 'Greeting',
    'page callback' => 'menufun_hello',
    'page arguments' => array('Jane', 'Doe'),
    'access callback' => TRUE,
    'type' => MENU_NORMAL_ITEM,
  );

  return $items;
}
```

Das Menüelement erscheint jetzt im Navigationsblock (siehe Abbildung 4.7).

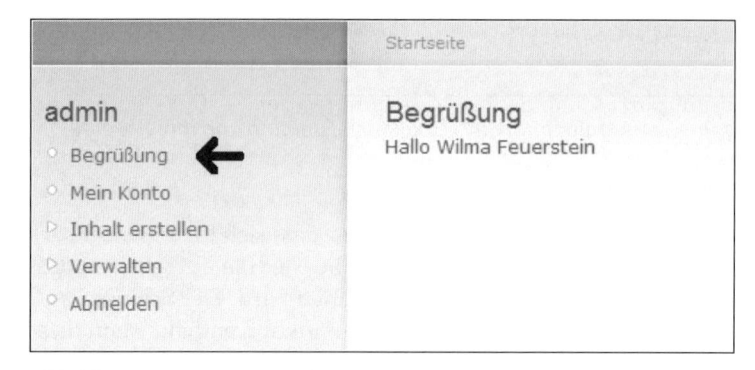

Abbildung 4.7: Das Menüelement erscheint im Navigationsblock

Wenn uns die Stelle nicht gefällt, können wir das Element weiter nach unten schieben, indem wir sein Gewicht erhöhen. Das Gewicht ist ein weiterer Schlüssel in der Definition von Menüelementen:

```
function menufun_menu() {
  $items['menufun'] = array(
    'title' => 'Greeting',
    'page callback' => 'menufun_hello',
    'page arguments' => array('Jane', 'Doe'),
    'access callback' => TRUE,
    'weight' => 5,
  );

  return $items;
}
```

Wie sich die Gewichtserhöhung auswirkt, sehen Sie in Abbildung 4.8. Menüelemente lassen sich mit den Menüverwaltungswerkzeugen, die Sie unter VERWALTEN > STRUKTURIERUNG > MENÜS finden, auch ohne Codeänderung verschieben. (Damit diese Werkzeuge sichtbar werden, muss das Menümodul aktiviert sein.)

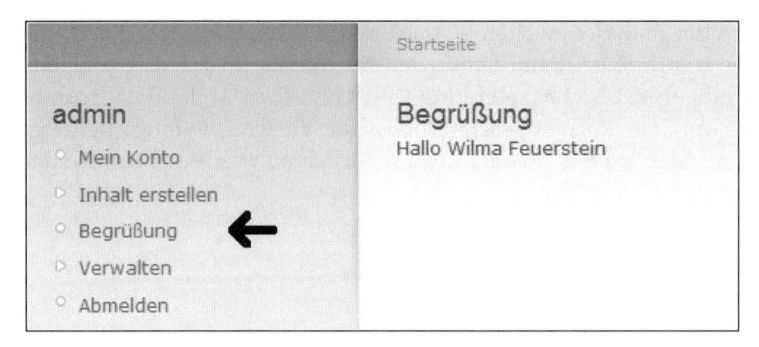

Abbildung 4.8: Schwerere Menüelemente sinken im Navigationsblock nach unten

4.2 Menüs verschachteln

Bisher haben wir nur ein einziges statisches Menüelement definiert. Fügen wir ein zweites und einen weiteren Callback dafür hinzu:

```
function menufun_menu() {
  $items['menufun'] = array(
    'title' => 'Greeting',
    'page callback' => 'menufun_hello',
    'access callback' => TRUE,
    'weight' => -10,
  );
  $items['menufun/farewell'] = array(
    'title' => 'Farewell',
    'page callback' => 'menufun_goodbye',
    'access callback' => TRUE,
  );

  return $items;
}

/**
 * Seitencallback.
 */
function menufun_hello() {
  return t('Hello!');
}
/**
 * Seitencallback.
 */
function menufun_goodbye() {
  return t('Goodbye!');
}
```

Drupal bemerkt, dass der Pfad des zweiten Menüelements (menufun/farewell) dem des ersten (menufun) untergeordnet ist. Beim Umsetzen des Menüs (in HTML) wird das zweite Menü daher eingerückt (siehe Abbildung 4.9). Außerdem ist die Breadcrumb-Navigation oben auf der Seite korrekt gesetzt, sodass die Verschachtelung angezeigt wird. Ein Theme kann Menüs oder Breadcrumbs natürlich so wiedergeben, wie der Designer es möchte.

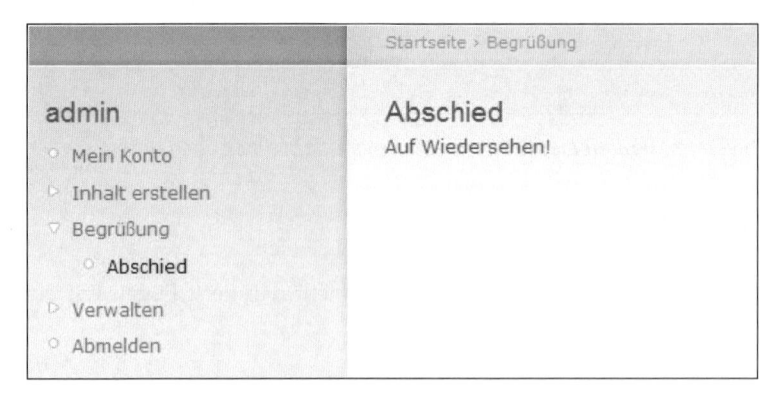

Abbildung 4.9: Verschachteltes Menü

4.3 Zugriffssteuerung

In unseren Beispielen haben wir den Schlüssel access callback des Menüelements bisher einfach auf TRUE gesetzt, was bedeutet, dass jeder auf unser Menü zugreifen darf. Üblicherweise wird der Zugriff dadurch gesteuert, dass mit hook_perm() innerhalb des Moduls Berechtigungen definiert und mit einer Funktion überprüft werden.

Der Name der zu verwendenden Funktion wird im Schlüssel access callback des Menüelements festgelegt und lautet normalerweise user_access. Definieren wir eine Berechtigung *receive greeting* (Eine Begrüßung erhalten) und hat ein Benutzer keine Rolle mit dieser Berechtigung inne, so erhält er die Meldung »Zugriff verweigert«, wenn er versucht, *http://example.com/?q=menufun* aufzurufen.

```
/**
 * Implementierung von hook_perm().
 */
function menufun_perm() {
  return array('receive greeting');
}

/**
 * Implementierung von hook_menu().
 */
function menufun_menu() {
  $items['menufun'] = array(
```

```
    'title' => 'Greeting',
    'page callback' => 'menufun_hello',
    'access callback' => 'user_access',
    'access arguments' => array('receive greeting'),
    'weight' => -10,
  );
  $items['menufun/farewell'] = array(
    'title' => 'Farewell',
    'page callback' => 'menufun_goodbye',
  );

  return $items;
}
```

Im vorstehenden Code wird der Zugriff anhand eines Aufrufs von user_access ('receive greeting') ermittelt. Auf diese Weise dient das Menüsystem als Pförtner, der anhand der Rolle des Benutzers feststellt, auf welche Pfade der Zugriff erlaubt ist und auf welche nicht.

> **Tipp**
>
> Die Funktion user_access() ist der standardmäßige Zugriffscallback. Haben Sie keinen anderen definiert, übergibt das Menüsystem ihm die Zugriffsargumente.

Untergeordnete Menüelemente erben die Zugriffscallbacks und -argumente ihrer Eltern nicht. Für jedes Element muss der Schlüssel access arguments definiert werden, der Schlüssel access callback jedoch nur, wenn er von user_access() abweicht. Eine Ausnahme bilden Menüelemente vom Typ MENU_DEFAULT_LOCAL_TASK, die Zugriffscallback und -argumente erben, obwohl es zur Verdeutlichung günstig ist, die Schlüssel auch in diesem Fall explizit anzugeben.

4.4 Titellokalisierung und Anpassung

Drupal unterstützt mehrere Sprachen. Die Übersetzung von Strings erfolgt mit der Funktion t(), weshalb Sie meinen könnten, die Definition des Schlüssels title in einem Menüelement müsse wie folgt aussehen:

```
'title' => t('Greeting') // Nein! Keine Verwendung von t() in Titeln
                        // oder Beschreibungen von Menüelementen
```

Menütitel-Strings werden jedoch in der Tabelle *menu_router* im Original gespeichert; die Übersetzung erfolgt erst zur Laufzeit. Drupal bietet lediglich eine Standardübersetzungsfunktion (t()), die zur Übersetzung des Titels zugewiesen wird. Später sehen Sie, wie Sie sie durch eine Funktion Ihrer Wahl ersetzen und dieser Ihre Argumente übergeben. Die Funktion, die die Übersetzung erledigt, wird als *Titelcallback* bezeichnet, ihre Argumente als *Titelargumente*.

4.4.1   Einen Titelcallback definieren

Ist im Menüelement kein Titelcallback definiert, benutzt Drupal die Standardfunktion t(). Im Schlüssel `title callback` können wir die Callback-Funktion explizit angeben:

```
function menufun_menu() {
  $items['menufun'] = array(
    'title' => 'Greeting',
    'title callback' => 't',
    'description' => 'A salutation.',
    'page callback' => 'menufun_hello',
    'access arguments' => array('receive greeting'),
  );
}
```

> **Hinweis**
> Der Schlüssel `description` wird immer mit t() übersetzt, ohne Rücksicht auf den Titelcallback-Schlüssel. Für Beschreibungen gibt es keinen Callback-Schlüssel.

Was würde passieren, wenn wir eine eigene Funktion für den Titelcallback angeben? Schauen wir mal:

```
function menufun_menu() {
  $items['menufun'] = array(
    'title' => 'Greeting',
    'title callback' => 'menufun_title',
    'description' => 'A salutation.',
    'page callback' => 'menufun_hello',
    'access callback' => TRUE,
  );

  return $items;
}
```

4.4 Titellokalisierung und Anpassung

```
/**
 * Seitencallback.
 */
function menufun_hello() {
  return t('Hello!');
}

/**
 * Titelcallback.
 */
function menufun_title() {
  $now = format_date(time());
  return t('It is now @time', array('@time' => $now));
}
```

Wie Abbildung 4.10 zeigt, kann der Titel des Menüelements mithilfe eines benutzerdefinierten Titelcallbacks zur Laufzeit festgelegt werden. Wenn wir nun aber den Titel des Menüelements von dem der Seite abkoppeln wollen? Das ist einfach. Wir setzen den Seitentitel mit drupal_set_title():

```
drupal_set_title(t('The page title'));
$now = format_date(time());
return t('It is now @time', array('@time' => $now));
}
```

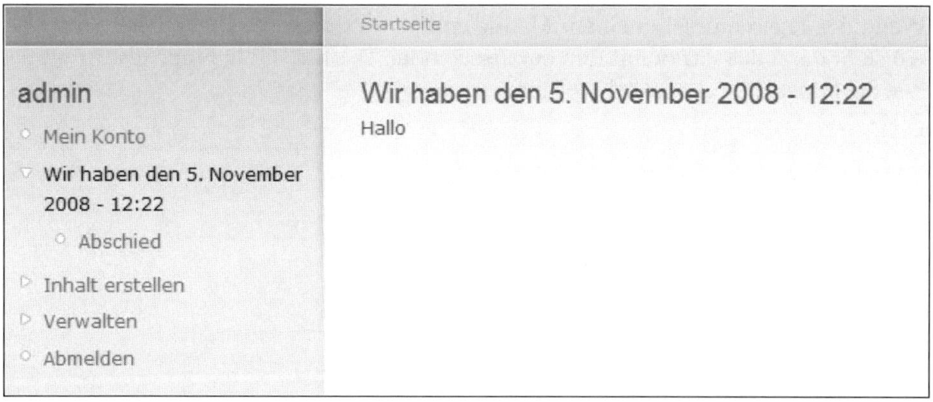

Abbildung 4.10: Mit dem Titelcallback wird der Titel eines Menüelements festgelegt

Daraus ergeben sich ein Titel für die Seite und einer für das Menüelement (siehe Abbildung 4.11).

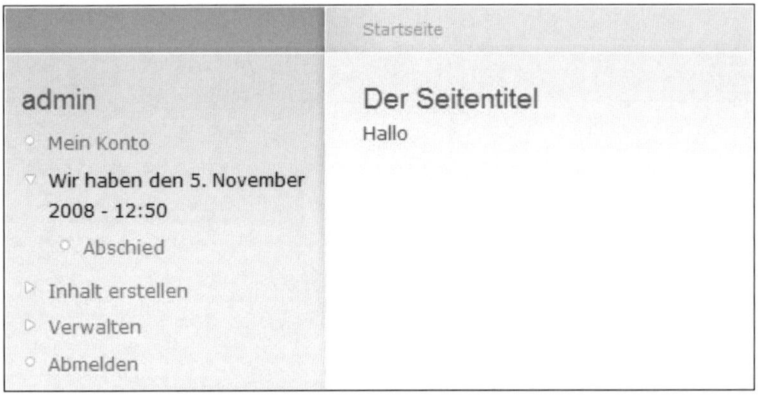

4 Das Menüsystem

Abbildung 4.11: Eigene Titel für das Menüelement und die Seite

4.4.2 Titelargumente

Die Drupal-Übersetzungsfunktion akzeptiert einen String und ein mit Schlüsseln versehenes Array mit einzusetzenden Werten (ausführliche Informationen über die Funktionsweise von t() finden Sie in Kapitel 18), zum Beispiel:

```
t($string, $keyed_array);
t('It is now @time', array('@time' => $now));
```

Wenn der Titelschlüssel in einem Menüelement der durch t() übergebene String ist, wo steht dann das Array mit den einzusetzenden Werten? Gute Frage. Dafür gibt es den Schlüssel title arguments:

```
function menufun_menu() {
  $items['menufun'] = array(
    'title' => 'Greeting for Dr. @name',
    'title callback' => 't',
    'title arguments' => array('@name' => 'Foo'),
    'page callback' => 'menufun_hello',
    'access callback' => TRUE,
  );

  return $items;
}
```

Zur Laufzeit wird die Übersetzungsfunktion ausgeführt und der Platzhalter ersetzt (siehe Abbildung 4.12).

4.5 Platzhalter in Menüelementen

Abbildung 4.12: Titelargumente werden der Titelcallback-Funktion übergeben

Diese Art von Ersetzung hat allerdings einen Nachteil. Da die im Menü-Hook definierten Elemente während der Menüerstellung in der Datenbank gespeichert werden (siehe Abbildung 4.2), wird der gesamte Code in `title arguments` nicht zur Laufzeit, sondern während der Menüerstellung ausgeführt. Müssen Sie Ihre Menütitel zur Laufzeit ändern, definieren Sie am besten den Schlüssel `title callback`, denn die dort angegebene Funktion wird erst zur Laufzeit ausgeführt.

> **Achtung**
>
> Die Werte im Schlüssel `title arguments` müssen Strings sein. Integerzahlen werden gestrichen, sodass `'title arguments' => array('@name' => 3)` nicht funktioniert, `'title arguments' =>array('@name' => '3')`dagegen schon. Der Grund ist, dass Integerzahlen eine besondere Bedeutung haben, wie Sie in Kürze sehen werden.

4.5 Platzhalter in Menüelementen

Bisher haben wir in unseren Menüelementen normale Drupal-Pfadnamen benutzt, etwa *menufun* und *menufun/farewell*. Drupal verwendet jedoch häufig Pfade wie *user/4/track* oder *node/15/edit*, in denen ein dynamischer Teil enthalten ist. Sehen wir uns an, wie das funktioniert.

4.5.1 Einfache Platzhalter

Das Zeichen % ist in Drupal-Elementen ein Sonderzeichen mit der Bedeutung »jeder String bis zum nächsten /-Zeichen«. Im folgenden Menüelement wird ein Platzhalter verwendet:

```
function menufun_menu() {
  $items['menufun/%'] = array(
    'title' => 'Hello!',
    'page callback' => 'menufun_hello',
    'access callback' => TRUE,
  );

  return $items;
}
```

Dieses Menüelement funktioniert in den Drupal-Pfaden *menufun/hi*, *menufun/foo/bar*, *menufun/123* und *menufun/file.html*, aber *nicht* in *menufun*. Für diesen Pfad muss ein eigenes Menüelement geschrieben werden, weil er aus nur einem Teil besteht und der Platzhalter menufun/% nur einen String mit zwei Teilen akzeptiert. Beachten Sie, dass % zwar häufig für Zahlen benutzt wird (wie in user/%/edit für user/2375/edit), aber für jede Art von Text an der betreffenden Stelle gilt.

> **Hinweis**
>
> Ein Menüelement, dessen Pfad einen Platzhalter enthält, wird in Navigationsmenüs nicht mehr angezeigt, selbst wenn sein Typ auf MENU_NORMAL_ITEM gesetzt ist. Der Grund sollte auf der Hand liegen: Da der Pfad einen Platzhalter einschließt, weiß Drupal nicht, wie es den URL für den Link konstruieren soll. Unter Abschnitt 4.5.5, *Mit to_arg()-Funktionen Pfade aus Platzhaltern erstellen*, erfahren Sie, wie Sie Drupal mitteilen, welcher Pfad benutzt werden soll.

4.5.2 Platzhalter und Seitencallback-Parameter

Ein Platzhalter am Ende des Menüpfads behindert die Übergabe weiterer Teile des URLs an den Seitencallback nicht, weil er nur bis zum nächsten Schrägstrich gilt. Wenn wir mit unserem Beispielpfad *menufun/%* fortfahren, passt der String *foo* im URL *http://example.com/?q=menufun/foo/Fred* zu dem Platzhalter, und der letzte Teil des Pfades (*Fred*) wird dem Seitencallback als Parameter übergeben.

4.5.3 Den Wert eines Platzhalters verwenden

Um den passenden Teil des Pfades zu verwenden, geben Sie seine Nummer im Schlüssel page arguments an:

```
function menufun_menu() {
  $items['menufun/%/bar/baz'] = array(
    'title' => 'Hello!',
    'page callback' => 'menufun_hello',
    'page arguments' => array(1), // Der passende Platzhalter.
    'access callback' => TRUE,
```

4.5 Platzhalter in Menüelementen

```
  );

  return $items;
}
/**
 * Seitencallback.
 */
function menufun_hello($a = NULL, $b = NULL) {
  return t('Hello. $a is @a and $b is @b', array('@a' => $a, '@b' =>
    $b));
}
```

Die Parameter, die unsere Funktion `menufun_hello()` empfangen hat, sind in Abbildung 4.13 zu sehen.

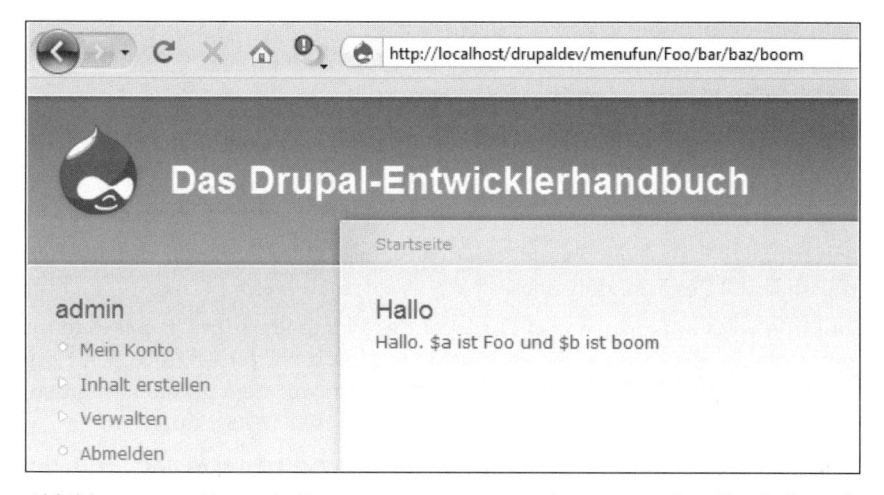

Abbildung 4.13: Der erste Parameter stammt von dem passenden Platzhalter, der zweite vom Ende des URLs

Der erste Parameter, `$a`, wird über den Seitencallback übergeben. Der Eintrag `array(1)` für den Callback bedeutet: »Teil 1 des Pfades übergeben, was es auch immer ist.« Wir beginnen die Zählung mit 0, sodass Teil 1 `'menufun'` ist, Teil 2 das, was den Platzhalter ersetzt, Teil 2 `'bar'` usw. Der zweite Parameter, `$b`, wird aufgrund des Umstands übergeben, dass Drupal den über den Drupal-Pfad hinausgehenden Teil als Parameter betrachtet (siehe Abschnitt 4.1.2, *Seitencallback-Argumente*, weiter vorn in diesem Kapitel).

4.5.4 Platzhalter- und Parameterersetzung

In der Praxis werden Teile eines Drupal-Pfads normalerweise benutzt, um ein Objekt anzuzeigen oder zu ändern, beispielsweise einen Node oder einen Benutzer. Der Pfad `node/%/edit` dient beispielsweise zum Bearbeiten eines Nodes, der Pfad `user/%` zum Anzeigen von Informationen über einen Benutzer anhand seiner ID. Sehen wir uns das Menüelement für den zweiten Fall an, das in der Implementierung von hook_menu() in *modules/user/user.module* zu finden ist. Der URL, auf den dieser Pfad passt, lautet zum Beispiel *http://example.com/?q=user/2375*. Auf einen solchen URL klicken Sie, um die Seite MEIN KONTO einer Drupal-Site zu sehen.

```
$items['user/%user_uid_optional'] = array(
  'title' => 'My account',
  'title callback' => 'user_page_title',
  'title arguments' => array(1),
  'page callback' => 'user_view',
  'page arguments' => array(1),
  'access callback' => 'user_view_access',
  'access arguments' => array(1),
  'file' => 'user_pages.inc',
);
```

Moment mal! Was für ein Pfad soll user/%user_uid_optional denn sein? Es handelt sich um eine Abkürzung für den folgenden Vorgang:

1. Der Pfad wird anhand der Vorkommen von / in Segmente unterteilt.
2. Im zweiten Segment wird der String nach dem %-Zeichen und vor dem nächsten möglichen Schrägstrich extrahiert. Das ist in diesem Fall user_uid_optional.
3. An den String wird _load angehängt, um den Namen einer Funktion zu bilden. In diesem Fall lautet der Funktionsname user_uid_optional_load.
4. Die Funktion wird aufgerufen und der Wert des Platzhalters im Drupal-Pfad als Parameter übergeben. Lautet der URL *http://example.com/?q=user/2375*, heißt der Drupal-Pfad *user/2375*. Der Platzhalter stimmt dann mit dem zweiten Segment überein, also mit *2375*. Daher wird user_uid_optional_load('2375') aufgerufen.
5. Das Ergebnis des Aufrufs wird dann *anstelle* des Platzhalters verwendet. Wird der Titelcallback mit den Titelargumenten von array(1) aufgerufen, anstatt Teil 1 des Drupal-Pfads (*2375*) zu übergeben, so übergeben wir das Ergebnis an user_uid_optional_load('2375'), ein Benutzerobjekt. Stellen Sie sich vor, dass ein Teil des Drupal-Pfads durch das Objekt ersetzt wird, für das er steht.
6. Beachten Sie, dass der Seiten- und der Zugriffscallback ebenfalls das Ersatzobjekt verwenden. Im vorstehenden Menüelement wird also für den Zugriff user_view_access() und zum Erstellen des Inhalts user_view() aufgerufen, und beide erhalten das Benutzerobjekt für Benutzer *2375*.

> **Tipp**
>
> Es ist einfacher, sich die Objektersetzung in einem Drupal-Pfad wie node/%node/edit vorzustellen, wenn Sie sich %node als Platzhalter mit einer Anmerkung direkt im String denken. Anders ausgedrückt: node/%node/edit entspricht node/%/edit mit der impliziten Anweisung, node_load() zum Ersetzen des Platzhalters auszuführen.

4.5 Platzhalter in Menüelementen

Der Ladefunktion weitere Argumente übergeben

Müssen der Ladefunktion weitere Argumente übergeben werden, können sie im Schlüssel `load arguments` definiert werden. Das folgende Beispiel stammt aus dem Node-Modul: das Menüelement zum Anzeigen einer Node-Überarbeitung. Die Funktion `node_load()` benötigt sowohl die Node-ID als auch die für die Überarbeitung.

```
$items['node/%node/revisions/%/view'] = array(
  'title' => 'Revisions',
  'load arguments' => array(3),
  'page callback' => 'node_show',
  'page arguments' => array(1, NULL, TRUE),
  'type' => MENU_CALLBACK,
);
```

Das Menüelement gibt `array(3)` für den Schlüssel `load arguments` an, d.h., außer dem Platzhalterwert für die Node-ID, die der Ladefunktion wie zuvor beschrieben automatisch übergeben wird, kommt nur ein weiterer Parameter zum Einsatz, weil `array(3)` nur ein Member hat, nämlich die Integerzahl 3. Wie Sie im Abschnitt 4.5.3, *Den Wert eines Platzhalters verwenden*, gesehen haben, wird also der Teil des Pfads an Stelle 3 benutzt. Positionen und Pfadargumente für den Beispiel-URL *http://example.com/?q=node/56/revision/4/view* sind in Tabelle 4.1 zusammengestellt.

Position	Argument	Wert aus URL
0	node	*node*
1	%node	*56*
2	revisions	*revisions*
3	%	*4*
4	view	*view*

Tabelle 4.1: Positionen und Argumente für den Drupal-Pfad node/%node/revisions/%/view bei Anzeige der Seite http://example.com /?q=node/56/revisions/4/view

Den Schlüssel `load arguments` zu definieren heißt also, dass anstelle von `node_load('56')` der Aufruf `node_load('56','4')` erfolgt.

Wenn der Seitencallback ausgeführt wird, hat die Ladefunktion den Wert `'56'` durch das geladene Node-Objekt ersetzt, sodass der Aufruf des Seitencallbacks `node_show($node, NULL, TRUE)` lautet.

Die besonderen vordefinierten Ladeargumente %map und %index

Es gibt zwei besondere Ladeargumente. Das Token `%map` übergibt den aktuellen Drupal-Pfad als Array. Wäre im vorstehenden Beispiel `%map` als Ladeargument übergeben worden, lautete sein Wert `array('node', '56', 'revisions', '4', 'view')`. Die Werte der

Zuordnung können von der Ladefunktion bearbeitet werden, wenn sie den Parameter als Referenz deklariert. Dies ist beispielsweise bei der Funktion user_category_load($uid, &$map, $index) in *modules/user/user.module* der Fall, um Schrägstriche in Kategorienamen zu handhaben.

Das Token %index gibt die Position des Platzhalters an, der die Ladefunktion bezeichnet. Im vorstehenden Beispiel beträgt der Wert des Tokens also 1, weil der Platzhalter nach Tabelle 4.1 an Stelle 1 steht.

4.5.5 Mit to_arg()-Funktionen Pfade aus Platzhaltern erstellen

Ich habe gesagt, Drupal könne aus einem Drupal-Pfad mit einem Platzhalter wie user/% keinen gültigen Link erstellen (woher soll Drupal auch wissen, wodurch das Prozentzeichen ersetzt werden soll?). Das stimmt nicht ganz. Wir können eine Hilfsfunktion definieren, die einen Ersatzwert für den Platzhalter angibt. Diesen Wert verwendet Drupal dann zum Erstellen des Links. Im Menüelement MEIN KONTO wird der Pfad für den gleichnamigen Link wie folgt erstellt:

1. Der ursprüngliche Drupal-Pfad lautet user/%user_uid_optional.
2. Beim Erstellen des Links sucht Drupal eine Funktion mit dem Namen user_uid_optional_to_arg(). Ist sie nicht definiert, kann Drupal nicht herausfinden, wie der Pfad zu erstellen ist, und zeigt den Link nicht an.
3. Wenn Drupal die Funktion findet, ersetzt es den Platzhalter im Link durch ihr Ergebnis. Die Funktion gibt die Benutzer-ID des aktuellen Benutzers zurück. Sind Sie Benutzer 4, verknüpft Drupal den Link MEIN KONTO also mit *http://example.com/?q=user/4*.

Die to_arg()-Funktion ist nicht auf die Ausführung eines bestimmten Pfads beschränkt. Anders ausgedrückt: Sie wird beim Erstellen der Links auf allen Seiten eingesetzt, nicht nur auf der Seite, die mit dem Drupal-Pfad eines Menüelements übereinstimmt. Der Link MEIN KONTO ist daher auf allen Seiten zu sehen, nicht nur auf der Seite *http://example.com/?q=user/3*.

Sonderfälle bei Platzhaltern und to_arg()-Funktionen

Die to_arg()-Funktion, die Drupal beim Erstellen von Links für Menüelemente sucht, basiert auf dem String, der im Drupal-Pfad auf den Platzhalter folgt. Dieser kann beliebig lauten, zum Beispiel wie folgt:

```
/**
 * Implementierung von hook_menu().
 */
function menufun_menu() {
  $items['menufun/%zootier'] = array(
    'title' => 'Hello!',
    'page callback' => 'menufun_hello',
    'page arguments' => array(1),
```

```
      'access callback' => TRUE,
      'type' => MENU_NORMAL_ITEM,
      'weight' => -10
  );
  return $items;
}

function zootier_to_arg($arg) {
  // $arg ist '%', weil es ein Platzhalter ist.
  // Ersetzen wir es durch ein Zootier.
  return 'tiger';
}
```

Das führt dazu, dass im Navigationsblock der Link HI erscheint. Der URL für den Link lautet *http://example.com/?q=menufun/tiger*. Normalerweise ersetzen Sie den Platzhalter nicht wie in diesem einfachen Beispiel durch einen statischen String, sondern verwenden die Funktion to_arg(), um etwas Dynamisches wie die uid des aktuellen Benutzers oder die nid des aktuellen Nodes zurückzugeben.

4.6 Menüelemente von anderen Modulen ändern

Wenn Drupal die Tabelle *menu_router* neu erstellt und die *menu_link*-Tabellen aktualisiert (zum Beispiel nach der Aktivierung eines neuen Moduls), bekommen die Module durch die Implementierung von hook_menu_alter() die Chance, Menüelemente zu ändern. Das Menüelement »abmelden« meldet beispielsweise den aktuellen Benutzer ab, indem es die Funktion user_logout() aufruft, die die Sitzung des Benutzers zerstört und ihn auf die Startseite der Site zurückbringt. Die Funktion ist in *modules/user/user.pages.inc* angesiedelt, wodurch für das Menüelement des Drupal-Pfads ein file-Schlüssel definiert ist. Drupal lädt daher normalerweise die Datei *modules/user/user.pages.inc* und führt den Seitencallback user_logout() aus, wenn ein Benutzer auf den Link ABMELDEN im Navigationsblock klickt. Ändern wir dies nun so, dass Benutzer bei der Abmeldung auf *drupal.org* geleitet werden.

```
/**
 * Implementierung von hook_menu_alter().
 *
 * @param array $items
 * Menüelemente werden mit dem Pfad als Schlüssel versehen.
 */
function menufun_menu_alter(&$items) {
  // Ersetzt Seitencallback von 'user_logout' durch Aufruf unseres
  // eigenen Seitencallbacks.
  $items['logout']['page callback'] = 'menufun_user_logout';
  // Drupal braucht die Datei user.pages.inc nicht mehr zu laden,
  // weil es unsere Funktion menufun_user_logout() aufruft,
  // die in unserem Modul steht - also schon im Gültigkeitsbereich.
```

```
  unset($items['logout']['file']);
}
/**
 * Menücallback; meldet den aktuellen Benutzer ab und leitet ihn zu
 * drupal.org. Dies ist eine modifizierte Version von user_logout().
 */
function menufun_user_logout() {
  global $user;

  watchdog('menufun', 'Session closed for %name.', array('%name' =>
     $user->name));

  // Zerstört aktuelle Sitzung:
  session_destroy();
  // Führt Abmeldeoperation des user-Hooks durch, damit die Module
  // auf die Abmeldung reagieren können, wenn sie wollen
  module_invoke_all('user', 'logout', NULL, $user);

  // Lädt anonymen Benutzer, damit das globale Objekt $user in allen
  // Implementierungen von hook_exit() korrekt ist.
  $user = drupal_anonymous_user();

  drupal_goto('http://drupal.org/');
}
```

Bevor unsere Implementierung von `hook_menu_alter()` ausgeführt wurde, sah das Menüelement für den Abmeldepfad wie folgt aus:

```
array(
  'access callback' => 'user_is_logged_in',
  'file' => 'user.pages.inc',
  'module' => 'user',
  'page callback' => 'user_logout',
  'title' => 'Log out',
  'weight' => 10,
)
```

Nach der Änderung so:

```
array(
  'access callback' => 'user_is_logged_in',
  'module' => 'user',
  'page callback' => 'menufun_user_logout',
  'title' => 'Log out',
  'weight' => 10,
)
```

4.7 Menülinks von anderen Modulen ändern

Wenn Drupal ein Menüelement in der Tabelle *menu_link* speichert, bekommen die Module die Chance, den Link zu ändern, indem sie `hook_menu_link_alter()` implementieren. Das Menüelement ABMELDEN (logout) lässt sich wie folgt auf den Titel SIGN OFF umstellen:

```
/**
 * Implementierung von hook_link_alter().
 *
 * @param $item
 * Assoziatives Array, das einen an menu_link_save() übergebenen
 * Menülink ändert.
 * @param $menu
 * Assoziatives Array mit dem von menu_router_build()
 * zurückgegebenen Menülink.
 */
function menufun_menu_link_alter(&$item, $menu) {
  if ($item['link_path'] == 'logout') {
    $item['link_title'] = 'Sign off';
  }
}
```

Dieser Hook sollte zum Ändern von Titel oder Gewicht eines Links benutzt werden. Müssen Sie andere Eigenschaften eines Menülinks ändern, beispielsweise den Zugriffscallback, wählen Sie stattdessen `hook_menu_alter()`.

> **Hinweis**
>
> Die mit `hook_menu_link_alter()` an einem Menüelement vorgenommenen Änderungen lassen sich nicht in der Benutzeroberfläche überschreiben, die *menu.module* unter VERWALTEN > STRUKTURIERUNG > MENÜS bereitstellt.

4.8 Arten von Menüelementen

Beim Hinzufügen von Menüelementen im Menü-Hook können Sie als Schlüssel unter anderem den Typ verwenden. Definieren Sie keinen Typ, wird der Standardtyp `MENU_NORMAL_ITEM` benutzt. Drupal behandelt Ihr Menüelement je nach Typ unterschiedlich. Jeder Typ besteht aus einer Reihe von *Flags* oder Attributen. Tabelle 4.2 fasst die Flags für die Menüelementtypen zusammen.

4 Das Menüsystem

Binär	Hexadezimal	Dezimal	Konstante
000000000001	0x0001	1	MENU_IS_ROOT
000000000010	0x0002	2	MENU_VISIBLE_IN_TREE
000000000100	0x0004	4	MENU_VISIBLE_IN_BREADCRUMB
000000001000	0x0008	8	MENU_LINKS_TO_PARENT
000000100000	0x0020	32	MENU_MODIFIED_BY_ADMIN
000001000000	0x0040	64	MENU_CREATED_BY_ADMIN
000010000000	0x0080	128	MENU_IS_LOCAL_TASK

Tabelle 4.2: Typflags für Menüelemente

Die Konstante MENU_NORMAL_ITEM umfasst zum Beispiel die Flags für MENU_VISIBLE_IN_TREE und MENU_VISIBLE_IN_BREADCRUMB, wie Tabelle 4.3 zeigt. Sehen Sie, wie sich die einzelnen Flags durch eine einzige Konstante ausdrücken lassen?

Binär	Konstante
000000000010	MENU_VISIBLE_IN_TREE
000000000100	MENU_VISIBLE_IN_BREADCRUMB
000000000110	MENU_NORMAL_ITEM

Tabelle 4.3: Flags des Menüelementtyps MENU_NORMAL_ITEM

Deshalb hat MENU_NORMAL_ITEM das Flag 000000000110. Tabelle 4.4 zeigt die verfügbaren Menüelementtypen und die Flags, die sie ausdrücken.

Menü-Flags	Menütypkonstanten				
	MENU_NORMAL_ITEM	MENU_CALLBACK	MENU_SUGGESTED_ITEM[1]	MENU_LOCAL_TASK	MENU_DEFAULT_LOCAL_TASK
MENU_IS_ROOT					
MENU_VISIBLE_IN_TREE	x				
MENU_VISIBLE_IN_BREADCRUMB	x	x	x		
MENU_LINKS_TO_PARENT					x
MENU_MODIFIED_BY_ADMIN					
MENU_CREATED_BY_ADMIN					
MENU_IS_LOCAL_TASK				x	x

Tabelle 4.4: Die Flags, die die Menüelementtypen ausdrücken

---

1 Diese Konstante wird mit einem zusätzlichen bitweisen OR mit 0x0010 angelegt.

Welche Konstante verwenden Sie nun bei der Definition des Typs für Ihr Menüelement? Sehen Sie in Tabelle 4.4 nach, welche Flags Sie aktivieren möchten, und benutzen Sie die entsprechende Konstante. Eine ausführliche Beschreibung der einzelnen Konstanten finden Sie in den Kommentaren zu *includes/menu.inc*. Am häufigsten werden MENU_CALLBACK, MENU_LOCAL_TASK und MENU_DEFAULT_LOCAL_TASK eingesetzt.

Einzelheiten folgen später.

4.9 Häufige Aufgaben

Dieser Abschnitt behandelt einige typische Ansätze für häufige Probleme, auf die Entwickler im Zusammenhang mit Menüs stoßen.

4.9.1 Callbacks ohne Hinzufügen eines Links zuweisen

Häufig möchten Sie einer Funktion einen URL zuordnen, ohne ein sichtbares Menüelement zu erstellen. Vielleicht ist in einem Webformular eine JavaScript-Funktion enthalten, die von Drupal eine Länderliste benötigt. Deshalb müssen Sie einen URL mit einer PHP-Funktion verknüpfen, ohne dies aber in ein Navigationsmenü einzubinden. Dazu können Sie Ihrem Menüelement wie im ersten Beispiel dieses Kapitels den Typ MENU_CALLBACK zuweisen.

4.9.2 Menüelemente als Registerkarten anzeigen

Im zugegebenermaßen obskuren Menüjargon von Drupal wird ein als Registerkarte angezeigter Callback als *lokale Aufgabe* bezeichnet und hat den Typ MENU_LOCAL_TASK oder MENU_DEFAULT_LOCAL_TASK. Der Titel einer solchen Aufgabe sollte ein kurzes Verb sein, etwa »add« oder »list«. Lokale Aufgaben bearbeiten üblicherweise Objekte irgendeiner Art, beispielsweise Nodes oder Benutzer. Sie können sich eine lokale Aufgabe als semantische Deklaration über ein Menüelement vorstellen, die normalerweise als Registerkarte wiedergegeben wird – ähnlich, wie das Tag <strong> eine semantische Deklaration ist und normalerweise als fettgedruckter Text ausgegeben wird.

Lokale Aufgaben müssen ein übergeordnetes Element haben, damit die Registerkarten dargestellt werden können. Es ist üblich, einen Callback einem Stammpfad wie *milchshake* zuzuweisen und lokale Aufgaben anschließend mit Pfaden zu versehen, die diesen erweitern, wie *milchshake/zubereiten*, *milchshake/trinken* usw. Drupal bietet integrierte Themes-Unterstützung für zwei Ebenen lokaler Aufgaben in Registerkartenform. (Das zugrunde liegende System erlaubt weitere Ebenen, aber dann muss Ihr Theme deren Anzeige unterstützen.)

In welcher Reihenfolge die Registerkarten wiedergegeben werden, bestimmt die alphabetische Sortierung des Titelwerts der einzelnen Menüelemente. Gefällt sie Ihnen nicht, können Sie die Elemente mit einem weight-Schlüssel versehen, sodass sie nach Gewicht sortiert werden.

4 Das Menüsystem

Der folgende Beispielcode ergibt zwei Haupt- und zwei untergeordnete Registerkarten unter der lokalen Standardaufgabe. Sie erstellen *sites/all/modules/custom/milkshake/milkshake.info* wie folgt:

```
; $Id$
name = Milkshake
description = Demonstrates menu local tasks.
package = Pro Drupal Development
core = 6.x
```

Anschließend geben Sie für *sites/all/modules/custom/milkshake/milkshake.module* Folgendes ein:

```
<?php
// $Id$

/**
 * @file
 * Dieses Modul erläutert das Drupal-Menüsystem,
 * insbesondere, wie lokale Aufgaben funktionieren.
 */

/**
 * Implementierung von hook_perm().
 */
function milkshake_perm() {
  return array('list flavors', 'add flavor');
}
/**
 * Implementierung von hook_menu().
 */
function milkshake_menu() {
  $items['milkshake'] = array(
    'title' => 'Milkshake flavors',
    'access arguments' => array('list flavors'),
    'page callback' => 'milkshake_overview',
    'type' => MENU_NORMAL_ITEM,
  );
  $items['milkshake/list'] = array(
    'title' => 'List flavors',
    'access arguments' => array('list flavors'),
    'type' => MENU_DEFAULT_LOCAL_TASK,
    'weight' => 0,
  );
  $items['milkshake/add'] = array(
    'title' => 'Add flavor',
    'access arguments' => array('add flavor'),
    'page callback' => 'milkshake_add',
    'type' => MENU_LOCAL_TASK,
```

```
    'weight' => 1,
  );
  $items['milkshake/list/fruity'] = array(
    'title' => 'Fruity flavors',
    'access arguments' => array('list flavors'),
    'page callback' => 'milkshake_list',
    'page arguments' => array(2), // Übergibt 'fruity'.
    'type' => MENU_LOCAL_TASK,
  );
  $items['milkshake/list/candy'] = array(
    'title' => 'Candy flavors',
    'access arguments' => array('list flavors'),
    'page callback' => 'milkshake_list',
    'page arguments' => array(2), // Übergibt 'candy'.
    'type' => MENU_LOCAL_TASK,
  );

  return $items;
}
function milkshake_overview() {
  $output = t('The following flavors are available...');
  // ... es folgt weiterer Code
  return $output;
}
function milkshake_add() {
  return t('A handy form to add flavors might go here...');
}
function milkshake_list($type) {
  return t('List @type flavors', array('@type' => $type));
}
```

Abbildung 4.14 zeigt das Ergebnis mit dem Drupal-Theme Bluemarine.

Abbildung 4.14: Lokale Aufgaben und Menüs in Form von Registerkarten

Beachten Sie, dass der Seitentitel nicht aus der lokalen Standardaufgabe, sondern aus dem übergeordneten Callback entnommen wurde. Mit `drupal_set_title()` können Sie, wenn Sie wollen, einen anderen Titel festlegen.

4.9.3 Menüelemente verbergen

Vorhandene Menüelemente lassen sich verbergen, indem Sie das Attribut `hidden` ihres Linkelements ändern. Nehmen Sie an, Sie wollen aus irgendeinem Grund das Menüelement INHALT ERSTELLEN löschen. Verwenden Sie dazu unseren alten Freund `hook_menu_link_alter()`:

```
/**
 * Implementierung von hook_menu_link_alter().
 */
function menufun_menu_link_alter(&$item, $menu) {
  // Verbirgt den Link Create content.
  if ($item['link_path'] == 'node/add') {
    $item['hidden'] = 1;
  }
}
```

4.10 menu.module verwenden

Wenn Sie das Menü-Modul von Drupal aktivieren, haben Sie eine praktische Benutzeroberfläche, mit der der Siteadministrator vorhandene Menüs, beispielsweise für die Navigation oder für primäre und sekundäre Links, anpassen oder neue hinzufügen kann. Beim Ausführen der Funktion `menu_rebuild()` in *includes/menu.inc* wird die Datenstruktur für den Menübaum in der Datenbank gespeichert. Dies geschieht, wenn Sie Module aktivieren oder deaktivieren oder anderweitig mit Dingen herumspielen, die den Aufbau des Menübaums berühren. Die Daten werden in der Tabelle *menu_router* abgelegt, die Informationen über Links in der Tabelle *menu_links*.

Während des Aufbaus der Links für eine Seite erstellt Drupal den Baum zunächst aus den Pfadinformationen, die von den Implementierungen von `hook_menu` in den Modulen stammen, und legt dann die Menüdaten aus der Datenbank darüber. Dieses Verhalten ermöglicht Ihnen, mit *menu.module* das übergeordnete Element, den Pfad, den Titel und die Beschreibung des Menübaums zu ändern – dabei ändern Sie nicht den zugrunde liegenden Baum selbst, sondern erstellen Daten, die darübergelegt werden.

> **Hinweis**
>
> Der Typ des Menüelements, beispielsweise `MENU_CALLBACK` oder `DEFAULT_LOCAL_TASK`, wird in der Datenbank durch seine dezimale Entsprechung dargestellt.

Außerdem fügt *menu.module* einen Abschnitt in das Node-Formular ein, um den aktuellen Post im laufenden Betrieb als Menüelement hinzuzufügen.

4.11 Häufige Fehler

Gerade haben Sie den Menü-Hook in Ihr Modul eingefügt, aber Ihre Callbacks werden nicht gestartet, Ihre Menüs nicht angezeigt, oder es funktioniert einfach nichts. Dann sollten Sie Folgendes überprüfen:

- Haben Sie für eine Funktion einen `access callback`-Schlüssel gesetzt, der `FALSE` zurückgibt?
- Haben Sie die Zeile `return $items` am Ende Ihres Menü-Hooks vergessen?
- Haben Sie als Wert für `access arguments` oder `page arguments` versehentlich kein Array, sondern einen String angegeben?
- Haben Sie den Menü-Cache geleert und das Menü neu erstellt?
- Falls Sie versuchen, Menüelemente durch Zuweisen des Typs `MENU_LOCAL_TASK` als Registerkarten darzustellen: Haben Sie ein übergeordnetes Element zugewiesen, das einen Seitencallback aufweist?
- Wenn Sie mit lokalen Aufgaben arbeiten: Gibt es auf jeder Seite mindestens zwei Registerkarten (sonst können keine angezeigt werden)?

4.12 Zusammenfassung

Nachdem Sie dieses Kapitel durchgearbeitet haben, sollten Sie folgende Aufgaben beherrschen:

- Funktionen in Ihrem oder anderen Modulen oder *.inc*-Dateien zu URLs zuweisen
- Mit der Zugriffssteuerung umgehen
- Die Funktionsweise von Platzhaltern in Pfaden kennen
- Seiten mit Registerkarten (lokalen Aufgaben) erstellen, die Funktionen zugeordnet sind
- Vorhandene Menüelemente und Links programmgesteuert ändern

Für die weitere Lektüre lohnen sich die Kommentare in *menu.inc* sowie *http://drupal.org/node/102338* und *http://api.drupal.org/?q=api/group/menu/6*.

5   Mit Datenbanken arbeiten

Drupal benötigt eine Datenbank, um richtig zu funktionieren. Innerhalb von Drupal befindet sich eine schlanke Datenbankabstraktionsschicht zwischen Ihrem Code und der Datenbank. In diesem Kapitel lernen Sie, wie diese Schicht funktioniert und wie Sie sie verwenden können. Sie erfahren, wie Abfragen durch Module verändert werden können und wie Sie sich mit zusätzlichen Datenbanken verbinden (beispielsweise einer älteren Datenbank). Abschließend lernen Sie, wie die zur Erstellung und Aktualisierung notwendigen Abfragen mit der Schema-API von Drupal in die *.install*-Datei Ihres Moduls integriert werden können.

5.1   Datenbankparameter definieren

Drupal ist durch die Datei *settings.php* Ihrer Site bekannt, mit welcher Datenbank es sich verbinden soll und welcher Benutzername bzw. welches Kennwort zum Abfragen der Datenbankverbindung verwendet werden soll. Diese Datei befindet sich normalerweise unter *sites/example.com/settings.php* oder *sites/default/settings.php*. Die Zeile, die die Datenbankverbindung festlegt, sieht folgendermaßen aus:

```
$db_url = 'mysql://username:password@localhost/databasename';
```

Dieses Beispiel steht für die Verbindung zu einer MySQL-Datenbank. Benutzer von PostgreSQL versehen den Verbindungsstring mit dem Präfix `pgsql` anstatt `mysql`. Natürlich müssen der verwendete Benutzername und das zugehörige Kennwort für die Datenbank gültig sein. Es handelt sich hierbei um Anmeldeinformationen für die Datenbank und nicht für Drupal, die bei der Einrichtung der Datenbank mit den Datenbanktools festgelegt werden. Der Installer von Drupal fragt nach dem Benutzernamen und dem Kennwort, sodass er den String `$db_url` in der Datei *settings.php* erstellen kann.

5.2   Grundlagen der Datenbankabstraktionsschicht

Die Arbeit mit der Datenbankabstraktions-API ist etwas, das Sie so lange nicht richtig zu würdigen wissen, bis Sie versuchen, wieder ohne sie zurechtzukommen. Haben Sie jemals mit einem Projekt zu tun gehabt, bei dem Sie das Datenbanksystem ändern mussten und Tage damit verbracht haben, im Code zu suchen um Änderungen an datenbankspezifischen Funktionsaufrufen und -abfragen vorzunehmen? Bei einer

Abstraktionsschicht müssen Sie die Nuancen in Funktionsnamen für verschiedene Datenbanksysteme nicht weiter verfolgen. Außerdem müssen Sie keine separaten Abfragen für verschiedene Datenbanken schreiben, solange Ihre Abfragen mit ANSI SQL (American National Standards Institute) kompatibel sind. So verwendet Drupal beispielsweise `db_query()` anstatt `mysql_query()` oder `pg_query()`, was den logischen Umgang mit Datenbanken klarer macht.

Die Datenbankabstraktionsschicht von Drupal ist sehr schlank und dient hauptsächlich zwei Zwecken. Erstens soll die Anbindung Ihres Codes an eine Datenbank verhindert werden. Der zweite Zweck ist die Säuberung der von Benutzern gelieferten Daten, die in Abfragen auftreten, damit SQL-Injektionsangriffe verhindert werden. Diese Schicht wurde auf der Annahme erstellt, dass es bequemer ist, SQL-Code zu schreiben, als eine neue Sprache für eine Abstraktionsschicht zu erlernen.

Drupal verfügt außerdem über eine Schemaschnittstelle, die es Ihnen ermöglicht, Ihr Datenbankschema Drupal gegenüber allgemein zu beschreiben (also anzugeben, welche Tabellen und Felder sie verwenden), sodass Drupal es in Spezifikationen für die verwendete Datenbank umwandeln kann. Mehr darüber erfahren Sie in Kürze, wenn wir über *.install*-Dateien sprechen.

Drupal bestimmt die Art der Datenbank, mit der es sich verbinden soll, indem es `$db_variable` in der Datei *settings.php* untersucht. Wenn `$db_url` beispielsweise mit `mysql` beginnt, dann schließt Drupal *includes/database.mysql.inc* ein. Fängt die Variable aber mit `pgsql` an, wird *database.pgsql.inc* verwendet. Dieser Vorgang wird in Abbildung 5.1 gezeigt.

Betrachten Sie als Beispiel den Unterschied zwischen den Abstraktionsschichten für MySQL und PostgreSQL in `db_fetch_object()`:

```
// Aus database.mysqli.inc.
function db_fetch_object($result) {
  if ($result) {
    return mysql_fetch_object($result);
  }
}
// Aus  database.pgsql.inc.
function db_fetch_object($result) {
  if ($result) {
    return pg_fetch_object($result);
  }
}
```

Wenn Sie eine Datenbank nutzen, die noch nicht unterstützt wird, können Sie durch Implementierung der Wrapper-Funktionen für Ihre Datenbank einen eigenen Treiber schreiben. Weitere Informationen darüber finden Sie am Ende dieses Kapitels im Abschnitt 5.11, *Einen eigenen Datenbanktreiber schreiben*.

5.3 Verbindungen zur Datenbank

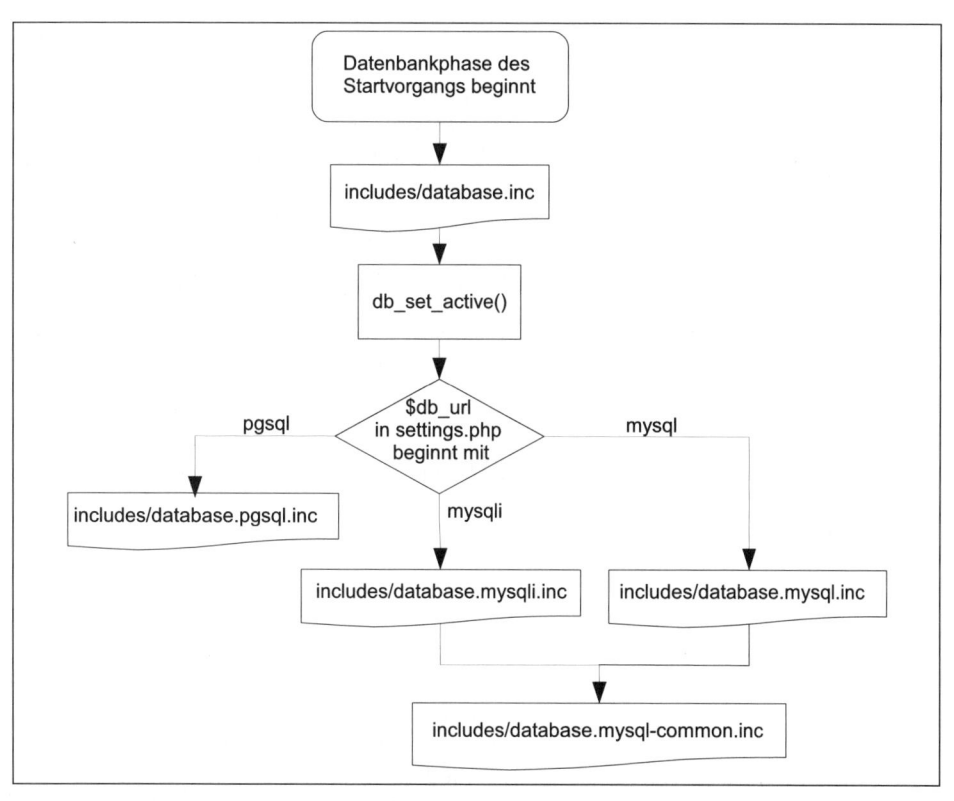

Abbildung 5.1: Drupal bestimmt über $db_url die einzuschließenden Datenbankdateien

5.3 Verbindungen zur Datenbank

Drupal erstellt die Verbindung zur Datenbank als Teil des normalen Startvorgangs automatisch, sodass Sie sich darüber keine Gedanken machen müssen.

Wenn Sie außerhalb von Drupal arbeiten (beispielsweise wenn Sie ein eigenständiges PHP-Skript schreiben oder wenn bestehender PHP-Code außerhalb von Drupal auf eine Drupal-Datenbank zugreifen muss), können Sie folgende Zeilen verwenden:

```
// Macht Drupal zum aktuellen PHP-Verzeichnis.
chdir('/full/path/to/your/drupal/installation');
// Startet Drupal bis zur Datenbankphase.
include_once('./includes/bootstrap.inc');
drupal_bootstrap(DRUPAL_BOOTSTRAP_DATABASE);
// Jetzt können Sie Abfragen mit db_query() ausführen.
$result = db_query('SELECT title FROM {node}');
...
```

> **Achtung**
>
> Drupal ist oftmals mit mehreren Ordnern im Siteverzeichnis eingerichtet. Dadurch kann die Site direkt in die Produktion verschoben werden, ohne dass dafür Anmeldeinformationen für Datenbanken geändert werden müssten. Beispielsweise kann *sites/staging.example.com/settings.php* mit Anmeldeinformationen für Ihre Testdatenbank versehen sein und *sites/www.example.com/settings.php* mit denen für Ihren Produktions-Datenbankserver. Wenn Sie eine Datenbankverbindung wie in diesem Abschnitt gezeigt erstellen, verwendet Drupal immer *sites/default/settings.php*, da hier keine HTTP-Anfrage vorkommt.

5.4 Einfache Abfragen durchführen

Die Funktion db_query() von Drupal dient zur Ausführung einer Abfrage über die aktive Datenbankverbindung. Diese Abfragen umfassen SELECT, INSERT, UPDATE und DELETE.

Es gibt etwas Drupal-spezifische Syntax, die Sie beim Schreiben von SQL-Anweisungen kennen sollten. Zunächst einmal sind Tabellennamen mit geschweiften Klammern eingerahmt, sodass die Tabellennamen mit Präfixen versehen werden können, um ihnen gegebenenfalls eindeutige Namen zu geben. Diese Konvention ermöglicht Benutzern, die durch ihre Provider in der Zahl der Datenbanken eingeschränkt sind, die Installation von Drupal innerhalb einer bestehenden Datenbank, und vermeidet durch Voranstellung eines Präfix in *settings.php* dabei gleichzeitig Namenskollisionen. Das folgende Beispiel zeigt eine einfache Abfrage des Namens von role 2:

```
$result = db_query('SELECT name FROM {role} WHERE rid = %d', 2);
```

Beachten Sie die Verwendung des Platzhalters %d. In Drupal werden Abfragen immer mit Platzhaltern geschrieben, wobei der eigentliche Wert als Parameter folgt. Der Platzhalter %d wird automatisch durch den Wert des Parameters ersetzt – in diesem Fall 2. Zusätzliche Platzhalter bedeuten zusätzliche Parameter:

```
db_query('SELECT name FROM {role} WHERE rid > %d AND rid != %d', 1, 7);
```

Die vorstehende Zeile wird zur folgenden, wenn die Abfrage von einer Datenbank aus gestartet wurde:

```
SELECT FROM role WHERE rid > 1 and rid != 7
```

Von Benutzern eingegebene Daten müssen immer als separate Parameter übergeben werden, sodass die Werte gesäubert werden können, um SQL-Injektionsangriffe zu vermeiden. Drupal verwendet in Abfragen die Syntax printf (siehe *http://php.net/printf*)

5.4 Einfache Abfragen durchführen

als Platzhalter für diese Werte. Es gibt verschiedene Modifikatoren des Typs %, die sich je nach Datentyp der von Benutzern eingegebenen Informationen unterscheiden.

Tabelle 5.1 listet die Platzhalter für Datenbankabfragen und ihre Bedeutung auf.

Platzhalter	Bedeutung
%s	String
%d	Integer
%f	Fließkommazahl
%b	Binäre Daten nicht in ' ' einschließen
%%	Fügt ein Literalzeichen ein (sprich SELECT * FROM {users} WHERE name LIKE '%%%s%%')

Tabelle 5.1: Platzhalter für Datenbankabfragen und deren Bedeutung

Der erste Parameter für db_query() ist immer die eigentliche Abfrage, die restlichen sind dynamische Werte, die überprüft und in den Abfragestring eingefügt werden. Die Werte können sich in einem Array befinden, aber auch jeweils einen eigenen Parameter darstellen. Letzteres ist das weitaus gebräuchlichere Format.

Bei der Verwendung dieser Syntax werden die Werte von TRUE, FALSE und NULL in deren dezimale Entsprechungen typisiert (0 oder 1). In den meisten Fällen sollte dies keine Probleme verursachen.

Schauen wir uns einige Beispiele an. Darin verwenden wir eine Datenbanktabelle mit dem Namen *joke*, die drei Felder enthält: eine Node-ID (Integer), eine Versions-ID (Integer) und ein Textfeld, das eine Pointe enthält (weitere Informationen über das Modul *joke* finden Sie in Kapitel 7).

Beginnen wir mit einer einfachen Abfrage. Nehmen Sie alle Zeilen aller Felder der Tabelle *joke*, in denen vid denselben Integerwert aufweist wie $node->vid:

```
db_query('SELECT * FROM {joke} WHERE vid = %d', $node->vid);
```

Fügen Sie eine Zeile in die Tabelle *joke* ein. Die neue Zeile wird zwei Integer- und einen Stringwert enthalten. Beachten Sie, dass die Platzhalter des Stringwerts in einzelnen Anführungszeichen stehen, wodurch die Verwundbarkeit gegenüber SQL-Injektionsangriffen gesenkt wird. Da einzelne Anführungszeichen in der eigentlichen Abfrage vorkommen, verwenden wir doppelte Anführungszeichen, um die Abfrage zu beenden.

```
db_query("INSERT INTO {joke} (nid, vid, punchline)
        VALUES (%d, %d, '%s')",
        $node->nid, $node->vid, $node->punchline);
```

Ändern Sie alle Zeilen der Tabelle *joke*, in denen vid denselben Integerwert aufweist wie $node->vid. Die Zeilen werden durch Gleichsetzung des Felds punchline (Pointe) mit dem in $node->punchline enthaltenen Wert geändert:

```
db_query("UPDATE {joke} SET punchline = '%s' WHERE vid = %d",
  $node->punchline, $node->vid);
```

Löschen Sie alle Zeilen der Tabelle *joke*, in denen die Spalte nid einen Integerwert gleich dem Wert $node->nid enthält:

```
db_query('DELETE FROM {joke} WHERE nid = %d', $node->nid);
```

5.5 Abfrageergebnisse abrufen

Es gibt verschiedene Möglichkeiten, um Abfrageergebnisse zu erhalten, was zum einen davon abhängt, ob Sie eine einzelne Zeile oder das gesamte Ergebnis benötigen, und zum anderen davon, ob Sie einen Ergebnisbereich für die interne Verwendung oder für die Anzeige als Ergebnissatz auf einer Seite wünschen.

5.5.1 Einen einzelnen Wert abrufen

Wenn Sie lediglich einen einzelnen Wert von der Datenbank benötigen, können Sie dazu db_result() verwenden. Das folgende Beispiel zeigt die Abfrage der Gesamtzahl von Benutzern, die nicht vom Administrator blockiert wurden (ausschließlich der anonymen Benutzer).

```
$count = db_result(db_query('SELECT COUNT(uid)
                  FROM {users}
                  WHERE status = 1
                  AND uid != 0'));
```

5.5.2 Mehrere Zeilen abrufen

In den meisten Fällen wollen Sie mehr als ein einzelnes Feld von der Datenbank zurückerhalten. Das folgende Beispiel zeigt ein typisches Wiederholungsmuster für die schrittweise Fortbewegung durch den Ergebnissatz:

```
$type = 'blog';
$status = 1; // In der Node-Tabelle bedeutet der Wert 1 im Status
             // "veröffentlicht".
$sql = "SELECT * FROM {node} WHERE type = '%s' AND status = %d";
$result = db_query(db_rewrite_sql($sql), $type, $status);
while ($data = db_fetch_object($result)) {
  $node = node_load($data->nid);
  print node_view($node, TRUE);
}
```

Der vorstehende Codeabschnitt gibt alle veröffentlichten Nodes des Typs blog aus (das Feld *status* in der Tabelle *node* ist *0*, wobei *0* für nicht veröffentlichte und *1* für veröffentlichte Nodes steht). Die Funktion db_rewrite_sql() werden wir in Kürze besprechen. db_fetch_object() ruft eine Zeile des Ergebnissatzes als Objekt ab. Um das Ergebnis als Array zu erhalten, verwenden Sie db_fetch_array(). Zeilen als Objekte statt als Arrays abzufragen ist sehr gebräuchlich, da die meisten Entwickler die einfachere Syntax bevorzugen.

5.5.3 Das Ergebnis einschränken

Wie Sie sich denken können, ist es keine gute Idee, die eben gezeigte Abfrage auf eine Site zu stellen, die beispielsweise 10.000 Blogeinträge enthält. Daher werden wir das Ergebnis der Abfrage auf die zehn aktuellsten beschränken:

```
$type = 'blog';
$status = 1;
// In der Node-Tabelle bedeutet der Wert 1
// im Status "veröffentlicht".
$sql = "SELECT * FROM {node} n WHERE type = '%s' AND status = %d
  ORDER BY n.created DESC";
$result = db_query_range(db_rewrite_sql($sql), $type, $status,
  0, 10);
while ($data = db_fetch_object($result)) {
  $node = node_load($data->nid);
  print node_view($node, TRUE);
}
```

Anstatt die Abfrage an db_query() zu übergeben und die Klausel LIMIT zu verwenden, nehmen wir db_query_range(). Warum? Weil nicht alle Datenbanken auf das Format der LIMIT-Syntax ansprechen, sodass wir db_query_range() als Wrapper-Funktion verwenden müssen.

Beachten Sie, dass Sie die Variablen, die die Platzhalter ersetzen, vor dem Bereich übertragen (im vorangegangenen Beispiel werden also Typ und Status vor 0 und 10 übertragen).

5.5.4 Ergebnisse seitenweise anzeigen

Wir können diese Blogeinträge besser darstellen: als Seite formatierter Ergebnisse mit Verknüpfungen zu weiteren Ergebnissen. Dies können wir mit dem Pager von Drupal erreichen (Abbildung 5.2). Lassen Sie uns erneut alle Blogeinträge aufgreifen, wobei wir sie dieses Mal allerdings seitenweise mit Verknüpfungen zu zusätzlichen Ergebnisseiten anzeigen lassen. Außerdem werden die Schaltflächen FIRST und LAST am unteren Rand der Seite zu sehen sein.

```
$type = 'blog';
$status = 1;
$sql = "SELECT * FROM {node} n WHERE type = '%s' AND status = %d
  ORDER BY n.created DESC";
$pager_num = 0; // Dies ist das erste Pagerelement auf dieser Seite.
                // Wir nummerieren es mit 0.
$result = pager_query(db_rewrite_sql($sql), 10, $pager_num, NULL,
  $type, $status);
while ($data = db_fetch_object($result)) {
  $node = node_load($data->nid);
  print node_view($node, TRUE);
}
// Fügt Links zu den verbleibenden Ergebnisseiten hinzu.
print theme('pager', NULL, 10, $pager_num);
```

Obwohl `pager_query()` kein Teil der Datenbankabstraktionsschicht bildet, ist sie doch bei der Erstellung einer auf mehrere Seiten verteilten Ergebnisanzeige mit Navigationsmöglichkeiten sehr hilfreich. Ein Aufruf von `theme('pager')` am Ende zeigt die Navigationsschaltflächen zu den anderen Seiten an. Dabei ist es nicht notwendig, die Gesamtzahl der Ergebnisse an `theme('pager')` zu übertragen, da diese intern durch den Aufruf von `pager_query()` eingebunden wird.

Abbildung 5.2: Der Pager von Drupal bietet integrierte Navigationsmöglichkeiten durch einen Ergebnissatz

5.6 Die Schema-API

Drupal unterstützt mehrere Datenbanken wie beispielsweise MySQL und PostgreSQL durch seine Datenbankabstraktionsschicht. Jedes Modul, das eine Datenbanktabelle haben will, beschreibt Drupal diese Tabelle mithilfe einer Schemadefinition. Drupal übersetzt die Definition anschließend in eine Syntax, die für die Datenbank geeignet ist.

5.6.1 .install-Moduldateien verwenden

Wenn Sie Module schreiben, die eine oder mehrere Datenbanken für die Speicherung erstellen müssen, werden die Anweisungen zum Erstellen und Unterhalten der Tabellenstruktur wie in Kapitel 2 beschrieben in einer *.install*-Datei gesichert, die mit dem Modul veröffentlicht wird.

5.6.2 Tabellen erstellen

Der Installations-Hook übergibt die Installation der Datenbanktabellen normalerweise an `drupal_install_schema()`. Diese Funktion erhält die Schemadefinition vom Schema-Hook des Moduls und ändert die Datenbank (siehe Abbildung 5.3). Anschließend übernimmt der Installations-Hook alle anderen notwendigen Installationsarbeiten. Das folgende Beispiel aus der Datei *modules/book/book.install* zeigt die Übergabe an `drupal_install_schema()`. Da das Hook-Modul mit dem Node-Typ *book* zu tun hat, erstellt es diesen Node-Typ, nachdem die Datenbankinstallation abgeschlossen ist.

```
/**
 * Implementierung von hook_install().
 */
function book_install() {
  // Erstellt Tabellen.
  drupal_install_schema('book');
  // Fügt den Node-Typ hinzu.
  _book_install_type_create();
}
```

Das Schema wird im Allgemeinen folgendermaßen definiert:

```
$schema['tablename'] = array(
  // Tabellenbeschreibung.
  'description' => t('Description of what the table is used for.'),
    'fields' => array(
      // Felddefinition.
      'field1' => array(
        'type' => 'int',
        'unsigned' => TRUE,
        'not null' => TRUE,
        'default' => 0,
        'description' => t('Description of what this field is used
            for.'),
      ),
    ),
    // Indexdeklarationen.
    'primary key' => array('field1'),
  );
```

5 Mit Datenbanken arbeiten

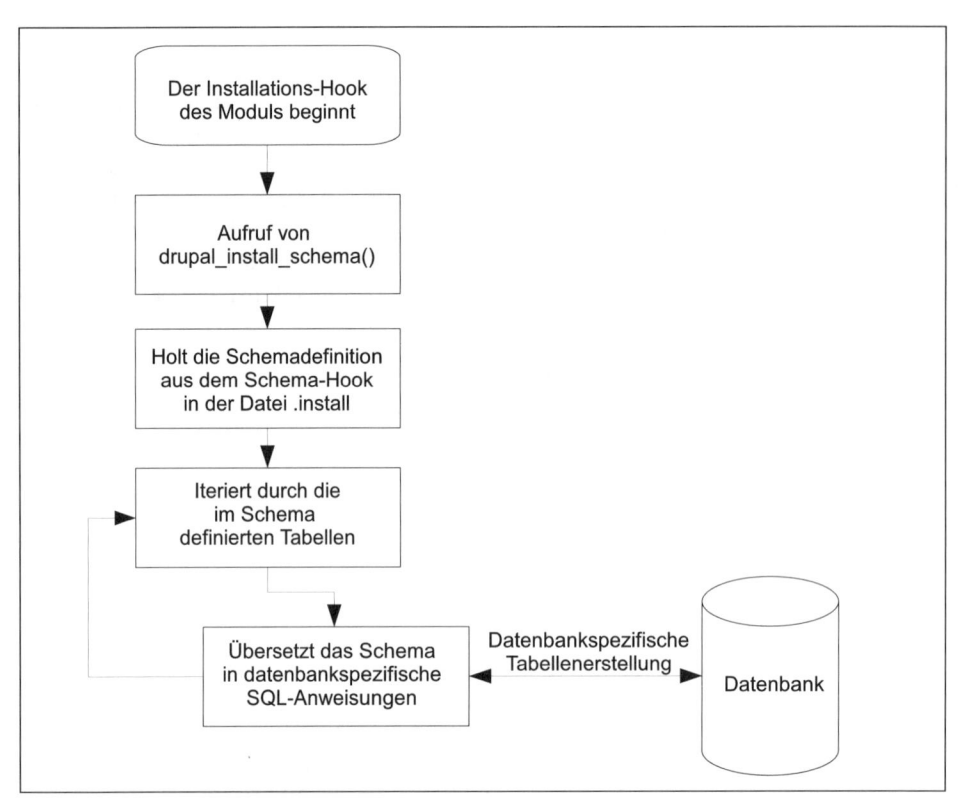

Abbildung 5.3: Die Schemadefinition wird zur Erstellung der Datenbanktabellen verwendet

Schauen wir uns die Schemadefinition für die Drupal-Tabelle *book* an, die in *modules/book/book.install* zu finden ist:

```
/**
 * Implementaierung von hook_schema().
 */
function book_schema() {
  $schema['book'] = array(
  'description' => t('Stores book outline information. Uniquely
    connects each node in the outline to a link in {menu_links}'),
    'fields' => array(
      'mlid' => array(
        'type' => 'int',
        'unsigned' => TRUE,
        'not null' => TRUE,
        'default' => 0,
        'description' => t("The book page's {menu_links}.mlid."),
      ),
      'nid' => array(
```

5.6 Die Schema-API

```
      'type' => 'int',
      'unsigned' => TRUE,
      'not null' => TRUE,
      'default' => 0,
      'description' => t("The book page's {node}.nid."),
    ),
    'bid' => array(
      'type' => 'int',
      'unsigned' => TRUE,
      'not null' => TRUE,
      'default' => 0,
      'description' => t("The book ID is the {book}.nid of the
         top-level page."),
    ),
  ),
  'primary key' => array('mlid'),
  'unique keys' => array(
    'nid' => array('nid'),
  ),
  'indexes' => array(
    'bid' => array('bid'),
  ),
);
return $schema;
}
```

Diese Schemadefinition beschreibt die Tabelle *book*, die drei Felder des Typs `int` enthält. Außerdem verfügt sie über einen primären Schlüssel, einen eindeutigen Index (was bedeutet, dass alle Einträge in diesem Feld eindeutig sind) und einen regulären Index. Beachten Sie, dass geschweifte Klammern verwendet werden, wenn auf ein Feld einer anderen Tabelle verwiesen wird. Dies ermöglicht dem Schema-Modul das Erstellen von hilfreichen Hyperlinks zu Tabellenbeschreibungen (siehe nächster Abschnitt).

5.6.3 Das Schema-Modul verwenden

An diesem Punkt denken Sie vielleicht »Was für ein Aufwand! Solche großen beschreibenden Arrays zu erstellen, um Drupal über meine Tabellen zu informieren, ist reine Schinderei.« Doch ärgern Sie sich nicht. Laden Sie das Schema-Modul von *http://drupal.org/project/schema* herunter und aktivieren Sie es in Ihrer Site. Wechseln Sie dazu zu VERWALTEN > STRUKTURIERUNG > SCHEMA, wo Sie die Schemadefinition für alle Datenbanktabellen sehen können, indem Sie auf die Registerkarte INSPECT klicken. Sollten Sie SQL verwendet haben, um Ihre Tabelle zu erstellen, können Sie die Schemadefinition mit dem Schema-Modul abrufen und anschließend in Ihre *.install*-Datei kopieren.

Tipp

Es sollte nur selten vorkommen, dass Sie ein Schema von Grund auf erstellen müssen. Stattdessen können Sie Ihre bestehenden Tabellen und die Registerkarte INSPECT des Schema-Moduls verwenden, damit das Schema-Modul Ihre Schemas für Sie erstellt.

Das Schema-Modul ermöglicht außerdem die Anzeige des Schemas jedes Moduls. Beispielsweise zeigt Abbildung 5.4 das Schema-Modul bei der Darstellung des Schemas für das Modul *book*. Beachten Sie, wie sich die Tabellennamen in geschweiften Klammern in den Tabellen- und Feldbeschreibungen in hilfreiche Links verwandelt haben.

Abbildung 5.4: Das Schema-Modul zeigt das Schema des Moduls book an

5.6.4 Feldtypzuordnung zwischen Schema und Datenbank

Der in der Schemadefinition deklarierte Feldtyp wird als systemeigener Feldtyp der Datenbank zugeordnet. Beispielsweise wird ein Integer-Feld der deklarierten Größe tiny in MySQL zum Feld TINYINT oder zu smallint in PostgreSQL. Die aktuelle Zuordnung kann in der Funktion db_type_map() der Datenbank-Treiberdatei eingesehen werden (beispielsweise *includes/database.pgsql.php*). Betrachten Sie dazu auch Tabelle 5.2 weiter hinten in diesem Kapitel.

Textfelder

Textfelder enthalten Text.

varchar

Das *varchar*-Feld (variable length character) ist das gebräuchlichste Feld zur Speicherung von Text, der weniger als 256 Zeichen lang ist. Die größtmögliche Zeichenzahl wird durch den Schlüssel length definiert. Die Länge von *varchar*-Feldern in MySQL beträgt 0 bis 255 Zeichen (MySQL 5.0.2 und frühere Versionen) bzw. 0 bis 65.535 Zeichen (MySQL 5.0.3 und spätere Versionen). In PostgreSQL können *varchar*-Felder größer sein.

```
$field['fieldname'] = array(
  'type' => 'varchar', // Erforderlich.
  'length' => 255, // Erforderlich.
  'not null' => TRUE, // Standard ist FALSE.
  'default' => 'chocolate', // Siehe unten.
  'description' => t('Always state the purpose of your field.'),
);
```

Sollte der Schlüssel default noch nicht eingerichtet sein und der Schlüssel not null auf FALSE stehen, wird der Standard auf NULL gesetzt.

char

char-Felder sind Zeichenfelder mit einer festgelegten Größe. Die Länge der Felder in Zeichen wird durch den Schlüssel length festgelegt. In MySQL haben *char*-Felder eine Länge von 0 bis 255 Zeichen.

```
$field['fieldname'] = array(
  'type' => 'char', // Erforderlich.
  'length' => 64, // Erforderlich.
  'not null' => TRUE, // Standard ist FALSE.
  'default' => 'strawberry', // Siehe unten.
  'description' => t('Always state the purpose of your field.'),
);
```

Sollte der Schlüssel default noch nicht eingerichtet sein und der Schlüssel not null auf FALSE stehen, wird der Standard auf NULL gesetzt.

text

text-Felder werden für Textdaten verwendet und können recht groß sein. Beispielsweise ist das Haupttextfeld der Tabelle *node_revisions* (dort wird der Body-Text des Nodes gespeichert) ein *text*-Feld. Felder dieser Art haben keine Standardwerte.

```
$field['fieldname'] = array(
  'type' => 'text', // Erforderlich.
  'size' => 'small', // tiny | small | normal | medium | big
  'not null' => TRUE, // Standard ist FALSE.
  'description' => t('Always state the purpose of your field.'),
);
```

Numerische Datentypen

Numerische Datentypen dienen zur Speicherung von Zahlen und umfassen die Typen integer, serial, float und numeric.

int

Diese Feldart wird für die Speicherung von Integerwerten wie Node-IDs verwendet. Wenn der Schlüssel unsigned auf TRUE steht, werden keine negativen Integerwerte zugelassen.

```
$field['fieldname'] = array(
  'type' => 'int',   // Erforderlich.
  'unsigned' => TRUE, // Standard ist FALSE.
  'size' => 'small', // tiny | small | medium | normal | big
  'not null' => TRUE, // Standard ist FALSE.
  'description' => t('Always state the purpose of your field.'),
);
```

serial

Ein *serial*-Feld enthält eine Zahl, die inkrementiert wird. Beispielsweise vergrößert sich der Wert im Feld nid der Tabelle *node*, wenn ein Node hinzugefügt wird (laufende Nummer). Dies geschieht durch Einfügen einer Zeile und den Aufruf von db_last_insert_id(). Wird zwischen dem Einfügen einer Zeile und dem Abfragen der letzten ID eine Zeile von einem anderen Thread hinzugefügt, so wird trotzdem die richtige ID zurückgegeben, da sie verbindungsweise ermittelt wird. Ein *serial*-Feld muss indiziert sein, wobei es normalerweise als primärer Schlüssel indiziert wird.

```
$field['fieldname'] = array(
  'type' => 'serial', // Erforderlich.
  'unsigned' => TRUE, // Standard ist FALSE. Serielle Zahlen sind
                      // normalerweise positiv.
  'size' => 'small', // tiny | small | medium | normal | big
  'not null' => TRUE, // Standard ist FALSE. Normalerweise steht für
                      // serielle Felder TRUE.
  'description' => t('Always state the purpose of your field.'),
);
```

5.6 Die Schema-API

float

Fließkommazahlen werden mit dem Datentyp *float* gespeichert. Für Fließkommazahlen besteht kein Unterschied zwischen small, medium und normal, während die Größe big doppelte Genauigkeit verlangt.

```
$field['fieldname'] = array(
  'type' => 'float',      // Erforderlich.
  'unsigned' => TRUE,     // Standard ist FALSE.
  'size' => 'normal',     // tiny | small | medium | normal | big
  'not null' => TRUE,     // Standard ist FALSE.
  'description' => t('Always state the purpose of your field.'),
);
```

numeric

Der Datentyp *numeric* erlaubt die Angabe der Genauigkeit (precision) und der Dezimalstellen einer Zahl (scale). precision ist die Gesamtzahl signifikanter Stellen in der Zahl und scale die Gesamtzahl der Stellen rechts vom Dezimalkomma. So hat beispielsweise 123.45 eine precision von 5 und einen scale von 2. Der Schlüssel size wird nicht verwendet. Zum Zeitpunkt der Entstehung dieses Buchs werden keine *numeric*-Felder im Schema des Drupal-Cores verwendet.

```
$field['fieldname'] = array(
'type' => 'numeric',    // Erforderlich.
  'unsigned' => TRUE,     // Standard ist FALSE.
  'precision' => 5,       // Wichtige Ziffern.
  'scale' => 2,           // Ziffern rechts des Dezimalwerts.
  'not null' => TRUE,     // Standard ist FALSE.
  'description' => t('Always state the purpose of your field.'),
);
```

Datum und Uhrzeit: datetime

Der Drupal-Core verwendet diesen Datentyp nicht, weshalb bevorzugt Unix-Zeitstempel in Integerfeldern verwendet werden. Das Format datetime ist ein kombiniertes Format, das Datum und Uhrzeit enthält.

```
$field['fieldname'] = array(
  'type' => 'datetime',   // Erforderlich.
  'not null' => TRUE,     // Standard ist FALSE.
  'description' => t('Always state the purpose of your field.'),
);
```

Binär: blob

Der Datentyp *blob* (Binary Large Object) dient zur Speicherung binärer Daten (beispielsweise speichert die Cache-Tabelle von Drupal damit Cache-Daten). Binäre Daten können Musik, Bilder oder Videos enthalten. Zwei Größen sind möglich, normal und big.

```
$field['fieldname'] = array(
  'type' => 'blob',   // Erforderlich.
  'size' => 'normal'  // normal | big
  'not null' => TRUE, // Standard ist FALSE.
  'description' => t('Always state the purpose of your field.'),
);
```

5.6.5 Deklarieren eines Spaltentyps mit mysql_type

Wenn Ihnen der genaue Spaltentyp für Ihre Datenbank-Engine bekannt ist, können Sie den Schlüssel `mysql_type` (oder `pgsql_type`) in Ihrer Schemadefinition einrichten. Dadurch werden die Schlüssel `type` und `keys` für diese Datenbank-Engine außer Kraft gesetzt. Beispielsweise enthält MySQL ein Feld namens TINYBLOB für kleine *blob*-Objekte. Um anzugeben, dass Drupal bei der Ausführung auf MySQL TINYBLOB verwenden soll, auf einer anderen Datenbank-Engine aber auf den regulären BLOB-Typ ausweichen soll, deklarieren Sie das Feld wie folgt:

```
$field['fieldname'] = array(
  'mysql_type' > 'TINYBLOB', // MySQL verwendet diesen Typ.
  'type' => 'blob',    // Andere Datenbanken verwenden diesen Typ.
  'size' => 'normal',  // Andere Datenbanken verwenden diesen Typ.
  'not null' => TRUE,
  'description' => t('Wee little blobs.')
);
```

Die nativen Typen für MySQL und PostgreSQL werden in Tabelle 5.2 gezeigt.

Schemadefinition		Nativer Typ des Datenbankfelds	
Typ	Größe	MySQL	PostgreSQL
varchar	normal	VARCHAR	varchar
char	normal	CHAR	character
text	tiny	TINYTEXT	text
text	small	TINYTEXT	text
text	medium	MEDIUMTEXT	text
text	big	LONGTEXT	text
text	normal	TEXT	text
serial	tiny	TINYINT	serial
serial	small	SMALLINT	serial
serial	medium	MEDIUMINT	serial
serial	big	BIGINT	bigserial

Tabelle 5.2: Zuordnung von Typen und Schlüsselgrößen in Schemadefinitionen zu nativen Datenbanktypen

Schemadefinition		Nativer Typ des Datenbankfelds	
Typ	Größe	MySQL	PostgreSQL
serial	normal	INT	serial
int	tiny	TINYINT	smallint
int	small	SMALLINT	smallint
int	medium	MEDIUMINT	int
int	big	BIGINT	bigint
int	normal	INT	int
float	tiny	FLOAT	real
float	small	FLOAT	real
float	medium	FLOAT	real
float	big	DOUBLE	double
float	normal	FLOAT	real
numeric	normal	DECIMAL	numeric
blob	big	LONGBLOB	bytea
blob	normal	BLOB	bytea
datetime	normal	DATETIME	timestamp

Tabelle 5.2: Zuordnung von Typen und Schlüsselgrößen in Schemadefinitionen zu nativen Datenbanktypen (Forts.)

5.6.6 Tabellen pflegen

Wenn Sie eine neue Version eines Moduls erstellen, müssen Sie eventuell das Datenbankschema ändern. Vielleicht haben Sie eine neue Spalte oder einen Index zu einer Spalte hinzugefügt. Sie können die Tabelle nicht einfach kopieren und neu erstellen, da sie Daten enthält. Wenn Sie sich an die folgenden Anweisungen halten, stellen Sie sicher, dass die Datenbank richtig geändert wird:

1. Aktualisieren Sie die Implementierung von `hook_schema()` in Ihrer *.install*-Datei, sodass neue Benutzer, die Ihr Modul installieren, auch über das neue Schema verfügen. Die Schemadefinition in Ihrer *.install*-Datei ist immer das aktuellste Schema für Modultabellen und -felder.

2. Teilen Sie bestehenden Benutzern einen Aktualisierungspfad mit, indem Sie eine Aktualisierungsfunktion schreiben. Solche Funktionen werden aufeinander folgend benannt, wobei man mit der Nummer der zugrunde liegenden Drupal-Version beginnt. Beispielsweise wäre die erste Aktualisierungsfunktion für Drupal 6 `modulename_update_6000()` und die zweite `modulename_update_6001()`. Im folgenden Beispiel wird in der Datei *modules/comment/comment.install* ein Index zur Spalte `pid` (Parent-ID) der Kommentartabelle hinzugefügt:

```
/**
 * Fügt Index zum Feld parent-ID hinzu.
 */
function comment_update_6003() {
  $ret = array(); // Abfrageergebnisse werden hier gesammelt.
  // $ret wird als Referenz geändert.
  db_add_index($ret, 'comments', 'pid', array('pid'));
  return $ret;
}
```

Diese Funktion wird ausgeführt, wenn der Benutzer nach der Aktualisierung *http://example.com/update.php* startet.

> **Achtung**
>
> Da sich die Schemadefinition in der Implementierung `hook_schema()` jedes Mal ändert, wenn Sie eine neue Tabelle, ein Feld, einen Index oder eine Aktualisierungsfunktion benötigen, sollten Sie keine dieser Schemadefinitionen verwenden. Sehen Sie `hook_schema()` als Gegenwart und Ihre Aktualisierungsfunktion als Vergangenheit an. Weitere Informationen finden Sie unter *http://drupal.org/node/150220*.

Eine vollständige Liste der Funktionen für die Arbeit mit Schemas ist unter *http://api.drupal.org/api/group/schemaapi/6* zu finden.

> **Tipp**
>
> Drupal verfolgt, welche Schemaversion ein Modul momentan verwendet. Diese Information befindet sich in der Tabelle *system*. Nach der in diesem Abschnitt besprochenen Aktualisierung hat die Zeile des Anmerkungsmoduls den Wert 6003 für `schema_version`. Verwenden Sie die Option MODULE NEU INSTALLIEREN des *devel*-Modules oder löschen Sie die Modulzeile der Tabelle *system*, damit Drupal sich dieses nicht merkt.

5.6.7 Tabellen beim Deinstallieren löschen

Wenn ein Modul deaktiviert wird, bleiben alle Daten, die es in der Datenbank gespeichert hat, unangetastet. Dies ist dann hilfreich, wenn sich der Administrator entschließt, das Modul doch wieder zu aktivieren. Die Seite VERWALTEN > STRUKTURIERUNG > MODULE verfügt über die Registerkarte DEINSTALLIEREN, mit der Daten aus der Datenbank gelöscht werden können. Wenn Sie die Löschung der Modultabellen auf dieser Seite aktivieren möchten, implementieren Sie den Uninstall-Hook in den *.install*-Dateien Ihrer Module. Vielleicht möchten Sie gleichzeitig auch alle definierten Variablen löschen. Das folgende Beispiel zeigt diesen Fall für das in Kapitel 2 geschriebene Modul *Annotate*:

```
/**
 * Implementierung von hook_uninstall().
 */
function annotate_uninstall() {
  // Verwendet die Schema-API, um die Datenbanktabelle zu löschen.
  drupal_uninstall_schema('annotate');
  // Säubert den Eintrag in der Variablentabelle.
  variable_del('annotate_nodetypes');
}
```

5.6.8 Vorhandene Schemas mit hook_schema_alter() löschen

Im Allgemeinen erstellen und verwenden Module eigene Tabellen. Doch was geschieht, wenn Ihr Modul eine bestehende Tabelle ändern möchte? Nehmen wir an, dass Ihr Modul unbedingt eine Spalte zur Tabelle *node* hinzufügen muss. Am einfachsten wäre es, die Spalte direkt in der Datenbank hinzuzufügen. Allerdings stimmen dann die Schemadefinitionen von Drupal (die die aktuelle Datenbanktabelle widerspiegeln sollten) nicht mit der Datenbanktabelle überein. Es gibt jedoch einen besseren Weg: hook_schema_alter().

> **Achtung**
>
> hook_schema_alter() ist neu in Drupal, und über die besten Möglichkeiten zur Nutzung dieses Hooks wird noch gestritten. Weitere Informationen finden Sie unter *http://api.drupal.org/api/group/hooks/6*.

Nehmen Sie an, dass Sie ein Modul haben, das Nodes auf irgendeine Weise markiert, und dass Sie aus Leistungsgründen die bestehende node-Tabelle verwenden müssen, statt Ihre eigene zu verwenden und mit Node-IDs zu verknüpfen. Ihr Modul muss zwei Dinge tun: die Tabelle *node* während der Installation abändern und das Schema so anpassen, dass es den aktuellen Inhalt der Datenbank wiedergibt. Ersteres wird mit hook_install() und Letzteres mit hook_install_alter() durchgeführt. Angenommen, Ihr Modul heißt *markednode.module*, dann enthält die Datei *markednode.install* folgende Funktionen:

```
/**
 * Implementierung von hook_install().
 */
function markednode_install() {
  $field = array(
    'type' => 'int',
    'unsigned' => TRUE,
```

```
      'not null' => TRUE,
      'default' => 0,
      'initial' => 0, // Setzt den Anfangswert für bereits bestehende
                      // Nodes.
      'description' => t('Whether the node has been marked by the
        markednode module.'),
    );
    // Erstellt einen regulären Index namens 'marked' im Feld
    // 'marked'.
    $keys['indexes'] = array(
      'marked' => array('marked')
    );
    $ret = array(); // Die Ergebnisse der SQL-Aufrufe werden hier
                    // gespeichert.
    db_add_field($ret, 'node', 'marked', $field, $keys);
}

/**
 * Implementierung von hook_schema_alter().
 * Wir ändern $schema als Referenz.
 *
 * @param $schema
 * Das von drupal_get_schema() erfasste systemweite Schema.
 */
function markednode_schema_alter(&$schema) {
    // Fügt ein Feld zum bestehenden Schema hinzu.
    $schema['node']['fields']['marked'] = array(
      'type' => 'int',
      'unsigned' => TRUE,
      'not null' => TRUE,
      'default' => 0,
      'description' => t('Whether the node has been marked by the
        markednode module.'),
    );
}
```

5.7 Einfüge- und Aktualisierungsvorgänge mit drupal_write_record()

Ein häufiges Problem, mit dem Programmierer zu tun haben, ist die Verarbeitung von Eingaben neuer Datenbankzeilen und Aktualisierungen bestehender Spalten. Der Code überprüft normalerweise, ob eine Operation eine Einfügung oder eine Aktualisierung ist, und führt sie anschließend aus.

Da jede von Drupal verwendete Tabelle durch ein Schema beschrieben wird, weiß Drupal, über welche Felder eine Tabelle verfügt und was die jeweiligen Standardwerte sind. Durch die Übertragung eines Arrays mit Schlüsseln und Werten an

5.7 Einfüge- und Aktualisierungsvorgänge mit drupal_write_record()

drupal_write_record() können Sie Drupal den SQL-Code generieren und ausführen lassen, statt ihn selbst zu schreiben.

Nehmen wir an, Sie haben eine Tabelle, in der der aktuelle Stand Ihrer Zucht von Riesenkaninchen aufgelistet ist. Der Schema-Hook für Ihr Modul beschreibt die Tabelle wie folgt:

```
/**
 * Implementierung von hook_schema().
 */
function bunny_schema() {
  $schema['bunnies'] = array(
    'description' => t('Stores information about giant rabbits.'),
    'fields' => array(
      'bid' => array(
        'type' => 'serial',
        'unsigned' => TRUE,
        'not null' => TRUE,
        'description' => t("Primary key: A unique ID for each
           bunny."),
      ),
      'name' => array(
        'type' => 'varchar',
        'length' => 64,
        'not null' => TRUE,
        'description' => t("Each bunny gets a name."),
      ),
      'tons' => array(
        'type' => 'int',
        'unsigned' => TRUE,
        'not null' => TRUE,
        'description' => t('The weight of the bunny to the nearest
           ton.'),
      ),
    ),
    'primary key' => array('bid'),
    'indexes' => array(
      'tons' => array('tons'),
    ),
  );
  return $schema;
}
```

Die Eingabe eines neuen Datensatzes ist genauso einfach wie die Aktualisierung:

```
$table = 'bunnies';
$record = new stdClass();
$record->name = t('Bortha');
$record->tons = 2;
```

```
drupal_write_record($table, $record);
// Die neue Kaninchen-ID, $record->bid, wurde durch
// drupal_write_record() eingerichtet, da $record als Referenz
// übergeben wird.
watchdog('bunny', 'Added bunny with id %id.', array('%id' =>
  $record->bid));
// Ändern Sie Ihre Meinung über den Namen.
$record->name = t('Bertha');
// Jetzt aktualisieren Sie den Eintrag in der Datenbank.
// Für Aktualisierungen übergeben wir den Namen des primären
// Schlüssels der Tabelle.
drupal_write_record($table, $record, 'bid');
watchdog('bunny', 'Updated bunny with id %id.', array('%id' =>
  $record->bid));
```

Die Syntax von Arrays wird ebenfalls unterstützt, doch wenn $record ein Array ist, wird drupal_write_record() es intern in ein Objekt umwandeln.

5.8 Abfragen mit hook_db_rewrite_sql() für andere Module ermöglichen

Dieser Hook dient zur Änderung von Abfragen, die an anderer Stelle in Drupal erstellt worden sind, sodass Sie keine Module direkt bearbeiten müssen. Wenn Sie eine Abfrage an db_query() senden, die andere ändern können, dann binden Sie sie in die Funktion db_rewrite_sql() ein. Dadurch können andere Entwickler auf die Abfrage zugreifen. Wenn eine solche Abfrage ausgeführt wird, sucht sie zunächst nach allen Modulen, die in hook_db_rewrite_SQL() implementiert sind, und gibt ihnen die Chance, die Abfrage zu ändern. Beispielsweise ändert das Modul node Abfragen nach Auflistungen von Nodes so, dass keine Nodes aufgeführt werden, die durch Zugriffsregeln geschützt sind.

> **Achtung**
>
> Wenn Sie eine Nodeauflistungsabfrage ausführen (also die Abfrage an die Tabelle *node* stellen) und sie nicht in db_rewrite_sql() einbinden, werden die Zugriffsregeln der Nodes umgangen, da das Node-Modul keine Möglichkeit hat, die geschützten Nodes auszuschließen. Dies kann dazu führen, dass Nodes einem Benutzer angezeigt werden, der sie gar nicht sehen sollte.

Wenn Sie selbst keine Abfragen ausgeben, Ihr Modul aber die Möglichkeit haben soll, andere Abfragen zu ändern, dann implementieren Sie hook_rewrite_sql() in Ihr Modul.

Tabelle 5.3 fasst die beiden Möglichkeiten des SQL-Rewritings zusammen.

5.8 Abfragen mit hook_db_rewrite_sql() für andere Module ermöglichen

Name	Verwendung
db_rewrite_sql()	Wenn der ausgebende Node Abfragen auflistet oder andere Abfragen auftauchen, die andere Benutzer ändern dürfen
hook_db_rewrite_sql()	Wenn Sie Abfragen ändern möchten, die andere Module ausgegeben haben

Tabelle 5.3: Die Verwendung der Funktion db_rewrite_sql() und des Hooks hook_db_rewrite_sql()

5.8.1 hook_db_rewrite_sql() verwenden

Die Funktionssignatur für hook_db_rewrite_sql() lautet:

```
function hook_db_rewrite_sql($query, $primary_table = 'n',
  $primary_field = 'nid', $args = array())
```

Sie umfasst folgende Parameter:

- $query: Das ist die SQL-Abfrage, die für die Bearbeitung verfügbar ist.

- $primary_table: Der Name oder Alias der Tabelle, die das Primärschlüsselfeld für diese Abfrage enthält. Beispielwerte sind n für die node-Tabelle oder c für die comment-Tabelle (also wäre n der Wert für SELECT nid FROM {node} n). Gebräuchliche Werte werden in Tabelle 5.4 gezeigt.

- $primary_field: Der Name des primären Feldes in der Anfrage. Beispielwerte sind nid, tid, vid und cid (also stünde nid im primären Feld, wenn Sie eine Abfrage nach einer Liste von Node-IDs stellen).

- $args: Dieses Array von Argumenten wird zu jeder Implementierung des Moduls hook_db_rewrite_sql() übermittelt.

Tabelle	Alias
blocks	b
comments	c
forum	f
node	n
menu	m
term_data	t
vocabulary	v

Tabelle 5.4: Gebräuchliche Werte von Aliasen der Tabelle $primary_table

5.8.2 Abfragen anderer Module ändern

Schauen wir uns eine Implementierung von hook_db_rewrite_sql() an. Das folgende Beispiel verwendet die Spalte moderate der Tabelle *node*, um Node-Abfragen zu ändern. Nachdem wir die Abfrage geändert haben, werden Nodes, die sich im Zustand moderate befinden (bei denen also die Spalte moderate den Wert 1 enthält), vor Benutzern versteckt, die nicht über die Berechtigung *administer content* verfügen.

```
/**
 * Implementierung von hook_db_rewrite_sql().
 */
function moderate_db_rewrite_sql($query, $primary_table, $primary_field, $args) {
  switch ($primary_field) {
    case 'nid':
      // Nur ausführen, wenn der Benutzer nicht bereits Vollzugriff
      // hat.
      if (!user_access('administer content')) {
        $array = array();
        if ($primary_table == 'n') {
          // Die Tabelle 'Node' ist bereits vorhanden;
          // fügt nur ein WHERE hinzu, um moderierte Nodes zu
          // verstecken.
          $array['where'] = "(n.moderate = 0)";
        }
        // Überprüft, ob die Tabelle 'node' vorhanden ist und der
        // Alias nicht 'n' ist.
        elseif (preg_match('@{node} ([A-Za-z_]+)@', $query, $match)) {
          $node_table_alias = $match[1];
          // Fügt ein JOIN hinzu, sodass die Spalte moderate
          // verfügbar wird.
          $array['join'] = "LEFT JOIN {node} n ON
              $node_table_alias.nid = n.nid";
          // Fügt ein WHERE hinzu, um moderierte Nodes zu
          // verstecken.
          $array['where'] = "($node_table_alias.moderate = 0)";
        }
        return $array;
      }
  }
}
```

Beachten Sie, dass wir jede Abfrage untersuchen, in der nid der Primärschlüssel ist, und dass wir Informationen zu diesen Abfragen hinzufügen. Sehen wir uns dies in Aktion an.

Die ursprüngliche Abfrage vor moderate_db_rewrite_sql() lautet:

```
SELECT * FROM {node} n WHERE n.type = 'blog' AND n.status = 1
```

So sieht die Abfrage nach `moderate_db_rewrite_sql()` aus:

```
SELECT * FROM {node} n WHERE n.type = 'blog' AND n.status = 1 AND
   n.moderate = 0
```

Nachdem `moderate_db_rewrite_sql()` aufgerufen wurde, fügt sie ein `AND n.moderate = 0` zur eingehenden Abfrage hinzu. Andere Verwendungen dieses Hooks dienen zur Beschränkung des Zugriffs in Anzeige-Nodes, Vokabularen, Bedingungen oder Kommentaren.

`db_rewrite_sql()` ist auf die SQL-Syntax beschränkt, die sie verstehen kann. Bei der Arbeit mit Tabellen müssen Sie die Syntax mit `JOIN` verwenden, anstatt auf die Tabellen mit `FROM` zuzugreifen. Folgendes ist nicht korrekt:

```
SELECT * FROM {node} AS n, {comment} AS c WHERE n.nid = c.nid
```

Dies ist richtig:

```
SELECT * FROM {node} n INNER JOIN {comment} c ON n.nid = c.nid
```

5.9 Verbindungen mit mehreren Datenbanken in Drupal

Zwar macht die Datenbankabstraktionsschicht es einfacher, sich an die Namen der Funktionen zu erinnern, doch fügt sie außerdem integrierte Sicherheitsvorkehrungen zu Abfragen hinzu. Manchmal müssen wir uns mit Datenbanken von Drittherstellern oder älteren Datenbanken verbinden, wofür es wünschenswert wäre, die Datenbank-API von Drupal und deren integrierte Sicherheitsfunktionen nutzen zu können. Zum Glück können wir dies tatsächlich tun. Beispielsweise kann unser Modul eine Verbindung zu einer Datenbank öffnen, die nicht zu Drupal gehört, und dort Daten abrufen.

In der Datei *settings.php* kann `$db_url` entweder ein String (was sie normalerweise ist) oder ein Array sein, das aus mehreren Datenbank-Verbindungsstrings besteht. Die Standardsyntax, die einen einzelnen Verbindungsstring spezifiziert, lautet:

```
$db_url = 'mysql://username:password@localhost/databasename';
```

Bei Verwendung eines Arrays ist der Schlüssel der abgekürzte Name, auf den Sie verweisen, während Sie die Datenbankverbindung aktivieren, und der Wert der eigentliche Verbindungsstring. Im folgenden Beispiel legen wir zwei Verbindungsstrings fest (`default` und `legacy`):

```
$db_url['default'] = 'mysql://user:password@localhost/drupal6';
$db_url['legacy'] =
   'mysql://user:password@localhost/legacydatabase';
```

> **Hinweis**
>
> Die für die Drupal-Site verwendete Datenbank sollte immer mit dem Schlüssel `default` gekennzeichnet sein.

Wenn Sie sich mit einer der anderen Datenbanken in Drupal verbinden müssen, aktivieren Sie sie durch ihren Schlüsselnamen und schalten später wieder auf die Standardverbindung um:

```
// Holt Informationen aus einer Datenbank, die nicht zu Drupal
// gehört.
db_set_active('legacy');
$result = db_query("SELECT * FROM ldap_user WHERE uid = %d", $user->uid);
// Schaltet wieder zur Standardverbindung um, wenn der Vorgang
// abgeschlossen ist.
db_set_active('default');
```

> **Hinweis**
>
> Stellen Sie sicher, dass Sie immer wieder auf die Standardverbindung umschalten, sodass Drupal in der Lage ist, die Abfrage sauber abzuschließen und in die eigenen Tabellen zu schreiben.

Da die Datenbankabstraktionsschicht entworfen wurde, um identische Funktionsnamen für jede Datenbank zu verwenden, können mehrere Arten von Datenbank-Back-Ends (z.B. MySQL und PostgreSQL) nicht gleichzeitig verwendet werden. Unter *http://drupal.org/node/19522* finden Sie weitere Informationen darüber, wie Sie MySQL- und PostgreSQL-Verbindungen von einer Site aus erlauben können.

5.10 Eine temporäre Tabelle verwenden

Wenn Sie viele Daten zu verarbeiten haben, sollten Sie eventuell während der Abfrage eine temporäre Tabelle erstellen. Dies können Sie mit `db_query_temporary()` zusammen mit einem Aufruf folgender Form erreichen:

```
$result = db_query_temporary($sql, $arguments,
   $temporary_table_name);
```

Anschließend können Sie die temporäre Tabelle mit dem temporären Tabellennamen abfragen. Es hat sich bewährt, die Tabelle aus »temp«, dem Namen des Moduls und einem beschreibenden Namen zusammenzusetzen:

```
$final_result = db_query('SELECT foo FROM temp_mymodule_nids');
```

Beachten Sie, dass temporäre Tabellen keine geschweiften Klammern für Tabellenpräfixe benötigen, da die Lebensdauer sehr kurz ist und der Tabellen-Präfixprozess nicht durchlaufen wird. Dagegen werden die Namen von dauerhaften Tabellen zur Unterstützung von Tabellenpräfixen immer in geschweiften Klammern eingeschlossen.

> **Hinweis**
>
> Temporäre Tabellen finden im Drupal-Core keine Verwendung, und der Datenbankbenutzer, über den Drupal eine Verbindung mit der Datenbank herstellt, hat vielleicht nicht die Berechtigung, um temporäre Tabellen zu erstellen. Daher sollten Modulautoren nicht annehmen, dass jeder, der Drupal ausführt, über diese Berechtigung verfügt.

5.11 Einen eigenen Datenbanktreiber schreiben

Angenommen, wir wollen eine Datenbankabstraktionsschicht für ein neues futuristisches Datenbanksystem namens *DNAbase* schreiben, die modulare Berechnung zur Leistungssteigerung verwendet. Anstatt aber von Grund auf zu beginnen, kopieren wir eine bestehende Abstraktionsschicht und verändern diese. Wir werden die PostgreSQL-Implementierung verwenden, da der Treiber von MySQL in *includes/database.mysql-common.inc* und einer separaten Datei für die `mysql`- und `mysqli`-Treiber aufgeteilt ist.

Zunächst erstellen wir eine Kopie von *includes/database.pgsql.inc* und nennen sie *includes/database.dnabase.inc*. Anschließend ändern wir die Befehle innerhalb jeder Wrapper-Funktion, um anstatt auf die PostgreSQL- auf die DNAbase-Funktionalität zu verweisen. Wenn alles erledigt ist, haben wir die folgenden Funktionen in unserer Datei angegeben:

```
_db_query($query, $debug = 0)
db_add_field(&$ret, $table, $field, $spec, $new_keys = array())
db_add_index(&$ret, $table, $name, $fields)
db_add_primary_key(&$ret, $table, $fields)
db_add_unique_key(&$ret, $table, $name, $fields)
db_affected_rows()
db_change_field(&$ret, $table, $field, $field_new, $spec, $new_keys
   = array())
```

```
db_check_setup()
db_column_exists($table, $column)
db_connect($url)
db_create_table_sql($name, $table)
db_decode_blob($data)
db_distinct_field($table, $field, $query)
db_drop_field(&$ret, $table, $field)
db_drop_index(&$ret, $table, $name)
db_drop_primary_key(&$ret, $table)
db_drop_table(&$ret, $table)
db_drop_unique_key(&$ret, $table, $name)
db_encode_blob($data)
db_error()
db_escape_string($text)
db_fetch_array($result)
db_fetch_object($result)
db_field_set_default(&$ret, $table, $field, $default)
db_field_set_no_default(&$ret, $table, $field)
db_last_insert_id($table, $field)
db_lock_table($table)
db_query_range($query)
db_query_temporary($query)
db_query($query)
db_rename_table(&$ret, $table, $new_name)
db_result($result)
db_status_report()
db_table_exists($table)
db_type_map()
db_unlock_tables()
db_version()
```

Wir testen das System, indem wir innerhalb von Drupal eine Verbindung mit der DNAbase-Datenbank herstellen. Dies geschieht durch Aktualisierung von `$db_url` in *settings.php*. Das Ganze sieht wie folgt aus:

```
$db_url = 'dnabase://john:secret@localhost/mydnadatabase';
```

Der Benutzername ist `john`, `secret` das Kennwort und `mydnadatabase` der Name der Datenbank, mit der wir uns verbinden werden. Außerdem sollten Sie ein Testmodul erstellen, das diese Funktionen direkt aufruft. Dadurch stellen Sie sicher, dass alles wie gewünscht funktioniert.

5.12 Zusammenfassung

Nach dem Durcharbeiten dieses Kapitels sollten Sie in der Lage sein, folgende Aufgaben auszuführen:

- Erklären, wie die Datenbankabstraktionsschicht von Drupal aufgebaut ist
- Grundlegende Abfragen erstellen
- Einzelne und mehrfache Ergebnisse von einer Datenbank abrufen
- Einen beschränkten Ergebnisbereich abrufen
- Einen Pager verwenden
- Die Schema-API von Drupal verstehen
- Abfragen schreiben, die andere Entwickler ändern können
- Die Abfragen von anderen Modulen sauber ändern
- Verbindungen zu mehreren Datenbanken herstellen, auch zu älteren
- Einen Treiber für eine Abstraktionsschicht schreiben

6 Mit Benutzern arbeiten

Benutzer sind der Grund dafür, dass Drupal verwendet wird. Drupal kann ihnen dabei helfen, schöpferisch tätig zu sein, zusammenzuarbeiten, zu kommunizieren sowie eine Onlinecommunity zu bilden. In diesem Kapitel schauen wir hinter die Kulissen und sehen, wie Benutzer authentifiziert werden, wie sie sich anmelden und wie sie intern dargestellt werden. Wir beginnen damit, zu untersuchen, was das Objekt $user ist und wie es erstellt wird. Dann betrachten wir die Benutzerregistrierung, -anmeldung und -authentifizierung. Schließlich untersuchen wir, wie Drupal mit externen Authentifizierungssystemen wie LDAP (Lightweight Directory Access Protocol) und Pubcookie verbunden werden kann.

6.1   Das Objekt $user

Drupal verlangt, dass der Benutzer Cookies aktiviert hat, um sich anmelden zu können. Ein Benutzer mit deaktivierten Cookies kann mit Drupal als *anonymer Benutzer* kommunzieren.

Während der Sitzungsphase des Startvorgangs erstellt Drupal das globale Objekt $user, das die Identität des aktuellen Benutzers darstellt. Wenn der Benutzer nicht angemeldet ist (und daher kein Sitzungscookie hat), wird er als anonymer Benutzer behandelt. Der Code, der einen anonymen Benutzer erstellt, sieht wie folgt aus (er befindet sich in *includes/bootstrap.inc*):

```
function drupal_anonymous_user($session = '') {
   $user = new stdClass();
   $user->uid = 0;
   $user->hostname = ip_address();
   $user->roles = array();
   $user->roles[DRUPAL_ANONYMOUS_RID] = 'anonymous user';
   $user->session = $session;
   $user->cache = 0;
   return $user;
}
```

Wenn der Benutzer sich hingegen anmeldet, wird $user durch Zusammenfügen der Einträge für die Benutzer-ID aus den Tabellen *users* und *sessions* erstellt. Das Objekt erhält die Werte aller Felder aus beiden Tabellen.

> **Hinweis**
>
> Die Benutzer-ID ist eine Integer-Variable, die zugewiesen wird, wenn der Benutzer sich registriert oder der Administrator das Benutzerkonto anlegt. Sie ist der Primärschlüssel der Tabelle *users*.

Das Objekt $user kann einfach untersucht werden, indem man zu *index.php* den Code global $user; print_r($user); hinzufügt. Nachfolgend sehen Sie, wie $user üblicherweise für einen angemeldeten Benutzer aussieht:

```
stdClass Object (
    [uid]        => 2
    [name]       => Joe Example
    [pass]       => 7701e9e11ac326e98a3191cd386a114b
    [mail]       => joe@example.com
    [mode]       => 0
    [sort]       => 0
    [threshold]  => 0
    [theme]      => bluemarine
    [signature]  => Drupal rocks!
    [created]    => 1201383973
    [access]     => 1201384439
    [login]      => 1201383989
    [status]     => 1
    [timezone]   => -21600
    [language]   =>
    [picture]    => sites/default/files/pictures/picture-1.jpg
    [init]       => joe@example.com
    [data]       =>
    [roles]      => Array ( [2] => authenticated user )
    [sid]        => fq5vvn5ajvj4sihli314ltsqe4
    [hostname]   => 127.0.0.1
    [timestamp]  => 1201383994
    [cache]      => 0
    [session]    => user_overview_filter|a:0:{}
)
```

Die bei diesem Objekt kursiv dargestellten Feldnamen stammen aus der Tabelle *sessions*. Tabelle 6.1 erläutert die einzelnen Bestandteile des Objekts $user.

6.1 Das Objekt $user

Komponente	Beschreibung
Aus der Tabelle users	
uid	Die Benutzer-ID dieses Benutzers. Dies ist der Primärschlüssel der Tabelle *users*, der innerhalb dieser Drupal-Installation eindeutig ist.
name	Der Benutzername, den der Benutzer bei der Anmeldung eingibt
pass	Ein MD5-Hash des Passworts, das bei der Anmeldung des Benutzers verglichen wird. Da die tatsächlichen Passwörter nicht gespeichert werden, können sie nur zurückgesetzt, aber nicht wiederhergestellt werden.
mail	Die aktuelle E-Mail-Adresse des Benutzers
mode, sort und threshold	Benutzerspezifische Vorlieben bei der Ansicht von Kommentaren
theme	Das vom Benutzer gewählte Theme, wenn mehrere Themes aktiviert sind. Wird das Theme eines Benutzers deinstalliert, verwendet Drupal das Standardtheme der Site.
signature	Die Signatur, die der Benutzer in seinen Einstellungen hinterlegt hat. Wird verwendet, wenn der Benutzer einen Kommentar hinzufügt, und ist nur sichtbar, wenn das Comment-Modul aktiviert ist.
created	Der Unix-Zeitstempel für den Zeitpunkt, an dem das Benutzerkonto erstellt wurde
access	Der Unix-Zeitstempel, der die letzte Zugriffszeit des Benutzers angibt
login	Der Unix-Zeitstempel, der die letzte erfolgreiche Anmeldung des Benutzers angibt
status	Enthält 1, wenn der Benutzer sich anmelden darf, und 0, wenn er gesperrt wurde
timezone	Die Anzahl Sekunden, die die Zeitzone des Benutzers von GMT abweicht
language	Die Standardsprache des Benutzers. Wird erst dann gefüllt, wenn mehrere Sprachen in einer Site aktiviert wurden und der Benutzer eine von ihnen in seinen Vorlieben eingerichtet hat.
picture	Der Pfad zu der Bilddatei, die der Benutzer mit seinem Konto verknüpft hat
init	Die anfängliche E-Mail-Adresse, die der Benutzer bei der Registrierung angegeben hat
data	Hier können Module beliebige Daten speichern (siehe nächster Abschnitt 6.1.1, *Daten in $user speichern*).
Aus der Tabelle user_roles	
roles	Die diesem Benutzer momentan zugewiesenen Rollen
Aus der Tabelle sessions	
sid	Die Sitzungs-ID, die PHP dieser Benutzersitzung zugewiesen hat
hostname	Die IP-Adresse, von der aus der Benutzer die aktuelle Seite anschaut
timestamp	Der Unix-Zeitstempel für den Zeitpunkt, an dem der Browser des Benutzers das letzte Mal eine vollständige Seite empfangen hat

Tabelle 6.1: Bestandteile des Objekts $user

Komponente	Beschreibung
cache	Ein Zeitstempel, der für das Caching pro Benutzer verwendet wird (siehe *includes/cache.inc*)
session	Hier können Module beliebige, vorübergehende Daten für die Dauer der Benutzersitzung speichern.

Tabelle 6.1: Bestandteile des Objekts $user (Forts.)

6.1.1 Daten in $user speichern

Die Tabelle *users* enthält ein Feld namens data, das zusätzliche Informationen in einem serialisierten Array einschließt. Wenn Sie Ihre eigenen Daten zu $user hinzufügen, werden sie von user_save() in diesem Feld gespeichert:

```
// Fügt die Disposition eines Benutzers hinzu
global $user;
$extra_data = array('disposition' => t('Grumpy'));
user_save($user, $extra_data);
```

Das Objekt $user enthält jetzt ein dauerhaftes Attribut:

```
global $user;
print $user->disposition;
Grumpy
```

Dieser Ansatz ist zwar bequem, sorgt aber für zusätzlichen Overhead, wenn sich der Benutzer anmeldet und $user instanziiert wird, da alle auf diese Weise gespeicherten Daten deserialisiert werden müssen. Das unüberlegte Speichern großer Mengen von Daten in $user kann also die Leistung beeinträchtigen und zu einem Engpass führen. In Kürze stellen wir ein alternatives und zu bevorzugendes Verfahren vor, in dem Attribute beim Laden des Objekts zu $user hinzugefügt werden (siehe den Abschnitt 6.4.1, *Daten zur Ladezeit zu $user hinzufügen*).

6.1.2 Ist der Benutzer angemeldet?

Während einer Anfrage überprüft man üblicherweise mit dem Test von $user->uid auf 0, ob ein Benutzer angemeldet ist. Drupal enthält für diesen Zweck die fertige Funktion user_is_logged_in() (es gibt eine entsprechende Funktion user_is_anonymous()):

```
if (user_is_logged_in()) {
   $output = t('User is logged in.');
}
else {
   $output = t('User is an anonymous user.');
}
```

6.2 Einführung in hook_user()

Die Implementierung von `hook_user()` gibt Ihren Modulen eine Möglichkeit, auf verschiedene auf einem Benutzerkonto ausgeführte Operationen zu reagieren und das Objekt $user zu verändern. Sehen wir uns die Signatur der Funktion an:

```
function hook_user($op, &$edit, &$account, $category = NULL)
```

Der Parameter $op wird dazu verwendet, die aktuelle Operation zu beschreiben, die auf dem Benutzerkonto ausgeführt wird, und kann viele verschiedene Werte haben:

- after_update: Dieser Wert wird aufgerufen, nachdem $user in der Datenbank gespeichert wurde.
- categories: Dieser Wert gibt ein Array von Kategorien zurück, die in Drupal als lokale Menüaufgaben erscheinen, wenn der Benutzer das Benutzerkonto bearbeitet (sie sind in der Regel als anklickbare Registerkarten dargestellt). Es sind eigentlich Menüeinträge von Drupal. Eine Beispielimplementierung finden Sie in profile_categories() aus *profile.module*.
- delete: Ein Benutzer wurde gerade aus der Datenbank entfernt. Das ist eine Gelegenheit für das Modul, Informationen, die mit diesem Benutzerkonto in Zusammenhang stehen, aus der Datenbank zu löschen.
- form: Dieser Wert fügt zusätzliche Formularelemente in das angezeigte Formular zur Bearbeitung des Benutzers ein.
- insert: Der Datensatz für das neue Benutzerkonto wurde in die Datenbank eingetragen. $user->data wird gleich gespeichert und die Rollen werden zugewiesen. Anschließend wird das fertige Objekt $user geladen.
- load: Das Benutzerkonto wurde erfolgreich geladen. Das Modul kann zusätzliche Informationen zu $user hinzufügen (sie werden in Form des Parameters $account als Referenz an den user-Hook übergeben).
- login: Der Benutzer hat sich erfolgreich angemeldet.
- logout: Der Benutzer hat sich gerade abgemeldet, und seine Sitzung wurde zerstört.
- register: Das Registrierungsformular für Benutzerkonten wird gleich angezeigt. Das Modul kann dem Formular weitere Elemente hinzufügen.
- submit: Das Benutzerformular wurde abgeschickt. Die Kontoinformationen müssen geändert werden, bevor sie an user_save() gesendet werden.
- update: Das vorhandene Benutzerkonto wird gleich in der Datenbank gespeichert.
- validate: Das Benutzerkonto wurde verändert. Das Modul sollte seine spezifischen Daten überprüfen und mögliche Fehler ausgeben.
- view: Die Kontoinformationen des Benutzers werden angezeigt. Das Modul sollte seine spezifischen Erweiterungen für die Anzeige als strukturiertes Element von

$user->content zurückgeben. Die Operation view ruft schließlich theme_user_profile() auf, um die Profilseite des Benutzers zu formatieren (weitere Einzelheiten dazu in Kürze).

Der Parameter $edit ist ein Array der Formularwerte, die übergeben werden, wenn ein Benutzerkonto erstellt oder aktualisiert wird. Beachten Sie, dass er als Referenz übergeben wird, sodass alle Änderungen, die Sie durchführen, tatsächlich die Formularwerte ändern.

Das Objekt $account (das in Wirklichkeit ein $user-Objekt ist) wird auch als Referenz übergeben, sodass alle Änderungen, die Sie durchführen, tatsächlich die Informationen für $user ändern.

Der Parameter $category ist die aktiv bearbeitete Benutzerkontokategorie. Stellen Sie sich Kategorien als einzelne Gruppen von Informationen über den Benutzer vor. Wenn Sie beispielsweise, während Sie bei *drupal.org* angemeldet sind, auf die Seite MEIN KONTO gehen und auf die Registerkarte BEARBEITEN klicken, sehen Sie einzelne Kategorien für die Kontoeinstellungen, persönliche Informationen, Newsletter-Abonnements usw.

> **Achtung**
>
> Verwechseln Sie den Parameter $account in hook_user() nicht mit dem globalen Objekt $user. Der Parameter $account ist das Benutzerobjekt für das gerade zu verändernde Konto, das globale Objekt $user dagegen ist der aktuell angemeldete Benutzer. Es sind oftmals dieselben Benutzer, aber nicht immer.

6.2.1 Grundlagen von hook_user ('view')

hook_user('view') wird von Modulen verwendet, um Informationen zu Benutzerprofilseiten hinzuzufügen (Sie können es z.B. auf *http://example.com/?q=user/1* sehen; siehe Abbildung 6.1).

Sehen wir uns an, wie das Blog-Modul die Informationen zu dieser Seite hinzugefügt hat:

```
/**
 * Implementierung von hook_user().
 */
function blog_user($op, &$edit, &$user) {
  if ($op == 'view' && user_access('create blog entries', $user)) {
    $user->content['summary']['blog'] = array(
      '#type' => 'user_profile_item',
      '#title' => t('Blog'),
      '#value' => l(t('View recent blog entries'),
        "blog/$user->uid",
        array('title' => t("Read @username's latest blog
```

6.2 Einführung in hook_user()

```
            entries.",
        array('@username' => $user->name)))),
      '#attributes' => array('class' => 'blog'),
    );
  }
}
```

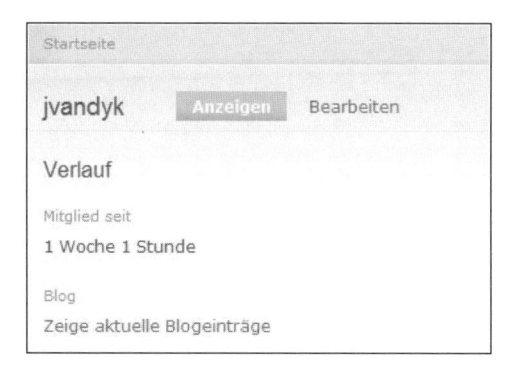

Abbildung 6.1: Die Benutzerprofilseite mit dem Blog- und dem User-Modul, die hook_user('view') implementieren, um zusätzliche Informationen hinzuzufügen

Die Operation view verstaut einige Informationen in $user->content. Die Informationen zu Benutzerprofilen sind in Kategorien aufgeteilt, wobei jede Kategorie eine Seite mit Informationen über einen Benutzer darstellt. In Abbildung 6.1 gibt es nur eine Kategorie namens VERLAUF. Die Kategorien sollten die Schlüssel des äußeren Arrays bilden. Im vorstehenden Beispiel lautet der Name des Schlüssels summary, und er gehört zur Kategorie Verlauf (zugegebenermaßen wäre es sinnvoller, den Schlüssel und die Kategorie gleich zu benennen). Die inneren Arrays sollten einen eindeutigen Textschlüssel haben (in diesem Fall blog) und die Elemente #type, #title, #value und #attributes enthalten. Der Typ user_profile_item verweist die Theme-Schicht von Drupal auf *modules/user/user-profile-item.tpl.php*. Wenn Sie den Codeausschnitt mit Abbildung 6.1 vergleichen, können Sie sehen, wie diese Elemente dargestellt werden. Abbildung 6.2 zeigt den Inhalt des Arrays $user->content, auf dem die in Abbildung 6.1 gezeigte Seite beruht.

Ihr Modul kann auch hook_profile_alter() implementieren, um die Profilelemente im Array $user->content zu verändern, bevor sie mit dem Theme verknüpft werden. Im Folgenden sehen Sie ein Beispiel dafür, wie das Blog-Profil einfach von der Benutzerprofilseite entfernt wird. Die Funktion ist so benannt, als befände sie sich im hypothetischen *hide.module*:

```
/**
 * Implementation of hook_profile_alter().
 */
function hide_profile_alter(&$account) {
   unset($account->content['summary']['blog']);
}
```

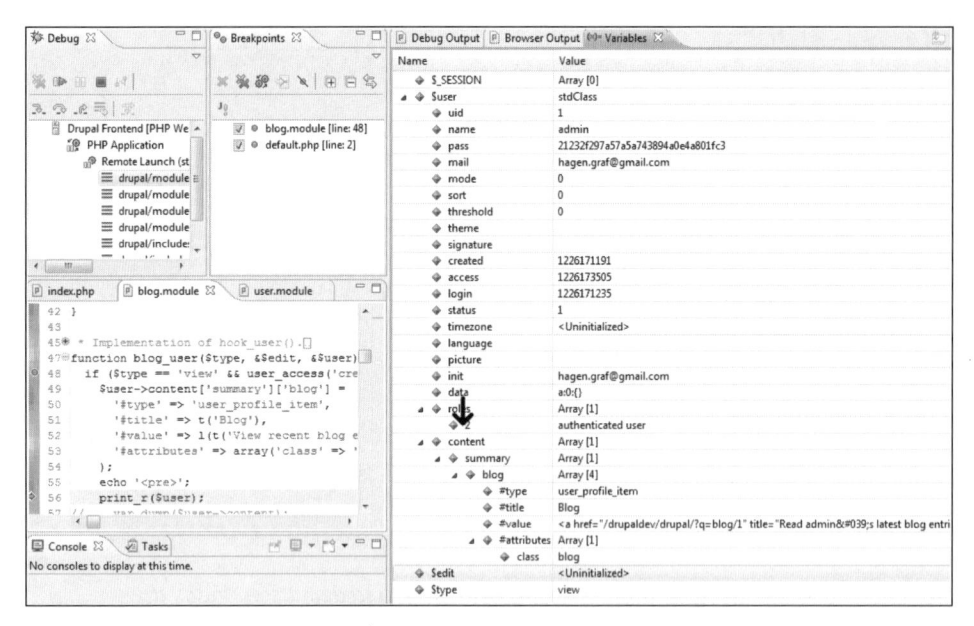

Abbildung 6.2: Die Struktur von $user->content

6.3 Die Benutzerregistrierung

Standardmäßig verlangt die Benutzerregistrierung auf einer Drupal-Site lediglich einen Benutzernamen und eine gültige E-Mail-Adresse. Module können ihre eigenen Felder zum Registrierungsformular hinzufügen, indem sie den user-Hook implementieren. Wir wollen nun ein Modul namens *legalagree.module* schreiben, das Ihnen eine schnelle Möglichkeit bietet, Ihre Site in der streitsüchtigen Gesellschaft von heute mitspielen zu lassen:

Listing 6.1: legalagree.info

```
; $Id$
name = Legal Agreement
description = Displays a dubious legal agreement during user registration.
package = Pro Drupal Development
core = 6.x
```

Listing 6.2: legalagree.module

```
<?php
// $Id$

/**
 * @file
 * Unterstützung für eine dubiose rechtliche Vereinbarung im Verlauf
 * der Benutzerregistrierung
 */
```

6.3 Die Benutzerregistrierung

```php
/**
 * Implementierung von hook_user().
 */
function legalagree_user($op, &$edit, &$user, $category = NULL) {
    switch($op) {
        // Der Benutzer wird registriert.
        case 'register':
            // Fügt eine Feldgruppe hinzu, die Optionsfelder
            // für das Formular zur Benutzerregistrierung enthält
            $fields['legal_agreement'] = array(
                '#type' => 'fieldset',
                '#title' => t('Legal Agreement')
            );
            $fields['legal_agreement']['decision'] = array(
                '#type' => 'radios',
                '#description' => t('By registering at %site-name, you
                    agree that at any time, we (or our surly, brutish
                    henchmen) may enter your place of residence and smash
                    your belongings with a ball-peen hammer.',
                array('%site-name' => variable_get('site_name',
                    'drupal'))),
                '#default_value' => 0,
                '#options' => array(t('I disagree'), t('I agree'))
            );
            return $fields;

        // Die Feldwerte für die Registrierung werden überprüft.
        case 'validate':
            // Stellt sicher, dass der Benutzer das Optionsfeld 1 ('I
            // agree') ausgewählt hat. Die Operation validate wird
            // wiederverwendet, wenn ein Benutzer Informationen auf der
            // Seite 'Mein Konto' aktualisiert. Wir verwenden daher
            // isset(), um zu überprüfen, ob wir auf der
            // Registrierungsseite sind, wo das Feld 'decision'
            // vorhanden ist.
            if (isset($edit['decision']) && $edit['decision'] != '1') {
                form_set_error('decision', t('You must agree to the
                    Legal Agreement before registration can be
                    completed.'));
            }
            break;

        // Der neue Benutzer wurde gerade in die Datenbank eingefügt.
        case 'insert':
            // Erfasst die Informationen für die spätere gerichtliche
            // Verwertung.
            watchdog('user', t('User %user agreed to legal terms',
                array('%user' => $user->name)));
            break;
    }
}
```

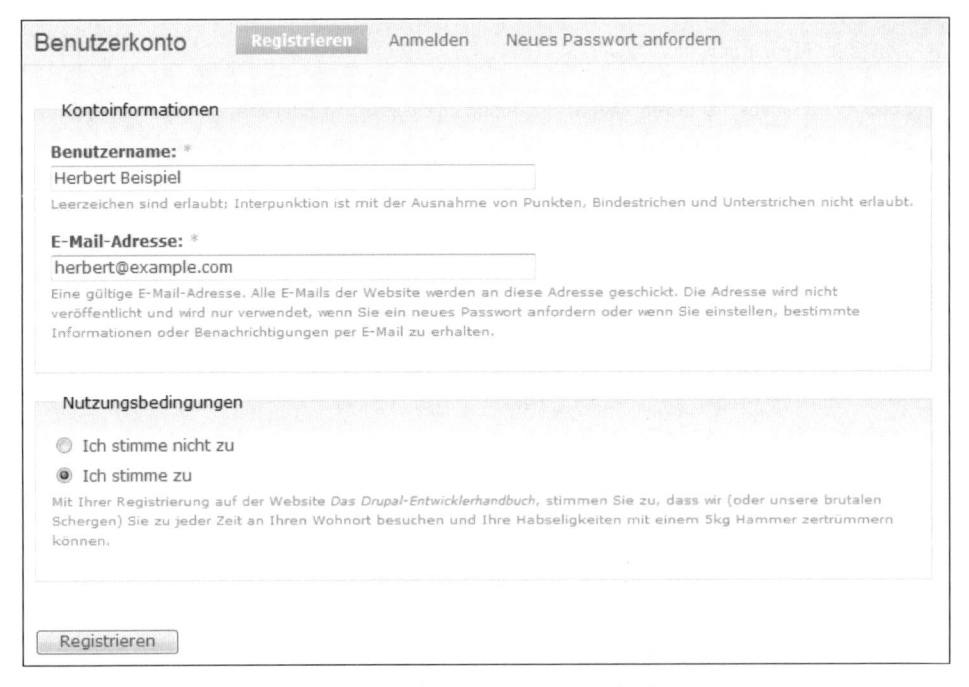

Abbildung 6.3: Ein verändertes Formular zur Benutzerregistrierung

Der user-Hook wird aufgerufen, während das Registrierungsformular erstellt wird, während es überprüft wird und nachdem der Datensatz für den Benutzer in die Datenbank eingetragen wurde. Unser kurzes Modul führt zu dem in Abbildung 6.3 gezeigten Registrierungsformular.

6.3.1 Benutzerinformationen mit profile.module erfassen

Wenn Sie vorhaben, das Formular zur Benutzerregistrierung zu erweitern, um Informationen über Benutzer zu sammeln, sollten Sie *profile.module* ausprobieren, bevor Sie Ihr eigenes Modul schreiben. Es ermöglicht Ihnen, beliebige Formulare zur Datensammlung zu erstellen, anzugeben, ob die Information auf dem Registrierungsformular erforderlich ist bzw. abgefragt wird oder nicht und festzulegen, ob diese Information öffentlich oder privat ist. Darüber hinaus kann der Administrator mithilfe dieses Moduls Seiten definieren, sodass die Profilangaben der Benutzer über einen URL angeschaut werden können, der aus dem Site-URL, der Angabe profile/, dem Namen des Profilfelds und dem Wert zusammengesetzt wird.

Wenn Sie z.B. ein Textfeld namens `profile_color` im Profil definieren, können Sie alle Benutzer, die Schwarz als Lieblingsfarbe gewählt haben, unter dem folgenden URL anschauen: *http://example.com/?q=profile/profile_color/black*. Oder angenommen, Sie erstellen die Website für eine Konferenz und sind dafür verantwortlich, das Abendessen für die Teilnehmer zu planen. Sie können ein Kontrollkästchen namens `profile_vegetarian` definieren und alle Benutzer, die Vegetarier sind, unter *http://example.com/?q=profile/profile_vegetarian* anzeigen lassen (beachten Sie, dass der Wert für Kontrollkästchen implizit ist und daher ignoriert wird – d.h., dem URL wird kein Wert nachgestellt wie *black* für das Feld `profile_color`).

Als reales Beispiel können Sie sich auf *http://drupal.org* die Liste der Teilnehmer der Drupal-Konferenz 2009 in Washington anschauen, die Sie unter *http://drupal.org/profile/conference-dc-2009* finden (in diesem Fall ist dem Feldnamen kein `profile_` vorangestellt).

> **Tipp**
>
> Das automatische Erstellen von Seiten zur Profilzusammenfassung funktioniert nur, wenn das Feld `Page title` in den Feldeinstellungen des Profils ausgefüllt ist. Es ist nicht für die Felder `textarea`, `URL` und `date` verfügbar.

6.4 Der Anmeldevorgang

Der Anmeldevorgang beginnt, wenn ein Benutzer das Anmeldeformular ausfüllt (das üblicherweise unter *http://example.com/?q=user* oder in einem Block angezeigt wird) und auf die Schaltfläche ANMELDEN klickt.

Die Validierungsroutinen im Anmeldeformular überprüfen, ob der Benutzername gesperrt ist, ob eine Zugriffsregel den Zugriff verweigert hat und ob der Benutzer einen falschen Benutzernamen oder ein falsches Passwort eingegeben hat. Der Benutzer wird ordnungsgemäß über jede dieser Bedingungen benachrichtigt.

> **Hinweis**
>
> Drupal hat sowohl eine lokale als auch eine externe Authentifizierung. Beispiele für externe Authentifizierungssysteme sind OpenID, LDAP und Pubcookie. Eine Art der externen Authentifizierung ist die verteilte Authentifizierung, bei der sich Benutzer einer Drupal-Site an einer anderen anmelden dürfen (siehe das Modul `site_network` unter *http://drupal.org/project/site_network*).

Drupal versucht, einen Benutzer lokal anzumelden, indem es in der Tabelle *users* nach einer Zeile mit dem passenden Benutzernamen und Passworthash sucht. Eine erfolgreiche Anmeldung führt dazu, dass zwei user-Hooks ausgelöst werden (`load` und `login`), die Ihr Modul implementieren kann, wie Abbildung 6.4 zeigt.

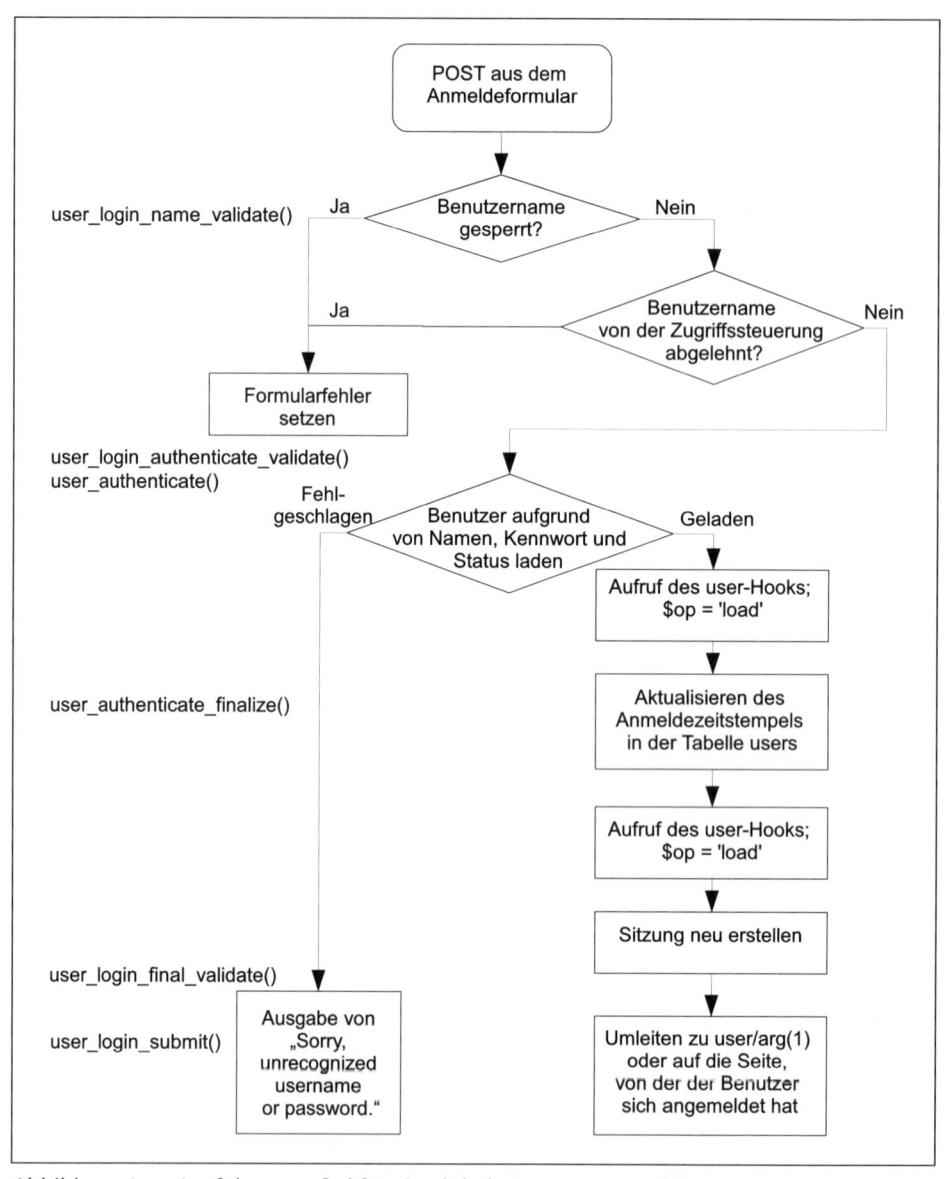

Abbildung 6.4: Ausführungspfad für eine lokale Benutzeranmeldung

6.4.1 Daten zur Ladezeit zu $user hinzufügen

Die Operation load des user-Hooks wird ausgelöst, wenn ein $user-Objekt als Antwort auf einen Aufruf von user_load() erfolgreich aus der Datenbank geladen wird. Das geschieht, wenn sich ein Benutzer anmeldet, wenn für einen Node Informationen über die Autorenschaft abgerufen werden und an mehreren anderen Punkten.

> **Hinweis**
>
> Da der Aufruf des user-Hooks kostspielig ist, wird user_load() *nicht* aufgerufen, wenn das aktuelle $user-Objekt für eine Anfrage instanziiert wird (siehe den weiter vorne stehenden Abschnitt 6.1, *Das Objekt $user*). Wenn Sie Ihr eigenes Modul schreiben, sollten Sie immer user_load() aufrufen, bevor Sie eine Funktion aufrufen, die ein vollständig geladenes $user-Objekt erwartet, sofern Sie sich nicht sicher sind, dass das bereits geschehen ist.

Schreiben wir nun ein Modul namens *loginhistory*, das einen Verlauf darüber anlegt, wann ein Benutzer sich angemeldet hat. Wir geben die Anzahl der Anmeldungen auf der Seite MEIN KONTO des Benutzers an. Erstellen Sie in *sites/all/modules/custom/* das Verzeichnis *loginhistory* und fügen Sie dort die Dateien aus den Listings 6.3 bis 6.5 hinzu. Zuerst kommt *sites/all/modules/custom/loginhistory.info*.

Listing 6.3: loginhistory.info

```
; $Id$
name = Login History
description = Keeps track of user logins.
package = Pro Drupal Development
core = 6.x
```

Listing 6.4: loginhistory.install

Wir benötigen eine *.install*-Datei, um die Datenbanktabelle zu erstellen, die die Anmeldeinformationen speichert, sodass wir *sites/all/modules/custom/loginhistory.install* schreiben.

```
<?php
// $Id$

/**
 * Implementierung von hook_install()
 */
function loginhistory_install() {
    // Erstellt Tabellen
    drupal_install_schema('loginhistory');
}
```

```
/**
 * Implementierung von hook_uninstall()
 */
function loginhistory_uninstall() {
  // Entfernt Tabellen
  drupal_uninstall_schema('loginhistory');
}

/**
 * Implementierung von hook_schema().
 */
function loginhistory_schema() {
  $schema['login_history'] = array(
    'description' => t('Stores information about user logins.'),
    'fields' => array(
      'uid' => array(
        'type' => 'int',
        'unsigned' => TRUE,
        'not null' => TRUE,
        'description' => t('The {user}.uid of the user logging
            in.'),
      ),
      'login' => array(
        'type' => 'int',
        'unsigned' => TRUE,
        'not null' => TRUE,
        'description' => t('Unix timestamp denoting time of
            login.'),
      ),
    ),
    'index' => array('uid'),
  );

  return $schema;
}
```

Listing 6.5: loginhistory.module

```
<?php
// $Id$

/**
 * @file
 * Verfolgt Benutzeranmeldungen
 */
```

6.4 Der Anmeldevorgang

```php
/**
 * Implementierung von hook_user().
 */
function loginhistory_user($op, &$edit, &$account, $category = NULL) {
    switch($op) {
        // Erfolgreiche Anmeldung
        case 'login':
        // Trägt Zeitstempel in Datenbank ein
        db_query("INSERT INTO {login_history} (uid, login) VALUES (%d,
            %d)", $account->uid, $account->login);
        break;

        // $user wurde erstellt und wird als Parameter $account
        // übergeben.
        case 'load':
        // Fügt die Anzahl der Benutzeranmeldungen hinzu
        $account->loginhistory_count = db_result(db_query("SELECT
            COUNT(login) AS count FROM {login_history} WHERE uid = %d",
            $account->uid));
        break;

        // Die Seite 'Mein Konto' wird erstellt.
        case 'view':
        // Fügt ein Feld hinzu, das die Anzahl der Anmeldungen anzeigt
        $account->content['summary']['login_history'] = array(
            '#type' => 'user_profile_item',
            '#title' => t('Number of Logins'),
            '#value' => $account->loginhistory_count,
            '#attributes' => array('class' => 'login-history'),
            '#weight' => 10,
        );
        break;
    }
}
```

Nach der Installation dieses Moduls löst jede erfolgreiche Benutzeranmeldung die Operation login auf dem user-Hook aus, auf die das Modul damit antwortet, dass es einen Datensatz in die Tabelle *login_history* der Datenbank einträgt. Wenn $user geladen wird, wird der user-Hook ausgelöst und die aktuelle Anzahl der Anmeldungen für diesen Benutzer vom Modul zu $account->loginhistory_count hinzugefügt. Schaut sich der Benutzer die Seite MEIN KONTO an, wird die Anzahl der Anmeldungen angezeigt, wie in Abbildung 6.5 zu sehen ist.

Abbildung 6.5: Der Anmeldeverlauf verfolgt die Benutzeranmeldungen

> **Hinweis**
>
> Es ist stets eine gute Idee, allen Eigenschaften, die Sie zu Objekten wie $user oder $node hinzufügen, den Namen Ihres Moduls voranzustellen, um Namespaceüberschneidungen zu verhindern. Daher haben wir im Beispiel die Bezeichnung $account->loginhistory_count anstelle von $account->count verwendet.

Wir haben die zusätzliche Information zum Objekt $user zwar auf der Seite MEIN KONTO dargestellt, doch kann auch jedes andere Modul darauf zugreifen, da $user global ist. Ich überlasse es Ihnen als nützliche Übungsaufgabe, das vorstehende Modul so abzuändern, dass es als Sicherheitsmaßnahme eine schön formatierte Liste der letzten Anmeldungen als Block in einer Sidebar bereitstellt (»Hey! *Ich habe mich nicht heute früh um 3 Uhr angemeldet!*«), siehe Kapitel 9, *Mit Blöcken arbeiten*.

6.4.2 Kategorien für Benutzerinformationen bereitstellen

Wenn Sie ein Benutzerkonto auf *http://drupal.org* haben, können Sie die Auswirkung von Kategorien für Benutzerinformationen sehen, indem Sie sich anmelden, auf den Link MEIN KONTO klicken und dann die Registerkarte BEARBEITEN auswählen. Hier können Sie nicht nur Kontoinformationen wie z.B. Ihr Passwort ändern, sondern auch in mehreren anderen Kategorien Informationen über sich angeben. Momentan unterstützt Drupal die Bearbeitung von CVS-Informationen, die Angabe der Beteiligung am Drupal-Projekt, persönliche und berufliche Informationen sowie Vorlieben für den Empfang von Newslettern.

Sie können Informationskategorien wie diese unter Verwendung von *profile.module* hinzufügen, oder indem Sie auf die Operation categories des user-Hooks antworten. Näheres finden Sie in der Implementierung in *profile.module*.

6.5 Externe Anmeldung

Es kann sein, dass Sie nicht die lokale Tabelle *users* von Drupal verwenden möchten. Vielleicht haben Sie bereits eine Benutzertabelle in einer anderen Datenbank oder in LDAP. Es ist sehr einfach, eine externe Authentifizierung in den Anmeldvorgang zu integrieren.

6.5.1 Einfache externe Authentifizierung

Als Nächstes richten wir ein sehr einfaches externes Authentifizierungsmodul ein, um zu zeigen, wie die externe Authentifizierung funktioniert. Angenommen, Ihre Firma stellt nur Mitarbeiter mit dem Vornamen Dave ein, und die Benutzernamen setzen sich aus dem Vor- und dem Nachnamen zusammen. Dieses Modul authentifiziert jeden, dessen Benutzername mit der Zeichenkette dave beginnt, sodass sich die Benutzer davebrown, davesmith, und davejones alle erfolgreich anmelden können. Unser Ansatz besteht darin, form_alter() zu verwenden, um den Validierungshandler für die Benutzeranmeldung zu ändern, sodass unser eigener Handler verwendet wird. Hier sehen Sie *sites/all/modules/custom/authdave/authdave.info*:

```
; $Id$
name = Authenticate Daves
description = External authentication for all Daves.
package = Pro Drupal Development
core = 6.x
```

Das eigentliche Modul *authdave.module* sieht wie folgt aus:

```
<?php
// $Id$

/**
 * Implementierung von hook_form_alter().
 * Wir ersetzen den lokalen Validierungshandler für die Anmeldung
 * durch unseren eigenen.
 */
function authdave_form_alter(&$form, $form_state, $form_id) {
  // In diesem einfachen Beispiel authentifizieren wir nur nach
  // dem Benutzernamen, sodass das Kennwort kein erforderliches
  // Feld ist. Doch wir lassen es stehen, falls es von einem
  // anderen Modul benötigt wird.
  if ($form_id == 'user_login' || $form_id == 'user_login_block') {
    $form['pass']['#required'] = FALSE;
```

```php
        // Wenn das Benutzeranmeldeformular abgeschickt wird, fügen
        // wir unseren eigenen Validierungshandler hinzu.
        if (isset($form_state['post']['name'])) {
            // Wir suchen den Eintrag für die lokale
            // Validierungsfunktion, sodass wir sie ersetzen können.
            $array_key = array_search('user_login_authenticate_validate',
                $form['#validate']);

            if ($array_key === FALSE) {
                // Nicht auffindbar. Ein anderes Modul muss form_alter()
                // ausführen. Wir fügen unsere Validierung einfach vor
                // den letzten Validator ein.
                $final_validator = array_pop($form['#validate']);
                $form['#validate'][] = 'authdave_login_validate';
                $form['#validate'][] = $final_validator;
            }
            else {
                // Lokale Validierungsfunktion gefunden. Wir ersetzen
                // sie durch unsere eigene.
                $form['#validate'][$array_key] = 'authdave_login_validate';
            }
        }
    }
}

/**
 * Validierungshandler für Formulare
 */
function authdave_login_validate($form, &$form_state) {
    global $user;
    if (!empty($user->uid)) {
        // Ein anderes Modul hat bereits die Authentifizierung
        // durchgeführt.
        return;
    }
    // Aufruf unserer eigenen Authentifizierungsfunktion.
    if (!authdave_authenticate($form_state['values'])) {
        // Die Authentifizierung ist fehlgeschlagen; der Benutzername
        // beginnt nicht mit 'dave'.
        form_set_error('name', t('Unrecognized username.'));
    }
}

/**
 * Eigene Authentifizierungsfunktion. Sie könnte wesentlich
 * komplizierter sein und z.B. eine externe Datenbank oder LDAP
 * abfragen
 */
function authdave_authenticate($form_values) {
```

6.5 Externe Anmeldung

```
    global $authdave_authenticated;
    $username = $form_values['name'];
    if (substr(drupal_strtolower($username), 0, 4) == 'dave') {
      // Meldet den Benutzer an oder registriert einen neuen
      // Benutzer, falls er noch nicht vorhanden ist.
      user_external_login_register($username, 'authdave');

      // Schreibt die Sitzung, aktualisiert den Zeitstempel, führt
      // den Hook für die Benutzeranmeldung aus
      user_authenticate_finalize($form_state['values']);
      // Merkt sich in einer globalen Variable, dass wir die
      // Authentifizierung durchgeführt haben. (Die Verwendung
      // dieser globalen Variable sehen Sie in der Implementierung
      // von hook_user() im nächsten Listing.)
      $authdave_authenticated = TRUE;
      return TRUE;
    }
    else {
      // Kein Dave.
      return FALSE;
    }
}
```

Abbildung 6.4 zeigt den lokalen Anmeldevorgang von Drupal. Er besteht aus den folgenden drei Validierungshandlern für Formulare:

- user_login_name_validate(): Gibt einen Formularfehler aus, wenn der Benutzer gesperrt wurde oder wenn Zugriffsregeln (VERWALTEN > BENUTZERVERWALTUNG > ZUGRIFFSREGELN) den Benutzer- oder Hostnamen ausschließen.

- user_login_authenticate_validate(): Gibt einen Formularfehler aus, wenn das Durchsuchen der Tabelle *users* nach einem Benutzer mit seinem Benutzernamen, Passwort und einer Statuseinstellung von 1 (d.h. ungesperrt) fehlschlägt.

- user_login_final_validate(): Gibt die Fehlermeldung »Der Benutzername oder das Passwort wurden nicht akzeptiert. Haben Sie Ihr Passwort vergessen?« aus und schreibt den Protokolleintrag »Anmeldung für [Benutzer] fehlgeschlagen.«, wenn der Benutzer noch nicht erfolgreich geladen wurde.

In dem Modul authdave (siehe Abbildung 6.6) ersetzen wir einfach den zweiten Handler durch unseren eigenen. Vergleichen Sie Abbildung 6.6 mit Abbildung 6.4, die den lokalen Anmeldevorgang zeigt.

Die Funktion user_external_login_register() ist eine Helferfunktion, die den Benutzer bei seiner ersten Anmeldung registriert und ihn dann anmeldet. Der Ausführungspfad für einen hypothetischen Benutzer davejones, der sich zum ersten Mal anmeldet, wird in Abbildung 6.7 gezeigt.

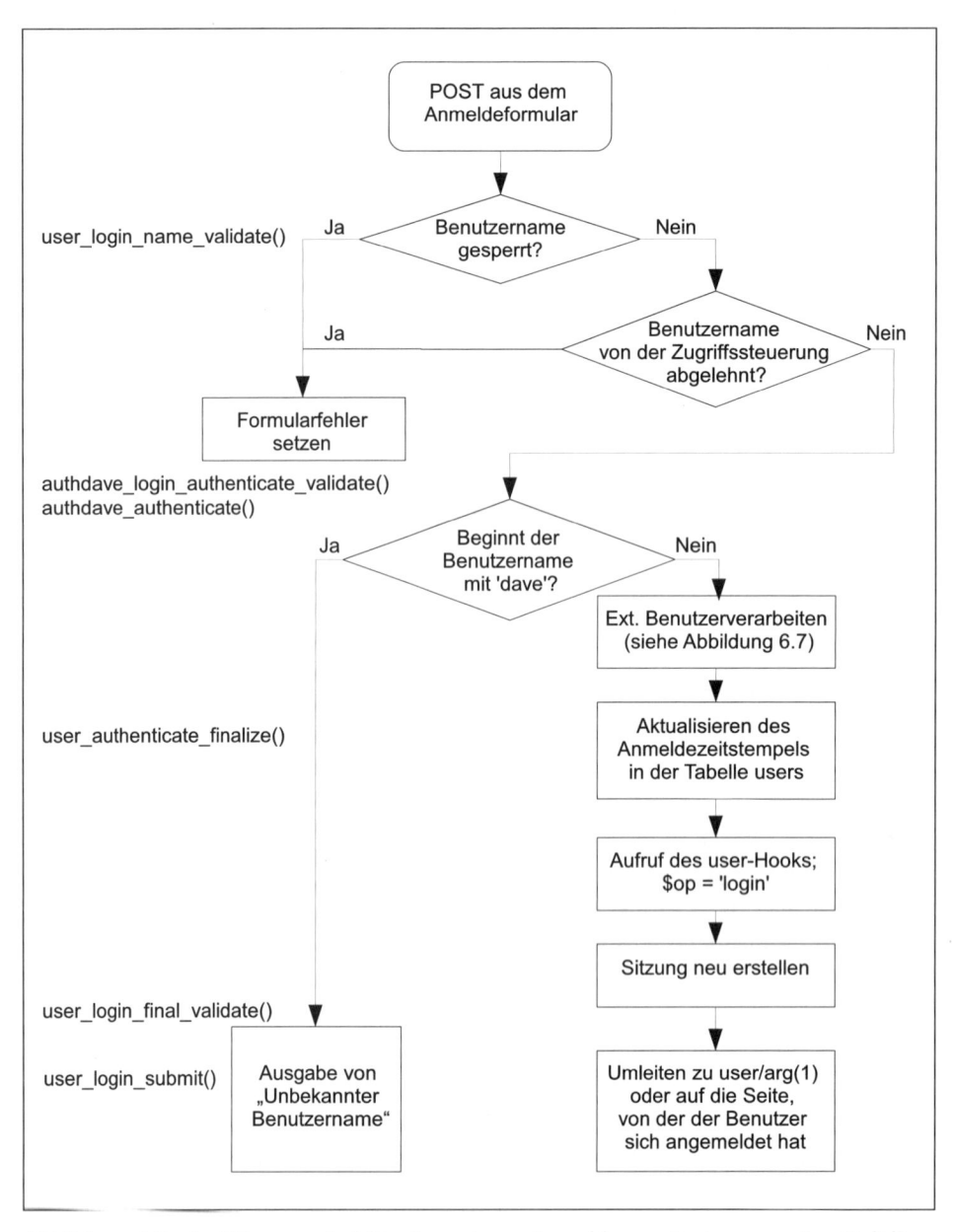

Abbildung 6.6: Ausführungspfad für eine externe Anmeldung mit einem zweiten Validierungshandler, den das Modul authdave bereitstellt (vergleiche Abbildung 6.4)

Wenn der Benutzername mit dave beginnt und es das erste Mal ist, dass dieser Benutzer sich angemeldet hat, gibt es für ihn in der Tabelle *users* noch keinen Eintrag, sodass einer erstellt wird. Es wurde jedoch keine E-Mail-Adresse angegeben wie bei der standardmäßigen lokalen Benutzerregistrierung von Drupal. Daher ist ein solch

6.5 Externe Anmeldung

einfaches Modul keine sinnvolle Lösung, wenn sich Ihre Site auf E-Mails an die Benutzer stützt. Sie müssen die Spalte mail der Tabelle *users* setzen, damit Sie eine E-Mail-Adresse für den Benutzer erhalten. Um das zu erreichen, können Sie Ihr Modul auf die Operation insert des user-Hooks antworten lassen, der beim Eintragen eines neuen Benutzers ausgelöst wird:

```
/**
 * Implementierung von hook_user().
 */
function authdave_user($op, &$edit, &$account, $category = NULL) {
  switch($op) {
    case 'insert':
      // Der neue Benutzer wurde gerade hinzugefügt. Wenn wir die
      // Authentifizierung durchgeführt haben, schlagen wir seine
      // E-Mail-Adresse in einer alten Datenbank nach.
      global $authdave_authenticated;
      if ($authdave_authenticated) {
        $email = mycompany_email_lookup($account->name);
        // Legt die E-Mail-Adresse für diesen Benutzer in der
        // Tabelle users fest.
        db_query("UPDATE {users} SET mail = '%s' WHERE uid = %d", $email,
          $account->uid);
      }
      break;
      ...
  }
}
```

Aufmerksame Leser werden bemerken, dass der Code, der während der Operation insert ausgeführt wird, nicht erkennen kann, ob der Benutzer lokal oder extern authentifiziert wird. Daher haben wir klugerweise eine globale Variable gespeichert, die angibt, dass unser Modul die Authentifizierung durchgeführt hat. Wir hätten auch wie folgt die Tabelle *authmap* abfragen können:

```
db_query("SELECT uid FROM {authmap} WHERE uid = %d AND module = '%s'", $account->uid,
  'authdave');
```

Alle Benutzer, die über eine externe Authentifizierung hinzugefügt wurden, haben sowohl eine Zeile in der Tabelle *authmap* als auch in der Tabelle *users*. In diesem Fall werden die Authentifizierung und der user-Hook aber während derselben Anforderung ausgeführt, sodass eine globale Variable eine gute Alternative zu einer Datenbankabfrage darstellt.

6 Mit Benutzern arbeiten

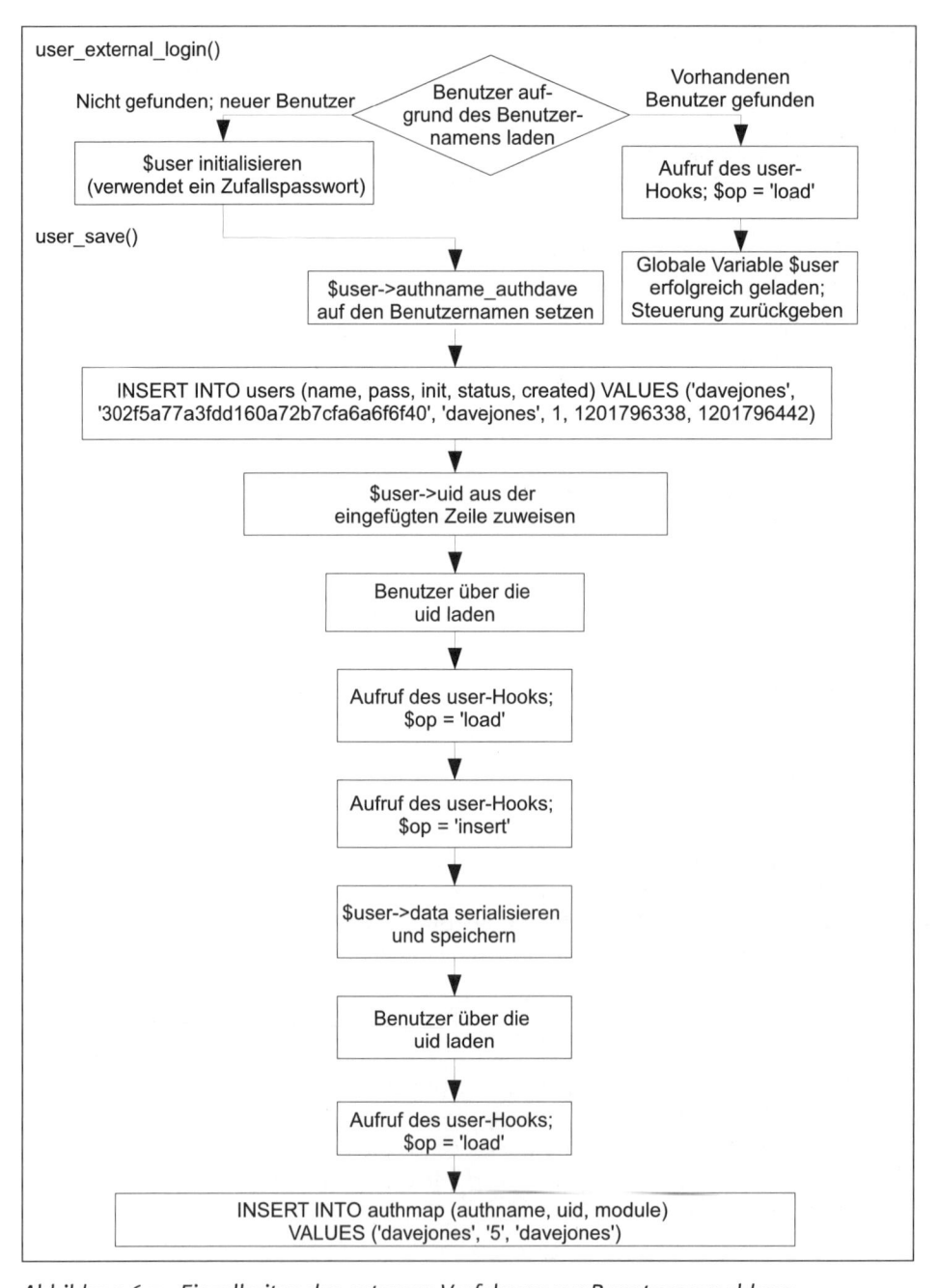

```
user_external_login()

    Nicht gefunden; neuer Benutzer  ← Benutzer aufgrund des Benutzernamens laden →  Vorhandenen Benutzer gefunden
                ↓                                                                         ↓
    $user initialisieren                                                          Aufruf des user-
    (verwendet ein Zufallspasswort)                                               Hooks; $op = 'load'
                                                                                        ↓
user_save()                                                                    Globale Variable $user
                                                                               erfolgreich geladen;
                                                                               Steuerung zurückgeben

    $user->authname_authdave
    auf den Benutzernamen setzen
                ↓
    INSERT INTO users (name, pass, init, status, created) VALUES ('davejones',
    '302f5a77a3fdd160a72b7cfa6a6f6f40', 'davejones', 1, 1201796338, 1201796442)
                ↓
    $user->uid aus der
    eingefügten Zeile zuweisen
                ↓
    Benutzer über die
    uid laden
                ↓
    Aufruf des user-Hooks;
    $op = 'load'
                ↓
    Aufruf des user-Hooks;
    $op = 'insert'
                ↓
    $user->data serialisieren
    und speichern
                ↓
    Benutzer über die
    uid laden
                ↓
    Aufruf des user-Hooks;
    $op = 'load'
                ↓
    INSERT INTO authmap (authname, uid, module)
    VALUES ('davejones', '5', 'davejones')
```

Abbildung 6.7: Einzelheiten des externen Verfahrens zur Benutzeranmeldung und -registrierung

6.6 Zusammenfassung

Nach der Lektüre dieses Kapitels sollten Sie die folgenden Dinge beherrschen:

- Erklären, wie Benutzer intern in Drupal dargestellt werden
- Erklären, wie Sie mit Benutzern verbundene Informationen auf verschiedene Arten speichern
- Einen Hook für die Benutzerregistrierung erstellen, um weitere Informationen über einen neuen Benutzer zu erhalten
- Einen Hook für die Benutzeranmeldung erstellen, um zur Anmeldezeit Ihren eigenen Code auszuführen
- Erklären, wie die externe Benutzerauthentifizierung funktioniert
- Ihr eigenes Modul zur externen Benutzerauthentifizierung implementieren

Weitere Informationen zur externen Authentifizierung finden Sie in *openid.module* (Bestandteil des Drupal-Cores) oder im Communitymodul *pubcookie.module*.

7 Mit Nodes arbeiten

In diesem Kapitel geht es um Nodes und Node-Typen. Ich zeige Ihnen zwei verschiedene Methoden, einen Node-Typ zu erstellen, zuerst die programmgesteuerte Lösung mit einem Modul, das Drupal-Hooks verwendet. Dieser Ansatz bietet eine genauere Kontrolle und mehr Flexibilität bei der Definition, was der Node kann und was nicht. Dann folgen eine Anleitung zum Erstellen eines Node-Typs mithilfe der Verwaltungsoberfläche von Drupal sowie eine kurze Erörterung des CCK (Content Construction Kit), das langsam Eingang in die Drupal-Core-Distribution findet. Zum Abschluss des Kapitels untersuchen wir die Drupal-Zugriffssteuerung für Nodes.

> **Tipp**
>
> Entwickler verwenden häufig die Begriffe *Node* und *Node-Typ*. In der Drupal-Benutzeroberfläche werden sie als *Beiträge* und *Inhaltstypen* bezeichnet, um Begriffe zu verwenden, die den Administratoren der Sites mehr sagen.

7.1 Was genau ist ein Node?

Eine der ersten Fragen neuer Drupal-Entwickler lautet: »Was ist ein Node?« Ein Node ist ein Inhalt. Drupal weist jedem Inhalt eine ID-Nummer zu, die als *Node-ID* bezeichnet wird (im Code mit $nid abgekürzt). Außerdem hat jeder Node auch einen Titel, um dem Administrator die Anzeige einer Node-Liste anhand von Titeln zu ermöglichen.

> **Hinweis**
>
> Wenn Sie sich mit Objektorientierung auskennen, können Sie sich einen Node-Typ als Klasse und einen Node als Objektinstanz vorstellen. Der Drupal-Code ist jedoch nicht durchgehend objektorientiert, wofür es gute Gründe gibt (siehe *http://api.drupal.org/api/HEAD/file/developer/topics/oop.html*). Zukünftige Drupal-Versionen versprechen mehr Objektorientierung, wenn der Bedarf vorhanden ist, weil PHP4 (mit seiner schwachen Objektunterstützung) nicht mehr unterstützt wird.

Es gibt zahlreiche Arten von Nodes oder *Node-Typen*. Häufig kommen `Blogeinträge`, `Umfragen` und `Buchseiten` vor. Oft wird der Begriff *Inhaltstyp* als Synonym für *Node-Typ* verwendet, obwohl ein Node-Typ eigentlich abstrakter ist und als Ableitung von einem Basis-Node verstanden werden kann (siehe Abbildung 7.1).

Das Schöne daran, dass alle Inhaltstypen Nodes sind, ist, dass ihnen dieselbe Datenstruktur zugrunde liegt. Für Entwickler bedeutet dies, dass sich bei vielen Operationen alle Inhalte gleich behandeln lassen. Batchoperationen an Nodes sind einfach, und für benutzerdefinierte Inhaltstypen gibt es zahlreiche vorgefertigte Funktionen. Das Durchsuchen, Erstellen, Bearbeiten und Verwalten von Inhalten wird von Drupal wegen der zugrunde liegenden Datenstruktur der Nodes und ihres Verhaltens von Natur aus unterstützt. Diese Uniformität ist auch für Endbenutzer sichtbar. Die Formulare zum Erstellen, Bearbeiten und Löschen von Nodes sehen gleichartig aus, was zu einer konsistenten und daher leichter verwendbaren Oberfläche führt.

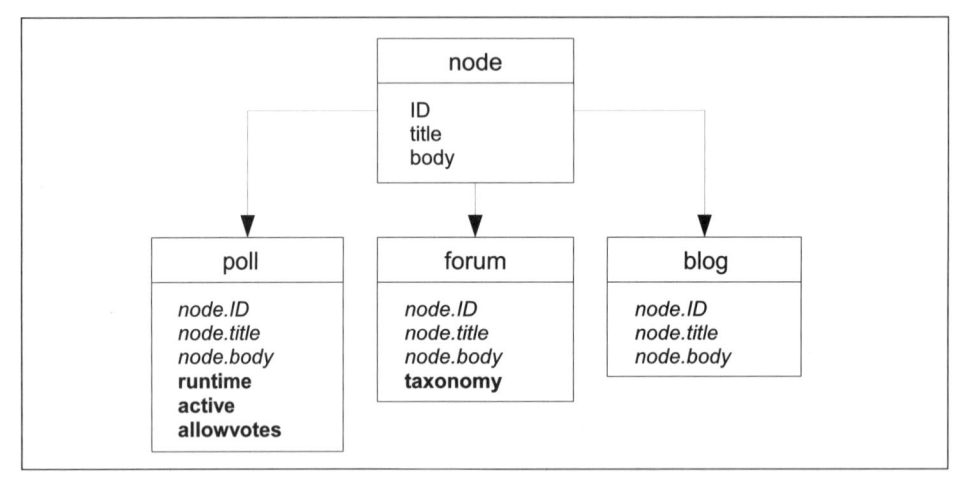

```
                      ┌─────────────┐
                      │    node     │
                      ├─────────────┤
                      │     ID      │
                      │    title    │
                      │    body     │
                      └─────────────┘
              ▼              ▼              ▼
    ┌─────────────┐  ┌─────────────┐  ┌─────────────┐
    │    poll     │  │    forum    │  │    blog     │
    ├─────────────┤  ├─────────────┤  ├─────────────┤
    │  node.ID    │  │  node.ID    │  │  node.ID    │
    │  node.title │  │  node.title │  │  node.title │
    │  node.body  │  │  node.body  │  │  node.body  │
    │  runtime    │  │  taxonomy   │  └─────────────┘
    │  active     │  └─────────────┘
    │  allowvotes │
    └─────────────┘
```

Abbildung 7.1: Node-Typen sind von einem Basis-Node abgeleitet und können zusätzliche Felder aufweisen

Node-Typen erweitern den Basis-Node, üblicherweise durch Hinzufügen eigener Datenattribute. Ein Node vom Typ `poll` speichert Abstimmungsoptionen wie die Dauer der Umfrage, ob die Umfrage gerade aktiv ist und ob der Benutzer abstimmen darf. Ein Node des Typs `forum` lädt den Taxonomiebegriff für den einzelnen Node und weiß daher, an welche Stelle der vom Administrator definierten Foren er passt. Dagegen fügen Nodes vom Typ `blog` keine Daten hinzu, sondern nur andere Ansichten, indem sie Blogs für jeden Benutzer und RSS-Feeds für jeden Blog erstellen. Für alle Nodes sind in der Datenbanktabelle *node* und *node_revisions* folgende Attribute gespeichert:

- `nid`: Eine eindeutige ID für den Node
- `vid`: Eine eindeutige Überarbeitungs-ID für den Node, die benötigt wird, weil Drupal für jeden Node Inhaltsüberarbeitungen (Revisionen) speichern kann. Die `vid` ist über alle Nodes und Node-Überarbeitungen hinweg eindeutig.

7.1 Was genau ist ein Node?

- type: Jeder Node hat einen Node-Typ, zum Beispiel blog, story, article, image usw.
- language: Die Sprache für den Node. Diese Spalte ist ursprünglich leer, was bedeutet, dass die Nodes sprachneutral sind.
- title: Ein kurzer String mit bis zu 255 Zeichen, der als Node-Titel fungiert, es sei denn, der Node-Typ deklariert durch eine 0 im Feld has_title der Tabelle *node_type*, dass es keinen Titel gibt.
- uid: Die Benutzer-ID des Autors. Standardmäßig haben Nodes nur einen Autor.
- status: Der Wert 0 bedeutet unveröffentlicht, d.h., der Inhalt bleibt für Benutzer ohne die Berechtigung *administer nodes* verborgen. Der Wert 1 bedeutet, dass der Node veröffentlicht ist und Benutzer mit der Berechtigung *access content* den Inhalt sehen. Die Anzeige eines veröffentlichten Nodes kann vom Drupal-Zugriffssteuerungssystem auf Node-Ebene verhindert werden (siehe Abschnitt 7.3.7, *Zugriff auf einen Node-Typ mit hook_access() einschränken*, und Abschnitt 7.6, *Den Zugriff auf Nodes einschränken*, weiter hinten in diesem Kapitel). Wenn das Suchmodul aktiv ist, indiziert es einen veröffentlichten Node.
- created: Ein Unix-Zeitstempel für die Erstellung.
- changed: Ein Unix-Zeitstempel der letzten Änderung. Wenn Sie das System der Node-Überarbeitung benutzen, wird derselbe Wert in das Feld timestamp der Tabelle *node_revisions* eingetragen.
- comment: Ein Integerfeld mit drei möglichen Werten, das den Status der Kommentare für den Node angibt:
  - 0: Für den aktuellen Node sind Kommentare deaktiviert. Dies ist der Standardwert für vorhandene Nodes, wenn das Kommentarmodul deaktiviert ist. In der Benutzeroberfläche des Abschnitts EINSTELLUNGEN FÜR KOMMENTARE des Node-Bearbeitungsformulars erscheint dies als DEAKTIVIERT.
  - 1: Für den aktuellen Node sind keine weiteren Kommentare erlaubt. In der Benutzeroberfläche des Abschnitts EINSTELLUNGEN FÜR KOMMENTARE des Node-Bearbeitungsformulars erscheint dies als NUR LESEBERECHTIGUNG.
  - 2: Kommentare können angezeigt und neue erstellt werden. Das Kommentarmodul ist dafür zuständig, wer Kommentare schreiben darf und wie Kommentare aussehen. In der Benutzeroberfläche des Abschnitts EINSTELLUNGEN FÜR KOMMENTARE des Node-Bearbeitungsformulars erscheint dies als KOMMENTARE LESEN UND SCHREIBEN.
- promote: Ein Integerfeld mit zwei Werten, das bestimmt, ob der Node auf der Titelseite erscheint:
  - 1: Erscheint auf der Startseite. Der Node wird auf die Standard-Startseite Ihrer Site gesetzt. Er erscheint immer noch auf seiner normalen Seite, zum Beispiel http://example.com/?q=node/3. Da Sie unter VERWALTEN > EINSTELLUNGEN > WEBSITE-INFORMATIONEN festlegen können, welche Seite die Startseite sein soll, ist »Startseite« missverständlich. Eigentlich ist die Aussage richtiger, die Seite

http://example.com/?q=node enthält alle Nodes mit dem `promote`-Feld 1. Der URL *http://example.com/?q=node* ist die standardmäßige Startseite.
- 0: Der Node erscheint nicht auf *http://example.com/?q=node*.

- `moderate`: Ein Integerfeld, bei dem der Wert 0 für die Deaktivierung und der Wert 1 für die Aktivierung der Moderation steht. Aber Vorsicht: In der Drupal-Core-Installation gibt es keine Schnittstelle für dieses Feld. Anders ausgedrückt: Sie können den Wert hin und her ändern, ohne dass etwas geschieht. Daher ist es Sache des Entwicklers, Funktionen für dieses Feld zu schreiben. Einige von Benutzern bereitgestellte Module, beispielsweise *http://drupal.org/project/modr8* und *http://drupal.org/project/revision_moderation*, verwenden dieses Feld.

- `sticky`: Wenn Drupal auf einer Seite eine Liste von Nodes anzeigt, erscheinen nach Erstellungszeit geordnet zuerst die als `sticky` markierten Nodes und dann die übrigen. Anders ausgedrückt: »Klebrige« Nodes haften am Seitenanfang. Der Wert 1 schaltet diese Eigenschaft ein, der Wert 0 schaltet sie aus. In einer Liste können mehrere Nodes mit dem Attribut `sticky` vorkommen.

- `tnid`: Dient ein Node als übersetzte Version eines anderen, wird hier die `nid` des ursprünglichen Nodes gespeichert. Ein Beispiel: Wenn Node 3 englisch ist und Node 5 denselben Inhalt auf Schwedisch wiedergibt, steht im Feld `tnid` von Node 5 der Wert 3.

- `translate`: Der Wert 1 gibt an, dass die Übersetzung aktualisiert werden muss, der Wert 0, dass sie auf dem neuesten Stand ist.

Wenn Sie das Node-Überarbeitungssystem verwenden, erstellt Drupal eine Überarbeitung des Inhalts und hält fest, wer die letzte Bearbeitung vorgenommen hat.

7.2 Nicht alles ist ein Node

Benutzer, Blöcke und Kommentare sind keine Nodes. Diese besonderen Datenstrukturen besitzen für ihre Zwecke eigene Hook-Systeme. Nodes haben (üblicherweise) Titel- und Body-Inhalt, was eine Datenstruktur, die für einen Benutzer steht, nicht braucht. Benutzer benötigen stattdessen eine E-Mail-Adresse, einen Benutzernamen und eine sichere Methode zum Speichern von Passwörtern. Blöcke sind schlanke Speicherlösungen für kleinere Inhalte wie die Menünavigation, ein Suchfeld oder eine Liste neuerer Kommentare usw. Auch Kommentare sind keine Nodes, was auch sie schlank hält. Es ist durchaus möglich, 100 oder mehr Kommentare auf einer Seite unterzubringen. Müsste jeder dieser Kommentare beim Laden das Hook-System der Nodes durchlaufen, wäre die Geschwindigkeit stark beeinträchtigt.

Es hat Debatten darüber gegeben, ob Benutzer oder Kommentare Nodes sein sollen, und einige bereitgestellte Module implementieren dies sogar. Ich warne Sie: Eine Diskussion darüber anzufangen, kommt dem Ruf »Emacs ist besser!« auf einem Programmiererkongress gleich.

7.3 Ein Node-Modul erstellen

Wenn Sie in Drupal einen neuen Inhaltstyp anlegen wollten, haben Sie früher ein *Node-Modul* geschrieben, das die neuen und interessanten Dinge bereitstellte, die Ihr Inhaltstyp braucht. Wir sagen »früher«, weil Neuerungen im Drupal-Framework Ihnen jetzt ermöglichen, Inhaltstypen innerhalb der Verwaltungsoberfläche zu erstellen und ihre Funktionalität mit Modulen aus der Community zu erweitern, anstatt ein völlig neues Node-Modul zu schreiben. Beide Lösungen kommen in diesem Kapitel zur Sprache.

Als Beispiel schreiben wir ein Node-Modul, mit dem die Benutzer Witze auf eine Seite stellen können. Jeder Witz soll einen Titel, den Witz selbst und eine Pointe haben. Es sollte kein Problem sein, das integrierte Attribut title für den Titel und den body des Nodes für den Inhalt des Witzes zu verwenden, aber für die Pointen müssen Sie eine neue Datenbanktabelle anlegen. Dazu benutzen wir eine *.install*-Datei.

Erstellen Sie zuerst im Verzeichnis *sites/all/modules/custom* einen Ordner namens *joke*.

7.3.1 Die .install-Datei erstellen

Sie müssen in Ihrer Datenbanktabelle einige Informationen ablegen. Zuerst brauchen Sie die Node-ID, damit Sie die dort gespeicherten Daten mit einem Node in der Tabelle *node_revisions* verknüpfen können, in der Titel und Body stehen. Zweitens brauchen Sie die Überarbeitungs-ID des Nodes, damit Ihr Modul mit der integrierten Überarbeitungssteuerung von Drupal zusammenarbeitet. Außerdem wollen Sie natürlich die Pointe ablegen. Da Sie jetzt das Datenbankschema kennen, sollten wir jetzt die Datei *joke.install* anlegen und im Verzeichnis *sites/all/modules/custom/joke* speichern. In Kapitel 2 finden Sie weitere Informationen über das Erstellen von *.install*-Dateien.

```
<?php
// $Id$

/**
 * Implementierung von hook_install().
 */
function joke_install() {
  drupal_install_schema('joke');
}

/**
 * Implementierung von hook_uninstall().
 */
function joke_uninstall() {
  drupal_uninstall_schema('joke');
}

/**
 * Implementierung von hook_schema().
 */
```

```
*/
function joke_schema() {
  $schema['joke'] = array(
    'description' => t("Stores punch lines for nodes of type
                      'joke'."),
    'fields' => array(
      'nid' => array(
        'type' => 'int',
        'unsigned' => TRUE,
        'not null' => TRUE,
        'default' => 0,
        'description' => t("The joke's {node}.nid."),
      ),
      'vid' => array(
        'type' => 'int',
        'unsigned' => TRUE,
        'not null' => TRUE,
        'default' => 0,
        'description' => t("The joke's {node_revisions}.vid."),
      ),
      'punchline' => array(
        'type' => 'text',
        'not null' => TRUE,
        'description' => t('Text of the punchline.'),
      ),
    ),
    'primary key' => array('nid', 'vid'),
    'unique keys' => array(
      'vid' => array('vid')
    ),
    'indexes' => array(
      'nid' => array('nid')
    ),
  );

  return $schema;
}
```

7.3.2 Die .info-Datei erstellen

Wir erstellen außerdem die Datei *joke.info* und speichern sie im Ordner *joke*.

```
; $Id$
name = Joke
description = A content type for jokes.
package = Pro Drupal Development
core = 6.x
```

7.3.3 Die .module-Datei erstellen

Als Letztes brauchen Sie die eigentliche Moduldatei. Legen Sie die Datei *joke.module* an und speichern Sie sie in *sites/all/modules/custom/joke*. Wenn Sie damit fertig sind, können Sie das Modul auf der Seite mit der Modulliste aktivieren (VERWALTEN > STRUKTURIERUNG > MODULE). Sie beginnen mit dem öffnenden PHP-Tag, dem CVS-Platzhalter und Doxygen-Kommentaren.

```
<?php
// $Id$

/**
 * @file
 * Stellt den Node-Typ "joke" bereit.
 */
```

7.3.4 Informationen über unseren Node-Typ bereitstellen

Jetzt können Sie *joke.module* Hooks hinzufügen. Zuerst implementieren Sie hook_node_info(). Drupal ruft diesen Hook auf, wenn festgestellt wird, welche Node-Typen zur Verfügung stehen. Sie stellen damit einige Metadaten über Ihren Node bereit.

```
/**
 * Implementierung von hook_node_info().
 */
function joke_node_info() {
  // Wir geben ein Array zurück, weil ein Modul mehrere Node-Typen
  // definieren kann. Wir definieren nur einen Node-Type: 'joke'.
  return array(
    'joke' => array(
      'name' => t('Joke'), // Erforderlich.
      'module' => 'joke', // Erforderlich.
      'description' => t('Tell us your favorite joke!'),
                                          // Erforderlich.
      'has_title' => TRUE,
      'title_label' => t('Title'),
      'has_body' => TRUE,
      'body_label' => t('Joke'),
      'min_word_count' => 2,
      'locked' => TRUE
    )
  );
}
```

In einem Modul können mehrere Node-Typen definiert werden, sodass der Rückgabewert ein Array sein sollte. Folgende Metadaten können im Hook `node_info` bereitgestellt werden:

- `name` *(obligatorisch)*: Der Name des Node-Typs, der auf der Seite erscheinen soll. Wenn der Wert `'Joke'` lautet, verwendet Drupal ihn als Titel des Sendeformulars für den Node.

- `module` *(obligatorisch)*: Das Präfix der Callback-Funktionen, die Drupal sucht. Wir haben `'joke'` benutzt, sodass Drupal nach Callback-Funktionen namens `joke_validate()`, `joke_insert()`, `joke_delete()` usw. sucht.

- `description`: Hier steht im Allgemeinen eine kurze Beschreibung, die den Zweck des Inhaltstyps angibt. Der Text wird in der Liste auf der Seite INHALT ERSTELLEN angezeigt (*http://example.com/?q=node/add*).

- `has_title`: Boole'scher Wert, der angibt, ob dieser Inhaltstyp das Titelfeld benutzt. Standard ist `TRUE`.

- `title_label`: Textlabel für das Titelfeld im Node-Bearbeitungsformular. Es ist nur sichtbar, wenn `has_title` den Wert `TRUE` hat. Der Standardwert ist `Titel`.

- `has_body`: Boole'scher Wert, der angibt, ob dieser Inhaltstyp das Textfeld `body` benutzt. Standard ist `TRUE`.

- `body_label`: Textlabel für das Textfeld `body` im Node-Bearbeitungsformular. Es ist nur sichtbar, wenn `has_body` den Wert `TRUE` hat. Der Standardwert ist `Textkörper`.

- `min_word_count`: Mindestanzahl der Wörter, die das Textfeld `body` benötigt, um die Gültigkeitsprüfung zu bestehen. Standard ist `0`. (In unserem Beispiel haben wir den Wert auf `2` gesetzt, um Ein-Wort-Witze zu vermeiden.)

- `locked`: Boole'scher Wert, der angibt, ob der interne Name des Inhaltstyps gegen Änderungen durch einen Site-Administrator geschützt ist, der die Optionen für den Inhaltstyp unter VERWALTEN > INHALTSVERWALTUNG > INHALTSTYPEN bearbeitet. Der Standardwert ist `TRUE`, was bedeutet, dass der Name gesperrt und deshalb *nicht* editierbar ist.

> **Hinweis**
>
> Das in der vorstehenden Liste erwähnte interne Namensfeld dient dazu, den URL für die INHALT ERSTELLEN-Links zu erstellen. Wir verwenden zum Beispiel als internen Namen unseres Node-Typs `joke` (also den Schlüssel für das Array, das wir zurückgeben). Um einen neuen Witz zu erstellen, müssen Benutzer daher *http://example.com/?q=node/add/joke* aufrufen. Normalerweise ist es nicht besonders günstig, die Einstellung von `locked` auf `FALSE` zu setzen, damit der Name geändert werden kann. Der interne Name wird in der Typspalte der Tabellen *node* und *node_revisions* gespeichert.

7.3.5 Den Menücallback ändern

Um hook_menu() zu implementieren, ist ein Link auf der Seite INHALT ERSTELLEN nicht erforderlich. Drupal erkennt Ihren neuen Inhaltstyp automatisch und fügt den betreffenden Eintrag in die Seite *http://example.com/?q=node/add/joke* ein (siehe Abbildung 7.2). Ein direkter Link auf das Übermittlungsformular des Nodes ist in *http://example.com/?q=node/add/joke* zu finden. Name und Beschreibung stammen aus den Werten, die Sie in joke_node.info() definiert haben.

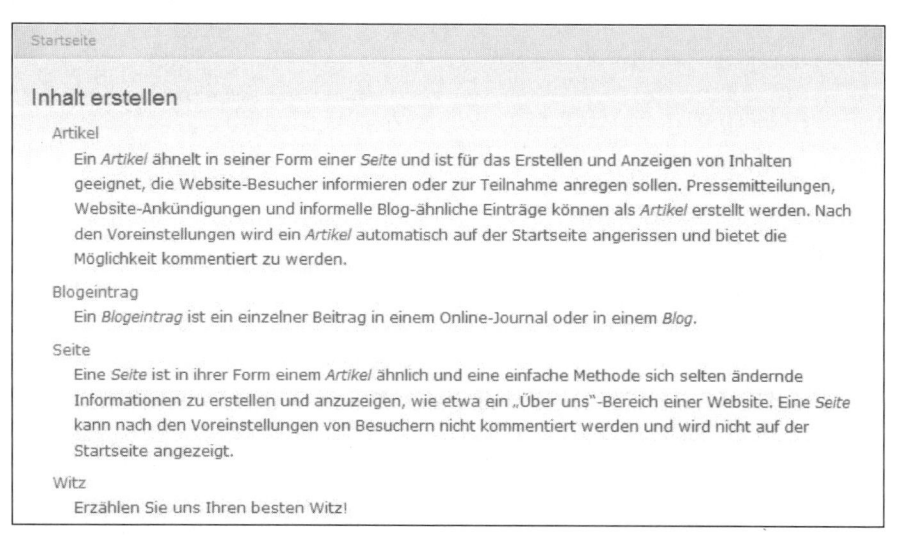

Abbildung 7.2: Der Inhaltstyp erscheint auf der Seite mit der Adresse http://example.com/?q=node/add/joke

Soll der direkte Link nicht hinzugefügt werden, können Sie ihn mit hook_menu_alter() entfernen. Der folgende Code löscht die Seite beispielsweise für jeden, der nicht über die Berechtigung *Inhalte verwalten* verfügt.

```
/**
 * Implementierung von hook_menu_alter().
 */
function joke_menu_alter(&$callbacks) {
  // Hat der Benutzer die Berechtigung 'administer nodes' nicht,
  // wird das Menüelement 'joke' durch Setzen des Zugriffscallbacks
  // auf FALSE deaktiviert.
  if (!user_access('administer nodes')) {
    $callbacks['node/add/joke']['access callback'] = FALSE;
    // Zugriffsargumente müssen aufgehoben werden, weil Drupal sonst
    // user_access() als Standardzugriffscallback verwendet.
    unset($callbacks['node/add/joke']['access arguments']);
  }
}
```

7.3.6 Berechtigungen für den Node-Typ mit hook_perm() definieren

Üblicherweise schließen die Berechtigungen für moduldefinierte Node-Typen die Befugnis ein, einen Node des betreffenden Typs anzulegen, einen selbst erstellten Node zu bearbeiten sowie alle Nodes dieses Typs zu bearbeiten. Sie sind in hook_perm() als create joke, edit own joke und edit any joke usw. definiert. Diese Berechtigungen brauchen Sie nur in Ihrem Modul zu definieren. Legen wir sie nun mit hook_perm() an:

```
/**
 * Implementierung von hook_perm().
 */
function joke_perm() {
  return array('create joke', 'edit own joke', 'edit any joke',
    'delete own joke', 'delete any joke');
}
```

Wenn Sie jetzt zu VERWALTEN > BENUTZERVERWALTUNG > BERECHTIGUNGEN wechseln, finden Sie dort die gerade definierten Berechtigungen und können ihnen Benutzerrollen zuweisen.

7.3.7 Zugriff auf einen Node-Typ mit hook_access() einschränken

Sie haben nun in hook_perm() Berechtigungen definiert, aber wie werden sie durchgesetzt? Node-Module können den Zugriff auf die von ihnen definierten Node-Typen mit hook_access() einschränken. Der Superuser (Benutzer-ID 1) umgeht sämtliche Zugriffsprüfungen, sodass dieser Hook in diesem Fall nicht aufgerufen wird. Ist der Hook für Ihren Node-Typ nicht definiert, scheitern alle Zugriffsprüfungen, sodass nur der Superuser und die Inhaber der Berechtigung *Inhalt verwalten* Inhalte dieses Typs erstellen, bearbeiten und löschen können.

```
/**
 * Implementierung von hook_access().
 */
function joke_access($op, $node, $account) {
  $is_author = $account->uid == $node->uid;
  switch ($op) {
    case 'create':
      // Zulassen, wenn die Benutzerrolle die Berechtigung 'create
      // joke' hat.
      return user_access('create joke', $account);
    case 'update':
      // Zulassen, wenn die Benutzerrolle Berechtigung 'edit own
      // joke 'hat und Autor ist oder wenn die Benutzerrolle die
      // Berechtigung 'edit any joke' hat.
      return user_access('edit own joke', $account) && $is_author ||
```

7.3 Ein Node-Modul erstellen

```
        user_access('edit any joke', $account);
    case 'delete':
      // Zulassen, wenn die Benutzerrolle die Berechtigung 'delete
      // own joke' hat und Autor ist oder die Benutzerrolle die
      // Berechtigung 'delete any joke' hat.
      return user_access('delete own joke', $account) && $is_author
        || user_access('delete any joke', $account);
  }
}
```

Die vorstehende Funktion ermöglicht Benutzern, einen Witz-Node anzulegen, wenn ihre Rolle die Berechtigung *create joke* hat. Außerdem können sie den Witz mit der Berechtigung *edit own joke* aktualisieren, wenn sie Autor sind, oder ansonsten mit der Berechtigung *edit any joke*. Inhaber der Berechtigung *delete own joke* können eigene Witze, Inhaber der Berechtigung *delete any joke* alle Nodes des Typs joke löschen.

Ein weiterer $op-Wert, der an hook_access() übergeben wird, ist view, mit dem Sie steuern können, wer den Node sieht. Trotzdem eine Warnung: hook_access() wird nur für Seiten aufgerufen, die einen einzelnen Node anzeigen, verhindert jedoch nicht, dass jemand einen Node in der Vorschauansicht sieht, beispielsweise auf einer Seite, die Nodes auflistet. Sie können natürlich kreativ mit anderen Hooks arbeiten und den Wert von $node->teaser direkt bearbeiten, um dies zu ändern, aber das grenzt an Hackerverhalten. Dafür verwenden Sie besser hook_node_grants() und hook_db_rewrite_sql(), die wir in Kürze erörtern.

7.3.8 Das Node-Formular für den Node-Typ anpassen

Bisher haben Sie die Metadaten für Ihren neuen Node-Typ und die Zugriffsberechtigungen definiert. Nun müssen Sie das Node-Formular erstellen, damit die Benutzer Witze einstellen können. Dazu implementieren Sie hook_form():

```
/**
 * Implementierung von hook_form().
 */
function joke_form($node) {
  // Fragt Metadaten für diesen Node-Typ ab
  // (für die Labels von Titel und Body).
  // Wir haben sie in joke_node_info() definiert.
  $type = node_get_types('type', $node);
  $form['title'] = array(
    '#type' => 'textfield',
    '#title' => check_plain($type->title_label),
    '#required' => TRUE,
    '#default_value' => $node->title,
    '#weight' => -5,
    '#maxlength' => 255,
  );
```

```
  $form['body_filter']['body'] = array(
    '#type' => 'textarea',
    '#title' => check_plain($type->body_label),
    '#default_value' => $node->body,
    '#rows' => 7,
    '#required' => TRUE,
  );
  $form['body_filter']['filter'] = filter_form($node->format);
  $form['punchline'] = array(
    '#type' => 'textfield',
    '#title' => t('Punchline'),
    '#required' => TRUE,
    '#default_value' => isset($node->punchline) ?
       $node->punchline : '',
    '#weight' => 5
  );
  return $form;
}
```

> **Hinweis**
>
> Wenn Sie nicht mit der Formular-API vertraut sind, schlagen Sie in Kapitel 10 nach.

Wenn Sie als Administrator der Site Ihr Modul aktiviert haben, können Sie jetzt zu INHALT ERSTELLEN > WITZ wechseln und das neu erstellte Formular betrachten. Die erste Zeile der vorstehenden Funktion gibt die Metadateninformationen für den Node-Typ zurück. Mit node_get_types() ermitteln Sie anhand von $node->type, für welchen Typ Sie Metadaten zurückgeben sollen (in unserem Fall hat $node->type den Wert joke). Noch einmal: Die Metadaten für den Node werden mit hook_node_info() festgelegt, und Sie haben sie zuvor mit joke_node_info() definiert.

Der Rest der Funktion enthält drei Formularfelder für den Titel, den Body und die Pointe (siehe Abbildung 7.3). Wichtig ist an dieser Stelle, dass die #title-Schlüssel von Titel und Body dynamisch sind. Sie erben ihre Werte von hook_node_info(), lassen sich aber auch vom Site-Administrator unter *http://example.com/?q=admin/content/types/joke* ändern, solange das in hook_node_info() definierte Attribut locked auf FALSE gesetzt ist.

7.3 Ein Node-Modul erstellen

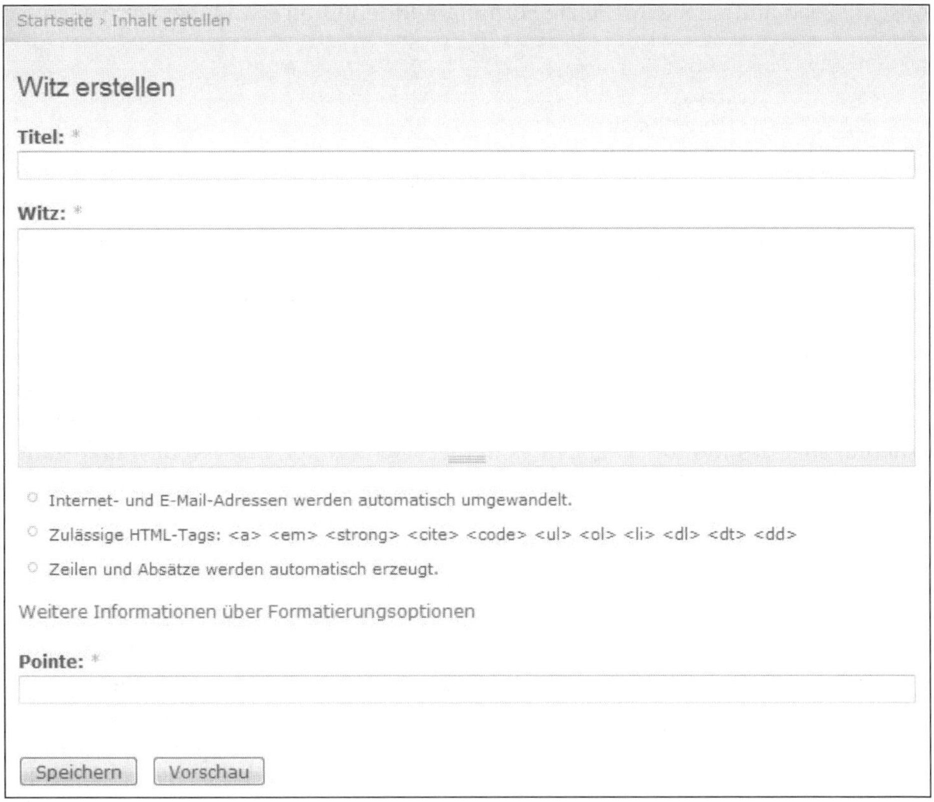

Abbildung 7.3: Das Formular zum Übermitteln eines Witzes

7.3.9 Unterstützung für Filterformate hinzufügen

Da das Feld body vom Typ textarea ist und Textkörperfelder für Nodes Filterformate erkennen, wird mit der folgenden Zeile der Standardinhaltsfilter von Drupal in das Formular eingebunden (Filter wandeln Text um; mehr über ihre Verwendung lesen Sie in Kapitel 11):

```
$form['body_filter']['filter'] = filter_form($node->format);
```

Die Eigenschaft $node->format bezeichnet die ID des Filters für das Feld body dieses Nodes. Ihr Wert ist in der Tabelle *node_revisions* abgelegt. Soll das Feld Pointe ebenfalls in der Lage sein, Eingabefilterformate zu benutzen, müssen Sie die betreffenden Informationen irgendwo speichern. Eine günstige Lösung wäre eine zusätzliche Integerspalte punchline_format in der Datenbanktabelle *joke* für die Eingabefilterformate der einzelnen Pointen.

Anschließend ändern Sie ihre letzte Formularfelddefinition etwa folgendermaßen:

```
$form['punchline']['field'] = array(
    '#type' => 'textarea',
    '#title' => t('Punchline'),
    '#required' => TRUE,
    '#default_value' => $node->punchline,
    '#weight' => 5
);
// Fügt Filterunterstützung hinzu.
$form['punchline']['filter'] = filter_form($node->punchline_format);
```

Arbeiten Sie nicht mit einem allgemeinen, sondern mit einem Node-Formular, erledigt das Node-Modul die Gültigkeitsprüfung und das Speichern aller ihm bekannten Felder im Node-Formular (beispielsweise `title` und `body` – wir haben das zweite `Witz` genannt, aber das Modul behandelt es immer noch als Body des Nodes) und stattet Sie, den Entwickler, mit Hooks zum Prüfen und Speichern Ihrer eigenen Felder aus. Darüber gleich mehr.

7.3.10 Felder mit hook_validate() validieren

Wird ein Node Ihres Typs übermittelt, so wird Ihr Modul über `hook_validate()` aufgerufen. Übermittelt der Benutzer das Formular zum Erstellen oder Bearbeiten eines Witzes, wird also die Funktion `joke_validate()` aufgerufen, damit Sie die Eingaben in den benutzerdefinierten Feldern prüfen können. Sie können die Daten nach der Übermittlung ändern – siehe `form_set_value()`. Fehler sollten mit `form_set_error()` wie folgt gemeldet werden:

```
/**
 * Implementierung von hook_validate().
 */
function joke_validate($node) {
  // Erzwingt die Mindestwortanzahl von 3 für Pointen.
  if (isset($node->punchline) && str_word_count($node->punchline)
     < 3) {
    $type = node_get_types('type', $node);
    form_set_error('punchline', t('The punch line of your @type is
       too short. You need at least three words.', array('@type' =>
       $type->name)));
  }
}
```

Beachten Sie, dass Sie bereits in `hook_node_info()` eine Mindestwortanzahl für das Feld `Witz` definiert haben, die Drupal automatisch prüft. Das Feld `Pointe` haben Sie dem Node-Formular aber hinzugefügt, sodass Sie selbst für die Überprüfung (sowie für das Laden und Speichern) zuständig sind.

7.3.11 Daten mit hook_insert() speichern

Beim Speichern eines neuen Nodes wird `hook_insert()` aufgerufen. Dies ist die richtige Stelle, um die Speicherung benutzerdefinierter Daten in den zugehörigen Tabellen zu erledigen. *Dieser Hook wird nur für das Modul aufgerufen, das in den Metadaten des Node-Typs definiert ist.* Diese Informationen sind im Schlüssel `module` von `hook_node_info()` definiert (siehe den Abschnitt 7.3.4, *Informationen über unseren Node-Typ bereitstellen*). Lautet der Modulschlüssel beispielsweise `joke`, wird `joke_insert()` aufgerufen. Haben Sie das Buchmodul aktiviert und einen neuen Node vom Typ `book` angelegt, wird *nicht* `joke_insert()` aufgerufen, sondern `book_insert()`, weil *book.module* seinen Node-Typ mit dem Modulschlüssel `book` definiert.

> **Hinweis**
>
> Müssen Sie etwas mit einem Node eines anderen Typs machen, während er eingefügt wird, klinken Sie sich mit `hook_nodeapi()` in den allgemeinen Vorgang der Nodeübermittlung ein (siehe Abschnitt 7.3.16, *Nodes eines fremden Typs mit hook_nodeapi() bearbeiten*).

So sieht die Funktion `hook_insert()` für *joke.module* aus:

```
/**
 * Implementierung von hook_insert().
 */
function joke_insert($node) {
  db_query("INSERT INTO {joke} (nid, vid, punchline) VALUES (%d, %d,
    '%s')", $node->nid, $node->vid, $node->punchline);
}
```

7.3.12 Daten mit hook_update() auf dem neuesten Stand halten

Die Funktion `update_hook()` wird aufgerufen, wenn ein Node bearbeitet wurde und seine wesentlichen Daten bereits in der Datenbank stehen. Zu diesem Zeitpunkt müssen auch die zugehörigen Tabellen aktualisiert werden. Wie `hook_insert()` kommt auch diese Funktion nur für den aktuellen Node-Typ zum Einsatz. Lautet der Modulschlüssel des Node-Typs in `hook_node_info()` beispielsweise `joke`, wird folglich `joke_update()` aufgerufen.

```
/**
 * Implementierung von hook_update().
 */
function joke_update($node) {
  if ($node->revision) {
    // Neue Überarbeitung; wie neuen Datensatz behandeln.
```

```
    joke_insert($node);
  }
  else {
    db_query("UPDATE {joke} SET punchline = '%s' WHERE vid = %d",
      $node->punchline, $node->vid);
  }
}
```

In diesem Fall prüfen Sie, ob das Revisions-Flag für den Node gesetzt ist, und legen ggf. eine neue Kopie der Pointe an, um die alte beizubehalten.

7.3.13 Aufräumen mit hook_delete()

Direkt nach dem Löschen eines Nodes aus der Datenbank informiert Drupal die Module mithilfe von `hook_delete()` darüber. Dieser Hook dient üblicherweise dazu, die zugehörigen Informationen aus der Datenbank zu entfernen. Er wird nur für den betroffenen Node-Typ aufgerufen, für den Modulschlüssel `joke` des Node-Typs in `hook_node_info()` also in Form von `joke_delete()`.

```
/**
 * Implementierung von hook_delete().
 */
function joke_delete(&$node) {
  // Löscht die zu diesem Node gehörenden gespeicherten
  // Informationen.
  db_query('DELETE FROM {joke} WHERE nid = %d', $node->nid);
}
```

> **Hinweis**
>
> Betrifft der Vorgang nicht den gesamten Node, sondern nur eine Überarbeitung, löst Drupal die Funktion `hook_nodeapi()` mit `$op` aus und übergibt ihr das gesamte Node-Objekt. Anschließend ist Ihr Modul in der Lage, mit dem Schlüssel `$node->vid` die Daten für die Überarbeitung zu löschen.

7.3.14 Nodes eines Typs mit hook_load() ändern

Für Ihr Node-Modul brauchen Sie außerdem noch die Fähigkeit, dem Node-Objekt bei der Erstellung eigene Attribute mitzugeben. Wir müssen die Pointe in den Ladevorgang integrieren, damit sie anderen Modulen und der Theme-Schicht zur Verfügung steht. Dazu verwenden wir die Funktion `hook_load()`, die direkt nach dem Erstellen des eigentlichen Node-Objekts aufgerufen wird und nur den aktuellen Node-Typ betrifft. Hat der Node-Typ in `hook_node_info()` den Modulschlüssel `joke`, wird `joke_load()` gestartet.

7.3 Ein Node-Modul erstellen

```
/**
 * Implementierung von hook_load().
 */
function joke_load($node) {
  return db_fetch_object(db_query('SELECT punchline FROM {joke}
    WHERE vid = %d', $node->vid));
}
```

7.3.15 Und nun die Pointe: hook_view()

Damit verfügen Sie über ein vollständiges System zum Eingeben und Bearbeiten von Witzen. Ihre Benutzer werden jedoch frustriert sein, weil sie zwar mit dem Node-Übermittlungsformular Pointen eingeben können, es aber keine Methode gibt, das vom Modul bereitgestellte Feld punchline bei der Anzeige des Witzes sichtbar zu machen! Holen wir dies nun mit hook_view() nach:

```
/**
 * Implementierung von hook_view().
 */
function joke_view($node, $teaser = FALSE, $page = FALSE) {
  // Wenn $teaser den Wert FALSE hat, wird der gesamte Node
  // angezeigt.
  if (!$teaser) {
    // Verwendet die Standard-Node-Anzeige von Drupal.
    $node = node_prepare($node, $teaser);

    // Fügt zufällige Anzahl von "Ha"s hinzu, um Lachen zu
    // simulieren.
    $node->guffaw = str_repeat(t('Ha!'), mt_rand(0, 10));

    // Fügt die Pointe hinzu.
    $node->content['punchline'] = array(
      '#value' => theme('joke_punchline', $node),
      '#weight' => 2
    );
  }
  // Wenn $teaser TRUE ist, wird der Node als Vorschau angezeigt
  // bei einer Seite, die Nodes auflistet. In diesem Fall
  // lassen wir die Pointe weg.
  if ($teaser) {
    // Verwendet die Standard-Node-Anzeige von Drupal.
    $node = node_prepare($node, $teaser);
  }

  return $node;
}
```

Dieser Code enthält die Pointe für den Witz nur dann, wenn der Node nicht in der Vorschau wiedergegeben wird (d.h., wenn $teaser den Wert FALSE hat). Sie haben die Formatierung der Pointe in eine eigene Theme-Funktion verlagert, sodass sie problemlos überschrieben werden kann, ein Entgegenkommen für die überarbeiteten Systemadministratoren, die Ihr Modul benutzen, aber das Aussehen der Ausgabe anpassen wollen. Indem Sie hook_theme() implementieren und eine Standardimplementierung der Theme-Funktion für joke_punchline bereitstellen, machen Sie Drupal klar, dass Sie die Theme-Funktion benutzen wollen:

```
/**
 * Implementierung von hook_theme().
 * Wir deklarieren joke_punchline, damit Drupal die Funktion
 * theme_joke_punchline() sucht.
 */
function joke_theme() {
  return array(
    'joke_punchline' => array(
      'arguments' => array('node'),
    ),
  );
}

function theme_joke_punchline($node) {
  $output = '<div class="joke-punchline">'.
    check_markup($node->punchline). '</div><br />';
  $output .= '<div class="joke-guffaw">'.
    $node->guffaw .'</div>';
  return $output;
}
```

Sie müssen die zwischengespeicherte Theme-Registry löschen, damit Drupal ihren Theme-Hook heranzieht. Dazu können Sie *devel.module* benutzen oder einfach die Seite VERWALTEN > STRUKTURIERUNG > MODULE aufsuchen. Jetzt sollte das Witzeingabe- und -anzeigesystem vollständig funktionsfähig sein. Geben Sie ein paar Witze ein und probieren Sie es aus. Die Witze sollten so klar und einfach dargestellt werden wie in Abbildung 7.4 und in Abbildung 7.5.

Das mag zwar funktionieren, doch besteht ein gewisses Risiko, dass der Benutzer die Pointe trotzdem sieht, wenn er den Node in der Ganzseitenansicht betrachtet. Wir hätten aber gern ein reduzierbares Feld, auf das er klicken kann, um die Pointe einzublenden. Diese Funktionalität stellt Drupal bereits zur Verfügung, sodass Sie keine eigene JavaScript-Datei schreiben müssen. Am besten verwenden Sie keine Theme-Funktion, sondern eine Template-Datei innerhalb des Themes Ihrer Site, weil sich Templates auf Markup- und CSS-Klassen stützen. Ihre Designer werden davon sehr angetan sein, weil sie dann lediglich eine Datei bearbeiten müssen, um das Aussehen Ihrer joke-Nodes zu verändern.

7.3 Ein Node-Modul erstellen

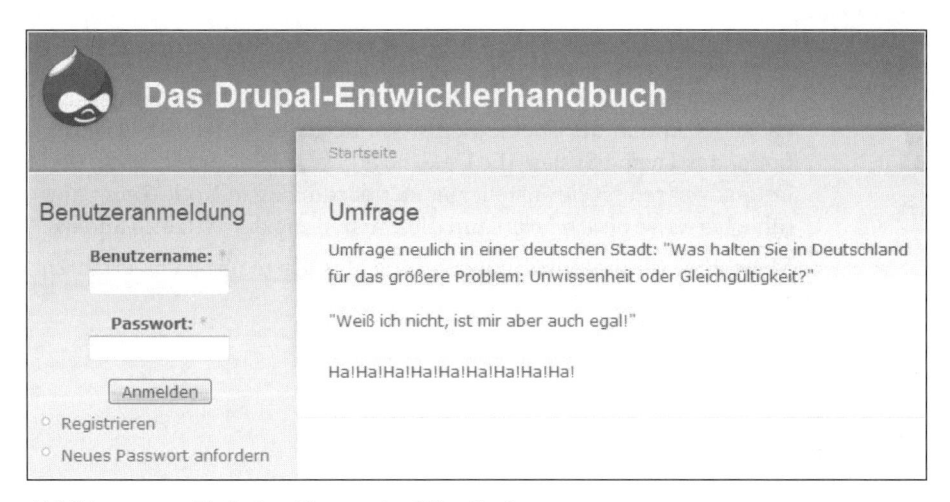

Abbildung 7.4: Einfaches Theme des Witz-Nodes

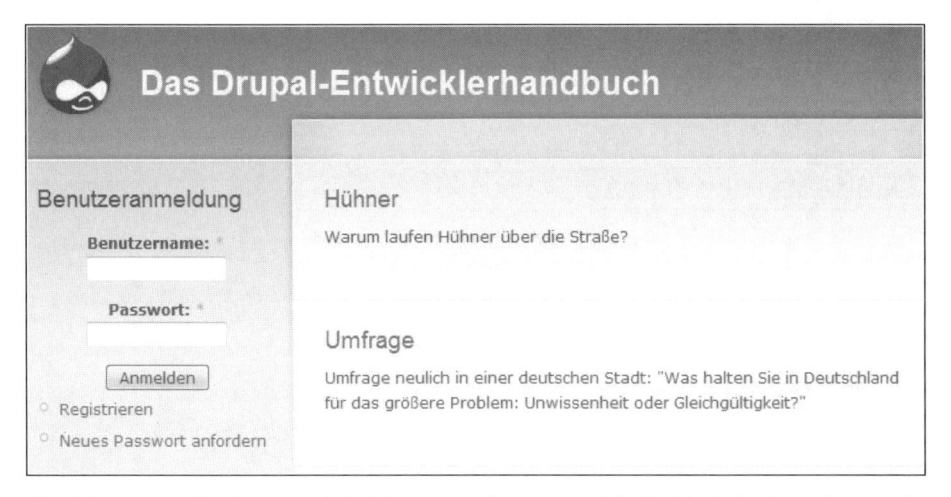

Abbildung 7.5: Die Pointe wird nicht angezeigt, wenn sich der Node im Vorschaumodus befindet

Sie müssen eine Datei namens *node_joke.tpl.php* in dem Verzeichnis anlegen, in dem sich das aktuelle Theme befindet. Handelt es sich um das Theme `garland`, wird diese Datei also in *themes/garland* abgelegt. Da wir vorhaben, eine Template-Datei zu benutzen, benötigen wir die Implementierung von `hook_theme()` und die Funktion `theme_joke_punchline()` nicht mehr und können sie in der Moduldatei auskommentieren. Denken Sie daran, wie zuvor die zwischengespeicherte Theme-Registry zu löschen, damit Drupal nicht mehr nach `theme_joke_punchline()` sucht. Kommentieren Sie auch die Zuweisung der Pointe zu `$node->content` in `joke_view()` aus, weil sich jetzt die Template-Datei um die Ausgabe der Pointe kümmert (sonst wird sie zweimal angezeigt).

Hinweis

Nachdem Sie VERWALTEN > STRUKTURIERUNG > MODULE aufgesucht haben (wodurch die Theme-Registry automatisch neu erstellt wird), findet das Theme-System die Datei *node_joke.tpl.php* automatisch, und Drupal verwendet sie anstelle des standardmäßigen Node-Templates (üblicherweise *node.tpl.php*), um die Darstellung der Witze zu ändern.

Mehr über die Entscheidungsfindung des Theme-Systems erfahren Sie in Kapitel 8.

```
<div class="node<?php if ($sticky) { print " sticky"; } ?>
  <?php if (!$status) { print " node-unpublished"; } ?>">
    <?php if ($picture) {
      print $picture;
    }?>
    <?php if ($page == 0) { ?><h2 class="title"><a href="<?php
      print $node_url?>"><?php print $title?></a></h2><?php }; ?>
    <span class="submitted"><?php print $submitted?></span>
    <span class="taxonomy"><?php print $terms?></span>
    <div class="content">
      <?php print $content?>
      <fieldset class="collapsible collapsed">
        <legend>Punchline</legend>
          <div class="form-item">
            <label><?php if (isset($node->punchline)) print
              check_markup($node->punchline)?></label>
            <label><?php if (isset($node->guffaw))
                    print $node->guffaw?></label>
          </div>
      </legend>
    </fieldset>
  </div>
  <?php if ($links) { ?><div class="links">&raquo; <?php print
    $links?></div><?php }; ?>
</div>
```

Die JavaScript-Datei, die die Fähigkeit zum Reduzieren aktiviert, bindet Drupal automatisch ein. Der JavaScript-Code in *misc/collapsible.js* sucht reduzierbare CSS-Selektoren für eine Feldgruppe und weiß, wie er die Steuerung von dort übernimmt, wie es Abbildung 7.6 zeigt. Er findet daher in *node_joke.tpl.php* die folgende Zeile und aktiviert sich:

```
<fieldset class="collapsible collapsed">
```

Damit haben wir die gewünschte interaktive Witzdarstellung erreicht.

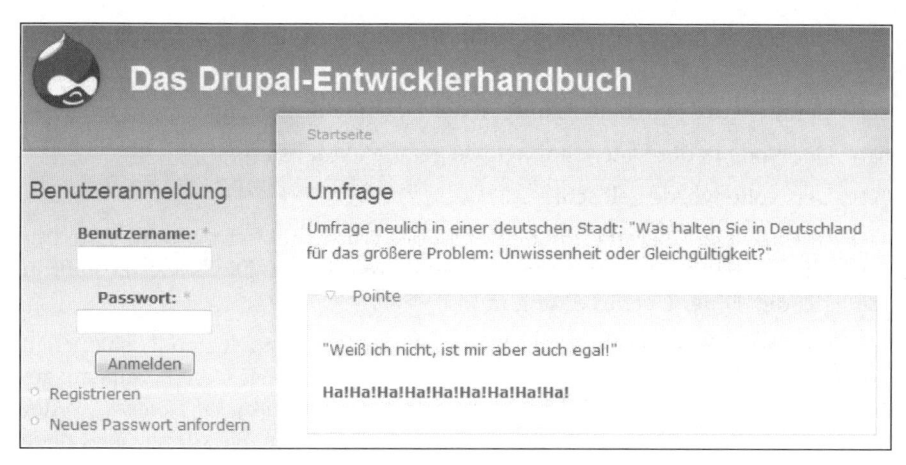

Abbildung 7.6: Mithilfe der Drupal-Unterstützung für reduzierbare CSS-Elemente wird die Pointe verborgen

7.3.16 Nodes eines fremden Typs mit hook_nodeapi() bearbeiten

Die bisher behandelten Hooks werden anhand des Modulschlüssels der Implementierung von hook_node_info() für das betreffende Modul aufgerufen. Wenn Drupal den Node-Typ blog sieht, kommt daher blog_load() zum Einsatz. Was ist jedoch zu tun, wenn Sie allen Nodes unabhängig vom Typ bestimmte Informationen hinzufügen wollen? Die bisher betrachteten Hooks schaffen das nicht; dafür brauchen wir einen außergewöhnlich leistungsfähigen, nämlich hook_nodeapi().

Dieser bietet den Modulen eine Möglichkeit, auf verschiedene Operationen während der Lebensdauer eines Hooks zu reagieren. Er wird von *node.module* üblicherweise direkt nach dem typspezifischen Callback aufgerufen, zuerst beispielsweise joke_insert() und direkt danach hook_nodeapi() mit dem Wert insert für $op. Die Funktionssignatur dafür sieht wie folgt aus:

```
hook_nodeapi(&$node, $op, $a3 = NULL, $a4 = NULL)
```

Das Objekt $node wird als Referenz übergeben, sodass sämtliche vorgenommenen Änderungen auf den Node angewendet werden. Der Parameter $op beschreibt die aktuelle Operation am Node. Er kann die verschiedensten Werte annehmen:

- prepare: Die auszugebenden Node-Formulare. Damit sind die Formulare zum Hinzufügen und Bearbeiten gemeint.
- validate: Der Benutzer hat die Bearbeitung des Nodes gerade abgeschlossen und versucht, die Vorschau zu betrachten oder ihn zu übermitteln. Hier sollte Ihr Code prüfen, ob die Daten wie erwartet aussehen, und form_set_error() aufrufen, falls etwas falsch gelaufen ist, um dem Benutzer eine Fehlermeldung zu geben. Sie können die Daten mit diesem Hook prüfen und sogar ändern, obwohl das Ändern von Daten an dieser Stelle als schlechter Stil gilt.

- presave: Der Node hat die Prüfung bestanden und wird demnächst in der Datenbank gespeichert.
- insert: Gerade wurde ein neuer Node in der Datenbank abgelegt.
- update: Der Node in der Datenbank wurde gerade aktualisiert.
- delete: Der Node wurde gelöscht.
- delete revision: Die Überarbeitung eines Nodes wurde gelöscht. Module, die Daten für diese Überarbeitung unterhalten, reagieren darauf. Die Node-ID steht in $node->nid, die ID der Überarbeitung in $node->vid.
- load: Das Basis-Node-Objekt und die im Node-Typ festgelegten zusätzlichen Node-Eigenschaften (in Reaktion auf die Funktion hook_load(), die bereits ausgeführt wurde; siehe Abschnitt 7.3.14, *Nodes eines Typs mit hook_load() ändern*, weiter vorn in diesem Kapitel) wurden aus der Datenbank geladen. Sie können jetzt neue Eigenschaften hinzufügen und die vorhandenen bearbeiten.
- alter: Der Node-Inhalt hat drupal_render() durchlaufen und wurde (für eine Volldarstellung) in $node->body oder (für die Vorschauansicht) in $node->teaser gespeichert. Der Node wird demnächst an die Theme-Schicht übergeben. Änderungen an Feldern in $node->content sollten nicht hier, sondern in der Operation view erfolgen.
- view: Der Node wird demnächst dem Benutzer angezeigt. Diese Aktion wird im Anschluss an hook_view() aufgerufen, sodass das Modul davon ausgehen kann, dass der Node gefiltert wurde und nun HTML enthält. In $node->content können weitere Elemente eingefügt werden (beispielsweise wie vorhin die Pointe).
- search result: Die Darstellung des Nodes als Teil eines Suchergebnisses steht bevor.
- update index: Das Suchmodul indiziert den Node. Sollen weitere Informationen indiziert werden, die nicht bereits durch die Operation nodeapi view sichtbar gemacht wurden, sollten Sie dies hier erledigen (siehe Kapitel 12).
- prepare translation: Das Übersetzungsmodul bereitet die Übersetzung des Nodes vor. Module können eigene übersetzte Felder hinzufügen.
- rss item: Der Node wird als Teil eines RSS-Feeds eingebunden.

Die beiden letzten Parameter der Funktion hook_nodeapi() sind Variablen, deren Werte sich in Abhängigkeit von der ausgeführten Operation ändern. Wird ein Node angezeigt und ist die Operation alter oder view, hat $a3 den Wert $teaser und $a4 den Wert $page (siehe node_view() in *node.module*). In Tabelle 7.1 finden Sie einen Überblick.

Parameter	Bedeutung
$teaser	Bestimmt, ob lediglich die Vorschau angezeigt wird, beispielsweise *http://example.com/?q=node*
$page	TRUE, wenn der Node selbst als Seite angezeigt wird (beispielsweise in *http://example.com/?q=node/2*)

Tabelle 7.1: Die Bedeutung der Parameter $a3 und $a4 in hook_nodeapi() für die Operationen alter und view

7.3 Ein Node-Modul erstellen

Bei der Auswertung eines Nodes ist der Parameter `$a3` gleich dem Parameter `$form` aus `node_validate()` (dem Formulardefinitions-Array).

In welcher Reihenfolge Hooks beim Anzeigen einer Node-Seite wie *http://example.com/?q=node/3* ausgelöst werden, sehen Sie in Abbildung 7.7.

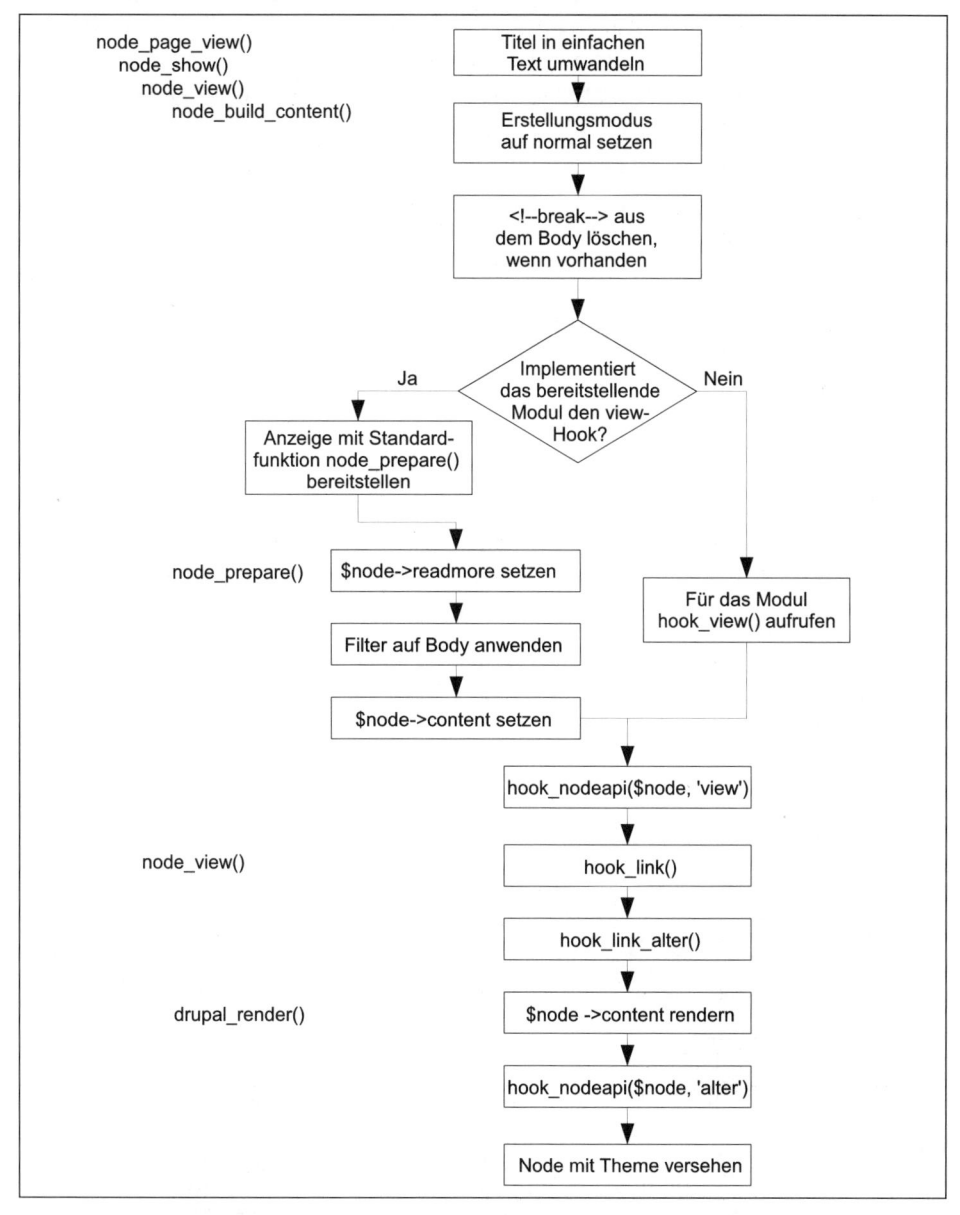

Abbildung 7.7: Der Ausführungspfad beim Anzeigen einer Node-Seite

7.4 Wie Nodes gespeichert werden

Nodes existieren in der Datenbank als einzelne Bestandteile. Die Tabelle *nodes* enthält den Großteil der Metadaten für den Node, die Tabelle *node_revisions* Body und Vorschau des Nodes sowie Daten für die einzelnen Überarbeitungen. Wie Sie im Beispiel *joke.module* gesehen haben, können andere Nodes ihm beim Laden Daten hinzufügen und beliebige Daten in ihren eigenen Tabellen ablegen.

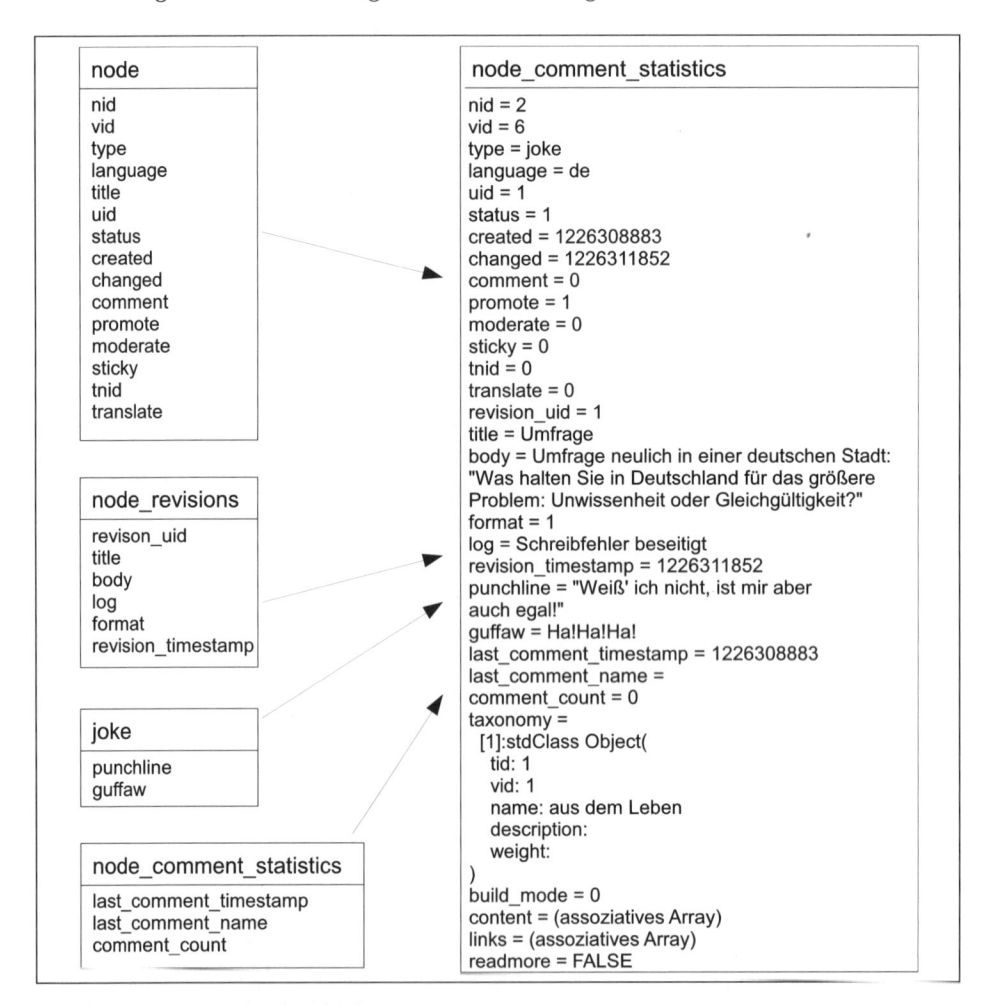

```
node                         node_comment_statistics
nid                          nid = 2
vid                          vid = 6
type                         type = joke
language                     language = de
title                        uid = 1
uid                          status = 1
status                       created = 1226308883
created                      changed = 1226311852
changed                      comment = 0
comment                      promote = 1
promote                      moderate = 0
moderate                     sticky = 0
sticky                       tnid = 0
tnid                         translate = 0
translate                    revision_uid = 1
                             title = Umfrage
                             body = Umfrage neulich in einer deutschen Stadt:
node_revisions               "Was halten Sie in Deutschland für das größere
revison_uid                  Problem: Unwissenheit oder Gleichgültigkeit?"
title                        format = 1
body                         log = Schreibfehler beseitigt
log                          revision_timestamp = 1226311852
format                       punchline = "Weiß' ich nicht, ist mir aber
revision_timestamp           auch egal!"
                             guffaw = Ha!Ha!Ha!
                             last_comment_timestamp = 1226308883
joke                         last_comment_name =
punchline                    comment_count = 0
guffaw                       taxonomy =
                               [1]:stdClass Object(
                                 tid: 1
                                 vid: 1
node_comment_statistics          name: aus dem Leben
last_comment_timestamp           description:
last_comment_name                weight:
comment_count                  )
                             build_mode = 0
                             content = (assoziatives Array)
                             links = (assoziatives Array)
                             readmore = FALSE
```

Abbildung 7.8: Das Node-Objekt

Ein Node-Objekt mit den meisten gängigen Attributen finden Sie in Abbildung 7.8. Beachten Sie, dass die von Ihnen für Pointen angelegte Tabelle benutzt wird, um den Node zu füllen. Je nachdem, welche weiteren Module aktiviert wurden, können die Node-Objekte Ihrer Drupal-Installation mehr oder weniger Eigenschaften aufweisen.

7.5 Node-Typen mit CCK erstellen

Ein Node-Objekt so zu erstellen, wie Sie es mit *joke.module* gemacht haben, bietet zwar ein außergewöhnliches Maß an Kontrolle und Leistung, ist aber auch ein wenig zäh. Wäre es nicht angenehm, einen neuen Node-Typ ohne Programmieraufwand anlegen zu können? Genau das ermöglichen die CCK-Module.

> **Hinweis**
>
> Weitere Informationen über CCK finden Sie im CCK-Projekt unter der Adresse *http://drupal.org/project/cck*.

Neue Inhaltstypen (beispielsweise ein Inhaltstyp `joke`) lassen sich mithilfe der Verwaltungsoberfläche über VERWALTEN > INHALTSVERWALTUNG > INHALTSTYPEN hinzufügen. Denken Sie daran, für den Node-Typ einen anderen Namen zu benutzen, wenn Sie *joke.module* aktiviert haben, um Namespace-Konflikte zu vermeiden. Die Fähigkeit, neuen Inhaltstypen über `title` und `body` hinaus weitere Felder hinzuzufügen, gilt immer noch als Kernstück von CCK. Im Beispiel *joke.module* brauchen Sie drei Felder: `title`, `joke` und `punchline`. Das Feld `body` haben Sie mithilfe der Funktion `hook_node_info()` in `Witz` umbenannt und das Feld `punchline` durch Implementieren mehrerer Hooks und Anlegen einer eigenen Tabelle für die Pointen bereitgestellt. In CCK legen Sie einfach ein neues Textfeld namens `punchline` an und integrieren es in Ihren Inhaltstyp. Das Speichern, Abrufen und Löschen der Daten überlassen Sie CCK.

> **Hinweis**
>
> Das Beitragsrepository von Drupal ist voll von CCK-Feldmodulen zum Hinzufügen von Bildern, Datumsinformationen, E-Mail-Adressen usw. Unter *http://drupal.org/project/Modules/category/88* finden Sie alle Module zum Thema CCK.

Da sich CCK derzeit heftig weiterentwickelt, gehe ich nicht weiter ins Detail. Es scheint jedoch deutlich, dass in Zukunft seltener Module geschrieben werden, um neue Node-Typen zu erstellen, während der CCK-Ansatz, Inhaltstypen webgestützt aufzubauen, an Boden gewinnen wird.

7.6 Den Zugriff auf Nodes einschränken

Es gibt mehrere Möglichkeiten, den Zugriff auf Nodes einzuschränken. Sie haben bereits erfahren, wie Sie dies mit hook_access() und der Definition von Berechtigungen mit hook_perm() erreichen. Drupal bietet jedoch mit der Tabelle *node_access* und zwei weiteren Zugriffs-Hooks, hook_node_grants() und hook_node_access_records(), weitaus mehr Methoden zur Zugriffssteuerung.

Bei der ersten Installation von Drupal wird ein einziger Datensatz in die Tabelle *node_access* geschrieben, der den Zugriffsmechanismus ausschaltet. Erst wenn ein Modul aktiviert wird, das diesen Mechanismus nutzt, kommt dieser Teil von Drupal ins Spiel. Die Funktion node_access_rebuild() in *modules/node/node.module* verfolgt nach, welche Node-Zugriffsmodule aktiv sind, und stellt den Standarddatensatz aus Tabelle 7.2 wieder her, wenn alle Module deaktiviert werden.

nid	gid	realm	grant_view	grant_update	grant_delete
0	0	all	1	0	0

Tabelle 7.2: Der Standarddatensatz für die Tabelle node_access

Wird ein Node-Zugriffsmodul verwendet (d.h., eines, das die Tabelle *node_access* ändert), verweigert Drupal im Allgemeinen den Zugriff auf den Node, bis das Zugriffsmodul eine Zeile in die Tabelle eingefügt hat, die festlegt, wie der Zugriff gehandhabt werden soll.

7.6.1 Node-Rechte definieren

Für Operationen an Nodes gibt es drei grundlegende Berechtigungen: *view*, *update* und *delete*. Steht eine davon bevor, hat das Modul, das den Node-Typ bereitstellt, mit seiner Implementierung von hook_access() das erste Wort. Bezieht es hinsichtlich des Zugriffs keine Position (gibt es also weder TRUE noch FALSE zurück, sondern NULL), fordert Drupal alle am Zugriff interessierten Module auf, die Frage zu beantworten, ob der Zugriff erlaubt werden soll. Diese reagieren auf hook_node_grants() mit einer Liste von Rechte-IDs für jeden Realm des aktuellen Benutzers.

Was sind Realms?

Ein Realm ist ein beliebiger String, der mehreren Node-Zugriffsmodulen die gemeinsame Nutzung der Tabelle *node_access* erlaubt. Das Modul *acl.module* zum Beispiel ist ein Communitymodul, das den Node-Zugriff mithilfe von Zugriffssteuerungslisten (Access Control Lists, ACLs) handhabt. Sein Realm ist acl. Ein weiteres beigetragenes Modul ist *taxonomy_access.module*, das den Zugriff auf Nodes auf der Grundlage von Taxonomiebedingungen einschränkt. Es verwendet den Realm term_access. Ein Realm bestimmt also ähnlich wie ein Namespace den Raum eines Moduls in der Tabelle *node_access*. Wenn Ihr Modul aufgefordert wird, Rechte-IDs zurückzugeben, bezieht sich dies auf den Realm, den Ihr Modul definiert.

Was ist eine Rechte-ID?

Eine Rechte-ID ist ein Bezeichner, der Informationen über Node-Zugriffsberechtigungen für einen bestimmten Realm enthält. Ein Node-Zugriffsmodul – beispielsweise *forum_access.module*, das den Zugriff auf Nodes vom Typ forum anhand der Benutzerrolle regelt – kann Rollen-IDs als Rechte-IDs verwenden. Ein Node-Zugriffsmodul, das den Zugriff anhand von Postleitzahlen handhabt, kann diese als Rechte-IDs nutzen. In jedem Fall wird zur Entscheidung eine Information über den Benutzer herangezogen: Wurde dem Benutzer diese Rolle zugewiesen? Lautet seine Postleitzahl 12345? Steht er auf dieser Zugriffssteuerungsliste? Ist seine Anmeldung vor mehr als einem Jahr erfolgt?

Obwohl jede Rechte-ID für das Node-Zugriffsmodul, das Rechte-IDs für den betreffenden Realm bereitstellt, etwas Bestimmtes bedeutet, *gewährt allein das bloße Vorhandensein einer Zeile mit der Rechte-ID in der Tabelle node_access den Zugriff*, wobei die Zugriffsart durch eine 1 in der Spalte grant_view, grant_update oder grant_delete bestimmt wird. Rechte-IDs werden beim Speichern eines Nodes in die Tabelle *node_access* eingetragen. Das Node-Objekt wird allen Modulen übergeben, die hook_node_access_records() implementieren. Es wird erwartet, dass sie den Node untersuchen und entweder einfach die Steuerung zurückgeben (wenn sie keine Informationen über den Zugriff auf den betreffenden Node haben) oder ein Array mit Rechten zurückgeben, das in Form einer Batchoperation mit node_access_acquire_grants() in die Tabelle eingefügt wird. Das folgende Beispiel stammt aus *forum_access.module*.

```
/**
 * Implementierung von hook_node_access_records().
 *
 * Gibt eine Liste mit Rechte-Datensätzen für das übergebene Node-Objekt zurück.
 */
function forum_access_node_access_records($node) {
    ...
    if ($node->type == 'forum') {
        $result = db_query('SELECT * FROM {forum_access} WHERE tid =
            %d', $node->tid);
        while ($grant = db_fetch_object($result)) {
            $grants[] = array(
                'realm' => 'forum_access',
                'gid' => $grant->rid,
                'grant_view' => $grant->grant_view,
                'grant_update' => $grant->grant_update,
                'grant_delete' => $grant->grant_delete
            );
        }
        return $grants;
    }
}
```

7.6.2 Zugriff auf Nodes

Steht eine Operation an einem Node bevor, durchläuft Drupal den in Abbildung 7.9 skizzierten Vorgang.

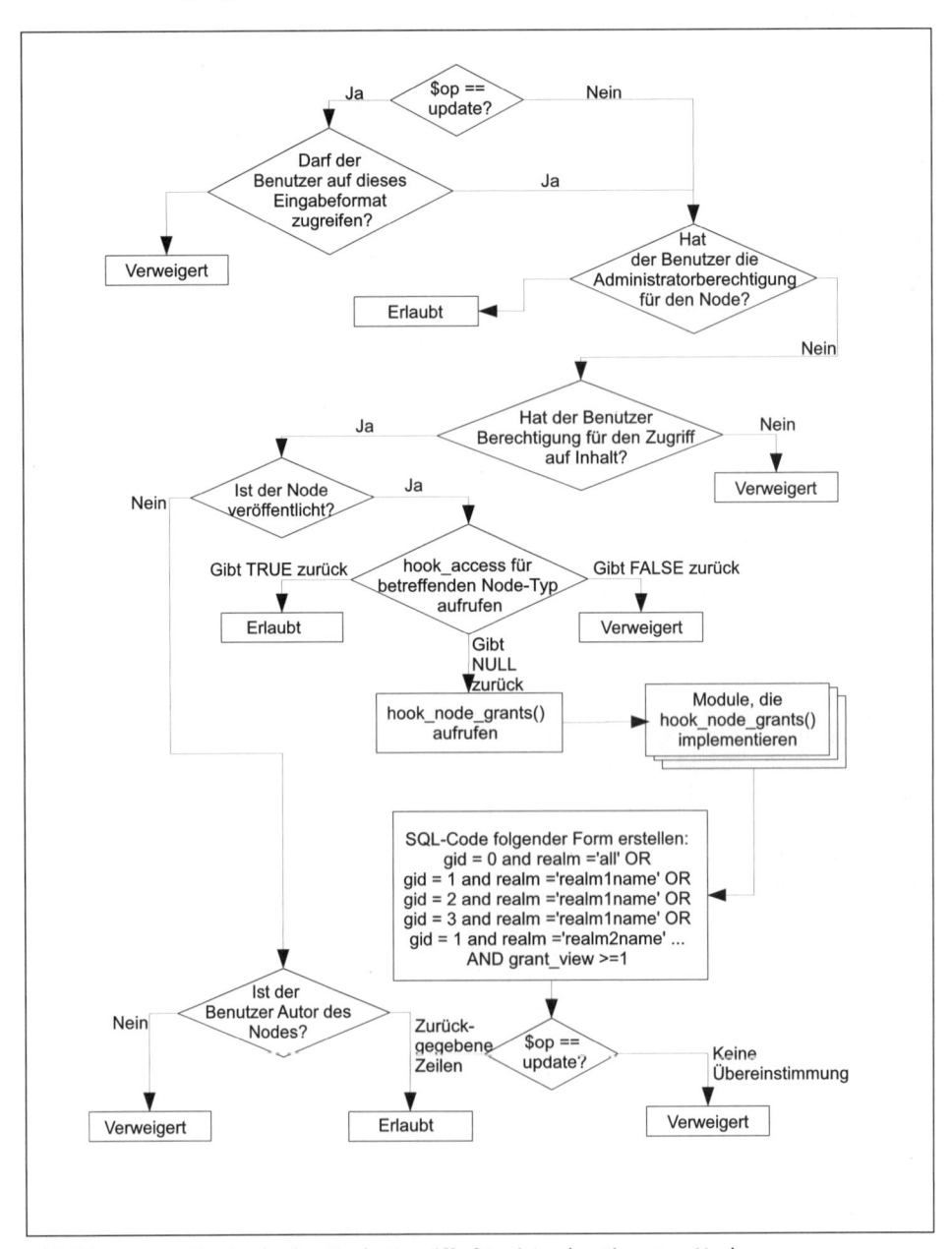

Abbildung 7.9: Ermitteln des Node-Zugriffs für einen bestimmten Node

7.7 Zusammenfassung

Nachdem Sie dieses Kapitel durchgearbeitet haben, sollten Sie folgende Aufgaben beherrschen:

- Erläutern, was ein Node ist und was Node-Typen sind
- Module schreiben, die Node-Typen anlegen
- Sich in das Erstellen, Speichern, Laden usw. von Nodes einklinken
- Erläutern, wie der Zugriff auf Nodes festgelegt wird

8 Das Theme-System

Sie benötigen Kenntnisse über die Schichten, aus denen das Theme-System besteht, wenn Sie den HTML- oder anderen Markup-Code ändern möchten, den Drupal ausgibt. Das Theme-System ist eine elegante Architektur, mit der Sie vermeiden können, direkt im Core-Code zu arbeiten. Dabei verfügt es über die Fähigkeit zu lernen, was besonders dann hilfreich ist, wenn Sie möchten, dass sich Ihre Drupal-Site von anderen unterscheidet. Ich werde Ihnen zeigen, wie das Theme-System funktioniert, und einige der gebräuchlichsten Anwendungsbeispiele vorstellen, die sich im Drupal-Core verstecken. Hier folgt auch schon die erste: Sie müssen den HTML-Code innerhalb der Moduldateien nicht bearbeiten (was Sie sowieso nicht tun sollten), um das Erscheinungsbild Ihrer Site zu verändern. Dadurch würden Sie nämlich Ihr eigenes Inhaltsverwaltungssystem erstellen und dabei einen der größten Vorteile der Nutzung einer Community verspielen – ein unterstütztes Open-Source-Softwaresystem, auf dem Sie aufbauen können. Ändern Sie nicht, sondern überschreiben Sie!

8.1 Komponenten des Theme-Systems

Das Theme-System umfasst mehrere Ebenen der Abstraktion: Template-Sprachen, Theme-Engines und Themes.

8.1.1 Template-Sprachen und Theme-Engines

Das Theme-System ist abstrahiert, damit es mit den meisten Template-Sprachen verwendbar ist. Smarty, PHPTAL und PHPTemplate können genutzt werden, um die Template-Dateien innerhalb von Drupal mit dynamischen Dateien zu versehen. Um diese Sprachen zu verwenden, wird ein Wrapper, der als *Theme-Engine* bezeichnet wird, benötigt. Diese Engine dient als Schnittstelle zwischen Drupal und der entsprechenden Template-Sprache. Theme-Engines für die gebräuchlichsten Template-Sprachen finden Sie unter *http://drupal.org/project/Theme+engines*. Installieren können Sie eine Engine, indem Sie deren Verzeichnis im Engine-Verzeichnis Ihrer Site unter *sites/sitename/themes/engines* platzieren. Damit die Engine bei einer Mehrfachkonfiguration für alle Sites verfügbar ist, bringen Sie sie im Theme-Engine-Verzeichnis *sites/all/themes/engines* unter (siehe Abbildung 8.1).

8 Das Theme-System

Die Drupal-Community hat eine eigene Theme-Engine erstellt, die für Drupal optimiert ist. Sie heißt PHPTemplate und stützt sich auf PHP als Template-Sprache. PHPTemplate entfernt die zwischengeschaltete Syntaxanalyse, die andere Template-Sprachen für gewöhnlich durchlaufen. Außerdem ist sie die gebräuchlichste Template-Engine für Drupal und wird mit der Core-Distribution ausgeliefert. Sie befindet sich unter *themes/engines/phptemplate* (siehe Abbildung 8.2).

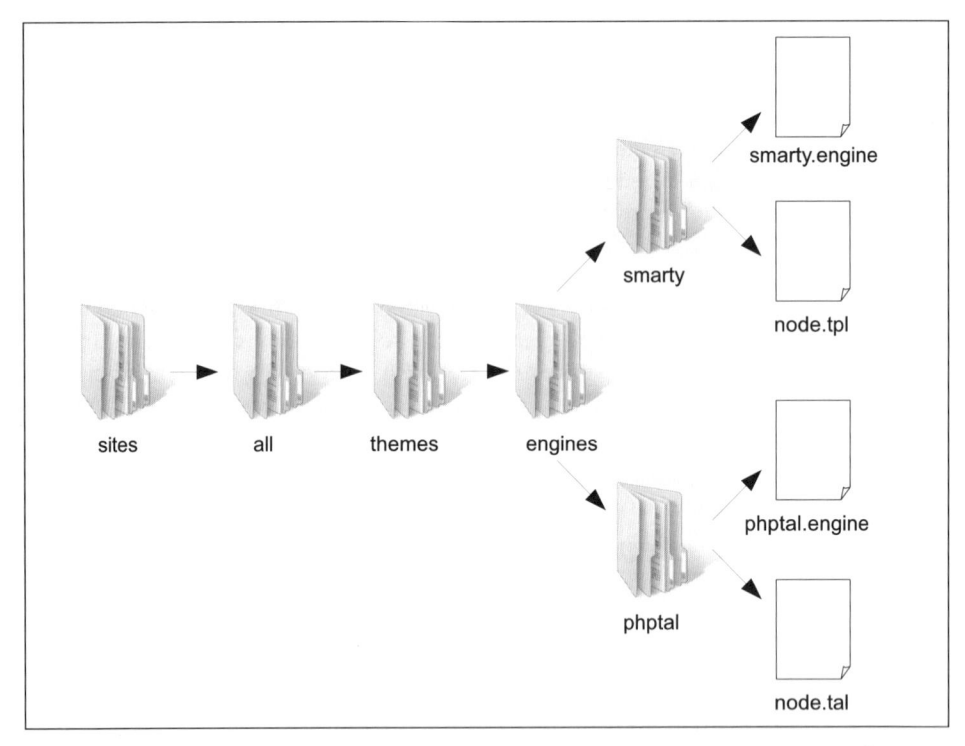

Abbildung 8.1: Verzeichnisstruktur zum Hinzufügen von Theme-Engines zu Drupal

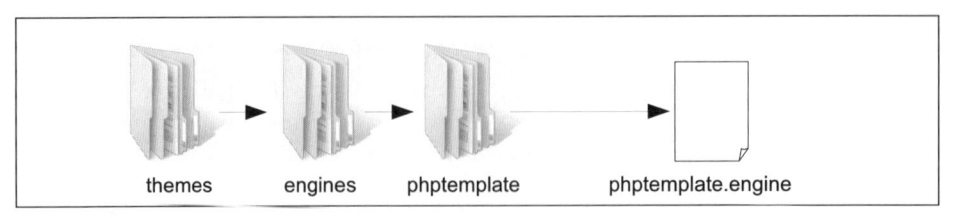

Abbildung 8.2: Verzeichnisstruktur für Theme-Engines von Drupal. Dieser Speicherort ist für Theme-Engines reserviert.

8.1 Komponenten des Theme-Systems

> **Hinweis**
>
> Es ist möglich, keine Template-Sprache zu verwenden, sondern einfach reine PHP-Template-Dateien zu nutzen. Wenn Sie eine sehr hohe Geschwindigkeit benötigen oder einfach nur Ihre Entwickler ärgern möchten, können Sie die Theme-Engine umgehen und Ihr komplettes Theme in PHP-Funktionen unterbringen. Dazu verwenden Sie Funktionen wie `themename_page()` und `themename_node()` anstatt der Template-Dateien. Ein Beispiel für ein auf PHP aufgebautes Theme finden Sie in *themes/chameleon/chameleon.theme*.

Erwarten Sie nicht, dass nach der Platzierung der Theme-Engine bereits Veränderungen zu sehen sind. Da eine Theme-Engine nur die Bibliothek einer Schnittstelle ist, müssen Sie zusätzlich ein Drupal-Theme installieren, das auf dieser Engine beruht. Erst danach können Sie die Theme-Engine verwenden.

Welche Template-Sprache sollten Sie verwenden? Wenn Sie eine ältere Site bearbeiten ist es vielleicht am einfachsten, die dort verwendete Sprache zu nutzen. Ist Ihr Entwicklerteam aber sehr gut im Umgang mit WYSIWYG-Editoren, dann wäre PHPTAL eine gute Wahl, da sie Templates davor bewahrt, in solchen Editoren beschädigt zu werden. Die umfangreichste Dokumentation und Unterstützung gibt es für PHPTemplate, weshalb diese Sprache beim Aufbau einer neuen Site wahrscheinlich die beste Wahl ist, was die langfristige Wartung und die Unterstützung durch die Community angeht.

8.1.2 Themes

Im Drupal-Jargon sind Themes Sammlungen von Dateien, aus denen das Erscheinungsbild Ihrer Site besteht. Sie können vorkonstruierte Themes von *http://drupal.org/project/Themes* herunterladen oder Ihr eigenes erstellen. Letzteres werden Sie in diesem Kapitel lernen. Themes bestehen aus den meisten Elementen, die Sie als Web-Designer erwarten: Style-Sheets, Bilder, JavaScript-Dateien usw. Der Unterschied zwischen einem Drupal-Theme und einer reinen HTML-Site besteht aus zielorientierten Template-Dateien. Diese Dateien enthalten normalerweise große HTML-Abschnitte und kleinere Fragmente, die durch dynamischen Inhalt ersetzt werden. Sie sind für das Erscheinungsbild einer festgelegten Komponente Ihrer Site verantwortlich. Die Syntax einer Template-Datei hängt von der verwendeten Theme-Engine ab. So geben die Ausschnitte der Template-Dateien in den Listings 8.1, 8.2 und 8.3 genau den gleichen HTML-Code aus, wobei sie allerdings einen deutlich verschiedenen Inhalt aufweisen.

Listing 8.1: Smarty

```
<div id="top-nav">
  {if count($secondary_links)}
    <ul id="secondary">
    {foreach from=$secondary_links item=link}
```

```
    <li>{$link}</li>
  {/foreach}
  </ul>
{/if}
{if count($primary_links)}
  <ul id="primary">
  {foreach from=$primary_links item=link}
    <li>{$link}</li>
  {/foreach}
  </ul>
{/if}
</div>
```

Listing 8.2: PHPTAL

```
<div id="top-nav">
  <ul tal:condition="php:is_array(secondary_links)" id="secondary">
    <li tal:repeat="link secondary_links"
        tal:content="link">secondary link</li>
  </ul>
  <ul tal:condition="php:is_array(primary_links)" id="primary">
    <li tal:repeat="link primary_links" tal:content="link">primary
        link</li>
  </ul>
</div>
```

Listing 8.3: PHPTemplate

```
<div id="top-nav">
  <?php if (count($secondary_links)) : ?>
    <ul id="secondary">
    <?php foreach ($secondary_links as $link): ?>
      <li><?php print $link?></li>
    <?php endforeach; ?>
    </ul>
  <?php endif; ?>
  <?php if (count($primary_links)) : ?>
    <ul id="primary">
    <?php foreach ($primary_links as $link): ?>
      <li><?php print $link?></li>
    <?php endforeach; ?>
    </ul>
  <?php endif; ?>
</div>
```

Jede Template-Datei sieht aufgrund der verwendeten Template-Sprache anders aus. Die Dateierweiterungen einer Template-Datei bezeichnen die Template-Sprache und daher auch die Theme-Engine, auf der sie aufbaut (siehe Tabelle 8.1).

Dateierweiterung der Template-Datei	Theme-Engine
.theme	PHP
.tpl.php	PHPTemplate[1]
.tal	PHPTAL
.tpl	Smarty

Tabelle 8.1: Dateierweiterungen von Template-Dateien zeigen die verwendete Template-Sprache an

8.2 Ein Theme installieren

Damit ein neues Theme in der Verwaltungsoberfläche von Drupal angezeigt wird, platzieren Sie es in *sites/all/themes*. Dadurch können Sie auf das Theme zugreifen und es für Ihre Site zur Verfügung stellen (oder auch für alle Sites einer Mehrfachkonfiguration). Wenn das Theme nur in einer bestimmten Site einer Mehrfachkonfiguration verwendet werden soll, platzieren Sie es in *sites/sitename/themes*. Sie können beliebig viele Themes in Ihrer Site installieren. Dies geschieht ähnlich wie bei Modulen. Sobald sich die Theme-Dateien am richtigen Ort befinden, begeben Sie sich zu VERWALTEN > STRUKTURIERUNG > THEMES. Sie können mehrere Themes installieren und sogar mehrere gleichzeitig aktivieren. Was bedeutet dies? Bei mehreren aktivierten Themes können Benutzer, die über die Berechtigung *Anderes Theme auswählen* verfügen, eines davon für ihr Profil auswählen. Das ausgewählte Theme wird zur Darstellung der Site verwendet.

Beim Herunterladen oder Neuerstellen eines neuen Themes ist es eine gute Vorgehensweise, das neue Theme von den anderen getrennt zu halten. Dies erreichen Sie, indem Sie eine andere Ordnerebene innerhalb des Ordners *Themes* erstellen. Platzieren Sie benutzerdefinierte Themes in einem Ordner namens *Custom* und Themes, die Sie vom Drupal-Beitragsverzeichnis heruntergeladen haben, im Ordner *drupal-contrib*. Diese Vorgehensweise ist hier nicht so wichtig wie bei der Verwendung von Modulen (wovon eher viele verwendet werden), da es unwahrscheinlich ist, dass Sie in einer Site viele Themes nutzen.

8.3 Ein PHP-Template-Theme erstellen

Je nach den zur Verfügung stehenden Ausgangsmaterialien gibt es mehrere Wege, um ein Theme zu erstellen. Nehmen wir an, dass Ihr Designer Ihnen bereits den HTML- und CSS-Code für Ihre Site eingerichtet hat. Wie schwierig ist es, das Design in ein Drupal-Theme umzuwandeln? Dies ist tatsächlich nicht sehr schwierig und Sie können wahrscheinlich 80% des Weges dorthin schnell zurücklegen. Die anderen 20% – die abschließenden Feinheiten – sind das, was Drupal-Experten von Anfängern

---

[1] PHPTemplate ist die standardmäßige Theme-Engine von Drupal.

unterscheidet. Also lassen Sie uns zuerst die einfachen Teile erledigen. Zunächst eine Übersicht, was alles zu tun ist:

1. Erstellen oder ändern Sie eine HTML-Datei für Ihre Site.
2. Erstellen oder ändern Sie eine CSS-Datei für Ihre Site.
3. Erstellen Sie eine *.info*-Datei, die Drupal als Beschreibung des neuen Themes dient.
4. Standardisieren Sie die Dateinamen entsprechend dem, was Drupal erwartet.
5. Fügen Sie verfügbare Variablen in Ihr Template ein.
6. Erstellen Sie zusätzliche Dateien für einzelne Node-Typen, Blöcke und so weiter.

> **Hinweis**
>
> Wenn Sie Ihren Entwurf von Grund auf beginnen, können Sie sich einige Beispiele auf der Open-Source-Webdesign-Site http://www.oswd.org/ anschauen. (Beachten Sie, dass dies HTML- und CSS-Designs sind, also keine Drupal-Themes.)

8.3.1 Vorhandene HTML- und CSS-Dateien verwenden

Angenommen, Sie haben bereits die HTML-Seite und das Style-Sheet der Listings 8.4 und 8.5 und wollen diese in ein Drupal-Theme umwandeln. Natürlich sind die Dateien in der Praxis detaillierter, doch reichen diese aus, um eine Vorstellung von dem Vorgang zu bekommen.

Listing 8.4: page.html

```
<html>
<head>
  <title>Page Title</title>
  <link rel="stylesheet" href="global.css" type="text/css" />
</head>
<body>
  <div id="container">
    <div id="header">
      <h1>Header</h1>
    </div>
    <div id="left">
      <p>
        Lorem ipsum dolor sit amet, consectetuer adipiscing elit,
        sed diam nonummy nibh euismod tincidunt ut.
      </p>
    </div>
    <div id="main">
```

8.3 Ein PHP-Template-Theme erstellen

```
      <h2>Subheading</h2>
      <p>
        Lorem ipsum dolor sit amet, consectetuer adipiscing elit,
        sed diam nonummy nibh euismod tincidunt ut.
      </p>
    </div>
    <div id="footer">
      Footer
    </div>
  </div>
</body>
</html>
```

Listing 8.5: global.css

```css
#container {
  width: 90%;
  margin: 10px auto;
  background-color: #fff;
  color: #333;
  border: 1px solid gray;
  line-height: 130%;
}
#header {
  padding: .5em;
  background-color: #ddd;
  border-bottom: 1px solid gray;
}
#header h1 {
  padding: 0;
  margin: 0;
}
#left {
  float: left;
  width: 160px;
  margin: 0;
  padding: 1em;
}
#main {
  margin-left: 200px;
  border-left: 1px solid gray;
  padding: 1em;
  max-width: 36em;
}
#footer {
  clear: both;
  margin: 0;
  padding: .5em;
  color: #333;
```

```
    background-color: #ddd;
    border-top: 1px solid gray;
}
#sidebar-left p {
    margin: 0 0 1em 0;
}
#main h2 {
    margin: 0 0 .5em 0;
}
```

Das Design wird in Abbildung 8.3 gezeigt.

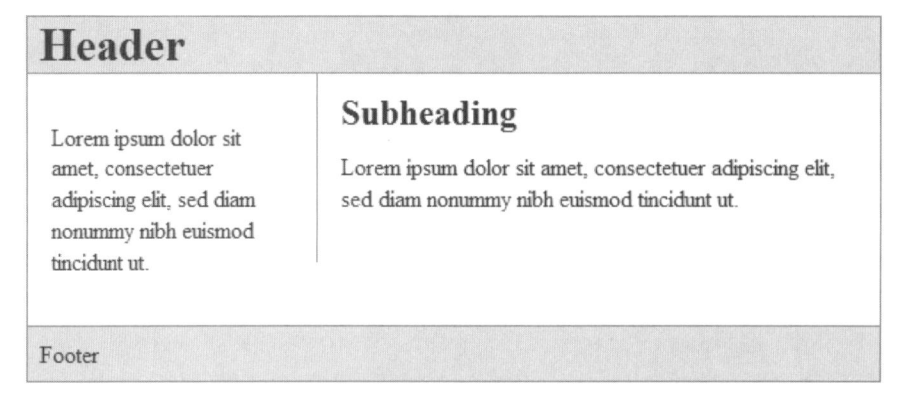

Abbildung 8.3: Das Design vor der Umwandlung in ein Drupal-Theme

Nennen wir das neue Theme *greyscale* und erstellen deshalb einen Ordner unter *sites/all/themes/greyscale*. Falls Sie es noch nicht getan haben, müssen Sie den Ordner *themes/custom* erstellen. Kopieren Sie *page.html* und *global.css* in den Ordner *greyscale*. Als Nächstes benennen Sie *page.html* in *page.tpl.php* um, da diese Datei als neues Seiten-Template für jede Drupal-Seite dient.

8.3.2 Eine .info-Datei für das Theme erstellen

Jedes Theme muss eine Datei enthalten, die es Drupal gegenüber beschreibt. Diese Datei ist die *.info*-Datei des Themes. Da unser Thema *greyscale* heißt, wird die Datei *info.greyscale* genannt. Erstellen Sie die Datei in *sites/all/themes/custom/greyscale/greyscale.info* und geben Sie die zehn Zeilen aus Listing 8.6 ein.

Listing 8.6: Die .info-Datei für das Theme Greyscale

```
; $Id$
name = Greyscale
core = 6.x
engine = phptemplate
regions[left] = Left sidebar
```

8.3 Ein PHP-Template-Theme erstellen

```
; Es ist keine rechte Sidebar vorhanden.
; regions[right] = Right sidebar
regions[content] = Content
regions[header] = Header
regions[footer] = Footer
```

Wenn wir etwas tiefer in die Materie eintauchen wollen, können wir Drupal sehr viel mehr Informationen in unserer *.info*-Datei geben. Nehmen wir uns etwas Zeit, um uns anzuschauen, welche Informationen angegeben werden können (siehe Listing 8.7).

Listing 8.7: Eine .info-Datei mit mehr Informationen

```
; $Id$
; Name und Core sind erforderlich; alles weitere ist optional.
name = Greyscale
description = Demurely grey tableless theme.
screenshot = screenshot.png
core = 6.x
engine = phptemplate

regions[left] = Left sidebar
; Es ist keine rechte Sidebar vorhanden
; regions[right] = Right sidebar
regions[content] = Content
regions[header] = Header
regions[footer] = Footer

; Nicht auskommentierte Funktionen erscheinen auf der
; Konfigurationsseite des Themes als Kontrollkästchen.
features[] = logo
features[] = name
features[] = slogan
features[] = mission
features[] = node_user_picture
features[] = comment_user_picture
features[] = search
features[] = favicon
features[] = primary_links
features[] = secondary_links

; Stylesheets können hier deklariert oder zur besseren Steuerung
; von drupal_add_css() in template.php hinzugefügt werden.
; Fügt ein Stylesheet für media="all" hinzu:
stylesheets[all][] = mystylesheet.css
; Fügt ein Stylesheet für media="print" hinzu:
stylesheets[print][] = printable.css
; Fügt ein Stylesheet für media="handheld" hinzu:
stylesheets[handheld][] = smallscreen.css
```

```
; Fügt ein Stylesheet für media="screen, projection, tv" hinzu:
stylesheets[screen, projection, tv][] = screen.css
; Überschreibt bestehende Drupal-Stylesheets mit Ihrem eigenen
; (in diesem Fall mit dem Stylesheet des Forum-Moduls):
stylesheets[all][] = forum.css

; JavaScript-Dateien können hier deklariert oder zur besseren Steuerung
; von drupal_add_js() in template.php hinzugefügt werden.
; scripts.js wird automatisch hinzugefügt (genau wie style.css
; automatisch zu stylesheets[] hinzugefügt wird).
scripts[] = custom.js

; Die PHP-Version wird kaum verwendet. Sie benötigen sie nur, wenn Ihre
; Templates Code enthalten, der sehr neue PHP-Funktionen nutzt.
php = 5.2.0

; Themes können auf anderen Themes beruhen. Zum Beispiel können sie
; einfach einen Teil des CSS-Codes des Eltern-Themes überschreiben.
; Sehen Sie sich das Minnelli-Theme in themes/garland/minnelli als
; Beispiel für ein Themes an, das im Drupal-Core so vorgeht.
base theme = garland
```

Da das Theme *greyscale* jetzt über eine *.info*-Datei (Listing 8.6) und eine *page.tpl.php*-Datei verfügt, können Sie es in der Verwaltungsoberfläche aktivieren. Dazu gehen Sie zu VERWALTEN > STRUKTURIERUNG > THEMES und machen es zum Standard-Theme.

Herzlichen Glückwunsch! Sie sollten Ihr Design jetzt in Aktion sehen können. Das externe Style-Sheet wird allerdings noch nicht geladen (darum kümmern wir uns später), und jede besuchte Seite in Ihrer Site weist die gleiche HTML-Struktur auf – doch es ist insgesamt ein guter Anfang. Jede Seite innerhalb Ihrer Site gibt lediglich den statischen Inhalt von *page.tpl.php* wieder, sodass keine Möglichkeit besteht, zur Verwaltungsoberfläche von Drupal zu gelangen. Wir haben Sie gerade aus Ihrer Drupal-Site ausgeschlossen! Das man sich selbst ausschließt, kann vorkommen, und ich werde Ihnen jetzt zeigen, wie Sie aus dieser Situation wieder herauskommen. Eine Möglichkeit besteht in der Umbenennung des Ordners, in dem sich das aktive Theme befindet. Dabei können Sie *greyscale* einfach in *greyscale_* umbenennen, und schon können Sie wieder zu Ihrer Site gelangen. Dies ist eine schnelle Lösung, aber da Sie wissen, was das eigentliche Problem ist (es ist noch kein dynamischer Inhalt vorhanden), fügen Sie stattdessen die richtigen Variablen zu *page.tpl.php* hinzu. Dadurch wird der dynamische Inhalt von Drupal und nicht der statische angezeigt.

Jeder PHPTemplate-Datei wie *page.tpl.php*, *node.tpl.php*, *block.tpl.php* usw. werden unterschiedliche dynamische Inhaltsvariablen übergeben, die innerhalb der Dateien verwendet werden. Öffnen Sie *page.tpl.php* und beginnen Sie damit, den statischen Inhalt durch entsprechende Variablen von Drupal zu ersetzen. Keine Sorge – wir besprechen diese Variablen in Kürze.

8.3 Ein PHP-Template-Theme erstellen

```html
<html>
<head>
  <title><?php print $head_title ?></title>
  <link rel="stylesheet" href="global.css" type="text/css" />
</head>
<body>
  <div id="container">
    <div id="header">
      <h1><?php print $site_name ?></h1>
      <?php print $header ?>
    </div>
    <?php if ($left): ?>
      <div id="sidebar-left">
        <?php print $left ?>
      </div>
    <?php endif; ?>
    <div id="main">
      <?php print $breadcrumb ?>
      <h2><?php print $title ?></h2>
      <?php print $content ?>
    </div>
     <div id="footer">
      <?php print $footer_message ?>
      <?php print $footer ?>
    </div>
  </div>
<?php print $closure ?>
</body>
</html>
```

Laden Sie Ihre Site neu und Sie werden sehen, dass die Variablen durch den Inhalt von Drupal ersetzt werden. Außerdem werden Sie bemerken, dass das Style-Sheet *global.css* nicht geladen wird, da der Pfad zur Datei nicht mehr richtig ist. Sie können den Pfad manuell anpassen oder dies mit Drupal erledigen, wodurch Sie flexibler sind und noch weitere Vorteile nutzen können.

Zunächst benennen Sie *global.css* in *style.css* um. Drupal sucht jedes Mal standardmäßig automatisch nach einer *style.css*-Datei. Sobald diese gefunden wurde, fügt Drupal diese Informationen in die Variable $styles ein, die an *page.tpl.php* übertragen wird. Aktualisieren wir also *page.tpl.php* mit dieser Information:

```html
<html>
<head>
  <title><?php print $head_title ?></title>
  <?php print $styles ?>
</head>
...
```

Speichern Sie die Änderungen und laden Sie die Site neu. Voilà! Sie werden außerdem feststellen, dass andere Style-Sheets von aktivierten Modulen dank der Variable $styles im Quellcode der Seite hinzugefügt wurden:

```
<html>
<head>
  <title>Example | Drupal 6</title>
  <link type="text/css" rel="stylesheet" media="all"
    href="modules/node/node.css?f" />
  <link type="text/css" rel="stylesheet" media="all"
    href="modules/system/defaults.css?f" />
<link type="text/css" rel="stylesheet" media="all"
    href="modules/system/system.css?f" />
  <link type="text/css" rel="stylesheet" media="all"
    href="modules/system/system-menus.css?f" />
  <link type="text/css" rel="stylesheet" media="all"
    href="modules/user/user.css?f" />
  <link type="text/css" rel="stylesheet" media="all"
    href="sites/all/themes/greyscale/style.css?f" />
</head>
...
```

Dadurch, dass Sie die CSS-Datei *style.css* genannt haben, erlauben Sie Drupal außerdem, die Präprozessor-Engine von CSS anzuwenden, um Zeilenumbrüche und Leerräume aller CSS-Dateien zu entfernen. Zusätzlich behandelt Drupal die CSS-Dateien als einzelne Datei, statt mehrere Sheets bereitzustellen. Mehr darüber erfahren Sie in Kapitel 22.

> **Hinweis**
>
> Drupal fügt einen Platzhalter-Abfragestring (?f im letzten Beispiel) am Ende der Style-Sheet-URLs ein, sodass es das Caching steuern kann. Bei Bedarf ändert Drupal den String, was beispielsweise nach Ausführung von *update.php* oder nach einer vollständigen Leerung des Caches über VERWALTEN > EINSTELLUNGEN > LEISTUNG nötig ist.

Wenn Sie Ihren Browser nach der Umbenennung von *global.css* in *style.css* aktualisieren, sehen Sie ein Theme ähnlich wie in Abbildung 8.3, in der ein Header, ein Footer und eine linke Sidebar vorkommen. Versuchen Sie in VERWALTEN > STRUKTURIERUNG > BLÖCKE, der linken Sidebar den Block »Wer ist online« zuzuweisen.

Es gibt viele weitere Variablen, die *page.tpl.php* und den anderen Template-Dateien hinzugefügt werden können. Also beschäftigen wir uns näher damit. Falls Sie es nicht bereits getan haben, stöbern Sie in den bestehenden Themes des Drupal-Installationsverzeichnisses *themes*, um ein Gefühl dafür zu bekommen, wie die Variablen verwendet werden.

8.4 Grundlagen von Template-Dateien

Einige Themes enthalten alle Arten von Template-Dateien, während andere nur über *page.tpl.php* verfügen. Woher können Sie also wissen, welche Template-Dateien Sie erstellen können, sodass Drupal sie erkennt? Welche Namensrichtlinien sind für die Erstellung von Template-Dateien von Belang? Im folgenden Abschnitt erfahren Sie alles Notwendige über die Arbeit mit Templates.

8.4.1 Überblick

page.tpl.php ist der Urahn aller Template-Dateien und stellt das übergeordnete Layout der Site bereit. Andere Template-Dateien werden in *page.tpl.php* eingefügt, wie das Diagramm in Abbildung 8.4 zeigt.

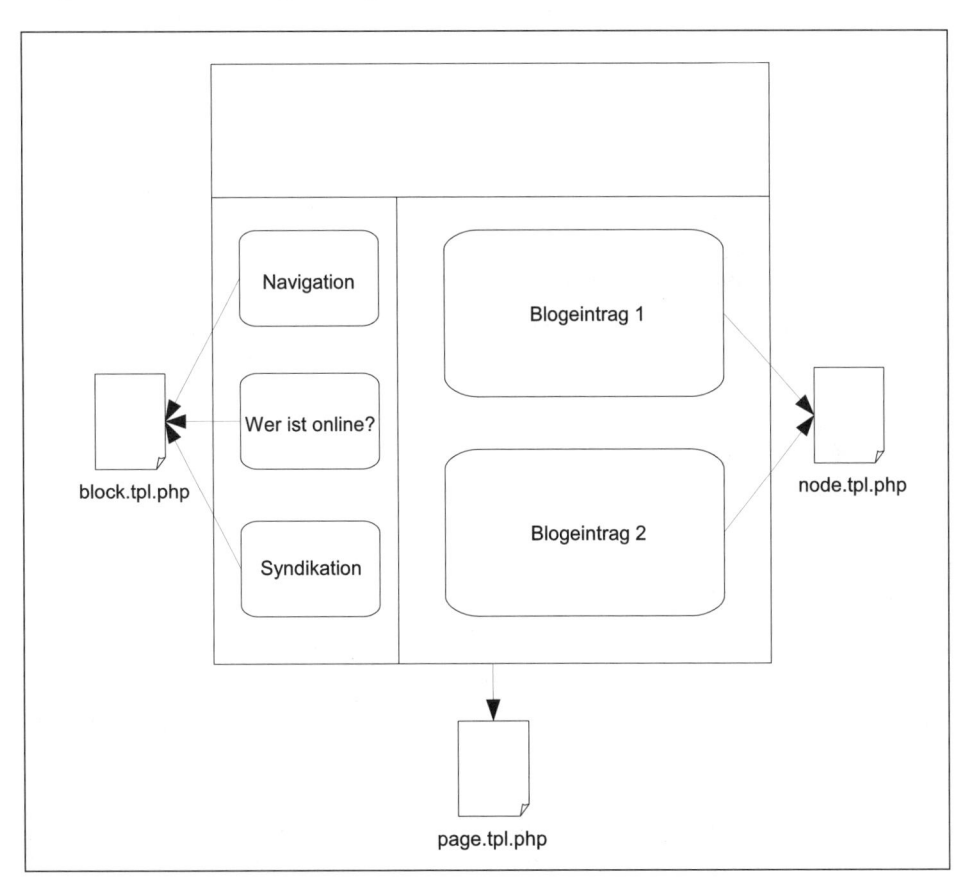

Abbildung 8.4: Andere Templates werden in die übergreifende Datei page.tpl.php eingefügt

Dass *block.tpl.php* und *node.tpl.php* wie in Abbildung 8.4 eingefügt werden, erledigt das Theme-System automatisch während des Seitenaufbaus. Erinnern Sie sich noch daran, wie Sie Ihre eigene *page.tpl.php*-Datei im vorherigen Beispiel erstellt haben? Nun, die Variable $content enthielt die Ausgabe des Aufrufs von *node.tpl.php* und $left die Ausgabe von *block.tpl.php*. Sehen wir uns an, wie dies funktioniert.

Lassen Sie uns eine Node-Template-Datei zu unserem Theme *greyscale* hinzufügen. Anstatt diese aber von Grund auf aufzubauen, kopieren wir die standardmäßige Node-Template-Datei von Drupal, also das Node-Template, das verwendet wird, wenn *node.tpl.php* nicht im Theme gefunden wird. Kopieren Sie *modules/node/node.tpl.php* nach *sites/all/themes/custom/greyscale/node.tpl.php* und begeben Sie sich anschließend zu VERWALTEN > STRUKTURIERUNG > MODULE, sodass die Theme-Registry neu aufgebaut wird. Drupal findet *sites/all/themes/custom/greyscale/node.tpl.php* während dieses Vorgangs und verwendet diese Datei von nun an als Node-Template. Erstellen Sie einen Node über INHALT ERSTELLEN > SEITE (füllen Sie nur die Felder *Titel* und *Textkörper*) und ändern Sie anschließend die Datei *node.tpl.php* ein wenig (fügen Sie beispielsweise »Hallo Welt« am Ende hinzu). Die Anzeige Ihres Nodes sollte sich verändern und das neue Template mit Ihren Änderungen verwenden.

Das Gleiche können Sie mit *block.tpl.php* (die standardmäßige Block-Template-Datei finden Sie in *modules/system/block.tpl.php*) und mit jeder anderen Template-Datei durchführen, die Sie in Drupal finden.

Einführung in die Funktion theme()

Wenn Drupal HTML-Ausgaben für Elemente generieren will, die für Themes geeignet sind (z. B. einen Node, einen Block, eine Breadcrumb-Navigation, einen Kommentar oder eine Benutzersignatur), sucht es nach einer *theme*-Funktion oder einer Template-Datei, die HTML für dieses Objekt generiert. Nahezu alle Teile von Drupal sind für Themes geeignet, was bedeutet, dass Sie den aktuellen HTML-Code, der für dieses Objekt generiert wird, überschreiben können. Wir werden uns demnächst einige Beispiele dafür ansehen.

> **Tipp**
>
> Eine Liste von Elementen, die für Themes geeignet sind, finden Sie unter *http://api.drupal.org/api/group/themeable/6*.

Wie funktioniert theme()?

Die folgende Übersicht gibt an, was passiert, wenn eine einfache Node-Seite wie *http://example.com/?q=node/3* angezeigt wird:

1. Das Menüsystem von Drupal empfängt die Aufforderung zur Ausgabe des Node-Moduls.
2. Nachdem die Node-Datenstruktur erstellt ist, wird theme('node', $node, $teaser, $page) aufgerufen. Dieser Vorgang findet die richtige *theme*-Funktion oder Template-Datei, definiert viele Variablen, die das Template vielleicht nutzen wird, und wendet das Template an. Dadurch erhalten wir HTML-Code für den Node. (Wenn mehrere Nodes angezeigt werden, was bei Blogs der Fall sein kann, wird dieser Vorgang für jeden Node durchgeführt.)
3. Wenn das Kommentarmodul aktiviert ist, wird jeder Kommentar in HTML geändert und an den HTML-Code des Nodes angehängt.
4. Der gesamte HTML-Code wird zurückgegeben (in Form der Variable $return in *index.php*) und an die Funktion theme() als theme('page', $return) weitergeleitet.
5. Bevor das Seiten-Template verarbeitet wird, führt Drupal einige Berechnungen durch. Dazu gehört die Suche nach verfügbaren Regionen und nach Blöcken, die in jeder Region angezeigt werden sollen. Jeder Block wird durch Aufruf von theme('blocks', $region) in HTML umgewandelt, wodurch die Variablen festgelegt und das Template angewendet werden. Sie sollten bereits hier ein Muster erkennen.
6. Abschließend legt Drupal viele Variablen für das Seiten-Template fest und wendet es an.

Aus dieser Aufstellung sollten Sie erkennen können, dass die Funktion theme() für Drupal sehr wichtig ist. Es ist die Sache von Präprozessor-Funktionen, Variablen zu setzen, die in Templates verwendet werden, und die Theme-Aufrufe an die richtige Funktion vorzunehmen bzw. die entsprechende Template-Datei zu finden. Das Ergebnis davon ist HTML-Code. Dieser Vorgang wird in Abbildung 8.5 grafisch dargestellt. Später werden wir uns näher mit dieser Funktion beschäftigen. Momentan reicht es aus zu wissen, dass Drupal für die Umwandlung eines Nodes in HTML theme('node') aufruft. Je nach aktiviertem Theme generiert die Funktion theme_node() oder eine Template-Datei namens *node.tpl.php* den HTML-Code.

Dieser Vorgang kann auf vielen Ebenen überschrieben werden. Beispielsweise können Themes integrierte Theme-Funktionen überschreiben. Wenn also theme('node') aufgerufen wird, kann es sein, dass eine Funktion namens greyscale_node() und nicht theme_node() den Aufruf verarbeitet. Template-Dateien unterliegen Namenskonventionen, die wir ebenfalls später besprechen werden. Das Ziel ist es, die Template-Datei *node-story.tpl.php* nur auf Nodes des Typs *Story* auszurichten.

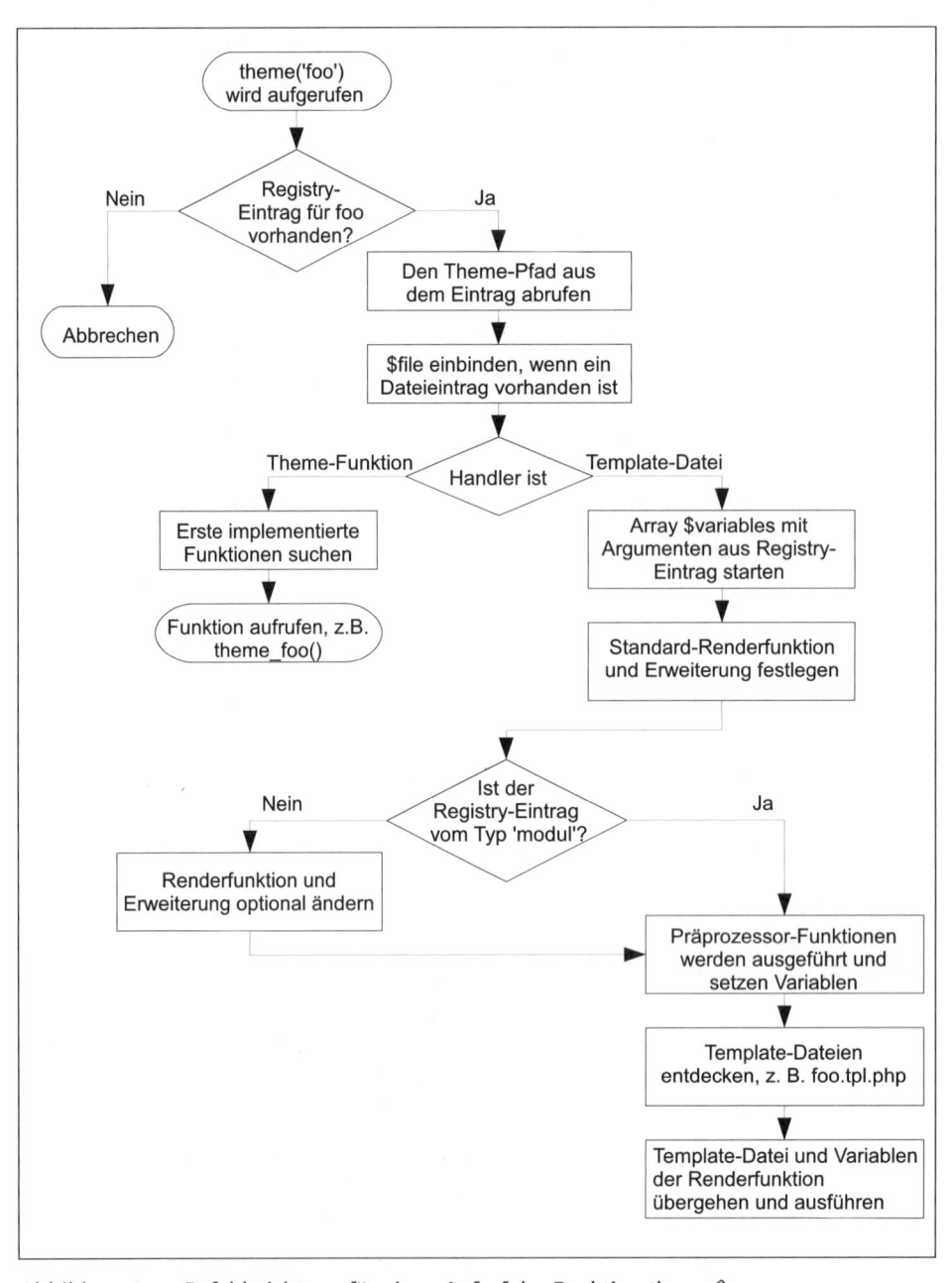

Abbildung 8.5: Befehlsrichtung für einen Aufruf der Funktion theme()

8.4.2 Für Themes geeignete Elemente überschreiben

Die grundlegende Philosophie hinter dem Theme-System von Drupal entspricht der des Hook-Systems. Durch Einhaltung einer Namenkonvention können Funktionen sich selbst als Theme-bezogene Funktionen identifizieren, die für die Formatierung und Rückgabe des Site-Inhalts verantwortlich sind. Andernfalls können auch Template-Dateien mit PHP-Code verwendet werden.

Überschreiben mit Theme-Funktionen

Wie Sie gesehen haben, sind Elemente, die für Themes geeignet sind, durch ihre Funktionsnamen identifizierbar, die mit `theme_` beginnen. Auch die Anwesenheit einer Template-Datei lässt Sie solche Elemente erkennen. Diese Namenskonvention verleiht Drupal die Fähigkeit, alternative Funktionen auszuführen, was Vorrang vor den Theme-Funktionen hat, die Modulentwickler vorgesehen haben. Ebenso hat diese Fähigkeit Vorrang vor der Standard-Template-Datei von Drupal. Sehen wir uns beispielsweise an, wie dies funktioniert, wenn die Breadcrumb-Navigation der Site erstellt wird.

Öffnen Sie *includes/theme.inc* und untersuchen Sie die Funktionen innerhalb der Datei. Viele Funktionen beginnen mit `theme_`, was ein verräterisches Zeichen dafür ist, dass sie überschrieben werden können. Sehen wir uns insbesondere `theme_breadcrumb()` an:

```
/**
 * Gibt eine mit Themes versehene Breadcrumb-Spur zurück.
 *
 * @parameter $breadcrumb
 * Ein Array, das die Breadcrumb-Links enthält.
 * @return Ein String, der die Breadcrumb-Ausgabe enthält.
 */
function theme_breadcrumb($breadcrumb) {
  if (!empty($breadcrumb)) {
    return '<div class="breadcrumb">'. implode(' » ', $breadcrumb) .'</div>';
  }
}
```

Diese Funktion steuert den HTML-Code für die Breadcrumb-Navigation innerhalb von Drupal. Momentan fügt sie einen nach rechts zeigenden Doppelpfeil zwischen jedem Objekt der Spur ein. Angenommen, Sie wollen das `div`-Tag in `span` ändern und ein Sternchen (*) anstatt eines Doppelpfeils nutzen. Wie sollen Sie hier vorgehen? Eine Möglichkeit besteht darin, diese Funktion innerhalb von *theme.inc* zu bearbeiten, sie anschließend zu speichern und diese Vorgehensweise als gut zu empfinden. (Nein! Nein! Tun Sie dies auf keinen Fall!) Es gibt bessere Möglichkeiten dafür.

Haben Sie jemals gesehen, wie diese Funktionen innerhalb des Core aufgerufen werden? Sie werden niemals feststellen, dass `theme_breadcrumb()` direkt aufgerufen wird. Stattdessen wird sie immer in die Helferfunktion `theme()` eingeschlossen. Sie erwarten sicherlich, dass die Funktion wie folgt aufgerufen wird:

```
theme_breadcrumb($breadcrumb)
```

8 Das Theme-System

Doch so sieht es nicht aus. Sie werden feststellen, dass Entwickler folgenden Aufruf verwenden:

```
theme('breadcrumb', $breadcrumb);
```

Diese generische `theme()`-Funktion ist für die Initialisierung der Theme-Schicht und die Weiterleitung von Funktionsaufrufen zu den richtigen Orten zuständig, was uns zu einer eleganteren Lösung unseres Problems führt. Der Aufruf von `theme()` instruiert Drupal, in folgender Reihenfolge nach der Breadcrumb-Funktion zu suchen, die in Abbildung 8.5 gezeigt wird.

Angenommen, das verwendete Theme ist Greyscale, ein PHPTemplate-basiertes Theme. Drupal würde hierbei nach Folgendem suchen (*breadcrumb.tpl.php* ignorieren wir für eine Weile):

```
greyscale_breadcrumb()
phptemplate_breadcrumb()
sites/all/themes/custom/greyscale/breadcrumb.tpl.php
theme_breadcrumb()
```

Wo würden Sie eine Funktion wie `phptemplate_breadcrumb()` zum Überschreiben der integrierten Breadcrumb-Funktion platzieren?

Die Antwort ist sehr einfach – die Theme-Datei *template.php* ist der richtige Ort zum Überschreiben der standardmäßigen Theme-Funktion. In dieser Datei werden die Variablen abgefangen und angepasste Variablen erstellt, die an die Template-Dateien übergeben werden.

> **Hinweis**
>
> Verwenden Sie in diesen Übungen nicht Garland als aktives Theme, da Garland bereits eine *template.php*-Datei besitzt. Nehmen Sie stattdessen *Greyscale* oder *Bluemarine*.

Zur Optimierung der Breadcrumb-Navigation von Drupal erstellen Sie die Datei *sites/all/themes/custom/greyscale/template.php* und kopieren die Funktion `theme_breadcrumb()` von *theme.inc* dorthin. Stellen Sie sicher, dass das Start-Tag `<?php` enthalten ist, und benennen Sie die Funktion von `theme_breadcrumb` in `phptemplate_breadcrumb` um. Wechseln Sie anschließend zu VERWALTEN > STRUKTURIERUNG > MODULE, um die Theme-Registry neu aufzubauen, sodass Drupal Ihre neue Funktion erkennt.

```
<?php
/**
 * Gibt eine mit Themes versehene Breadcrumb-Spur zurück.
 *
```

```
 * @parameter $breadcrumb
 * Ein Array, das die Breadcrumb-Links enthält.
 * @return Ein String, der die Breadcrumb-Ausgabe enthält
 */
function phptemplate_breadcrumb($breadcrumb) {
  if (!empty($breadcrumb)) {
    return '<span class="breadcrumb">'. implode(' * ', $breadcrumb) .'</span>';
  }
}
```

Bei der nächsten Aufforderung an Drupal, die Breadcrumb-Spur zu formatieren, wird Drupal als Erstes Ihre Funktion finden und statt der Standardfunktion `theme_breadcrumb()` verwenden, wobei die Breadcrumbs die Sternchen und nicht die Doppelpfeile enthalten. Sehr raffiniert, nicht wahr? Durch Übergabe sämtlicher Theme-Funktionsaufrufe durch die Funktion `theme()` überprüft Drupal immer, ob das aktuelle Theme eine der `theme_`-Funktionen überschrieben hat, und ruft diese stattdessen auf. Entwickler, aufgepasst: Alle Teile Ihrer Module, die HTML oder XML ausgeben, sollten nur innerhalb von Theme-Funktionen ausgeführt werden, sodass die Themes in der Lage sind, sie außer Kraft zu setzen.

8.4.3 Überschreiben mit Template-Dateien

Wenn Sie mit einem Designer zusammenarbeiten, können Sie ihn nicht einfach auffordern, »sich den Code anzusehen und alle überschreibbaren Funktionen zu finden, die für Themes geeignet sind«. Glücklicherweise gibt es hierfür eine andere Möglichkeit, die den Zugriff erleichtert. Sie können Elemente, die für Themes geeignet sind, auf ihre eigenen Template-Dateien zeigen lassen. Dies demonstriere ich Ihnen mit unserem Breadcrumb-Beispiel.

Bevor wir anfangen, stellen Sie sicher, dass keine Theme-Funktion `theme_breadcrumb()` überschreibt. Wenn Sie also im vorherigen Abschnitt die Funktion `phptemplate_breadcrumb()` in Ihrer Theme-Datei *template.php* erstellt haben, streichen Sie sie heraus. Anschließend erstellen Sie eine Datei in *sites/all/themes/custom/greyscale/breadcrumb.tpl.php*. Dies ist die neue Template-Datei für Breadcrumbs. Da wir das `<div>`-Tag in ein `<span>`-Tag ändern wollen, fügen Sie Folgendes in die Datei ein:

```
<?php if (!empty($breadcrumb)): ?>
  <span class="breadcrumb">
    <?php print implode(' ! ', $breadcrumb) ?></span>
<?php endif; ?>
```

Das ist einfach genug, dass ein Designer es bearbeiten kann. Jetzt müssen Sie Drupal diese Template-Datei aufrufen lassen, wenn die Breadcrumbs gerendert werden sollen. Dazu bauen Sie die Theme-Registry neu auf, indem Sie sich zu VERWALTEN > STRUKTURIERUNG > MODULE begeben. Während des Neuaufbaus der Theme-Registry entdeckt Drupal die Datei *breadcrumb.tpl.php* und verknüpft das für Themes geeignete Breadcrumb-Objekt mit der Template-Datei.

Jetzt wissen Sie, wie Sie ein für Themes geeignetes Objekt in Drupal so überschreiben können, dass es Ihre Designer freut.

8.4.4 Template-Variablen hinzufügen und bearbeiten

Die Frage lautet: Wenn Sie eigene Template-Dateien erstellen und die zu ihnen gesendeten Variablen steuern können, wie können Sie dann Variablen ändern oder hinzufügen, die zu Seiten- und Node-Templates weitergeleitet werden?

> **Hinweis**
>
> Variablen werden nur aggregiert und an für Themes geeignete Elemente übergeben, die als Template-Dateien implementiert sind. Variablen werden nicht an Objekte übergeben, die als Theme-Funktionen implementiert sind.

Jeder Aufruf zum Laden einer Template-Datei durchläuft eine Reihe von Präprozessor-Funktionen. Diese Funktionen sind für die Aggregation der Variablen verantwortlich, die an die richtigen Template-Dateien übergeben werden sollen. Fahren wir mit unserem Beispiel fort, bei dem wir die Breadcrumb-Spur verwendet haben. Zunächst weisen wir *sites/all/themes/custom/greyscale/breadcrumb.tpl.php* an, eine Variable namens `$breadcrumb_delimiter` für das Breadcrumb-Trennzeichen zu verwenden:

```
<?php if (!empty($breadcrumb)): ?>
  <span class="breadcrumb">
    <?php print implode(' '. $breadcrumb_delimiter .' ',
      $breadcrumb) ?>
  </span>
<?php endif; ?>
```

Wie können wir den Wert von `$breadcrumb_delimiter` festlegen? Eine Möglichkeit besteht in der Verwendung eines Moduls dafür. Wir könnten *sites/all/modules/custom/crumbpicker.info* erstellen:

```
; $Id$
name = Breadcrumb Picker
description = Provide a character for the breadcrumb trail
              delimiter.
package = Pro Drupal Development
core = 6.x
```

8.4 Grundlagen von Template-Dateien

Das Modul in *sites/all/modules/custom/crumbpicker.module* wäre winzig:

```
<?php
// $Id$
/**
 * @file
 * Gibt ein Trennzeichen in der Breadcrumbspur an.
 */
/**
 * Implementierung von $modulename_preprocess_$hook().
 */
function crumbpicker_preprocess_breadcrumb(&$variables) {
  $variables['breadcrumb_delimiter'] = '/';
}
```

Nach der Aktivierung des Moduls über VERWALTEN > STRUKTURIERUNG > MODULE sollte Ihre Breadcrumb-Spur wie folgt aussehen: *Startseite / Verwalten / Strukturierung*.

Das vorstehende Beispiel zeigt, wie ein Modul eine Variable bestimmt, die eine Template-Datei verwenden soll. Doch es muss einen einfacheren Weg geben, als jedes Mal ein Modul erstellen zu müssen, wenn eine Variable gesetzt wird. Als Rettung naht *template.php*. Lassen Sie uns eine Funktion schreiben, die das Breadcrumb-Trennzeichen einrichtet. Fügen Sie Folgendes zur Theme-Datei *template.php* hinzu:

```
/**
 * Implementierung von $themeenginename_preprocess_$hook().
 * Die hier gesetzten Variablen werden für die Breadcrumb-Template-
 * Datei verfügbar sein.
 */
function phptemplate_preprocess_breadcrumb(&$variables) {
  $variables['breadcrumb_delimiter'] = '#';
}
```

Dies ist einfacher als die Erstellung eines Moduls, und offen gesagt, ist die Lösung für die Bereitstellung von Variablen in Templates am besten für bestehende Module geeignet. Normalerweise werden Module nicht eigens für diesen Zweck erstellt. Jetzt verfügen wir über ein Modul, das eine Variable und eine Funktion in *template.php* bereitstellt. Doch was davon wird tatsächlich verwendet?

In Wirklichkeit wird eine ganze Hierarchie von Präprozessor-Funktionen in einer bestimmten Reihenfolge ausgeführt, wobei jede davon über das Potenzial verfügt, Variablen zu überschreiben, die vom vorangehenden Prozess definiert wurden. Im letzten Beispiel war das Breadcrumb-Trennzeichen #, da `phptemplate_preprocess_breadcrumb()` nach `crumbpicker_preprocess_breadcrumb()` ausgeführt wurde, wodurch die Zuweisung der Variablen aller vorangegangenen Funktionen für `$breadcrumb_delimiter` überschrieben wird. Die Reihenfolge der Ausführung von Präprozessor-Funktionen wird in Abbildung 8.6 veranschaulicht.

Die tatsächliche Prioritätsreihenfolge der Ausführung von Präprozessor-Funktionen einer Breadcrumb-Spur für die Verwendung des Themes Greyscale lautet (von der zuerst aufgerufenen zur letzten):

```
template_preprocess()
template_preprocess_breadcrumb()
crumbpicker_preprocess()
crumbpicker_preprocess_breadcrumb()
phptemplate_preprocess()
phptemplate_preprocess_breadcrumb()
greyscale_preprocess()
greyscale_preprocess_breadcrumb()
```

Da `greyscale_preprocess_breadcrumb()` jede gesetzte Variable überschreiben kann, wird sie als letzte Funktion vor der Übergabe an die Template-Datei aufgerufen. Alle Funktionen aufzurufen, obwohl nur einige davon implementiert sind, mag Ihnen als Zeitverschwendung erscheinen. Dies ist in der Tat so, weshalb Drupal beim Erstellen der Theme-Registry bestimmt, welche Funktionen implementiert sind, und auch nur diese aufruft.

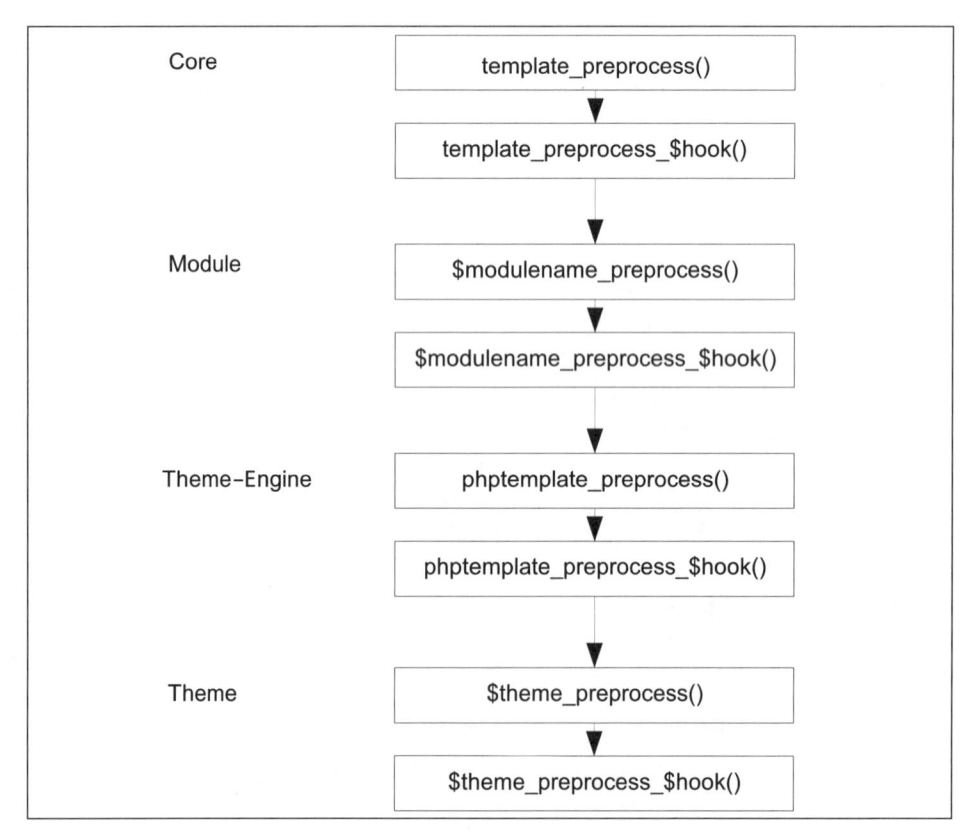

Abbildung 8.6: Reihenfolge der Ausführung von Präprozessor-Funktionen

> **Hinweis**
>
> Eine der Variablen, die Sie innerhalb einer Präprozessor-Funktion ändern können, ist `$variables['template_file']`, welche den Namen der Template-Datei enthält, die Drupal aufrufen wird. Wenn Sie eine alternative Template-Datei laden müssen, die auf komplexeren Bedingungen basiert, ist dies der Ort dazu.

8.4.5 Variablen für alle Templates

Drupal füllt die folgenden allgemeinen Variablen vorab, bevor die Variablen für ein bestimmtes Template gesetzt werden:

- `$zebra`: Dieser Wert ist entweder `odd` oder `even` und wird bei jedem Aufruf von `theme('node')` umgeschaltet, um die Verwendung von Themes in Node-Listings zu ermöglichen.
- `$id`: Dieser Integerwert wird bei jedem Aufruf dieses für Themes geeigneten Elements erhöht. Beispielsweise wird `$id` bei jedem Aufruf von `theme('node')` inkrementiert. Auf einer Seite mit einer umfangreichen Liste von Node-Vorschauen wird die Variable `$id` für das Node-Template, das die Vorschauen mit Themes versieht, für jede Vorschau erhöht.
- `$directory`: Dies ist der Pfad zum Theme wie beispielsweise *themes/bluemarine* (wenn ein Theme keine Template-Datei bereitstellt, ist es der Pfad zum Modul mit dieser Datei, also *modules/node*).

Folgende Variablen werden gesetzt, wenn die Datenbank aktiv ist und die Site sich nicht im Verwaltungsmodus befindet (was die meiste Zeit der Fall ist):

- `$is_admin`: Das Ergebnis von `user_access('access administration pages')`
- `$is_front`: Ist `TRUE`, wenn die Titelseite erstellt wird, andernfalls `FALSE`
- `$logged_in`: Ist `TRUE`, wenn der aktuelle Benutzer angemeldet ist, sonst `FALSE`
- `$user`: Das globale Objekt `$user` (Verwenden Sie keine Eigenschaften dieses Objekts ohne vorherige Bereinigung. Näheres dazu finden Sie in Kapitel 20.)

8.4.6 page.tpl.php

Wenn Sie ein eigenes Seiten-Template erstellen müssen, können Sie damit beginnen, *page.tpl.php* für ein bestehendes Theme oder *modules/system/page.tpl.php* zu klonen, und die Datei anschließend wie benötigt bearbeiten. Tatsächlich wird für ein grundlegendes Theme nur eine *.info-* und eine *style.css-*Datei benötigt. Drupal verwendet *modules/system/page.tpl.php*, wenn in Ihrem Theme keine *page.tpl.php*-Datei vorhanden ist. Für einfache Themes ist dies alles, was Sie benötigen.

Folgende Variablen werden an Seiten-Templates übergeben:

- $base_path: Der Basispfad der Drupal-Installation. Wenn Drupal in einem Stammverzeichnis installiert ist, steht der Standardwert am Ende auf /.

- $body_classes: Ein mit Leerzeichen begrenzter String von CSS-Klassennamen, die im Element *body* verwendet werden. Diese Klassen können anschließend genutzt werden, um ausgefeiltere Themes zu erstellen. Beispielsweise ist der Wert von $body_classes für den in *http://example.com/?q=node/3* angezeigten Seiten-Node not-front logged-in page-node node-type-page one-sidebar sidebar-left.

- $breadcrumbs: Gibt den HTML-Code für die Anzeige der Breadcrumbs zum Navigieren auf der Seite zurück.

- $closure: Gibt die Ausgabe von hook_footer() zurück und wird daher normalerweise am unteren Rand der Seite, kurz vor dem Schließen des body-Tags, angezeigt. hook_footer() erlaubt Modulen HTML-Code oder JavaScript am Ende einer Seite einzufügen. Beachten Sie, dass drupal_add_js() nicht zusammen mit hook_footer() funktioniert.

> **Achtung**
>
> Die Variable $closure ist sehr wichtig und sollte in allen *page.tpl.php*-Dateien enthalten sein, da viele Module von ihrem Vorhandensein abhängig sind. Ist sie nicht enthalten, funktionieren diese Module eventuell nicht korrekt, da sie nicht in der Lage sind, ihren HTML- oder JavaScript- Code einzufügen.

- $content: Gibt den HTML-Inhalt zur Anzeige zurück. Beispiele dafür sind Nodes, Gruppen von Nodes, der Inhalt der administrativen Schnittstelle usw.

- $css: Gibt eine Array-Struktur aller CSS-Dateien wieder, die zur Seite hinzugefügt werden können. Verwenden Sie $styles, wenn Sie nach der HTML-Version des Arrays $css suchen.

- $directory: Der relative Pfad zum Verzeichnis, in dem sich das Theme befindet (beispielsweise *themes/bluemarine* oder *sites/all/themes/custom/greyscale*). Normalerweise wird diese Variable im Zusammenhang mit $base_path verwendet, um den absoluten Pfad zum Theme Ihrer Site zu erstellen:

```
<?php print $base_path . $directory ?>
```

wird aufgelöst zu

```
<?php print '/' . 'sites/all/themes/custom/greyscale' ?>
```

- $feed_icons: Gibt Links zu RSS-Feeds für die Seite zurück. Solche Links können über drupal_add_feed() hinzugefügt werden.

8.4 Grundlagen von Template-Dateien

- $footer: Gibt den HTML-Code für die Footer-Region, einschließlich der zugehörigen Blöcke wieder. Verwechseln Sie dies nicht mit hook_footer(), denn dabei handelt es sich um einen Drupal-Hook, durch den Module HTML- oder JavaScript-Code hinzufügen können, der in der Variable $closure direkt vor dem schließenden *body*-Tag erscheint.

- $footer_message: Zeigt den Text der Footer-Nachricht an, der in VERWALTEN > EINSTELLUNGEN > WEBSITE-INFORMATIONEN eingegeben wurde.

- $front_page: Die Ausgabe von url() ohne Parameter (beispielsweise für */drupal/*). Verwenden Sie $front_page statt $base_path, wenn Sie die erste Seite einer Site verknüpfen, da $front_page ggf. die Sprachdomäne und Präfixe dafür enthält.

- $head: Gibt den HTML-Code wieder, der im Abschnitt <head></head> platziert werden soll. Module ergänzen $head, indem sie drupal_set_html_head() zum Hinzufügen zusätzlichen Markups aufrufen.

- $head_title: Der Text, der zwischen <title></title> liegt und somit im Seitentitel angezeigt wird. Er wird mit drupal_get_title() abgerufen.

- $header: Zeigt den HTML-Code für die Header-Region, einschließlich der zugehörigen Blöcke an.

- $help: Hilfetext für administrative Seiten. Module können diese Variable durch Implementierung von hook_help() füllen.

- $is_front: Der Wert ist TRUE, wenn die erste Seite angezeigt wird.

- $language: Ein Objekt, das die Eigenschaften der Sprache enthält, in der die Site angezeigt wird. Beispielsweise kann $language->language den Wert en aufweisen und $language->name kann English sein.

- $layout: Diese Variable ermöglicht die Bezeichnung verschiedener Layoutarten, wobei der Wert für $layout von der Anzahl der aktivierten Sidebars abhängig ist. Mögliche Werte sind none, left, right und both.

- $left: Zeigt den HTML-Code für die linke Sidebar einschließlich der zu dieser Region gehörigen Blöcke an.

- $logged_in: Ist TRUE, wenn der aktuelle Benutzer angemeldet ist, andernfalls FALSE.

- $logo: Der Pfad zum Logo-Bild, wie er auf der Theme-Konfigurationsseite aktivierter Themes definiert ist. Er wird im standardmäßigen Seiten-Template von Drupal wie folgt verwendet:

  <img src=»<?php print $logo; ?>« alt=»<?php print t('Home'); ?>« />

- $messages: Diese Variable gibt den HTML-Code für Fehler bei Gültigkeitsprüfungen, Erfolgsnachrichten für Formulare und andere Nachrichten wieder. Sie wird üblicherweise zu Anfang der Seite dargestellt.

- $mission: Gibt den Text des Website-»Beschreibung« wieder, der in VERWALTEN > EINSTELLUNGEN > WEBSITE-INFORMATIONEN eingegeben wurde. Diese Variable wird nur gefüllt, wenn $is_front den Wert TRUE aufweist.

- $node: Dies ist das gesamte Node-Objekt und ist dann verfügbar, wenn eine einzelne Seite des Nodes angezeigt wird.

- $primary_links: Ein Array der Hauptlinks, wie sie in VERWALTEN > STRUKTURIERUNG > MENÜS definiert wurden. Normalerweise wird $primary_links wie folgt durch die Funktion theme('links') beschrieben:

```
<?php
  print theme('links', $primary_links, array('class' =>
  'links primary-links'))
?>
```

- $right: Zeigt den HTML-Code für die rechte Sidebar einschließlich der zu dieser Region gehörigen Blöcke an.

- $scripts: Gibt den HTML-Code zum Hinzufügen des Tags <script> zu der Seite wieder. Durch diesen Vorgang wird auch *jQuery* geladen (in Kapitel 17 finden Sie weitere Informationen über jQuery).

- $search_box: Zeigt den HTML-Code für das Suchformular an. Die Variable ist leer, wenn der Administrator die Anzeige auf der Theme-Konfigurationsseite für aktivierte Themes ausgeschaltet hat oder wenn das Suchmodul deaktiviert ist.

- $secondary_links: Ein Array der Sekundärlinks, wie es in VERWALTEN > STRUKTURIERUNG > MENÜS definiert wurde. Üblicherweise wird $secondary_links wie folgt durch die Funktion theme('links') bestimmt:

```
<?php
  print theme('links', $secondary_links, array('class' =>
  'links primary-links'))
?>
```

- $show_blocks: Dies ist ein Argument des Theme-Aufrufs theme('page', $content, $show_blocks, $show_messages). Der Standardwert ist TRUE. Hat die Variable $show_blocks den Wert FALSE, wird die Variable $blocks (die die rechten und linken Sidebars füllt) auf den leeren String gesetzt, wodurch die Anzeige von Blöcken unterdrückt wird.

- $show_messages: Ein Argument des Theme-Aufrufs theme('page', $content, $show_blocks, $show_messages). Der Standardwert ist TRUE. Hat die Variable $show_messages den Wert FALSE, wird $messages (siehe Aufzählungspunkt $messages) auf den leeren String gesetzt, wodurch die Nachrichtenanzeige unterdrückt wird.

- $site_name: Der Name der Site, der in VERWALTEN > EINSTELLUNGEN > WEBSITE-INFORMATIONEN eingegeben wird. $site_name ist leer, wenn der Administrator die Anzeige auf der Theme-Konfigurationsseite für aktivierte Themes ausgeschaltet hat.

- $site_slogan: Der Slogan der Site, der in VERWALTEN > EINSTELLUNGEN > WEBSITE-INFORMATIONEN festgelegt wird. $site_slogan ist leer, wenn der Administrator die Anzeige des Slogans auf der Theme-Konfigurationsseite für aktivierte Themes ausgeschaltet hat.

- $styles: Gibt den HTML-Code für die Verlinkung zu den erforderlichen CSS-Dateien für die Seite wieder. CSS-Dateien werden über drupal_add_css() zu der Variable $styles hinzugefügt.

- $tabs: Gibt den HTML-Code für die Anzeige von Registerkarten wie ANZEIGEN/BEARBEITEN für Nodes wieder. Registerkarten befinden sich in den Core-Themes von Drupal normalerweise am Anfang der Seite.

- $template_files: Vorschläge für die Namen von Template-Dateien, die eventuell für das Theme der angezeigten Seite verfügbar sind. Bei diesen Namen fehlen die Namenserweiterungen wie page-node oder page-front. Im Abschnitt 8.4.12, *Templates mit mehreren Seiten*, erfahren Sie, in welcher Standardreihenfolge nach Template-Dateien gesucht wird.

- $title: Der Haupttitel des Inhalts, der sich von $head_title unterscheidet. In einem einzelnen Node ist $title der Titel des Nodes. Auf den Administrationsseiten von Drupal wird $title normalerweise durch das Menüobjekt gesetzt, das der angezeigten Seite entspricht (in Kapitel 4 erfahren Sie mehr über Menüobjekte).

> **Achtung**
>
> Selbst wenn Sie die Regionsvariablen ($header, $footer, $left, $right) nicht in *page.tpl.php* ausgeben, werden sie doch erstellt. Dies ist ein Leistungsproblem, da Drupal die Erstellung der Blöcke durchführt, nur um sie anschließend für eine gegebene Seitenansicht zu verwerfen. Wenn benutzerdefinierte Seiten-Templates keine Blöcke benötigen, sollten Sie nicht die Variable in der Template-Datei ausschließen, sondern lieber zur Verwaltungsschnittstelle wechseln und die Anzeige dieser Blöcke auf Ihren benutzerdefinierten Seiten deaktivieren. In Kapitel 9 erfahren sie mehr über die Deaktivierung von Blöcken auf bestimmten Seiten.

8.4.7 node.tpl.php

Node-Templates sind für die Steuerung einzelner Inhalte innerhalb einer Seite verantwortlich, wirken sich aber nicht auf die gesamte Seite, sondern nur auf die Variable $content innerhalb von *page.tpl.php* aus. Sie sind für die Präsentation von Nodes in Vorschauansichten (in denen mehrere Nodes auf einer einzelnen Seite angezeigt werden) und Body-Ansichten (in denen der Node die gesamte Variable $content in *page.tpl.php* ausfüllt und allein auf seiner eigenen Seite steht) verantwortlich. Die Variable $page innerhalb einer Node-Template-Datei hat den Wert TRUE, wenn Sie sich in der Body-Ansicht befinden, und FALSE in der Vorschauansicht.

Die Datei *node.tpl.php* ist das generische Template für die Anzeige aller Nodes. Was aber ist, wenn Sie ein anderes Template für beispielsweise Blogs in Forumsbeiträgen haben möchten? Wie können Sie Node-Templates für einen bestimmten Node erstellen, anstatt nur eine generische Template-Datei für alles?

Die gute Nachricht lautet, dass Node-Templates einen erfrischenden Grad an Detaillierung aufweisen, der nicht sofort erkennbar ist. Klonen Sie einfach *node.tpl.php* und nennen Sie die neue Datei *node-nodetype.tpl.php*, wodurch PHPTemplate dieses Template bei der Auswahl gegenüber dem generischen bevorzugt. Die Verwendung von Themes in Blog-Einträgen erfordert lediglich die Erstellung von *node-blog.tpl.php*. Jeder Node-Typ, den Sie über VERWALTEN > INHALTSVERWALTUNG > INHALTSTYPEN erstellen, kann auf die gleiche Weise über eine zugehörige Template-Datei verfügen. Sie können die folgenden Variablen in Node-Templates verwenden:

- $build_mode: Einige Informationen über den Kontext, in dem der Node erstellt wird. Der Wert ist eine der folgenden Konstanten: NODE_BUILD_NORMAL, NODE_BUILD_PREVIEW, NODE_BUILD_SEARCH_INDEX, NODE_BUILD_SEARCH_RESULT oder NODE_BUILD_RSS.

- $content: Der Body des Nodes oder die Vorschau, wenn es sich um eine seitenweise Ergebnisansicht handelt.

- $date: Das formatierte Datum, an dem der Node erstellt wurde. Sie können mit der Variable $created ein anderes Format wählen (beispielsweise format_date($created, 'large')).

- $links: Die zu einem Node gehörenden Links wie »Weiterlesen« oder »Neuen Kommentar schreiben«. Module fügen zusätzliche Links durch Implementierung von hook_link() hinzu. Die Links haben theme_links() bereits durchlaufen.

- $name: Der formatierte Name des Benutzers, der die Seite autorisiert hat. Der Name ist mit dem Profil des Benutzers verknüpft.

- $node: Das gesamte Node-Objekt und alle seine Eigenschaften.

- $node_url: Der URL-Pfad zu diesem Node. Für *http://example.com/?q=node/3* lautet der Wert */node/3*.

- $page: Der Wert ist TRUE, wenn der Node selbst als Seite angezeigt wird, und FALSE, wenn er sich in einer Listenansicht mit mehreren Nodes befindet.

- $picture: Wenn die Option BENUTZERBILDER IN BEITRÄGEN in VERWALTEN > STRUKTURIERUNG > THEMES > KONFIGURIEREN ausgewählt und die Option AUTOR-ANGABEN UND DATUM ANZEIGEN BEI für diesen Node in den globalen Einstellungen des Themes festgelegt wurde, ist $picture die Ausgabe von theme('user_picture', $node).

- $taxonomy: Ein Array der Taxonomiebegriffe des Nodes in einem Format, das zur Übergabe an theme_links() geeignet ist. Die Ausgabe von theme_links() ist in der Variable $terms verfügbar.

- $teaser: Ein Boole'scher Wert, der bestimmt, ob eine Vorschau angezeigt wird oder nicht. Diese Variable lässt erkennen, ob $content aus dem Node-Body (FALSE) oder der Vorschau besteht (TRUE).

- $terms: HTML-Code mit den Taxonomiebegriffen dieses Nodes. Jeder Begriff ist außerdem mit seinen eigenen Taxonomiebegriffsseiten verknüpft.

8.4 Grundlagen von Template-Dateien

- $title: Titel des Nodes, der in der Auflistung mehrerer Nodes zu einem Link wird. Der Text des Titels wurde durch check_plain übergeben.
- $submitted: Der Text für »Verfasst von« von theme('node_submitted', $node). Der Administrator kann die Anzeige dieser Information auf der Konfigurationsseite des Themes auf der Grundlage der Node-Typen einrichten.
- $picture: HTML-Code für das Benutzerbild, wenn Bilder aktiviert sind und das Benutzerbild eingefügt wurde.

> **Hinweis**
>
> Da Node-Eigenschaften mit den an Node-Templates übergebenen Variablen zusammengeführt werden, sind Node-Eigenschaften als Variablen verfügbar. In Kapitel 7 finden Sie eine Liste von Node-Eigenschaften. Die direkte Verwendung von Node-Eigenschaften kann ein Sicherheitsrisiko darstellen. In Kapitel 20 erfahren Sie, wie Sie dieses Risiko minimieren können.

Oftmals ordnet die Variable $content innerhalb der Node-Dateien die Daten nicht auf die Weise, die Sie gerne hätten. Dies trifft besonders dann zu, wenn Sie Module verwenden, die die Attribute eines Nodes erweitern, beispielsweise das feldbezogene CCK-Modul (Content Construction Kit).

Glücklicherweise übergibt PHPTemplate das gesamte Node-Objekt an die Template-Dateien des Nodes. Wenn Sie folgende Debug-Anweisung an den Anfang der Template-Datei Ihres Nodes schreiben und eine Seite mit einem Node neu laden, können Sie alle Eigenschaften erkennen, die den Node ausmachen. Dies ist wahrscheinlich einfacher zu lesen, wenn Sie den Quellcode der besuchten Seite einsehen.

```
<pre>
  <?php print_r($node) ?>
</pre>
```

Jetzt können Sie alle Komponenten erkennen, die einen Node ausmachen, direkt auf die Eigenschaften zugreifen und sie als gewünscht markieren, was sich eher anbietet, als mit einer zusammengesetzten $content-Variable zu arbeiten.

> **Achtung**
>
> Wenn Sie ein Node-Objekt direkt formatieren, sind Sie auch für die Sicherheit Ihrer Site verantwortlich. In Kapitel 20 erfahren Sie, wie Sie von Benutzern eingegebene Daten in entsprechende Funktionen einbinden können, die XSS-Angriffe verhindern.

8.4.8 block.tpl.php

Blöcke werden in VERWALTEN > STRUKTURIERUNG > BLÖCKE aufgelistet und mit dem von *block.tpl.php* bereitgestellten Markup versehen. Wenn Sie sich nicht mit Blöcken auskennen, erfahren Sie in Kapitel 9 weitere Details. Wie die Seiten- und Node-Template-Dateien verwendet das Block-System eine Vorschlagshierarchie zum Auffinden der Template-Datei, die die Blöcke einschließen soll. Die Hierarchie sieht wie folgt aus:

```
block-modulename-delta.tpl.php
block-modulename.tpl.php
block-region.tpl.php
block.tpl.php
```

In der vorstehenden Sequenz ist *modulename* der Name des Moduls, das den Block implementiert. Das folgende Beispiel zeigt die Sequenz für den Block »Wer ist online«, der durch *user.module* implementiert wird (nehmen Sie an, dass der Delta-Wert des Blocks 1 ist):

```
block-user-1.tpl.php
block-user.tpl.php
block-left.tpl.php
block.tpl.php
```

Vom Site-Administrator erstellte Blöcke sind immer an das Blockmodul gebunden, sodass der Wert für *modulename* im folgenden Vorschlag für vom Administrator erstellte Blöcke block lautet. Wenn Sie nicht wissen, welches Modul einen gegebenen Block implementiert hat, können Sie durch PHP-Fehlersuche alle Details herausfinden. Mit dem folgenden Einzeiler am Anfang Ihrer *block.tpl.php*-Datei drucken Sie das gesamte Blockobjekt für jeden auf der aktuellen Seite aktivierten Block aus:

```
<pre>
  <?php print_r($block); ?>
</pre>
```

Dies ist einfacher zu lesen, wenn Sie den Quellcode der Webbrowserseite ansehen. So sieht es für den Block »Wer ist online?« aus:

```
tdClass Object
(
    [bid] => 26
    [module] => user
    [delta] => 3
    [theme] => bluemarine
    [status] => 1
    [weight] => 0
    [region] => left
    [custom] => 0
```

```
    [throttle] => 0
    [visibility] => 0
    [pages] =>
    [title] =>
    [cache] => -1
    [enabled] => 1
    [page_match] => 1
    [subject] => Wer ist online
    [content] => Zurzeit sind 1 Benutzer
        ...
)
```

Da Sie jetzt alle Einzelheiten dieses Blocks kennen, können Sie leicht eine oder mehrere der folgenden Block-Template-Dateien erstellen, was davon abhängt, worauf Sie verweisen möchten:

```
block-user-3.tpl.php // Zielt nur auf den Block "Wer ist online" ab.
block-user.tpl.php   // Zielt auf alle Blockausgaben des
                     // Benutzermoduls ab.
block-footer.tpl.php // Zielt auf alle Blöcke der Footer-Region ab.
block.tpl.php        // Zielt auf alle Blöcke aller Seiten ab.
```

Die folgende Liste zeigt die Standardvariablen, auf die Sie innerhalb von Block-Template-Dateien zugreifen können:

- $block: Ist das gesamte Blockobjekt. Normalerweise verwenden Sie $block->subject und $block->content. Sehen Sie sich *block.tpl.php* in den Core-Themes für Beispiele dafür an.

- $block_id: Eine Integerzahl, die sich jedes Mal erhöht, wenn ein Block generiert und die Block-Template-Datei aufgerufen wird.

- $block_zebra: Immer wenn $block_id erhöht wird, schaltet diese Variable zwischen odd und even hin und her.

8.4.9 comment.tpl.php

Die Template-Datei *comment.tpl.php* fügt Markup zu Kommentaren hinzu. Die folgenden Variablen werden an das Kommentar-Template übergeben:

- $author: Der Hyperlink des Autorennamens zu der Profilseite des Autors, falls eine vorhanden ist.

- $comment: Ein Kommentarobjekt, das alle Kommentarattribute enthält.

- $content: Der Body des Kommentars.

- $date: Das formatierte Erstellungsdatum der Mitteilung. Durch Aufruf von fomat_date() kann ein anderes Format verwendet werden, beispielsweise format_date($comment->timestamp, 'large').

- $links: HTML-Code für kontextabhängige Links, die sich auf den Kommentar beziehen (wie »Bearbeiten«, »Antworten« und »Löschen«).

- $new: Gibt »neu« für einen Kommentar zurück, den der angemeldete Benutzer noch nicht angesehen hat, und »aktualisiert« für einen aktualisierten Kommentar. Sie können den von $new zurückgegebenen Text durch Überschreiben von theme_mark() in *includes/theme.inc* ändern. Drupal verfolgt nicht, welche Kommentare von anonymen Benutzern gelesen oder für sie aktualisiert wurden.

- $node: Das gesamte Node-Objekt des Nodes, auf den dieser Kommentar verweist.

- $picture: HTML-Code für das Benutzerbild. Sie müssen die Unterstützung für Benutzerbilder in VERWALTEN > BENUTZERVERWALTUNG > BENUTZEREINSTELLUNGEN aktivieren und die Option BENUTZERBILDER IN KOMMENTAREN jeder Konfiguration aktivierter Themes überprüfen. Abschließend muss entweder der Administrator der Site ein Standardbild bereitstellen oder der Benutzer ein Bild hochladen, sodass eines angezeigt werden kann.

- $signature: Gefilterter HTML-Code der Benutzersignatur. Die Unterstützung für Signaturen muss in VERWALTEN > BENUTZERVERWALTUNG > BENUTZEREINSTELLUNGEN aktiviert sein, damit die Variable verwendet werden kann.

- $status: Gibt den Kommentarstatus mit einem der folgenden Werte wieder: comment-preview, comment-unpublished und comment-published.

- $submitted: Der String »Verfasst von« mit dem Benutzernamen und dem Datum. Wird von theme('comment_submitted', $comment) ausgegeben.

- $title: Der mit einem Hyperlink versehene Titel dieses Kommentars einschließlich eines URL-Fragments.

8.4.10 box.tpl.php

box.tpl.php ist eine der unbedeutenderen Template-Dateien in Drupal. Sie wird im Drupal-Core verwendet und dient als Wrapper für das Kommentarsendeformular und für Suchergebnisse. Darüber hinaus bietet sie wenig Nutzen. Sie stellt keine Funktionen für Blöcke bereit, wie man vielleicht fälschlicherweise annehmen könnte, da Blöcke vom Administrator erstellt und in einer Datenbanktabelle namens *boxes* gespeichert werden. Innerhalb des Box-Templates haben Sie Zugriff auf folgende Variablen:

- $content: Der Inhalt einer Box.

- $region: Die Region, in der die Box angezeigt werden soll. Beispiele dafür sind header, left und main.

- $title: Der Titel einer Box.

8.4.11 Weitere tpl.php-Dateien

Die bisher untersuchten Templates sind die am häufigsten verwendeten. Doch sind noch viele weitere Templates verfügbar. Um sie anzusehen, durchsuchen Sie das Verzeichnis *modules* nach Dateien, die mit *tpl.php* enden. Beispielsweise enthält *modules/forum* sechs solcher Dateien. Diese Dateien sind gut dokumentiert und können direkt in Ihr eigenes Themes-Verzeichnis kopiert und wie gewünscht verändert werden. Dies ist sehr viel effizienter, als ganz von vorn anzufangen.

8.4.12 Templates mit mehreren Seiten

Was ist, wenn Sie verschiedene Layouts für verschiedene Seiten Ihrer Site erstellen möchten und ein einzelnes Layout dies nicht abdeckt? Im Folgenden sehen Sie die empfohlene Vorgehensweise für die Erstellung zusätzlicher Seiten-Templates.

Basierend auf dem aktuellen System-URL Ihrer Site können Sie zusätzliche Seiten-Templates innerhalb von Drupal erstellen. Wenn Sie beispielsweise *http://example.com/?q=user/1* aufrufen, sucht PHPTemplate nach folgenden Seiten-Templates in der angegebenen Reihenfolge (angenommen, Sie verwenden das Theme Greyscale):

```
sites/all/themes/custom/greyscale/page-user-1.tpl.php
modules/system/page-user-1.tpl.php
sites/all/themes/custom/greyscale/page-user.tpl.php
modules/system/page-user.tpl.php
sites/all/themes/custom/greyscale/page.tpl.php
modules/system/page.tpl.php
```

PHPTemplate hört mit der Suche nach Seiten-Templates auf, sobald es eine Template-Datei findet, die es einschließen kann. Die Datei *page-user.tpl.php* wird für alle Benutzerseiten ausgeführt, *page-user-1.tpl.php* dagegen nur für die URLs von `user/1`, `user/1/edit` usw. Wenn Drupal nirgendwo im Theme eine Seiten-Template-Datei finden kann, greift es auf sein eigenes integriertes Template unter *modules/system/page.tpl.php* zurück.

> **Hinweis**
>
> Drupal sieht sich nur den internen System-URL an, sodass die Seiten-Templates bei Verwendung der Module *path* oder *pathauto* (die Aliase von URLs erlauben) immer noch auf den System-URL von Drupal und nicht die des Alias verweisen müssen.

Sehen wir uns die Bearbeitungsseite der Nodes unter *http://example.com/?q=node/1/edit* als Beispiel an. PHPTemplate sucht die Template-Dateien in der folgenden Reihenfolge:

```
sites/all/themes/custom/greyscale/page-node-edit.tpl.php
modules/system/page-node-edit.tpl.php
sites/all/themes/custom/greyscale/page-node-1.tpl.php
modules/system/page-node-1.tpl.php
sites/all/themes/custom/greyscale/page-node.tpl.php
modules/system/page-node.tpl.php
sites/all/themes/custom/greyscale/page.tpl.php
modules/system/page.tpl.php
```

Wenn Sie sich diese Pfade ansehen, werden Sie feststellen, dass Sie als Autor eines Moduls leicht Standard-Templates mit Ihrem Modul bereitstellen können. Suchen Sie im Verzeichnis *Modules* Ihrer Drupal-Installation nach Beispielen.

> **Tipp**
>
> Um ein benutzerdefiniertes Seiten-Template für die erste Seite Ihrer Site herzustellen, erstellen Sie einfach eine Template-Datei mit dem Namen *page-front.tpl.php*.

8.5 Erweiterte Theme-Gestaltung in Drupal

Wenn Sie vollständig verstehen möchten, wie die Verwendung von Themes in Drupal funktioniert, gibt es zwei grundlegende Bereiche, die Sie kennen sollten. Zunächst lernen Sie den Motor des Theme-Systems kennen: die Theme-Registry. Anschließend folgen Sie ausführlichen Beschreibungen der Funktion `theme()`, sodass Sie wissen, wie sie funktioniert und wie sie verbessert werden kann.

8.5.1 Die Theme-Registry

In der Theme-Registry verfolgt Drupal alle Theme-Funktionen und -Templates nach. Jedes für Themes geeignete Element in Drupal wird entweder durch eine Funktion oder ein Template mit einem Theme versehen. Wenn Drupal die Theme-Registry aufbaut, ermittelt Drupal Informationen über jedes Element und ordnet sie zu. Dies bedeutet, dass der Prozess nicht während der Laufzeit ablaufen muss, was Drupal schneller macht.

Der Aufbau der Registry

Bei ihrer Neuerstellung, beispielsweise bei der Aktivierung eines neuen Schemas, sucht die Registry in folgender Reihenfolge nach Theme-Hooks:

1. Zunächst sucht sie nach `hook_theme()`-Implementierungen in Modulen, um Theme-Funktionen und Template-Dateien zu entdecken, die von Modulen bereitgestellt werden.

8.5 Erweiterte Theme-Gestaltung in Drupal

2. Wenn ein Theme auf einem anderen Theme basiert, wird zuerst die `hook_theme()`-Implementierung in der grundlegenden Theme-Engine aufgerufen. Beispielsweise basiert *Minnelli* auf *Garland*. Die Theme-Engine für das Basis-Theme ist PHPTemplate. So wird `phptemplate_theme()` zur Entdeckung von Theme-Funktionen mit den Präfixen *phptemplate_* oder *garland_* und für Template-Dateien aufgerufen, die auf bestimmte Weise im Theme-Basisverzeichnis benannt sind. Beispielsweise wird hier die Template-Datei *themes/garland/node.tpl.php* hinzugefügt.
3. Die `hook_theme()`-Implementierung für das Theme wird aufgerufen. So wird im Fall von Minnelli `phptemplate_theme()` zur Suche nach Theme-Funktionen mit den Präfixen `phptemplate_` oder `minnelli_` oder von Template-Dateien im Verzeichnis *themes* aufgerufen. Wenn Minneli also ein Node-Template in *themes/garland/minnelli/node.tpl.php* bereitstellt, wird dieses auch entdeckt.

Beachten Sie, dass neu entdeckte Theme-Funktionen und Template-Dateien jeweils die Funktionen und Dateien in der Registry überschreiben. Dieser Vererbungsmechanismus ermöglicht das Überschreiben jeder Theme-Funktion und Template-Datei.

Schauen wir uns eine `hook_theme()`-Implementierung in einem Modul genauer an. Der Theme-Hook hat die Aufgabe, ein Array von Elementen zurückzugeben, die für Themes geeignet sind. Wenn ein Objekt durch eine Theme-Funktion mit einem Theme versehen wird, werden die Argumente dieser Funktion eingeschlossen. Beispielsweise wird also die Breadcrumb-Spur von der Funktion `theme_breadcrumb($breadcrumb)` mit einem Theme versehen. Die Tatsache, dass Breadcrumbs für Themes geeignet sind, würde im Theme-Hook des hypothetischen Moduls *foo.module* wie folgt angegeben:

```
/**
 * Implementierung von hook_theme().
 */
foo_theme() {
  return array(
    'breadcrumb' => array(
      'arguments' => array ('breadcrumb' => NULL),
    );
  );
}
```

NULL ist hier der verwendete Standardwert, wenn der zu übergebende Parameter leer ist. Also beschreiben Sie eigentlich den Namen und die Parameter des Elements komplett mit ihren Standardwerten. Ist eine Datei vorhanden, die eingeschlossen werden muss, um die Theme-Funktion oder die Template-Präprozessorfunktion in den Gültigkeitsbereich zu bringen, können Sie sie mit folgendem Dateischlüssel spezifizieren:

```
/**
 * Implementierung von hook_theme().
 */
function user_theme() {
  return array(
```

```
      'user_filter_form' => array(
        'arguments' => array('form' => NULL),
        'file' => 'user.admin.inc',
      ),
    ...
    );
}
```

Möchten Sie erreichen, dass ein für Themes geeignetes Element eine Template-Datei statt einer Theme-Funktion verwendet, definieren Sie den Namen der Datei (ohne die Endung *tpl.php*) im Theme-Hook:

```
/**
 * Implementierung von hook_theme().
 */
function user_theme() {
  return array(
    'user_profile_item' => array(
      'arguments' => array('element' => NULL),
      'template' => 'user-profile-item',
      'file' => 'user.pages.inc',
    ),
  ...
  );
}
```

Im vorangegangenen Beispiel zu *user_profile_item*, kann die Template-Datei, auf die im Template-Schlüssel verwiesen wird, in *modules/user/user-profile-item.tpl.php* inspiziert werden. Die Template-Präprozessor-Funktion ist in *modules/user/user.pages.inc* zu finden und wird als `template_preprocess_user_profile_item()` bezeichnet. Dieser Präprozessorfunktion werden sowohl die Variablen übergeben, die von `template_preprocess` definiert wurden, als auch die Variable `$element`, die im Schlüssel `arguments` festgelegt wurde. Der Wert von `$element` wird beim Rendern zugewiesen.

8.5.2 Eine ausführliche Beschreibung von theme()

In diesem Abschnitt schauen wir hinter die Kulissen, sodass Sie lernen können, wie die Funktion `theme()` eigentlich funktioniert. Wir arbeiten die Einzelheiten des Ausführungspfads durch, wenn folgender Theme-Aufruf gemacht wird und das Theme *Bluemarine* des Drupal-Cores aktiv ist:

```
theme('node', $node, $teaser, $page)
```

Zuerst sieht sich Drupal das erste Argument an, um herauszufinden, was mit einem Theme versehen wird. In diesem Fall ist es `node`, sodass Drupal in der Theme-Registry nach einem Eintrag für `node` sucht. Die gefundenen Registry-Einträge sehen in etwa wie in Abbildung 8.7 aus.

8.5 Erweiterte Theme-Gestaltung in Drupal

```
[] $info = Array [7]
  [] arguments = Array [3]
      ● node = null
      ● page = (boolean) false
      ● teaser = (boolean) false
  ● path = (string:17) themes/bluemarine
  [] preprocess functions = Array [2]
      ● 0 = (string:19) template_preprocess
      ● 1 = (string:24) template_preprocess_node
  ● template = (string:4) node
  ● theme path = (string:17) themes/bluemarine
  [] theme paths = Array [2]
      ● 0 = (string:12) modules/node
      ● 1 = (string:17) themes/bluemarine
  ● type = (string:12) theme_engine
```

Abbildung 8.7: Registry-Einträge für node, wenn das Theme Bluemarine ausgewählt ist

Wenn der Registry-Pfad den Eintrag `file` hätte, würde Drupal `include_once()` für die Datei ausführen, damit alle Funktionen im Gültigkeitsbereich abgerufen werden könnten, doch liegt hier ein solcher Eintrag nicht vor.

Drupal überprüft, ob der Theme-Aufruf von einer Funktion oder einer Template-Datei verarbeitet wird. Im ersten Fall ruft Drupal einfach die Funktion auf und gibt die Ausgabe zurück. Da aber im Registry-Eintrag keine Funktion für diesen Aufruf definiert ist, bereitet Drupal einige Variablen vor, um sie an eine Template-Datei zu übergeben.

Als Erstes werden die an die Funktion `theme()` übergebenen Argumente verfügbar gemacht. Die Argumente waren in diesem Fall $node, $teaser und $page. So weist Drupal für jedes Argument des Registry-Eintrags `arguments` eine entsprechende Variable zu:

```
$variables['node'] = $node;
$variables['teaser'] = $teaser;
$variables['page'] = $page;
```

Als Nächstes wird die Standard-Renderfunktion auf `theme_render_template()` gesetzt und die Standarderweiterung auf *tpl.php* (die standardmäßige Dateierweiterung für PHPTemplate-Templates). Die Renderfunktionen ist für die Übergabe der Variablen an die Template-Datei verantwortlich, wie Sie in Kürze sehen werden.

Die restlichen Variablen, die die Template-Datei verwendet, werden von Template-Präprozessorfunktionen aufgerufen, unabhängig davon, ob es sich um einen Node, einen Block, eine Breadcrumb-Spur oder was auch immer handelt. Die zweite hängt vom gerenderten Objekt ab (in diesem Fall einem Node). Abbildung 8.7 zeigt die zwei Präprozessorfunktionen, die für `node` definiert wurden. Sie werden wie folgt aufgerufen:

```
template_preprocess($variables, 'node');
template_preprocess_node($variables, 'node');
```

Die erste Funktion ist `template_preprocess()`. Den Code für diese Funktion können Sie unter *http://api.drupal.org/api/function/template_preprocess/6* oder in der Datei *includes/theme.inc* einsehen. Diese Funktion setzt Variablen, die für alle Templates verfügbar sind (siehe den Abschnitt 8.4.5, *Variablen für alle Templates*).

Präprozessorfunktionen treten immer paarweise auf. Das Ende des Namens der zweiten Präprozessorfunktion entspricht dem mit einem Theme versehenen Element. Da `template_preprocess()` also gerade ausgeführt wurde, wird nun `template_preprocess_node()` ausgeführt. Sie fügt die folgenden Variablen hinzu: `$taxonomy`, `$content`, `$date`, `$links`, `$name`, `$node_url`, `$terms` und `$title`. Dies wird im Code für `template_preprocess_node()` gezeigt. Beachten Sie, dass jeder Eintrag im Array `$variables` zu einer einzelnen Variable wird, die die Template-Datei nutzt. Beispielsweise wird `$variables['date']` als `$date` in der Template-Datei verfügbar:

```
**
 * Verarbeitet Variablen für node.tpl.php
 *
 * Die meisten Themes verwenden ihre eigene Kopie von node.tpl.php.
 * Der Standard ist "modules/node/node.tpl.php". Suchen Sie dort
 * nach der vollständigen Liste der Variablen.
 *
 * Das Array $variables enthält folgende Argumente:
 * $node, $teaser, $page
 */
function template_preprocess_node(&$variables) {
  $node = $variables['node'];
  if (module_exists('taxonomy')) {
    $variables['taxonomy'] = taxonomy_link('taxonomy terms', $node);
  }
  else {
    $variables['taxonomy'] = array();
  }
  if ($variables['teaser'] && $node->teaser) {
    $variables['content'] = $node->teaser;
  }
  elseif (isset($node->body)) {
    $variables['content'] = $node->body;
  }
  else {
    $variables['content'] = '';
  }
  $variables['date'] = format_date($node->created);
  $variables['links'] = !empty($node->links) ?
    theme('links', $node->links, array('class' => 'links inline')) : '';
```

8.5 Erweiterte Theme-Gestaltung in Drupal

```
  $variables['name'] = theme('username', $node);
  $variables['node_url'] = url('node/'. $node->nid);
  $variables['terms'] = theme('links', $variables['taxonomy'],
    array('class' => 'links inline'));
  $variables['title'] = check_plain($node->title);
  // Ebne die Mitgliederfelder des Objekts node ein.
  $variables = array_merge((array)$node, $variables);
  ...
}
```

Genauere Angaben darüber, was diese Variablen bedeuten, wurden weiter vorne in diesem Kapitel gemacht.

Nach der Zuweisung von Variablen passiert etwas Verrücktes. Der Node selbst wird von einem Objekt in ein Array umgewandelt und mit den bereits vorhandenen Variablen zusammengeführt. So wird jede Node-Eigenschaft für die Template-Datei durch bloßes Voranstellen eines Dollarzeichens vor den Namen der Eigenschaft verfügbar. Beispielsweise ist $node->nid als $nid verfügbar. Wenn eine Node-Eigenschaft und eine Variable denselben Namen haben, hat die Variable Vorrang. Beispielsweise enthält die Variable $title eine Klartextversion von $node->title. Beim Zusammenführen setzt sich die Klartextvariante durch und ist für die Template-Datei verfügbar. Beachten Sie, dass der Originaltitel immer noch unter $variables['node'] verfügbar ist, obwohl er aus Sicherheitsgründen nicht ohne Durchlauf durch einen Filter verwendet werden sollte (siehe Kapitel 20).

Drupal hat die Präprozessorfunktionen ausgeführt. Jetzt muss eine Entscheidung getroffen werden: Welche Template-Datei soll alle diese Variablen erhalten und als Template für den Node verwendet werden? Um dies zu entscheiden, untersucht Drupal Folgendes:

1. Sind in $variables['template_files'] Template-Dateien definiert? Die dortigen Einträge sind Namen von Template-Dateien, die Drupal suchen wird. In unserem Beispiel ist der Node-Typ story, sodass hier node-story definiert wird. Drupal sucht inhaltsspezifische Templates vor allgemeinen Node-Templates. Unter *http://drupal.org/node/190815* erfahren Sie mehr darüber.
2. Ist $variables['template_files'] gesetzt? Ist dies der Fall, hat dies Vorrang.

Die Funktion drupal_discover_template() entscheidet, welches Template verwendet wird. Dazu sucht sie in den Theme-Pfaden nach Template-Dateien, die im Theme-Registry-Eintrag definiert sind. In unserem Fall sucht sie nach *themes/bluemarine/node-story.tpl.php* und anschließend nach modules/node/node-story.tpl.php. Wenn keine dieser Dateien existiert (was in diesem Beispiel der Fall ist, denn das Node-Modul stellt in seinem Verzeichnis keine Template-Dateien auf der Grundlage der Node-Typen bereit, und auch das Theme Bluemarine bietet standardmäßig kein Template für Story-Nodes, sondern nur ein allgemeines Node-Template), ist der erste Durchlauf der Suche nach Templates fehlgeschlagen. Als Nächstes sucht Drupal nach einer Verknüpfung des Pfads, der Template-Datei und der Erweiterung: *themes/bluemarine/ node.tpl.php*. Zufrieden damit, dass diese Datei existiert, ruft Drupal die Renderfunktion auf (`theme_render_template()`) und übergibt die ausgewählte Template-Datei und das Array der Variablen.

Die Renderfunktion reicht die Variablen zum Template weiter und führt es aus, wobei anschließend die Ergebnisse zurückgegeben werden. In diesem Beispiel ist das Ergebnis der HTML-Code der Ausführung von *themes/bluemarine/node.tpl.php*.

8.5.3 Neue Blockregionen definieren

Regionen in Drupal sind Bereiche in Themes, in denen Blöcke platziert werden können. Blöcke weisen Sie in der administrativen Schnittstelle von Drupal unter VERWALTEN > STRUKTURIERUNG > BLÖCKE zu. Dort können Sie die Blöcke auch ordnen.

Die Standardregionen in Themes sind `left`, `right`, `content`, `header` und `footer`, wobei Sie beliebig viele Regionen erstellen können. Sobald sie deklariert wurden, werden sie in Ihren Seiten-Template-Dateien (beispielsweise *page.tpl.php*) als Variablen verfügbar gemacht. Verwenden Sie zum Beispiel `<?php print $header ?>` für die Platzierung der Region `header`. Durch Definition in der *.info*-Datei Ihres Themes können Sie weitere Regionen erstellen.

8.5.4 Drupal-Formulare mit Themes versehen

Das Markup in Drupal-Formularen zu ändern ist nicht so einfach wie die Erstellung einer Template-Datei, da Formulare in Drupal von ihrer eigenen API abhängig sind. Kapitel 10 beschreibt ausführlich, wie Sie Theme-Funktionen mit Formularen verknüpfen.

8.5.5 Das Theme-Developer-Modul verwenden

Eine unbezahlbare Ressource für die Arbeit mit Drupal-Themes bildet das Theme-Developer-Modul, das Teil des Moduls *devel.module* ist und von *http://drupal.org/project/devel* heruntergeladen werden kann. Mit diesem Modul können Sie auf ein Element einer Seite zeigen und herausfinden, welche Templates oder Funktionen bei dessen Erstellung mitgewirkt haben. Zusätzlich können Sie die Variablen und die entsprechenden Werte erkennen, die für dieses Element verfügbar sind. Abbildung 8.8 gibt ein Beispiel der angezeigten Informationen wieder.

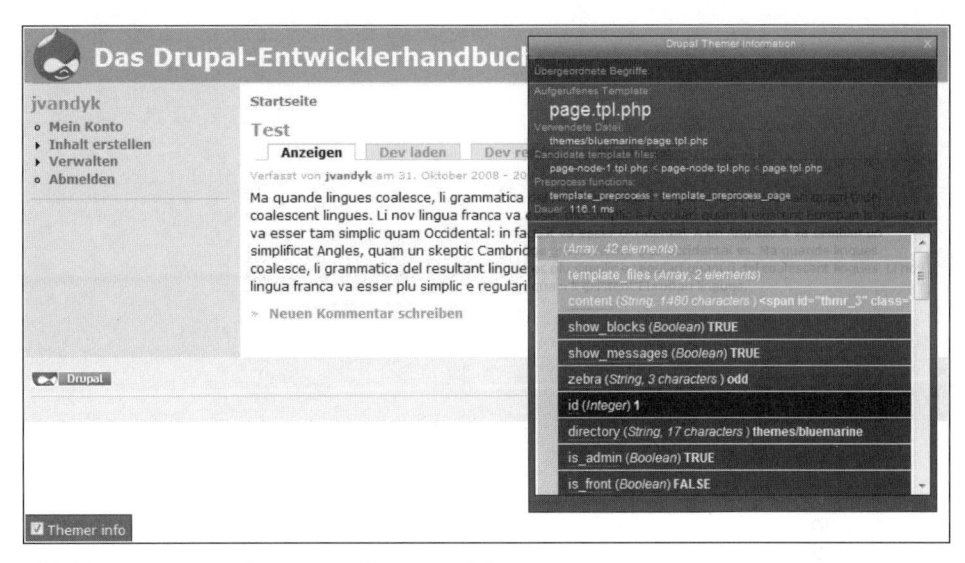

Abbildung 8.8: Das Theme-Developer-Modul

8.6 Zusammenfassung

Nach dem Durcharbeiten dieses Kapitels sollten Sie Folgendes beherrschen:

- Erklären, was Theme-Engines und Themes sind
- Erklären, wie PHPTemplate in Drupal funktioniert
- Template-Dateien erstellen
- Theme-Funktionen überschreiben
- Template-Variablen bearbeiten
- Neue Seitenregionen für Blöcke erstellen

9 Mit Blöcken arbeiten

Blöcke sind Textabschnitte oder Funktionalitäten, die sich in der Regel außerhalb des Hauptbereichs einer Website befinden, z. B. in der rechten oder linken Sidebar, in der Kopf- oder Fußzeile usw. Falls Sie sich schon einmal auf der Drupal-Site angemeldet oder die Verwaltungsoberfläche von Drupal aufgerufen haben, haben Sie einen Block verwendet. Die Berechtigungen und Platzierungen für Blöcke werden in der Verwaltungsoberfläche eingerichtet und vereinfachen so die Arbeit der Entwickler beim Erstellen von Blöcken. Sie finden die Seite zur Konfiguration von Blöcken unter VERWALTEN > STRUKTURIERUNG > BLÖCKE (*http://example.com/?q=admin/build/block*).

9.1 Was ist ein Block?

Ein Block hat einen Titel und eine Beschreibung und wird meistens für Werbeanzeigen, Codefragmente und Statusindikatoren, jedoch nicht für vollwertigen Inhalt verwendet, sodass Blöcke keine Nodes sind und nicht dieselben Regeln wie diese befolgen. Nodes haben eine Versionssteuerung, detaillierte Berechtigungen, die Möglichkeit, Kommentare anzufügen, RSS-Feeds sowie Taxonomiebegriffe. Sie sind üblicherweise für den gehaltvolleren Inhalt einer Site reserviert.

Die Bereiche einer Site, in denen Blöcke platziert werden, heißen Regionen. Sie werden von Themes angelegt und bereitgestellt (in der *.info*-Datei des Themes) und nicht von der Block-API definiert. Blöcke, denen keine Region zugewiesen ist, werden nicht dargestellt.

Blöcke haben Optionen, die steuern, wer sie sehen kann und auf welchen Seiten der Site sie erscheinen sollen. Wenn das Throttle-Modul aktiviert ist, können nicht notwendige Blöcke bei hoher Last automatisch abgeschaltet werden. Abbildung 9.1 zeigt die Übersichtsseite für Blöcke.

Blöcke werden entweder in der Weboberfläche von Drupal (benutzerdefinierte Blöcke) oder programmgesteuert durch die Block-API definiert (vom Modul erstellte Blöcke). Woher wissen Sie, welches Verfahren Sie jeweils verwenden sollen? Ein Einmalblock, der z. B. lediglich statischen, mit der Site in Zusammenhang stehenden HTML-Code enthält, ist ein guter Kandidat für einen benutzerdefinierten Block. Blöcke, die von Natur aus dynamisch sind, mit einem selbstgeschriebenen Modul in Zusammenhang stehen oder hauptsächlich aus PHP-Code bestehen, sind hervorragende Kandidaten für den Einsatz der Block-API und die Implementierung innerhalb eines Moduls. Versuchen Sie, PHP-Code in benutzerdefinierten Blöcken zu vermeiden, da Code in der

Datenbank schwerer zu pflegen ist als in einem Modul. Ein Siteredakteur könnte Ihre ganze Arbeit leicht aus Versehen löschen. Wenn es nicht sinnvoll ist, einen Block auf Modulebene zu erstellen, rufen Sie einfach eine benutzerdefinierte Funktion aus ihm heraus auf und speichern den kompletten PHP-Code woanders.

Block	Region	Lastreduzierung	Operationen
Linke Seitenleiste			
Benutzeranmeldung	Linke Seitenleiste	☐	Konfigurieren
Navigation	Linke Seitenleiste	☐	Konfigurieren
Rechte Seitenleiste			
Neueste Kommentare	Rechte Seitenleiste	☑	Konfigurieren
Wer ist online	Rechte Seitenleiste	☑	Konfigurieren
Inhalt			
Keine Blöcke in dieser Region			
Kopfbereich			
Keine Blöcke in dieser Region			
Fußzeile			
Powered by Drupal	Fußzeile	☐	Konfigurieren
Deaktiviert			
Hauptlinks	<Keine>	☐	Konfigurieren
Neue Mitglieder	<Keine>	☐	Konfigurieren
Newsfeeds	<Keine>	☐	Konfigurieren
Sekundärlinks	<Keine>	☐	Konfigurieren
Sprachumschalter	<Keine>	☐	Konfigurieren

[Blöcke speichern]

Abbildung 9.1: Die Übersichtsseite für Blöcke mit Drosselungsoptionen bei aktiviertem Throttle-Modul

> **Tipp**
>
> Eine übliche Vorgehensweise für Blöcke und andere websitespezifische Komponenten besteht darin, ein Modul für die Website zu erstellen und die spezifische Funktionalität darin aufzunehmen. Beispielsweise könnte der Entwickler einer Website für die Firma Molkerei Meier ein Modul namens *molkereimeier* erstellen.

Obwohl die Block-API einfach ist und von einer einzelnen Funktion, `hook_block()`, gesteuert wird, sollten Sie nicht unterschätzen, welche Komplexität Sie mit diesem Framework erreichen können. Blöcke können praktisch alles anzeigen, was Sie möchten (sie sind in PHP geschrieben und daher in ihrer Funktionalität nicht beschränkt), doch sie dienen in der Regel nur zur Unterstützung des Hauptinhalts der Website. Sie können z.B. einen eigenen Navigationsblock für jede Benutzerrolle erstellen oder einen Block darstellen, der Kommentare auflistet, die noch nicht freigegeben sind.

9.2 Optionen zur Blockkonfiguration

Entwickler müssen sich normalerweise nicht um die Sichtbarkeit von Blöcken kümmern, da sie zum größten Teil auf den Verwaltungsseiten unter VERWALTEN > STRUKTURIERUNG > BLÖCKE eingerichtet werden kann. Wenn Sie auf den Link KONFIGURIEREN für einen Block klicken (siehe Abbildung 9.1), gelangen Sie auf dessen Konfigurationsseite. Mithilfe der in Abbildung 9.2 gezeigten Oberfläche können Sie die folgenden Optionen einrichten:

- BENUTZERSPEZIFISCHE SICHTBARKEITSEINSTELLUNGEN: Administratoren können einzelnen Benutzern erlauben, die Sichtbarkeit eines gegebenen Blocks für ihr Benutzerkonto in den Kontoeinstellungen anzupassen. Sie klicken dann auf den Link MEIN KONTO, um die Blocksichtbarkeit zu ändern.

- ROLLENSPEZIFISCHE SICHTBARKEITSEINSTELLUNGEN: Administratoren können die Sichtbarkeit eines Blocks auf Benutzer mit bestimmten Rollen beschränken.

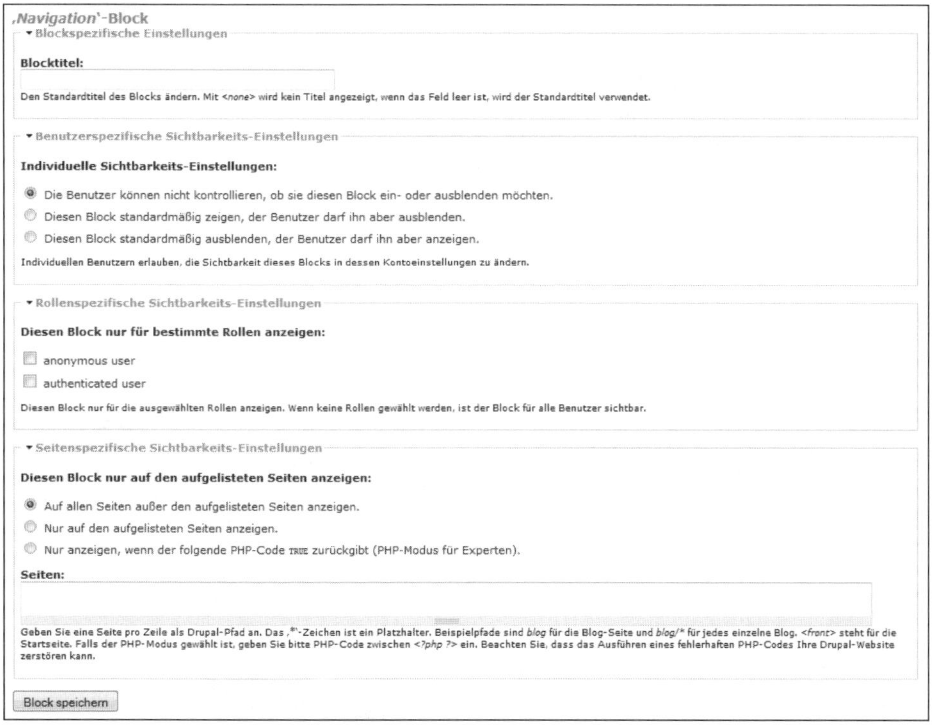

Abbildung 9.2: Konfigurationsseite eines Blocks in der Verwaltungsoberfläche

- SEITENSPEZIFISCHE SICHTBARKEITSEINSTELLUNGEN: Administratoren können bestimmen, dass ein Block auf einer bestimmten Seite oder einem Bereich von Seiten sichtbar oder verborgen ist. Die Sichtbarkeit kann auch davon abhängig sein, ob der PHP-Code bestimmte Bedingungen als wahr erkennt.

9.3 Platzierung von Blöcken

Ich habe zuvor erwähnt, dass die Blockverwaltungsseite den Websiteadministratoren eine Auswahl von Regionen anbietet, auf denen Blöcke erscheinen können. Auf derselben Seite können Sie auch auswählen, in welcher Reihenfolge die Blöcke in einer Region angezeigt werden, wie in Abbildung 9.1 zu sehen ist. Regionen werden nicht durch die Block-API, sondern durch die Theme-Schicht in der *.info*-Datei des Themes definiert, wobei verschiedene Themes verschiedene Regionen anzeigen können. Weitere Informationen zum Erstellen von Regionen finden Sie in Kapitel 8.

9.4 Einen Block definieren

Blöcke werden innerhalb von Modulen mithilfe von `hook_block()` definiert, und ein Modul kann in diesem einzelnen Hook mehrere Blöcke implementieren. Sobald ein Block definiert ist, erscheint er auf der Blockverwaltungsseite. Darüber hinaus kann ein Siteadministrator benutzerdefinierte Blöcke über die Weboberfläche erstellen. In diesem Abschnitt konzentrieren wir uns hauptsächlich auf das programmgesteuerte Erstellen von Blöcken. Schauen wir uns das in Abbildung 9.3 gezeigte Datenbankschema für Blöcke an.

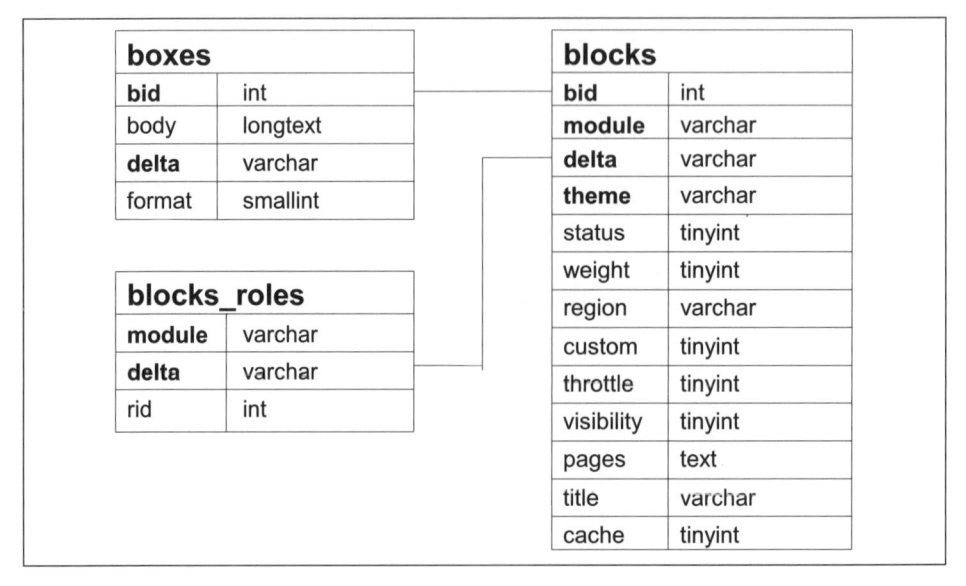

boxes	
bid	int
body	longtext
delta	varchar
format	smallint

blocks_roles	
module	varchar
delta	varchar
rid	int

blocks	
bid	int
module	varchar
delta	varchar
theme	varchar
status	tinyint
weight	tinyint
region	varchar
custom	tinyint
throttle	tinyint
visibility	tinyint
pages	text
title	varchar
cache	tinyint

Abbildung 9.3: Datenbankschema für Blöcke

9.4 Einen Block definieren

Die Eigenschaften der Blöcke sind in der Tabelle *blocks* gespeichert. Die Tabelle *boxes* enthält zusätzliche Daten, die in der Konfigurationsoberfläche erstellt wurden, z.B. ihren Inhalt und den Typ des Eingabeformats. Schließlich speichert die Tabelle *block_roles* die rollenbasierten Berechtigungen für jeden Block. In den Spalten der Tabelle *blocks* werden die folgenden Eigenschaften definiert:

- bid: Die eindeutige ID eines Blocks
- module: Der Name des Moduls, das den Block definiert hat. Der Block für die Benutzeranmeldung wurde z.B. vom User-Modul erstellt usw. Vom Administrator unter VERWALTEN > STRUKTURIERUNG > BLÖCKE erstellte Blöcke werden so behandelt, als wären sie vom Block-Modul erstellt.
- delta: Da Module in hook_block() mehrere Blöcke definieren können, speichert die Spalte delta einen Schlüssel für jeden Block, der nur für jede Implementierung von hook_block() und nicht für alle Blöcke eindeutig ist. Ein delta-Wert kann den Typ Integer oder String haben.
- theme: Blöcke können für mehrere Themes definiert sein. Drupal muss daher den Namen des Themes speichern, für das der Block aktiviert ist. Jedes dieser Themes hat seine eigene Zeile in der Datenbank. Themes nutzen Konfigurationseinstellungen nicht gemeinsam.
- status: Gibt an, ob der Block aktiviert ist. Ein Wert von 1 bedeutet, dass er aktiviert ist, bei 0 ist er deaktiviert. Ist keine Region mit einem Block verknüpft, setzt Drupal diesen Schalter auf 0.
- weight: Bestimmt die Position des Blocks relativ zu anderen Blöcken in einer Region.
- region: Der Name der Region, in der der Block erscheint, z.B. footer.
- custom: Der Wert der benutzerspezifischen Sichtbarkeitseinstellungen für diesen Block (siehe Abbildung 9.2). Ein Wert von 0 bedeutet, dass die Benutzer die Sichtbarkeit des Blocks nicht beeinflussen können, 1 gibt an, dass der Block standardmäßig angezeigt wird, der Benutzer ihn jedoch verbergen kann, und der Wert 2 bedeutet, dass der Block standardmäßig verborgen ist, aber der Benutzer ihn anzeigen lassen kann.
- throttle: Wenn das Throttle-Modul aktiviert ist, gibt diese Spalte an, welche Blöcke gedrosselt werden sollen. Ein Wert von 0 gibt an, dass die Drosselung deaktiviert ist, und 1 bedeutet, dass sie auswählbar ist. Das Throttle-Modul wird verwendet, um automatisch einen plötzlichen Anstieg des eingehenden Verkehrs zu erkennen und vorübergehend gewisse prozessorlastige Bereiche der Site zu deaktivieren (weitere Informationen zum Throttle-Modul erhalten Sie in Kapitel 22).
- visibility: Dieser Wert bestimmt die Sichtbarkeit des Blocks. Der Wert 0 gibt an, dass der Block auf allen Seiten mit Ausnahme der angegebenen angezeigt wird, 1 bedeutet, dass er nur auf den angegebenen Seiten zu sehen ist, und der Wert 2 besagt, dass Drupal benutzerdefinierten PHP-Code ausführt, um zu bestimmen, ob der Block angezeigt wird oder nicht.

- pages: Der Inhalt dieses Felds hängt von der Einstellung im Feld visibility ab. Ist der Wert von visibility gleich 0 oder 1, enthält dieses Feld eine Liste von Drupal-Pfaden. Ist visibility gleich 2, enthält pages benutzerdefinierten PHP-Code, der bestimmt, ob der Block angezeigt wird.

- title: Ein benutzerdefinierter Titel für den Block. Ist dieses Feld leer, wird der Standardtitel für den Block verwendet (den das Modul angibt, das den Block bereitstellt). Enthält dieses Feld den Wert <none>, wird kein Titel für den Block angezeigt. Andernfalls wird der Text in diesem Feld als Titel verwendet.

- cache: Dieser Wert bestimmt, wie Drupal den Block zwischenspeichert. Ein Wert von -1 gibt an, dass keine Zwischenspeicherung erfolgt. 1 bedeutet, dass der Block für jede Rolle zwischengespeichert wird – Drupals Standardwert für Blöcke, die keine Einstellung hierzu angeben. Ein Wert von 2 bestimmt, dass der Block für jeden Benutzer zwischengespeichert wird. 4 bedeutet die Zwischenspeicherung jeder Seite und 8, dass der Block zwischengespeichert wird, dies aber stets auf die gleiche Weise unabhängig von Rolle, Benutzer oder Seite erfolgt.

9.4.1 Blöcke mit Themes versehen

Während einer Seitenanforderung erfragt das Themesystem vom Blocksystem eine Liste der Blöcke für alle Regionen. Das geschieht, wenn die Variablen erstellt werden, die an das Template für die Seite gesendet werden (normalerweise *page.tpl.php*). Um die mit Themes versehenen Blöcke für alle Regionen zu erfassen (beispielsweise für die Region footer), führt Drupal Folgendes aus:

```
$variables['footer'] = theme('blocks', 'footer');
```

In Kapitel 8 haben wir erwähnt, dass theme('blocks') in Wirklichkeit ein Aufruf von theme_block() ist. Hier sehen Sie, was theme_block() tatsächlich macht:

```
/**
 * Rückgabe einer Menge von Blöcken, die für den aktuellen Benutzer
 * verfügbar sind.
 *
 * @param $region
 *   Gibt an, aus welcher Region die Blöcke sind.
 * @return
 *   Ein String, der die mit Themes versehenen Blöcke für diese
 *   Region enthält.
 */
function theme_blocks($region) {
  $output = '';

  if ($list = block_list($region)) {
    foreach ($list as $key => $block) {
      $output .= theme('block', $block);
```

9.4 Einen Block definieren

```
    }
  }
  // Fügt dieser Region zugewiesenen Inhalt durch Aufrufe von
  // drupal_set_content() hinzu.
  $output .= drupal_get_content($region);
  return $output;
}
```

Im vorstehenden Codefragment durchlaufen wir jeden Block für die angegebene Region und rufen für jeden Block eine Theme-Funktion auf, die normalerweise dazu führt, dass eine Datei *block.tpl.php* ausgeführt wird. Einzelheiten zur Funktionsweise und dazu, wie Sie das Erscheinungsbild einzelner Blöcke überschreiben, erhalten Sie in Kapitel 8. Schließlich geben wir alle mit Themes versehenen Blöcke für diese Region an den aufrufenden Code zurück.

9.4.2 Einen Block-Hook verwenden

Der Block-Hook `hook_block()` handhabt die gesamte Logik für das programmgesteuerte Erstellen von Blöcken. Mit diesem Hook können Sie einen einzelnen Block oder eine Menge von Blöcken deklarieren. Jedes Modul kann `hook_block()` implementieren, um Blöcke zu erstellen. Werfen wir einen Blick auf die Funktionssignatur:

```
function hook_block($op = 'list', $delta = 0, $edit = array())
```

Die Parameterliste

Der Block-Hook übernimmt die in den folgenden Abschnitten behandelten Parameter.

$op

Dieser Parameter definiert die Phasen, die ein Block durchläuft. Im Drupal-Framework ist es üblich, den Parameter `$op` zu übergeben, um eine Operationsphase zu definieren – beispielsweise nutzen dieses Modell auch `hook_nodeapi()` und `hook_user()`. `$op` kann die folgenden Werte annehmen:

- `list`: Gibt ein Array aller Blöcke zurück, die das Modul definiert. Die Schlüssel des Arrays sind die Werte für `delta` (der eindeutige Bezeichner für diesen Block unter allen von diesem Modul definierten Blöcken). Jeder Arraywert ist wiederum ein assoziatives Array, das wesentliche Daten über den Block zur Verfügung stellt. Mögliche Werte für `list` und ihre Standardwerte lauten:
  - `info`: Dieser Wert ist *erforderlich*. Ein übersetzbarer String (d.h., der String kann in die Funktion `t()` eingeschlossen werden) gibt eine Beschreibung des Blocks, die für Siteadministratoren geeignet ist.
  - `cache`: Wie soll der Block zwischengespeichert werden? Mögliche Werte sind `BLOCK_NO_CACHE` (den Block nicht zwischenspeichern), `BLOCK_CACHE_PER_USER` (den

Block für jeden Benutzer zwischenspeichern – keine gute Idee auf einer Site mit vielen Benutzern!), BLOCK_CACHE_PER_PAGE (den Block für jede Seite zwischenspeichern) und BLOCK_CACHE_GLOBAL (den Block nur einmal für alle zwischenspeichern).

- status: Soll der Block standardmäßig aktiviert sein? Die möglichen Werte sind TRUE oder FALSE, wobei FALSE der Standardwert ist.
- region: Der Block kann seine Standardregion angeben, doch natürlich kann ein Administrator ihn in eine andere Region verschieben. Dieser Wert hat nur dann eine Auswirkung, wenn der Wert für status auf TRUE gesetzt ist. Ist der Block nicht aktiviert, wird die Region auf None gesetzt.
- weight: Steuert die Anordnung eines Blocks, wenn er in seiner Region angezeigt wird. Ein Block mit einem geringeren Gewicht steigt in der Region vertikal nach oben und horizontal nach links. Ein Block mit einem höheren Gewicht sinkt nach unten oder auf die rechte Seite der Region. Das Standardgewicht ist 0.
- pages: Definiert die Standardseiten, auf denen der Block sichtbar sein soll. Der Standardwert ist ein leerer String. Der Wert für pages besteht aus Drupal-Pfaden, die durch Zeilenumbrüche getrennt sind. Das Zeichen * ist ein Platzhalter. Beispielpfade sind blog für die Blogseite und blog/* für alle persönlichen Blogs. <front> ist die Titelseite.
- custom: TRUE bedeutet, dass dies ein benutzerdefinierter Block ist, FALSE gibt an, dass der Block von einem Modul implementiert wird.
- title: Der standardmäßige Blocktitel.

- configure: Gibt ein Array zur Formulardefinition mit Feldern für blockspezifische Einstellungen zurück. Es wird mit dem globalen Formular auf der Blockkonfigurationsseite verbunden und erweitert somit die Art und Weise, wie ein Block konfiguriert werden kann. Wenn Sie diesen Wert verwenden, müssen Sie auch die Operation save implementieren (siehe den nächsten Eintrag in der Liste).
- save: Die Operation save wird ausgeführt, wenn das Konfigurationsformular abgeschickt wird. Das geschieht, wenn Ihr Modul benutzerdefinierte Informationen zur Blockkonfiguration speichern kann, die Sie in der Operation configure gesammelt haben. Die Daten, die Sie speichern möchten, sind im Parameter $edit enthalten. Ein Rückgabeparameter wird nicht benötigt.
- view: Der Block wird angezeigt. Geben Sie ein Array zurück, das den Titel und den Inhalt des Blocks enthält.

$delta

Das ist die ID des zurückzugebenden Blocks. Sie können einen Integer oder einen String für $delta verwenden. Beachten Sie, dass $delta ignoriert wird, wenn der Parameter $op gleich list ist, da Deltas in der Operation list definiert werden.

$edit

Wenn $op gleich save ist, enthält $edit die übermittelten Formulardaten aus dem Formular zur Blockkonfiguration.

9.5 Einen Block aufbauen

In diesem Beispiel implementieren Sie zwei Blöcke, die das Moderieren des Inhalts erleichtern. Zunächst erstellen Sie einen Block, der Kommentare auflistet, die noch auf die Freigabe warten, und anschließend einen, der nicht veröffentlichte Nodes aufführt. Beide Blöcke stellen auch Links zum Bearbeitungsformular für den moderierten Inhalt zur Verfügung.

Schreiben wir zunächst ein neues Modul namens *approval.module*, das den Code unseres Blocks enthält. Richten Sie einen neuen Ordner namens *approval* unter *sites/all/modules/custom* ein (möglicherweise müssen Sie zunächst die Ordner *modules* und *custom* anlegen).

Fügen Sie dem Ordner dann *approval.info* hinzu:

```
; $Id$
name = Approval
description = Blocks for facilitating pending content workflow.
package = Pro Drupal Development
core = 6.x
```

Und anschließend auch *approval.module*:

```
<?php
// $Id$

/**
 * @file
 * Implementiert verschiedene Blöcke, um den Ablauf für noch nicht
 * freigeschalteten Inhalt zu verbessern.
 */
```

Nachdem Sie diese Dateien erstellt haben, aktivieren Sie das Modul unter VERWALTEN > STRUKTURIERUNG > MODULE. Lassen Sie Ihren Texteditor geöffnet, da Sie weiter mit *approval.module* arbeiten werden.

Nun fügen wir unseren Block-Hook hinzu und implementieren die Operation list, sodass unser Block in der Liste auf der Blockverwaltungsseite erscheint (siehe Abbildung 9.4):

```
/**
 * Implementierung von hook_block().
 */
function approval_block($op = 'list', $delta = 0, $edit = array()) {
```

```
  switch ($op) {
    case 'list':
      $blocks[0]['info'] = t('Pending comments');
      $blocks[0]['cache'] = BLOCK_NO_CACHE;
      return $blocks;
  }
}
```

Block	Region	Operationen
Linke Seitenleiste		
⊕ Benutzeranmeldung	Linke Seitenleiste ▼	Konfigurieren
⊕ Navigation	Linke Seitenleiste ▼	Konfigurieren
Rechte Seitenleiste		
⊕ Neueste Kommentare	Rechte Seitenleiste ▼	Konfigurieren
⊕ Wer ist online	Rechte Seitenleiste ▼	Konfigurieren
Inhalt		
Keine Blöcke in dieser Region		
Kopfbereich		
Keine Blöcke in dieser Region		
Fußzeile		
⊕ Powered by Drupal	Fußzeile ▼	Konfigurieren
Deaktiviert		
⊕ Hauptlinks	<Keine> ▼	Konfigurieren
⊕ Neue Mitglieder	<Keine> ▼	Konfigurieren
⊕ Newsfeeds	<Keine> ▼	Konfigurieren
⊕ Sekundärlinks	<Keine> ▼	Konfigurieren
⊕ Sprachumschalter	<Keine> ▼	Konfigurieren
⊕ Auf Freigabe wartende Kommentare	<Keine> ▼	Konfigurieren

[Blöcke speichern]

Abbildung 9.4: »Auf Freigabe wartende Kommentare« ist nun ein Block, der auf der Blockverwaltungsseite unter der Überschrift Deaktiviert aufgeführt wird. Er kann jetzt einer Region zugewiesen werden.

Beachten Sie, dass der Wert von info nicht der Titel des Blocks ist, den die Benutzer nach seiner Aktivierung sehen, sondern eine Beschreibung, die nur in der Blockliste erscheint, die der Administrator konfigurieren kann. Den tatsächlichen Blocktitel richten Sie später im case-Abschnitt für view ein. Zunächst richten Sie jedoch zusätzliche Konfigurationsoptionen ein. Dazu implementieren Sie den case-Abschnitt für configure wie im folgenden Codefragment gezeigt. Sie erstellen ein neues Formularfeld, das nach einem Klick auf den Link KONFIGURIEREN sichtbar wird, der sich auf der Blockverwaltungsseite rechts neben dem Block befindet, wie Abbildung 9.5 zeigt.

9.5 Einen Block aufbauen

```
function approval_block($op = 'list', $delta = 0, $edit = array()) {
   switch ($op) {
      case 'list':
         $blocks[0]['info'] = t('Pending comments');
         $blocks[0]['cache'] = BLOCK_NO_CACHE;
         return $blocks;

      case 'configure':
         $form['approval_block_num_posts'] = array(
            '#type' => 'textfield',
            '#title' => t('Number of pending comments to display'),
            '#default_value' =>
               variable_get('approval_block_num_posts', 5),
         );
         return $form;
   }
}
```

Abbildung 9.5: Formular zur Blockkonfiguration mit den benutzerdefinierten Feldern des Blocks

Wenn das in Abbildung 9.5 gezeigte Formular zur Blockkonfiguration abgeschickt wird, löst es die nächste Operation aus, die save lautet. In dieser nächsten Phase speichern Sie den Wert des Formularfelds:

```
function approval_block($op = 'list', $delta = 0, $edit = array()) {
   switch ($op) {
      case 'list':
         $blocks[0]['info'] = t('Pending comments');
         $blocks[0]['cache'] = BLOCK_NO_CACHE;
         return $blocks;

      case 'configure':
         $form['approval_block_num_posts'] = array(
            '#type' => 'textfield',
            '#title' => t('Number of pending comments to display'),
            '#default_value' =>
               variable_get('approval_block_num_posts', 5),
```

```
      );
      return $form;

    case 'save':
      variable_set('approval_block_num_posts',
        (int)$edit['approval_block_num_posts']);
      break;
  }
}
```

Sie speichern die Anzahl der unerledigten anzuzeigenden Kommentare unter Verwendung des in Drupal eingebauten Variablensystems mit `variable_set()`. Beachten Sie, wie wir den Wertetyp zur Überprüfung in einen Integer umwandeln. Fügen Sie schließlich die Operation `view` hinzu und geben Sie beim Anzeigen des Blocks eine Liste unerledigter Kommentare zurück:

```
function approval_block($op = 'list', $delta = 0, $edit = array()) {
  switch ($op) {
    case 'list':
      $blocks[0]['info'] = t('Pending comments');
      return $blocks;

    case 'configure':
      $form['approval_block_num_posts'] = array(
        '#type' => 'textfield',
        '#title' => t('Number of pending comments to display'),
        '#default_value' =>
          variable_get('approval_block_num_posts', 5),
      );
      return $form;

    case 'save':
      variable_set('approval_block_num_posts',
        (int)$edit['approval_block_num_posts']);
      break;

    case 'view':
      if (user_access('administer comments')) {
        // Ruft die Anzahl der unerledigten anzuzeigenden
        // Kommentare ab, die wir zuvor in der Operation 'save'
        // gespeichert haben. Der Standardwert ist 5.
        $num_posts = variable_get('approval_block_num_posts', 5);
        // Abfrage der Datenbank nach unveröffentlichten
        // Kommentaren.
        $result = db_query_range('SELECT c.* FROM {comments} c WHERE
          c.status = %d ORDER BY c.timestamp',
          COMMENT_NOT_PUBLISHED, 0, $num_posts);
        // Merkt sich unseren aktuellen Ort, damit der Benutzer nach
        // dem Bearbeiten zurückkehren kann.
```

9.5 Einen Block aufbauen

```
        $destination = drupal_get_destination();
        $items = array();
        while ($comment = db_fetch_object($result)) {
          $items[] = l($comment->subject, 'node/'. $comment->nid,
            array('fragment' => 'comment-'. $comment->cid)) .' '.
            l(t('[edit]'), 'comment/edit/'. $comment->cid,
            array('query' => $destination));
        }
        $block['subject'] = t('Pending comments');
        // Wir gestalten unser Link-Array als ungeordnete Liste.
        $block['content'] = theme('item_list', $items);
      }
      return $block;
  }
}
```

Hier fragen wir die Datenbank nach den Kommentaren ab, die eine Freigabe benötigen, und zeigen ihre Titel als Links jeweils zusammen mit einem BEARBEITEN-Link an, wie in Abbildung 9.6 zu sehen ist.

Beachten Sie, wie wir im vorstehenden Code `drupal_get_destination()` verwendet haben. Diese Funktion merkt sich die Seite, auf der Sie waren, bevor Sie das Formular abgeschickt haben, sodass Sie nach dem Aktualisieren des Formulars zum Veröffentlichen oder Löschen eines Kommentars automatisch dorthin geleitet werden, woher Sie kamen.

Den Titel des Blocks setzen Sie mit der folgenden Zeile:

```
$block['subject'] = t('Pending comments');
```

Auf Freigabe wartende Kommentare
- das ist wirklich gut [bearbeiten]
- Übrigens ... [bearbeiten]

Abbildung 9.6: Der Block, der die »Pending comments« auflistet, nachdem er aktiviert wurde. Er zeigt zwei unerledigte Kommentare.

Nun, da der Block »Auf Freigabe wartende Kommentare« fertig ist, möchten wir einen weiteren Block innerhalb der Funktion `approval_block()` definieren – einen Block, der alle unveröffentlichten Nodes anzeigt und einen Link zu der Seite enthält, auf der sie bearbeitet werden können:

```
function approval_block($op = 'list', $delta = 0, $edit = array()) {
  switch ($op) {
    case 'list':
```

```
            $blocks[0]['info'] = t('Pending comments');
            $blocks[0]['cache'] = BLOCK_NO_CACHE;
            $blocks[1]['info'] = t('Unpublished nodes');
            $blocks[1]['cache'] = BLOCK_NO_CACHE;
            return $blocks;
    }
}
```

Beachten Sie, dass allen Blöcken ein Schlüssel zugewiesen ist: ($blocks[0], $blocks[1], ... $blocks[n]). Das Block-Modul nutzt diese Schlüssel anschließend für den Parameter $delta. Hier haben wir die $delta-IDs für den Block »Auf Freigabe wartende Kommentare« auf 0 und für »Nicht freigegebene Nodes« auf 1 gesetzt. Wir hätten genauso gut pending und unpublished nehmen können. Es liegt im Ermessen des Programmierers zu entscheiden, welche Schlüssel er verwendet, wobei die Schlüssel nicht numerisch sein müssen.

Nachfolgend sehen Sie die vollständige Funktion. Unser neuer Block wird in Abbildung 9.7 gezeigt.

```
function approval_block($op = 'list', $delta = 0, $edit = array()) {
  switch ($op) {
    case 'list':
      $blocks[0]['info'] = t('Pending comments');
      $blocks[0]['cache'] = BLOCK_NO_CACHE;

      $blocks[1]['info'] = t('Unpublished nodes');
      $blocks[1]['cache'] = BLOCK_NO_CACHE;
      return $blocks;

    case 'configure':
      // Nur in Block 0 (dem Block 'Pending comments') kann die
      // Anzahl der anzuzeigenden Kommentare angegeben werden.
      $form = array();
      if ($delta == 0) {
        $form['approval_block_num_posts'] = array(
          '#type' => 'textfield',
          '#title' => t('Number of pending comments to display'),
          '#default_value' =>
             variable_get('approval_block_num_posts', 5),
        );
      }
      return $form;

    case 'save':
      if ($delta == 0) {
        variable_set('approval_block_num_posts', (int)
          $edit['approval_block_num_posts']);
      }
      break;
```

9.5 Einen Block aufbauen

```
      case 'view':
        if ($delta == 0 && user_access('administer comments')) {
          // Ruft die Anzahl der unerledigten anzuzeigenden
          // Kommentare ab, die wir zuvor in der Operation 'save'
          // gespeichert haben. Der Standardwert ist 5.
          $num_posts = variable_get('approval_block_num_posts', 5);
          // Abfrage der Datenbank nach unveröffentlichten
          // Kommentaren.
          $result = db_query_range('SELECT c.* FROM {comments} c
            WHERE c.status = %d
            ORDER BY c.timestamp', COMMENT_NOT_PUBLISHED, 0,
            $num_posts);
          $destination = drupal_get_destination();
          $items = array();
          while ($comment = db_fetch_object($result)) {
            $items[] = l($comment->subject, 'node/'. $comment->nid,
                array('fragment' => 'comment-'. $comment->cid)) .' '.
                l(t('[edit]'), 'comment/edit/'. $comment->cid,
                array('query' => $destination));
          }
          $block['subject'] = t('Pending Comments');
          // Wir gestalten unser Link-Array als ungeordnete Liste.
          $block['content'] = theme('item_list', $items);
        }
        elseif ($delta == 1 && user_access('administer nodes')) {
          // Fragt die Datenbank nach den 5 aktuellsten
          // unveröffentlichten Nodes ab. Für unveröffentlichte Nodes
          // ist die Spalte 'status' auf 0 gesetzt.
          $result = db_query_range('SELECT title, nid FROM {node}
            WHERE status = 0 ORDER BY changed DESC', 0, 5);
          $destination = drupal_get_destination();
          while ($node = db_fetch_object($result)) {
            $items[] = l($node->title, 'node/'. $node->nid). ' '.
                l(t('[edit]'), 'node/'. $node->nid .'/edit',
                array('query' => $destination));
          }
          $block['subject'] = t('Unpublished nodes');
          // Wir gestalten unser Link-Array als ungeordnete Liste.
          $block['content'] = theme('item_list', $items);
        }
        return $block;
    }
}
```

Weil Sie mehrere Blöcke haben, verwenden Sie in der Operation view das Konstrukt if...elsif. In beiden Fällen überprüfen Sie das $delta des angezeigten Blocks, um zu entscheiden, ob Sie den Code ausführen müssen. Zusammengefasst sieht es wie folgt aus:

```
if ($delta == 0) {
  // Macht etwas mit Block 0
}
elseif ($delta == 1) {
  // Macht etwas mit Block 1
}
elseif ($delta == 2) {
  // Macht etwas mit Block 2
}
return $block;
```

Das Ergebnis für unseren neuen Block für nicht veröffentlichte Nodes sehen Sie in Abbildung 9.7.

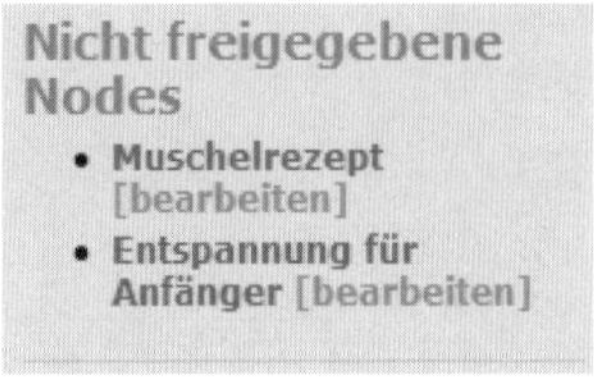

Abbildung 9.7: Ein Block, der nicht veröffentlichte Nodes auflistet

9.5.1 Bonusbeispiel: Einen Block für noch nicht aktivierte Benutzerkonten hinzufügen

Wenn Sie *approval.module* erweitern möchten, können Sie einen weiteren Block hinzufügen, der eine Liste von Benutzerkonten anzeigt, die auf die Freigabe des Administrators warten. Es ist Ihnen als Übungsaufgabe überlassen, dies zu dem vorhandenen *approval.module* hinzuzufügen. Hier sehen Sie den Block in einem hypothetischen *userapproval.module*:

```
function userapproval_block($op = 'list', $delta = 0, $edit = array()) {
  switch ($op) {
    case 'list':
      $blocks[0]['info'] = t('Pending users');
      return $blocks;

    case 'view':
      if (user_access('administer users')) {
        $result = db_query_range('SELECT uid, name, created
          FROM {users} WHERE uid != 0 AND status = 0 ORDER BY
          created DESC', 0, 5);
        $destination = drupal_get_destination();
        // Defensives Programmieren: Wir verwenden $u statt
        // $user, um mögliche Namespaceüberscheidungen mit der
        // globalen Variablen $user zu vermeiden,
```

```
            // falls dieser Code später eingefügt werden sollte.
            while ($u = db_fetch_object($result)) {
                $items[] = theme('username', $u). ' '.
                    l('[edit]', 'user/'. $u->uid. '/edit',
                    array('query' => $destination));
            }
            $block['subject'] = t('Pending users');
            $block['content'] = theme('item_list', $items);
        }
        return $block;
    }
}
```

9.6 Einen Block während der Installation eines Moduls aktivieren

Manchmal soll ein Block automatisch erscheinen, wenn ein Modul installiert wird. Das geht recht einfach und erfolgt über eine Abfrage, die die Einstellungen für den Block direkt in die Tabelle *blocks* einträgt. Die Abfrage erfolgt in der Funktion hook_install(), die sich in der *.install*-Datei Ihres Moduls befindet. Das folgende Beispiel zeigt, wie das User-Modul den Block zur Benutzeranmeldung bei der Installation von Drupal aktiviert (siehe *modules/system/system.install*):

```
db_query("INSERT INTO {blocks} (module, delta, theme, status,
    weight, region, pages, cache) VALUES ('%s', '%s', '%s', %d, %d,
    '%s', '%s', %d)", 'user', '0', 'garland', 1, 0, 'left', '', -1);
```

Diese Datenbankabfrage fügt den Block in die Tabelle *blocks* ein und setzt seinen Status auf 1, sodass er aktiviert ist. Er ist der Region left, also der linken Sidebar zugewiesen.

9.7 Beispiele für die Sichtbarkeit von Blöcken

Auf der Verwaltungsoberfläche für Blöcke können Sie im Abschnitt SEITENSPEZIFISCHE SICHTBARKEITS-EINSTELLUNGEN der Blockkonfigurationsseite Fragmente von PHP-Code eintragen. Wenn eine Seite aufgebaut wird, führt Drupal das PHP-Fragment aus, um zu bestimmen, ob ein Block angezeigt wird. Die folgenden Beispiele zeigen einige der bekanntesten Fragmente. Ihr Rückgabewert sollte stets TRUE oder FALSE sein, um anzugeben, ob der Block für diese bestimmte Anfrage sichtbar sein sollte.

9.7.1 Einen Block nur für angemeldete Benutzer anzeigen

Gibt nur dann TRUE zurück, wenn $user->uid nicht gleich 0 ist.

```
<?php
  global $user;
  return (bool) $user->uid;
?>
```

9.7.2 Einen Block nur für anonyme Benutzer anzeigen

Gibt nur dann TRUE zurück, wenn $user->uid gleich 0 ist.

```
<?php
  global $user;
  return !(bool) $user->uid;
?>
```

9.8 Zusammenfassung

In diesem Kapitel haben Sie Folgendes gelernt:

- Was Blöcke sind und wie sie sich von Nodes unterscheiden
- Wie die Einstellungen für Sichtbarkeit und Platzierung von Blöcken funktionieren
- Wie Sie einen oder mehrere Blöcke definieren
- Wie Sie einen Block standardmäßig aktivieren

10 Die Formular-API

Drupal enthält eine Anwendungsprogrammierschnittstelle (Application Programming Interface, API) zum Erstellen, Validieren und Verarbeiten von HTML-Formularen. Die Formular-API abstrahiert Formulare in ein verschachteltes Array mit Eigenschaften und Werten, das vom Formular-Rendering-Modul zur passenden Zeit beim Erstellen einer Seite umgewandelt wird. Dieser Ansatz hat folgende Konsequenzen:

- Wir schreiben keinen HTML-Code, sondern legen ein Array an und lassen den Code von der Engine verfassen.
- Da das Formular in Form strukturierter Daten dargestellt wird, können wir Formulare hinzufügen, löschen, neu anordnen und ändern, was besonders praktisch ist, wenn Sie ein von einem anderen Modul erstelltes Formular sauber und mit möglichst geringen Eingriffen ändern wollen.
- Alle Formularelemente lassen sich beliebigen Theme-Funktionen zuordnen.
- Jedes Formular kann um zusätzliche Validierung oder Verarbeitung ergänzt werden.
- Operationen an Formularen sind gegen Injektionsangriffe geschützt, bei denen ein Benutzer das Formular ändert und dann versucht, es zu übermitteln.
- Die Lernkurve für die Benutzung von Formularen ist ein wenig steiler!

In diesem Kapitel gehen wir den Stoff frontal an. Sie erfahren, wie die Formular-Engine funktioniert, wie Sie Formulare erstellen, validieren und verarbeiten und wie Sie die Rendering-Engine zur Übermittlung zwingen, wenn Sie eine Ausnahme von der Regel durchsetzen wollen. Es geht in diesem Kapitel um die Formular-API von Drupal 6. Zuerst sehen wir uns an, wie die Formularverarbeitungs-Engine funktioniert. Stehen Sie gerade am Anfang, was Formulare in Drupal betrifft, und möchten Sie mit einem Beispiel beginnen, blättern Sie vielleicht lieber zum Abschnitt 10.2, *Einfache Formulare erstellen*, vor. Wenn Sie Angaben über einzelne Formulareigenschaften suchen, finden Sie diese im letzten Teil des Kapitels unter Abschnitt 10.3, *Eigenschaften der Formular-API*.

10.1 Grundlagen der Formularverarbeitung

In Abbildung 10.1 sehen Sie einen Überblick über die Erstellung, Validierung und Übermittlung von Formularen. In den folgenden Abschnitten verwenden wir diese Abbildung als Leitlinie und beschreiben, was dabei jeweils geschieht.

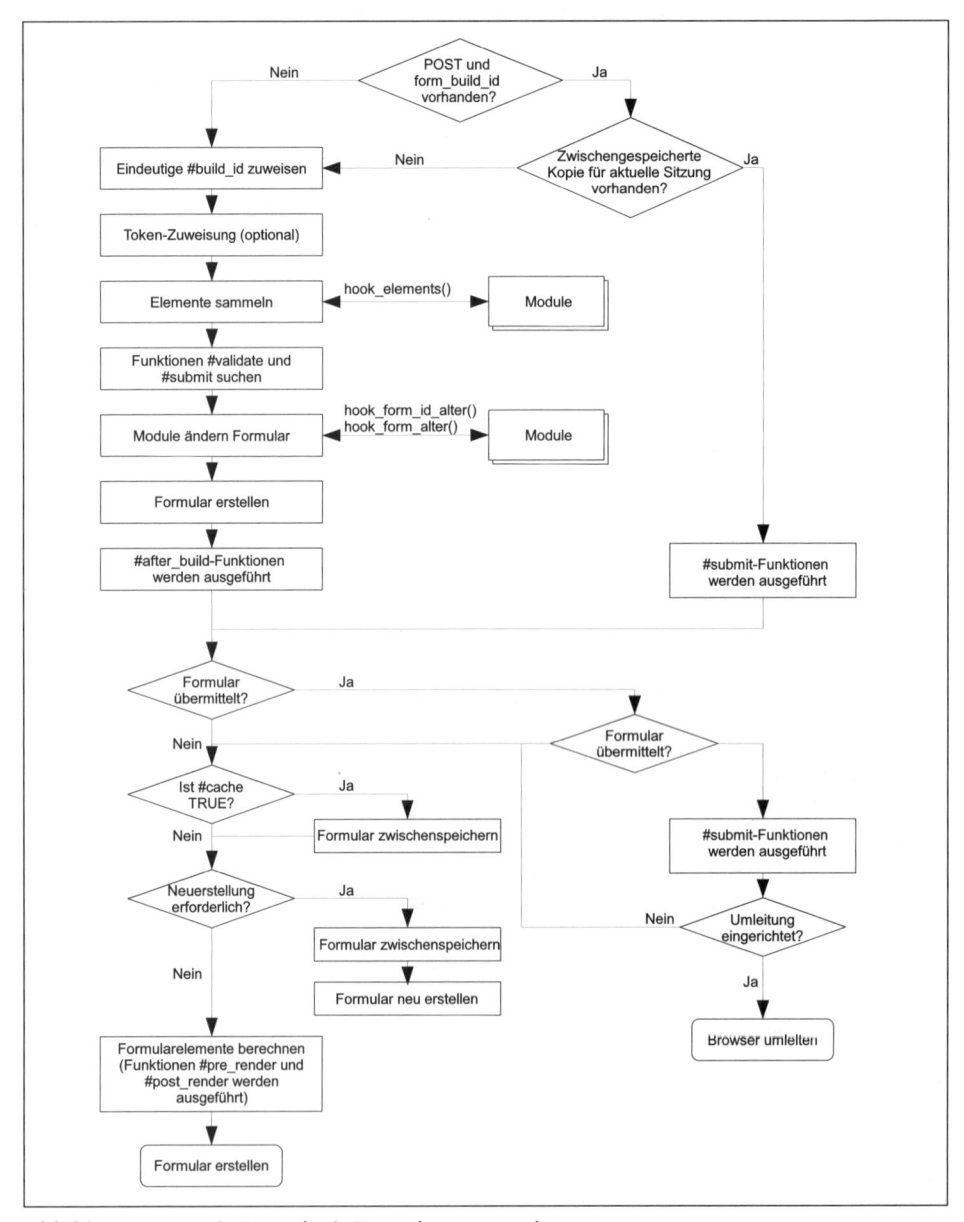

Abbildung 10.1: Wie Drupal mit Formularen umgeht

10.1 Grundlagen der Formularverarbeitung

Für die sinnvolle Arbeit mit der Formular-API ist es hilfreich, die Funktionsweise der zugrunde liegenden Engine zu kennen. Module beschreiben Formulare gegenüber Drupal mithilfe assoziativer Arrays. Die Drupal-Formular-Engine erledigt die Erstellung des HTML-Codes für die Anzeige der übermittelten Formulare und ihre sichere Verarbeitung in drei Phasen: Validierung, Übermittlung und Umleitung. In den folgenden Abschnitten wird erläutert, was nach dem Aufruf von `drupal_get_form()` geschieht.

10.1.1 Den Vorgang initialisieren

Im Zusammenhang mit Formularen sind drei Variablen von erheblicher Bedeutung. Die erste, `$form_id`, enthält einen String, der das Formular bezeichnet, die zweite, `$form`, ist ein strukturiertes Array, das das Formular beschreibt, und die dritte, `$form_state`, enthält Informationen über das Formular, beispielsweise seine Werte und Anweisungen für die Zeit nach der Verarbeitung. Zuerst initialisiert `drupal_get_form()` die Variable `$form_state`.

10.1.2 Ein Token festlegen

Das Formularsystem trägt aus Sicherheitsgründen und als Gegenmaßnahme gegen Spammer und mögliche Angreifer dafür Sorge, dass das übermittelte Formular mit dem von Drupal erstellten identisch ist. Dazu vergibt es für jede Installation einen privaten Schlüssel, der während der Installation zufällig erstellt wird und zur Unterscheidung der verschiedenen Drupal-Installationen dient. Er wird als `drupal_private_key` in der Tabelle *variables* abgelegt. Ein darauf basierendes pseudo-zufälliges Token in Form eines verborgenen Feldes wird gesendet und beim Übermitteln eines Formulars überprüft. Hintergrundinformationen dazu finden Sie unter *http://drupal.org/node/28420*. Token werden nur für angemeldete Benutzer verwendet, weil Seiten für anonyme Benutzer normalerweise zwischengespeichert werden, was zu nicht eindeutigen Token führt.

10.1.3 Eine ID festlegen

Als Bestandteil des Formulars wird ein verborgenes Feld mit der Formular-ID an den Browser gesendet. Diese ID entspricht normalerweise der Funktion, die das Formular definiert, und wird als erster Parameter von `drupal_get_form()` verwendet. Die Funktion `user_register()` definiert beispielsweise das Formular für die Benutzerregistrierung und wird wie folgt aufgerufen:

```
$output = drupal_get_form('user_register');
```

10.1.4 Definitionen aller möglichen Formularelemente erfassen

Als Nächstes ist die Funktion `element_info()` an der Reihe, die wiederum für alle Module, die sie implementieren, `hook_elements()` aufruft. Innerhalb des Drupal-Cores sind die Standardelemente, etwa Optionsschalter und Kontrollkästchen, durch die

Implementierung von hook_elements() in *modules/system/system.module* definiert. Wollen Module eigene Elementtypen bilden, implementieren sie diesen Hook. Möglicherweise verfahren Sie in Ihrem Modul entsprechend, weil Sie ein Formularelement besonderer Art haben wollen, beispielsweise eine Schaltfläche zum Hochladen von Bildern, die in der Vorschau des Nodes ein Miniaturbild ausgibt, oder weil Sie ein vorhandenes Formularelement durch die Definition zusätzlicher Eigenschaften erweitern wollen.

Das fivestar-Modul aus der Community definiert zum Beispiel einen eigenen Elementtyp:

```
/**
 * Implementierung von hook_elements().
 *
 * Definiert den Formularelementtyp 'fivestar'.
 */
function fivestar_elements() {
  $type['fivestar'] = array(
    '#input' => TRUE,
    '#stars' => 5,
    '#widget' => 'stars',
    '#allow_clear' => FALSE,
    '#auto_submit' => FALSE,
    '#auto_submit_path' => '',
    '#labels_enable' => TRUE,
    '#process' => array('fivestar_expand'),
  );
  return $type;
}
```

Das Modul TinyMCE setzt hook_elements()dagegen ein, um die Standardeigenschaften eines vorhandenen Typs ändern zu können. Es ergänzt den Elementtyp textarea um die Eigenschaft #process, sodass beim Erstellen des Formulars die Funktion tinymce_process_textarea() aufgerufen wird, die das Element ändern kann. Die Eigenschaft ist ein Array mit aufrufbaren Funktionsnamen.

```
/**
 * Implementierung von hook_elements().
 */
function tinymce_elements() {
  $type = array();

  if (user_access('access tinymce')) {
    // TinyMCE soll alle Textbereiche verarbeiten können.
    $type['textarea'] = array(
      '#process' => array('tinymce_process_textarea'),
    );
  }

  return $type;
}
```

10.1 Grundlagen der Formularverarbeitung

Der Hook `element_info()` erfasst alle Standardeigenschaften sämtlicher Formularelemente und speichert sie in einem lokalen Cache. Die Standardeigenschaften, die in der Formulardefinition fehlen, werden vor dem Wechsel zum nächsten Schritt hinzugefügt – der Suche nach einer Validierungsmöglichkeit für das Formular.

10.1.5 Eine Validierungsfunktion suchen

Eine Validierungsfunktion für das Formular lässt sich dadurch zuweisen, dass die Eigenschaft `#validate` im Formular auf ein Array mit dem Funktionsnamen als Schlüssel und einem Array als Wert gesetzt wird. Alles, was im zweiten Array erscheint, wird der Funktion beim Aufruf übergeben. Auf diese Weise können mehrere Validierungsmöglichkeiten definiert werden.

```
// Bei der Validierung des Formulars sollen foo_validate() und
// bar_validate() aufgerufen werden.
$form['#validate'][] = 'foo_validate';
$form['#validate'][] = 'bar_validate';

// Optional kann durch Erstellen eines eindeutigen Schlüssels im
// Formular ein Wert untergebracht werden, den die Validierung
// benötigt.
$form['#value_for_foo_validate'] = 'baz';
```

Gibt es im Formular keine Eigenschaft mit dem Namen `#validate`, wird im nächsten Schritt eine Funktion gesucht, deren Name aus der Formular-ID und `_validate` besteht. Lautet die Formular-ID `user_register`, wird die Eigenschaft `#validate` also auf `user_register_validate` gesetzt.

10.1.6 Eine Übermittlungsfunktion suchen

Die Funktion, der die Übermittlung des Formulars obliegt, wird zugewiesen, indem die Eigenschaft `#submit` im Formular auf ein Array mit dem Namen der Funktion gesetzt wird, die die Übermittlung handhaben soll:

```
// Ruft beim Übermitteln des Formulars die Funktion
// my_special_submit_function() auf.
$form['#submit'][] = 'my_special_submit_function';
// Außerdem die Funktion my_second_submit_function().
$form['#submit'][] = 'my_second_submit_function';
```

Gibt es keine Eigenschaft `#submit`, sucht Drupal nach einer Funktion, deren Name aus der Formular-ID und `_submit` besteht. Lautet die Formular-ID `user_register`, wird die Eigenschaft `#submit` demnach auf die gefundene Formularverarbeitungsfunktion `user_register_submit` gesetzt.

10.1.7 Das Formular vor dem Aufbau durch Module ändern lassen

Vor dem Aufbau des Formulars haben Module zwei Gelegenheiten, es zu ändern. Sie können eine Funktion, deren Name aus der Formular-ID und _alter besteht, oder einfach hook_form_alter() implementieren. Alle Module, die so verfahren, können das Formular beliebig modifizieren. Dies ist die bevorzugte Methode, Formulare zu ändern oder zu überschreiben, die von anderen Modulen erstellt wurden.

10.1.8 Das Formular aufbauen

Nun wird das Formular an die Funktion form_builder() übergeben, die den Formularbaum rekursiv durchläuft und erforderliche Standardwerte hinzufügt. Außerdem prüft sie den Schlüssel #access für alle Elemente und verweigert den Zugriff auf Formularelemente und ihre Abkömmlinge, wenn #access für das betreffende Element den Wert FALSE hat.

10.1.9 Das Formular nach dem Aufbau durch Funktionen ändern lassen

Sobald die Funktion form_builder() in $form auf einen neuen Zweig trifft (beispielsweise eine neue Feldgruppe oder ein neues Formularelement), sucht sie die Eigenschaft #after_build, bei der es sich um ein optionales Array mit Funktionen handelt, die aufgerufen werden können, sobald das aktuelle Formularelement erstellt ist. Wenn das Formular fertig ist, erfolgt ein letzter Aufruf der optionalen Funktionen, deren Namen in $form['#after_build'] definiert sind. Sie übernehmen alle Parameter $form und $form_state und werden im Core beispielsweise während der Anzeige des Dateisystempfads unter VERWALTEN > EINSTELLUNGEN > DATEISYSTEM verwendet. Eine dieser Funktionen (nämlich system_check_directory()) wird ausgeführt, um festzustellen, ob das Verzeichnis vorhanden und beschreibbar ist, und gibt bei Problemen eine Fehlermeldung für das Element aus.

10.1.10 Die Übermittlung des Formulars prüfen

Wenn Sie den Ablauf in Abbildung 10.1 verfolgen, wissen Sie, dass wir an einer Verzweigung angekommen sind. Wird das Formular zum ersten Mal angezeigt, fährt Drupal mit der Erstellung des HTML-Codes fort, wird es übermittelt, mit der Verarbeitung der eingegebenen Daten. Auf den zweiten Fall kommen wir in Kürze zurück (im Abschnitt 10.1.14, *Das Formular validieren*, weiter hinten in diesem Kapitel), doch im Augenblick gehen wir davon aus, dass es sich um die erste Anzeige handelt. Wichtig ist, dass Drupal alle bisher beschriebenen Schritte *sowohl* bei der ersten Anzeige *als auch* bei der Übermittlung des Formulars durchführt.

10.1.11 Eine Theme-Funktion für das Formular finden

Ist `$form['#theme']` auf eine vorhandene Funktion gesetzt, verwendet Drupal diese, um das Formular mit einem Theme zu versehen. Andernfalls wird geprüft, ob die Theme-Registry einen Eintrag enthält, der der Formular-ID des Formulars entspricht. Wenn ein solcher Eintrag vorhanden ist, erfolgt eine Zuweisung der Formular-ID an `$form['#theme']`, damit Drupal später beim Rendern des Formulars anhand der ID eine Theme-Funktion sucht. Lautet die Formular-ID zum Beispiel `taxonomy_overview_terms`, ruft Drupal die entsprechende Theme-Funktion `theme_taxonomy_overview_terms()` auf, die selbstverständlich durch eine Theme-Funktion oder Template-Datei in einem benutzerdefinierten Theme überschrieben werden kann (Einzelheiten darüber, wie geeignete Elemente mit Themes versehen werden, finden Sie in Kapitel 8).

10.1.12 Das Formular vor dem Rendern durch Module ändern lassen

Nun braucht das Formular nur noch von einer Datenstruktur in HTML umgewandelt zu werden. Direkt davor haben Module eine letzte Chance zum Eingreifen, was für Assistenten mit mehreren Formularen oder andere Ansätze sinnvoll sein kann, die das Formular im letzten Augenblick ändern müssen. Dazu kann eine beliebige in `$form['#pre_render']` definierte Funktion aufgerufen werden, der dann das zu rendernde Formular übergeben wird.

10.1.13 Das Formular rendern

Um den Formularbaum aus einem verschachtelten Array in HTML-Code umzuwandeln, ruft der Formularersteller die Funktion `drupal_render()` auf, die die einzelnen Ebenen des Baums rekursiv durchläuft und auf jeder Ebene folgende Aktionen durchführt:

1. Sie ermittelt, ob das Element `#children` definiert ist (also ob Inhalt dafür erstellt ist); falls nicht, rendert sie die Abkömmlinge dieses Nodes wie folgt:
   - Sie ermittelt, ob für das Element eine `#theme`-Funktion definiert ist.
   - Wenn ja, setzt sie den Typ des Elements temporär auf `markup`. Danach übergibt sie es an die Theme-Funktion und setzt es auf den vorherigen Typ zurück.
   - Wurde kein Inhalt erstellt (entweder, weil keine `#theme`-Funktion definiert ist oder weil in der Theme-Registry kein Aufruf der `#theme`-Funktion gefunden oder nichts zurückgegeben wurde), werden die Abkömmlinge des Elements nacheinander gerendert (d.h., an `drupal_render()` übergeben).
   - Ist dagegen Inhalt *vorhanden*, speichert sie diesen in der Eigenschaft `#children` des Elements.
2. Wurde das Element selbst noch nicht gerendert, ruft sie die Standard-Theme-Funktion für den Typ des Elements auf. Handelt es sich beispielsweise um ein Textelement in einem Formular (d.h., die Eigenschaft `#type` ist in der Formular-

definition auf `textfield` gesetzt), heißt die Funktion `theme_textfield()`. Wenn kein Typ gesetzt ist, gilt der Standardtyp `markup`. Standard-Theme-Funktionen für wichtige Elemente wie Textfelder sind in *includes/form.inc* aufgeführt.

3. Wenn für das Element Inhalt erstellt wurde und in der Eigenschaft `#post_render` ein oder mehrere Funktionsnamen stehen, ruft sie alle auf und übergibt ihnen den Inhalt und das Element. Die `#post_render`-Funktionen müssen den endgültigen Inhalt rendern.

4. Sie versieht den Inhalt mit dem Präfix `#prefix` und dem Suffix `#suffix` und lässt ihn von der Funktion zurückgeben.

Diese rekursive Iteration bewirkt, dass für alle Ebenen des Formularbaums HTML-Text erstellt wird. In einem Formular mit einer Feldgruppe aus zwei Feldern enthält das Element `#children` der Feldgruppe beispielsweise HTML-Code für seine Felder und das Element `#children` des Formulars dessen gesamten HTML-Code (einschließlich des Codes für die Feldgruppe).

Der HTML-Code wird anschließend an denjenigen zurückgegeben, der die Funktion `drupal_get_form()` aufgerufen hat. Das ist alles! Damit haben wir den Endpunkt »HTML zurückgeben« in Abbildung 10.1 erreicht.

10.1.14 Das Formular validieren

Kehren wir nun zu Abbildung 10.1 zurück, und zwar dorthin, wo wir in Abschnitt 10.1.10, *Die Übermittlung des Formulars prüfen*, abgebogen sind. Nehmen wir an, dass das Formular übermittelt wurde und Daten enthält. Wir nehmen jetzt den anderen Weg und betrachten den zweiten Fall. Ob ein Formular übermittelt wurde, stellt die Formularverarbeitungs-Engine von Drupal daran fest, dass `$_POST` nicht leer ist und in `$_POST['form_id']` ein String steht, der mit der ID der gerade erstellten Formulardefinition übereinstimmt (siehe Abschnitt 10.1.3, *Eine ID festlegen*). Wenn eine Übereinstimmung gefunden wird, validiert Drupal das Formular. Damit soll sichergestellt werden, dass die übermittelten Werte sinnvoll sind. Schlägt die Validierung an einer Stelle fehl, wird das Formular erneut angezeigt, und die ermittelten Fehler werden dem Benutzer gemeldet. Ist die Validierung erfolgreich, geht Drupal zur eigentlichen Verarbeitung der übermittelten Werte über.

Tokenvalidierung

Die erste Prüfung bei der Validierung ermittelt, ob das Formular den Token-Mechanismus von Drupal verwendet (siehe Abschnitt 10.1.2, *Ein Token festlegen*). Alle Drupal-Formulare, die Token benutzen, werden mit einem eindeutigen Token gesendet, das zusammen mit den übrigen Formularwerten übermittelt wird. Stimmt das Token in den übermittelten Daten nicht mit dem überein, das beim Erstellen des Formulars gesetzt wurde, oder fehlt es, scheitert die Validierung (wird jedoch fortgesetzt, damit auch für andere Validierungsfehler Flags gesetzt werden können).

10.1 Grundlagen der Formularverarbeitung

Integrierte Validierung

Als Nächstes wird geprüft, ob die erforderlichen Felder ausgefüllt sind. Bei Feldern mit der Eigenschaft `#maxlength` wird festgestellt, ob die maximale Zeichenzahl überschritten ist. Bei Elementen mit Optionen (Kontrollkästchen, Optionsschaltflächen und Dropdownauswahlfeldern) wird ermittelt, ob der gewählte Wert in der ursprünglichen Optionsliste vom Zeitpunkt der Erstellung enthalten ist.

Elementspezifische Validierung

Wenn für ein einzelnes Formularelement die Eigenschaft `#element_validate` definiert ist, werden die dort festgelegten Funktionen aufgerufen und ihnen die Variablen `$form_state` und `$element` übergeben.

Validierungscallbacks

Schließlich werden die Formular-ID und die Formularwerte an die für das Formular benannten Validierungsfunktionen übergeben (deren Namen üblicherweise aus dem Namen des Formulars sowie `_validate` bestehen).

10.1.15 Das Formular übertragen

Nach bestandener Validierung werden das Formular und seine Werte an eine Funktion übergeben, die daraufhin etwas unternimmt. Das Formular kann durchaus von mehreren Funktionen verarbeitet werden, weil die Eigenschaft `#submit` ein Array mit Funktionsnamen enthalten kann. Alle Funktionen werden aufgerufen und ihnen werden `$form` und `$form_state` übergeben.

10.1.16 Den Benutzer umleiten

Die Funktion, die das Formular verarbeitet, sollte `$form_state['redirect']` auf einen Drupal-Pfad setzen, an den der Benutzer umgeleitet wird, beispielsweise `node/1234`. Stehen in der Eigenschaft `#submit` mehrere Funktionen, gewinnt die letzte das Rennen. Setzt keine Funktion `$form_state['redirect']` auf einen Drupal-Pfad, wird der Benutzer auf dieselbe Seite zurückgeführt (also auf den Wert von `$_GET['q']`). Wenn die letzte Übermittlungsfunktion `FALSE` zurückgibt, erfolgt keine Umleitung. Die von einer Übermittlungsfunktion gesetzte Umleitung kann durch Definition einer `#redirect`-Eigenschaft im Formular überschrieben werden, beispielsweise `$form['#redirect']='node/1'` oder `$form['#redirect']=array('node/1', $query_string, $named_anchor)`.

Mit den Parameterbegriffen aus `drupal_goto()` lässt sich das letzte Beispiel umformulieren: `$form['#redirect']=array('node/1', $query, $fragment)`. Die Umleitung wird von der Funktion `drupal_redirect_form()` in *includes/form.inc* durchgeführt, die eigentliche Umleitung von der Funktion `drupal_goto()`, die einen `Location`-Header an den Webserver zurückgibt. Die Parameter, die sie übernimmt, entsprechen den Membern des Arrays im zweiten Beispiel: `drupal_goto($path = NULL, $fragment = NULL)`.

10.2 Einfache Formulare erstellen

Haben Sie Ihre Formulare bisher direkt in HTML geschrieben, finden Sie den Ansatz von Drupal möglicherweise zunächst etwas überraschend. Die Beispiele in diesem Abschnitt sollen dafür sorgen, dass Sie schnell eigene Formulare erstellen können. Zuerst schreiben wir ein einfaches Modul, das nach Ihrem Namen fragt und ihn auf dem Bildschirm ausgibt. Wir bringen es in unserem Modul unter, damit wir keinen bestehenden Code ändern müssen. Unser Formular weist nur zwei Elemente auf: das Texteingabefeld und eine Übermittlungsschaltfläche. Wir erstellen zuerst in *sites/all/modules/custom/formexample/formexample.info* die *.info*-Datei und geben dazu Folgendes ein:

```
; $Id$
name = Form example
description = Shows how to build a Drupal form.
package = Pro Drupal Development
core = 6.x
```

Dann legen wir das eigentliche Modul in *sites/all/modules/custom/formexample/formexample.module* ab:

```
<?php
// $Id$

/**
 * @file
 * Spiel mit der Formular-API.
 */

/**
 * Implementierung von hook_menu().
 */
function formexample_menu() {
  $items['formexample'] = array(
    'title' => 'View the form',
    'page callback' => 'formexample_page',
    'access arguments' => array('access content'),
  );
  return $items;
}
/**
 * Menücallback.
 * Wird aufgerufen, wenn der Benutzer
 * http://example.com/?q=formexample aufsucht.
 */
function formexample_page() {
  $output = t('This page contains our example form.');
  // Rückgabe des von der Datenstruktur $form erstellten HTML-Codes.
```

10.2 Einfache Formulare erstellen

```
    $output .= drupal_get_form('formexample_nameform');
    return $output;
}
/**
 * Definiert ein Formular.
 */
function formexample_nameform() {
  $form['user_name'] = array(
    '#title' => t('Your Name'),
    '#type' => 'textfield',
    '#description' => t('Please enter your name.'),
  );
  $form['submit'] = array(
    '#type' => 'submit',
    '#value' => t('Submit')
  );
  return $form;
}

/**
 * Validiert das Formular.
 */
function formexample_nameform_validate($form, &$form_state) {
  if ($form_state['values']['user_name'] == 'King Kong') {
    // Wir informieren die Formular-API, dass dieses Feld die
    // Validierung nicht bestanden hat.
    form_set_error('user_name',
      t('King Kong is not allowed to use this form.'))
  }
}
/**
 * Formularübermittlung nach der Validierung durchführen.
 */
function formexample_nameform_submit($form, &$form_state) {
  $name = $form_state['values']['user_name'];
  drupal_set_message(t('Thanks for filling out the form, %name',
    array('%name' => $name)));
}
```

Wir haben jetzt die wichtigsten Funktionen für den Umgang mit Formularen implementiert: eine für die Definition, eine für die Validierung und eine für die Übermittlung. Außerdem haben wir einen Menü-Hook und eine Funktion erstellt, um einen URL mit unserer Funktion zu verknüpfen. Unser einfaches Formular sollte jetzt so aussehen wie in Abbildung 10.2.

Abbildung 10.2: Ein einfaches Formular für die Texteingabe mit einer Übermittlungsschaltfläche

Der Großteil der Arbeit dient zum Füllen der Datenstruktur, d.h., der Beschreibung des Formulars gegenüber Drupal. Diese Informationen befinden sich in einem verschachtelten Array, das die Elemente und Eigenschaften des Formulars beschreibt und üblicherweise in einer Variable mit dem Namen `$form` abgelegt ist.

Die wichtige Aufgabe der Formulardefinition erfolgt im vorstehenden Beispiel in der Funktion `formexample_nameform()`, in der wir die Mindestmenge an Informationen bereitstellen, die Drupal zur Anzeige des Formulars benötigt.

> **Hinweis**
>
> Wodurch unterscheiden sich eine Eigenschaft und ein Element? Hauptsächlich dadurch, dass eine Eigenschaft selbst keine Eigenschaften haben kann, ein Element schon. Die Übermittlungsschaltfläche ist ein Beispiel für ein Element, dessen Eigenschaft `#type` ein Beispiel für eine Eigenschaft. Eigenschaften sind am Präfix # zu erkennen. Gelegentlich bezeichnen wir Eigenschaften als Schlüssel, weil sie einen Wert haben, an den Sie nur kommen, wenn Sie den Namen des Schlüssels kennen. Anfänger vergessen häufig das # vor dem Eigenschaftsnamen, was Drupal und den Benutzer sehr verwirrt. Die Fehlermeldung `Cannot use string offset as an array in form.inc` besagt mit einiger Wahrscheinlichkeit, dass das führende # vergessen wurde.

10.2.1 Formulareigenschaften

Einige Eigenschaften können überall eingesetzt werden, andere nur in einem bestimmten Kontext, beispielsweise für eine Schaltfläche. Eine vollständige Liste der Eigenschaften finden Sie am Ende dieses Kapitels. Der folgende Code enthält eine komplexere Version eines Formulars als das vorhergehende Beispiel:

```
$form['#method'] = 'post';
$form['#action'] = 'http://example.com/?q=foo/bar';
$form['#attributes'] = array(
  'enctype' => 'multipart/form-data',
```

```
  'target' => 'name_of_target_frame'
);
$form['#prefix'] = '<div class="my-form-class">';
$form['#suffix'] = '</div>';
```

Die Eigenschaft #method hat den Standardwert post und kann weggelassen werden. Die Methode GET wird von der Formular-API nicht unterstützt und in Drupal üblicherweise nicht benutzt, weil die automatische Analyse der Pfadargumente durch den Menüroutingmechanismus einfach zu verwenden ist. Die Eigenschaft #action ist in system_elements() definiert und weist als Standardwert das Ergebnis der Funktion request_uri() auf, also normalerweise denselben URL, der das Formular anzeigt.

10.2.2 Formular-IDs

Drupal benötigt eine Möglichkeit, Formulare eindeutig zu kennzeichnen, um bei mehreren Formularen auf einer Seite festzustellen, welches übermittelt wurde, und die Formulare mit den Funktionen zu verknüpfen, von denen sie verarbeitet werden. Dazu weisen wir jedem Formular eine Formular-ID zu, die im Aufruf von drupal_get_form() wie folgt definiert wird:

```
drupal_get_form('mymodulename_identifier');
```

Für die meisten Formulare wird die ID nach der Konvention Modulname plus Bezeichner erstellt, wobei Letzterer beschreibt, was das Formular macht. Das Anmeldeformular für Benutzer wird beispielsweise vom Benutzermodul angelegt und hat die ID user_login.

Drupal ermittelt anhand der Formular-ID die Namen der standardmäßigen Validierungs-, Übermittlungs- und Theme-Funktion für das Formular. Außerdem wird sie als Grundlage für ein HTML-ID-Attribut im <form>-Tag für das betreffende Formular verwendet, sodass Formulare in Drupal immer eine eindeutige ID haben. Sie lässt sich mit der Eigenschaft #id überschreiben:

```
$form['#id'] = 'my-special-css-identifier';
```

Das daraus entstehende HTML-Tag sieht dann etwa so aus:

```
<form action="/path" accept-charset="UTF-8" method="post"
id="my-special-css-identifier">
```

Außerdem wird die ID als verborgenes Feld form_id in das Formular eingebettet. In unserem Beispiel haben wir die Formular-ID formexample_nameform gewählt, weil sie unser Formular beschreibt. Der Zweck unseres Formulars besteht also darin, dass der Benutzer seinen Namen eingibt. Wir hätten auch formexample_form nehmen können, was aber nicht besonders viel aussagt – und möglicherweise wollen wir später noch weitere Formulare in unser Modul aufnehmen.

10.2.3 Feldgruppen

Häufig möchten Sie Ihr Formular in verschiedene Feldgruppen unterteilen – was mit der Formular-API einfach ist. Die Feldgruppen werden in der Datenstruktur definiert, ihre Abkömmlinge als Felder. Fügen wir in unser Beispiel ein Feld für die Lieblingsfarbe ein:

```
function formexample_nameform() {
  $form['name'] = array(
    '#title' => t('Your Name'),
    '#type' => 'fieldset',
    '#description' => t('What people call you.')
  );
  $form['name']['user_name'] = array(
    '#title' => t('Your Name'),
    '#type' => 'textfield',
    '#description' => t('Please enter your name.')
  );
  $form['color'] = array(
    '#title' => t('Color'),
    '#type' => 'fieldset',
    '#description' => t('This fieldset contains the Color field.'),
    '#collapsible' => TRUE,
    '#collapsed' => FALSE
  );
  $form['color_options'] = array(
    '#type' => 'value',
    '#value' => array(t('red'), t('green'), t('blue'))
  );
  $form['color']['favorite_color'] = array(
    '#title' => t('Favorite Color'),
    '#type' => 'select',
    '#description' => t('Please select your favorite color.'),
    '#options' => $form['color_options']['#value']
  );
  $form['submit'] = array(
    '#type' => 'submit',
    '#value' => t('Submit')
  );
  return $form;
}
```

Das Ergebnis sehen Sie in Abbildung 10.3.

10.2 Einfache Formulare erstellen

```
Formular ansehen
Diese Seite enthält unser Beispielformular.
┌─ Ihr Name ─────────────────────────────
  Wie sie genannt werden.
  Ihr Name:
  [                              ]
  Bitte geben Sie Ihren Namen ein.

┌─ ▼ Farbe ──────────────────────────────
  Diese Feldgruppe enthält das Farbfeld.
  Lieblingsfarbe:
  [ rot ▼ ]
  Bitte wählen Sie Ihre Lieblingsfarbe.

[ senden ]
```

Abbildung 10.3: Ein einfaches Formular mit Feldgruppen

Mit den optionalen Eigenschaften #collapsible und #collapsed weisen wir Drupal an, die zweite Feldgruppe mit JavaScript durch einen Klick auf ihren Titel reduzierbar zu machen. Nun eine Frage zum Nachdenken: Heißt das Farbfeld $form_state['values']['color']['favorite color'] oder $form_state['values']['favorite color'], wenn es an die Validierungs- und die Übermittlungsfunktion übergeben wird? Die Antwort lautet: Es kommt darauf an. Standardmäßig vereinfacht die Formularverarbeitung die Formularwerte, sodass die folgende Funktion korrekt ausgeführt wird:

```
function formexample_nameform_submit($form_id, $form_state) {
  $name = $form_state['values']['user_name'];
  $color_key = $form_state['values']['favorite_color'];
  $color = $form_state['values']['color_options'][$color_key];

  drupal_set_message(t('%name loves the color %color!',
    array('%name' => $name, '%color' => $color)));
}
```

Die vom aktualisierten Übermittlungs-Handler ausgegebene Meldung sehen Sie in Abbildung 10.4.

Wird jedoch die Eigenschaft #tree auf TRUE gesetzt, wird die Datenstruktur des Formulars in den Namen der Formularwerte sichtbar. Haben wir in unserer Formulardefinition $form['#tree'] = TRUE; gesagt, greifen wir wie folgt auf die Daten zu:

```
function formexample_nameform_submit($form, $form_state) {
  $name = $form_state['values']['name']['user_name'];
  $color_key =     $form_state['values']['color']['favorite_color'];
  $color = $form_state['values']['color_options'][$color_key];
  drupal_set_message(t('%name loves the color %color!',
    array('%name' => $name, '%color' => $color)));
}
```

Abbildung 10.4: Meldung des Übermittlungs-Handlers für das Formular

> **Tipp**
>
> Wenn Sie #tree auf TRUE setzen, erhalten Sie ein verschachteltes Array von Feldern mit deren Werten, bei FALSE (Standardeinstellung) erscheint eine flache Darstellung der Feldnamen und Werte.

10.2.4 Formulare mit Themes versehen

Drupal bietet integrierte Funktionen, die die von Ihnen definierte Formulardatenstruktur in HTML umwandeln oder *rendern*. Häufig möchten Sie die Ausgaben von Drupal jedoch ändern oder benötigen eine detaillierte Steuerung des Vorgangs. Glücklicherweise ist dies mit Drupal einfach.

#prefix, #suffix und #markup verwenden

Wenn Ihr Bedarf an Themes sehr einfach ist, kommen Sie vielleicht mit den Attributen #prefix und #suffix aus, um vor oder nach Formularelementen HTML einzufügen:

```
$form['color'] = array(
  '#prefix' => '<hr />',
  '#title' => t('Color'),
  '#type' => 'fieldset',
  '#suffix' => '<div class="messages warning">' .
    t('This information will be displayed publicly!') . '</div>',
);
```

Dieser Code blendet oberhalb der Farbfeldgruppe eine horizontale Linie und darunter eine Meldung zum Datenschutz ein (siehe Abbildung 10.5).

Formular ansehen
Diese Seite enthält unser Beispielformular.

Ihr Name
Wie sie genannt werden.
Ihr Name:
[   ]
Bitte geben Sie Ihren Namen ein.

Farbe
Lieblingsfarbe:
[rot ▼]
Bitte wählen Sie Ihre Lieblingsfarbe.

Diese Informationen werden öffentlich angezeigt!

[senden]

Abbildung 10.5: Mit den Eigenschaften #prefix und #suffix wird vor und nach einem Element Inhalt eingefügt

Sie können in Ihrem Formular sogar HTML-Markup als `#markup` deklarieren (obwohl dies nicht sehr verbreitet ist). Alle Formularelemente ohne die Eigenschaft `#type` haben den Standardwert `markup`.

```
$form['blinky'] = array(
  '#type' = 'markup',
  '#value' = '<blink>Hello!</blink>'
);
```

Hinweis

HTML-Markup auf diese Art in Ihre Formulare einzubringen ist im Allgemeinen genauso beliebt wie die Verwendung des `<blink>`-Tags. Es ist nicht so sauber wie eine Theme-Funktion und erschwert normalerweise Designern die Arbeit mit Ihrer Site.

Eine Theme-Funktion verwenden

Die flexibelste Methode, Formulare mit Themes zu versehen, bietet eine gezielte Theme-Funktion für das betreffende Formular oder Formularelement. Dazu sind zwei Schritte erforderlich. Zuerst muss Drupal informiert werden, welche Theme-Funktionen unser Modul implementiert, was durch `hook_theme()` erfolgt (Einzelheiten dazu siehe Kapitel 8). Die folgende schnelle Implementierung von `hook_theme()` für unser Modul besagt im Wesentlichen Folgendes: »Unser Modul stellt zwei Theme-Funktionen bereit, die sich ohne zusätzliche Argumente aufrufen lassen.«

```
/**
 * Implementierung von hook_theme().
 */
function formexample_theme() {
  return array(
    'formexample_nameform' => array(
      'arguments' => array(),
    ),
    'formexample_alternate_nameform' => array(
      'arguments' => array(),
    )
  );
}
```

Standardmäßig sucht Drupal in der Theme-Registry eine Funktion, deren Name aus `theme_` und der Formular-ID besteht, in unserem Beispiel also den Eintrag `theme_formexample_nameform`, und findet ihn, weil er in `formexample_theme()` definiert ist. Dann wird die folgende Theme-Funktion aufgerufen, die genau dasselbe ausgibt wie das Standard-Theme von Drupal:

```
function theme_formexample_nameform($form) {
  $output = drupal_render($form);
  return $output;
}
```

Die Vorteile einer eigenen Theme-Funktion bestehen darin, dass wir `$output` nach Belieben zerlegen, ändern und ergänzen können. Wir können ein bestimmtes Element schnell als Erstes im Formular erscheinen lassen wie im folgenden Code, in dem wir die Farbfeldgruppe nach oben holen:

```
function theme_formexample_nameform($form) {
  // Zeigt Farbauswahl immer oben an.
  $output = drupal_render($form['color']);

  // Gibt anschließend das restliche Formular aus.
  $output .= drupal_render($form);

  return $output;
}
```

Die gewünschte Theme-Funktion angeben

Es ist möglich, Drupal zur Verwendung einer Funktion anzuweisen, die nicht nach dem Muster »`theme_` plus Name der Formular-ID« benannt ist, indem Sie die Eigenschaft #theme für ein Formular festlegen:

```
// Jetzt wird das Theme von der Funktion
// theme_formexample_alternate_nameform() festgelegt.
$form['#theme'] = 'formexample_alternate_nameform';
```

Sie können Drupal auch anweisen, für ein einziges Formularelement eine bestimmte Theme-Funktion zu verwenden:

```
// Versieht dieses Feldgruppenelement durch
// theme_formexample_coloredfieldset() mit einem Theme.
$form['color'] = array(
  '#title' => t('Color'),
  '#type' => 'fieldset',
  '#theme' => 'formexample_coloredfieldset'
);
```

Beachten Sie, dass die in der Eigenschaft #theme definierte Funktion in beiden Fällen der Theme-Registry bekannt, d.h., irgendwo in einer Implementierung von hook_theme() deklariert worden sein muss.

> **Hinweis**
>
> Drupal versieht den in #theme angegebenen String mit dem Präfix theme_, weshalb wir #theme nicht auf theme_formexample_coloredfieldset, sondern auf formexample_coloredfieldset setzen, obwohl der eigentliche Name der Theme-Funktion der erste ist. In Kapitel 8 erfahren Sie den Grund dafür.

10.2.5 Validierungs- und Übermittlungsfunktionen mit hook_forms() festlegen

Gelegentlich tritt der Fall auf, dass Sie mehrere verschiedene Formulare haben wollen, aber nur eine Validierungs- oder Übermittlungsfunktion. Dies wird als *Wiederverwendung von Code* bezeichnet. Im Node-Modul beispielsweise durchlaufen Node-Typen jeder Art dieselbe Validierungs- und Übermittlungsfunktion. Wir brauchen also eine Methode, um einer Validierungs- und einer Übermittlungsfunktion mehrere Formular-IDs zuzuordnen. Hier kommt hook_forms() ins Spiel:

Beim Abrufen des Formulars sucht Drupal zuerst eine Funktion, die das Formular anhand seiner ID definiert (was in unserem Fall die Funktion formexample_nameform() erledigt). Ist keine zu finden, wird hook_forms() aufgerufen, die alle Module nach einer Zuordnung von Formular-IDs zu Callbacks abfragt. Das Modul *node.module* ordnet beispielsweise mit folgendem Code alle Formular-IDs für Nodes einem einzigen Handler zu:

```
/**
 * Implementierung von hook_forms(). Alle Node-Formulare verwenden
 * denselben Formular-Handler.
 */
function node_forms() {
  $forms = array();
  if ($types = node_get_types()) {
    foreach (array_keys($types) as $type) {
      $forms[$type .'_node_form']['callback'] = 'node_form';
    }
  }
  return $forms;
}
```

In unserem Formularbeispiel können wir `hook_forms()` implementieren, um unserem bestehenden Code eine weitere Formular-ID zuzuordnen.

```
/**
 * Implementierung von hook_forms().
 */
function formexample_forms($form_id, $args) {
  $forms['formexample_special'] = array(
    'callback' => 'formexample_nameform');
  return $forms;
}
```

Rufen wir nun `drupal_get_form('formexample_special')` auf, sucht Drupal zunächst die Funktion `formexample_special()`, die das Formular definiert. Ist sie nicht zu finden, wird `hook_forms()` aufgerufen, und Drupal stellt fest, dass wir die Formular-ID `formexample_special` an `formexample_nameform` zugewiesen haben. Dann ruft Drupal `formexample_nameform()` auf, um die Formulardefinition zu bekommen, und versucht danach, zur Validierung und zur Übermittlung `formexample_special_validate()` bzw. `formexample_special_submit()` aufzurufen.

10.2.6 Die Aufrufreihenfolge von Theme-, Validierungs- und Übermittlungsfunktionen

Wie Sie gesehen haben, gibt es mehrere Stellen, um Drupal mitzuteilen, wo sich die Theme-, die Validierungs- und die Übermittlungsfunktion befindet. So viele Möglichkeiten können verwirrend sein, weshalb wir hier zusammenfassen, an welchen Stellen Drupal nacheinander eine Theme-Funktion sucht, wobei wir davon ausgehen, dass Sie das auf PHPTemplate basierende Theme `bluemarine` verwenden und `drupal_get_form('formexample_nameform')` aufrufen. Dies hängt jedoch von Ihrer Implementierung von `hook_theme()` ab.

10.2 Einfache Formulare erstellen

Wenn `$form['#theme']` in der Formulardefinition auf `'foo'` gesetzt wurde, gilt folgende Reihenfolge:

1. *themes/bluemarine/foo.tpl.php*: Vom Theme bereitgestellte Template-Datei
2. *formexample/foo.tpl.php*: Vom Modul bereitgestellte Template-Datei
3. `bluemarine_foo()`: Von der Funktion bereitgestelltes Theme
4. `phptemplate_foo()`: Von der Theme-Engine bereitgestellte Theme-Funktion
5. `theme_foo()`: `'theme_'` plus Wert von `$form['#theme']`.

Wenn `$form['#theme']` in der Formulardefinition nicht gesetzt wurde, gilt:

1. *themes/bluemarine/formexample-nameform.tpl.php*: Vom Theme bereitgestellte Template-Datei
2. *formexample/formexample-nameform.tpl.php*: Vom Modul bereitgestellte Template-Datei
3. `bluemarine_formexample_nameform()`: Vom Theme bereitgestellte Theme-Funktion
4. `phptemplate_formexample_nameform()`: Von der Theme-Engine bereitgestellte Theme-Funktion
5. `theme_formexample_nameform()`: `'theme_'` plus Formular-ID

Bei der Formularvalidierung wird eine Validierungsfunktion in folgender Reihenfolge festgelegt:

1. Eine durch `$form['#validate']` definierte Funktion
2. `formexample_nameform_validate`: Formular-ID plus `'validate'`

Für die Formularübermittlung sucht Drupal Folgendes:

1. Eine durch `$form['#submit']` definierte Funktion
2. `formexample_nameform_submit`: Formular-ID plus `'submit'`.

Denken Sie daran, dass Formulare mehrere Validierungs- und Übermittlungsfunktionen haben können.

10.2.7 Eine Validierungsfunktion schreiben

Drupal enthält einen integrierten Mechanismus zum Hervorheben von Formularelementen, deren Validierung gescheitert ist, und zum Anzeigen einer Fehlermeldung. Der Validierungsfunktion in unserem Beispiel können Sie entnehmen, wie dies funktioniert:

```
/**
 * Validiert das Formular.
 */
function formexample_nameform_validate($form, $form_state) {
  if ($form_state['values']['user_name'] == 'King Kong') {
    // Wir beachrichtigen die Formular-API, dass die Validierung
    // dieses Feldes gescheitert ist.
```

```
    form_set_error('user_name',
      t('King Kong is not allowed to use this form.'));
  }
}
```

Beachten Sie die Verwendung von form_set_error(). Wenn King Kong unser Formular aufruft und auf seiner Riesengorillatastatur seinen Namen eingibt, wird oben auf der Seite eine Fehlermeldung eingeblendet und der Inhalt des Feldes, in dem der Fehler auftritt, rot hervorgehoben (siehe Abbildung 10.6).

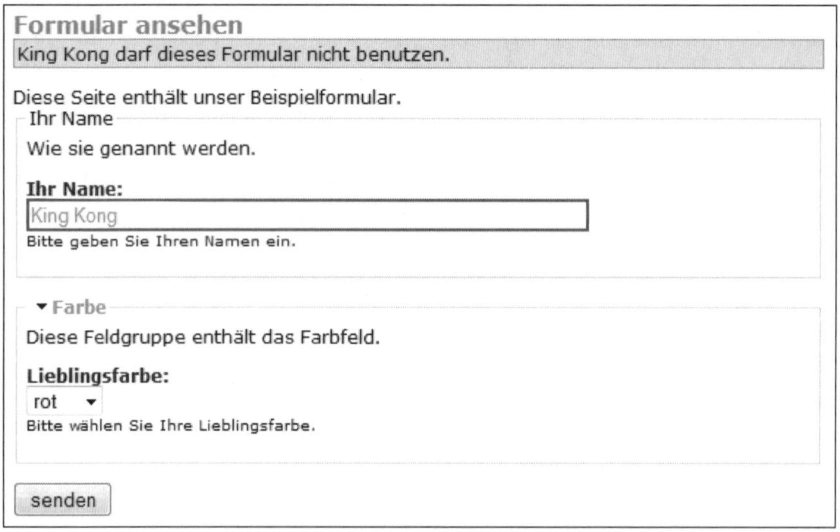

Abbildung 10.6: Dem Benutzer werden gescheiterte Validierungen angezeigt

Möglicherweise hätte er seinen Namen Kong ohne den Herrschertitel benutzen sollen. Wesentlich ist jedoch, dass form_set_error() einen Fehler in unserem Formular meldet und dafür sorgt, dass die Validierung fehlschlägt. Das ist der Sinn von Validierungsfunktionen. Im Allgemeinen sollen sie keine Daten ändern, dürfen jedoch Informationen im Array $form_state ablegen, wie der nächste Abschnitt zeigt.

Werte in Validierungsfunktionen übergeben

Hat Ihre Validierungsfunktion viel zu tun und wollen Sie das Ergebnis speichern, um es in Ihrer Übermittlungsfunktion zu verwenden, haben Sie zwei Möglichkeiten: Sie können form_set_value() oder $form_state benutzen.

Werte mit form_set_value() übergeben

Die formvollendete Methode besteht darin, beim Erstellen des Formulars mit der Definitionsfunktion ein Formularelement für die Daten anzulegen und sie dann mit form_set_value() dort abzulegen. Zuerst erstellen Sie ein Formularelement als Platzhalter:

10.2 Einfache Formulare erstellen

```
$form['my_placeholder'] = array(
  '#type' => 'value',
  '#value' => array()
);
```

In der Validierungsroutine speichern Sie anschließend die Daten:

```
// Eine Menge Arbeit, um im Rahmen der Validierung $my_data
// anzulegen.
...
// Jetzt wird das Werk gespeichert.
form_set_value($form['my_placeholder'], $my_data, $form_state);
```

Danach können Sie in der Übermittlungsfunktion auf die Daten zugreifen:

```
// Anstatt die Arbeit noch einmal zu machen, die wir in der
// Validierungsfunktion erledigt haben, können wir einfach die
// gespeicherten Daten verwenden.
$my_data = $form_values['my_placeholder'];
```

Nehmen wir alternativ an, Sie müssen Daten in eine Standarddarstellung umwandeln. In Ihrer Datenbank steht beispielsweise eine Liste mit Ländercodes, mit der ein Abgleich erfolgen soll, aber Ihr unverständiger Chef besteht darauf, dass die Benutzer die Möglichkeit haben sollen, ihre Ländernamen in Textfelder einzugeben. Dazu müssen Sie einen Platzhalter im Formular vorsehen und die Benutzereingaben mit zahlreichen Tricks validieren, damit sowohl »Netherlands« als auch »Niederlande« dem ISO-3166-Ländercode »NL« zugeordnet werden.

```
$form['country'] = array(
  '#title' => t('Country'),
  '#type' => 'textfield',
  '#description' => t('Enter your country.')
);

// Legt einen Platzhalter an, der bei der Validierung ausgefüllt
// wird.
$form['country_code'] = array(
  '#type' => 'value',
  '#value' => ''
);
```

Innerhalb dieser Validierungsfunktion speichern Sie den Ländercode im Platzhalter.

```
// Stellt fest, ob eine Übereinstimmung vorliegt.
$country_code = formexample_find_country_code($form_state['values']['country']);
if ($country_code) {
  // Treffer. Wird gespeichert, damit der Übermittlungs-Handler ihn
  // sehen kann.
  form_set_value($form['country_code'], $country_code, $form_state);
```

```
}
else {
  form_set_error('country', t('Your country was not recognized.
    Please use a standard name or country code.'));
}
```

Jetzt kann der Übermittlungs-Handler auf den Ländercode in `$form_values['country_code']` zugreifen.

Werte mit $form_state übergeben

Einen einfacheren Ansatz stellt das Speichern des Werts mit `$form_state` dar. Da diese Variable den Validierungs- und Übermittlungsfunktionen als Referenz übergeben wird, können Validierungsfunktionen darin Daten ablegen, die die Übermittlungsfunktionen sehen sollen. Es ist besser, innerhalb von `$form_state` anstatt eines Schlüssels den Namespace Ihres Moduls zu benutzen.

```
// Viel Arbeit, um im Rahmen der Validierung $weather_data
// aus einem langsamen Webdienst zu erstellen.
...
// Nun wird das Werk in $form_state gespeichert.
$form_state['mymodulename']['weather'] = $weather_data;
```

Anschließend können Sie in Ihrer Übermittlungsfunktion auf die Daten zugreifen:

```
// Anstatt die Arbeit noch einmal zu machen, die wir in der
// Validierungsfunktion erledigt haben, können wir einfach die
// gespeicherten Daten verwenden.
$weather_data = $form_state['mymodulename']['weather'];
```

Möglicherweise fragen Sie: »Warum sollen wir den Wert nicht zusammen mit den übrigen Daten der Formularfeldwerte in `$form_state['values']` speichern?« Das funktioniert ebenfalls. Sie sollten aber daran denken, dass dort nicht beliebige Daten von Modulen abgelegt werden sollen, sondern dass es der Ort für Werte von Formularfeldern ist. Denken Sie daran, dass Sie nicht voraussetzen können, dass nur Ihr Modul mit dem Formularstatus arbeitet. Drupal erlaubt allen Modulen, Validierungs- und Übermittlungsfunktionen mit beliebigen Modulen zu verknüpfen, weshalb die Daten auf konsistente und vorhersehbare Weise gespeichert werden sollten.

Elementspezifische Validierung

Üblicherweise wird für ein Formular nur eine einzige Validierungsfunktion benutzt. Es ist jedoch möglich, Validierungsfunktionen für einzelne Formularelemente genauso wie für das gesamte Formular festzulegen. Dazu setzen Sie die Eigenschaft `#element_validate` für das Element auf ein Array mit den Namen der Funktionen. Als erster Parameter wird dabei eine vollständige Kopie des Zweigs der Formulardatenstruktur für das Element gesendet. Im folgenden konstruierten Beispiel zwingen wir den Benutzer, in ein Textfeld *spicy* (scharf) oder *sweet* (süß) einzugeben:

10.2 Einfache Formulare erstellen

```
// Speichert die zulässigen Wahlmöglichkeiten in der
// Formulardefinition.
$allowed_flavors = array(t('spicy'), t('sweet'));
$form['flavor'] = array(
  '#type' => 'textfield',
  '#title' => 'flavor',
  '#allowed_flavors' => $allowed_flavors,
  '#element_validate' => array('formexample_flavor_validate')
);
```

Anschließend sieht die Validierungsfunktion für das Element wie folgt aus:

```
function formexample_flavor_validate($element, $form_state) {
  if (!in_array($form_state['values']['flavor'],
    $element['#allowed_flavors'])) {
    form_error($element, t('You must enter spicy or sweet.'));
  }
}
```

Nach sämtlichen Elementvalidierungsfunktionen wird noch die für das Gesamtformular aufgerufen.

> **Tipp**
>
> Verwenden Sie `form_set_error()`, wenn Sie den Namen des Formularelements haben, für das Sie einen Fehler melden wollen, und `form_error()`, wenn es um das Element selbst geht. Die zweite Funktion ist lediglich ein Wrapper für die erste.

10.2.8 Das Formular neu aufbauen

Während der Validierung merken Sie möglicherweise, dass Sie nicht genügend Informationen vom Benutzer haben. Vielleicht lassen Sie die Formularelemente durch eine Textanalyse-Engine laufen und stellen fest, dass der Inhalt höchstwahrscheinlich Spam ist, sodass Sie das Formular erneut (mit den vom Benutzer eingegebenen Werten) anzeigen, aber ein CAPTCHA hinzufügen wollen, um Ihren Verdacht zu widerlegen. Sie können Drupal signalisieren, dass ein Neuaufbau erforderlich ist, indem Sie innerhalb der Validierungsfunktion `$form_state['rebuild']` wie folgt setzen:

```
$spam_score = spamservice($form_state['values']['my_textarea']);
if ($spam_score > 70) {
  $form_state['rebuild'] = TRUE;
  $form_state['formexample']['spam_score'] = $spam_score;
}
```

In der Formulardefinitionsfunktion sollte dann etwa Folgendes stehen:

```
function formexample_nameform($form_id, $form_state = NULL) {
  // Normale Formulardefinition.
  ...
  if (isset($form_state['formexample']['spam_score'])) {
    // Ist dies gesetzt, bauen wir das Formular neu auf;
    // das CAPTCHA-Formularelement wird hinzugefügt.
    ...
  }
  ...
}
```

10.2.9 Eine Übermittlungsfunktion schreiben

Die eigentliche Formularverarbeitung nach der Validierung ist Sache der Übermittlungsfunktion. Sie wird nur ausgeführt, wenn die Validierung vollständig bestanden und das Formular nicht mit einem Flag für einen Neuaufbau versehen ist. Die Übermittlungsfunktion soll $form_state['redirect'] ändern.

Soll der Benutzer nach der Übermittlung des Formulars auf eine andere Seite wechseln, geben Sie den Drupal-Pfad zurück, auf den er geführt werden soll:

```
function formexample_form_submit($form, &$form_state) {
  // Erledigt etwas.
  ...
  // Schickt den Benutzer zu Node 3.
  $form_state['redirect'] = 'node/3';
}
```

Gibt es mehrere Übermittlungsfunktionen für das Formular (siehe Abschnitt 10.1.15, *Das Formular übertragen*, weiter vorn in diesem Kapitel), hat die letzte Funktion beim Setzen von $form_state['redirect'] das letzte Wort. Die Umleitung der Übermittlungsfunktion kann durch Definieren der Eigenschaft #redirect im Formular überschrieben werden (siehe Abschnitt 10.1.16, *Den Benutzer umleiten*, weiter vorn in diesem Kapitel), wozu häufig die Funktion hook_form_alter() eingesetzt wird.

> **Tipp**
>
> Das Flag $form_state['rebuild'] kann wie in Validierungs- auch in Übermittlungsfunktionen gesetzt werden. In diesem Fall werden alle Übermittlungsfunktionen ausgeführt, Umleitungswerte jedoch ignoriert, und das Formular wird mit den übermittelten Werten neu aufgebaut, was hilfreich sein kann, um optionale Felder in ein Formular einzufügen.

10.2.10 Formulare mit hook_form_alter() ändern

Mit `hook_form_alter()` lässt sich jedes Formular ändern. Dazu brauchen Sie nur die Formular-ID zu kennen. Zwei Ansätze stehen zur Wahl:

Beliebige Formulare ändern

Im Folgenden ändern wir das Anmeldeformular, das im Anmeldeblock und auf der Anmeldeseite für den Benutzer zu sehen ist.

```
function formexample_form_alter(&$form, &$form_state, $form_id) {
  // Dieser Code wird von jedem Formular aufgerufen, das Drupal
  // erstellt; benutzen Sie eine if-Anweisung, um nur auf den
  // Anmeldeblock und Anmeldeformulare zu reagieren.
  if ($form_id == 'user_login_block' || $form_id == 'user_login') {
    // Gibt oben im Anmeldeformular eine deutliche Warnung aus.
    $form['warning'] = array(
      '#value' => t('We log all login attempts!'),
      '#weight' => -5
    );
    // Ersetzt 'Log in' durch 'Sign in'.
    $form['submit']['#value'] = t('Sign in');
  }
}
```

Da `$form` als Referenz übergeben wird, haben wir hier vollständigen Zugriff auf die Formulardefinition und können alle gewünschten Änderungen vornehmen. In diesem Beispiel haben wir mithilfe des Standardformularelements Text eingefügt (siehe Abschnitt *Markup*, weiter hinten in diesem Kapitel) und dann den Wert der Übermittlungsschaltfläche geändert.

Ein bestimmtes Formular ändern

Der vorstehende Ansatz funktioniert zwar, aber wenn zahlreiche Module Formulare ändern und jedes Formular an alle Implementierungen von `hook_alter_form()` übergeben wird, schrillen in Ihrem Kopf möglicherweise die Alarmglocken. »Das ist Verschwendung«, denken Sie wahrscheinlich, »warum nicht einfach aus der Formular-ID eine Funktion erstellen und aufrufen?« Sie sind auf dem richtigen Weg: Genau das macht Drupal. Die folgende Funktion ändert das Anmeldeformular für Benutzer ebenfalls:

```
function formexample_form_user_login_alter(&$form, &$form_state) {
  $form['warning'] = array(
    '#value' => t('We log all login attempts!'),
    '#weight' => -5
  );

  // Ersetzt 'Log in' durch 'Sign in'.
  $form['submit']['#value'] = t('Sign in');
}
```

Der Funktionsname wird wie folgt konstruiert:

Modulname + 'form' + *Formular-ID* + 'alter'

Aus 'formexample' + 'form' + 'user_login' + 'alter' wird demzufolge formexample_form_user_login_alter. In diesem besonderen Fall ist die erste Form von hook_form_alter() vorzuziehen, weil zwei Formular-IDs beteiligt sind (user_login für das Formular auf *http://example.com/?q=user* und user_login_block für das Formular, das im Benutzerblock erscheint).

10.2.11 Formulare programmgesteuert mit drupal_execute() übertragen

Jedes in einem Webbrowser angezeigte Formular lässt sich auch programmgesteuert ausfüllen. Setzen wir unseren Namen und unsere Lieblingsfarbe einmal so ein:

```
$form_id = 'formexample_nameform';
$form_state['values'] = array(
  'user_name' => t('Marvin'),
  'favorite_color' => t('green')
);
// Übermittelt das Formular mit diesen Werten.
drupal_execute($form_id, $form_state);
```

Mehr ist nicht erforderlich! Geben Sie einfach die Formular-ID und die einzusetzenden Werte an und rufen Sie anschließend drupal_execute() auf.

> **Achtung**
>
> Viele Übermittlungsfunktionen setzen voraus, dass der Benutzer, von dem die Anforderung stammt, auch derjenige ist, der das Formular übermittelt. Bei der programmgestützten Übermittlung müssen Sie sich dessen sehr bewusst sein, weil die Benutzer nicht zwangsläufig identisch sind.

10.2.12 Mehrseitige Formulare

Wir haben bisher einfache, einseitige Formulare betrachtet. Möglicherweise müssen Sie Benutzer aber auch Formulare ausfüllen lassen, die über mehrere Seiten gehen oder bei der Dateneingabe verschiedene Schritte ausführen. Als Nächstes schreiben wir ein kurzes Modul, das die Technik für mehrseitige Formulare demonstriert, indem es in drei getrennten Schritten drei Zutaten vom Benutzer erfragt. Unser Ansatz sieht vor, Werte in der integrierten Formularablage von Drupal abzulegen.

10.2 Einfache Formulare erstellen

Das Modul nennen wir *formwizard.module*. Selbstverständlich brauchen wir eine Datei mit dem Namen *sites/all/modules/custom/formwizard.info*:

```
; $Id$
name = Form Wizard Example
description = An example of a multistep form.
package = Pro Drupal Development
core = 6.x
```

Dann schreiben wir das eigentliche Modul. Es zeigt zwei Seiten an: eine, auf der Daten eingegeben werden (die wir mehrfach verwenden), und eine Abschlussseite, auf der wir ausgeben, was der Benutzer übermittelt hat, und ihm dafür danken. Die Datei *sites/all/modules/custom/formwizard.module* sieht wie folgt aus:

```
<?php
// $Id$

/**
 * @file
 * Beispiel für ein Formular mit mehreren Schritten.
 */
/**
 * Implementierung von hook_menu().
 */
function formwizard_menu() {
  $items['formwizard'] = array(
    'title' => t('Form Wizard'),
    'page callback' => 'drupal_get_form',
    'page arguments' => array('formwizard_multiform'),
    'type' => MENU_NORMAL_ITEM,
    'access arguments' => array('access content'),
  );
  $items['formwizard/thanks'] = array(
    'title' => t('Thanks!'),
    'page callback' => 'formwizard_thanks',
    'type' => MENU_CALLBACK,
    'access arguments' => array('access_content'),
  );

  return $items;
}

/**
 * Formulardefinition. Wir erstellen das Formular abhängig vom
 * jeweiligen Schritt unterschiedlich.
 */
function formwizard_multiform(&$form_state = NULL) {
  // Ermittelt, bei welchem Schritt wir sind. Ist $form_state nicht
  // gesetzt, stehen wir am Anfang. Da das Formular neu erstellt
```

301

```php
  // wird, beginnen wir in diesem Fall mit 0 und sind während der
  // Neuerstellung bei Schritt 1.
  $step = isset($form_state['values']) ? (int)$form_state['storage']['step'] : 0;

  // Speichert den nächsten Schritt.
  $form_state['storage']['step'] = $step + 1;

  // Passt den Titel der Feldgruppe an, um dem Benutzer den
  // aktuellen Schritt anzuzeigen.
  $form['indicator'] = array(
    '#type' => 'fieldset',
    '#title' => t('Step @number', array('@number' => $step))
  );

  // Der Name des Formularelements ist in jedem Schritt eindeutig
  // d.h., ingredient_1, ingredient_2 ...
  $form['indicator']['ingredient_' . $step] = array(
    '#type' => 'textfield',
    '#title' => t('Ingredient'),
    '#description' => t('Enter ingredient @number of 3.',
      array('@number' => $step))
  );
  // Bis zum vorletzten Schritt heißt die Schaltfläche Next
  // (weiter), beim letzten Submit.
  $button_name = t('Submit');
  if ($step < 3) {
    $button_name = t('Next');
  }
  $form['submit'] = array(
    '#type' => 'submit',
    '#value' => $button_name
  );

  switch($step) {
    case 2:
      // Speichert Zutat in der Ablage.
      $form_state['storage']['ingredient_1'] =
        $form_state['values']['ingredient_1'];
      break;
    case 3:
      // Fügt Zutat zur Ablage hinzu.
      $form_state['storage']['ingredient_2'] =
        $form_state['values']['ingredient_2'];
  }

  return $form;
}

/**
```

10.2 Einfache Formulare erstellen

```
 * Validierungs-Handler für Formular-ID 'formwizard_multiform'.
 */
function formwizard_multiform_validate($form, &$form_state) {
  // Zeigt dem Benutzer den Schritt an.
  drupal_set_message(t('Validation called for step @step',
    array('@step' => $form_state['storage']['step'] - 1)));
}

/**
 * Übermittlungs-Handler für Formular-ID 'formwizard_multiform'.
 */
function formwizard_multiform_submit($form, &$form_state) {
  if ($form_state['storage']['step'] < 4) {
    return;
  }
  drupal_set_message(t('Your three ingredients were %ingredient_1,
    %ingredient_2, and %ingredient_3.', array(
      '%ingredient_1' => $form_state['storage']['ingredient_1'],
      '%ingredient_2' => $form_state['storage']['ingredient_2'],
      '%ingredient_3' => $form_state['values']['ingredient_3']
      )
    )
  );
  // Leert die Ablage, um die automatische Neuerstellung des
  // Formulars zu verhindern, die unsere Umleitung überschreiben
  // würde.
  unset($form_state['storage']);

  // Leitet den Benutzer zur Dankseite.
  $form_state['redirect'] = 'formwizard/thanks';
}

function formwizard_thanks() {
  return t('Thanks, and have a nice day.');
}
```

Bei diesem einfachen Modul gibt es einiges zu beachten. In unserer Formularerstellungsfunktion `formwizard_multiform()` enthält der Parameter `$form_state` Informationen über den Zustand des Formulars. Sehen wir uns den Vorgang an. Wenn wir *http://example.com/?q=formwizard* aufsuchen, sehen wir das Ausgangsformular (siehe Abbildung 10.7).

Klicken wir auf NEXT, verarbeitet Drupal dieses Formular genauso wie jedes andere: Das Formular wird erstellt, die Validierungsfunktion wird aufgerufen und dann die Übermittlungsfunktion. Stehen wir nicht beim letzten Schritt, gibt die Übermittlungsfunktion jedoch einfach die Steuerung zurück. Drupal merkt, dass in der Ablage unter `$form_state['storage']` Werte stehen, und ruft wieder die Formularerstellungsfunktion auf, diesmal mit einer Kopie von `$form_state`. (Wir hätten auch `$form_state['rebuild']` setzen können, um den Neuaufbau auszulösen, was aber nicht erforderlich ist, wenn `$form_state['storage']` gefüllt ist.) Der erneute Aufruf der Erstellungsfunktion und die Übergabe von `$form_state` ermöglichen der Funktion `formwizard_multiform()` in unserem Modul, `$form_state['storage']['step']` einzusehen, um den Schritt zu ermitteln und das Formular entsprechend aufzubauen. Daraus ergibt sich schließlich das Formular in Abbildung 10.8.

Abbildung 10.7: Der erste Schritt des mehrschrittigen Formulars

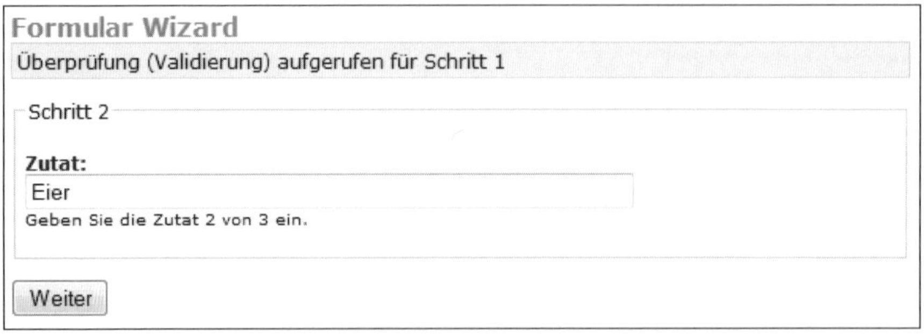

Abbildung 10.8: Der zweite Schritt des mehrschrittigen Formulars

Wir haben den Beweis, dass unser Formular ausgeführt wurde, weil es mithilfe von `drupal_set_message()` auf dem Bildschirm eine Meldung ausgegeben hat. Außerdem sind der Titel der Feldgruppe und die Beschreibungen in den Textfeldern korrekt, was darauf hinweist, dass sich der Benutzer bei Schritt 2 befindet. Wir geben nun die letzte Zutat an (siehe Abbildung 10.9).

Beachten Sie, dass die Aufschrift der Schaltfläche beim dritten Schritt nicht mehr NEXT, sondern SUBMIT heißt. Außerdem kann der Übermittlungs-Handler den Benutzer nach Abschluss der Verarbeitung auf eine andere Seite leiten. Klicken wir auf SUBMIT, erkennt der Übermittlungs-Handler jetzt, dass wir bei Schritt 4 angekommen sind, und verarbeitet die Daten, anstatt wie zuvor zurückzuspringen. In diesem Beispiel rufen wir einfach die Funktion `drupal_set_message()` auf, die auf der nächsten von Drupal bereitgestellten Seite Informationen ausgibt und den Benutzer zu `formwizard/thankyou` leitet. Das Ergebnis sehen Sie in Abbildung 10.10.

10.3 Eigenschaften der Formular-API

```
Formular Wizard
Überprüfung (Validierung) aufgerufen für Schritt 2
┌ Schritt 3 ─────────────────────────────────────┐
│ Zutat:                                         │
│ Zucker                                         │
│ Geben Sie die Zutat 3 von 3 ein.               │
└────────────────────────────────────────────────┘
[ senden ]
```

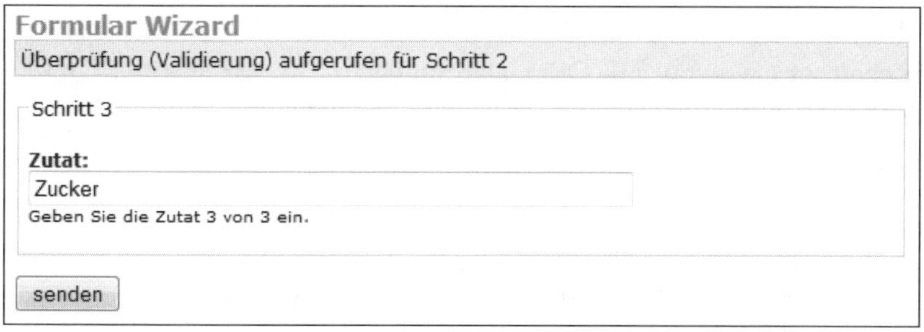

Abbildung 10.9: Der letzte Schritt des mehrschrittigen Formulars

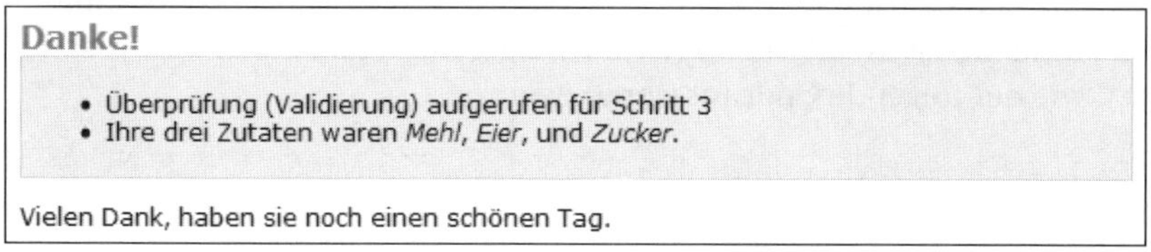

```
Danke!
  • Überprüfung (Validierung) aufgerufen für Schritt 3
  • Ihre drei Zutaten waren Mehl, Eier, und Zucker.

Vielen Dank, haben sie noch einen schönen Tag.
```

Abbildung 10.10: Der Übermittlungs-Handler für das mehrschrittige Formular wurde ausgeführt und der Benutzer auf formwizard/thankyou umgeleitet

Das vorstehende Beispiel soll Ihnen eine Grundvorstellung davon vermitteln, wie mehrschrittige Formulare funktionieren. Anstatt die Ablage in $form_state zu benutzen, kann Ihr Modul die Daten auch in verborgenen Feldern speichern und an den nächsten Schritt weitergeben. Sie können den Übermittlungs-Handler auch so ändern, dass er sie mit der Formular-ID als Schlüssel in der Datenbank oder in der superglobalen Variable $_SESSION unterbringt. Das Wesentliche dabei ist, dass die Formularerstellungsfunktion fortgesetzt aufgerufen wird, weil $form_state['storage'] gefüllt ist, und dass die Validierungs- und die Übermittlungsfunktion intelligente Entscheidungen über das weitere Vorgehen treffen können, indem sie den vorstehenden Ansatz nutzen, um $form_state['storage']['step'] zu inkrementieren.

10.3 Eigenschaften der Formular-API

Beim Erstellen einer Formulardefinition mit der Formularerstellungsfunktion werden Informationen über das Formular mithilfe von Array-Schlüsseln angegeben. In den folgenden Abschnitten sind die häufigsten Schlüssel aufgeführt. Einige werden vom Formularersteller automatisch hinzugefügt.

10.3.1 Eigenschaften für den Formularstamm

Die Eigenschaften in den folgenden Abschnitten gelten ausschließlich für den Formularstamm. Anders ausgedrückt: Sie können zwar $form['#programmed'] = TRUE setzen, $form['myfieldset']['mytextfield']['#programmed'] = TRUE ergibt dagegen für die Formularerstellung keinen Sinn.

#parameters

Diese Eigenschaft ist ein Array mit Originalargumenten, die wir drupal_get_form() übergeben haben. Es wird von drupal_retrieve_form() hinzugefügt.

#programmed

Diese Boole'sche Eigenschaft gibt an, dass ein Formular programmgesteuert übermittelt wird, beispielsweise von drupal_execute(). Ihr Wert wird von drupal_prepare_form() festgelegt, wenn vor der Formularverarbeitung #post gesetzt wurde.

#build_id

Diese Eigenschaft ist ein String (ein MD5-Hash-Wert). Sie bezeichnet eine bestimmte Instanz eines Formulars, wird als verborgenes Feld gesendet und von drupal_prepare_form() gesetzt, wie der folgende Codeausschnitt zeigt:

```
$form['form_build_id'] = array(
  '#type' => 'hidden',
  '#value' => $form['#build_id'],
  '#id' => $form['#build_id'],
  '#name' => 'form_build_id',
);
```

#token

Dieser String (ein MD5-Hash-Wert) ist ein eindeutiges Token, das mit jedem Formular gesendet wird, damit Drupal weiß, dass es sich tatsächlich um ein Drupal-Formular handelt und nicht von einem böswilligen Benutzer stammt.

#id

Diese Eigenschaft ist ein String, nämlich das Ergebnis von form_clean_id($form_id), und ein HTML-ID-Attribut. Alle umgekehrten Klammerpaare (][), Unterstriche (_) oder Leerzeichen (' ') in $form_id werden durch Bindestriche ersetzt, um konsistente IDs für die CSS-Verwendung zu erstellen. Drupal erzwingt, dass IDs auf einer Seite eindeutig sind. Kommt dieselbe ID zweimal vor (beispielsweise, wenn dasselbe Formular zweimal auf der Seite steht), werden ein Bindestrich und eine inkrementierte Integerzahl angehängt, zum Beispiel foo-form, foo-form-1 und foo-form-2.

#action

Diese Stringeigenschaft ist das Aktionsattribut für das HTML-Formular-Tag, standardmäßig der Rückgabewert von request_uri().

#method

Diese Stringeigenschaft bezeichnet die Formularübermittlungsmethode – üblicherweise post. Die Formular-API setzt durchwegs auf die Methode POST und verarbeitet

10.3 Eigenschaften der Formular-API

Formulare nicht mit der Methode GET. Über die Unterschiede zwischen GET und POST können Sie sich in den HTML-Spezifikationen informieren. Versuchen Sie, GET zu verwenden, benötigen Sie wahrscheinlich nicht die Formular-, sondern die Menü-API von Drupal.

#redirect

Der Typ dieser Eigenschaft ist string oder array. Bei einem String handelt es sich um den Drupal-Pfad, auf den der Benutzer nach der Formularübermittlung umgeleitet wird. Ein Array wird als Parameter an drupal_goto() übergeben, wobei das erste Element der Drupal-Zielpfad ist (und weitere Parameter wie ein Abfragestring übergeben werden können).

#pre_render

Bei dieser Eigenschaft handelt es sich um ein Array mit Funktionen, die direkt vor dem Rendern des Formulars aufgerufen werden. Jede Funktion wird aufgerufen und erhält das Element, für das #pre_render gesetzt ist. $form['#pre_render'] = array('foo', 'bar') veranlasst Drupal zum Beispiel, erst foo(&$form) und dann bar(&$form) aufzurufen. Ist die Eigenschaft auf ein Formularelement gesetzt, beispielsweise $form['mytextfield']['#pre_render']= array('foo'), ruft Drupal die Funktion foo(&$element) auf, wobei $element das Element $form['mytextfield'] ist. Das ist sinnvoll, wenn Sie sich in die Formularverarbeitung einklinken wollen, um nach der Validierung, aber vor dem Rendern die Struktur des Formulars zu ändern. Zum Ändern des Formulars vor der Validierung verwenden Sie jedoch hook_form_alter().

#post_render

Mithilfe dieser Eigenschaft können Sie ein Array mit Funktionen bereitstellen, die den gerade gerenderten Inhalt modifizieren können. Haben Sie $form['mytextfield']['#post_render'] = array('bar') gesetzt, können Sie wie folgt vorgehen:

```
function bar($content, $element) {
  $new_content = t('This element (ID %id) has the following
    content:', array('%id' => $element['#id'])) . $content;
  return $new_content;
}
```

#cache

Diese Eigenschaft steuert, ob das Formular im allgemeinen Caching-System von Drupal zwischengespeichert wird. Caching bedeutet, dass das Formular bei der Übermittlung nicht neu erstellt werden muss. Wollen Sie erzwingen, dass es immer neu aufgebaut wird, setzen Sie $form['#cache'] = FALSE.

10.3.2 Zu allen Elementen hinzugefügte Eigenschaften

Beim Durchlaufen der Formulardefinition sorgt der Formularersteller dafür, dass für jedes Element Standardwerte gesetzt sind. Dies geschieht mithilfe der Funktion _element_info() in *includes/form.inc*, kann aber durch die Elementdefinition in hook_elements() überschrieben werden.

#description

Diese Stringeigenschaft wird allen Elementen hinzugefügt und hat den Standardwert NULL. Sie wird von der Theme-Funktion des Elements gerendert. Die Beschreibung beispielsweise eines Textfelds wird unterhalb des Felds wiedergegeben (siehe Abbildung 10.2).

#required

Diese Boole'sche Eigenschaft wird allen Elementen hinzugefügt und hat den Standardwert FALSE. Der Wert TRUE führt dazu, dass die integrierte Formularvalidierung von Drupal einen Fehler meldet, wenn das Formular übermittelt wird, ohne dass das Feld ausgefüllt ist. Außerdem wird bei TRUE eine CSS-Klasse für das betreffende Element festgelegt (siehe theme_form_element() in *includes/form.inc*).

#tree

Diese Boole'sche Eigenschaft wird allen Elementen hinzugefügt und hat den Standardwert FALSE. Der Wert TRUE führt dazu, dass das durch Formularübermittlung zustande gekommene Array $form_state['values'] nicht flach dargestellt wird, was die Art des Zugriffs auf die übermittelten Werte beeinflusst (siehe Abschnitt *Feldgruppen*, in diesem Kapitel).

#post

Diese Array-Eigenschaft ist eine Kopie der $_POST-Originaldaten und wird jedem Formularelement vom Formularersteller hinzugefügt, sodass die in #process and #after_build definierten Funktionen auf der Grundlage des Inhalts von #post intelligente Entscheidungen treffen können.

#parents

Diese Array-Eigenschaft wird allen Elementen hinzugefügt und ist standardmäßig leer. Sie dient intern zur Kennzeichnung von Elternelementen des Formularbaums. Weitere Informationen finden Sie unter *http://drupal.org/node/48643*.

#attributes

Dieses assoziative Array wird allen Elementen hinzugefügt und ist standardmäßig leer, wird aber im Allgemeinen von Theme-Funktionen gefüllt. Die Member werden als HTML-Attribute hinzugefügt, beispielsweise $form['#attributes'] = array('enctype' => 'multipart/form-data').

10.3.3 In allen Elementen zugelassene Eigenschaften

Die in den folgenden Abschnitten erläuterten Eigenschaften sind in allen Elementen zulässig.

#type

Dieser String deklariert den Typ eines Elements, beispielsweise #type = 'textfield'. Der Stamm des Formulars muss die Deklaration #type = 'form' enthalten.

#access

Diese Boole'sche Eigenschaft bestimmt, ob das Element für den Benutzer sichtbar ist. Hat es Abkömmlinge, werden sie nicht angezeigt, wenn die Eigenschaft für das Elternelement FALSE ist. Handelt es sich um eine Feldgruppe, wird daher kein Feld angezeigt, wenn #access den Wert FALSE hat.

Der Wert der Eigenschaft kann direkt festgelegt oder mit einer Funktion belegt werden, die TRUE oder FALSE zurückgibt. Sie wird beim Abrufen der Formulardefinition ausgeführt. Das folgende Beispiel stammt aus dem Standard-Node-Formular von Drupal:

```
$form['revision_information']['revision'] = array(
  '#access' => user_access('administer nodes'),
  '#type' => 'checkbox',
  '#title' => t('Create new revision'),
  '#default_value' => $node->revision,
);
```

#process

Diese Eigenschaft ist ein assoziatives Array. Seine Einträge bestehen jeweils aus einem Funktionsnamen als Schlüssel und den benötigten Argumenten, die als Werte zu übergeben sind. Die Funktionen werden beim Aufbau eines Elements aufgerufen und ermöglichen die zusätzliche Bearbeitung des Elements während der Erstellung. In *modules/system/system.module* wird zum Beispiel bei der Definition des Typs checkboxes festgelegt, dass während der Formularerstellung die Funktion expand_checkboxes() in *includes/form.inc* aufgerufen wird.

```
$type['checkboxes'] = array(
  '#input' => TRUE,
  '#process' => array('expand_checkboxes'),
  '#tree' => TRUE
);
```

Außerdem finden Sie unter Abschnitt 10.1.4, *Definitionen aller möglichen Formularelemente erfassen*, in diesem Kapitel ein Beispiel, in dem allen Elementen die Eigenschaft #processed hinzugefügt wird, nachdem alle im Array #process enthaltenen Funktionen aufgerufen wurden.

#after_build

Diese Eigenschaft ist ein Array mit Funktionen, die direkt nach dem Aufbau des Elements aufgerufen werden. Jede erhält zwei Parameter: $form und $form_state. Bei $form['#after_build'] = array('foo', 'bar') ruft Drupal also nach dem Erstellen des Formulars die Funktionen foo($form,$form_state) und bar($form, $form_state) auf. Anschließend wird dem Element intern die Eigenschaft #after_build_done hinzugefügt.

#theme

Diese optionale Eigenschaft definiert einen String, den Drupal bei der Suche nach einer Theme-Funktion für das betreffende Element verwendet. Die Codezeile #theme = 'foo' veranlasst Drupal zum Beispiel, in der Theme-Registry einen Eintrag zu suchen, der foo entspricht. Siehe auch Abschnitt 10.1.11, *Eine Theme-Funktion für das Formular finden*, weiter vorn in diesem Kapitel.

#prefix

Der in dieser Eigenschaft definierte String wird der Ausgabe beim Rendern hinzugefügt, und zwar direkt vor dem gerenderten Element.

#suffix

Der in dieser Eigenschaft definierte String wird der Ausgabe beim Rendern hinzugefügt, und zwar direkt hinter dem gerenderten Element.

#title

Dieser String ist der Titel des Elements.

#weight

Diese Eigenschaft kann eine Integer- oder eine Dezimalzahl sein. Formularelemente werden beim Rendern nach Gewichtung sortiert. Leichtere »schwimmen auf« und stehen weiter oben, schwerere »sinken ab« und stehen weiter unten auf der gerenderten Seite.

#default_value

Diese Eigenschaft kann unterschiedliche Typen aufweisen. Für Eingabeelemente ist dieser Wert im Feld zu benutzen, solange das Formular nicht übermittelt wurde. Verwechseln Sie die Eigenschaft nicht mit #value, die einen internen Formularwert definiert, den der Benutzer zwar nie zu sehen bekommt, der jedoch im Formular definiert ist und in $form_state['values'] erscheint.

10.3.4 Formularelemente

In diesem Abschnitt stellen wir Beispiele für die integrierten Drupal-Formularelemente vor.

10.3 Eigenschaften der Formular-API

Textfeld

```
$form['pet_name'] = array(
  '#title' => t('Name'),
  '#type' => 'textfield',
  '#description' => t('Enter the name of your pet.'),
  '#default_value' => $user->pet_name,
  '#maxlength' => 32,
  '#required' => TRUE,
  '#size' => 15,
  '#weight' => 5,
  '#autocomplete_path' => 'pet/common_pet_names',
);

$form['pet_weight'] = array(
  '#title' => t('Weight'),
  '#type' => 'textfield',
  '#description' => t('Enter the weight of your pet in kilograms.'),
  '#field_suffix' => t('kilograms'),
  '#default_value' => $user->pet_weight,
  '#size' => 4,
  '#weight' => 10,
);
```

Aus diesem Code ergibt sich das in Abbildung 10.11 gezeigte Formularelement.

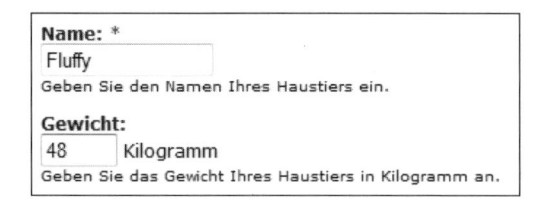

Abbildung 10.11: Das Textfeldelement

Die Eigenschaften #field_prefix und #field_suffix gelten nur für Textfelder und platzieren einen String direkt vor oder hinter der Eingabe.

Die Eigenschaft #autocomplete definiert einen Pfad, an den der von Drupal automatisch eingebundene JavaScript-Code mithilfe von JQuery HTTP-Anforderungen sendet. Im vorstehenden Beispiel wird *http://example.com/?q=pet/common_pet_names* abgefragt. In der Funktion user_autocomplete() in *modules/user/user.pages* finden Sie ein funktionierendes Beispiel dafür.

In Verbindung mit Textfeldern werden häufig folgende Eigenschaften verwendet: #attributes, #autocomplete_path (Standardwert FALSE), #default_value, #description, #field_prefix, #field_suffix, #maxlength (Standardwert 128), #prefix, #required, #size (Der Standardwert ist 60), #suffix, #title, #process (Standardwert form_expand_ahah) und #weight.

Passwortfeld

Dieses Element legt ein HTML-Passwortfeld an, dessen vom Benutzer eingegebener Inhalt nicht angezeigt wird (üblicherweise erscheinen dort Punkte/Sternchen). Das folgende Beispiel stammt aus user_login_block():

```
$form['pass'] = array('#type' => 'password',
  '#title' => t('Password'),
  '#maxlength' => 60,
  '#size' => 15,
  '#required' => TRUE,
);
```

In Verbindung mit einem Passwortfeld werden häufig folgende Eigenschaften verwendet: #attributes, description, #maxlength, #prefix, #required, #size (Standardwert 60), #suffix, #title, #process (Standardwert form_expand_ahah) und #weight. Die Eigenschaft #default_value kommt aus Sicherheitsgründen im Zusammenhang mit dem Passwortfeld nicht zum Einsatz.

Passwortfeld mit Bestätigung

Dieses Element legt zwei HTML-Passwortfelder an und verknüpft eine Validierung mit ihnen, die prüft, ob die Eingaben übereinstimmen. Es wird zum Beispiel vom Benutzermodul verwendet, wenn ein Benutzer sein Passwort ändert.

```
$form['account']['pass'] = array(
  '#type' => 'password_confirm',
  '#description' => t('To change the current user password, enter
    the new password in both fields.'),
  '#size' => 25,
);
```

Textarea (mehrzeilige Textfelder)

Das folgende Beispiel zeigt ein textarea-Element:

```
$form['pet_habits'] = array(
  '#title' => t('Habits'),
  '#type' => 'textarea',
  '#description' => t('Describe the habits of your pet.'),
  '#default_value' => $user->pet_habits,
  '#cols' => 40,
  '#rows' => 3,
  '#resizable' => FALSE,
  '#weight' => 15,
);
```

10.3 Eigenschaften der Formular-API

In Verbindung mit einem textarea-Element werden häufig folgende Eigenschaften verwendet: #attributes, #cols (Standardwert 60), #default_value, #description, #prefix, #required, #resizable, #suffix, #title, #rows (Standardwert 5), #process (Standardwert form_expand_ahah) und #weight.

Die Einstellung #cols bleibt möglicherweise wirkungslos, wenn die dynamische Textgrößenanpassung aktiviert ist, weil #resizable auf TRUE gesetzt wurde.

Auswahlelemente (select)

Das folgende Beispiel für ein Auswahlelement stammt aus *modules/statistics/statistics.admin.inc*:

```
$period = drupal_map_assoc(array(3600, 10800, 21600, 32400, 43200, 86400, 172800,
259200, 604800, 1209600, 2419200, 4838400, 9676800), 'format_interval');
/* Die Zeitdauer sieht jetzt wie folgt aus:
  Array (
    [3600] => 1 hour
    [10800] => 3 hours
    [21600] => 6 hours
    [32400] => 9 hours
    [43200] => 12 hours
    [86400] => 1 day
    [172800] => 2 days
    [259200] => 3 days
    [604800] => 1 week
    [1209600] => 2 weeks
    [2419200] => 4 weeks
    [4838400] => 8 weeks
    [9676800] => 16 weeks )
*/
$form['access']['statistics_flush_accesslog_timer'] = array(
  '#type' => 'select',
  '#title' => t('Discard access logs older than'),
  '#default_value' =>
     variable_get('statistics_flush_accesslog_timer', 259200),
  '#options' => $period,
  '#description' => t('Older access log entries (including referrer
     statistics) will be automatically discarded. (Requires a
     correctly configured <a href="@cron">cron maintenance
     task</a>.)', array('@cron' => url('admin/reports/status'))),
);
```

Drupal unterstützt die Gruppierung in den Auswahloptionen, indem die Eigenschaft #options als assoziatives Array mit Untermenüoptionen definiert wird (siehe Abbildung 10.12).

```
$options = array(
  array(
    t('Healthy') => array(
      1 => t('wagging'),
      2 => t('upright'),
      3 => t('no tail')
    ),
  ),
  array(
    t('Unhealthy') => array(
      4 => t('bleeding'),
      5 => t('oozing'),
    ),
  ),
);
$form['pet_tail'] = array(
  '#title' => t('Tail demeanor'),
  '#type' => 'select',
  '#description' => t('Pick the closest match that describes the
    tail of your pet.'),
  '#options' => $options,
  '#multiple' => FALSE,
  '#weight' => 20,
);
```

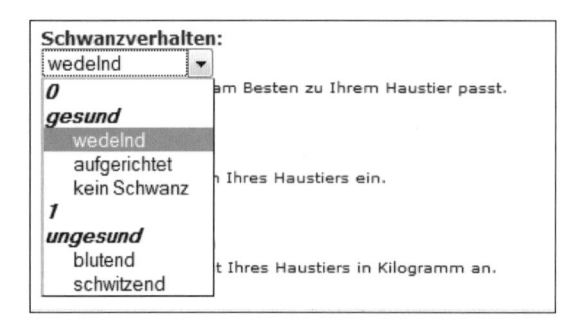

Abbildung 10.12: Ein Auswahlfeld mit gruppierten Wahlmöglichkeiten

Um die Mehrfachauswahl zu aktivieren, setzen Sie die Eigenschaft #multiple auf TRUE. Damit erhält der Wert in $form_state['values'] anstelle von string den Typ array (was zum Beispiel unter der Voraussetzung, dass im vorstehenden Beispiel sowohl wagging als auch upright ausgewählt wurden, pet_tail = array(1 => '1', 2 => '2') ergibt).

In Verbindung mit Auswahlelementen werden häufig folgende Eigenschaften verwendet: #attributes, #default_value, #description, #multiple, #options, #prefix, #required, #suffix, #title, #process (**Standardwert** form_expand_ahah) **und** #weight.

10.3 Eigenschaften der Formular-API

Optionsschalter

Das folgende Beispiel für Optionsschalter stammt aus *modules/block/block.admin.inc*:

```
$form['user_vis_settings']['custom'] = array(
  '#type' => 'radios',
  '#title' => t('Custom visibility settings'),
  '#options' => array(
    t('Users cannot control whether or not they see this block.'),
    t('Show this block by default, but let individual users hide
      it.'),
    t('Hide this block by default but let individual users show
      it.')
  ),
  '#description' => t('Allow individual users to customize the
    visibility of this block in their account settings.'),
  '#default_value' => $edit['custom'],
);
```

In Verbindung mit diesem Element werden häufig folgende Eigenschaften verwendet: #attributes, #default_value, #description, #options, #prefix, #required, #suffix, #title und #weight. Beachten Sie, dass die Eigenschaft #process standardmäßig auf expand_radios() gesetzt ist (siehe *includes/form.inc*).

Kontrollkästchen

Die gerenderte Version des folgenden Beispiels für Kontrollkästchen sehen Sie in Abbildung 10.13.

```
$options = array(
  'poison' => t('Sprays deadly poison'),
  'metal' => t('Can bite/claw through metal'),
  'deadly' => t('Killed previous owner') );
$form['danger'] = array(
  '#title' => t('Special conditions'),
  '#type' => 'checkboxes',
  '#description' => (t('Please note if any of these conditions apply
    to your pet.')),
  '#options' => $options,
  '#weight' => 25,
);
```

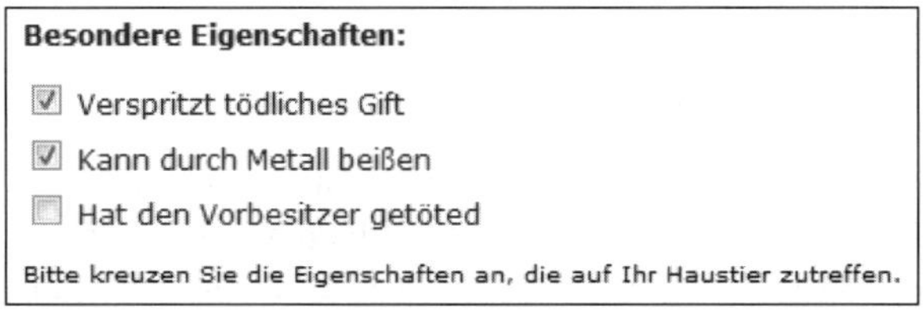

Abbildung 10.13: Ein Beispiel für das Kontrollkästchenelement

In Validierungs- und Übermittlungsfunktionen wird häufig die Funktion `array_filter()` eingesetzt, um die Schlüssel der ausgewählten Felder zu ermitteln. Sind zum Beispiel in Abbildung 10.13 die beiden ersten Felder ausgewählt, enthält die Variable `$form_state['values']['danger']` Folgendes:

```
array(
  'poison' => 'poison',
  'metal' => 'metal',
  'deadly' => 0,
)
```

Die Ausführung von `array_filter($form_state['values']['danger'])` ergibt ein Array, das nur die Schlüssel der gewählten Felder enthält: `array('poison', 'metal')`.

In Verbindung mit Kontrollkästchen werden häufig folgende Eigenschaften verwendet: `#attributes`, `#default_value`, `#description`, `#options`, `#prefix`, `#required`, `#suffix`, `#title`, `#tree` (Standardwert `TRUE`) und `#weight`. Beachten Sie, dass die Eigenschaft `#process` standardmäßig auf `expand_checkboxes()` gesetzt ist (siehe *includes/form.inc*).

Werte

Das Werteelement dient dazu, intern Werte aus `$form` an `$form_state['values']` zu übergeben, ohne dass sie an den Browser gesendet werden:

```
$form['pid'] = array(
  '#type' => 'value',
  '#value' => 123,
);
```

Beim Übermitteln des Formulars hat `$form_state['values']['pid']` den Wert 123.

Verwechseln Sie `#type => 'value'` nicht mit `#value => 123`. Der erste Ausdruck deklariert, was für ein Element beschrieben wird, der zweite den Wert dieses Elements. Im Zusammenhang mit diesem Element können nur die Eigenschaften `#type` und `#value` verwendet werden.

Verborgene Elemente

Solche Elemente dienen dazu, mithilfe eines HTML-Eingabefelds vom Typ `hidden` wie im folgenden Beispiel einen verborgenen Wert zu übergeben.

```
$form['my_hidden_field'] = array(
  '#type' => 'hidden',
  '#value' => t('I am a hidden field value'),
);
```

Wollen Sie zusammen mit dem Formular einen verborgenen Wert übergeben, verwenden Sie normalerweise besser das Werteelement, das verborgene Element dagegen nur dann, wenn Ersteres nicht ausreicht. Der Benutzer kann das verborgene Element nämlich im HTML-Quelltext eines Webformulars sehen, während das Werteelement nicht Bestandteil des HTML-Codes, sondern ein internes Drupal-Element ist.

Im Zusammenhang mit dem verborgenen Element werden nur die Eigenschaften #prefix, #suffix, #process (Standardwert form_expand_ahah) und #value verwendet.

Datumsfelder

Das Datumselement (siehe Abbildung 10.14) ist ein kombiniertes Element mit drei Auswahlfeldern:

```
$form['deadline'] = array(
  '#title' => t('Deadline'),
  '#type' => 'date',
  '#description' => t('Set the deadline.'),
  '#default_value' => array(
    'month' => format_date(time(), 'custom', 'n'),
    'day' => format_date(time(), 'custom', 'j'),
    'year' => format_date(time(), 'custom', 'Y'),
  ),
);
```

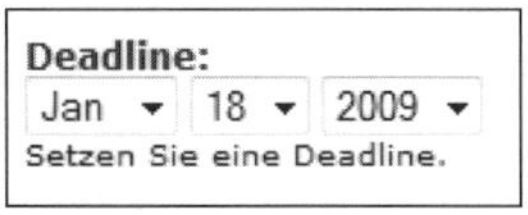

Abbildung 10.14: Ein Datumsfeld

In Verbindung mit dem Datumselement werden häufig folgende Eigenschaften verwendet: #attributes, #default_value, #description, #prefix, #required, #suffix, #title und #weight. Die Eigenschaft #process ruft standardmäßig die Funktion expand_date() auf, deren Jahresauswahl auf die Jahre 1900 bis 2050 beschränkt ist. Die Eigenschaft #element_validate hat den Standardwert date_validate() (beide Funktionen sind in *includes/form.inc* zu finden). Sie können diese Eigenschaften definieren, wenn Sie das Datumselement in Ihrem Formular so gestalten, dass es stattdessen Ihren Code verwendet.

Gewichtung

Das Gewichtungselement (nicht zu verwechseln mit der Eigenschaft #weight) ist eine Dropdownliste zur Angabe der Gewichtung:

```
$form['weight'] = array(
  '#type' => 'weight',
  '#title' => t('Weight'),
  '#default_value' => $edit['weight'],
  '#delta' => 10,
  '#description' => t('In listings, the heavier vocabularies will
    sink and the lighter vocabularies will be positioned nearer the
    top.'),
);
```

Der vorstehende Code führt zu dem in Abbildung 10.15 gezeigten Ergebnis.

Gewichtung:
-10 ▾
In Listdarstellungen sinken die schwereren Vokabulare nach unten und die leichteren Vokabulare werden näher am Listenanfang positioniert.

Abbildung 10.15: Das Gewichtungselement

Die Eigenschaft #delta bestimmt die zur Verfügung stehende Gewichtungsskala. Ihr Standardwert beträgt 10. Setzen Sie sie auf 50, reicht die Skala von -50 bis +50.

In Verbindung mit dem Gewichtungselement werden häufig folgende Eigenschaften verwendet: #attributes, #delta (**Standardwert 10**), #default_value, #description, #prefix, #required, #suffix, #title und #weight. Der Standardwert der Eigenschaft #process lautet array('process_weight', 'form_expand_ahah').

Dateiupload

Dieses Element erstellt eine Schnittstelle für den Dateiupload. Das folgende Beispiel stammt aus *modules/user/user.module*:

```
$form['picture']['picture_upload'] = array(
  '#type' => 'file',
  '#title' => t('Upload picture'),
  '#size' => 48,
  '#description' => t('Your virtual face or picture.')
);
```

Die Umsetzung des Codes sehen Sie in Abbildung 10.16.

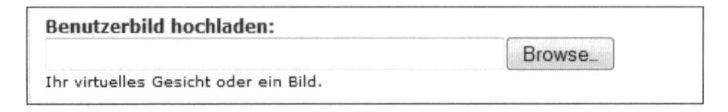

Benutzerbild hochladen:
[   ] [Browse...]
Ihr virtuelles Gesicht oder ein Bild.

Abbildung 10.16: Ein Element für den Dateiupload

Beachten Sie, dass Sie die Eigenschaft enctype im Stamm Ihres Formulars setzen müssen, wenn Sie dieses Element verwenden:

```
$form['#attributes']['enctype'] = 'multipart/form-data';
```

In Verbindung mit diesem Element werden häufig folgende Eigenschaften verwendet: #attributes, #default_value, #description, #prefix, #required, #size (**Standardwert 60**), #suffix, #title und #weight.

10.3 Eigenschaften der Formular-API

Feldgruppen

Ein Feldgruppenelement dient zum Gruppieren von Elementen. Es kann als reduzierbar deklariert werden, sodass der Benutzer es mithilfe von automatisch durch Drupal bereitgestellten JavaScript-Funktionen durch einen Klick öffnen bzw. schließen kann. Beachten Sie, dass #access in diesem Beispiel verwendet wird, um den Zugriff auf sämtliche Felder der Feldgruppe zu gewähren oder zu verweigern:

```
// Informationen des Node-Autors für die Administratoren.
$form['author'] = array(
  '#type' => 'fieldset',
  '#access' => user_access('administer nodes'),
  '#title' => t('Authoring information'),
  '#collapsible' => TRUE,
  '#collapsed' => TRUE,
  '#weight' => 20,
);
```

In Verbindung mit dem Feldgruppenelement werden häufig folgende Eigenschaften verwendet: #attributes, #collapsed (Standardwert FALSE), #collapsible (Standardwert FALSE), #description, #prefix, #suffix, #title, #process (Standardwert form_expand_ahah) und #weight.

Sendeschaltflächen

Das Sendeelement dient zum Übermitteln des Formulars. Als Text der Schaltfläche wird standardmäßig SENDEN angezeigt, was aber mithilfe der Eigenschaft #value geändert werden kann.

```
$form['submit'] = array(
  '#type' => 'submit',
  '#value' => t('Continue'),
);
```

In Verbindung mit dem Sendeschaltflächenelement werden häufig folgende Eigenschaften verwendet: #attributes, #button_type (Standardwert 'submit'), #executes_submit_callback (Standardwert TRUE), #name (Standardwert 'op'), #prefix, #suffix, #value, #process (Standardwert form_expand_ahah) und #weight. Außerdem können die Eigenschaften #validate und #submit dem Element direkt zugewiesen werden. Wird #submit beispielsweise auf array('my_special_form_submit') gesetzt, wird anstelle der für das Formular definierten Übermittlungs-Handler die Funktion my_special_form_submit() verwendet.

Schaltflächen

Abgesehen davon, dass die Eigenschaft #executes_submit_callback den Standardwert FALSE hat, ist das Schaltflächenelement mit dem Sendeschaltflächenelement identisch. Die genannte Eigenschaft teilt Drupal mit, ob das Formular verarbeitet (TRUE) oder lediglich neu gerendert werden soll (FALSE). Wie beim vorherigen Element können einer Schaltfläche auch gezielt Validierungs- und Übermittlungsfunktionen zugewiesen werden.

Grafische Schaltflächen

Das Element für grafische Schaltflächen ist bis auf zwei Ausnahmen mit dem für Sendeschaltflächen identisch. Zum einen hat es die Eigenschaft #src, deren Wert der URL eines Bildes ist, zum anderen setzt es die interne Formulareigenschaft #has_garbage_value auf TRUE, was verhindert, dass #default_value aufgrund eines Fehlers in Internet Explorer von Microsoft verwendet wird. Verwenden Sie #default_value nicht im Zusammenhang mit grafischen Schaltflächen. Die folgende grafische Schaltfläche verwendet das integrierte Bild POWERED BY DRUPAL:

```
$form['my_image_button'] = array(
  '#type' => 'image_button',
  '#src' => 'misc/powered-blue-80x15.png',
  '#value' => 'foo',
);
```

Der Wert der Schaltfläche lässt sich gefahrlos aus $form_state['clicked_button']['#value'] entnehmen.

Markup

Das Markup-Element ist der Standardelementtyp, wenn die Eigenschaft #type nicht gesetzt ist. Es dient dazu, innerhalb des Formulars Text oder HTML-Code auszugeben.

```
$form['disclaimer'] = array(
  '#prefix' => '<div>',
  '#value' => t('The information below is entirely optional.'),
  '#suffix' => '</div>',
);
```

In Verbindung mit dem Markup-Element werden häufig folgende Eigenschaften verwendet: #attributes, #prefix (Standardwert ist der leere String ''), #suffix (Standardwert ist der leere String ''), #value und #weight.

> **Achtung**
>
> Geben Sie innerhalb einer reduzierbaren Feldgruppe Text aus, sollten Sie ihn wie im Beispiel in <div>-Tags einschließen, damit er beim Reduzieren zusammen mit der Feldgruppe reduziert wird.

Item

Das Item-Element wird auf dieselbe Art formatiert wie andere Eingabeelementtypen, beispielsweise das Textfeld oder das Auswahlfeld, es hat aber kein Eingabefeld.

```
$form['removed'] = array(
  '#title' => t('Shoe size'),
  '#type' => 'item',
  '#description' => t('This question has been removed because the
     law prohibits us from asking your shoe size.'),
);
```

Eine Umsetzung dieses Elements sehen Sie in Abbildung 10.17.

> **Schuhgröße:**
> Diese Frage wurde wieder entfernt, weil das Gesetz eindeutig verbietet nach der Schuhgröße zu fragen.

Abbildung 10.17: Ein Item-Element

In Verbindung mit dem Item-Element werden häufig folgende Eigenschaften verwendet: #attributes, #description, #prefix (Standardwert ist der leere String ''), #required, #suffix (Standardwert ist der leere String ''), #title, #value und #weight.

10.3.5 Die Eigenschaft #ahah

Die Elementeigenschaft #ahah liefert Informationen an die Drupal-Implementierung von AHAH (Asynchronous HTML and HTTP), die das Ändern von Formularelementen durch JavaScript zulässt.

> **Tipp**
>
> Möglicherweise ist Ihnen aufgefallen, dass der Standardwert für #process bei vielen beschriebenen Formularelementen form_expand_ahah lautet. Das Vorhandensein der Eigenschaft #ahah informiert Drupal darüber, dass in dem betreffenden Element AHAH verwendet wird. Die Funktion form_expand_ahah() sorgt dafür, dass für #ahah sinnvolle Standwerte benutzt werden.

Im folgenden Beispiel wird die Eigenschaft in der Schaltfläche ATTACH verwendet, die das Upload-Modul zum Hochladen von Dateien einsetzt:

```
$form['new']['attach'] = array(
  '#type' => 'submit',
  '#value' => t('Attach'),
  '#name' => 'attach',
  '#ahah' => array(
    'path' => 'upload/js',
```

```
      'wrapper' => 'attach-wrapper',
      'progress' => array(
        'type' => 'bar',
        'message' => t('Please wait...'),
      ),
    ),
  ),
  '#submit' => array('node_form_submit_build_node'),
);
```

Der Wert der Eigenschaft #ahah ist ein mit Schlüsseln versehenes Array. Folgende Schlüssel sind erforderlich:

- path: Der Drupal-Pfad des Menüelements, das der JavaScript-Code anfordert. Der Callback und der Pfad für das Menüelement enden auf js, um darauf hinzuweisen, dass das Element von JavaScript aufgerufen wird. Im vorstehenden Beispiel lautet der Drupal-Pfad *upload/js*, der entsprechende Callback upload_js() (davon können Sie sich mit einem Blick in upload_menu() in *modules/upload/upload.module* überzeugen).

- wrapper: Entspricht dem Attribut id eines HTML-Elements (üblicherweise <div>). Im vorstehenden Beispiel verweist das Upload-Modul auf das folgende Element: <div id="attach-wrapper">.

Folgende Schlüssel sind optional:

- effect: Der optische Effekt beim Ersetzen des Elements. Folgende Werte stehen zur Verfügung: none, fade und slide. Der Standardwert lautet none.

- event: Das Ereignis, das die Ausführung einer JavaScript-HTTP-Anforderung durch den Browser auslöst. Die Standardwerte legt Drupal in Abhängigkeit vom Elementtyp fest (siehe Tabelle 10.1).

Element	Standardereignis
submit	mousedown[1]
button	mousedown[1]
image button	mousedown[1]
password	blur
textfield	blur
textarea	blur
radio	change
chechbox	change
select	change

Tabelle 10.1: Standardnamen von Ereignissen, die in Formularelementen AHAH auslösen

---

1 Außerdem wird das Ereignis keypress hinzugefügt.

10.3 Eigenschaften der Formular-API

- method: Die nach Eingang der Antwort auf die JavaScript-HTTP-Anforderung zum Ändern des vorliegenden HTML-Codes verwendete JQuery-Methode. Folgende Werte stehen zur Verfügung: after, append, before, prepend und replace. Die Standardmethode ist replace. Dieser Wert wird im folgenden JavaScript-Code benutzt (siehe *misc/ahah.js*):

```
if (this.method == 'replace') {
 wrapper.empty().append(new_content);
}
else {
 wrapper[this.method](new_content);
}
```

- progress: Die Art, wie Drupal dem Benutzer signalisiert, dass ein JavaScript-Ereignis stattfindet. Der Wert dieser Eigenschaft ist wie im folgenden Beispiel ein Array mit den Schlüsseln type und message:

```
$form['submit'] = array(
 '#type' => 'submit',
 '#value' => t('Click Me'),
 '#ahah' => array(
 'event' => 'click',
 'path' => 'poof/message_js',
 'wrapper' => 'target',
 'effect' => 'fade',
 'progress' => array(
 'type' => 'throbber',
 'message' => t('One moment...'),
 ),
 )
);
```

Der Standardwert für type lautet throbber, ein rundes animiertes Symbol, das eine optionale Meldung anzeigt, während die JavaScript-HTTP-Anforderung ausgeführt wird. Die Alternative ist bar, ein Verlaufsbalken (dafür wird ggf. eine eigene Datei, *misc/progress.js*, hinzugefügt). Wenn der Typ auf bar gesetzt ist, stehen folgende optionale Schlüssel zur Verfügung: url und interval. Der erste enthält einen URL für den Balken, der aufgerufen wird, um seinen Prozentwert als Integerzahl von 0 bis 100 zu ermitteln, der zweite legt fest, in welchem Abstand (in Sekunden) der Fortschritt geprüft werden soll.

- selector: Die Angabe eines Selektors ist eine Methode, das Ergebnis der JavaScript-HTTP-Anforderung mit mehreren Elementen der Seite (nicht nur mit dem Formularelement) zu verknüpfen. Das folgende kurze Beispiel zeigt ein Formular, das das dynamische Ersetzen von Text mit AHAH ermöglicht. Die Schaltfläche zeigt mithilfe von throbber an, dass der Benutzer warten soll (siehe Abbildung 10.18). Sehen Sie sich *sites/all/modules/custom/poof/poof.info* an:

```
; $Id$
name = Poof
description = Demonstrates AHAH forms.
package = Pro Drupal Development
core = 6.x
```

Und nun *sites/all/modules/custom/poof/poof.module*:

```php
<?php

/**
 * Implementierung von hook_menu().
 */
function poof_menu() {
  $items['poof'] = array(
    'title' => 'Ahah!',
    'page callback' => 'drupal_get_form',
    'page arguments' => array('poof_form'),
    'access arguments' => array('access content'),
  );
  $items['poof/message_js'] = array(
    'page callback' => 'poof_message_js',
    'type' => MENU_CALLBACK,
    'access arguments' => array('access content'),
  );
  return $items;
}
/**
 * Formulardefinition.
 */
function poof_form() {
  $form['target'] = array(
    '#type' => 'markup',
    '#prefix' => '<div id="target">',
    '#value' => t('Click the button below. I dare you.'),
    '#suffix' => '</div>',
  );
  $form['submit'] = array(
    '#type' => 'submit',
    '#value' => t('Click Me'),
    '#ahah' => array(
      'event' => 'click',
      'path' => 'poof/message_js',
      'wrapper' => 'target',
      'effect' => 'fade',
    )
  );
```

10.3 Eigenschaften der Formular-API

```php
  return $form;
}

/**
 * Menücallback für AHAH-Zusätze.
 */
function poof_message_js() {
  $output = t('POOF!');
  drupal_json(array('status' => TRUE, 'data' => $output));
}
```

Ahah
Klicken Sie den untenstehenden Button. Na los!
[Klick mich] ⊙

Abbildung 10.18: Ein Klick auf die Schaltfläche löst die Anzeige des runden animierten Throbber-Symbols und anschließend die AHAH-basierte Ersetzung des Textes aus

Das folgende Listing zeigt dasselbe Modul, doch diesmal mit einem Verlaufsbalken, der alle zwei Sekunden aktualisiert wird (siehe Abbildung 10.19).

> **Achtung**
>
> Dieses Modul führt lediglich die Verwendung des Verlaufsbalkens vor. In einem echten Modul würden Sie den Prozentsatz der Erledigung einer tatsächlichen Aufgabe melden. Insbesondere würden Sie den Verlauf nicht wie im Beispiel im durchgehenden Variablensystem von Drupal speichern und auslesen, weil viele gleichzeitige Ausführungen des Formulars die Werte durcheinander brächten, sondern eine Datenbankabfrage durchführen, um festzustellen, zu welchem Prozentsatz die Zeilen eingefügt sind.

```php
<?php

/**
 * Implementierung von hook_menu().
 */
function poof_menu() {
  $items['poof'] = array(
    'title' => 'Ahah!',
    'page callback' => 'drupal_get_form',
    'page arguments' => array('poof_form'),
    'access arguments' => array('access content'),
  );
  $items['poof/message_js'] = array(
    'page callback' => 'poof_message_js',
    'type' => MENU_CALLBACK,
```

```
      'access arguments' => array('access content'),
    );
    $items['poof/interval_js'] = array(
      'page callback' => 'poof_interval_js',
      'type' => MENU_CALLBACK,
      'access arguments' => array('access content'),
    );
    return $items;
}

/**
 * Formulardefinition.
 */
function poof_form() {
  $form['target'] = array(
    '#type' => 'markup',
    '#prefix' => '<div id="target">',
    '#value' => t('Click the button below. I dare you.'),
    '#suffix' => '</div>',
  );
  $form['submit'] = array(
    '#type' => 'submit',
    '#value' => t('Click Me'),
    '#ahah' => array(
      'event' => 'click',
      'path' => 'poof/message_js',
      'wrapper' => 'target',
      'effect' => 'fade',
      'progress' => array(
        'type' => 'bar',
        'message' => t('One moment...'),
        'interval' => 2,
        'url' => 'poof/interval_js',
      ),
    )
  );
  return $form;
}

/**
 * Menücallback für AHAH-Zusätze
 */
function poof_message_js() {
  $output = t('POOF!');
  for ($i = 0; $i < 100; $i = $i + 20) {
    // Zeichnet den Stand auf.
    variable_set('poof_percentage', $i);
    // Simuliert durch 2 Sekunden Warten die Durchführung einer
    // Aufgabe.
```

```
    sleep(2);
  }
  drupal_json(array('status' => TRUE, 'data' => $output));
}

/**
 * Menücallback für AHAH-Verlaufsbalkenintervalle.
 */
function poof_interval_js() {
  // Liest den Stand ab.
  $percentage = variable_get('poof_percentage', 0);
  // Gibt den Wert an den JavaScript-Verlaufsbalken zurück.
  drupal_json(array('percentage' => $percentage));
}
```

Abbildung 10.19: Der Verlaufsbalken zeigt den Fortschritt in Prozent

10.4 Zusammenfassung

Nachdem Sie dieses Kapitel durchgearbeitet haben, sollten Sie folgende Aufgaben beherrschen:

- Erläutern der Funktionsweise der Formular-API
- Erstellen einfacher Formulare
- Ändern des gerenderten Formulars mit Theme-Funktionen
- Schreiben einer Validierungsfunktion für ein Formular oder einzelne Formularelemente
- Schreiben einer Übermittlungsfunktion und Umleitung nach der Formularverarbeitung
- Ändern bestehender Formulare
- Schreiben mehrschrittiger Formulare
- Erläutern der Eigenschaften der Formulardefinition
- Erläutern der Formularelemente von Drupal (Textfelder, Auswahlfelder, Auswahlschaltflächen usw.)
- AHAH-basierte Textersetzung in Formularen

Weitere Informationen über Formulare sowie Tipps und Tricks finden Sie im *Drupal Handbook* unter der Adresse *http://drupal.org/node/37775*.

11 Benutzereingaben bearbeiten: Das Filtersystem

Inhalt zu einer Website hinzuzufügen, kann zu einer Herausforderung werden, wenn Sie die Information per Hand formatieren müssen. Außerdem benötigt man Wissen über HTML (womit viele Benutzer nichts zu tun haben möchten), um den Textinhalt einer Website richtig präsentieren zu können. Für diejenigen unter uns, die sich mit HTML auskennen, ist es immer noch nervtötend, mitten im Gedankenfluss oder während der literarischen Inspiration innezuhalten, um Tags in unsere Postings einzufügen. Absatz-Tags, Link-Tags, Zeilenumbrüche ... nein, danke! Die gute Nachricht lautet, dass Drupal vorerstellte Routinen (so genannte *Filter*) verwendet, die Dateneinträge einfach und effizient gestalten. Filter führen Veränderungen am Text durch, beispielsweise sorgen sie dafür, dass URLs anklickbar sind, sie konvertieren außerdem Umbrüche in <p>- und
-Tags und isolieren sogar schädlichen HTML-Code. Der Mechanismus hook_filter() steckt hinter der Filtererstellung und der Bearbeitung von Daten, die Benutzer eingegeben haben.

11.1 Filter

Filter sind beinahe immer eine einzelne Aktion wie »isoliere alle Hyperlinks«, »füge ein zufälliges Bild zu dieser Mitteilung hinzu« oder sogar »übersetze dies in Piratensprache« (siehe auch *pirate.module* unter *http://drupal.org/project/pirate*). Wie in Abbildung 11.1 gezeigt, nehmen sie eine Eingabe in Textform, verändern diese und geben eine Ausgabe zurück.

Filter werden häufig zum Entfernen unerwünschten Markups aus benutzerdefinierten Eingaben verwendet. Abbildung 11.2 zeigt, wie der HTML-Filter von Drupal arbeitet.

11 Benutzereingaben bearbeiten: Das Filtersystem

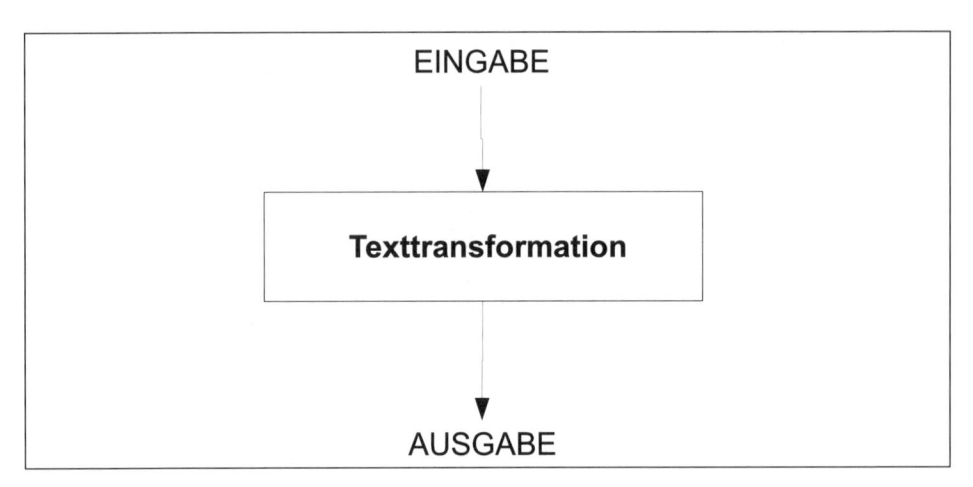

```
         EINGABE
            │
            ▼
   ┌──────────────────┐
   │ Texttransformation │
   └──────────────────┘
            │
            ▼
         AUSGABE
```

Abbildung 11.1: Ein Filter wandelt Text auf eine bestimmte Weise um und gibt ihn anschließend wieder zurück

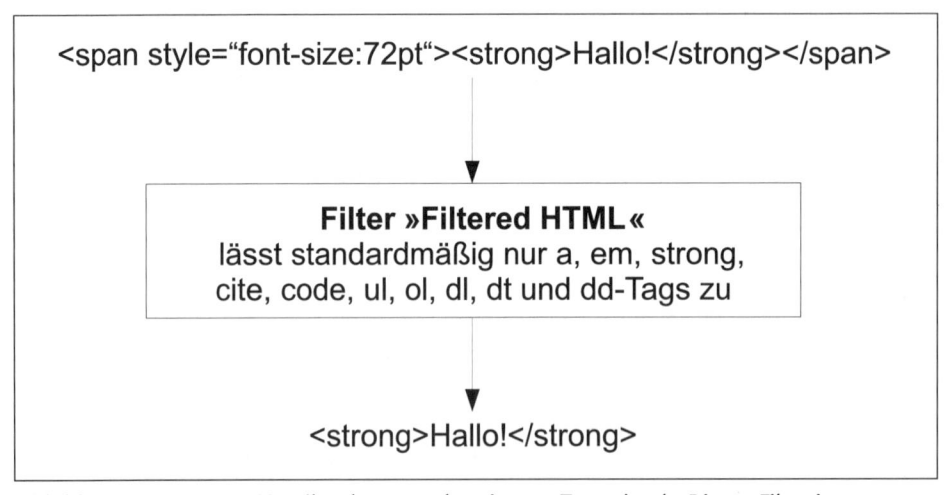

```
<span style="font-size:72pt"><strong>Hallo!</strong></span>
                        │
                        ▼
       ┌────────────────────────────────────────┐
       │         Filter »Filtered HTML«         │
       │  lässt standardmäßig nur a, em, strong,│
       │  cite, code, ul, ol, dl, dt und dd-Tags zu│
       └────────────────────────────────────────┘
                        │
                        ▼
            <strong>Hallo!</strong>
```

Abbildung 11.2: Der HTML-Filter lässt nur bestimmte Tags durch. Dieser Filter ist zur Verhinderung von XSS (Cross-Site Scripting) unabdingbar.

11.2 Filter und Eingabeformate

Der Versuch, eine Liste installierter Filter in der administrativen Schnittstelle zu finden, lässt sich nicht intuitiv ausführen und setzt voraus, dass Sie bereits verstehen, was Filter tun, um zu wissen, wonach Sie suchen sollen. Damit Filter ihre Aufgabe ausführen können, müssen Sie sie einem Drupal-*Eingabeformat* zuweisen (siehe Abbildung 11.3). Eingabeformate gruppieren Filter, sodass sie bei der Verarbeitung von Inhalt als Batch (Stapel) ausgeführt werden können. Dies ist viel einfacher, als für jede Eingabe eine Hand voll Filter nacheinander einzusetzen. Um eine Liste installierter

11.2 Filter und Eingabeformate

Filter zu sehen, konfigurieren Sie entweder ein bestehendes Eingabeformat oder erstellen ein neues in VERWALT EN > EINSTELLUNGEN > EINGABEFORMATE.

> **Tipp**
> Ein Drupal-Eingabeformat besteht aus einer Sammlung mehrerer Filter.

Abbildung 11.3: Installierte Filter werden im Formular Eingabeformat hinzufügen angezeigt

Drupal wird mit drei Eingabeformaten ausgeliefert (siehe Abbildung 11.4):

- Das HTML-Eingabeformat *Filtered* besteht aus vier Filtern:
  - Der Filter *HTML-Korrektor* stellt sicher, dass alle HTML-Tags richtig geschlossen und eingebunden werden.
  - Der *HTML-Filter* schränkt HTML-Tags ein und versucht XSS zu verhindern.
  - Der *Zeilenumbruchkonverter* wandelt Zeilenumbrüche in ihr HTML-Gegenstück um.
  - Der *URL-Filter* transformiert Web- und E-Mail-Adressen in Hyperlinks.

- Das Eingabeformat *Full HTML* schränkt HTML auf keine Weise ein, verwendet aber den Filter *Zeilenumbruchkonverter*.
- Das Eingabeformat *PHP-Code* besteht aus dem Filter *PHP-Evaluator*, dessen Aufgabe darin besteht, den gesamten PHP-Code in einer Nachricht auszuführen. Sie tun gut daran, Benutzern niemals die Möglichkeit zu geben, ein Eingabeformat auszuführen, das den PHP-Evaluator verwendet. Wenn Benutzer PHP ausführen können, können sie auch alles, was PHP kann, auch Ihre Site herunterfahren oder gar alle Daten löschen. Zum Schutz davor wird Drupal standardmäßig mit deaktiviertem PHP-Evaluator ausgeliefert. Sie können ihn aber durch Aktivierung des Moduls *PHP filter* verfügbar machen.

> **Achtung**
>
> Die Aktivierung des PHP-Eingabeformats für alle Benutzer Ihrer Site stellt ein Sicherheitsproblem dar. Am besten, Sie verwenden dieses Eingabeformat überhaupt nicht. Sollten Sie es aber doch benötigen, so verwenden Sie es sparsam und nur für den Superuser (den Benutzer mit der ID 1).

Abbildung 11.4: Drupal wird standardmäßig mit drei konfigurierbaren Eingabeformaten installiert

Da Eingabeformate Sammlungen von Filtern sind, sind sie erweiterbar. Sie können Filter wie in Abbildung 11.5 gezeigt hinzufügen und entfernen. Außerdem können Sie den Namen des Eingabeformats ändern, einen Filter hinzufügen oder entfernen sowie zur Vermeidung von Konflikten sogar die Reihenfolge ändern, in der die Filter eines Eingabeformats ausgeführt werden. Beispielsweise möchten Sie vielleicht, dass der URL-Filter vor dem HTML-Filter ausgeführt wird, sodass Letzterer die vom URL-Filter erstellten Anker-Tags überprüfen kann.

11.2 Filter und Eingabeformate

> **Hinweis**
>
> Eingabeformate (Filtergruppen) werden auf Schnittstellenebene gesteuert. Entwickler müssen sich über Eingabeformate keine Gedanken machen, wenn sie einen neuen Filter definieren. Diese Arbeit bleibt dem Administrator der Drupal-Website überlassen.

Eingabeformat	Eingabeformatfilter
Filtered HTML	URL Filter
	HTML Filter
	Zeilenumbruchkonverter
	HTML Korrektor
Full HTML	URL Filter
	Zeilenumbruchkonverter
	HTML Korrektor
PHP Code	PHP Evaluator

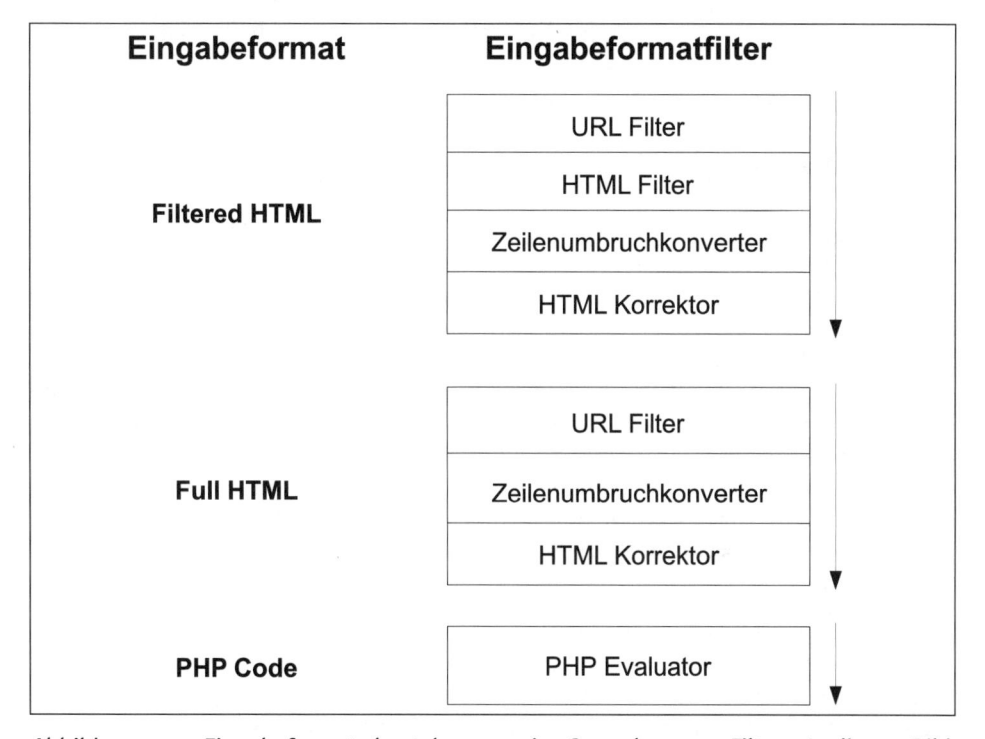

Abbildung 11.5: Eingabeformate bestehen aus eine Sammlung von Filtern. In diesem Bild werden die drei Standard-Eingabeformate von Drupal gezeigt. Die Ausführungsreihenfolge wird durch die Pfeile dargestellt.

11.2.1 Einen Filter installieren

Die Installation eines Filters erfolgt genauso wie die Installation eines Moduls, da Filter in Moduldateien untergebracht sind. Die Aktivierung eines Filters ist daher genauso einfach wie die Aktivierung bzw. Deaktivierung des entsprechenden Moduls in VERWALTEN > STRUKTURIERUNG > MODULE. Ist der Filter installiert, begeben Sie sich zu VERWALTEN > EINSTELLUNGEN > EINGABEFORMATE, um den neuen Filter zum Eingabeformat (oder mehreren Eingabeformaten) Ihrer Wahl zuzuweisen. Abbildung 11.6 zeigt die Beziehung zwischen Filtern und Modulen.

Eingabeformat	Filter	Installiert von
Mein Format	URL Filter	filter.module
	Pirate Filter	pirate.module
	HTML Filter	filter.module
	Zeilenumbruchkonverter	filter.module
	HTML Korrektor	filter.module

Abbildung 11.6: Filter werden als Teile von Modulen erstellt

11.2.2 Wann sind Filter notwendig?

Sie fragen sich vielleicht, warum ein Filtersystem auch dann benötigt wird, wenn Sie Text einfach mit bestehenden Hooks bearbeiten können. Zum Beispiel könnten Sie statt des URL-Filters genauso gut `hook_nodeapi()` zur Umwandlung von URLs in anklickbare Links verwenden. Dabei sollten Sie allerdings den Fall bedenken, dass Sie fünf verschiedene Filter haben, die im Body-Feld von Nodes ausgeführt werden müssen. Angenommen, Sie betrachten die Seite *http://example.com/?q=node*, die zehn Nodes gleichzeitig anzeigt. Dies bedeutet, dass 50 Filter für eine einzige Seitenansicht ausgeführt werden müssen, wobei die Filterung von Text ein aufwändiger Vorgang sein kann. Dies würde auch bedeuten, dass die Filter bei jedem Aufruf eines Nodes selbst dann ausgeführt werden müssten, wenn der gefilterte Text nicht geändert wird. Diese Operation würde unnötigerweise immer wieder ausgeführt werden.

Das Filtersystem verfügt über eine Caching-Schicht, die bedeutende Leistungsgewinne ermöglicht. Sobald alle Filter an einem gegebenen Text ausgeführt wurden, wird die gefilterte Version dieses Textes so lange in der Tabelle *cache_filter* gespeichert, bis der Text erneut verändert wird. Eine Veränderung des Textes wird dabei anhand des MD5-Hashs der gefilterten Inhalte festgestellt. Sollte sich der Text in unserem Beispiel also nicht verändert haben, können beim Laden der zehn Nodes tatsächlich alle Filter umgangen werden und die Daten direkt aus der Cache-Tabelle abgerufen werden – was bedeutend schneller geht. Abbildung 11.7 gibt eine Übersicht über den Filtervorgang.

> **Tipp**
>
> MD5 ist ein Algorithmus für die Berechnung des Hash-Werts eines Textstrings. Drupal verwendet ihn als Indexspalte in der Datenbank, um die gefilterten Daten eines Nodes zu finden.

11.2 Filter und Eingabeformate

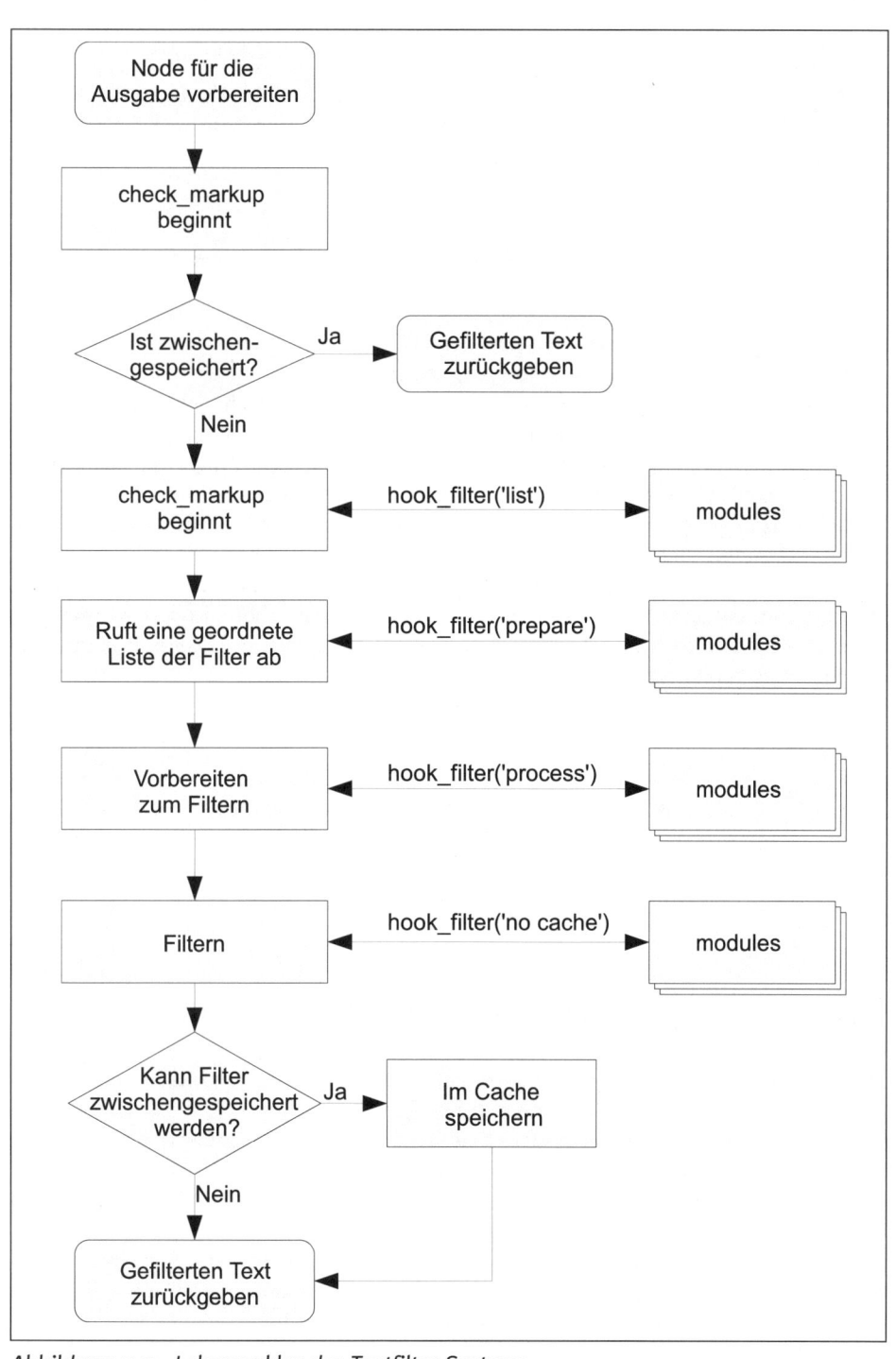

Abbildung 11.7: Lebenszyklus des Textfilter-Systems

Tipp

Bei Sites mit vielen Inhalten kann durch die Verschiebung des Filter-Cachings zu einem speicherinternen Cache wie *memcached* eine beträchtliche Leistungssteigerung erzielt werden.

Sie könnten jetzt ganz kreativ sein und sagen: »Was wäre, wenn wir den gefilterten Text wieder in der Node-Tabelle unseres *nodeapi*-Hooks speichern? Dann würde er sich wie ein Filtersystem verhalten.« Zwar ließe sich dadurch sicherlich das Leistungsproblem beheben, doch würde diese Lösung mit einem grundlegenden Konzept der Drupal-Architektur brechen: *Verändere niemals die ursprünglichen Daten eines Benutzers.* Stellen Sie sich vor, dass einer Ihrer unerfahreneren Benutzer auf die Tabelle zurückgreift, um eine Mitteilung zu bearbeiten, und sie unter den spitzen HTML-Klammern begraben vorfindet. Dies würde sicherlich zu einem Anruf beim technischen Support führen. Der Zweck des Filtersystems liegt darin, die ursprünglichen Daten unangetastet zu lassen und nur zwischengespeicherte Kopien der gefilterten Daten für den Rest des Drupal-Frameworks bereitzustellen. Dieses Prinzip werden Sie wiederholt auch bei anderen Drupal-APIs sehen.

Hinweis

Das Filtersystem versteckt seine Daten auch dann, wenn das Caching auf Seitenebene in Drupal deaktiviert ist. Sollten alte gefilterte Daten vorhanden sein, versuchen Sie die Tabelle *cache_filter* durch einen Klick auf die Schaltfläche CACHE LEEREN am unteren Rand der Seite VERWALTUNG > STRUKTURIERUNG > LEISTUNG zu leeren.

11.3 Einen benutzerdefinierten Filter erstellen

Sicherlich können Drupal-Filter Links erstellen, Ihren Inhalt formatieren und Text im Flug in Piratensprache übersetzen. Doch richtig raffiniert wäre es, wenn sie die Blog-Einträge für uns schreiben oder uns zumindest helfen würden, unsere Kreativität in Gang zu halten. Aber sicher können sie das tun! Lassen Sie uns ein Modul mit einem Filter erstellen, der zufällige Sätze in einen Blog-Eintrag einfügt. Wir richten dies so ein, dass Sie, wenn Ihnen die Ideen ausgehen und Sie einen kreativen Schub benötigt, beim Schreiben einfach **[juice!]** eingeben. Dieser Eintrag wird beim Speichern durch eine zufällig erstellte Sequenz ersetzt. Wir richten das Ganze so ein, dass Sie auch mehrere [juice!]-Tags in einer Mitteilung verwenden können.

11.3 Einen benutzerdefinierten Filter erstellen

Erstellen Sie in *sites/all/modules/custom/* einen Ordner namens *creativejuice*. Zu diesem Ordner fügen Sie zunächst die Datei *creativejuice.info* hinzu:

```
; $Id$
name = Creative Juice
description = Adds a random sentence filter to content.
package = Pro Drupal Development
core = 6.x
```

Als Nächstes erstellen Sie die Datei *creativejuice.module* und fügen diese ebenfalls hinzu:

```
<?php
// $Id$
/**
 * @file
 * Ein verrücktes Modul zur Unterstützung von aufstrebenden Autoren,
 * die aus ihrem Trott ausbrechen möchten: Ein Generator
 * erstellt zufällige Sätze für ihre Mitteilungen.
 */
```

11.3.1 hook_filter() implementieren

Da sich die Grundlagen des Moduls jetzt an Ort und Stelle befinden, können Sie Ihre Implementierung von hook_filter() zum Modul *creativejuice.module* hinzufügen:

```
/**
 * Implementierung von hook_filter().
 */
function creativejuice_filter($op, $delta = 0, $format = -1, $text = '') {
  switch ($op) {
    case 'list':
      return array(
        0 => t('Creative Juice filter')
      );
    case 'description':
      return t('Enables users to insert random sentences into their
        posts.');
    case 'settings':
      // Keine Benutzeroberfläche mit Einstellungen für diesen
      // Filter.
      break;
    case 'no cache':
      // Es ist in Ordnung, die Ausgabe dieses Filters
      // zwischenzuspeichern.
      return FALSE;
    case 'prepare':
      // Dies ist ein einfacher Filter, der keinerlei Vorbereitung
```

```
      // braucht.
      return $text;
    case 'process':
      return preg_replace_callback("|\[juice!\]|i",
        'creativejuice_sentence', $text);
    default:
      return $text;
  }
}
```

Die Filter-API durchläuft mehrere Phasen, von der Erfassung des Filternamens über das Caching bis zur Verarbeitungsphase, in der die eigentliche Bearbeitung ausgeführt wird. Schauen wir uns diese Phasen an, indem wir `creativejuice_filter()` untersuchen. Die folgende Aufstellung zeigt die Parameter, die an diesen Hook übergeben wurden:

- `$op`: Die auszuführende Operation, die wir im folgenden Abschnitt genauer beschreiben.
- `$delta`: Ein Modul, das `hook_filter()` implementiert, kann mehrere Filter bereitstellen. Sie verwenden `$delta`, um die ID des gerade ausgeführten Filters zu verfolgen. `$delta` ist ein Integer. Da das Modul *creativejuice* nur einen Filter anbietet, können wir dies ignorieren.
- `$format`: Ein Integer, der für das verwendete Eingabeformat steht. Drupal verfolgt dies in der Datenbanktabelle *filter_formats*.
- `$text`: Der zu filternde Inhalt.

Abhängig vom Parameter `$op` werden unterschiedliche Operationen ausgeführt.

11.3.2 Die Operation list

Es ist möglich, mehrere Filter mit einer einzigen Instanz von `hook_filter()` bereitzustellen, weshalb die Operation `list` ein assoziatives Array der Filternamen mit numerischen Schlüsseln zurückgibt. Diese Schlüssel werden für darauffolgende Operationen verwendet und über den Parameter `$delta` wieder an den Hook zurückgegeben.

```
case 'list':
  return array(
    0 => t('Creative Juice filter'),
    1 => t('The name of my second filter'),
  );
```

11.3.3 Die Operation description

Die Operation `description` gibt eine kurze Beschreibung dessen zurück, was der Filter bewirkt. Sie ist nur für Benutzer mit der Berechtigung *administer filters* einsehbar.

```
case 'description':
  switch ($delta) {
    case 0:
      return t('Enables users to insert random sentences into their
        posts.');
    case 1:
      return t('If this module provided a second filter, the
        description for that second filter would go here.');
    // Sollte niemals den Standardfall erreichen, da der Wert von
    // $delta niemals den letzten Index des Arrays 'list'
    // überschreitet.
    default:
      return;
  }
```

11.3.4 Die Operation settings

Wird verwendet, wenn ein Filter eine Formularschnittstelle zur Konfiguration benötigt, und gibt eine Formulardefinition zurück. Die Werte werden durch `variable_set()` automatisch gespeichert, wenn das Formular eingereicht wird. Dies bedeutet, dass Werte durch `variable_get()` erneuert werden. Sehen Sie sich als Anwendungsbeispiel `filter_filter()` in *modules/filter/filter.module* an.

11.3.5 Die Operation no cache

Sollte das Filtersystem seinen Caching-Mechanismus für den gefilterten Text umgehen, wenn dieser Filter verwendet wird? Der Code sollte TRUE zurückgeben, wenn das Caching deaktiviert werden soll. Bei der Entwicklung von Filtern werden Sie das Caching deaktivieren wollen, um die Fehlerbehebung zu vereinfachen. Wenn Sie den Boole'schen Rückgabewert der Operation no cache ändern, müssen Sie ein Eingabeformat bearbeiten, das Ihren Filter verwendet, bevor die Änderungen in Kraft treten, da die Bearbeitung dieses Eingabeformats die Tabelle *filter_formats* mit der Caching-Einstellung des Filters aktualisiert.

> **Achtung**
>
> Die Deaktivierung des Caches für einen einzelnen Filter entfernt das Caching für alle Eingabeformate, die diesen Filter verwenden.

11.3.6 Die Operation prepare

Die eigentliche Filterung von Inhalt verläuft in zwei Schritten. Zuerst wird den Filtern erlaubt, den Text für die Verarbeitung vorzubereiten. Das Ziel dieses Schritts besteht in der Konvertierung von HTML in entsprechende Entities. Nehmen Sie beispielsweise einen Filter, der Benutzern erlaubt, Codefragmente einzufügen. Der Vorbereitungsschritt (prepare) würde diesen Code in HTML-Entitities umwandeln, um folgende Filter davon abzuhalten, ihn als HTML zu interpretieren. Andernfalls würde der HTML-Filter den HTML-Code entfernen. Ein Beispiel für einen Filter, der prepare verwendet, finden Sie in *codefilter.module*. Dieses Modul verarbeitet <code></code>- und <?php?>-Tags, mit denen Benutzer Code senden können, ohne sich darum kümmern zu müssen, HTML-Entities zu maskieren. Das Modul kann von *http://drupal.org/project/codefilter* heruntergeladen werden.

11.3.7 Die Operation process

Die Ergebnisse des Schritts prepare werden während der Operation process durch hook_filter() zurückgegeben. Hier findet die eigentliche Bearbeitung statt: URLs werden in anklickbare Links umgewandelt, ungeeignete Wörter werden entfernt, Wortdefinitionen hinzugefügt usw. Die Operationen prepare und process sollten immer $text zurückgeben.

11.3.8 Die Operation default

Es ist wichtig, die Operation default einzuschließen. Sie wird aufgerufen, wenn Ihr Modul keine der Operationen implementiert, und stellt immer sicher, dass $text (der Text, den Ihr Modul filtern soll) zurückgegeben wird.

Helferfunktionen

Wenn $op den Wert process hat, führen Sie die Helferfunktion creativejuice_sentence() für jeden [juice!]-Tag aus. Fügen Sie dies ebenfalls zu *creativejuice.module* hinzu.

```
/**
 * Generiert einen zufälligen Satz.
 */
function creativejuice_sentence() {
  $phrase[0][] = t('A majority of us believe');
  $phrase[0][] = t('Generally speaking,');
  $phrase[0][] = t('As times carry on');
  $phrase[0][] = t('Barren in intellect,');
  $phrase[0][] = t('Deficient in insight,');
  $phrase[0][] = t('As blazing blue sky poured down torrents of
    light,');
  $phrase[0][] = t('Aloof from the motley throng,');
  $phrase[1][] = t('life flowed in its accustomed stream');
```

11.3 Einen benutzerdefinierten Filter erstellen

```
$phrase[1][] = t('he ransacked the vocabulary');
$phrase[1][] = t('the grimaces and caperings of buffoonery');
$phrase[1][] = t('the mind freezes at the thought');
$phrase[1][] = t('reverting to another matter');
$phrase[1][] = t('he lived as modestly as a hermit');
$phrase[2][] = t('through the red tape of officialdom.');
$phrase[2][] = t('as it set anew in some fresh and appealing
    form.');
$phrase[2][] = t('supported by evidence.');
$phrase[2][] = t('as fatal as the fang of the most venomous
    snake.');
$phrase[2][] = t('as full of spirit as a gray squirrel.');
$phrase[2][] = t('as dumb as a fish.');
$phrase[2][] = t('like a damp-handed auctioneer.');
$phrase[2][] = t('like a bald ferret.');

foreach ($phrase as $key => $value) {
  $rand_key = array_rand($phrase[$key]);
  $sentence[] = $phrase[$key][$rand_key];
}
return implode(' ', $sentence);
}
```

11.3.9 hook_filter_tips()

Sie verwenden creativejuice_filter_tips() zur Anzeige des Textes für den Endbenutzer. Standardmäßig wird eine kurze Nachricht mit einem Link zu *http://example.com/?q=filter/tips* angezeigt, wo genauere Anweisungen für jeden Filter gegeben werden.

```
/**
 * Implementierung von hook_filter_tips().
 */
function creativejuice_filter_tips($delta, $format, $long = FALSE) {
  return t('Insert a random sentence into your post with the
    [juice!] tag.');
}
```

Im vorstehenden Code geben Sie den gleichen Text entweder für die Seite *brief* oder *long help text* zurück. Wollen Sie jedoch eine längere Erklärung des Textes zurückgeben, bearbeiten Sie den Parameter $long wie folgt:

```
/**
 * Implementierung von hook_filter_tips().
 */
function creativejuice_filter_tips($delta, $format, $long = FALSE) {
  if ($long) {
    // Ausführliche Erklärung für http://example.com/?q=filter/tips.
```

```
      return t('The Creative Juice filter is for those times when your
        brain is incapable of being creative. These times come for
        everyone, when even strong coffee and a barrel of jelly beans
        do not create the desired effect. When that happens, you can
        simply enter the [juice!] tag into your posts...'
      );
    }
    else {
      // Kurze Erklärung unterhalb des Textbereichs einer Mitteilung.
      return t('Insert a random sentence into your post with the [juice!] tag.');
    }
  }
```

Sobald das Modul auf der Modulseite aktiviert ist, wird der Filter *creativejuice* für ein bestehendes oder neues Eingabeformat verfügbar. Abbildung 11.8 zeigt zum Beispiel, wie der Abschnitt EINGABEFORMAT des Node-Bearbeitungsformulars aussieht, nachdem der Filter *creativejuice* zum Eingabeformat *Filtered HTML* hinzugefügt wurde.

```
┌ ▼Input format ─────────────────────────────────────────────────┐
│                                                                │
│  ⦿ Filtered HTML                                               │
│      • Web page addresses and e-mail addresses turn into links automatically.
│      • Insert a random sentence into your post with the [juice!] tag.
│      • Allowed HTML tags: <a> <em> <strong> <cite> <code> <ul> <ol> <li> <dl> <dt>
│        <dd>
│      • Lines and paragraphs break automatically.
│                                                                │
│  ◯ Full HTML                                                   │
│      • Web page addresses and e-mail addresses turn into links automatically.
│      • Lines and paragraphs break automatically.
│                                                                │
│  More information about formatting options                     │
│                                                                │
└────────────────────────────────────────────────────────────────┘
```

Abbildung 11.8: Das Eingabeformat Filtered HTML enthält nun den Filter creativejuice, was durch den folgenden Abschnitt im Node-Bearbeitungsformular angezeigt wird

Sie können einen neuen Blog-Eintrag mit dem richtigen Eingabeformat hinzufügen und Text einreichen, der den Tag [juice!] verwendet.

```
Today was a crazy day. [juice!] Even if that sounds a little odd,
it still doesn't beat what I heard on the radio. [juice!]
```

Bei der Übertragung wird der Text z.B. wie folgt umgewandelt:

```
Today was a crazy day! Generally speaking, life flowed in its accustomed stream
through the red tape of officialdom. Even if that sounds a little odd, it still
doesn't beat what I heard on the radio. Barren in intellect, reverting to
another matter like a damp-handed auctioneer.
```

11.4 Schutz gegen potenziell gefährliche Daten

Wenn Sie sich vor schädlichem HTML-Code schützen wollen, lassen Sie alles durch den Filter *Filtered HTML* laufen, der nach XSS-Angriffen sucht. Sollte es aus irgendeinem Grund nicht möglich sein, diesen Filter zu verwenden, können Sie wie folgt manuell nach XSS suchen:

```
function mymodule_filter($op, $delta = 0, $format = -1, $text = '') {
  switch ($op) {
    case 'process':
      // Entscheidung darüber, welche Tags erlaubt sind.
      $allowed_tags = '<a> <em> <strong> <cite> <code> <ul> <ol>
        <li>';
      return filter_xss($text, $allowed_tags);
    default:
      return $text;
      break;
  }
}
```

11.5 Zusammenfassung

Nach dem Durcharbeiten dieses Kapitels sollten Sie Folgendes gelernt haben:

- Sie sollten wissen, was Filter und Eingabeformate sind und wie sie zur Umwandlung von Text verwendet werden.
- Sie sollten wissen, warum das Filtersystem leistungsfähiger ist als die Textbearbeitung in anderen Hooks.
- Verstehen, wie sich Eingabeformate und Filter verhalten.
- Sie sollten in der Lage sein, einen benutzerdefinierten Filter zu erstellen.
- Sie sollten wissen, wie verschiedene Filteroperationen funktionieren.

12 Inhalte durchsuchen und indizieren

Sowohl MySQL als auch PostgreSQL enthalten eine eingebaute Volltextsuche. Zwar ist es sehr einfach, diese datenbankspezifischen Lösungen zum Aufbau einer Such-Engine zu verwenden, doch verlieren Sie dabei die Kontrolle über das Verfahren sowie die Fähigkeit, das System entsprechend dem Verhalten Ihrer Anwendung zu optimieren. Was die Datenbank als hochrangiges Wort ansieht, könnte die Anwendung möglicherweise nur als »Rauschen« betrachten, wenn sie etwas zu sagen hätte.

Die Drupal-Community hat sich dafür entschieden, eine eigene Such-Engine aufzubauen, um Drupal-spezifische Algorithmen zur Indizierung und Seitenbewertung zu implementieren. Das Ergebnis ist eine Such-Engine, die sich an das übrige Drupal-Framework anlehnt und eine standardisierte Konfiguration und Benutzeroberfläche aufweist – unabhängig davon, welche Datenbank als Back-End verwendet wird.

In diesem Kapitel betrachten wir, wie sich Module in die Such-API einklinken können, und erstellen benutzerdefinierte Suchformulare. Wir schauen uns auch an, wie Drupal Inhalte analysiert und indiziert und wie Sie sich in den Indexer einklinken können.

> **Tipp**
>
> Drupal versteht komplizierte Suchanfragen, die die Boole'schen Operatoren AND und OR, exakte Formulierungen und sogar auszuschließende Wörter enthalten. Ein Beispiel für alle diese Optionen ist z.B. `Beatles OR John Lennon "Penny Lane" -insect`.

12.1 Eine benutzerdefinierte Suchseite erstellen

Drupal hat standardmäßig die Fähigkeit, Nodes und Benutzernamen zu durchsuchen. Auch wenn Sie Ihre eigenen Node-Typen entwickeln, indiziert das Suchsystem von Drupal den Inhalt, der in der Node-Ansicht dargestellt wird. Nehmen wir z.B. an, Sie haben einen Node-Typ recipe mit den Feldern ingredients und instructions und erstellen einen neuen recipe-Node mit der Node-ID 22. Solange diese Felder beim

Aufruf von *http://example.com/?q=node/22* für den Administrator sichtbar sind, indiziert das Search-Modul den `recipe`-Node und seine zusätzlichen Metadata während des nächsten `cron`-Laufs.

Obwohl es auf den ersten Blick so aussieht, dass den Suchfunktionen für Nodes und für Benutzer dasselbe Verfahren zugrunde liegt, handelt es sich in Wirklichkeit um zwei verschiedene Möglichkeiten zur Erweiterung der Suchfunktionalität. Anstatt für jede Suche direkt die Tabelle *node* abzufragen, verwendet die Node-Suche die Hilfe eines Indexers, um die Inhalte im Voraus in einem strukturierten Format zu verarbeiten. Wenn eine Node-Suche durchgeführt wird, werden die strukturierten Daten abgefragt, was zu spürbar schnelleren und genaueren Ergebnissen führt. Wir lernen den Indexer weiter hinten in diesem Kapitel kennen.

Die Suche nach Benutzernamen ist nicht annähernd so komplex, da Benutzernamen als ein einzelnes Feld in der Datenbank stehen, die die Suchabfrage überprüft. Außerdem dürfen Benutzernamen keinen HTML-Code enthalten, sodass es keinen Bedarf gibt, den HTML-Indexer zu verwenden. Stattdessen können Sie die Tabelle *users* mit wenigen Zeilen Code direkt abfragen.

In beiden vorstehenden Fällen delegiert das Search-Modul von Drupal die eigentliche Suche an das zuständige Modul. Die einfache Suche nach Benutzernamen ist in der Funktion `user_search()` aus *modules/user/user.module* zu finden, während `node_search()` aus *modules/node/node.module* die komplexere Node-Suche durchführt. Der wichtige Gesichtspunkt ist hier, dass das Search-Modul die Suche abstimmt, aber die Implementierung an die Module delegiert, die die durchsuchbaren Inhalte am besten kennen.

12.1.1 Das standardmäßige Suchformular

Sie werden froh darüber sein, dass die Such-API standardmäßig ein einsatzbereites Suchformular enthält (siehe Abbildung 12.1). Wenn diese Oberfläche Ihren Bedürfnissen entspricht, müssen Sie lediglich die Logik schreiben, die die Treffer für die geforderte Suche findet. Sie besteht in der Regel aus einer Datenbankabfrage.

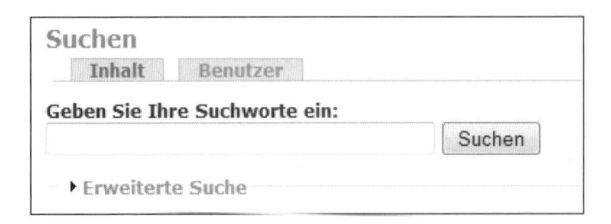

Abbildung 12.1: Das standardmäßige Suchformular für die Suche mit der Such-API

Auch wenn es einfach aussieht, ist das standardmäßige Suchformular für den Inhalt so eingerichtet, dass es alle sichtbaren Elemente der Node-Inhalte Ihrer Site abfragt. Das bedeutet, dass der Titel, der Body, zusätzliche benutzerdefinierte Attribute, Kommentare und Taxonomiebegriffe eines Nodes über diese Oberfläche durchsucht werden.

12.1.2 Das erweiterte Suchformular

Die in Abbildung 12.2 gezeigte erweiterte Suchfunktion ist eine weitere Möglichkeit, die Suchergebnisse zu filtern. Die Kategorieauswahl beruht auf den Vokabularen, die für die Site definiert wurden (siehe Kapitel 14). Die Typen umfassen alle auf der Site aktivierten Inhaltstypen.

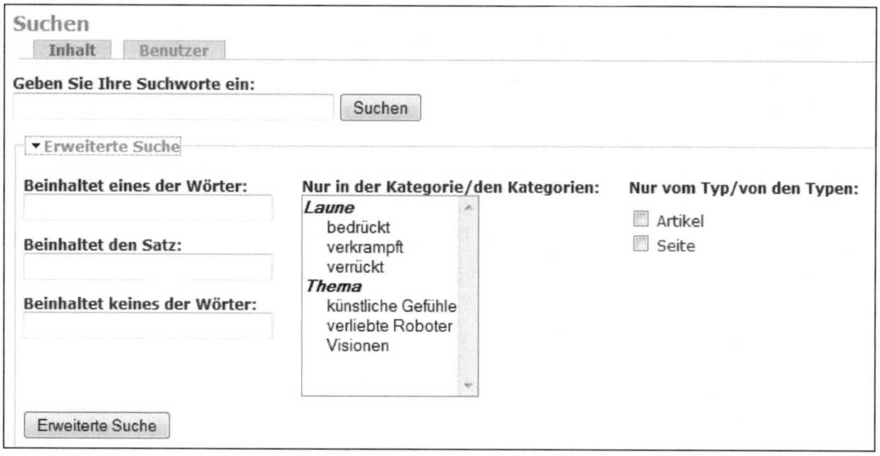

Abbildung 12.2: Die erweiterten Suchoptionen, die das standardmäßige Suchformular anbietet

Das standardmäßige Suchformular kann geändert werden, indem der search-Hook in einem Modul implementiert und dann hook_form_alter() für die Formular-ID search_form angewendet wird (siehe Kapitel 10), um dem Benutzer eine Oberfläche zur Verfügung zu stellen. In Abbildung 12.2 ist beides zu sehen. Das Node-Modul implementiert den search-Hook, um die Nodes durchsuchbar zu machen (siehe node_search() in *modules/node/node.module*) und erweitert das Formular, um eine Oberfläche anzubieten (siehe node_form_alter() in *modules/node/node.module*).

12.1.3 Das Suchformular erweitern

Lassen Sie uns ein Beispiel betrachten. Angenommen, wir verwenden path_module und möchten das Durchsuchen von URL-Aliasen in unserer Site aktivieren. Wir schreiben ein kurzes Modul, das hook_search() implementiert, um die Aliase durchsuchbar zu machen und eine zusätzliche Registerkarte in der Suchoberfläche von Drupal bereitzustellen.

Einführung in hook_search()

Wir beginnen damit, den search-Hook zu untersuchen, den wir implementieren werden. Die Funktionssignatur von hook_search() sieht wie folgt aus:

```
function hook_search($op = 'search', $keys = NULL)
```

Der Parameter $op wird verwendet, um die zurzeit ausgeführte Operation zu beschreiben und kann die folgenden Werte annehmen:

- name: Der Aufrufer erwartet den Empfang eines übersetzten Namens für die Art des Inhalts, den diese Implementierung von hook_search() bereitstellt. Beispielsweise gibt das Node-Modul t('Content') und das User-Modul t('Users') zurück. Der Name wird verwendet, um die Registerkarten im Suchformular zu erstellen (siehe Abbildung 12.2).

- search: Diese Art von Inhalt wird durchsucht. Das Modul sollte eine Suche durchführen und die Ergebnisse zurückgeben. Der Parameter $keys enthält den String, den der Benutzer in das Suchformular eingegeben hat. Beachten Sie, dass es sich um einen String und nicht um ein Array handelt. Nach der Suche sollte Ihr Modul ein Array mit Ergebnissen zurückgeben. Jedes Ergebnis sollte mindestens die Schlüssel link und title enthalten. Optionale zusätzliche Schlüssel sind type, user, date, snippet und extra. Der folgende Ausschnitt der Implementierung von hook_search('search') in *node.module* zeigt, wie das Ergebnisarray gebildet wird (in comment_nodeapi() aus *modules/comment/comment.module* finden Sie ein Beispiel dafür, wie der Schlüssel extra verwendet wird):

```
$extra = node_invoke_nodeapi($node, 'search result');
$results[] = array(
  'link' => url('node/'. $item->sid, array('absolute' => TRUE)),
  'type' => check_plain(node_get_types('name', $node)),
  'title' => $node->title,
  'user' => theme('username', $node),
  'date' => $node->changed,
  'node' => $node,
  'extra' => $extra,
  'score' => $item->score / $total,
  'snippet' => search_excerpt($keys, $node->body),
);
```

- reset: Der Suchindex wird gleich erneut erstellt. Dieser Wert wird von Modulen verwendet, die auch hook_update_index() implementieren. Wenn Ihr Modul festhält, wie viele seiner Daten indiziert wurden, sollte es seine Zähler als Vorbereitung auf die Neuindizierung zurücksetzen.

- status: Der Benutzer möchte wissen, wie viel des von diesem Modul bereitgestellten Inhalts indiziert wurde. Die Operation wird von Modulen verwendet, die auch hook_update_index() implementieren. Geben Sie ein Array mit den Schlüsseln remaining und total zurück, deren Werte die Anzahl der noch zu indizierenden Elemente und die Gesamtzahl der Elemente sind, die anschließend indiziert sind.

- admin: Die Seite unter VERWALTEN > EINSTELLUNGEN > SUCHEINSTELLUNGEN wird gleich angezeigt. Zurückgegeben wird ein Array zur Formulardefinition mit allen Elementen, die Sie zu dieser Seite hinzufügen möchten. Dieses Formular verwendet den Ansatz mit system_settings_form(), sodass die Namen der Elementschlüssel

12.1 Eine benutzerdefinierte Suchseite erstellen

den Namen der persistenten Variablen entsprechen müssen, die für die Standardwerte verwendet werden. Wenn Sie sich noch einmal ansehen möchten, wie `system_settings_form()` funktioniert, können Sie den Abschnitt 2.3, *Modulspezifische Einstellungen hinzufügen*, lesen.

Die Operationen `name` und `search` sind die einzigen, die erforderlich sind, und die einzigen, die wir in unserer Pfadaliassuche implementieren werden.

Suchergebnisse mit hook_search_page() formatieren

Wenn Sie ein Modul geschrieben haben, das Suchergebnisse bereitstellt, können Sie das Erscheinungsbild der Ergebnisseite durch `hook_search_page()` übernehmen. Wenn Sie diesen Hook nicht implementieren, werden die Ergebnisse durch einen Aufruf der Funktion `theme('search_results', $results, $type)` formatiert, deren Standardimplementierung in *modules/search/search-results.tpl.php* zu finden ist. Verwechseln Sie diesen Aufruf nicht mit `theme('search_result', $result, $type)`, das ein einzelnes Suchergebnis formatiert und standardmäßig in *modules/search/search-result.tpl.php* implementiert ist.

Pfadaliase durchsuchbar machen

Lassen Sie uns mit unserem Beispiel beginnen. Wir implementieren die Operationen `name` und `search` von `hook_search()`.

> **Hinweis**
>
> Damit die folgenden Beispiele funktionieren, müssen das Pfadmodul aktiviert und einige Pfade zu Nodes zugewiesen sein (damit es etwas zu suchen gibt). Vor dem Testen der Beispiele müssen Sie außerdem den Suchindex neu erstellen. Gehen Sie dazu zu VERWALTEN > EINSTELLUNGEN > SUCHEINSTELLUNGEN, klicken Sie auf die Schaltfläche SEITE NEU INDIZIEREN und wechseln Sie anschließend zu VERWALTEN > BERICHTE > STATUSBERICHT, um `cron` manuell auszuführen. Das Search-Modul führt die Indizierung durch, wenn `cron` läuft.

Erstellen Sie einen neuen Ordner namens *sites/all/modules/custom* und legen Sie dort die in Listings 12.1 und Listing 12.2 gezeigten Dateien an.

Listing 12.1: pathfinder.info

```
; $Id$
name = Pathfinder
description = Gives administrators the ability to search URL
  aliases.
package = Pro Drupal Development
core = 6.x
```

Listing 12.2: pathfinder.module

```php
<?php
// $Id$

/**
 * @file
 * Suchoberfläche für URL-Aliase.
 */
```

Lassen Sie *pathfinder.module* in Ihrem Texteditor geöffnet, da Sie mit dieser Datei weiterarbeiten werden. Die nächste zu implementierende Funktion ist hook_search($op, $keys). Dieser Hook gibt in Abhängigkeit vom Wert des Operationsparameters ($op) verschiedene Informationen zurück.

```php
/**
 * Implementierung von hook_search().
 */
function pathfinder_search($op = 'search', $keys = null) {
    switch ($op) {
        case 'name':
            if (user_access('administer url aliases')) {
                return t('URL aliases');
            }
            break;

        case 'search':
            if (user_access('administer url aliases')) {
                $found = array();
                // Ersetzt Platzhalter durch Platzhalter von MySQL/PostgreSQL.
                $keys = preg_replace('!\*+!', '%', $keys);
                $sql = "SELECT * FROM {url_alias} WHERE LOWER(dst) LIKE
                    LOWER('%%%s%%')";
                $result = pager_query($sql, 50, 0, NULL, $keys);
                while ($path = db_fetch_object($result)) {
                    $found[] = array('title' => $path->dst,
                        'link' => url("admin/build/path/edit/$path->pid"));
                }

                return $found;
            }
    }
}
```

Wenn die Such-API hook_search('name') aufruft, sucht sie nach dem Namen, den die Menüregisterkarte auf der allgemeinen Suchseite anzeigen sollte (siehe Abbildung 12.3). In unserem Fall geben wir URL aliases zurück. Bei der Rückgabe des Registerkartennamens verbindet die Such-API den Link der Registerkarte mit einem neuen Suchformular.

12.1 Eine benutzerdefinierte Suchseite erstellen

Abbildung 12.3: Durch Rückgabe des Namens der Registerkarte von hook_search() wird das Suchformular zugänglich

hook_search('name') ist das Arbeitstier von hook_search(). Sie wird beim Abschicken des Suchformulars aufgerufen und hat die Aufgabe, die Suchergebnisse zu sammeln und zurückzugeben. Im vorstehenden Code fragen wir die Tabelle *url_alias* ab, indem wir die über das Formular abgeschickten Suchausdrücke verwenden. Wir sammeln dann die Ergebnisse der Abfrage ein und senden sie in einem Array zurück. Sie werden vom Search-Modul formatiert und dem Benutzer angezeigt, wie in Abbildung 12.4 zu sehen ist.

Abbildung 12.4: Die Suchergebnisse werden vom Search-Modul formatiert

Gehen wir nun zur Seite mit den Suchergebnissen über. Wenn die standardmäßige Ergebnisseite nicht so umfassend ist, wie Sie sie gerne hätten, können Sie die Standardansicht überschreiben. In unserem Fall möchten wir anstelle einer bloßen Liste der gefundenen Aliase eine sortierbare Tabelle mit den Suchergebnissen erstellen, die individuelle EDIT-Links für jeden gefundenen Alias enthält. Wir erreichen das mit einigen Anpassungen an den Rückgabewert von hook_search('search') und der Implementierung von hook_search().

```
/**
 * Implementierung von hook_search().
 */
function pathfinder_search($op = 'search', $keys = null) {
   switch ($op) {
      case 'name':
      if (user_access('administer url aliases')) {
         return t('URL aliases');
      }
      break;
```

```
       case 'search':
       if (user_access('administer url aliases')) {
          $header = array(
             array('data' => t('Alias'), 'field' => 'dst'),
             t('Operations'),
          );

          // Kehrt nach einer edit-Operation hierher zurück.
          $destination = drupal_get_destination();
          // Ersetzt Platzhalter durch Platzhalter von
          // MySQL/PostgreSQL.
          $keys = preg_replace('!\*+!', '%', $keys);
          $sql = "SELECT * FROM {url_alias} WHERE LOWER(dst) LIKE
             LOWER('%%%s%%')" . tablesort_sql($header);
          $result = pager_query($sql, 50, 0, NULL, $keys);
          while ($path = db_fetch_object($result)) {
             $rows[] = array(
                l($path->dst, $path->dst),
                l(t('edit'), "admin/build/path/edit/$path->pid",
                   array('query' => $destination))
             );
          }
          if (!$rows) {
             $rows[] = array(array('data' => t('No URL aliases
                found.'), 'colspan' => '2'));
          }
          return $rows;
       }
    }
}

/**
 * Implementierung von hook_search_page().
 */
function pathfinder_search_page($rows) {
   $header = array(
      array('data' => t('Alias'), 'field' => 'dst'),
      ('Operations'));
   $output = theme('table', $header, $rows);
   $output .= theme('pager', NULL, 50, 0);
   return $output;
}
```

In dem vorstehendem Code haben wir `drupal_get_destination()` verwendet, um die aktuelle Adresse der Seite zu erhalten, auf der wir uns befinden, und wenn wir für einen URL-Alias auf EDIT klicken, werden wir automatisch zu dieser Suchergebnisseite zurückgeführt. Das Formular zum Bearbeiten des Pfads kennt die Adresse für die Rückkehr, weil diese Information als Bestandteil des EDIT-Links mit übergeben wird. Sie können in dem URL einen zusätzlichen Parameter namens `destination` sehen, der den URL enthält, zu dem nach der Speicherung des Formulars zurückgekehrt werden soll.

Zum Sortieren der Ergebnistabelle hängen wir die Funktion `tablesort_sql()` an den Suchstring an, um sicherzustellen, dass die korrekten `ORDER BY`-Klauseln von SQL an die Abfrage angehängt werden. Die zum Schluss angegebene Funktion `pathfinder_search_page()` ist eine Implementierung von `hook_search_page()` und erlaubt uns, die Ausgabe der Seite für die Suchergebnisse zu steuern. Diese Seite ist in Abbildung 12.5 zu sehen.

Abbildung 12.5: Die Seite für die Suchergebnisse stellt die Ergebnisse jetzt in einer sortierbaren Tabelle dar

12.2 Den HTML-Indexer für die Suche verwenden

Bislang haben wir untersucht, wie wir mit dem standardmäßigen Suchformular umgehen, indem wir eine einfache Implementierung von `hook_search('search')` angeben. Wenn wir jedoch vom Durchsuchen einer einfachen Datenbankspalte des Typs `VARCHAR` mit `LIKE` dazu übergehen, den Inhalt einer Website ernsthaft zu indizieren, ist es an der Zeit, die Aufgabe an den eingebauten HTML-Indexer von Drupal auszulagern.

Der Zweck des Indexers besteht darin, große Blöcke von HTML effizient zu durchsuchen. Er verarbeitet die Inhalte, wenn `cron` aufgerufen wird (über *http://example.com/cron.php*). Wann neuer Inhalt durchsuchbar ist, hängt daher davon ab, wie oft `cron` planmäßig ausgeführt wird. Der Indexer analysiert die Daten, teilt den Text in Wörter auf (*tokenization* genannt) und weist anhand eines Regelwerks, das mit der Such-API erweitert werden kann, jedem Token eine Wertung zu. Er speichert diese Daten dann in der Datenbank und verwendet bei einer Suchanforderung direkt diese Tabelle anstelle der Node-Tabelle.

> **Hinweis**
>
> Da die Suche und Indizierung über cron erfolgt, gibt es eine Zeitverzögerung, bis neuer Inhalt durchsuchbar ist. Ihre Länge hängt davon ab, wie oft cron ausgeführt wird. Außerdem ist die Indizierung eine aufwändige Aufgabe. Wenn Sie eine ausgelastete Drupal-Site haben, auf der während der Ausführung von cron Hunderte neuer Nodes hinzugefügt werden, könnte es Zeit für eine Lösung sein, die die Suche außerhalb von Drupal ausführt, wie z.B. Solr (siehe *http://drupal.org/project/apachesolr*).

12.2.1 Wann ist der Indexer geeignet?

Indexer werden im Allgemeinen bei der Implementierung von Such-Engines verwendet, die mehr auswerten als den standardmäßigen Ansatz der »höchsten Anzahl von Treffern«. Der Begriff *Suchrelevanz* bezieht sich darauf, dass Inhalte ein (in der Regel komplexes) Regelwerk durchlaufen, wodurch ihr Rang innerhalb eines Index bestimmt wird.

Wenn Sie eine große Menge von HTML-Inhalt durchsuchen müssen, sollten Sie sich die Leistungsfähigkeit des Indexers zunutze machen. Einer der größten Vorteile von Drupal besteht darin, dass Blogs, Foren, Seiten usw. allesamt Nodes sind. Ihre grundlegenden Datenstrukturen sind identisch, was bedeutet, dass sie auch eine gemeinsame grundlegende Funktionalität aufweisen. Eine dieser gemeinsamen Eigenschaften ist, dass alle Nodes automatisch indiziert werden, wenn ein Suchmodul aktiviert wird – es ist keine zusätzliche Programmierung erforderlich. Selbst wenn Sie einen eigenen Node-Typ erstellen, ist die Möglichkeit zum Durchsuchen seines Inhalts bereits eingebaut, vorausgesetzt, dass die von Ihnen durchgeführten Änderungen im Node beim Rendern sichtbar werden.

12.2.2 Die Funktionsweise des Indexers

Der Indexer hat einen Modus zur Vorverarbeitung, in dem der Text einen Satz von Regeln durchläuft, wodurch ihm eine Wertung zugewiesen wird. Zu den Suchregeln gehört der Umgang mit Akronymen, URLs und numerischen Daten. In der Vorverarbeitungsphase haben andere Module die Gelegenheit, dem Prozess eine Logik hinzuzufügen, um ihre eigenen Bearbeitungen der Daten durchzuführen. Das ist praktisch bei sprachspezifischen Anpassungen, wie wir hier beim Verwenden des von der Community beigesteuerten Porter-Stemmer-Moduls sehen:

- resumé → resume (Entfernen des Akzents)
- skipping → skip (Stammbildung)
- skips → skip (Stammbildung)

Ein weiteres derartiges Beispiel für eine Sprachvorverarbeitung ist die Worttrennung für Chinesisch, Japanisch und Koreanisch, um sicherzustellen, dass der Zeichentext richtig indiziert wird.

> **Tipp**
>
> Das Porter-Stemmer-Modul (*http://drupal.org/project/porterstemmer*) ist ein Beispiel für ein Modul, das die Stammbildung von Wörtern durchführt, um das Durchsuchen englischsprachiger Texte zu verbessern. Ebenso ist das Modul *Chinese Word Splitter* (*http://drupal.org/project/csplitter*) ein erweiterter Präprozessor zum Verbessern der Suche in chinesischem, japanischem und koreanischem Text. Das Search-Modul enthält einen vereinfachten chinesischen Worttrenner, der auf der Seite für die Sucheinstellungen aktiviert werden kann.

Nach der Vorverarbeitungsphase verwendet der Indexer HTML-Tags, um wichtigere Wörter zu finden (*Token* genannt), denen er auf der Grundlage der Standardbewertung von HTML-Tags und der Anzahl der Vorkommen für jedes Token abgestimmte Wertungen zuweist. Diese Wertungen werden verwendet, um die endgültige Relevanz des Tokens zu bestimmen. Nachfolgend sehen Sie die vollständige Liste der standardmäßigen Bewertung für HTML-Tags (die in `search_index()` definiert werden):

```
<h1> = 25
<h2> = 18
<h3> = 15
<h4> = 12
<a>  = 10
<h5> = 9
<h6> = 6
<b>  = 3
<strong> = 3
<i>  = 3
<em> = 3
<u>  = 3
```

Lassen Sie uns ein HTML-Fragment herausgreifen und es vom Indexer verarbeiten, um seine Funktionsweise besser zu verstehen. Abbildung 12.6 gibt einen Überblick darüber, wie der HTML-Indexer Inhalte analysiert, Bewertungen für Token zuweist und diese Informationen in der Datenbank speichert.

12 Inhalte durchsuchen und indizieren

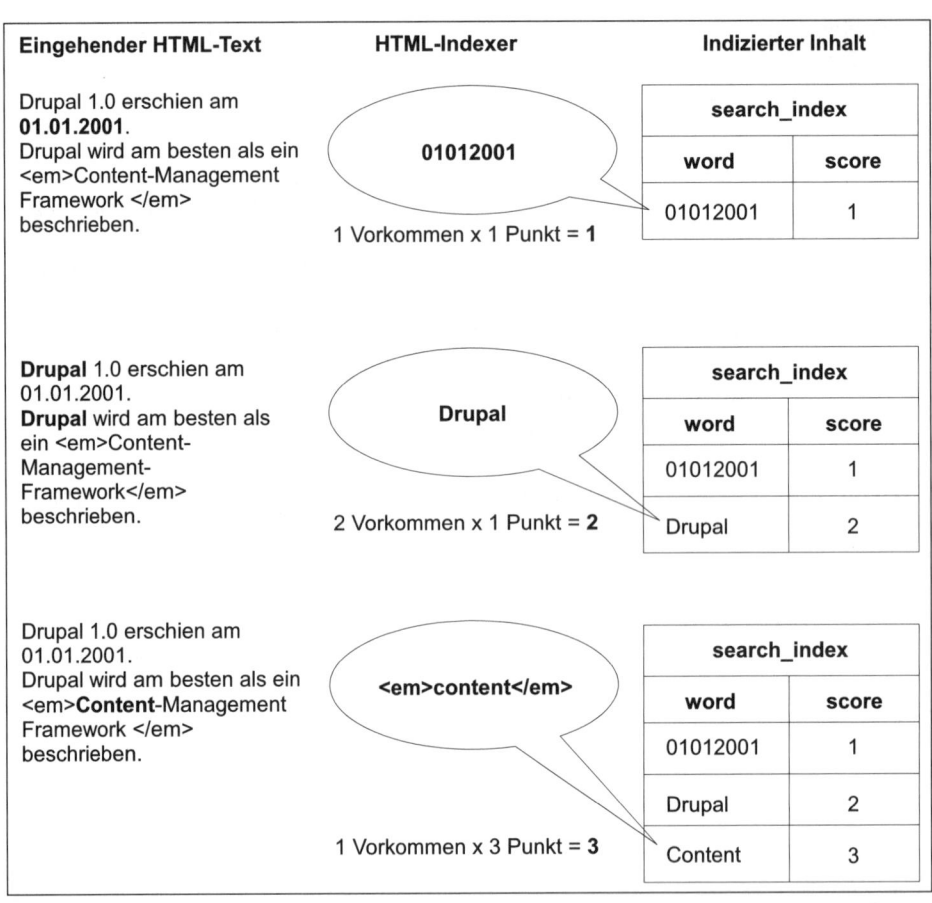

Eingehender HTML-Text	HTML-Indexer	Indizierter Inhalt
Drupal 1.0 erschien am **01.01.2001**. Drupal wird am besten als ein <em>Content-Management Framework </em> beschrieben.	01012001 1 Vorkommen x 1 Punkt = **1**	**search_index** | word | score | | 01012001 | 1 |
Drupal 1.0 erschien am 01.01.2001. **Drupal** wird am besten als ein <em>Content-Management-Framework</em> beschrieben.	Drupal 2 Vorkommen x 1 Punkt = **2**	**search_index** | word | score | | 01012001 | 1 | | Drupal | 2 |
Drupal 1.0 erschien am 01.01.2001. Drupal wird am besten als ein <em>**Content**-Management Framework </em> beschrieben.	<em>content</em> 1 Vorkommen x 3 Punkt = **3**	**search_index** | word | score | | 01012001 | 1 | | Drupal | 2 | | Content | 3 |

Abbildung 12.6: Indizieren eines HTML-Fragments und Zuweisen von Bewertungen für Token

Wenn der Indexer auf numerische Daten trifft, die durch Satzzeichen getrennt sind, werden Letztere entfernt und nur die Zahlen indiziert. Das erleichtert die Suche nach Elementen wie Datumsangaben, Versionsnummern und IP-Adressen. Der mittlere Vorgang in Abbildung 12.6 zeigt, wie ein Wort-Token verarbeitet wird, wenn es nicht von HTML-Tags umgeben ist. Diese Token haben ein Gewicht von 1. Die letzte Zeile zeigt einen Inhalt, der von einem Hervorhebungs-Tag (<em>) umgeben ist. Die Formel zum Bestimmen der Gesamtbewertung für ein Token lautet wie folgt:

```
Anzahl der Treffer x Gewichtung des HTML-Tags
```

Es sollte auch festgehalten werden, dass Drupal die gefilterte Ausgabe von Nodes indiziert. Wenn Sie also beispielsweise einen Eingabefilter haben, der URLs automatisch in Hyperlinks umwandelt, und einen weiteren Filter, der Zeilen- in HTML-Umbrüche und Absatz-Tags ändert, sieht der Indexer diesen Inhalt mit dem Markup und kann dieses bei der Bewertung entsprechend berücksichtigen. Eine größere Aus-

12.2 Den HTML-Indexer für die Suche verwenden

wirkung der Filterung auf die Indizierung zeigt sich z.B. bei Nodes, die den PHP-Evaluierungsfilter verwenden, um dynamischen Inhalt zu erstellen. Die Indizierung von dynamischen Inhalten kann sehr mühsam sein, doch da der Indexer von Drupal nur die Ausgabe des vom PHP-Code erstellten Inhalts sieht, sind die dynamischen Inhalte automatisch voll durchsuchbar.

Wenn der Indexer auf interne Links trifft, werden auch sie auf eine besondere Weise behandelt. Zeigt ein Link auf einen anderen Node, werden die Wörter in ihm zum Inhalt des Zielnodes hinzugefügt, sodass Antworten auf allgemeine Fragen und relevante Informationen leichter zu finden sind. Es gibt zwei Möglichkeiten, sich in den Indexer einzuklinken:

- `hook_nodeapi('update index')`: Um die Suchrelevanz zu verbessern, können Sie Daten zu einem Node hinzufügen, der ansonsten unsichtbar ist. Sie sehen dieses Verhalten innerhalb der Drupal-Cores bei Taxonomiebegriffen und Kommentaren, die technisch kein Bestandteil des Node-Objekts sind, aber die Suchergebnisse beeinflussen sollen. Diese Elemente werden den Nodes während der Indizierungsphase unter Verwendung der Implementierung des Taxonomie-Moduls für den Hook `nodeapi('update index')` hinzugefügt. Denken Sie daran, dass `hook_nodeapi()` nur Nodes handhabt.

- `hook_update_index()`: Sie können mit dem Indexer HTML-Inhalte indizieren, die nicht Bestandteil eines Nodes sind, indem Sie `hook_update_index()` verwenden. Eine Implementierung von `hook_update_index()` im Drupal-Core finden Sie in `node_update_index()` in *modules/node/node.module*.

Beide Hooks werden beim Ausführen von `cron` aufgerufen, um neue Daten zu indizieren. Abbildung 12.7 zeigt die Reihenfolge, in der diese Hooks ausgeführt werden.

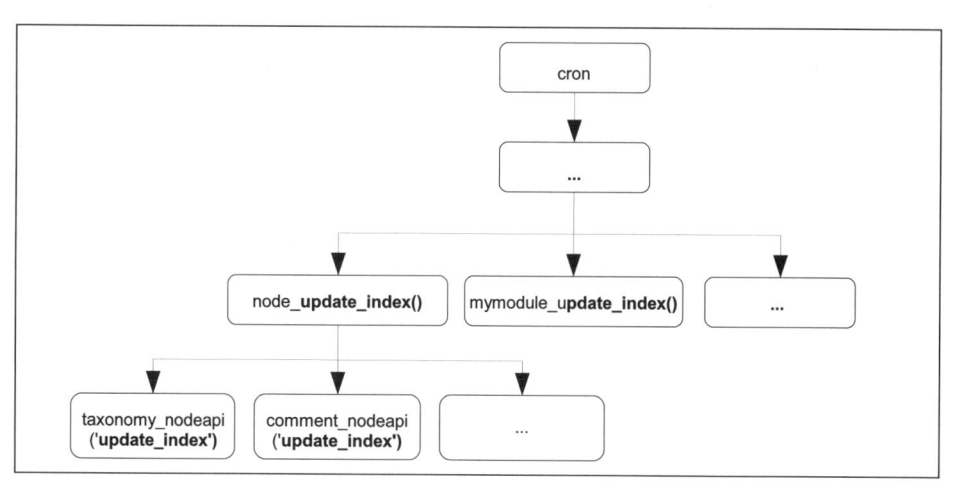

Abbildung 12.7: Überblick über die Hooks zur HTML-Indizierung

In den folgenden Abschnitten werden wir uns diese Hooks genauer anschauen.

Metadaten zu Nodes hinzufügen: hook_nodeapi('update_index')

Wenn Drupal einen Node zum Durchsuchen indiziert, verarbeitet es ihn zunächst mit node_view(), um dieselbe Ausgabe zu erzeugen, die anonyme Benutzer in ihrem Webbrowser sehen. Das bedeutet, dass alle sichtbaren Bestandteile des Nodes indiziert werden. Betrachten Sie z.B. einen Node mit der ID 26. Die Teile des Nodes, die beim Aufruf des URLs *http://example.com/?q=node/26* sichtbar sind, sieht auch der Indexer.

Was ist, wenn wir einen benutzerdefinierten Node-Typ mit verborgenen Daten haben, die die Suchergebnisse beeinflussen sollen? Ein gutes Beispiel für einen Fall, in dem das nützlich sein kann, ist *book.module*. Wir können die Kapitelüberschriften zusammen mit allen untergeordneten Seiten indizieren, um die Relevanz Letzterer zu erhöhen.

```
/**
 * Implementierung von hook_nodeapi().
 */
function book_boost_nodeapi($node, $op) {
   switch ($op) {
      case 'update index':
      // Bücher haben ein Attribut für eine übergeordnete Link-ID.
      // Wenn es nicht null ist, können wir dafür sorgen, dass das
      // Menüsystem den übergeordneten Menüeintrag abruft, was
      // uns den Titel liefert.
      if ($node->type == 'book' && $node->book['plid']) {
         $item = menu_link_load($node->book['plid']);
         return '<h2>'. $item['title'] .'</h2>';
      }
   }
}
```

Beachten Sie, dass wir den Titel mit Überschrift-Tags umgeben haben, um den Indexer über eine höhere relative Bewertung für diesen Text zu unterrichten.

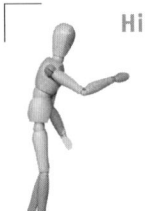

> **Hinweis**
>
> Der Hook nodeapi dient nur zum Anhängen von Metadaten an Nodes. Die Indexelemente, die keine Nodes sind, nutzen hook_update_index().

Andere Inhalte als Nodes indizieren: hook_update_index()

Wenn Sie die Such-Engine auf einen Inhalt anwenden möchten, der nicht aus Drupal-Nodes besteht, können Sie sich direkt in den Indexer einklinken und ihm alle Textdaten übergeben, die Sie benötigen, so dass sie in Drupal durchsuchbar werden. Angenommen, Ihre Arbeitsgruppe pflegt eine Altanwendung, die seit einiger Zeit zur

12.2 Den HTML-Indexer für die Suche verwenden

Eingabe und Ansicht technischer Produkthinweise verwendet wird. Aus politischen Gründen können Sie sie noch nicht durch Drupal ersetzen, aber Sie würden gerne die technischen Notizen in Drupal durchsuchen. Kein Problem. Nehmen wir weiter an, dass die Altanwendung ihre Daten in einer Datenbanktabelle namens *technote* speichert. Wir erstellen ein kurzes Modul, das die Informationen in dieser Datenbank unter Verwendung von `hook_update_index()` an den Indexer von Drupal sendet und die Suchergebnisse mit `hook_search()` darstellt.

> **Hinweis**
>
> Wenn Sie Inhalte aus Nicht-Drupal-Datenbanken indizieren möchten, finden Sie in Kapitel 5 weitere Informationen über die Verbindung zu mehreren Datenbanken.

Erstellen Sie in *sites/all/modules/custom* einen Ordner namens *legacysearch*. Wenn Sie eine Altdatenbank zum Testen benötigen, legen Sie eine Datei namens *legacysearch.install* mit dem folgenden Inhalt an:

```php
<?php
// $Id$

/**
 * Implementierung von hook_install().
 */
function legacysearch_install() {
  // Erstellt die Tabelle.
  drupal_install_schema('legacysearch');
  // Fügt einige Daten ein.
  db_query("INSERT INTO technote VALUES (1, 'Web 1.0 Emulator',
     '<p>This handy product lets you emulate the blink tag but in
     hardware...a perfect gift.</p>', 1172542517)");
  db_query("INSERT INTO technote VALUES (2, 'Squishy Debugger',
     '<p>Fully functional debugger inside a squishy gel case.
     The embedded ARM processor heats up...</p>', 1172502517)");
}

/**
 * Implementierung von hook_uninstall().
 */
function legacysearch_uninstall() {
   drupal_uninstall_schema('legacysearch');
}
```

```
/**
 * Implementierung von hook_schema().
 */
function legacysearch_schema() {
   $schema['technote'] = array(
      'description' => t('A database with some example records.'),
      'fields' => array(
        'id' => array(
           'type' => 'serial',
           'not null' => TRUE,
           'description' => t("The tech note's primary ID."),
        ),
        'title' => array(
           'type' => 'varchar',
           'length' => 255,
           'description' => t("The tech note's title."),
        ),
        'note' => array(
           'type' => 'text',
           'description' => t('Actual text of tech note.'),
        ),
        'last_modified' => array(
           'type' => 'int',
           'unsigned' => TRUE,
           'description' => t('Unix timestamp of last
              modification.'),
        ),
     ),
     'primary key' => array('id'),
   );
   return $schema;
}
```

Dieses Modul benötigt normalerweise keine solche Installationsdatei, da die Altdatenbank bereits vorhanden ist – wir verwenden sie hier nur, um sicherzustellen, dass wir eine entsprechende Tabelle und Daten zum Verarbeiten haben. Stattdessen passen Sie die Abfragen normalerweise innerhalb des Moduls an, um eine Verbindung zu Ihrer vorhandenen Tabelle außerhalb von Drupal herzustellen. Die folgenden Abfragen setzen voraus, dass sich die Daten in einer Nicht-Drupal-Datenbank befinden, wobei die Datenbankverbindung durch $db_url['legacy'] in *settings.php* definiert ist.

Fügen Sie als Nächstes die Datei */all/modules/custom/legacysearch/legacysearch.info* mit dem folgenden Inhalt hinzu:

```
; $Id$
name = Legacy Search
description = Example of indexing/searching external content with
```

12.2 Den HTML-Indexer für die Suche verwenden

```
  Drupal.
package = Pro Drupal Development
core = 6.x
```

Und schließlich */all/modules/custom/legacysearch/legacysearch.module*:

```php
<?php
// $Id$

/**
 * @file
 * Ermöglicht das Durchsuchen von Nicht-Drupal-Inhalten.
 */
```

Lassen Sie *legacysearch.module* im Texteditor geöffnet. Wir fügen hook_update_index() hinzu, das die Altdaten an den HTML-Indexer übergibt. Nach dem Erstellen dieser Dateien können Sie Ihr Modul nun problemlos starten.

```php
/**
 * Implementierung von hook_update_index().
 */
function legacysearch_update_index() {
  // Wir definieren diese Variablen als global, sodass unsere
  // shutdown-Funktion auf sie zugreifen kann.
  global $last_change, $last_id;

  // Falls PHP während der Indizierung einen Timeout erhält, führen
  // wir eine Funktion aus, um Informationen darüber zu speichern,
  // wie weit wir gekommen sind, sodass wir beim nächsten cron-Lauf
  // an dieser Stelle fortfahren können.
  register_shutdown_function('legacysearch_update_shutdown');

  $last_id = variable_get('legacysearch_cron_last_id', 0);
  $last_change = variable_get('legacysearch_cron_last_change', 0);

  // Lenkt Datenbankverbindung zur Altdatenbank um.
  db_set_active('legacy');
  $result = db_query("SELECT id, title, note, last_modified
                      FROM {technote}
                      WHERE (id > %d) OR (last_modified > %d)
                      ORDER BY last_modified ASC", $last_id,
                      $last_change);
  // Schaltet die Verbindung zurück zur Drupal-Datenbank.
  db_set_active('default');

  // Übergibt die externen Informationen an den Such-Indexer.
  while ($data = db_fetch_object($result)) {
    $last_change = $data->last_modified;
    $last_id = $data->id;
```

```
      $text = '<h1>' . check_plain($data->title) . '</h1>' .
        $data->note;

      search_index($data->id, 'technote', $text);
   }
}
```

Der komplette Inhalt wird an `search_index()` übergeben, und zwar zusammen mit einem Bezeichner (in diesem Fall der Wert der ID-Spalte aus der Altdatenbank), dem Inhaltstyp (ich habe mir den Typ `technode` ausgedacht, beim Indizieren von Drupal-Inhalten ist es normalerweise `node` oder `user`) und dem zu indizierenden Text.

`register_shutdown_function()` weist eine Funktion zu, die dann ausgeführt wird, wenn das PHP-Skript eine Abfrage beendet hat. Damit merken wir uns die ID des letzten indizierten Elements, da PHP einen Timeout erhalten könnte, bevor der gesamte Inhalt indiziert ist.

```
/**
 * Shutdown-Funktion, die sicherstellt, dass wir uns das letzte
 * verarbeitete Element merken.
 */
function legacysearch_update_shutdown() {
   global $last_change, $last_id;

   if ($last_change && $last_id) {
      variable_set('legacysearch_cron_last', $last_change);
      variable_set('legacysearch_cron_last_id', $last_id);
   }
}
```

Die letzte Funktion, die wir für dieses Modul benötigen, ist eine Implementierung von `hook_search()`, mit der wir die eingebaute Suchschnittstelle für unsere Altinformationen nutzen können.

```
/**
 * Implementierung von hook_search().
 */
function legacysearch_search($op = 'search', $keys = NULL) {
   switch ($op) {
      case 'name':
         return t('Tech Notes'); // Wird auf der Registerkarte
                                 // 'search' verwendet.

      case 'reset':
         variable_del('legacysearch_cron_last');
         variable_del('legacysearch_cron_last_id');
         return;

      case 'search':
```

12.2 Den HTML-Indexer für die Suche verwenden

```
        // Durchsucht den Inhalt nach den eingegebenen
        // Schlüsselwörtern.
        $hits = do_search($keys, 'technote');

        $results = array();

        // Stellt jedem Ergebnis den URL des Altsystems voran.
        // Angenommen, ein Alt-URL für einen gegebenen technischen
        // Hinweis sei http://technotes.example.com/note.pl?3
        $legacy_url = 'http://technotes.example.com/';

        // Wir haben jetzt die IDs der Ergebnisse und rufen alle
        // Ergebnisse aus der Altdatenbank ab.
        foreach ($hits as $item) {
            db_set_active('legacy');
            $note = db_fetch_object(db_query("SELECT * FROM
                {technote} WHERE id = %d", $item->sid));
            db_set_active('default');

            $results[] = array(
                'link' => url($legacy_url . 'note.pl', array('query'
                    => $item->sid, 'absolute' => TRUE)),
                'type' => t('Note'),
                'title' => $note->title,
                'date' => $note->last_modified,
                'score' => $item->score,
                'snippet' => search_excerpt($keys, $note->note));
        }
        return $results;
    }
}
```

Nachdem cron ausgeführt und die Informationen indiziert wurden, ist die Suche in den technischen Hinweisen möglich, wie Abbildung 12.8 zeigt. Sie werden innerhalb von Drupal indiziert, aber legacysearch_search() gibt Suchergebnisse zurück, die aus dem Altsystem stammen (und auf dieses verweisen).

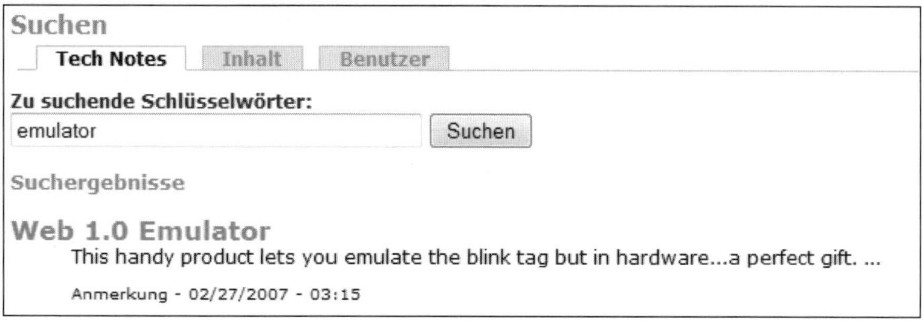

Abbildung 12.8: Durchsuchen einer externen Altdatenbank

12.3 Zusammenfassung

Nach der Lektüre dieses Kapitels sollten Sie die folgenden Aufgaben beherrschen:

- Das Suchformular anpassen
- Erklären, wie Sie den search-Hook verwenden
- Erklären, wie der HTML-Indexer arbeitet
- Für jede Art von Inhalt einen Hook in den Indexer erstellen

13 Mit Dateien arbeiten

Drupal kann Dateien auf vielfältige Weise hoch- und herunterladen. In diesem Kapitel erfahren Sie, was öffentliche und private Dateien sind und wie sie bereitgestellt werden, befassen sich kurz mit der Handhabung von Mediendateien und lernen den Hook für die Dateiauthentifizierung kennen.

13.1 Wie Drupal Dateien bereitstellt

Für die Sicherheit beim Herunterladen von Dateien bietet Drupal zwei sich gegenseitig ausschließende Modi: den öffentlichen und den privaten. Im privaten Modus können bei der Anforderung eines Downloads die Berechtigungen des Benutzers geprüft und der Download verweigert werden, wenn diese nicht ausreichen. Im öffentlichen Modus darf jeder Benutzer, der auf den URL einer Datei zugreifen kann, diese auch herunterladen. Diese Einstellung gilt nicht für einzelne Dateien oder Module, sondern für die gesamte Site, sodass die Entscheidung, ob Dateien privat oder öffentlich bereitgestellt werden, üblicherweise beim Einrichten der Site getroffen wird und alle Module betrifft, die die Datei-API von Drupal verwenden.

> **Achtung**
>
> Da die Unterscheidung zwischen öffentlicher und privater Speicherung von Dateien dazu führt, dass für den Download unterschiedliche URLs erstellt werden, sollten Sie die für Ihre Site günstigste Vorgehensweise unbedingt vor dem Hochladen von Dateien wählen und dann dabei bleiben.

Um die Dateisystempfade einzurichten und festzulegen, welche Download-Methode verwendet werden soll, suchen Sie VERWALTEN > EINSTELLUNGEN > DATEISYSTEM auf.

Wie in Abbildung 13.1 gezeigt, warnt Drupal Sie, wenn das angegebene Verzeichnis nicht vorhanden ist oder PHP dort keine Schreibrechte hat.

13 Mit Dateien arbeiten

```
Dateisystem
Das Verzeichnis sites/default/files ist nicht beschreibbar.

Dateisystem-Pfad:
[sites/default/files]
Ein Dateisystempfad, indem die Dateien gespeichert werden. Das Verzeichnis muss vorhanden und von Drupal beschreibbar sein. Wenn die Download-
Methode auf Öffentlich eingestellt ist, muss es relativ zum Drupal Installationsverzeichnis und über das Web erreichbar sein. Wenn die Download-Methode
auf Privat eingestellt ist sollte es über das Web nicht erreichbar sein. Eine Änderung dieses Speicherortes wird nach der Verwendung der Website Probleme
verursachen, weshalb diese Einstellung auf einer vorhanden Website nur geändert werden sollte, wenn man sich der Folgen bewusst ist.

Temporäres Verzeichnis:
[/tmp]
Der Ort, an dem hochgeladene Dateien während der Vorschau gespeichert werden. Relative Pfadangaben werden als relativ zum Installationsverzeichnis von
Drupal interpretiert.

Download-Methode:
⊙ Öffentlich – die Dateien sind direkt über HTTP erreichbar.
○ Privat - Dateien werden von Drupal übermittelt.
Falls der Zugriff auf herunterladbare Dateien kontrolliert werden soll, muss die Download-Methode auf privat gesetzt werden. Es ist zwar jederzeit möglich, die
Methode zu ändern, es wird jedoch nicht empfohlen, nach längerer Benutzung zu wechseln, da dabei sämtliche Download-URLs geändert werden.

[ Konfiguration speichern ]  [ Zurücksetzen ]
```

Abbildung 13.1: Die Drupal-Oberfläche für Dateieinstellungen. Hier sehen Sie eine Warnmeldung, weil der angegebene Dateisystempfad nicht die erforderlichen Berechtigungen hat. Das genannte Verzeichnis muss erst angelegt und mit den passenden Berechtigungen ausgestattet werden.

13.1.1 Öffentliche Dateien

Am unkompliziertesten ist die Methode des öffentlichen Downloads, bei der sich Drupal aus dem Download-Vorgang heraushält. Beim Hochladen speichert Drupal die Dateien einfach in dem unter VERWALTEN > EINSTELLUNGEN > DATEISYSTEM angegebenen Verzeichnis und hält die URLs in einer Datenbanktabelle fest (um zu wissen, welche Dateien zur Verfügung stehen und wer sie hochgeladen hat usw.). Wird eine Datei angefordert, so wird sie vom Webserver direkt via HTTP als statische Datei übertragen, ohne dass Drupal irgendwie beteiligt ist, was sehr schnell geht, weil kein PHP-Code ausgeführt werden muss. Dabei findet jedoch keine Überprüfung der Drupal-Benutzerberechtigungen statt.

Bei der Angabe des Dateisystempfads muss der Ordner vorhanden und mit PHP beschreibbar sein. Üblicherweise ist der Benutzer (des Betriebssystems), der den Webserver betreibt, derselbe, der den PHP-Code ausführt. Geben Sie ihm die Schreibberechtigung für den Ordner *files*, kann Drupal also Dateien hochladen. Denken Sie anschließend daran, den Dateisystempfad unter VERWALTEN > EINSTELLUNGEN > DATEISYSTEM anzugeben. Nach dem Speichern der Änderungen legt Drupal im Ordner *files* automatisch eine *.htaccess*-Datei an. Dies ist erforderlich, um Ihren Server gegen eine bekannte Apache-Sicherheitslücke zu schützen, die es Benutzern ermöglicht, Skripts hochzuladen und auszuführen, die in hochgeladene Dateien eingebettet sind (siehe http://drupal.org/node/66763). Stellen Sie sicher, dass Ihr Ordner *files* eine *.htaccess*-Datei mit folgenden Informationen enthält:

```
SetHandler Drupal_Security_Do_Not_Remove_See_SA_2006_006
Options None
Options +FollowSymLinks
```

> **Tipp**
>
> Wird Drupal auf einem Cluster von Webservern ausgeführt, muss der Speicherort des Verzeichnisses für temporäre Dateien für alle Webserver freigegeben sein. Da Drupal die Datei möglicherweise mit der einen Anforderung hochlädt und ihren Status mit einer anderen von temporär auf permanent setzt, kann es vorkommen, dass ein Load Balancing-System die temporäre Datei auf einem Server ablegt, während die zweite Anforderung auf einen anderen zielt. In diesem Fall haben Sie den Eindruck, die Datei würde korrekt hochgeladen, sie erscheint aber nicht in den Nodes oder den zugehörigen Inhalten. Sorgen Sie dafür, dass Ihre Webserver alle dasselbe freigegebene temporäre Verzeichnis benutzen, und setzen Sie einen Load Balancer auf der Grundlage von Sitzungen ein. Ihr Dateiverzeichnis sollte genau wie Ihre Datenbank für die Webserver global sein.

13.1.2 Private Dateien

Im privaten Download-Modus kann der Ordner *files* überall untergebracht werden, wo PHP Lese- und Schreibberechtigungen hat, und braucht dem Webserver keinen direkten Zugriff zu bieten (was er in den meisten Fällen auch nicht sollte). Die Sicherheit privater Dateien geht auf Kosten der Geschwindigkeit. Anstatt die Bereitstellung von Dateien an den Webserver zu delegieren, übernimmt Drupal die Prüfung der Zugriffsberechtigungen und die Bereitstellung, was einen vollständigen Programmstart bei jeder Dateianforderung mit sich bringt.

13.2 PHP-Einstellungen

Einige Einstellungen in der Datei *php.ini* sind für Datei-Uploads wichtig, werden aber leicht übersehen. Die erste ist `post_max_size` im Abschnitt `Data Handling`. Da Dateien mithilfe einer HTTP-POST-Anforderung hochgeladen werden, scheitern Versuche mit Dateien, die größer sind, als diese Einstellung angibt.

```
; Maximale Größe der POST-Daten, die PHP akzeptiert.
post_max_size = 8M
```

Der Abschnitt `File Uploads` von *php.ini* enthält mehrere wichtige Einstellungen. Sie können hier festlegen, ob Datei-Uploads überhaupt zulässig sind und wie groß die Dateien maximal sein dürfen.

```
;;;;;;;;;;;;;;;;;
; File Uploads ;
;;;;;;;;;;;;;;;;;
; Zulässigkeit von HTTP-Datei-Uploads.
file_uploads = On
```

```
; Temporäres Verzeichnis für mit HTTP hochgeladene Dateien (bei
; fehlender Angabe wird der Standardwert des Systems verwendet).
;upload_tmp_dir =

; Maximale zulässige Dateigröße für Upload.
upload_max_filesize = 20M
```

Scheint das Hochladen von Dateien zu scheitern, sollten Sie diese Einstellungen auf Fehler überprüfen. Beachten Sie außerdem, dass der Wert von `upload_max_filesize` niedriger sein sollte als der von `post_max_size` und dieser wiederum niedriger als `memory_limit`:

```
upload_max_filesize < post_max_size < memory_limit
```

Zum Schluss noch zwei Einstellungen, die Ihnen Schwierigkeiten machen können: `max_execution_time` und `max_input_time`. Überschreitet Ihr Skript beim Hochladen diese Grenzen, wird es von PHP beendet. Überprüfen Sie diese Einstellungen, wenn Uploads über langsame Internetverbindungen fehlschlagen.

```
;;;;;;;;;;;;;;;;;;;
; Resource Limits ;
;;;;;;;;;;;;;;;;;;;
max_execution_time = 60  ; Maximale Ausführungszeit für ein Skript in
                         ; Sekunden. xdebug verwendet diesen Wert,
                         ; weshalb Sie ihn zur Fehlersuche sehr hoch
                         ; setzen sollten.
max_input_time = 60      ; Maximale Dauer der Analyse von
                         ; Anforderungsdaten für ein Skript
```

Bei der Fehlersuche sollte für `max_execution_time` ein hoher Wert gewählt werden (etwa 1600), damit der Debugger nicht abgebrochen wird. Denken Sie jedoch daran, dass Apache-Prozesse beim Hochladen von Dateien sehr lange aufgehalten werden können, wenn Ihr Server sehr beschäftigt ist, was möglicherweise ein Problem der Skalierbarkeit darstellt.

13.3 Umgang mit Medien

Die Datei-API (die Sie in *includes/file.inc* finden) stellt keine generische Benutzeroberfläche zum Hochladen von Dateien bereit. Um diese Lücke zu schließen, gibt es im Drupal-Core das Modul *upload.module* sowie einige Alternativen in Form von Beiträgen aus der Community.

13.3.1 Das Upload-Modul

Das Upload-Modul ergänzt die von Ihnen ausgewählten Nodes um ein Upload-Feld (siehe Abbildung 13.2).

13.3 Umgang mit Medien

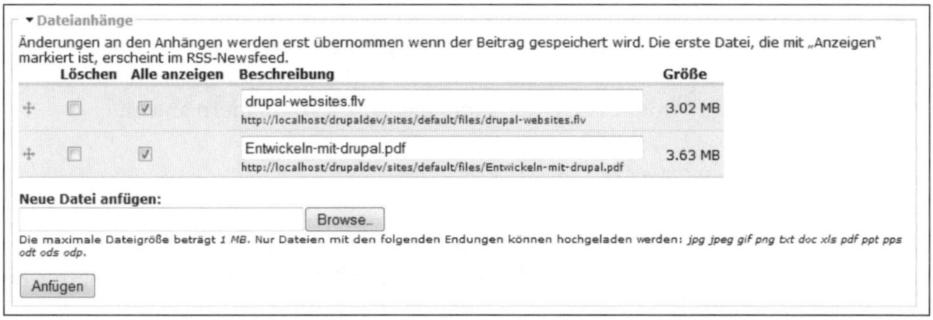

Abbildung 13.2: Wenn das Upload-Modul aktiviert ist und der Benutzer die Berechtigung upload files hat, wird das Feld DATEIANHÄNGE in das Node-Formular eingefügt

Nachdem eine Datei in das Node-Bearbeitungsformular hochgeladen wurde, kann *upload.module* unterhalb des Node-Bodys Links auf hochgeladene Dateien einfügen, die für Benutzer mit der Berechtigung *view uploaded files* (Hochgeladene Dateien anschauen) sichtbar sind (siehe Abbildung 13.3).

Abbildung 13.3: Eine allgemeine Liste von Dateien, die mithilfe des Upload-Moduls aus dem Core in einen Node hochgeladen wurden

Diese generische Lösung ist wahrscheinlich für die meisten Benutzer nicht umfassend genug, sodass wir im nächsten Abschnitt einige besondere Beispiele betrachten wollen.

13.3.2 Andere generische Module zur Dateiverarbeitung

Alternativen zu *upload.module* können Sie unter der Adresse *http://drupal.org/project/Modules/category/62* finden. Eine weitere Möglichkeit für Datei-Uploads stellt das CCK-Modul in Verbindung mit einem dafür bereitgestellten Feld für Dateiverarbeitung dar, beispielsweise `imagefield` oder `filefield`. Unter *http://drupal.org/project/Modules/category/88* sind noch weitere CCK-Feldtypen aufgeführt.

13.3.3 Bilder und Bildergalerien

Müssen Sie eine Bildergalerie anlegen? Das Bildmodul (*http://drupal.org/project/image*) ist dafür ein guter Ausgangspunkt. Es kann die Größe von Bildern ändern und eine Galerie erstellen. Außerdem bietet CCK einige hübsche Lösungen zur Inline-Anzeige von

Bildern. imagecache (*http://drupal.org/project/imagecache*) erstellt im laufenden Betrieb Varianten von Bildern (zusätzliche veränderte Kopien des hochgeladenen Bildes, zum Beispiel Miniaturausgaben), während imagefield (*http://drupal.org/project/imagefield*) innerhalb von Node-Formularen Felder zum Hochladen von Bildern anlegt.

13.3.4 Video und Audio

Für die Handhabung von Medien wie Videodateien, Flash-Inhalten, Diashows usw. stehen unter der Adresse *http://drupal.org/project/Modules/category/67* zahlreiche Module zur Verfügung.

13.4 Die Datei-API

Im folgenden Abschnitt werden einige der häufig verwendeten Funktionen der Datei-API erläutert, die Sie in *includes/file.inc* finden. Weitere Informationen können Sie bei Interesse der API-Dokumentation (*http://api.drupal.org/api/6/group/file/6*) entnehmen, die die API in ihrem augenblicklichen Format enthält.

13.4.1 Das Datenbankschema

Obwohl Drupal Dateien auf der Festplatte ablegt, wird eine große Menge an Metadaten über die Dateien in der Datenbank gespeichert. Sie unterhält neben dem Autor, dem MIME-Typ und dem Speicherort Informationen über Überarbeitungen hochgeladener Dateien. Das Schema der Tabelle *files* sehen Sie in Tabelle 13.1.

Feld[1]	Typ	Standardwert	Beschreibung
fid	serial		Primärschlüssel
uid	int	0	Benutzer-ID des mit der Datei verknüpften Benutzers
filename	varchar(255)	''	Name der Datei
filepath	varchar(255)	''	Dateipfad relativ zum Drupal-Stammverzeichnis
filemime	varchar(255)	0	MIME-Typ der Datei
filesize	int	0	Größe der Datei in Byte
status	int	0	Flag, das angibt, ob es sich um eine temporäre (1) oder eine permanente Datei (0) handelt
timestamp	int		Unix-Zeitstempel, der angibt, wann die Datei hinzugefügt wurde

Tabelle 13.1: Die Tabelle files

---

[1] Primärschlüssel erscheinen in Fettdruck, indizierte Felder kursiv.

13.4 Die Datei-API

Module, die die Dateiverwaltung aktivieren, unterhalten ihre Daten in eigenen Tabellen. Da das Upload-Modul Dateien mit Nodes verknüpft, zeichnet es diese Informationen in der Tabelle *upload* auf. Das Schema der Tabelle sehen Sie in Tabelle 13.2.

Feld[2]	Typ	Standardwert	Beschreibung
fid	int	0	Primärschlüssel (die fid der Datei in der Tabelle *files*)
nid	int	0	Die zur hochgeladenen Datei gehörige nid
vid	int	0	Die zur hochgeladenen Datei gehörige Node-Überarbeitungs-ID
description	varchar(255)	''	Beschreibung der hochgeladenen Datei
list	int	0	Flag, das angibt, ob die Datei im Node aufgeführt werden soll (1) oder nicht (0)
weight	int	0	Gewichtung des Uploads im Verhältnis zu anderen im Node

Tabelle 13.2: Die Tabelle upload des Upload-Moduls

13.4.2 Häufige Aufgaben und Funktionen

Wollen Sie mit einer Datei etwas unternehmen, bestehen gute Chancen, dass Sie in der Datei-API eine geeignete Funktion finden. Betrachten wir nun einige davon.

Den Dateisystempfad suchen

Der Dateisystempfad führt zu dem Verzeichnis, in dem Drupal zum Beispiel die hochgeladenen Dateien speichert. Dieses Verzeichnis wird in der Verwaltungsoberfläche von Drupal unter VERWALTEN > EINSTELLUNGEN > DATEISYSTEM und in der Drupal-Variable file_directory_path angegeben.

file_directory_path()

Diese Funktion ist lediglich ein Wrapper für variable_get('file_directory_path', conf_path().'/files'). In einer neuen Drupal-Installation lautet ihr Rückgabewert sites/default/files.

Daten in einer Datei speichern

Manchmal wollen Sie einfach nur Daten in einer Datei speichern. Dazu steht Ihnen die folgende Funktion zur Verfügung:

---

[2] Primärschlüssel erscheinen in Fettdruck, indizierte Felder kursiv.

file_save_data($data, $dest, $replace = FILE_EXISTS_RENAME)

Der Parameter `$data` wird zum Inhalt der Datei, `$dest` bezeichnet den Dateipfad des Ziels, und `$replace` bestimmt das Verhalten von Drupal, falls dort schon eine Datei desselben Namens vorliegt. In Tabelle 13.3 sind die möglichen Werte aufgeführt.

Name	Bedeutung
FILE_EXISTS_REPLACE	Die vorhandene Datei durch die aktuelle ersetzen
FILE_EXISTS_RENAME	Einen Unterstrich und eine Integerzahl anhängen, um den neuen Dateinamen eindeutig zu machen
FILE_EXISTS_ERROR	Abbrechen und FALSE zurückgeben

Tabelle 13.3: Konstanten, die das Verhalten von Drupal festlegen, wenn am Zielort eine Datei gleichen Namens vorliegt

Das folgende Beispiel legt einen kurzen String in einer Datei im Dateisystemverzeichnis von Drupal ab:

```
$filename = 'myfile.txt';
$dest= file_directory_path() .'/'. $filename;
file_save_data('My data', $dest);
```

Die Datei befindet sich am Speicherort *sites/default/files/myfile.txt* und enthält den String `My data`.

Dateien kopieren und verschieben

Die folgenden Funktionen sind für den Umgang mit Dateien gedacht, die sich bereits im Dateisystem befinden.

file_copy(&$source, $dest = 0, $replace = FILE_EXISTS_RENAME)

Die Funktion `file_copy()` kopiert Dateien in den Dateisystempfad von Drupal (üblicherweise `sites/default/files`). Der Parameter `$source` ist ein String, der den Speicherort der Originaldatei angibt, obwohl die Funktion auch ein Dateiobjekt verarbeitet, für das `$source->filepath` und optional `$source->filename` definiert sind (das Upload-Modul zum Beispiel verwendet ein Dateiobjekt). Beachten Sie, dass der Parameter `$source` kein Stringliteral sein darf, sondern eine Variable, weil er als Referenz übergeben wird. Die Listings 13.1 und 13.2 zeigen nacheinander, wie eine Datei erst falsch (deshalb fehlt ein Ziel), dann richtig in das Standardverzeichnis *files* von Drupal kopiert wird.

Listing 13.1: Diese Methode, eine Datei in das Standardverzeichnis files von Drupal zu kopieren, ist falsch (weil ein String nicht als Referenz übergeben werden kann)

```
file_copy('/path/to/file.pdf');
```

Listing 13.2: Diese Methode, eine Datei in das Standardverzeichnis files von Drupal zu kopieren, ist korrekt

```
$source = '/path/to/file.pdf';
file_copy($source);
```

Der Stringparameter `$dest` gibt das Ziel der zu kopierenden Datei innerhalb des Dateisystempfads an. Fehlt er, wird der Standardpfad benutzt. Liegt `$dest` außerhalb des Dateisystempfads von Drupal (ist es nicht das temporäre Verzeichnis von Drupal) oder ist das im Dateisystempfad genannte Verzeichnis nicht beschreibbar, schlägt der Kopiervorgang fehl. Der Parameter `$replace` bestimmt das Verhalten von Drupal, falls die Datei am Ziel schon vorhanden ist. In Tabelle 13.3 sind die möglichen Werte aufgeführt.

file_move(&$source, $dest = 0, $replace = FILE_EXISTS_RENAME)

Die Funktion `file_move()` funktioniert genauso wie `file_copy()` (die sie genau genommen aufruft), löscht aber durch einen Aufruf von `file_delete()` außerdem die Originaldatei.

Verzeichnisse, Pfade und Speicherorte überprüfen

Bei der Arbeit mit Dateien müssen Sie häufig anhalten und überprüfen, ob alles in Ordnung ist. Es kommt zum Beispiel vor, dass ein Verzeichnis nicht vorhanden oder nicht beschreibbar ist. Bei Problemen dieser Art können die folgenden Funktionen helfen.

file_create_path($dest = 0)

Mit dieser Funktion können Sie den Pfad von Elementen abfragen, die im Dateisystempfad von Drupal vorkommen. Legt Drupal zum Beispiel das Unterverzeichnis *css* an, in dem bei der CSS-Optimierung zusammengefasste und komprimierte CSS-Dateien gespeichert werden, geschieht Folgendes:

```
// Legt innerhalb des Dateiordners das Verzeichnis css/ an.
$csspath = file_create_path('css');
file_check_directory($csspath, FILE_CREATE_DIRECTORY);
```

Weitere Beispiele:

```
$path = file_create_path('foo');
   // Gibt 'sites/default/files/foo' zurück
$path = file_create_path('foo.txt');
   // Gibt 'sites/default/files/foo.txt' zurück
$path = file_create_path('sites/default/files/bar/baz');
   // Gibt 'sites/default/files/bar/baz' zurück.
$path = file_create_path('/usr/local/')
   // Gibt FALSE zurück
```

file_check_directory(&$directory, $mode = 0, $form_item = NULL)

Diese Funktion prüft, ob ein bestimmtes Verzeichnis vorhanden und beschreibbar ist. Der Parameter $directory enthält den Pfad zu einem Verzeichnis und muss als Variable übergeben werden, weil die Übergabe als Referenz erfolgt. Der Parameter $mode legt fest, was Drupal tun soll, wenn das Verzeichnis nicht vorhanden oder nicht beschreibbar ist. Die Modi finden Sie in Tabelle 13.4.

Wert	Bedeutung
0	Verzeichnis nicht anlegen, wenn es nicht vorhanden ist.
FILE_CREATE_DIRECTORY()	Verzeichnis anlegen, wenn es nicht vorhanden ist.
FILE_MODIFY_PERMISSIONS()	Verzeichnis anlegen, wenn es nicht vorhanden ist. Andernfalls versuchen, Schreibrechte zu bekommen.

Tabelle 13.4: Mögliche Werte des Parameters $mode für file_check_directory()

Der optionale Parameter $form_item enthält den Namen des Formularelements, für das Fehler gemeldet werden sollen, falls beispielsweise das Erstellen des Verzeichnisses scheitert.

Außerdem testet die Funktion, ob es sich bei dem überprüften Verzeichnis um den Dateisystempfad handelt, und fügt in diesem Fall aus Sicherheitsgründen eine *.htaccess*-Datei hinzu (siehe Kapitel 20).

file_check_path(&$path)

Wollen Sie einen Dateipfad in die Bestandteile Dateiname und Basisname zerlegen, benutzen Sie die Funktion file_check_path(), wobei der Parameter $path eine Variable sein muss. Diese wird so geändert, dass sie den Basisnamen enthält. Betrachten Sie die folgenden Beispiele:

```
$path = 'sites/default/files/foo.txt';
$filename = file_check_path($path);
```

Jetzt enthält $path den Pfad *sites/default/files* und $filename den Wert foo.txt.

```
$path = 'sites/default/files/css'; // Hier speichert Drupal
                                   // optimierte CSS-Dateien.
$filename = file_check_path($path);
```

Jetzt enthält $path den Pfad *sites/default/files* und $filename den Wert css, wenn es kein Verzeichnis *css* gibt, bzw. andernfalls einen leeren String.

```
$path = '/etc/bar/baz.pdf';
$filename = file_check_path($path);
```

Jetzt enthält $path den Pfad */etc/bar* und $filename den Wert FALSE (weil */etc/bar* nicht vorhanden oder nicht beschreibbar ist).

13.4 Die Datei-API

file_check_location($source, $directory = '')

Gelegentlich haben Sie einen Dateipfad, trauen ihm aber nicht. Möglicherweise hat ihn ein Benutzer eingegeben, der versucht, Ihre Site durch kreativen Umgang mit Punkten zu knacken (beispielsweise, indem er anstelle eines Dateinamens `files/../../../etc/passwd` eingibt). Ein Aufruf dieser Funktion gibt Antwort auf die Frage: »Steht diese Datei wirklich in diesem Verzeichnis?« Die folgende Zeile gibt beispielsweise 0 zurück, wenn der tatsächliche Speicherort der Datei nicht innerhalb des Dateisystempfads von Drupal liegt:

```
$real_path = file_check_location($path, file_directory_path());
```

Liegt die Datei jedoch innerhalb des Dateisystempfads, wird ihr Pfad zurückgegeben.

Dateien hochladen

Das Upload-Modul bietet zwar eine vollständig ausgestattete Implementierung des Datei-Uploads für Nodes, gelegentlich brauchen Sie jedoch nur eine Datei hochzuladen, die nicht mit einem Node verknüpft ist. In solchen Situationen verwenden Sie die folgenden Funktionen.

file_save_upload($source, $validators = array(), $dest = FALSE, $replace = FILE_EXISTS_RENAME)

Der Parameter `$source` teilt der Funktion mit, welche hochgeladene Datei gespeichert werden soll. `$source` gibt den Namen des Dateieingabefelds in einem Webformular an. Wenn die Möglichkeit zum Hochladen Ihres Bildes unter VERWALTEN > BENUTZERVERWALTUNG > BENUTZEREINSTELLUNGEN aktiviert wurde, kann der Name des entsprechenden Formularfelds auf der Seite MEIN KONTO beispielsweise `picture_upload` lauten. Wie das Formular im Browser aussieht, zeigt Abbildung 13.4, die superglobale Variable `$_FILES` nach dem Klick des Benutzers auf SPEICHERN Abbildung 13.5. Beachten Sie, dass die Informationen in `$_FILES` mit dem Namen des Dateieingabefelds als Schlüssel versehen sind (was mehrere Dateieingabefelder in einem Formular ermöglicht). Die Variable ist nicht in Drupal, sondern in PHP definiert.

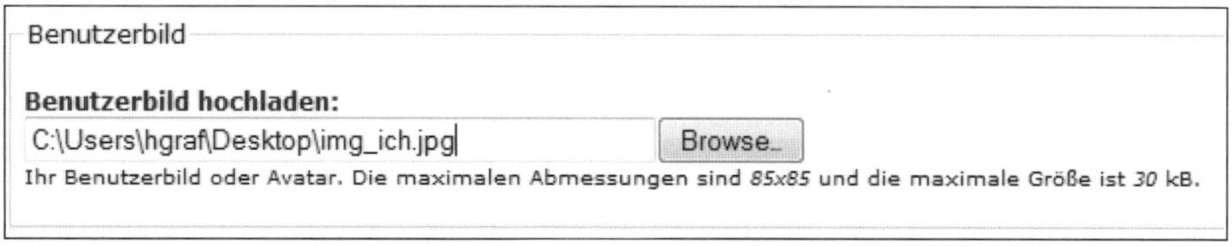

Abbildung 13.4: Das Dateifeld für das Formularelement user_picture auf der Seite Mein Konto

```
[] _FILES = Array [1]
└─ [] files = Array [5]
   ├─ [] error = Array [1]
   │    └─ ● picture_upload = (int) 0
   ├─ [] name = Array [1]
   │    └─ ● picture_upload = (string:12) IMG_4520.JPG
   ├─ [] size = Array [1]
   │    └─ ● picture_upload = (int) 627043
   ├─ [] tmp_name = Array [1]
   │    └─ ● picture_upload = (string:36) /Applications/MAMP/tmp/php/phpPEVSxi
   └─ [] type = Array [1]
        └─ ● picture_upload = (string:10) image/jpeg
```

Abbildung 13.5: Die Einstellungen der globalen Variable $_FILES nach HTTP POST

Der Parameter $validators enthält ein Array mit den Namen von Funktionen, die nach dem erfolgreichen Hochladen der Datei aufgerufen werden. Die Funktion user_validate_picture(), eine Formularvalidierungsfunktion, die nach der Bearbeitung der Seite MEIN KONTO durch den Benutzer ausgeführt wird, fügt zum Beispiel drei Validatoren hinzu, bevor sie file_save_upload() aufruft. Muss der Validierungsfunktion ein Parameter übergeben werden, wird er in einem Array definiert. Im folgenden Code lautet der Aufruf der Funktion file_validate_image_resolution() bei der Ausführung der Validatoren beispielsweise file_validate_image_resolution('85x85'):

```
/**
 * Validiert das auf die Benutzerkontoseite hochgeladene Bild.
 */
function user_validate_picture(&$form, &$form_state) {
  $validators = array(
    'file_validate_is_image' => array(),
    'file_validate_image_resolution' =>
      array(variable_get('user_picture_dimensions', '85x85')),
    'file_validate_size' =>
      array(variable_get('user_picture_file_size', '30') * 1024),
  );
  if ($file = file_save_upload('picture_upload', $validators)) {
    ...
  }
  ...
}
```

Der Parameter $dest der Funktion file_save_upload() ist optional und kann angeben, in welches Verzeichnis die Datei kopiert werden soll. Bei der Verarbeitung von Dateien, die mit einem Node verknüpft sind, verwendet das Upload-Modul zum Beispiel die Funktion file_directory_path() (mit dem Standardwert sites/default/files) als Wert für $dest (siehe Abbildung 13.6). Ist dieser Wert nicht angegeben, wird das temporäre Verzeichnis benutzt.

13.4 Die Datei-API

Der Parameter $replace gibt an, was Drupal tun soll, wenn bereits eine Datei gleichen Namens vorhanden ist. Mögliche Werte sind in Tabelle 13.3 aufgeführt.

```
$file = Object of: stdClass
    destination = (string:39) /Applications/MAMP/tmp/php/IMG_4520.JPG
    filemime = (string:10) image/jpeg
    filename = (string:12) IMG_4520.JPG
    filepath = (string:36) /Applications/MAMP/tmp/php/phpPEVSxi
    filesize = (int) 627043
    source = (string:14) picture_upload
```

Abbildung 13.6: Das Dateiobjekt bei der Übergabe an die Validatoren von file_save_upload()

Der Rückgabewert von file_save_upload() ist ein vollständig ausgefülltes Dateiobjekt (siehe Abbildung 13.7) oder bei einem Fehler 0.

```
$file = Object of: stdClass
    destination = (string:39) /Applications/MAMP/tmp/php/IMG_4520.JPG
    fid = (string:1) 2
    filemime = (string:10) image/jpeg
    filename = (string:12) IMG_4520.JPG
    filepath = (string:39) /Applications/MAMP/tmp/php/IMG_4520.JPG
    filesize = (int) 1453
    source = (string:14) picture_upload
    status = (int) 0
    timestamp = (int) 1211983566
    uid = (int) 2
```

Abbildung 13.7: Das Dateiobjekt, das nach einem erfolgreichen Aufruf von file_save_upload() zurückgegeben wird

Nach der Ausführung von file_save_upload() liegt im temporären Verzeichnis von Drupal eine neue Datei, und in die Tabelle *files* wird ein neuer Datensatz geschrieben, der dieselben Werte wie das Dateiobjekt in Abbildung 13.7 enthält.

Beachten Sie, dass das Statusfeld auf 0 gesetzt ist. Die Datei ist also, soweit es Drupal betrifft, noch temporär. Sie permanent zu machen, obliegt dem Aufrufenden. Wenn wir mit unserem Beispiel fortfahren, ein Benutzerbild hochzuladen, stellen wir fest, dass das Benutzermodul diese Datei in das Verzeichnis kopiert, das in der Variable user_picture_path angegeben ist, und sie unter Verwendung der Benutzer-ID umbenennt:

```
// Das Bild wurde mit file_save_upload() gespeichert und als
// temporäre Datei in der Tabelle files abgelegt. Wir machen eine
// Kopie und lassen die Garbage Collection den ursprünglichen Upload löschen.
$info = image_get_info($file->filepath);
$destination = variable_get('user_picture_path', 'pictures') .
  '/picture-'. $form['#uid'] .'.'. $info['extension'];
file_copy($file, $destination, FILE_EXISTS_REPLACE));
...
```

Dadurch wird das hochgeladene Bild nach *sites/default/files/pictures/picture-2.jpg* verschoben.

Die Garbage Collection, auf die im Kommentar zum vorstehenden Code verwiesen wird, ist für das Löschen temporärer Dateien im temporären Verzeichnis zuständig. Drupal kennt diese Dateien, weil in der Tabelle *files* für jede ein Datensatz steht, dessen Statusfeld den Wert 0 aufweist. Die Garbage Collection finden Sie in der Funktion system_cron() im Modul *modules/system/system.module*. Sie löscht temporäre Dateien, die älter sind als der in der Konstante DRUPAL_MAXIMUM_TEMP_FILE_AGE in Sekunden festgelegte Wert, nämlich 1440 Sekunden oder 24 Minuten.

Wenn der Parameter $dest angegeben und die Datei aus dem temporären Verzeichnis an ihr Ziel verschoben wurde, kann der Aufrufende den Status des Datensatzes in der Tabelle *files* auf permanent setzen, indem er file_set_status(&$file, $status) mit dem vollständigen Dateiobjekt (siehe Abbildung 13.7) als Wert für $file und FILE_STATUS_PERMANENT als Wert für $status aufruft. Wollen Sie in Ihren Modulen weitere Statuskonstanten verwenden, müssen Sie nach *includes/file.inc* mit 256 anfangen, weil 0, 1, 2, 4, 8, 16, 32, 64 und 128 für den Core reserviert sind.

Für file_save_upload() stehen die folgenden Validierungsfunktionen zur Verfügung:

file_validate_extensions($file, $extensions)

Der Parameter $file enthält den Namen der Datei, der Parameter $extensions ist ein String mit durch Leerzeichen getrennten Dateierweiterungen. Wenn die Dateierweiterung zulässig ist, gibt die Funktion ein leeres Array zurück, wenn nicht, ein Array mit Fehlermeldungen folgender Art: *Nur Dateien mit den folgenden Endungen können hochgeladen werden: jpg jpeg gif png txt doc xls pdf ppt pps odt ods odp.* Diese Funktion kann als Validator für file_save_upload() dienen.

file_validate_is_image(&$file)

Diese Funktion übernimmt ein Dateiobjekt und versucht, $file->filepath an image_get_info() zu übergeben. Wenn image_get_info() Informationen aus der Datei entnehmen konnte, gibt sie ein leeres Array zurück, andernfalls ein Array mit der Fehlermeldung *Nur JPEG-, PNG- und GIF-Bilder sind erlaubt.* Diese Funktion kann als Validator für file_save_upload() eingesetzt werden.

file_validate_image_resolution(&$file, $maximum_dimensions = 0, $minimum_dimensions = 0)

Diese Funktion übernimmt ein Dateiobjekt und setzt die Variable $file->filepath in mehreren Operationen ein. Handelt es sich um ein Bild, prüft sie, ob es den Wert von $maximum_dimensions überschreitet, und versucht ggf., die Größe zu ändern. Wenn alles in Ordnung ist, gibt sie ein leeres Array zurück, und wenn eine Größenänderung erfolgt ist, wird für das als Referenz übergebene Objekt $file die Variable $file->filesize auf die neue Größe gesetzt. Andernfalls enthält das Array eine Fehlermeldung, beispielsweise *Das Bild ist zu klein. Die Mindestgröße beträgt 320x240 Pixel.* Die Parameter $maximum_dimensions und $minimum_dimensions sind Strings, die die Breite und die

Höhe, getrennt durch ein kleines x, in Pixel angeben (zum Beispiel 640x480 oder 85x85). Der Standardwert 0 besagt, dass die Größe nicht beschränkt ist. Diese Funktion kann als Validator für file_save_upload() verwendet werden.

file_validate_name_length($file)

Der Parameter $file ist ein Dateiobjekt. Er gibt ein leeres Array zurück, wenn $file->filename 255 Zeichen nicht überschreitet, andernfalls ein Array mit einer Fehlermeldung, die den Benutzer anweist, einen kürzeren Namen zu verwenden. Diese Funktion kann als Validator für file_save_upload() fungieren.

file_validate_size($file, $file_limit = 0, $user_limit = 0)

Diese Funktion überprüft, ob eine Datei die Begrenzung für eine einzelne Datei oder eine kumulative Begrenzung für den Benutzer einhält. Der Parameter $file ist ein Dateiobjekt, das $file->filesize enthalten muss, die Größe der Datei in Byte. Die Parameter $file_limit und $user_limit sind Integerzahlen, die die maximale Dateigröße in Byte bzw. die kumulative Begrenzung für Datei-Uploads des aktuellen Benutzers in Byte angeben. Der Wert 0 besagt »keine Begrenzung«. Bei bestandener Validierung wird ein leeres Array zurückgegeben, andernfalls ein Array mit einer Fehlermeldung. Diese Funktion kann als Validator für file_save_upload() dienen.

Den URL einer Datei ermitteln

Kennen Sie den Namen einer hochgeladenen Datei und wollen einem Client deren URL mitteilen, kann die folgende Funktion hilfreich sein.

file_create_url($path)

Diese Funktion gibt den korrekten URL für eine Datei sowohl im öffentlichen als auch im privaten Modus zurück. Der Parameter $path ist der Pfad zur Datei (beispielsweise *sites/default/files/pictures/picture-1.jpg* oder *pictures/picture-1.jpg*). Daraus kann sich zum Beispiel der URL *http://example.com/sites/default/files/pictures/picture-1.jpg* ergeben. Beachten Sie, dass nicht der absolute Pfadname verwendet wird, was das Verschieben einer Drupal-Site von einem Speicherort (oder einem Server) auf einen anderen vereinfacht.

Dateien in einem Verzeichnis suchen

Drupal stellt die leistungsfähige Funktion file_scan_directory() bereit, die ein Verzeichnis nach Dateien durchsucht, die mit einem bestimmten Muster übereinstimmen.

file_scan_directory($dir, $mask, $nomask = array('.', '..', 'CVS'), $callback = 0, $recurse = TRUE, $key = 'filename', $min_depth = 0)

Gehen wir die Signatur der Funktion durch:

- $dir ist der Pfad des zu durchsuchenden Verzeichnisses. Er sollte nicht mit einem Schrägstrich enden.

- `$mask` ist ein regulärer Ausdruck für das auf die Dateien im Verzeichnis anzuwendende Muster.

- `$nomask` ist ein Array mit Mustern in Form regulärer Ausdrücke. Alle Übereinstimmungen mit diesen Mustern werden ignoriert. Das Standardarray enthält die Werte . (das aktuelle Verzeichnis), . . (das übergeordnete Verzeichnis) sowie CVS.

- `$callback` ist der Name der Funktion, die für jeden Treffer aufgerufen werden soll. Als einziger Parameter wird ihr der Pfad der Datei übergeben.

- `$recurse` ist ein Boole'scher Wert, der angibt, ob Unterverzeichnisse in die Suche einbezogen werden sollen.

- `$key` bestimmt, mit welchem Schlüssel das von `file_scan_directory()` zurückgegebene Array versehen werden soll. Als Werte kommen `filename` (vollständiger Pfad der übereinstimmenden Dateien), `basename` (Dateiname ohne Pfad) und `name` (Dateiname ohne Pfad und Dateisuffix) in Frage.

- `$min_depth` gibt die Mindesttiefe der Verzeichnisse an, aus denen Dateien zurückgegeben werden sollen.

Der Rückgabewert ist ein assoziatives Array mit Objekten, dessen Schlüssel vom Parameter `$key` abhängt und standardmäßig `filename` lautet. Das folgende Beispiel durchsucht das Verzeichnis *themes/bluemarine* nach Dateien, die auf *.css* enden:

```
$found = file_scan_directory('themes/bluemarine', '\.css$');
```

Das Ergebnis-Array sehen Sie in Abbildung 13.8.

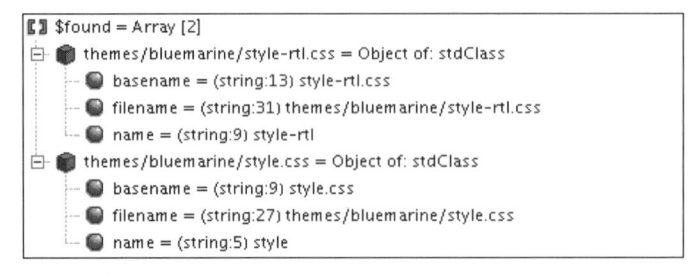

```
$found = Array [2]
  themes/bluemarine/style-rtl.css = Object of: stdClass
     basename = (string:13) style-rtl.css
     filename = (string:31) themes/bluemarine/style-rtl.css
     name = (string:9) style-rtl
  themes/bluemarine/style.css = Object of: stdClass
     basename = (string:9) style.css
     filename = (string:27) themes/bluemarine/style.css
     name = (string:5) style
```

Abbildung 13.8: Das Standardergebnis von file_scan_directory() ist ein Array mit dem vollständigen Dateinamen als Schlüssel

Wird der Parameter `$key` auf `basename` gesetzt, gilt für das Array ein anderer Schlüssel, wie der folgende Code und Abbildung 13.9 zeigen.

```
$found = file_scan_directory('themes/bluemarine', '\.css$', array('.', '..', 'CVS'),
0, TRUE, 'basename');
```

13.4 Die Datei-API

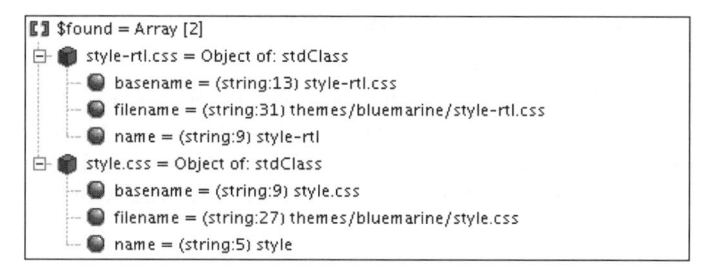

```
$found = Array [2]
    style-rtl.css = Object of: stdClass
        basename = (string:13) style-rtl.css
        filename = (string:31) themes/bluemarine/style-rtl.css
        name = (string:9) style-rtl
    style.css = Object of: stdClass
        basename = (string:9) style.css
        filename = (string:27) themes/bluemarine/style.css
        name = (string:5) style
```

Abbildung 13.9: Das Ergebnis ist nun mit dem um den Pfad gekürzten Dateinamen als Schlüssel versehen

Die Verwendung des Parameters `$callback` erleichtert es Drupal, den optimierten CSS-Dateicache zu leeren, der sich normalerweise in *sites/default/files/css* befindet. Die Funktion `drupal_clear_css_cache()` übergibt als Callback `file_delete`:

```
file_scan_directory(file_create_path('css'), '.*', array('.', '..',
  'CVS'),'file_delete', TRUE);
```

Das temporäre Verzeichnis suchen

Die folgende Funktion gibt den Speicherort des temporären Verzeichnisses zurück.

file_directory_temp()

Zuerst prüft die Funktion die Drupal-Variable `file_directory_temp`. Ist diese nicht gesetzt, sucht sie unter Unix das Verzeichnis */tmp*, unter Windows das Verzeichnis *c:\\windows\temp* bzw. *c:\\winnt\temp*. Bleibt dies erfolglos, wählt sie ein Verzeichnis *tmp* innerhalb des Dateisystempfads (beispielsweise *sites/default/files/tmp*) als temporäres Verzeichnis. Schließlich gibt sie den Speicherort des temporären Verzeichnisses zurück und belegt die Variable `file_directory_temp` mit diesem Wert.

Gefährliche Dateien ausschalten

Nehmen Sie an, Sie benutzen die öffentliche Methode zum Herunterladen von Dateien und haben Datei-Uploads aktiviert. Was geschieht, wenn jemand eine Datei mit dem Namen *bad_exploit.php* hochlädt? Wird sie ausgeführt, wenn der Angreifer auf *http://example.com/sites/default/files/bad_exploit.php* klickt? Aus drei Gründen hoffentlich nicht: Erstens sollte *.php* niemals in der Liste der zulässigen Erweiterungen für Datei-Uploads aufgeführt sein. Zweitens sollte sich im Verzeichnis *sites/default/files/.htaccess* eine *.htaccess*-Datei befinden (siehe Kapitel 20). In verschiedenen häufig vorkommenden Apache-Konfigurationen kann das Hochladen der Datei *exploit.php.txt* jedoch dazu führen, dass der Code der Datei als PHP-Code ausgeführt wird (siehe *http://drupal.org/files/sa-2006-007/advisory.txt*). Damit kommen wir zum dritten Grund: dem Ändern von Dateinamen, um sie zu neutralisieren. Die folgende Funktion dient als Schutz gegen das Hochladen ausführbarer Dateien.

file_munge_filename($filename, $extensions, $alerts = TRUE)

Der Parameter `$filename` enthält den Namen der zu ändernden Datei, der Parameter `$extensions` Dateierweiterungen in Form eines durch Leerzeichen getrennten Strings. `$alerts` ist ein Boole'scher Wert mit dem Standardwert `TRUE`, der dazu führt, dass der Benutzer durch `drupal_set_message()` informiert wird, wenn der Dateiname geändert wurde. Zurückgegeben wird der Dateiname, in den Unterstriche eingefügt wurden, um die Ausführung zu verhindern.

```
$extensions = variable_get('upload_extensions_default', 'jpg jpeg
  gif png txt doc xls pdf ppt pps odt ods odp');
$filename = file_munge_filename($filename, $extensions, FALSE);
//$filename ist jetzt exploit.php_.txt.
```

Das Ändern von Dateinamen lässt sich dadurch verhindern, dass Sie die Drupal-Variable `allow_insecure_uploads` in *settings.php* mit 1 belegen. Angesichts der Konsequenzen für die Sicherheit ist dies jedoch normalerweise ungünstig.

file_unmunge_filename($filename)

Diese Funktion versucht, die Auswirkungen von `file_munge_filename()` aufzuheben, indem sie einen Unterstrich, auf den ein Punkt folgt, durch einen Punkt ersetzt:

```
$original = file_unmunge_filename('exploit.php_.txt);
$original is now exploit.php.txt.
```

Beachten Sie, dass dadurch auch beabsichtigte Vorkommen von _. im ursprünglichen Dateinamen ersetzt werden.

Den Speicherplatz überprüfen

Die folgende Funktion meldet, wie viel Speicherplatz Dateien belegen.

file_space_used($uid = NULL)

Diese Funktion gibt den belegten Gesamtspeicherplatz zurück. Sie überprüft dazu nicht das Dateisystem, sondern meldet lediglich die Summe der `filesize`-Felder in der Datenbanktabelle *files*. Wird ihr eine Benutzer-ID übergeben, so wird die Abfrage anhand der Tabelle auf entsprechende Dateien eingeschränkt. Das Upload-Modul verpackt diese Funktion in `upload_space_used()`. Sie sollten `file_space_used()` direkt aufrufen, weil `upload_space_used()` nur zur Verfügung steht, wenn das Upload-Modul aktiviert ist.

13.4.3 Authentifizierungshooks für den Download

Modulentwickler können `hook_file_download()` implementieren, um Zugriffsberechtigungen für das Herunterladen privater Dateien einzurichten. Der Hook bestimmt, unter welchen Bedingungen eine Datei an den Browser gesendet wird, und gibt zusätzliche Header zurück, die Drupal als Antwort auf die HTTP-Dateianforderung

13.4 Die Datei-API

anhängen kann. Beachten Sie, dass dieser Hook wirkungslos bleibt, wenn Ihre Drupal-Installation für Downloads den öffentlichen Modus benutzt. Abbildung 13.10 zeigt den Downloadvorgang mit der Implementierung von `hook_file_download()` im Benutzermodul als Beispiel.

Da Drupal für jeden Download alle Module mit `hook_file_download()` aufruft, müssen Sie unbedingt den Gültigkeitsbereich Ihres Hooks angeben. Die Funktion `user_file_download()` reagiert beispielsweise nur auf Datei-Downloads, wenn die herunterzuladende Datei im Verzeichnis *pictures* steht. In diesem Fall hängt sie Header an die Anforderung an.

```
function user_file_download($file) {
  $picture_path = variable_get('user_picture_path', 'pictures');
  if (strpos($file, $picture_path .'/picture-') === 0) {
    $info = image_get_info(file_create_path($file));
    return array('Content-type: '. $info['mime_type']);
  }
}
```

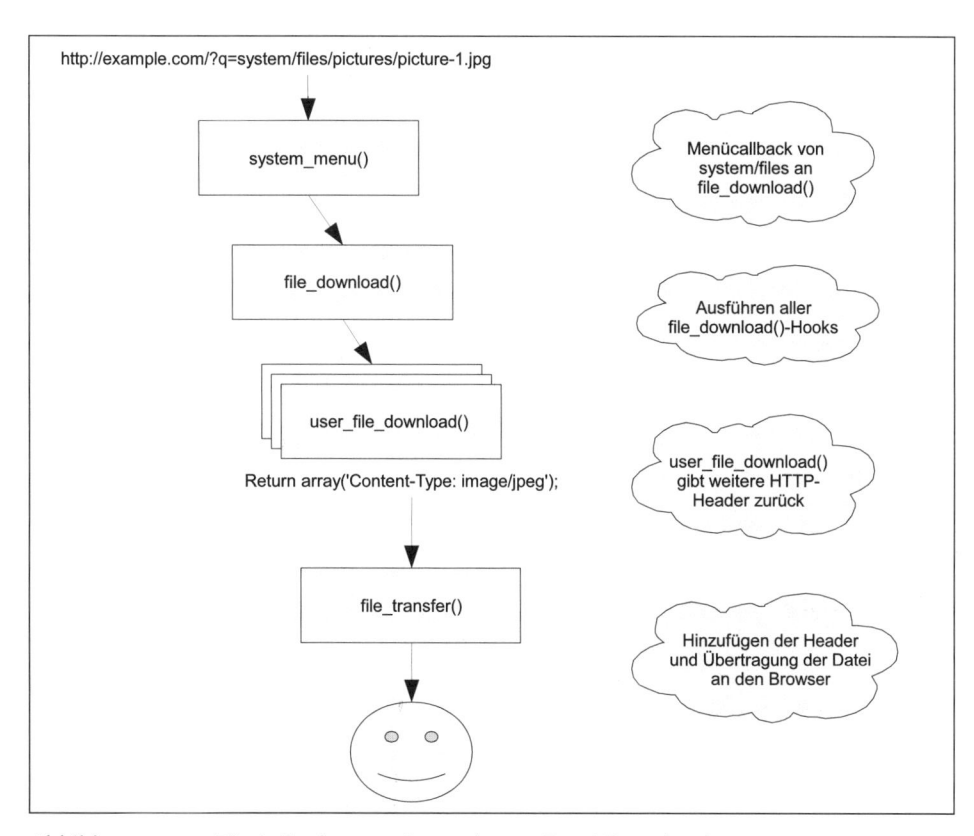

Abbildung 13.10: Die Anforderung eines privaten Datei-Downloads

Implementierungen von `hook_file_download()` sollten ein Array mit Headern zurückgeben, wenn die Anforderung positiv beschieden wird, oder -1, um auszudrücken, dass der Zugriff verweigert wurde. Wenn kein Modul auf den Hook reagiert, meldet Drupal im Browser den Fehler 404 Not Found.

13.5 Zusammenfassung

Nachdem Sie dieses Kapitel durchgearbeitet haben, sollten Sie folgende Aufgaben beherrschen:

- Den Unterschied zwischen öffentlichen und privaten Dateien erläutern
- Von der Community beigesteuerte Module für die Handhabung von Bild-, Video- und Audiodateien verwenden
- Das Datenbankschema für die Dateispeicherung erläutern
- Häufige Funktionen zur Bearbeitung von Dateien einsetzen
- Authentifizierungshooks zum Herunterladen privater Dateien benutzen

14 Mit Taxonomien arbeiten

Eine Taxonomie ist eine Klassifizierung von Dingen. Drupal wird mit einem Taxonomie-Modul ausgeliefert, mit dem Sie Nodes (die im Grunde »Dinge« sind) klassifizieren können. In diesem Kapitel schauen Sie sich die unterschiedlichen Arten von Taxonomien an, die Drupal unterstützt. Außerdem werden Sie sehen, wie die Daten gespeichert werden und wie Sie Abfragen an die Taxonomie-Datenbanktabellen schreiben können, um diese in Ihre eigenen Module einzugliedern. Abschließend werden Sie sehen, wie Ihren Modulen die Änderungen an Taxonomien mitgeteilt werden können. Außerdem sprechen wir einige allgemeine Aufgaben bezüglich Taxonomien durch.

14.1 Was ist eine Taxonomie?

Bei einer Taxonomie werden Dinge in Kategorien eingeteilt. Die Taxonomie-Unterstützung von Drupal finden Sie unter VERWALTEN > INHALTSVERWALTUNG > TAXONOMIE (sollte sie dort nicht zu sehen sein, stellen Sie sicher, dass das Taxonomie-Modul aktiviert ist). Es ist wichtig, sehr genau zu sein, wenn Sie Begriffe verwenden, die das Taxonomie-System von Drupal beschreiben. Lassen Sie uns einige der gebräuchlichen Begriffe durchsprechen, die Sie kennen lernen werden.

14.1.1 Begriffe

Ein *Begriff* ist die Bezeichnung, die für den Node festgelegt wird. Angenommen, Sie haben zum Beispiel eine Website mit Produktbewertungen, so könnten Sie jede dieser Bewertungen mit den Begriffen »Schlecht«, »Gut« oder »Sehr gut« bezeichnen. Begriffe werden manchmal als *Tags* bezeichnet und ihre Zuweisung zu einem Objekt (wie beispielsweise zu einem Bewertungs-Node) als *Tagging*.

Eine Abstraktionsebene

Wie Sie gleich an den Datenstrukturen sehen werden, fügt Drupal eine Abstraktionsebene zu allen eingegebenen Begriffen hinzu und verweist intern über eine numerische ID auf sie, nicht über den Namen. Wenn Sie beispielsweise die vorangegangenen Begriffe eingeben und sich Ihr Manager doch entscheidet, dass »Nicht gut« besser geeignet ist als »Schlecht«, ist das kein Problem. Sie bearbeiten lediglich Begriff Nummer 1 und ändern »Schlecht« in »Nicht gut«. Die Taxonomie wird weiterhin funktionieren, da Drupal die Bezeichnung intern als Begriff Nummer 1 verarbeitet.

Synonyme

Bei der Definition eines Begriffs können Sie Synonyme dafür eingeben. Ein Synonym ist ein anderer Begriff mit der gleichen semantischen Bedeutung. Die Taxonomie-Funktionalität von Drupal erlaubt Ihnen die Eingabe von Synonymen und stellt die Datenbanktabellen zur Speicherung sowie einige Hilfsfunktionen wie `taxonomy_get_synonyms($tid)` und `taxonomy_get_synonym_root($synonym)`bereit. Die Implementierung der Benutzerschnittstelle für diese Funktionen wird beigetragenen Modulen aus der Community überlassen, z. B. dem Glossar-Modul *(http://drupal.org/project/glossary)*.

14.1.2 Vokabulare

Ein *Vokabular* besteht aus einer Sammlung von Begriffen. Drupal erlaubt Ihnen die Verknüpfung eines Vokabulars mit einem oder mehreren Nodes. Diese lockere Verknüpfung ist für die Kategorisierung über die Grenzen verschiedener Node-Typen hinweg hilfreich. Wenn Sie zum Beispiel eine Website haben, in der Benutzer Geschichten und Bilder über Reisen einstellen können, können Sie ein Vokabular verwenden, das die Ländernamen als Begriffe enthält. Dadurch können Sie z. B. auf einfache Weise alle Geschichten und Bilder anzeigen lassen, die mit »Belgien« gekennzeichnet sind. Die Oberfläche für die Bearbeitung der Vokabulare wird in Abbildung 14.1 gezeigt.

Erforderliche Vokabulare

Vokabulare können erforderlich sein, müssen es aber nicht. Ist ein Vokabular erforderlich, muss der Benutzer einen Begriff mit einem Node verknüpfen, bevor der Node als Eingabe akzeptiert wird. Andernfalls kann der Benutzer bei der Eingabe eines Nodes den Standardbegriff »Keine ausgewählt« auswählen.

Gesteuerte Vokabulare

Wenn ein Vokabular eine begrenzte Anzahl von Begriffen umfasst (Benutzer können also keine neuen Begriffe hinzufügen), wird es als *gesteuertes Vokabular* bezeichnet. In einem solchen Vokabular werden Begriffe dem Benutzer normalerweise in einem Dropdown-Auswahlfeld angezeigt. Natürlich kann der Administrator oder ein Benutzer, der über die Berechtigung *administer taxonomy (Taxonomie verwalten)* verfügt, Begriffe hinzufügen, löschen und ändern.

Tags

Ein *Tag* ist das Gleiche wie ein *Begriff*. Jedoch weist das Wort »Tagging« im Allgemeinen darauf hin, dass der Benutzer der Website die Tags erstellt hat. Dies ist das Gegenteil eines gesteuerten Vokabulars, denn hierbei können Benutzer ihre eigenen Begriffe eingeben, wenn sie einen Node einreichen. Wenn ein Begriff nicht bereits Teil des Vokabulars ist, wird er hinzugefügt. Ist das Kontrollkästchen TAGS in der Oberfläche zur Bearbeitung der Vokabulare aktiviert (siehe Abbildung 14.1), wird die Benut-

14.1 Was ist eine Taxonomie?

zerschnittstelle zum Vokabular nicht wie bei einem gesteuerten Vokabular als Dropdown-Auswahlfeld, sondern als Textfeld dargestellt (bei dem die automatische Vervollständigung durch JavaScript aktiviert ist).

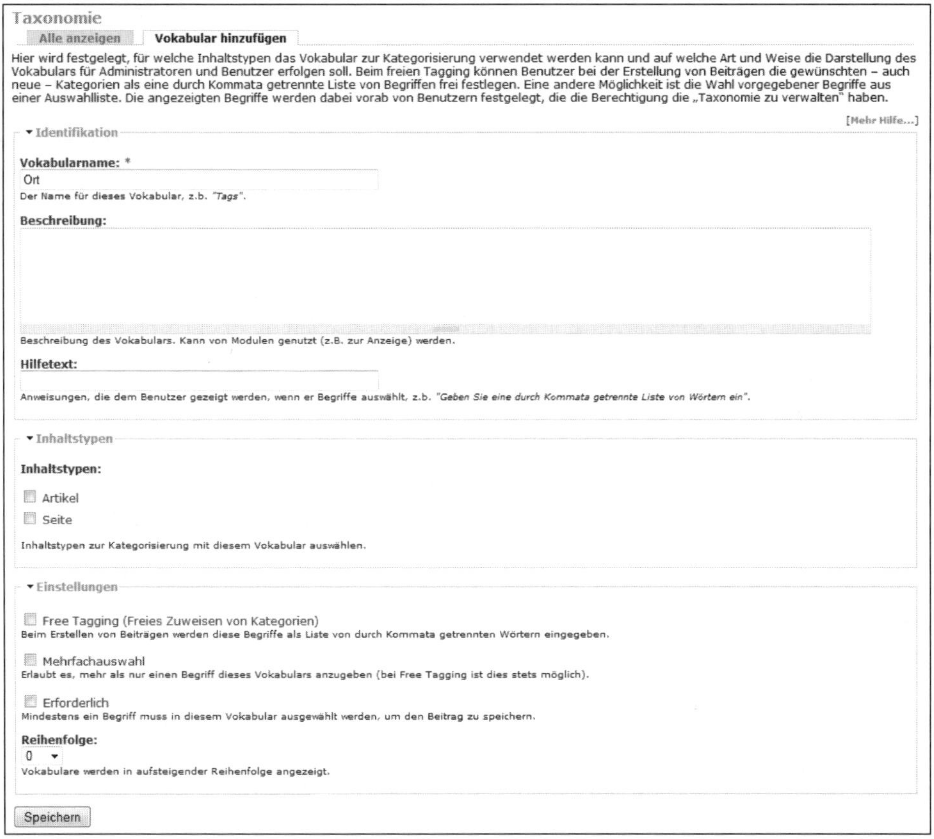

Abbildung 14.1: Das Formular zum Hinzufügen eines Vokabulars

Einfache oder mehrere Begriffe auswählen

Drupal erlaubt Ihnen festzulegen, ob ein einzelner oder mehrere Begriffe für einen gegebenen Node ausgewählt werden können. Dazu wird das Kontrollkästchen MEHRFACHAUSWAHL in der Oberfläche für die Bearbeitung der Vokabulare ausgewählt. Sind mehrere Begriffe zugelassen, ändert sich die Benutzerschnittstelle im Node-Einreichungsformular von einem einfachen Dropdown-Auswahlfeld zu einem mit mehreren Wahlmöglichkeiten.

> **Tipp**
>
> Die Option MEHRFACHAUSWAHL ist nur für gesteuerte Vokabulare anwendbar, nicht für Vokabulare, bei denen Tags erlaubt sind.

Elternbegriffe

Beim Hinzufügen oder Bearbeiten eines Begriffs kann im Abschnitt ERWEITERTE EINSTELLUNGEN des Formulars (siehe Abbildung 14.2) ein *Elternbegriff* ausgewählt werden. Dadurch werden hierarchische Beziehungen zwischen den Begriffen festgelegt.

Verwandte Begriffe

Falls ein Vokabular verwandte Begriffe erlaubt, wird ein Mehrfach-Auswahlfeld angezeigt, wenn Sie einen neuen Begriff festlegen oder einen bestehenden bearbeiten, sodass Sie vorhandene Begriffe auswählen können, mit denen der neue oder bearbeitete Begriff verwandt ist. Das Feld erscheint im Abschnitt ERWEITERTE EINSTELLUNGEN des Formulars (siehe Abbildung 14.2).

Gewichte

Jedes Vokabular hat ein Gewicht von -10 bis 10 (siehe Abbildung 14.1). Dies steuert die Anordnung, in der die Vokabulare dem Benutzer im Node-Einreichungsformular angezeigt werden. Ein Vokabular mit einem geringen Gewicht erscheint am oberen Ende der Vokabular-Feldgruppe und wird zuerst dargestellt, ein Vokabular mit einem hohen Gewicht sinkt zum unteren Rand der Feldgruppe ab.

Jeder Begriff hat ebenfalls ein Gewicht. Die Position eines Begriffs im Dropdown-Auswahlfeld bei der Anzeige für den Benutzer wird vom Gewicht festgelegt. Die Reihenfolge entspricht der in VERWALTEN > INHALTSVERWALTUNG > TAXONOMIE > BEGRIFFE AUFLISTEN.

14.2 Arten von Taxonomien

Es gibt verschiedene Arten von Taxonomien. Die einfachste ist eine Liste mit Begriffen, während die komplizierteste über mehrfache hierarchische Beziehungen verfügt. Zusätzlich können Begriffe Synonyme sein oder sich auf andere Begriffe beziehen. Fangen wir mit der einfachsten Art an.

14.2 Arten von Taxonomien

Abbildung 14.2: Das Formular zum Hinzufügen eines Begriffs

14.2.1 Flach

Ein Vokabular, das nur aus einer Liste von Begriffen besteht, ist überschaubar. Tabelle 14.1 zeigt Ihnen, wie Sie einige Programmiersprachen in einem einfachen, flachen Vokabular klassifizieren können.

Begriffs-ID	Name des Begriffs
1	C
2	C++
3	Cobol

Tabelle 14.1: Einfache Begriffe in einem Vokabular

14.2.2 Hierarchisch

Jetzt stellen wir Ihnen das Prinzip einer Hierarchie vor, bei der jeder Begriff eine Beziehung zu einem anderen Begriff haben kann (siehe Tabelle 14.2).

Begriffs-ID	Name des Begriffs
1	Objektorientiert
2	C++
3	Smalltalk
4	Prozedural
5	C
6	Cobol

Tabelle 14.2: Hierarchische Begriffe in einem Vokabular (untergeordnete Begriffe stehen unter den Elternbegriffen)

Abbildung 14.3 macht die hierarchische Beziehung deutlich. In diesem Beispiel ist *Prozedural* übergeordnet und *Cobol* untergeordnet. Beachten Sie, dass jeder Begriff seine eigene ID unabhängig davon hat, ob er übergeordnet oder untergeordnet ist.

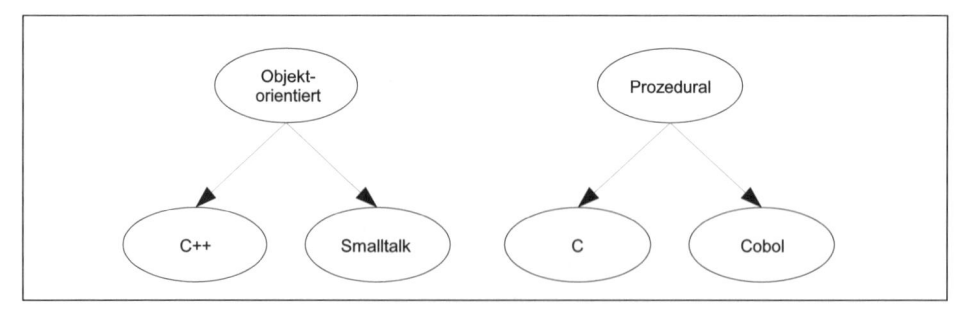

Abbildung 14.3: Ein hierarchisches Vokabular hat Eltern-Kind-Beziehungen zwischen Begriffen

Sie können Begriffe bei ihrer Erstellung in Hierarchien anordnen, indem Sie einen Elternbegriff aus dem Feld ÜBERGEORDNETE BEGRIFFE im Abschnitt ERWEITERTE EINSTELLUNGEN des Formulars Begriff hinzufügen auswählen oder die Begriffe per Drag & Drop positionieren. Nachdem mehr als ein Begriff hinzugefügt wurde, wird die Drag & Drop-Schnittstelle in VERWALTEN > INHALTSVERWALTUNG > TAXONOMIE durch einen Klick auf den Link BEGRIFFE AUFLISTEN für das bearbeitete Vokabular verfügbar. Die Drag & Drop-Schnittstelle wird in Abbildung 14.4 gezeigt.

14.2 Arten von Taxonomien

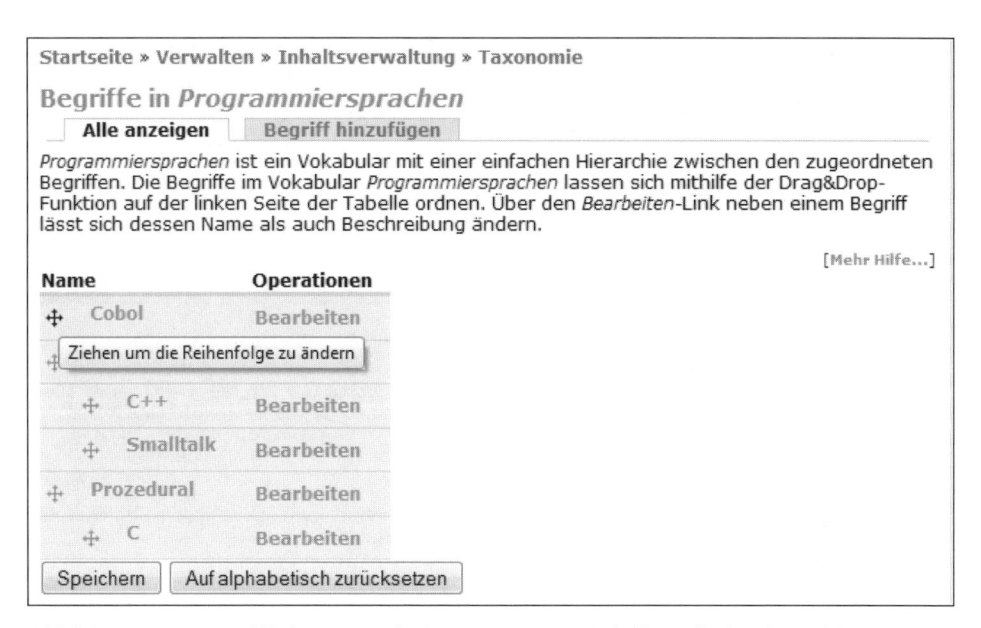

Abbildung 14.4: Begriffe können mit der Drag & Drop-Schnittstelle in Hierarchien angeordnet werden

14.2.3 Mehrfach hierarchisch

Ein Vokabular kann mehrere Hierarchien statt einer einzelnen haben. Dies bedeutet einfach, dass ein Begriff mehr als ein Elternelement haben kann. Angenommen, Sie fügen PHP zu Ihrem Vokabular der Programmiersprachen hinzu. PHP kann prozedural geschrieben werden, doch in den neuesten Versionen wurden objektorientierte Möglichkeiten vorgestellt. Sollen Sie PHP nun als objektorientiert oder als prozedural klassifizieren? Bei mehrfachen hierarchischen Beziehungen können Sie beides, wie in Abbildung 14.5 gezeigt wird.

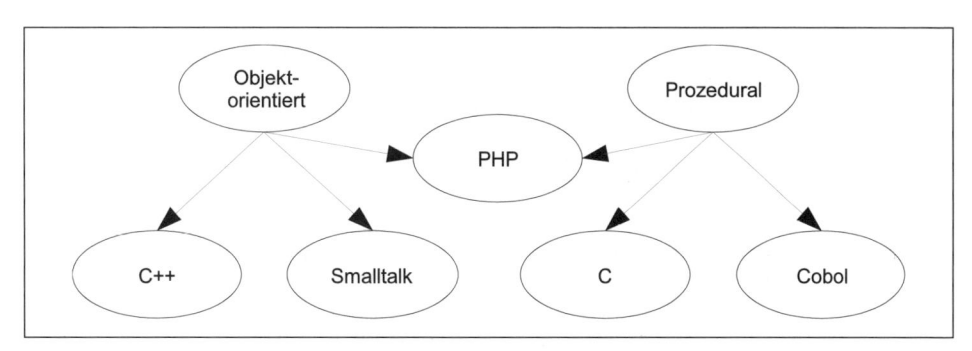

Abbildung 14.5: In einem Vokabular mit mehrfachen hierarchischen Beziehungen können Begriffe mehr als ein Elternelement haben

Es lohnt sich, sich einige Zeit zu nehmen und die Anwendungsfälle für die Taxonomie durchzudenken, wenn Sie sich im Planungsstadium einer Website befinden, um herauszufinden, welche Art von Vokabular Sie benötigen.

Da ein mehrfach hierarchisches Vokabular nicht einfach in einer Benutzeroberfläche angezeigt werden kann, warnt Drupal Sie, dass die Drag & Drop-Schnittstelle (siehe Abbildung 14.4) deaktiviert wird, wenn Sie mehrere Eltern für einen Begriff auswählen. Diese Warnung wird in Abbildung 14.6 gezeigt.

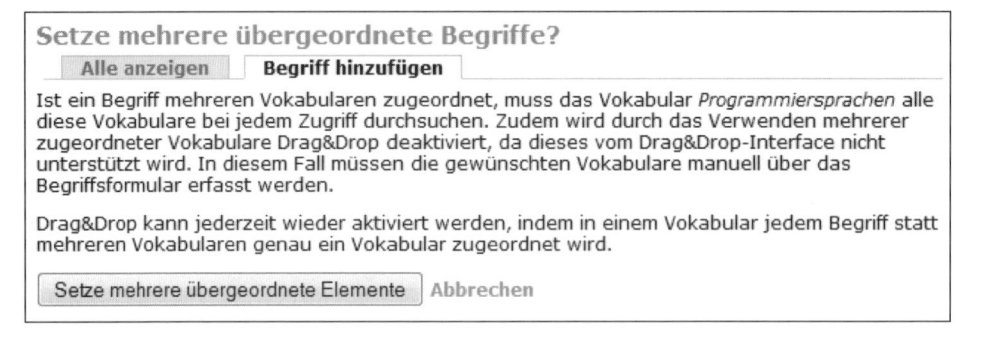

> **Setze mehrere übergeordnete Begriffe?**
>
> | Alle anzeigen | **Begriff hinzufügen** |
>
> Ist ein Begriff mehreren Vokabularen zugeordnet, muss das Vokabular *Programmiersprachen* alle diese Vokabulare bei jedem Zugriff durchsuchen. Zudem wird durch das Verwenden mehrerer zugeordneter Vokabulare Drag&Drop deaktiviert, da dieses vom Drag&Drop-Interface nicht unterstützt wird. In diesem Fall müssen die gewünschten Vokabulare manuell über das Begriffsformular erfasst werden.
>
> Drag&Drop kann jederzeit wieder aktiviert werden, indem in einem Vokabular jedem Begriff statt mehreren Vokabularen genau ein Vokabular zugeordnet wird.
>
> [Setze mehrere übergeordnete Elemente] Abbrechen

Abbildung 14.6: Die Auswahl mehrer Eltern für einen Begriff deaktiviert die Drag & Drop-Schnittstelle

14.3 Inhalte nach Begriffen anzeigen

Sie können die Nodes, die mit einem Begriff verknüpft sind, jederzeit über den URL des Begriffs anzeigen lassen, es sei denn, ein Modul hat diese Ansicht überschrieben. Beispielsweise ist in *http://example.com/?q=taxonomy/term/5* die 5 die ID des Begriffs, den Sie sehen möchten. Das Ergebnis ist eine Liste, die Titel und Vorschau jedes Nodes enthält, der mit diesem Begriff gekennzeichnet wurde.

14.3.1 AND und OR in URLs verwenden

In der Syntax zur Konstruktion von Taxonomie-URLs werden AND und OR durch das Komma bzw. das Plus-Zeichen dargestellt. Einige Beispiele dafür folgen gleich.

Um alle Nodes anzuzeigen, die mit der Begriffs-ID 5 und 6 gekennzeichnet wurden, verwenden Sie folgenden URL:

http://example.com/?q=taxonomy/term/5,6

Nehmen Sie dagegen folgenden URL, um alle Nodes anzuzeigen, die mit den Begriffen 1, 2 oder 3 gekennzeichnet wurden:

http://example.com/?q=taxonomy/term/1+2+3

Gemischtes AND und OR wird von *taxonomy.module* derzeit nicht unterstützt.

> **Tipp**
>
> Verwenden Sie das Modul *path*, um bekannte URL-Aliase für die verwendeten Taxonomie-URLs zu setzen, sodass sie nicht diese erschreckenden Zahlen am Ende haben.

14.3.2 Die Tiefe für hierarchische Vokabulare angeben

In den vorangegangenen Beispielen haben wir einen stillschweigend inbegriffenen Parameter verwendet. Beispielsweise ist der URL

http://example.com/?q=taxonomy/term/5

eigentlich

http://example.com/?q=taxonomy/term/5/0

wobei die angehängte 0 die Anzahl der Hierarchieebenen angibt, die bei der Vorbereitung des Ergebnissatzes durchsucht werden soll. all würde bedeuten, dass alle Ebenen eingeschlossen werden sollen. Nehmen Sie an, Sie hätten das in Tabelle 14.3 gezeigte hierarchische Vokabular.

Begriffs-ID	Name
1	Kanada
2	Britisch-Kolumbien
3	Vancouver
4	Ontario
5	Toronto

Tabelle 14.3: Ein geografisches hierarchisches Vokabular (untergeordnete Begriffe stehen unter ihren Eltern)

Die erste Hierarchieebene ist das Land Kanada, die zwei Kinder hat – die Provinzen Britisch-Kolumbien und Ontario. Jede Provinz hat ein Kind, nämlich eine kanadische Großstadt, in der die Drupal-Entwicklung blüht und gedeiht. Die folgenden Beispiele zeigen die Auswirkungen einer Änderung am Tiefenparameter des URLs.

Alle Nodes, die mit Vancouver gekennzeichnet sind, haben den folgenden URL gemeinsam:

http://example.com?q=taxonomy/term/3 oder *http://example.com?q=taxonomy/term/3/0*

Um alle Nodes anzuzeigen, die mit Britisch-Kolumbien gekennzeichnet sind (und keine mit Vancouver), verwenden Sie diesen URL:

http://example.com?q=taxonomy/term/2

Der folgende URL trifft für alle Nodes zu, die mit Britisch-Kolumbien und irgendeiner Stadt dieser Provinz gekennzeichnet sind. (Beachten Sie, dass wir die Tiefe auf eine Hierarchieebene gesetzt haben.)

http://example.com?q=taxonomy/term/2/1

Alle Nodes, die mit Kanada oder einer kanadischen Provinz bzw. Stadt gekennzeichnet sind, werden durch folgenden URL angezeigt:

http://example.com?q=taxonomy/term/1/all

> **Hinweis**
>
> Der Ergebnissatz wird als reguläre Node-Auflistung angezeigt. Wenn Sie möchten, dass die Node-Titel oder die Vorschau hierarchisch angezeigt werden, müssen Sie eine benutzerdefinierte Theme-Funktion dafür schreiben oder das Modul *views* (http://drupal.org/project/views) verwenden.

14.3.3 Automatische RSS-Feeds

Jeder Begriff verfügt über einen automatischen RSS-Feed, der die zuletzt mit diesem Begriff gekennzeichneten Nodes anzeigt. Beispielsweise befindet sich der Feed für die Begriffs-ID 3 unter

http://example.com/?q=taxonomy/term/3/0/feed

Beachten Sie, dass der Tiefenparameter (0 in diesem Fall) erforderlich ist. Wie erwartet können Sie Begriffe mit AND oder OR zusammenfassen, um einen kombinierten Feed zu erhalten. Beispielsweise gilt der folgende Feed für die Begriffe 2 oder 4 einschließlich aller unmittelbarer untergeordneten Begriffe:

http://example.com/?q=taxonomy/term/2+4/1/feed

Der Feed für alle untergeordneten Begriffe lautet:

http://example.com/?q=taxonomy/term/2+4/all/feed

14.4 Taxonomien speichern

Wenn Sie mehr als die von Haus aus vorhandenen Möglichkeiten der Taxonomie nutzen möchten, ist es unerlässlich, dass Sie verstehen, wie Taxonomien in der Datenbank gespeichert werden. In einer typischen Datenbank, die nicht von Drupal verwendet wird, können Sie eine flache Taxonomie durch einfaches Hinzufügen einer Spalte zu einer Datenbanktabelle erstellen. Wie Sie gesehen haben, fügt Drupal eine Taxonomie über normalisierte Datenbanktabellen hinzu. Abbildung 14.7 zeigt die Tabellenstruktur.

vocabulary	vocabulary_node_types	term_hierarchy
vid	**vid**	**tid**
name	*type*	*parent*
description		
help	**term_data**	**term_node**
relations		
hierarchy	**tid**	**nid**
multiple	*vid*	**vid***
required	name	**tid**
tags	description	
module	weight	
weight		
	term_synonym	
	tsid	
	tid	
	name	
	term_relation	
	trid	
	tid1	
	tid2	

*Abbildung 14.7: Taxonomie-Tabellen von Drupal: Primäre Schlüssel sind fettgedruckt, indizierte Felder kursiv dargestellt. *vid in der Tabelle term_node verweist auf die Versions-ID in der Tabelle node_revision und nicht auf eine Vokabular-ID.*

Die folgenden Tabellen machen das Taxonomie-Speichersystem von Drupal aus:

- *vocabulary*: Diese Tabelle speichert die Information über ein Vokabular, das mit der Taxonomie-Schnittstelle von Drupal bearbeitet werden kann.
- *vocabulary_node_types*: Diese Tabelle verfolgt, welche Vokabulare für welche Node-Typen verwendet werden. Der Typ ist der in Drupal verwendete Name für einen Node-Typ (beispielsweise `blog`), der mit der Spalte type in der Tabelle *node* verglichen wird.
- *term_data*: Diese Tabelle enthält den Namen des Begriffs sowie Informationen darüber, in welchem Vokabular er sich befindet. Außerdem sind eine optionale Beschreibung und das Gewicht enthalten, mit dem die Position in Listen festgelegt

wird, die Benutzern für die Auswahl von Begriffen angezeigt wird (beispielsweise im Formular zum Einreichen eines Nodes).

- *term_synonym*: Die Tabelle enthält Synonyme für eine gegebene Begriffs-ID.
- *term_relation*: Diese Vergleichstabelle enthält die ID von Begriffen, die bei der Definition eines Begriffs als verwandt angegeben wurden.
- *term_hierarchy*: Diese Tabelle enthält die ID eines Begriffs und seines Elternbegriffs. Befindet sich ein Begriff an der Wurzel (hat er also keinen Elternbegriff), ist die ID des Elternbegriffs 0.
- *term_node*: Diese Tabelle dient dazu, Begriffe mit dem Node zu vergleichen, der mit diesem Begriff gekennzeichnet wurde.

14.5 Modulgestützte Vokabulare

Zusätzlich zu den Vokabularen, die sich über VERWALTEN > INHALT > KATEGORIEN erstellen lassen, können Module die Taxonomie-Tabellen nutzen, um eigene Vokabulare zu speichern. Zum Beispiel verwendet das Modul *forum* die Taxonomie-Tabellen, um ein Vokabular von Containern und Foren aufzubewahren. Das Modul *image* nutzt Taxonomie-Tabellen zur Gliederung von Bildergalerien. Jedes Mal, wenn Sie hierarchische Begriffe einführen, sollten Sie sich fragen, ob Sie nicht besser dran wären, wenn Sie das Taxonomie-Modul und ein modulbasiertes Vokabular verwendeten.

Das Modul, das ein Vokabular besitzt, wird in der Spalte `module` der Tabelle *vocabulary* identifiziert. Normalerweise enthält diese Spalte den Eintrag `taxonomy`, da das Taxonomie-Modul die meisten Vokabulare verwaltet.

14.5.1 Ein modulgestütztes Vokabular erstellen

Schauen wir uns ein Beispiel für ein modulgestütztes Vokabular an. Das aus der Community beigetragene Modul *image gallery* (es ist im Modul *image* enthalten, siehe *http://drupal.org/project/image*) verwendet eine Taxonomie, um verschiedene Bildergalerien anzuordnen. Wie im folgenden Beispiel gezeigt, erstellt es Vokabulare programmgesteuert und übernimmt den Besitz des Vokabulars, indem es den Modulschlüssel des Arrays `$vocabulary` auf den Modulnamen setzt (ohne *.module*).

```
/**
 * Gibt ein neues Vokabular für Image galleries zurück oder erstellt eines.
 */
function _image_gallery_get_vid() {
  $vid = variable_get('image_gallery_nav_vocabulary', '');
  if (empty($vid) || is_null(taxonomy_vocabulary_load($vid))) {
    // Überprüft, ob ein Vokabular für Image galleries vorhanden
    // ist.
    $vid = db_result(db_query("SELECT vid FROM {vocabulary} WHERE
```

```
      module='image_gallery'"));
    if (!$vid) {
      $vocabulary = array(
        'name' => t('Image Galleries'),
        'multiple' => '0',
        'required' => '0',
        'hierarchy' => '1',
        'relations' => '0',
        'module' => 'image_gallery',
        'nodes' => array(
          'image' => 1
        )
      );
      taxonomy_save_vocabulary($vocabulary);
      $vid = $vocabulary['vid'];
    }
    variable_set('image_gallery_nav_vocabulary', $vid);
  }
  return $vid;
}
```

14.5.2 Benutzerdefinierte Pfade für Begriffe bereitstellen

Ist Ihr Modul für die Pflege eines Vokabulars verantwortlich, kann es benutzerdefinierte Pfade für Begriffe unter seiner Kontrolle bereitstellen, statt den standardmäßigen Pfad `taxonomy/term/[Begriffs-ID]` zu verwenden, der von *taxonomy.module* bereitgestellt wird. Wenn Sie einen Link für einen Begriff generieren, wird die Funktion `taxonomiy_term_path()` in *taxonomy.module* aufgerufen. (Sie sollten diese Funktion immer aufrufen, statt selbst Links zu Taxonomie-Begriffen zu generieren. Nehmen Sie nicht an, dass das Taxonomie-Modul die Taxonomie pflegt.) Beachten Sie, wie es mit dem Modul, das der Eigentümer des Vokabulars ist, im folgenden Code zusammenarbeitet:

```
/**
 * Gibt dem verwaltenden Modul bei Vokabularen, die nicht von taxonomy.module
 * verwaltet werden, die Chance, einen Pfad für Begriffe in diesem
 * Vokabular bereitzustellen.
 *
 * @parameter $term
 * Ein Begriffsobjekt.
 * @return
 * Ein interner Drupal-Pfad.
 */
function taxonomy_term_path($term) {
  $vocabulary = taxonomy_get_vocabulary($term->vid);
  if ($vocabulary->module != 'taxonomy' &&
    $path = module_invoke($vocabulary->module, 'term_path', $term))
```

```
    {
    return $path;
  }
  return 'taxonomy/term/'. $term->tid;
}
```

Beispielsweise leitet *image_gallery.module* Pfade zu *image/tid/[term id]* um:

```
function image_gallery_term_path($term) {
  return 'image/tid/'. $term->tid;
}
```

14.5.3 Mit hook_taxonomy() über Vokabuläränderungen informiert bleiben

Wenn Sie ein Vokabular für Ihr eigenes Modul verwenden, wollen Sie sicher über alle Änderungen informiert werden, die die standardmäßige Taxonomie-Benutzerschnittstelle daran vornimmt. Außerdem möchten Sie vielleicht auch über Änderungen an einem bestehenden Vokabular informiert werden, das von *taxonomy.module* verwaltet wird. In beiden Fällen können Sie dies durch Implementierung von hook_taxonomy() sicherstellen. Das folgende Modul verfügt über eine Implementierung von hook_taxonomy() und informiert Sie per E-Mail laufend über Änderungen am Vokabular. Das folgende Listing zeigt die Datei *taxonomymonitor.info*:

```
; $Id$
name = Taxonomy Monitor
description = Sends email to notify of changes to taxonomy
  vocabularies.
package = Pro Drupal Development
dependencies[] = taxonomy
core = 6.x
```

Das Modul *taxonomymonitor* sieht wie folgt aus:

```
<?php
// $Id$
/**
 * Implementierung von hook_taxonomy().
 *
 * Sendet eine E-Mail, wenn Änderungen an Variablen oder Begriffen
 * stattfinden.
 */
function taxonomymonitor_taxonomy($op, $type, $array = array()) {
  $to = 'me@example.com';
  $name = check_plain($array['name']);
  // $type ist entweder 'vocabulary' oder 'term'.
  switch ($type) {
    case 'vocabulary':
```

```
      switch($op) {
        case 'insert':
          $subject = t('Vocabulary @voc was added.', array('@voc' =>
            $name));
          break;
        case 'update':
          $subject = t('Vocabulary @voc was changed.', array('@voc'
            => $name));
          break;
        case 'delete':
          $subject = t('Vocabulary @voc was deleted.', array('@voc'
            => $name));
          break;
      }
      break;
    case 'term':
      switch($op) {
        case 'insert':
          $subject = t('Term @term was added.', array('@term' =>
            $name));
          break;
        case 'update':
          $subject = t('Term @term was changed.', array('@term' =>
            $name));
          break;
        case 'delete':
          $subject = t('Term @term was deleted.', array('@term' =>
            $name));
          break;
      }
  }
  // Gibt die Vokabular- oder die Begriffsinformation aus und sendet
  // sie weiter.
  $body = print_r($array, TRUE);
  // Sendet die E-Mail.
  watchdog('taxonomymonitor', 'Sending email for @type @op',
    array('@type' => $type, '@op' => $op));
  drupal_mail('taxonomymonitor-notify', $to, $subject, $body);
}
```

Um zusätzliche Informationen zu erhalten, könnten Sie das Modul so ändern, dass der Name des Benutzers aufgeführt wird, der die Änderung durchgeführt hat.

14.6 Häufige Aufgaben

Mit den folgenden Aufgaben werden Sie bei der Arbeit mit Taxonomien häufig zu tun haben.

14.6.1 Taxonomiebegriffe in einem Knotenobjekt finden

Taxonomiebegriffe werden während der Ausführung von node_load() über die Implementierung von hook_nodeapi() in *taxonomy.module* geladen. Die Funktion taxonomy_node_get_terms() verrichtet dabei die eigentliche Arbeit der Abfrage der Begriffe von der Datenbank. Das Ergebnis ist ein Array der Begriffsobjekte im Taxonomie-Schlüssel des Nodes:

```
print_r($node->taxonomy);
Array (
  [3] => stdClass Object (
    [tid] => 3
    [vid] => 1
    [name] => Vancouver
    [description] => By Land, Sea, and Air we Prosper.
    [weight] => 0 )
)
```

Drupal ermöglicht Node-Überarbeitungen (Revisionen). Da sich Taxonomiebegriffe, die mit einen Node verknüpft sind, von einer Revision des Nodes zu einer anderen ändern können, werden Begriffe in der Tabelle *term_node* durch die Verwendung von Revisions-IDs (in dieser Tabelle vid für »version ID« genannt) mit Überarbeitungen verknüpft (siehe Abbildung 14.7).

14.6.2 Eigene Taxonomieabfragen erstellen

Sollten Sie eine Node-Auflistung irgendeiner Art generieren müssen, werden Sie sich wahrscheinlich wünschen, die Dinge wären einfacher und Drupal würde die Taxonomiebegriffe in der Node-Tabelle behalten, sodass Sie Folgendes schreiben könnten:

```
SELECT * FROM node WHERE vocabulary = 1 and term = 'cheeseburger'
```

Der Preis der Flexibilität ist etwas mehr Arbeit für den Drupal-Entwickler. Statt einfache Abfragen wie diese zu stellen, müssen Sie lernen, Taxonomie-Tabellen mit JOIN abzufragen.

taxonomy_select_nodes()

Bevor Sie beginnen eine Abfrage zu schreiben, überlegen Sie, ob Sie das Gewünschte auch mit einer bestehenden Funktion erreichen können. Wenn Sie beispielsweise die Titel von Nodes haben möchten, die mit den Begriffs-IDs 5 und 6 gekennzeichnet sind, können Sie taxonomy_select_nodes() verwenden:

```
$tids = array(5, 6);
$result = taxonomy_select_nodes($tids, 'and');
$titles = array();
while ($data = db_fetch_object($result)) {
  $titles[] = $data->title;
}
```

14.7 Taxonomiefunktionen

Der folgende Abschnitt erklärt Funktionen, die für Ihr Modul hilfreich sein können.

14.7.1 Informationen über Vokabulare abrufen

Die im Lieferumfang enthaltenen Funktionen im folgenden Abschnitt rufen Informationen über Vokabulare ab, z. B. Vokabular-Datenobjekte oder Arrays solcher Objekte.

taxonomy_vocabulary_load($vid)

Diese Funktion ruft ein einzelnes Vokabular ab (der Parameter `$vid` ist die Vokabular-ID) und gibt ein Vokabular-Objekt zurück. Außerdem speichert sie Vokabular-Objekte intern, sodass leicht mehrfache Aufrufe des gleichen Vokabulars durchgeführt werden können. Diese Funktion ist zusätzlich eine besondere Ladefunktion für das Menüsystem von Drupal (siehe Kapitel 4).

taxonomy_get_vocabularies($type)

Die Funktion `taxonomy_get_vocabularies($type)` ruft alle Vokabular-Objekte ab. Der Parameter `$type` beschränkt die abgerufenen Vokabularien auf einen gegebenen Node-Typ, beispielsweise `blog`. Diese Funktion gibt ein Array von Vokabular-Objekten zurück.

14.7.2 Vokabulare hinzufügen, ändern und löschen

Die folgenden Funktionen erstellen, ändern und löschen Vokabulare. Sie geben eine Drupalkonstante (`SAVED_UPDATED`, `SAVED_NEW` oder `SAVED_DELETED`) als Statuscode zurück.

taxonomy_save_vocabulary(&$vocabulary)

Diese Funktion erstellt ein neues Vokabular oder aktualisiert ein bestehendes. Der Parameter `$vocabulary` ist ein assoziatives Array (*kein* Vokabular-Objekt), das die folgenden Schlüssel enthält:

- `name`: Der Name des Vokabulars.
- `description`: Die Beschreibung des Vokabulars.
- `help`: Alle Hilfetexte, die im Node-Erstellungsformular unter dem Feld für dieses Vokabular angezeigt werden.
- `nodes`: Ein Array der Node-Typen, für die dieses Vokabular geeignet ist.
- `hierarchy`: Der Wert 0 steht für keine Hierarchie, 1 für eine einzelne und 2 für eine mehrfache Hierarchie.
- `relations`: Der Wert 0 verbietet die Verwendung verwandter Begriffe, 1 erlaubt sie.
- `tags`: Der Wert 0 deaktiviert freie Kennzeichnung (Tagging), 1 lässt sie zu.

- `multiple`: Der Wert 0 verbietet die Auswahl mehrerer Begriffe, 1 erlaubt sie.
- `required`: Steht dieser Wert auf 0, ist die Auswahl eines Begriffs vor der Auswahl des Nodes optional (der Standard »None selected« ist vorausgewählt), der Wert 1 macht eine Begriffsauswahl erforderlich.
- `weight`: Das Gewicht des Vokabulars. Es beeinflusst die Platzierung des Node-Eingabeformulars in der Vokabular-Feldgruppe.
- `module`: Der Name des Moduls, das für dieses Vokabular verantwortlich ist. Wird dieser Schlüssel nicht übertragen, steht der Wert standardmäßig auf `taxonomy`.
- `vid`: Die Vokabular-ID. Wird dieser Schlüssel nicht übertragen, wird ein neues Vokabular erstellt.

Die Funktion `taxonomy_save_vocabulary(&$vocabulary)` gibt `SAVED_NEW` oder `SAVED_UPDATED` zurück.

taxonomy_del_vocabulary($vid)

Der Paramater `$vid` dieser Funktion ist die ID des Vokabulars. Beim Löschen eines Vokabulars werden auch alle seine Begriffe durch Aufruf von `taxonomy_del_term()` für jeden Begriff entfernt. Die Funktion `taxonomy_del_vocabulary($vid)` gibt `SAVED_DELETED` zurück.

14.7.3 Informationen über Begriffe abrufen

Die Funktionen des folgenden Abschnitts rufen Informationen über Begriffe als Objekte oder ein Array von Objekten ab.

taxonomy_get_term($tid)

Diese Funktion ruft einen Begriff ab (der Parameter `$tid` ist die Begriffs-ID) und gibt ein Begriffsobjekt zurück. Sie speichert die Begriffsobjekte intern, sodass mehrere Aufrufe desselben Begriffs kein Problem darstellen. Die Struktur des Begriffsobjekts sieht wie folgt aus:

```
$term = taxonomy_get_term(5);
var_dump($term);
object(stdClass)#6 (5) {
  ["tid"] => string(1) "3"
  ["vid"] => string(1) "1"
  ["name"]=> string(9) "Vancouver"
  ["description"]=> string(32) "By Land, Sea, and Air we Prosper"
  ["weight"]=> string(1) "0"
}
```

taxonomy_get_term_by_name($text)

Diese Funktion sucht nach Begriffen, indem sie einen String vergleicht (der Parameter $text ist ein String). Leerzeichen werden aus $text entfernt und Übereinstimmungen durch die Abfrage WHERE LOWER(t.name) = LOWER($text) gefunden. Diese Funktion gibt ein Array mit Begriffsobjekten zurück.

taxonomy_node_get_terms($node, $key)

Diese Funktion findet alle Begriffe, die mit einem Node verknüpft sind. Der Parameter node ist die Node-ID, für die Begriffe abgefragt werden. Etwas komplizierter ist der Parameter $key, der standardmäßig auf tid steht und festlegt, auf welche Weise Ergebnisse zurückgegeben werden. Die Funktion taxonomy_node_get_terms($node, $key) gibt ein Array aus Arrays mit $key als Schlüssel zurück. Daher wird das Ergebnisarray standardmäßig mit der Begriffs-ID als Schlüssel versehen, die Sie aber gegen jede Spalte der Tabelle *term_data* (tid, vid, name, description und weight) austauschen können. Diese Funktion speichert die Ergebnisse für jeden Node intern zwischen.

> **Tipp**
>
> Die einzige Eigenschaft, die vom übergebenen Node verwendet wird, ist $node_vid. Ist Ihnen also die Versions-ID des Nodes bekannt, für den Sie Begriffe abzurufen versuchen, so können Sie die aufwändige Funktion node_load() durch Übergabe eines vorgetäuschten Node-Objekts mit einer $vid-Eigenschaft vermeiden. Beispielsweise verwenden Sie $fake_node = new stdClass(); $fake_node->$vid = 12; $terms = taxonomy_node_get_terms($fake_node);.

taxonomy_node_get_terms_by_vocabulary($node, $vid, $key)

Diese Funktion findet alle Begriffe innerhalb eines Vokabulars ($vid), die mit einem Node ($node) verknüpft sind. Um weitere Informationen zu erhalten, sehen Sie sich die Beschreibung des Parameters $key unter taxonomy_node_get_terms($node, $key) an.

14.7.4 Begriffe hinzufügen, ändern und löschen

Die folgenden Funktionen erstellen, ändern und löschen Begriffe. Sie geben eine der Drupal-Konstanten (SAVED_UPDATED, SAVED_NEW oder SAVED_DELETED) als Statuscode zurück.

taxonomy_save_term(&$term)

Diese Funktion erstellt einen neuen Begriff oder aktualisiert einen bestehenden. Der Parameter $term ist ein assoziatives Array (*kein* Begriffsobjekt), das aus folgenden Schlüsseln besteht:

- name: Der Name des Begriffs.
- description: Die Beschreibung des Begriffs. Der Wert wird in der Standard-Benutzeroberfläche von Drupal nicht verwendet, kann aber von Ihrem Modul oder Modulen von Drittherstellern genutzt werden.
- vid: Die ID des Vokabulars, zu dem der Begriff gehört.
- weight: Das Gewicht des Begriffs. Es beeinflusst die Reihenfolge, in der Begriffe in Auswahlfeldern angezeigt werden.
- relations: Ein optionales Array von Begriffs-IDs, mit denen der Begriff verwandt ist.
- parent: Kann ein String sein, der die Begriffs-ID des Elternbegriffs darstellt, oder ein Array, das solche Strings oder Subarrays damit enthält. Dieser Schlüssel ist optional.
- synonyms: Ein optionaler String mit Synonymen, die durch Zeilenumbruchszeichen (\n) begrenzt ist.
- tid: Die Begriffs-ID. Wird dieser Schlüssel nicht übergeben, wird ein neuer Begriff erstellt.

Diese Funktion gibt SAVED_NEW oder SAVED_UPDATED zurück.

taxonomy_del_term($tid)

Diese Funktion löscht einen Begriff, wobei der Parameter $tid die Begriffs-ID ist. Befindet sich ein Begriff in einem hierarchischen Vokabular und hat Unterobjekte, werden diese ebenfalls gelöscht, es sei denn, das Unterobjekt verfügt über mehrere Elternobjekte.

14.7.5 Informationen über die Begriffshierarchie abrufen

Bei der Arbeit mit hierarchischen Vokabularen können die Funktionen des folgenden Abschnitts hilfreich sein.

taxonomy_get_parents($tid, $key)

Diese Funktion findet die unmittelbaren Eltern eines Begriffs, wobei der Parameter $tid die Begriffs-ID ist. Der Parameter $key ist eine Spalte der Tabelle *term_data* (tid, vid, name, description und weight) und weist den Standardwert tid auf. Die Funktion gibt ein assoziatives Array von Begriffsobjekten zurück, die durch $key verschlüsselt sind.

taxonomy_get_parents_all($tid)

Diese Funktion findet alle Eltern eines Begriffs, wobei der Parameter $tid die Begriffs-ID ist. Sie gibt ein Array von Begriffsobjekten zurück.

taxonomy_get_children($tid, $vid, $key)

Diese Funktion findet alle Unterobjekte eines Begriffs. Der Parameter $tid ist die Begriffs-ID. $vid ist optional – bei der Übertragung einer Vokabular-ID wird das Kindobjekt des Begriffs auf dieses Vokabular beschränkt (beachten Sie, dass dies nur für Begriffe wichtig ist, die mehrere Eltern in verschiedenen Vokabularen haben, was sehr selten vorkommt). Der Parameters $key ist eine Spalte der Tabelle *term_data* (vid, tid, name, description und weight) und weist den Standardwert tid auf. Diese Funktion gibt ein assoziatives Array von Begriffsobjekten mit $key als Schlüssel zurück.

taxonomy_get_tree($vid, $parent, $depth, $max_depth)

Diese Funktion generiert eine hierarchische Darstellung eines Vokabulars. Der Parameter $vid ist die Vokabular-ID des Vokabular, für das die Struktur erstellt werden soll. Sie können den Parameter $parent festlegen, wenn Sie nicht die gesamte Struktur für ein Vokabular benötigen, sondern nur den Teil, der unter der in $parent festgelegten Begriffs-ID vorhanden ist. Der Parameter $depth dient zur internen Verwendung und steht standardmäßig auf -1. $max_depth ist ein Integer und gibt die Anzahl der Strukturebenen an, die zurückgegeben werden soll. Der Standard hierfür ist NULL, was auf alle Ebenen verweist. Diese Funktion gibt ein Array von Begriffsobjekten zurück, zu denen die Schlüssel depth und parent hinzugefügt werden. Der Schlüssel depth ist ein Integer und kennzeichnet die Hierarchieebene, auf der der Begriff in der Struktur vorhanden ist, der Schlüssel parent ist ein Array der Begriffs-IDs der Eltern eines Begriffs. Als Beispiel rufen wir die Ergebnisse für das in Tabelle 14.3 gezeigte Vokabular ab, das die Vokabular-ID 2 hat:

```
$vid = 2;
print_r($taxonomy_get_tree($vid));
```

Die Ergebnisse sehen wie folgt aus:

```
Array (
  [0] => stdClass Object (
    [tid] => 1
    [vid] => 2
    [name] => Canada
    [description] => A mari usque ad mare.
    [weight] => 0
    [depth] => 0
    [parents] => Array (
      [0] => 0 )
  )
  [1] => stdClass Object (
    [tid] => 4
    [vid] => 2
    [name] => Ontario
    [description] => Ut incepit fidelis sic permanet.
    [weight] => 0
```

```
            [depth] => 1
            [parents] => Array (
                [0] => 1 )
        )
    [2] => stdClass Object (
        [tid] => 5
        [vid] => 2
        [name] => Toronto
        [description] => Diversity Our Strength.
        [weight] => 0
        [depth] => 2
        [parents] => Array (
            [0] => 4 )
        )
    [3] => stdClass Object (
        [tid] => 2
        [vid] => 2
        [name] => British Columbia
        [description] => Splendor sine occasu.
        [weight] => 0
        [depth] => 1
        [parents] => Array (
            [0] => 1 )
        )
    [4] => stdClass Object (
        [tid] => 3
        [vid] => 2
        [name] => Vancouver
        [description] => By Land, Sea and Air We Prosper.
        [weight] => 0
        [depth] => 2
        [parents] => Array (
            [0] => 2 )
        )
)
```

14.7.6 Informationen über Begriffssynonyme abrufen

Die Funktionen des folgenden Abschnitts sind hilfreich, wenn Ihr Modul die Verwendung von Synonymen ermöglicht.

taxonomy_get_synonyms($tid)

Verwenden Sie diese Funktion, um ein Array mit Synonymen für einen gegebenen Begriff abzufragen. Der Parameter $tid ist die Begriffs-ID. Die Funktion gibt ein Array von Strings zurück, wobei jeder String ein Synonym des Begriffs ist.

taxonomy_get_synonym_root($synonym)

Diese Funktion führt in der Tabelle *term_synonym* eine genaue Suche nach Übereinstimmungen mit dem im Parameter $synonym angegebenen String durch. Sie gibt ein einzelnes Begriffsobjekt wieder, das den ersten gefundenen Begriff mit diesem Synonym repräsentiert.

14.7.7 Nodes mit bestimmten Begriffen finden

Manchmal möchten Sie über eine einfache Möglichkeit verfügen, um abzufragen, welche Nodes bestimmte Begriffe haben, oder um die Ergebnisse einer solchen Abfrage auszugeben. Die folgenden Funktionen werden Ihnen dabei helfen.

taxonomy_select_nodes($tids, $operator, $depth, $pager, $order)

Diese Funktion findet Nodes, die mit bestimmten Bedingungen übereinstimmen, indem sie auf der Grundlage der gegebenen Parameter eine Datenbankabfrage aufstellt und ausführt. Sie gibt einen Ressourcenbezeichner zurück, der auf die Abfrageergebnisse verweist. Der Parameter $tids ist ein Array von Begriffs-IDs, der Parameter $operator ist or (Standard) oder and und legt fest, wie das Array von $tids zu interpretieren ist. $depth bestimmt, wie viele Ebenen tief die Taxonomie-Struktur durchlaufen werden soll, wobei der Standardwert 0 beträgt, was bedeutet, dass überhaupt nicht nach Kindobjekten des in $tid angegebenen Begriffs gesucht werden soll. Der Wert 1 in $depth sorgt dafür, dass nach allen Nodes gesucht wird, in denen die in $tids festgelegten Begriffe *und ihre unmittelbaren Unterobjekte* vorkommen. Bei all wird die gesamte Hierarchie unter den in $tid festgelegten Begriffen durchsucht. Der Parameter $pager ist ein Boole'scher Wert, der anzeigt, ob die resultierenden Nodes mit einem Pager verwendet werden, wobei sein Standardwert TRUE lautet. Sie werden $pager wahrscheinlich auf FALSE setzen, wenn Sie einen XML-Feed generieren möchten. Der Parameter $order enthält einen Abschnitt mit einer Literalreihenfolge, die in der Abfrage-SQL verwendet wird und standardmäßig n.sticky DESC, n.created DESC lautet.

Wenn Sie nach vielen Begriffen suchen, kann diese Funktion die Datenbank sehr in Anspruch nehmen.

taxonomy_render_nodes($result)

Wenn Sie taxonomy_select_nodes() zur Abfrage von Nodes verwenden, die mit bestimmten Taxonomie-Bedingungen übereinstimmen, kann es hilfreich sein, sich taxonomy_render_nodes() als Anfangspunkt für die Erstellung einer einfachen Ausgabe Ihrer Abfrage anzusehen.

14.8 Weitere Quellen

Viele Module verwenden Taxonomie für alles Mögliche, von der Zugriffssteuerung (*http://drupal.org/project/taxonomy_access*) über dynamisches Durchsuchen von Kategorien (*http://drupal.org/project/taxonomy_browser*) bis zur Anzeige von Nodes, die über Taxonomiebegriffe in einem Block verwandt sind (*http://drupal.org/project/similarterms*). Das *Drupal Handbook* enthält weitere Informationen über Taxonomien und ist unter *http://drupal.org/handbook/modules/taxonomy* verfügbar. Sehen Sie sich auch die mit der Taxonomie verbundenen Module unter *http://drupal.org/project/tModules/category/71* an.

Sollten Sie das Modul *views* für die Verwendung von Taxonomie-Auflistungen im Zusammenhang mit Themes ausprobieren wollen, finden Sie es unter *http://drupal.org/project/views*.

14.9 Zusammenfassung

Nach dem Durcharbeiten dieses Kapitels sollten Sie Folgendes können:

- Erklären, was eine Taxonomie ist
- Erklären, was Begriffe und Vokabulare sind und welche Eigenschaften sie aufweisen
- Zwischen flachen, hierarchischen und mehrfach hierarchischen Vokabularen unterscheiden können
- URLs für AND- und OR-Suchläufe nach Taxonomiebegriffen erstellen
- URLs für RSS-Feeds aus Taxonomiebegriffen und Begriffskombinationen konstruieren
- Erklären, wie Taxonomien gespeichert werden
- Vokabulare innerhalb Ihrer eigenen Module verwenden
- Ihr Modul so einrichten, dass Sie Mitteilungen über Änderungen der Taxonomie erhalten

15 Caching

Um Seiten für dynamische Websites zu erstellen, sind viele Abfragen an die Datenbank erforderlich, die gespeicherte Inhalte, Siteeinstellungen, den aktuellen Benutzer usw. abrufen. Die Ergebnisse dieser aufwändigen Abläufe zur späteren Verwendung zu speichern ist eine der einfachsten Möglichkeiten, die innerhalb einer Anwendung bestehen, um eine träge Site zu beschleunigen. Es werden dabei jedoch nicht nur Datenbankaufrufe gespeichert – auch die Verarbeitung der abgerufenen Informationen in PHP wird vermieden. Drupals eingebaute Cache-API erledigt das für die meisten Core-Daten automatisch und stellt den Entwicklern, die die API für ihre eigenen Zwecke verwenden möchten, eine Vielzahl von Werkzeugen zur Verfügung. Das Memcache-Modul (*http://drupal.org/project/memcache*) ist ein Beispiel für Caching im Arbeitsspeicher, das die Cache-API verwendet.

> **Hinweis**
>
> Dieses Kapitel behandelt das Caching innerhalb der Drupal-Anwendung. Andere Möglichkeiten, z.B. das interne Caching der Datenbank (beispielsweise der Abfragencache von MySQL), können ebenfalls messbare Auswirkungen auf die Leistungsfähigkeit haben. Sie werden in Kapitel 22 erwähnt.

15.1 Wann muss zwischengespeichert werden?

Wir dürfen nicht vergessen, dass Caching eine Kompromisslösung ist. Das Zwischenspeichern großer Datenblöcke erhöht die Leistungsfähigkeit beträchtlich, aber nur in den Fällen, in denen dieser bestimmte Datenblock ein zweites oder drittes Mal benötigt wird. Daher wird die in Drupal eingebaute Zwischenspeicherung kompletter Seiten nur für anonyme Benutzer verwendet – registrierte Benutzer benötigen oftmals benutzerdefinierte Versionen der Seiten, sodass das Caching weniger effektiv wäre. Das Zwischenspeichern kleinerer Datenmengen (z.B. die Liste der populären Artikel von heute) führt zu wesentlich geringeren Leistungssteigerungen, hilft aber trotzdem, die Site zu beschleunigen.

Caching funktioniert am besten bei Daten, die sich nicht schnell ändern. Eine Liste der Top-Artikel der Woche ist gut dafür geeignet. Weniger hilfreich ist es, eine Liste der letzten fünf Artikel eines aktiven Forums zwischenzuspeichern, da diese Informationen sehr schnell veraltet sind und somit nur wenige Benutzer in der Lage sind, die zwischengespeicherte Liste zu verwenden, bevor sie wieder aktualisiert werden muss. Im schlimmsten Fall führt eine schlechte Caching-Strategie (z. B. das Zwischenspeichern von Daten, die sich zu oft ändern) dazu, den Overhead einer Site zu erhöhen, statt ihn zu verringern.

15.2 Wie Caching funktioniert

Module müssen häufig aufwändige Abfragen an Datenbanken oder externe Webdienste durchführen. Anstatt die Ressourcen für diese Abläufe jedes Mal neu einzusetzen, können Module ihre Daten in einer der für das Caching reservierten Tabellen der Drupal-Datenbank zwischenspeichern oder eine eigene Tabelle für diesen Zweck erstellen. Wenn die Daten das nächste Mal benötigt werden, können sie schnell mit einer einzigen Abfrage abgerufen werden. Wie Sie weiter hinten in diesem Kapitel sehen werden, kann das Caching-Back-End von Drupal mit anderen Speicherorten als Datenbanktabellen verbunden werden, z. B. mit einfachen Dateien oder einem Cache im Hauptspeicher.

Die Standardtabelle, in dem ein Modul zwischengespeicherte Informationen ablegen kann, heißt *cache*. Diese Tabelle ist die beste Wahl, wenn Sie nur wenige Zeilen speichern möchten. Wenn Sie Informationen für jeden Node, jedes Menü oder jeden Benutzer zwischenspeichern, sollte Ihr Modul eine eigene Cache-Tabelle haben. Das erhöht die Leistung, indem es die Anzahl der Zeilen in der Tabelle *cache* minimiert und Probleme durch gleichzeitigen Schreibzugriff verringert. Eine neue Cache-Tabelle, die Sie für Ihr Modul definieren, muss von der Struktur her mit der Standardtabelle *cache* identisch sein, aber einen anderen Namen haben. Sie sollten diesem Namen aus Konsistenzgründen die Bezeichnung *cache_* voranstellen. Lassen Sie uns einen Blick auf die Datenbankstruktur der Tabelle *cache* werfen (siehe auch Tabelle 15.1).

> **Hinweis**
>
> Wenn Sie für Ihr Modul eine neue Cache-Tabelle definieren, muss deren Struktur mit der der Standardtabelle *cache* identisch sein.

Feld[a]	Typ	NULL	Standardwert
cid	varchar(255)	nein	æ
data	longblob	ja	æ
expire	int	nein	0

Tabelle 15.1: Schema der Tabelle cache

15.2 Wie Caching funktioniert

Feld[a]	Typ	NULL	Standardwert
created	int	nein	0
headers	text	ja	NULL
serialized	smallint	nein	0

Tabelle 15.1: Schema der Tabelle cache (Forts.)

a. Fettschrift zeigt einen Primärschlüssel an, Kursivschrift ein indiziertes Feld.

Die Spalte cid speichert die primäre Cache-ID, um die Daten schnell wiederfinden zu können. Im Drupal-Core werden als Cache-IDs u.a. der URL der Seite für das Seiten-Caching (z.B. *http://example.com/?q=node/1*), ein String und der Name eines Themes für das Zwischenspeichern der Theme-Registry (z.B. theme_registry:garland) und sogar reguläre Strings verwendet (z.B. werden die Inhalte der Tabelle *variables* mit der Cache-ID variables zwischengespeichert). Wichtig ist, dass die Cache-ID ein eindeutiger Bezeichner für das zwischengespeicherte Element ist.

Die Spalte data enthält die Informationen, die Sie zwischenspeichern möchten. Komplexe Datentypen wie Arrays und Objekte müssen mithilfe der PHP-Funktion serialize() serialisiert werden, um ihre Datenstruktur innerhalb der Datenbank zu erhalten (Drupal führt dies automatisch durch).

Die Spalte expire nimmt einen der drei folgenden Werte an:

- CACHE_PERMANENT: Gibt an, dass das Element nicht entfernt werden soll, bis cache_clear_all() mit der Cache-ID des zu löschenden dauerhaften Elements aufgerufen wurde.
- CACHE_TEMPORARY: Gibt an, dass das Element beim nächsten Aufruf von cache_clear_all() für einen »allgemeinen« Löschvorgang entfernt werden soll, wobei keine Mindestzeit erzwungen wird. Mit CACHE_PERMANENT markierte Elemente werden nicht aus dem Cache entfernt.
- *Ein Unix-Zeitstempel*: Gibt an, dass das Element mindestens bis zur angegebenen Zeit aufbewahrt werden soll. Danach verhält es sich wie ein mit CACHE_TEMPORARY markiertes Element und kommt für die Löschung in Frage.

Die Spalte created enthält den Unix-Zeitstempel des Zeitpunkts, an dem der Cache-Eintrag erstellt wurde.

Die Spalte headers speichert HTTP-Header-Antworten, wenn die zwischengespeicherten Daten aus Anforderungen vollständiger Drupal-Seiten bestehen. In den meisten Fällen müssen Sie dieses Feld nicht benutzen, da Sie Daten zwischenspeichern, die nicht auf Headern beruhen, z.B. Teile einer Seite anstelle einer gesamten Seite. Behalten Sie jedoch im Hinterkopf, dass die Struktur Ihrer selbstdefinierten Cache-Tabelle immer noch identisch mit der der Standardtabelle *cache* sein muss, und lassen Sie daher die Spalte headers stehen, auch wenn Sie sie nicht verwenden.

Die Spalte `serialized` gibt an, ob die Daten in der Spalte `data` in serialisierter Form vorliegen. Eine 0 bedeutet, dass es sich um nicht serialisierte Daten handelt, eine 1 verweist auf serialisierte Daten. Im letzteren Fall entserialisiert das Cache-System die Daten vor der Übergabe an den Aufrufer. Das Cache-System serialisiert Objekt- und Arraydaten automatisch und setzt die Spalte `serialized` auf 1, wenn dieser Datentyp zwischengespeichert wird.

15.3 Caching im Drupal-Core

Drupal enthält standardmäßig sechs Cache-Tabellen: *cache* speichert eine Kopie der Tabelle *variables* sowie das Datenbankschema und die Theme-Registry, *cache_block* enthält zwischengespeicherte Kopien von Blöcken, *cache_menu* Kopien der Navigationsmenüs, *cache_filter* Kopien der Node-Inhalte, nachdem sie vom Filtersystem analysiert wurden, *cache_form* wird von der Formular-API verwendet, um den Aufbau von Formularen – wenn möglich – zu vermeiden, und *cache_page* speichert zwischengespeicherte Kopien von Seiten für anonyme Benutzer. In den folgenden Abschnitten schauen wir uns alle diese Zwischenspeicher genauer an. Beachten Sie, dass die Einstellungen SEITENCACHE und BLOCK-CACHE unter VERWALTEN > EINSTELLUNGEN > LEISTUNG nur die Tabellen für den Seiten- und den Blockcache beeinflussen, aber nicht die anderen Cache-Komponenten in Drupal. Mit anderen Worten, Filter, Menüs, und Moduleinstellungen werden stets zwischengespeichert.

15.3.1 Das Menüsystem

Das Menüsystem speichert die Routerinformationen zwischen, die Drupal-Pfade mit Callbacks verbinden. Jedes vom Menü-Modul erstellte Menü wird zwischengespeichert, unabhängig davon, ob das Seitencaching von Drupal aktiviert ist. Um den Menücache zu löschen, müssen Sie also die Schaltfläche CACHE LEEREN auf der Seite VERWALTEN > EINSTELLUNGEN > LEISTUNG verwenden oder `menu_cache_clear_all()` aufrufen. Wenn Sie Änderungen an den Menüs vorgenommen haben, die Blöcke betreffen, können Sie stattdessen die aggressivere Funktion `menu_rebuild()` aufrufen – der Menücache wird geleert, wenn Menüs neu aufgebaut werden. Als Menüs gelten der primäre und sekundäre Link von Drupal sowie der Benutzernavigationsblock. Menüs werden jeweils für einzelne Benutzer und Locales zwischengespeichert. In Kapitel 4 erhalten Sie weitere Informationen über das Menüsystem.

15.3.2 Gefilterte Eingabeformate

Wenn ein Node erstellt oder bearbeitet wird, durchläuft sein Inhalt verschiedene mit seinem Eingabeformat verbundene Filter. Der HTML-Filter wandelt z.B. Zeilenumbrüche in die HTML-Tags <p> und <br /> um und entfernt fehlerhaftes HTML. Es wäre sehr aufwändig, dies für jede einzelne Ansicht eines Nodes durchzuführen. Daher werden diese Filter unmittelbar nach dem Erstellen oder der Änderung des

Nodes angewendet, und dieser Inhalt wird in der Datenbanktabelle *cache_filter* zwischengespeichert, unabhängig davon, ob das Seitencaching von Drupal aktiviert ist. In Kapitel 11 erhalten Sie weitere Informationen über das Eingabeformat.

> **Tipp**
>
> Der Filtercache ist der Grund dafür, dass Änderungen an der Standardlänge von Node-Vorschauen innerhalb der Verwaltungsoberfläche erst nach dem erneuten Speichern aller Nodes wirksam werden. Eine schnelle Notlösung für dieses Problem besteht darin, die Tabelle *cache_filter* zu leeren, sodass alle Node-Inhalte analysiert und die Vorschauen neu erstellt werden. Sie können aber auch auf die Schaltfläche CACHE LEEREN auf der Seite VERWALTEN > EINSTELLUNGEN > LEISTUNG klicken, wenn Sie alle Zwischenspeicher (einschließlich des Filtercaches) löschen möchten.

15.3.3 Verwaltungsvariablen und Moduleinstellungen

Drupal legt die meisten Verwaltungseinstellungen in der Tabelle *variables* ab und speichert diese Daten in der Tabelle *cache* zwischen, um den Abruf von Konfigurationsdaten zu beschleunigen. Zu diesen Variablen gehören u. a. der Name der Site, Einstellungen für Kommentare und Benutzer sowie der Speicherort des Verzeichnisses *files*. Diese Variablen werden in einer einzelnen Zeile der Tabelle *cache* gespeichert, sodass sie schnell abgerufen werden können und nicht für jede einzelne Variable eine Datenbankabfrage ausgeführt werden muss, wenn sie benötigt wird. Sie werden als PHP-Array gespeichert, sodass der Wert des Caches serialisiert wird, um seine Struktur zu erhalten. Jede Variable, die `variable_set()` und `variable_get()` als Set- und Get-Funktionen verwendet, wird auf diese Weise gespeichert und zwischengespeichert.

15.3.4 Seiten

Wir haben die Kleinigkeiten behandelt, die Drupal zwischenspeichert, um die ressourcenlastigen Bestandteile einer Site zu optimieren, doch die größte Optimierung erreicht Drupal beim Zwischenspeichern einer vollständigen Seitenansicht. Für anonyme Benutzer ist das leicht zu erreichen, da alle Seiten für alle anonymen Benutzer gleich aussehen. Für angemeldete Benutzer sieht ein und dieselbe Seite jedoch anders aus, da sie gemäß den Profilen angepasst ist. Um diese Situation zu berücksichtigen, ist eine andere Caching-Strategie erforderlich.

Für einen anonymen Benutzer kann Drupal den zwischengespeicherten Seiteninhalt mit einer einzigen Abfrage abrufen, obwohl es einiger weiterer Abfragen bedarf, um Drupal selbst zu laden. Für den Seitencache für anonyme Benutzer können Sie eine von zwei Caching-Strategien auswählen: normal oder aggressiv. Sie können das Caching auch deaktivieren. Diese beiden Strategien können weiter durch das Einrichten einer minimalen Cache-Lebenszeit geändert werden. Sie finden diese Einstellungen in der Verwaltungsoberfläche von Drupal unter VERWALTEN > EINSTELLUNGEN > LEISTUNG (siehe Abbildung 15.1). In den folgenden Abschnitten schauen wir uns die einzelnen Einstellungen an.

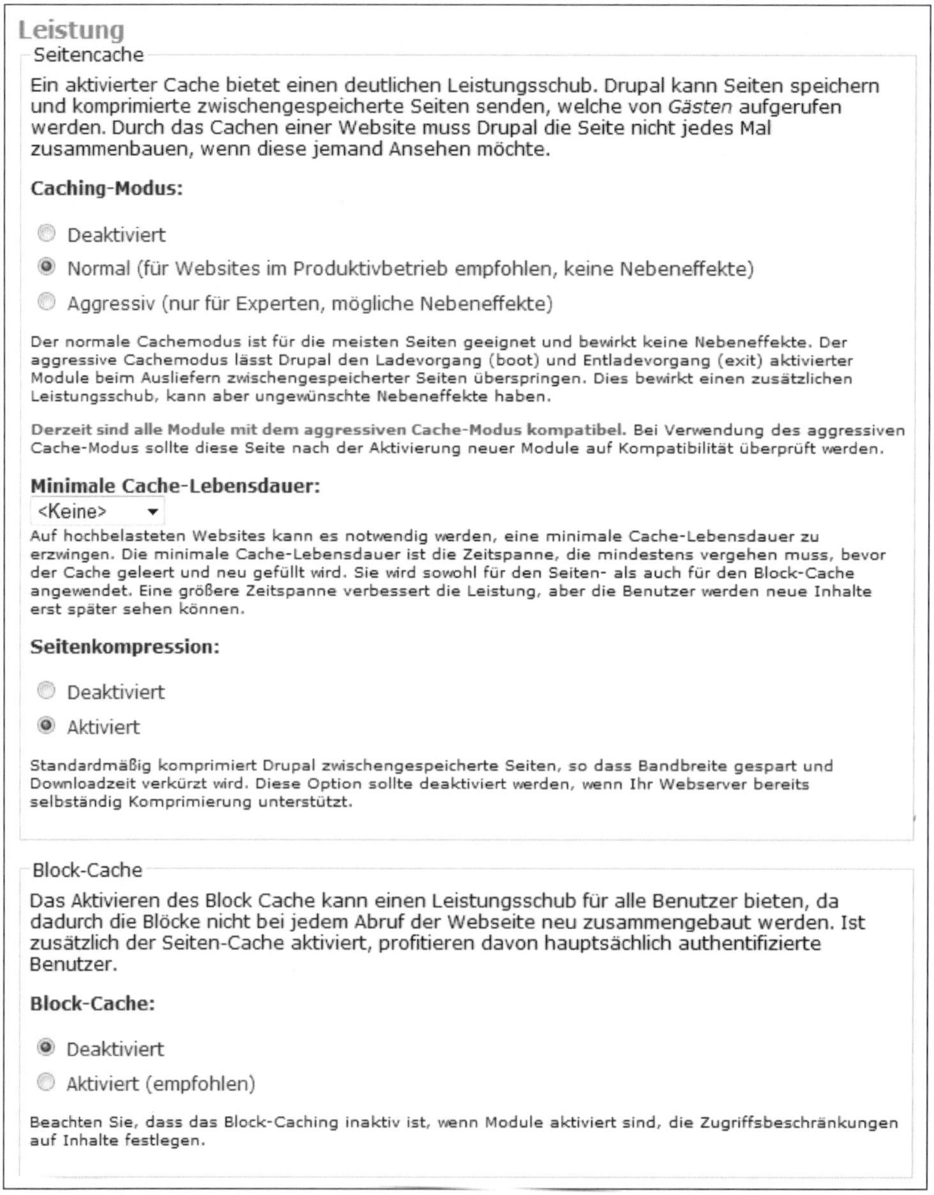

Leistung

Seitencache

Ein aktivierter Cache bietet einen deutlichen Leistungsschub. Drupal kann Seiten speichern und komprimierte zwischengespeicherte Seiten senden, welche von *Gästen* aufgerufen werden. Durch das Cachen einer Website muss Drupal die Seite nicht jedes Mal zusammenbauen, wenn diese jemand Ansehen möchte.

Caching-Modus:

○ Deaktiviert
◉ Normal (für Websites im Produktivbetrieb empfohlen, keine Nebeneffekte)
○ Aggressiv (nur für Experten, mögliche Nebeneffekte)

Der normale Cachemodus ist für die meisten Seiten geeignet und bewirkt keine Nebeneffekte. Der aggressive Cachemodus lässt Drupal den Ladevorgang (boot) und Entladevorgang (exit) aktivierter Module beim Ausliefern zwischengespeicherter Seiten überspringen. Dies bewirkt einen zusätzlichen Leistungsschub, kann aber ungewünschte Nebeneffekte haben.

Derzeit sind alle Module mit dem aggressiven Cache-Modus kompatibel. Bei Verwendung des aggressiven Cache-Modus sollte diese Seite nach der Aktivierung neuer Module auf Kompatibilität überprüft werden.

Minimale Cache-Lebensdauer:

<Keine> ▼

Auf hochbelasteten Websites kann es notwendig werden, eine minimale Cache-Lebensdauer zu erzwingen. Die minimale Cache-Lebensdauer ist die Zeitspanne, die mindestens vergehen muss, bevor der Cache geleert und neu gefüllt wird. Sie wird sowohl für den Seiten- als auch für den Block-Cache angewendet. Eine größere Zeitspanne verbessert die Leistung, aber die Benutzer werden neue Inhalte erst später sehen können.

Seitenkompression:

○ Deaktiviert
◉ Aktiviert

Standardmäßig komprimiert Drupal zwischengespeicherte Seiten, so dass Bandbreite gespart und Downloadzeit verkürzt wird. Diese Option sollte deaktiviert werden, wenn Ihr Webserver bereits selbständig Komprimierung unterstützt.

Block-Cache

Das Aktivieren des Block Cache kann einen Leistungsschub für alle Benutzer bieten, da dadurch die Blöcke nicht bei jedem Abruf der Webseite neu zusammengebaut werden. Ist zusätzlich der Seiten-Cache aktiviert, profitieren davon hauptsächlich authentifizierte Benutzer.

Block-Cache:

◉ Deaktiviert
○ Aktiviert (empfohlen)

Beachten Sie, dass das Block-Caching inaktiv ist, wenn Module aktiviert sind, die Zugriffsbeschränkungen auf Inhalte festlegen.

Abbildung 15.1: Die Verwaltungsoberfläche zur Steuerung des Seitencachings

15.3 Caching im Drupal-Core

Deaktiviert

Diese Einstellung deaktiviert die Zwischenspeicherung von Seiten vollständig. In der Regel sollten Sie das Caching jedoch aktivieren.

> **Hinweis**
>
> Auch bei deaktiviertem Caching speichert Drupal weiterhin Benutzermenüs, Filterinhalte, die Theme-Registry, das Datenbankschema sowie Systemvariablen. Diese Zwischenspeicher auf Komponentenebene können nicht deaktiviert werden.

Normal

Das normale Seitencaching bietet eine deutliche Leistungssteigerung gegenüber einem deaktivierten Caching und ist eine der einfachsten Möglichkeiten, eine langsame Drupal-Site zu beschleunigen. Sehen wir uns den Lebenszyklus einer Anforderung an, wenn das normale Cache-System aktiviert ist.

Um das normale Cache-System zu verstehen, müssen Sie zunächst den Startprozess von Drupal kennen lernen. Er besteht aus kleinen, voneinander getrennten Schritten, die als *Phasen* bezeichnet werden. Drupal nutzt dieses schrittweise Vorgehen, um nur denjenigen Code zu laden und zu analysieren, der zur Anzeige einer gespeicherten Seite notwendig ist, und um Datenbankabfragen auf das Minimum zu beschränken.

Abbildung 15.4 zeigt detailliert die Bereitstellung einer Anforderung an eine zwischengespeicherte Seite für einen anonymen Benutzer.

Zunächst führt eine Anforderung dazu, dass der Webserver *index.php* ausführt. Die erste Zeile des darin befindlichen PHP-Codes bindet *includes/bootstrap.inc* ein, die die Kernfunktionen für den Startprozess enthält. Als Nächstes ruft *index.php* die Funktion `drupal_bootstrap()` auf.

Diese Funktion ist für die Ausführung sämtlicher Startphasen verantwortlich. Beim normalen Caching müssen wir uns nur um die Phase `DRUPAL_BOOTSTRAP_LATE_PAGE_CACHE` kümmern. Sie beginnt mit dem Abrufen der Systemvariablen aus der Datenbank. Wenn die Cache-Strategie auf NORMAL eingestellt ist, besteht der nächste Schritt in der Einbindung von *includes/module.inc*. Hier sind die Funktionen enthalten, mit deren Hilfe Drupal das Modulsystem aktivieren kann. Drupal initialisiert dann Module, die `hook_boot()` oder `hook_exit()` implementieren. Die Aktivierung dieser Hooks erfolgt mit `bootstrap_invoke_all('boot')` bzw. `bootstrap_invoke_all('exit')`. Das Statistics-Modul verwendet z.B. die Funktion `statistics_exit()`, um Seitenbesuche nachzuverfolgen, und das Throttle-Modul die Funktion `throttle_exit()`, um die Drosselung auf der Grundlage des Datenverkehrsaufkommens zu ändern.

15 Caching

```
Seitenanforderung eines anonymen Benutzers
    ↓
  index.php  ──▶  Include bootstrap.inc
drupal_bootstrap(DRUPAL_BOOTSTRAP_FULL) ▼

    _drupal_bootstrap(DRUPAL_BOOTSTRAP_CONFIGURATION)
        conf_init()
            Include settings.php

    _drupal_bootstrap(DRUPAL_BOOTSTRAP_EARLY_PAGE_CACHE)
            Include variable_get('cache_inc', './includes/cache.inc')

    _drupal_bootstrap(DRUPAL_BOOTSTRAP_DATABASE)
            Include includes/database.inc
        db_set_active()
                Include includes/database.inc
            db_connect()

    _drupal_bootstrap(DRUPAL_BOOTSTRAP_ACCESS)
        drupal_is_denied()*

    _drupal_bootstrap(DRUPAL_BOOTSTRAP_SESSION)
            Include includes/sessions.inc
        session_start()*

    _drupal_bootstrap(DRUPAL_BOOTSTRAP_LATE_PAGE_CACHE)
        variable_init()*
        Cache mode   Normal
            ─ page_get_cache()*
                Include includes/modules.inc
            ─ bootstrap_invoke_all('boot')**
                Include 'modules with boot hooks'
            ─ drupal_page_cache_header()  ──▶ ( print $cache->data )
            ─ bootstrap_invoke_all('exit')**
                Include 'modules with boot hooks'
            ─ exit()
```

Abbildung 15.2: Diese Grafik zeigt den Lebenszyklus der Anforderung einer zwischengespeicherten Seite für einen anonymen Benutzer bei der Cache-Einstellung NORMAL. Die ersten fünf Phasen des Startprozesses sind nicht cachespezifisch und werden nur der Vollständigkeit halber in dieser Abbildung aufgeführt.

* *bezeichnet eine Datenbankabfrage,*
** *zeigt an, dass an dieser Stelle eine unbekannte Anzahl von Abfragen erstellt werden können.*

15.3 Caching im Drupal-Core

> **Hinweis**
>
> Die Verwendung von hook_boot() oder hook_exit() geht mit einer Leistungseinbuße für die gesamte Site einher, da Ihr Modul dann für jede zwischengespeicherte Seite aufgerufen wird, die ein Besucher sieht, wenn der normale Cachingmodus aktiviert ist. Außerdem sind Sie auf die Funktionen beschränkt, die bei der Implementierung dieser Hooks verfügbar sind, da *includes/common.inc* nicht geladen ist. Gebräuchliche Funktionen wie t(), l(), url() und pager_query() können daher nicht aufgerufen werden.

Die Funktion drupal_page_cache_header() bereitet die Cache-Daten vor, indem sie HTTP-Header festlegt. Drupal setzt nach Bedarf die Header Etag und 304, sodass Browser ihre eigenen internen Caching-Verfahren verwenden können und gegebenenfalls unnötige HTTP-Rundreisen vermeiden. Die zwischengespeicherten Daten werden dann an den Browser gesendet, wenn die vom Browser gesendeten Header sie angefordert haben.

Aggressiv

Das aggressive Caching umgeht das Laden aller Module vollständig (siehe Abbildung 15.3). Das bedeutet, dass der boot- und der exit-Hook niemals für zwischengespeicherte Seiten aufgerufen werden. Das Endergebnis ist, dass weniger PHP-Code analysiert wird, da keine Module geladen sind, und weniger Datenbankabfragen ausgeführt werden. Module, die diese Hooks verwenden (wie das Statistics- und das Throttle-Modul), arbeiten in diesem Fall möglicherweise nicht korrekt. Drupal gibt auf der Verwaltungsseite VERWALTEN > EINSTELLUNGEN > LEISTUNG eine Warnung, wenn Module betroffen sein können.

Minimale Cache-Lebenszeit

Diese Einstellung steuert die Lebenszeit von abgelaufenen Cache-Inhalten auf Ihrer Site. Wenn ein Benutzer neue Inhalte abschickt, sieht er die Änderungen immer sofort – alle anderen Benutzer müssen jedoch warten, bis die minimale Cache-Lebenszeit abgelaufen ist. Ist diese Zeitspanne auf KEINE gesetzt, sieht natürlich jeder die neuen Inhalte sofort.

fastpath: Die versteckte Cache-Einstellung

Die Cache-Einstellung fastpath kann nicht in der Verwaltungsoberfläche von Drupal eingerichtet werden, da sie in hohem Maße fortgeschritten ist. Sie gibt Entwicklern die Möglichkeit, Drupal zu umgehen, um eine hochgradig angepasste Cache-Lösung zu implementieren, wie Caching im Hauptspeicher oder in Dateien (siehe Abbildung 15.4).

Das aus der Community beigesteuerte Modul cacherouter (*http://drupal.org/project/cacherouter*) verwendet den Modus fastpath. Wir nehmen an, Sie haben das Modul in *sites/all/modules/contrib* installiert.

15 Caching

```
            Seitenanforderung eines anonymen Benutzers
        ▼                              ▼
       [ ] index.php  ──▶ [ ] Include bootstrap.inc
     drupal_bootstrap(DRUPAL_BOOTSTRAP_FULL) ▼

     _drupal_bootstrap(DRUPAL_BOOTSTRAP_CONFIGURATION)
         conf_init()
             [ ] Include settings.php

     _drupal_bootstrap(DRUPAL_BOOTSTRAP_EARLY_PAGE_CACHE)
             [ ] Include variable_get('cache_inc', './includes/cache.inc')

     _drupal_bootstrap(DRUPAL_BOOTSTRAP_DATABASE)
             [ ] Include includes/database.inc
         db_set_active()
                 ├── Include includes/database.inc
                 └── db_connect()

     _drupal_bootstrap(DRUPAL_BOOTSTRAP_ACCESS)
         drupal_is_denied()*

     _drupal_bootstrap(DRUPAL_BOOTSTRAP_SESSION
             [ ] Include includes/sessions.inc
         session_start()*

     _drupal_bootstrap(DRUPAL_BOOTSTRAP_LATE_PAGE_CACHE)
         variable_init()*
         Cache mode  Aggressive
                 ├── page_get_cache()*
                 ├── drupal_page_cache_header() ──▶ (print $cache->data)
                 └── exit()
```

Abbildung 15.3: Der Lebenszyklus der Anforderung an eine zwischengespeicherte Seite für einen anonymen Benutzer bei der Cache-Einstellung AGRESSIV.
* *bezeichnet eine Datenbankabfrage.*

15.3 Caching im Drupal-Core

```
Seitenanforderung eines        index.php           Include bootstrap.inc
anonymen Benutzers
                               drupal_bootstrap(DRUPAL_BOOTSTRAP_FULL)

                                    _drupal_bootstrap(DRUPAL_BOOTSTRAP_CONFIGURATION)
                                        conf_init()
                                            Include settings.php

                                    _drupal_bootstrap(DRUPAL_BOOTSTRAP_EARLY_PAGE_CACHE)
                                            Include variable_get('cache_inc', './includes/cache.inc')

                                    If( variable_get('page_cache_fastpath', 0)){
                                        page_cache_fastpath();
                                        exit();                               print
                                    }                                         $cache->data
```

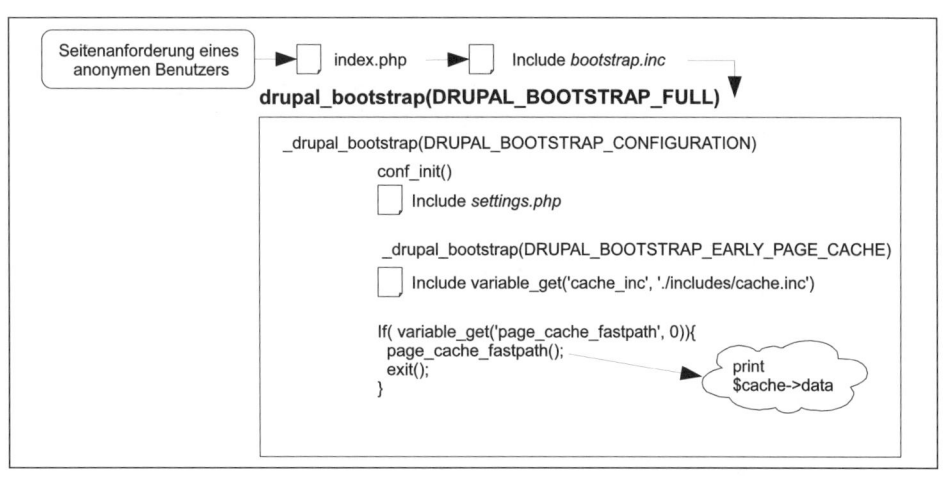

Abbildung 15.4: Der Lebenszyklus der Anforderung an eine zwischengespeicherte Seite für einen anonymen Benutzer bei der Cache-Einstellung `fastpath`

Da `fastpath` standardmäßig keine Datenbankverbindung ausführt, befinden sich alle Konfigurationsoptionen in der Datei *settings.php*:

```
$conf = array(
  'page_cache_fastpath' => TRUE,
  'cache_inc' =>
    './sites/all/modules/contrib/cacherouter/cacherouter.inc',
  ... // Weitere Einstellungen folgen hier.
);
```

Das erste Element des Arrays aktiviert den Modus `fastpath`, indem es `fastpath` auf `TRUE` setzt. Das ist alles! Das zweite gibt die Datei an, die Drupal anstelle von *includes/cache.inc* lädt. In diesem Fall ist die angegebene Datei die Bibliothek für das Caching, die das Modul `cacherouter` verwendet. Dieses Modul benötigt noch einige weitere Konfigurationseinstellungen. Einzelheiten dazu finden Sie unter *http://drupal.org/project/cacherouter*.

Wenn Sie Ihre eigene Caching-Bibliothek anstelle der von Drupal standardmäßig verwendeten Datei *includes/cache.inc* laden, müssen Sie eigene Funktionen `cache_set()`, `cache_get()` und `cache_clear_all()` schreiben.

> **Hinweis**
>
> Sobald `fastpath` aktiviert ist, überschreibt es alle auf der Verwaltungsoberfläche von Drupal eingerichteten Caching-Optionen.

15.3.5 Blöcke

Blöcke können abhängig von ihrem Inhalt zwischengespeichert werden. Das Block-Caching von Drupal kann auf der Verwaltungsoberfläche VERWALTEN > EINSTELLUNGEN > LEISTUNG aktiviert oder deaktiviert werden (siehe Abbildung 15.5).

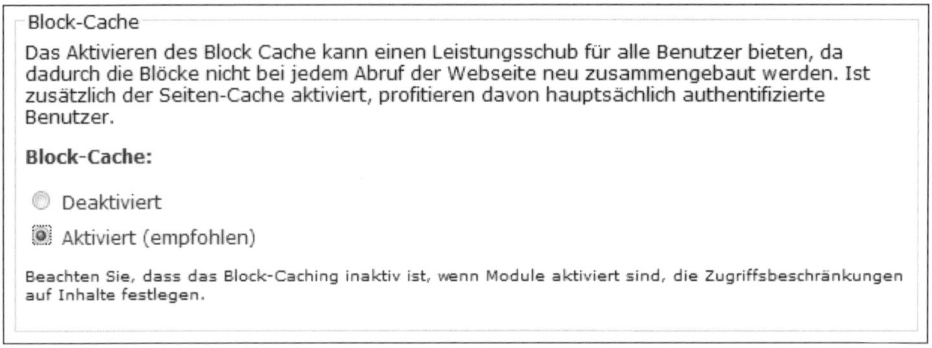

Block-Cache

Das Aktivieren des Block Cache kann einen Leistungsschub für alle Benutzer bieten, da dadurch die Blöcke nicht bei jedem Abruf der Webseite neu zusammengebaut werden. Ist zusätzlich der Seiten-Cache aktiviert, profitieren davon hauptsächlich authentifizierte Benutzer.

Block-Cache:

○ Deaktiviert

◉ Aktiviert (empfohlen)

Beachten Sie, dass das Block-Caching inaktiv ist, wenn Module aktiviert sind, die Zugriffsbeschränkungen auf Inhalte festlegen.

Abbildung 15.5: Die Verwaltungsoberfläche zum Steuern des Block-Cachings

Das Block-Caching erfolgt, wenn ein Modul, das einen Block bereitstellt, bei der Antwort auf die `list`-Operation von `hook_block()` die Möglichkeit einer Zwischenspeicherung für diesen Block angibt. Als Beispiel folgt ein Teil der Implementierung für `hook_block()` in *modules/user/user.module*:

```
function user_block($op = 'list', $delta = 0, $edit = array()) {
  global $user;

  if ($op == 'list') {
    $blocks[0]['info'] = t('User login');
    // Caching lohnt sich nicht.
    $blocks[0]['cache'] = BLOCK_NO_CACHE;

    $blocks[1]['info'] = t('Navigation');
    // Menüblöcke können nicht zwischengespeichert werden, da
    // jedes Menüelement einen benutzerdefinierten Callback für
    // den Zugriff haben kann. menu.inc verwaltet sein eigenes
    // Caching.
    $blocks[1]['cache'] = BLOCK_NO_CACHE;

    $blocks[2]['info'] = t('Who\'s new');

    // Zu dynamisch für die Zwischenspeicherung.
    $blocks[3]['info'] = t('Who\'s online');
    $blocks[3]['cache'] = BLOCK_NO_CACHE;
    return $blocks;
  }
  ...
}
```

Im vorstehenden Beispiel geben alle vom User-Modul bereitgestellten Blöcke an, dass sie nicht zwischengespeichert werden sollen – mit einer Ausnahme. Der Block »Who's new (Neue Mitglieder)« gibt keine Caching-Präferenz an, was Folgendes bedeutet: Wenn der Administrator das Block-Caching aktiviert hat und dann den Block »Who's new (Neue Mitglieder)« aktiviert, erhält diese die standardmäßigen Cache-Einstellungen von BLOCK_CACHE_PER_ROLE. Das heißt, dass für jede Rolle, genauer gesagt für jede Kombination von Rollen, eine gesonderte zwischengespeicherte Version des Blocks erstellt wird. Die Cache-ID wird durch Aneinanderreihen der IDs für die aktuellen Benutzerrollen gebildet (siehe _block_get_cache_id() in *modules/block/block.module*). Die möglichen Konstanten für das Block-Caching können Sie Tabelle 15.2 entnehmen.

Konstante	Wert	Bedeutung
BLOCK_NO_CACHE	-1	Diesen Block nicht zwischenspeichern.
BLOCK_CACHE_PER_ROLE	1	Jede Rolle sieht einen gesonderten zwischengespeicherten Block.[a]
BLOCK_CACHE_PER_USER	2	Jeder Benutzer sieht einen gesonderten zwischengespeicherten Block.
BLOCK_CACHE_PER_PAGE	4	Jede Seite hat ihren eigenen zwischengespeicherten Block.
BLOCK_CACHE_GLOBAL	8	Blöcke werden einmal für alle Benutzer gespeichert.

Tabelle 15.2: Mögliche Konstanten für das Block-Caching

a. Standard für Blöcke, die keine Cache-Einstellungen angeben

Für alle Blöcke, die zwischengespeichert werden, erfolgt das Caching nach Themes und Sprachen. Das verhindert, dass ein Benutzer einen Block sieht, der ein anderes Theme als das von ihm verwendete hat (sofern mehrere Themes aktiviert sind), und dass Blöcke in der falschen Sprache erscheinen, wenn mehrere Sprachen aktiviert sind.

> **Hinweis**
>
> Für den Superuser (user1) werden Blöcke niemals zwischengespeichert.

Die Blockkonstanten können (wie Menükonstanten) unter Verwendung der bitweisen Operatoren von PHP zusammen verwendet werden. Beispielsweise nutzt der Block BUCHNAVIGATION der Implementierung von hook_block() aus dem Book-Modul sowohl BLOCK_CACHE_PER_ROLE als auch BLOCK_CACHE_PER_PAGE:

```
function book_block($op = 'list', $delta = 0, $edit = array()) {
  $block = array();
  switch ($op) {
    case 'list':
      $block[0]['info'] = t('Book navigation');
      $block[0]['cache'] = BLOCK_CACHE_PER_PAGE |
        BLOCK_CACHE_PER_ROLE;
      return $block;
    ...
  }
}
```

Die Konstanten BLOCK_CACHE_PER_ROLE und BLOCK_CACHE_PER_USER können nicht mit dem bitweisen Oder-Operator (|) kombiniert werden, da diese beiden Caching-Modi sich gegenseitig ausschließen.

15.3.6 Abfrageweises Caching mit statischen Variablen

Viele Drupal-Funktionen verwenden eine statische Variable, um Daten zwischenzuspeichern. Innerhalb der Lebenszeit der HTTP-Anforderung gibt ein zweiter Funktionsaufruf die Daten sofort zurück. Hier sehen Sie ein Beispiel aus dem Node-Modul:

```
function node_get_types($op = 'types', $node = NULL, $reset = FALSE) {
  static $_node_types, $_node_names;

  if ($reset || !isset($_node_types)) {
    list($_node_types, $_node_names) = _node_types_build();
  }
  ...
}
```

Caching ist niemals gratis zu haben. Caches aus statischen Variablen kosten Hauptspeicher. Glücklicherweise ist Hauptspeicher in der Regel reichlicher vorhanden als CPU-Zyklen für die Datenbank.

15.3.7 Die Cache-API verwenden

Modulentwickler, die die Cache-API nutzen möchten, müssen die folgenden zwei Funktionen kennen: cache_set() und cache_get().

Daten mit cache_set() zwischenspeichern

Die Funktion cache_set() wird verwendet, um Daten in den Cache zu schreiben. Ihre Signatur lautet wie folgt:

```
cache_set($cid, $table = 'cache', $data, $expire = CACHE_PERMANENT,
  $headers = NULL)
```

Sie nimmt folgende Funktionsparameter an:

- `$cid`: Ein eindeutiger Cache-ID-String, der als Schlüssel für die Daten dient. Zum Trennen der Hierarchie von Möglichkeiten werden Doppelpunkte verwendet.

- `$table`: Der Name der Tabelle, in der die Daten gespeichert werden. Sie können eine eigene Tabelle erstellen oder *cache*, *cache_block*, *cache_filter*, *cache_form*, *cache_menu* oder *cache_page* verwenden. Standardmäßig wird die Tabelle *cache* verwendet.

- `$data`: Die im Cache zu speichernden Daten. PHP-Objekte und Arrays werden automatisch serialisiert.

- `$expire`: Die Zeitdauer, während der die zwischengespeicherten Daten gültig sind. Mögliche Werte sind `CACHE_PERMANENT`, `CACHE_TEMPORARY` und ein Unix-Zeitstempel. Im letzteren Fall werden die Daten nach dem Überschreiten des Zeitstempels durch die aktuelle Zeit so behandelt, als wären sie mit `CACHE_TEMPORARY` markiert.

- `$headers`: Für zwischengespeicherte Seiten ein String aus HTTP-Headern, die an den Browser übergeben werden.

In *modules/filter/filter.module* ist ein verbreitetes Iterationsmuster für `cache_set()` zu sehen:

```
// Speichert Daten mit einer minimalen Ablaufzeit von einem Tag im
// Cache.
if ($cache) {
   cache_set($cid, 'cache_filter', $text, time() + (60 * 60 * 24));
}
```

Zwischengespeicherte Daten mit cache_get() abrufen

Die Funktion `cache_get()` dient zum Abrufen der zwischengespeicherten Daten. Ihre Signatur lautet wie folgt:

```
cache_get($cid, $table = 'cache')
```

Die Funktion hat die folgenden Parameter:

- `$cid`: Die Cache-ID der abzurufenden Daten.

- `$table`: Der Name der Tabelle, aus der die Daten abgerufen werden. Dies kann eine eigene oder eine der von Drupal bereitgestellten Tabellen *cache*, *cache_block*, *cache_filter*, *cache_form*, *cache_menu* oder *cache_page* sein. Standardmäßig wird die Tabelle *cache* verwendet.

In *modules/filter/filter.module* können Sie ein verbreitetes Muster für `cache_get()` sehen:

```
// Überprüft, ob es von diesem Text eine zwischengespeicherte
// Version gibt.
if ($cached = cache_get($cid, 'cache_filter')) {
   return $cached->data;
}
```

Caches löschen

Falls Ihr Modul am besten weiß, wann seine Daten veraltet sind, sollte es die Verantwortung dafür übernehmen, die Caches zu einer geeigneten Zeit zu löschen. Hierbei sollten zwei Grundprinzipien beachtet werden:

- Löschen Sie den Cache so gezielt wie möglich. Ersetzen Sie nicht den kompletten Cache von Drupal, nur weil sich einige modulspezifische Daten geändert haben! Das wäre so, als wenn Sie zu Hause den gesamten Teppich herausreißen und ersetzen, nur weil der Küchenboden gewischt werden muss.

- Verwenden Sie die zwischengespeicherten Daten so lange wie möglich. Der Grund für das Caching besteht darin, die Antwortzeiten durch Verringern des Arbeitsaufwands zu verkürzen, aber mit dem Löschen der zwischengespeicherten Daten ist selbst ein hoher Aufwand verbunden, vor allem, wenn es viele dieser Daten gibt.

Die folgenden Unterabschnitte beschreiben einige Möglichkeiten, zwischengespeicherte Daten zu löschen.

Den Parameter $reset verwenden

Viele Drupal-Funktionen, die ein internes Caching mit statischen Variablen durchführen, haben einen optionalen Parameter `$reset`, der die Funktion anweist, ihren internen Cache zu leeren. Hier ist z.B. unser alter Freund `node_load()`:

```
function node_load($param = array(), $revision = NULL, $reset =
  NULL) {
  static $nodes = array();
  if ($reset) {
    $nodes = array();
  }
  ...
}
```

cache_clear_all() verwenden

Die Hauptfunktion zum Löschen zwischengespeicherter Daten ist `cache_clear_all()` aus *includes/cache.inc*. Ihre Signatur lautet wie folgt:

```
function cache_clear_all($cid = NULL, $table = NULL, $wildcard =
  FALSE) {...}
```

Die Parameter `$cid` und `$table` haben dieselben Bedeutungen wie bei `cache_set()` und `cache_get()`. Der Parameter `$wildcard` wird verwendet, um anzuzeigen, dass die übergebene `$cid` als Teilstring betrachtet wird, bei dem alle rechtsseitigen Treffer gelöscht werden. Es folgen einige Beispiele.

So löschen Sie den Eintrag `foo:bar` aus der Tabelle *cache*:

```
$cid = 'foo:bar';
cache_clear_all($cid, 'cache');
```

15.3 Caching im Drupal-Core

Zum Löschen aller abgelaufenen Einträge aus der Tabelle *cache*, die vom Modul *foo* gesetzt wurden (und daher eine `$cid` haben, die mit dem Präfix `foo:` beginnt), gehen Sie wie folgt vor:

```
$cid = 'foo:'; // Stimmt mit den Cache-Schlüsseln foo:bar, foo:baz
               // usw. überein
cache_clear_all($cid, 'cache', TRUE);
```

Die tatsächliche Datenbankabfrage, die im vorstehenden Fall ausgeführt wird, lautet:

```
db_query("DELETE FROM {". $table ."} WHERE cid LIKE '%s%%'", $cid);
```

Wenn das Modul *foo* seine Daten in einer eigenen Cache-Tabelle namens *cache_foo* hält, muss diese Tabelle angegeben werden, damit `cache_clear_all()` weiß, was zu löschen ist:

```
$cid = 'foo:bar';
cache_clear_all($cid, 'cache_foo');
```

Wenn Sie eine Cache-Tabelle vollständig löschen möchten, übergeben Sie * als `$cid` und setzen den Parameter `$wildcard` auf `TRUE`. Das folgende Beispiel leert die komplette Tabelle *cache_foo*:

```
cache_clear_all('*', 'cache_foo', TRUE);
```

Das Löschen aller abgelaufenen Einträge aus dem Seiten- und dem Blockcache (d.h., aus den Tabellen *cache_page* und *cache_block*) erledigen Sie folgendermaßen:

```
cache_clear_all();
```

hook_flush_caches() verwenden

Drupal enthält eine zentrale Funktion, die alle Zwischenspeicher leert, auch die JavaScript- und CSS-Caches. Im Folgenden sehen Sie die Funktion `drupal_flush_all_caches()` aus *includes/common.inc*:

```
/**
 * Alle zwischengespeicherten Daten der Site leeren.
 *
 * Leert Cache-Tabellen, baut den Menücache und die Theme-Registries
 * neu auf und bietet einen Hook für andere Module, damit sie ihre
 * eigenen Cache-Daten löschen können.
 */
function drupal_flush_all_caches() {
  // Abfrage-Strings für css/js-Dateien ändern, um das Neuladen für
  // alle Benutzer zu erzwingen.
  _drupal_flush_css_js();

  drupal_clear_css_cache();
  drupal_clear_js_cache();
```

```
system_theme_data();
drupal_rebuild_theme_registry();
menu_rebuild();
node_types_rebuild();
// cache_form darf nicht geleert werden, da ansonsten aktive
// Formularverarbeitungen fehlschlagen können. Die Reihenfolge
// sorgt daür, dass  das Löschen des Seitencaches stets die
// letzte Aktion ist.
$core = array('cache', 'cache_block', 'cache_filter',
   'cache_page');
$cache_tables = array_merge(module_invoke_all('flush_caches'),
   $core);
foreach ($cache_tables as $table) {
   cache_clear_all('*', $table, TRUE);
}
}
```

Beachten Sie die Zeile, die `module_invoke_all('flush_caches')` enthält. Dies ist der Aufruf von `hook_flush_caches()`. Wenn Sie eigene Cache-Tabellen verwenden, gibt dieser Hook Ihrem Modul die Gelegenheit, seine Caches zu leeren, wenn die Schaltfläche CACHE LEEREN auf der Seite VERWALTEN > EINSTELLUNGEN > LEISTUNG angeklickt wird. Der Submit-Handler für diese Schaltfläche ruft `drupal_flush_all_caches()` auf. Eine Implementierung von `hook_flush_caches()` ist einfach zu schreiben – Ihr Modul gibt einfach die Namen aller Cache-Tabellen zurück, die geleert werden sollen. Hier sehen Sie ein Beispiel aus dem Update-Status-Modul:

```
/**
 * Implementierung von hook_flush_caches().
 */
function update_flush_caches() {
   return array('cache_update');
}
```

15.4 Zusammenfassung

In diesem Kapitel haben Sie Folgendes kennen gelernt:

- Die verschiedenen Caching-Typen, die Drupal anbietet: Seiten-, Block-, Menü-, Variablen- und Filter-Caching
- Die Funktionsweise des Seiten-Caching-Systems
- Die Unterschiede zwischen den Caching-Modi normal, aggressiv und `fastpath`
- Die Funktionsweise des Block-Caching-Systems
- Die Funktionen der Cache-API

16 Sitzungen (Sessions)

HTTP ist ein zustandsloses Protokoll, was bedeutet, dass alle Aktionen zwischen dem Webbrowser und dem Server jeweils für sich erfolgen. Wie verfolgen Sie also den Weg eines Benutzers durch mehrere Seiten einer Website? Mit Sitzungen. Seit Version 4 bietet PHP integrierte Sitzungsunterstützung mithilfe von Sitzungsfunktionen. In diesem Kapitel erfahren Sie, wie Drupal PHP-Sitzungen einsetzt.

16.1   Was sind Sitzungen?

Wenn der Browser zum ersten Mal eine Seite der Drupal-Site anfordert, übergibt PHP ihm ein Cookie, das eine zufällig erstellte ID aus 32 Zeichen enthält und standardmäßig die Bezeichnung PHPSESSID trägt. Dazu wird eine Zeile in die HTTP-Antwort-Header eingebunden, die beim ersten Aufsuchen der Site an den Browser gesendet werden:

```
HTTP/1.1 200 OK
Date: Thu, 17 Apr 2008 20:24:58 GMT
Server: Apache
Set-Cookie: PHPSESSID=3sulj1mainvme55r8udcc6j2a4; expires=Sat, 10 May 2008 23:58:19
GMT; path=/
Last-Modified: Thu, 17 Apr 2008 20:24:59 GMT
Cache-Control: store, no-cache, must-revalidate
Cache-Control: post-check=0, pre-check=0
Content-Type: text/html; charset=utf-8
```

Bei späteren Besuchen der Site legt der Browser dem Server das Cookie vor, indem er es in jede HTTP-Anforderung einbindet:

```
GET / HTTP/1.1
User-Agent=Mozilla/5.0 (Macintosh; U; Intel Mac OS X; en-US; rv:1.8.1.14)
Gecko/20080404 Firefox/2.0.0.14
Cookie: PHPSESSID=3sulj1mainvme55r8udcc6j2a4
```

Auf diese Weise kann PHP den Besuch eines Browsers auf einer Website verfolgen. Die 32stellige *Sitzungs-ID* dient als Schlüssel zu den Informationen, die Drupal über die Sitzung speichert, und ermöglicht Drupal, Sitzungen mit einzelnen Benutzern zu verknüpfen.

16.2 Verwendung

Drupal benutzt intern für verschiedene wichtige Funktionen Sitzungen, um kurzlebige Informationen über den Status oder die Vorlieben eines einzelnen Benutzers zu speichern. Wenn die Funktion drupal_set_message() beispielsweise eine Status- oder Fehlermeldung für den Benutzer von der Seite, auf der der Fehler aufgetreten ist, auf die nächste Seite übertragen muss, speichert sie die Meldungen im Array messages innerhalb der Sitzung des Benutzers:

```
/**
 * Generiert eine Meldung, die den Status der durchgeführten Operation wiedergibt.
 *
 * Wird die Funktion ohne Argumente aufgerufen, gibt sie alle
 * Meldungen zurück, ohne sie zu löschen.
 *
 * @param $message
 * Die Meldung sollte mit einem Großbuchstaben beginnen und immer
 * mit einem Punkt '.' enden.
 * @param $type
 * Typ der Meldung. Folgende Werte stehen zur Verfügung:
 * 'status', 'warning', 'error'
 * @param $repeat
 * Ist dies FALSE und die Meldung schon erstellt,
 * wird die Meldung nicht wiederholt.
 */
function drupal_set_message($message = NULL, $type = 'status', $repeat = TRUE) {
  if ($message) {
    if (!isset($_SESSION['messages'])) {
      $_SESSION['messages'] = array();
    }

    if (!isset($_SESSION['messages'][$type])) {
      $_SESSION['messages'][$type] = array();
    }

    if ($repeat || !in_array($message,
      $_SESSION['messages'][$type])) {
      $_SESSION['messages'][$type][] = $message;
    }
  }

  // Bei Scheitern der DB-Verbindung nicht festgelegte Meldungen.
  return isset($_SESSION['messages']) ? $_SESSION['messages'] : NULL;
}
```

Ein weiteres Beispiel finden Sie in *comment.module*. Dort dient die Sitzung dazu, Anzeigevoreinstellungen für anonyme Benutzer zu speichern:

```
$_SESSION['comment_mode'] = $mode;
$_SESSION['comment_sort'] = $order;
$_SESSION['comment_comments_per_page'] = $comments_per_page;
```

Außerdem verwendet Drupal Sitzungen, um bei der Vorschau eines Nodes einen Handle für Datei-Uploads zu speichern, Anzeigevorlieben beim Filtern der Inhaltsliste der Site unter VERWALTEN > INHALTSVERWALTUNG > INHALT oder der Liste der jüngsten Protokolleinträge unter VERWALTEN > BERICHTE > NEUE LOG-EINTRÄGE festzuhalten, sowie für das Installations- und das Aktualisierungssystem (*install.php* und *update.php*).

Drupal legt sowohl für Benutzer, die bei einer Site angemeldet sind (authentifizierte Benutzer), als auch für nicht angemeldete (anonyme) Benutzer Sitzungen an. In der Tabelle *sessions* ist die Spalte uid der Zeile für einen anonymen Benutzer auf 0 gesetzt. Da Sitzungen browserspezifisch (d.h., an das Cookie des Browsers gebunden) sind, führt das Öffnen mehrerer Browser auf einem Computer zu mehreren Sitzungen.

> **Achtung**
>
> Beim ersten Besuch eines anonymen Benutzers auf einer Site speichert Drupal keine Sitzungsinformationen, um unerwünschte Webcrawler und Robots davon abzuhalten, die Sitzungstabelle mit Daten zu überfluten. Als Entwickler können Sie daher keine Sitzungsinformationen für den ersten Besuch eines anonymen Benutzers ablegen.

Die eigentlichen Daten einer Sitzung werden in der Spalte session der gleichnamigen Tabelle in serialisierter Form abgelegt. In Tabelle 16.1 sehen Sie drei Zeilen einer typischen Tabelle. Sie enthält Datensätze für den Superuser (uid 1), einen authentifizierten Benutzer (uid 3) und einen anonymen Benutzer (uid 0). Für den Superuser sind in der Sitzung Watchdog-Filtereinstellungen festgehalten (die das Modul *dblog* verwendet).

sid	Hostname	Zeitstempel	Cache	Sitzung
1f5268d678333a1a7cce27e7e42b0c2e1	1.2.3.4	1208464106	0	dblog_overview_filter|a:0:{}
3be312e7b35562322f3ee98ccb9ce8490	5.6.7.8	1208460845	0	--
05718d73975456111b268ed06233d36de	127.0.0.1	1208461007	0	--

Tabelle 16.1: Beispielzeilen aus der Tabelle sessions

Die Tabelle *sessions* wird geleert, wenn die Garbage-Collection-Routine von PHP ausgeführt wird. Wie lange eine Zeile in der Tabelle bleibt, wird von der Einstellung session.gc_maxlifetime in *settings.php* bestimmt. Meldet sich ein Benutzer ab, wird die betreffende Zeile umgehend aus der Datenbank gelöscht. Beachten Sie, dass für einen Benutzer, der sich über mehrere Browser (nicht Browserfenster) oder mehrere IP-Adressen gleichzeitig angemeldet hat, mehrere Sitzungen eingerichtet sind. Die Abmeldung in einem Browser erstreckt sich nicht auf die übrigen.

16.3 Einstellungen für Sitzungen

Sitzungseinstellungen kann Drupal an drei Stellen ändern: in der *.htaccess*-Datei, in der Datei *settings.php* und im Startcode in der Datei *includes/bootstrp.inc*.

16.3.1 In .htaccess

Dass Drupal vollständig steuern kann, wann Sitzungen beginnen, ist dadurch sichergestellt, dass die PHP-Funktionalität session.auto_start in der standardmäßigen *.htaccess*-Datei der Drupal-Installation mit folgender Zeile ausgeschaltet wird:

```
php_value session.auto_start 0
```

Dabei handelt es sich um eine Konfigurationsoption, die PHP nicht zur Laufzeit ändern kann – was der Grund dafür ist, dass sie nicht in der Datei *settings.php*, sondern in der *.htaccess*-Datei untergebracht wurde.

16.3.2 In settings.php

Die meisten Sitzungseinstellungen legen Sie in der Datei *settings.php* im Verzeichnis *sites/default/settings.php* oder *sites/example.com/settings.php* fest.

```
ini_set('session.cache_expire', 200000); // 138,9 Tage.
ini_set('session.cache_limiter', 'none'); // Cache-Steuerung erfolgt
                                          // an anderer Stelle.
ini_set('session.cookie_lifetime', 2000000); // 23,1 Tage.
ini_set('session.gc_maxlifetime', 200000); // 55 Stunden.
ini_set('session.save_handler', 'user'); // Verwendet
                                         // benutzerdefinierte
                                         // Sitzungsverarbeitung.
ini_set('session.use_only_cookies', 1); // Verlangt Cookies.
ini_set('session.use_trans_sid', 0); // Verwendet keine Sitzungen
                                     // aufgrund von URLs.
```

Die Unterbringung dieser Einstellungen in *settings.php* anstelle von *.htaccess* ermöglicht andere Einstellungen für untergeordnete Sites und gibt Drupal Gelegenheit, die Sitzungseinstellungen auf Hosts zu ändern, die PHP als CGI ausführen (in solchen Konfigurationen funktionieren PHP-Direktiven in *.htaccess* nicht).

Mit der Funktion `ini_set('session.save_handler', 'user');` überschreibt Drupal die standardmäßige PHP-Sitzungsverwaltung durch seine eigene. In diesem Kontext heißt *benutzerdefiniert* »von Drupal definiert« (siehe *http://www.php.net/manual/en/function.session-set-save-handler.php*).

16.3.3 In bootstrap.inc

PHP stellt integrierte Funktionen für die Sitzungsverwaltung bereit, lässt aber zu, sie zu überschreiben, wenn Sie eigene Handler einrichten wollen. Die Cookie-Verwaltung verbleibt bei PHP, während die Implementierung von Drupal die Back-End-Speicherung der Sitzungsdaten übernimmt.

Der folgende Aufruf während der Startphase `DRUPAL_BOOTSTRAP_SESSION` belegt die Handler mit Funktionen aus *includes/sessions.inc* und eröffnet die Sitzungsverarbeitung:

```
require_once variable_get('session_inc', './includes/session.inc');
session_set_save_handler('sess_open', 'sess_close', 'sess_read',
  'sess_write', 'sess_destroy_sid', 'sess_gc');
session_start();
```

Dies ist einer der wenigen Fälle, in denen die Namen der Funktionen einer Datei nicht mit dem der Datei übereinstimmen. Sie haben vermutlich die Funktionsnamen `session_open`, `session_close` usw. erwartet. Da PHP diesen Namespace aber bereits mit eigenen Funktionen belegt hat, wird das kürzere Präfix `sess` benutzt.

Beachten Sie, dass die einzubindende Datei durch eine Drupal-Variable definiert wird, was bedeutet, dass Sie Ihre eigene Sitzungsverwaltung sauber umsetzen und anstelle der standardmäßigen Sitzungsverwaltung von Drupal einfügen können. Das Modul *memcache* (*drupal.org/project/memcache*) implementiert beispielsweise die Funktionen `sess_open()`, `sess_close()`, `sess_read()`, `sess_write()`, `sess_destroy_sid()` und `sess_gc()`. Ist die Variable `session_inc` gesetzt, verwendet Drupal anstelle der standardmäßigen Sitzungsverwaltung den folgenden Code:

```
<?php
  variable_set('session_inc',
    './sites/all/modules/memcache/memcache-session.inc');
?>
```

Sie können die Variable auch überschreiben, indem Sie sie in Ihrer Datei *settings.php* festlegen:

```
$conf = array(
  'session_inc' => './sites/all/modules/memcache/memcache-
    session.inc',
  ...
);
```

16.3.4 Die Verwendung von Cookies erzwingen

Wenn der Browser keine Cookies akzeptiert, kann keine Sitzung eröffnet werden, weil die PHP-Direktive `sessions_use_only_cookies` auf 1 gesetzt ist und die Alternative (übergeben von `PHPSESSID` im Abfragestring des URLs) durch den Wert 0 für die Einstellung `sessions.use_trans_sid` deaktiviert wurde. Dieses Verfahren hat sich bewährt und wird auch von Zend empfohlen (siehe *http://php.net/session.configuration*):

> *Sitzungsverwaltung auf der Grundlage von URLs bringt im Vergleich mit Sitzungsverwaltung auf der Grundlage von Cookies zusätzliche Sicherheitsrisiken mit sich. Ein Benutzer kann zum Beispiel einen URL, der eine aktive Sitzungs-ID enthält, per E-Mail versenden oder als Lesezeichen speichern und immer mit derselben Sitzungs-ID auf Ihre Site zugreifen.*

Erscheint im Abfragestring einer Site `PHPSESSID`, ist dies normalerweise ein Hinweis darauf, dass der Provider PHP gesperrt hat und nicht zulässt, dass die Funktion `ini_set()` zur Laufzeit PHP-Direktiven ausgibt. Alternativ können die Einstellungen in die *.htaccess*-Datei (wenn der Host PHP als Apache-Modul ausführt) oder eine lokale *php.ini*-Datei verlagert werden (wenn der Host PHP als ausführbare CGI-Datei ausführt).

Um das Kapern von Sitzungen zu verhindern, wird die Sitzungs-ID bei der Anmeldung eines Benutzers neu erstellt (siehe die Funktion `user_authenticate_finalize()` in *modules/user/user.module*). Dies geschieht auch, wenn der Benutzer sein Passwort ändert.

16.4 Speicherung

Sitzungsinformationen werden in der Tabelle *sessions* abgelegt, die Sitzungs-IDs während der Startphase `DRUPAL_BOOTSTRAP_SESSION` mit Drupal-Benutzer-IDs verknüpft (weitere Informationen über den Drupal-Startvorgang finden Sie in Kapitel 15). Die Funktion `sess_read()` in *includes/sessions.inc* legt in dieser Phase zuerst das Objekt `$user` an, das Drupal extensiv verwendet (weitere Informationen darüber finden Sie in Kapitel 6).

Tabelle 16.2 zeigt die Tabellenstruktur, in der Sitzungen gespeichert werden.

Feld	Typ	Länge	Beschreibung
uid	int		ID eines authentifizierten Benutzers (0 für anonymen Benutzer)
sid	int	64	Von PHP erstellte Sitzungs-ID
hostname	varchar	128	IP-Adresse, die diese Sitzungs-ID zuletzt benutzt hat
timestamp	int		Unix-Zeitstempel der letzten Seitenanforderung
cache	int		Zeitpunkt des letzten Posts des Benutzers, der dazu dient, die Mindestlebensdauer des Caches durchzusetzen
session	text	big	Serialisierter Inhalt der in `$_SESSION` gespeicherten Daten

Tabelle 16.2: Die Struktur der Tabelle sessions

Wenn Drupal eine Seite bereitstellt, besteht die letzte Aufgabe darin, die Sitzung in die Tabelle *sessions* zu schreiben (siehe `sess_write()` in *includes/session.inc*). Dies geschieht nur, wenn der Browser ein gültiges Cookie vorgelegt hat, um zu vermeiden, dass die Tabelle mit Sitzungen für Webcrawler überschüttet wird.

16.5 Lebenszyklus von Sitzungen

Der Lebenszyklus von Sitzungen ist in Abbildung 16.1 dargestellt. Er beginnt mit der Anforderung eines Browsers an den Server. Während der Phase `DRUPAL_BOOTSTRAP_SESSION` der Startroutinen von Drupal (siehe *includes/bootstrap.inc*) fängt der Sitzungscode an. Legt der Browser kein vor kurzem von der Site empfangenes Cookie vor, bekommt er von der PHP-Sitzungsverwaltung ein neues Cookie mit einer neuen PHP-Sitzungs-ID. Diese ID ist üblicherweise eine 32-stellige Zeichendarstellung eines eindeutigen MD5-Hash-Werts, wobei PHP 5 zulässt, die Konfigurationsdirektive `session.hash_function` auf 1 zu setzen und optional SHA-1-Hash-Werte zu verwenden, die durch 40-stellige Zeichenstrings dargestellt werden.

> **Hinweis**
>
> MD5 ist ein Algorithmus zur Berechnung des Hash-Werts eines Textstrings. Er ist der Algorithmus der Wahl für Drupal. Informationen über MD5 und andere Hash-Algorithmen finden Sie unter *http://en.wikipedia.org/wiki/Cryptographic_hash_functions*.

Anschließend prüft Drupal, ob es in der Tabelle *sessions* eine Zeile mit der Sitzungs-ID als Schlüssel gibt. Wenn ja, ruft die Funktion `sess_read()` in *includes/sessions.inc* die Sitzungsdaten ab und verknüpft die Zeile über die SQL-Operation `JOIN` mit der entsprechenden Zeile aus der Tabelle *users*. Das ergibt ein Objekt, in dem sämtliche Felder und Werte beider Zeilen enthalten sind. Es ist das globale `$user`-Objekt, das anschließend überall in Drupal verwendet wird (siehe Kapitel 6). Daher stehen die Benutzerdaten auch in `$user` zur Verfügung, insbesondere in `$user->session`, `$user->sid`, `$user->hostname`, `$user->timestamp` und `$user->cache`. Außerdem lassen sich die Rollen für den aktuellen Benutzer in `sess_read()` nachschlagen und `$user->roles` zuweisen.

Was geschieht aber, wenn die Tabelle *users* keinen Benutzer mit einer passenden Benutzer-ID enthält? Das ist eine Fangfrage. Da die Drupal-Installationsroutine in der Tabelle eine Zeile mit der Benutzer-ID 0 anlegt und diese ID in der Tabelle *sessions* nicht authentifizierten (anonymen) Benutzern zugewiesen wird, funktioniert die Verknüpfung immer.

Achtung

Löschen Sie niemals alle Zeilen aus der Benutzertabelle Ihrer Drupal-Installation. Die Zeile mit der Benutzer-ID 0 ist erforderlich, damit Drupal ordnungsgemäß funktioniert.

Wann ein Benutzer zum letzten Mal auf eine Seite zugegriffen hat, entnehmen Sie entweder $user->timestamp (in der Tabelle *sessions*) oder $user->access (in der Tabelle *users*). Der erste Wert liefert genauere Ergebnisse, wenn er vorhanden ist, weil die Aktualisierung von $user->access der Drosselung unterliegt, sodass Schreibvorgänge standardmäßig nur alle 180 Sekunden stattfinden. Diesen Wert können Sie ändern, indem Sie mit sess_write() in *includes/session.inc* die Drupal-Variable session_write_interval **festlegen**.

```
// Der Wert für die letzte Zugriffszeit wird nur alle 180 Sekunden
// aktualisiert. Der folgende Code reduziert dieses Intervall.
$session_write_interval = variable_get('session_write_interval',
  180);
if ($user->uid && time() - $user->access > $session_write_interval) {
  db_query("UPDATE {users} SET access = %d WHERE uid = %d", time(),
    $user->uid);
}
```

Für Benutzer, die eine Seite zum ersten Mal aufsuchen, stehen diese Werte nicht zur Verfügung, weil für sie noch kein Zeitstempel gespeichert ist.

Der letzte Schritt nach dem Übermitteln der Webseite an den Browser ist das Schließen der Sitzung. PHP ruft dazu die Funktion sess_write() in *includes/session.inc* auf, die alles, was während der Anforderung in $_SESSION abgelegt wurde, in die Tabelle *sessions* schreibt. Sie sollten in $_SESSION nur dann Daten speichern, wenn es absolut notwendig ist und Sie sicher sind, dass sich der Benutzer authentifiziert hat, um zu verhindern, dass die Tabelle mit Zeilen für Webcrawler überschwemmt wird, weil dies die Leistung beeinträchtigen kann.

16.6 Konversationen in Sitzungen

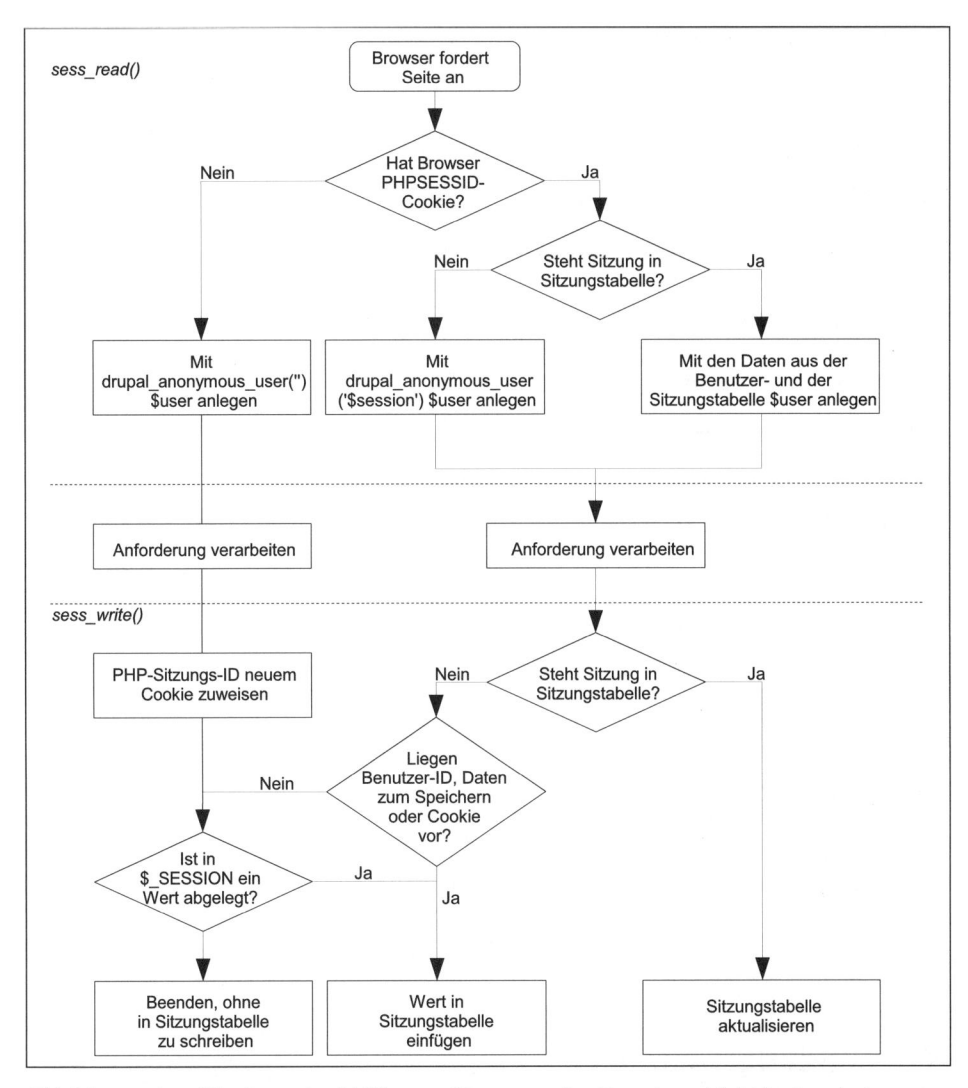

Abbildung 16.1: Wie Drupal mithilfe von Sitzungen das Benutzerobjekt instanziert

16.6 Konversationen in Sitzungen

Die folgenden Beispiele zeigen, was aus der Sicht der Sitzung geschieht, wenn Sie in Ihrem Browser Drupal aufsuchen.

16.6.1 Erster Besuch

Browser: Hallo, ich hätte gern eine Seite.

Drupal: Ihr Cookie bitte!

Browser: Entschuldigung, ich habe keins; dies ist mein erster Besuch hier.

Drupal: In Ordnung, hier haben Sie eins.

16.6.2 Zweiter Besuch

Browser: Kann ich bitte noch eine Seite haben?

Drupal: Ihr Cookie bitte!

Browser: Hier bitte. Die Sitzungsnummer lautet `6tc47s8jd6r1s9cugkdrrjm8h5`.

Drupal: Hm, ich finde Sie in meinen Datensätzen nicht. Aber hier ist trotzdem Ihre Seite. Ich mache mir eine Notiz, falls Sie wieder vorbeikommen.

16.6.3 Benutzer mit einem Konto

[Der Benutzer hat ein Konto angelegt und auf ANMELDEN geklickt.]

Browser: Hallo, ich hätte gern eine Seite.

Drupal: Ihr Cookie bitte!

Browser: Bitte sehr! Die Sitzungsnummer lautet `31bfa29408ebb23239042ca8f0f77652`.

Drupal: Hallo, Joe! [murmelnd] Ihre Benutzer-ID ist 384, und Sie mögen verschachtelte Kommentare und den Kaffee schwarz. Hier haben Sie ein neues Cookie, damit Ihre Sitzung nicht gekapert wird. Ich notiere mir, dass Sie vorbeigekommen sind. Einen schönen Tag noch!

16.7 Häufige Aufgaben

Nun erfahren Sie, wie Sie Sitzungen einsetzen und Sitzungseinstellungen anpassen können.

16.7.1 Die Gültigkeitsdauer eines Cookies verlängern

Die Gültigkeitsdauer eines Cookies wird von `session.cookie_lifetime` in *settings.php* bestimmt und beträgt standardmäßig 2.000.000 Sekunden (etwa 23 Tage). Setzen Sie diesen Wert auf `0`, wird das Cookie zerstört, wenn der Benutzer den Browser schließt.

16.7.2 Den Namen der Sitzung ändern

Die Bereitstellung von Websites in mehreren Subdomains führt häufig zu Problemen bei Sitzungen. Da jede Site denselben Standardwert für `session.cookie_domain` und standardmäßig denselben Sitzungsnamen `PHPSESSID` verwendet, können sich die Benutzer nur bei jeweils einer Site anmelden. Drupal löst dieses Problem, indem für jede Site ein eindeutiger Sitzungsname angelegt wird. Er basiert auf einem MD5-Hash-Wert des Basis-URLs der Site mit einigen Änderungen. Einzelheiten dazu finden Sie in der Funktion `conf_init()` in *includes/bootstrap.inc*.

Das automatische Anlegen des Sitzungsnamens lässt sich umgehen, indem Sie eine Zeile in *settings.php* durch Entfernen der Kommentarzeichen aktivieren und den Wert der Variable `$cookie_domain` angeben, der nur alphanumerische Zeichen enthalten sollte. Es handelt sich um folgenden Abschnitt:

```
/**
 * Drupal legt automatisch einen eindeutigen Namen für das Sitzungs-
 * Cookie jeder Site an, der auf dem vollständigen Domänennamen
 * basiert. Zeigen mehrere Domänen auf dieselbe Drupal-Site, können
 * Sie entweder alle auf dieselbe Domäne umleiten (siehe den
 * Kommentar in .htaccess) oder die Zeile unten aktivieren und
 * ihre gemeinsame Basisdomäne angeben. Damit stellen Sie sicher,
 * dass Benutzer angemeldet bleiben, während sie zwischen Ihren
 * verschiedenen Domänen wechseln.
 */
# $cookie_domain = 'example.com';
```

> **Hinweis**
>
> Nur in den Dateien *settings.php*, *.htaccess*, *robots.txt* sowie den Perl- und Shellskripts im Skriptverzeichnis benutzt Drupal Kommentarzeichen im Stil von Perl (#).

16.7.3 Daten in der Sitzung speichern

Es ist bequem, Daten in der Sitzung eines Benutzers zu speichern, weil das Sitzungssystem dies automatisch erledigt. Verwenden Sie die superglobale Variable `$_SESSION` für alle Daten, die Sie während eines Besuchs (oder mehrerer innerhalb der Lebensdauer der Sitzung) mit einem Benutzer verknüpfen wollen.

```
$_SESSION['favorite_color'] = $favorite_color;
```

Bei einer späteren Anforderung rufen Sie den Wert wie folgt ab:

```
$favorite_color = $_SESSION['favorite_color'];
```

Wenn Sie einige Daten über den Benutzer dauerhaft speichern wollen und seine ID kennen, ist es normalerweise praktischer, sie als eindeutiges Attribut wie $user->foo = $bar im Objekt $user abzulegen, indem Sie die Funktion user_save($user, array('foo' => $bar)) aufrufen, die die Daten serialisiert in die Datenspalte der Tabelle *users* schreibt. Die folgende Faustregel hat sich bewährt: Handelt es sich um flüchtige Daten, die verloren gehen dürfen, oder müssen Sie kurzfristig Daten für anonyme Benutzer speichern, benutzen Sie die Sitzung. Wollen Sie eine Vorliebe dauerhaft mit der Identität des Benutzers verknüpfen, sollten Sie lieber $user verwenden.

Achtung

In $user sollten Sie keine Informationen über anonyme Benutzer ablegen.

16.8 Zusammenfassung

Nachdem Sie dieses Kapitel durchgearbeitet haben, sollten Sie folgende Aufgaben beherrschen:

- Erläutern, wie Drupal die PHP-Sitzungsverwaltung verändert
- Erläutern, welche Dateien Konfigurationseinstellungen für Sitzungen enthalten
- Erläutern des Lebenszyklus von Sitzungen und der Erstellung des Objekts $user während einer Anforderung
- Speichern und Abrufen von Daten mithilfe von Benutzersitzungen

17 jQuery

JavaScript ist allgegenwärtig. Jeder populäre Webbrowser wird mit einem JavaScript-Interpreter ausgeliefert. Dashboard-Widgets für Apple werden in JavaScript geschrieben. Mozilla Firefox verwendet JavaScript, um seine Benutzerschnittstelle zu implementieren. Adobe Photoshop kann mit JavaScript gesteuert werden. Es ist überall!

Ärgern Sie sich nicht über das klobige JavaScript früherer Zeiten. Sollten Sie schlechte Erfahrungen mit JavaScript gemacht haben, ist es an der Zeit, die Vergangenheit ruhen zu lassen und jQuery willkommen zu heißen. jQuery macht das Schreiben von JavaScript intuitiv und zu einem Vergnügen, außerdem ist es ein Teil von Drupal! In diesem Kapitel erfahren Sie, was jQuery ist und wie es mit Drupal zusammenarbeitet. Anschließend arbeiten Sie ein praktisches Beispiel durch.

17.1 Was ist jQuery?

jQuery wurde von John Resig als Reaktion auf die allgemeine Frustration und die Einschränkungen entwickelt, denen sich Entwickler bei JavaScript ausgesetzt sahen. Code in JavaScript zu schreiben, ist mühselig und langatmig, wobei es zusätzlich schwierig sein kann, die HTML- oder CSS-Elemente zu adressieren, die Sie bearbeiten möchten. jQuery stellt Ihnen eine Möglichkeit bereit, diese Elemente schnell und einfach in Ihrem Dokument zu finden.

Der Fachbegriff für die Adressierung von Objekten ist *Durchlaufen der DOM-Struktur*. DOM steht für Document Object Model. Das Modell stellt eine baumartige Struktur für den Zugriff auf Seitenelemente über ihre Tags und andere Elemente durch JavaScript bereit (siehe Abbildung 17.1).

> **Hinweis**
>
> Mehr über jQuery erfahren Sie auf der offiziellen jQuery-Website unter *http://jquery.com/* und *http://visualjquery.com/*.

Wenn Sie JavaScript-Code schreiben, benötigen Sie normalerweise Zeit, um sich mit Browser- und Systeminkompatibilitäten auseinander zu setzen. jQuery übernimmt dies für Sie. Außerdem gibt es nicht viele High-Level-Funktionen in JavaScript. Häufige Aufgaben wie die Animation von Teilen einer Seite, das Verschieben von Objekten oder sortierbare Elemente sind nicht vorhanden. jQuery überwindet auch diese Einschränkungen.

Wie Drupal hat jQuery eine schlanke und leistungsfähige Codebasis, die unter 30 Kilobyte groß ist. Im Herzen von jQuery befindet sich ein erweiterbares Framework, das JavaScript-Entwickler nutzen können. Hunderte von jQuery-Plug-Ins sind bereits unter *http://plugins.jquery.com/* vorhanden.

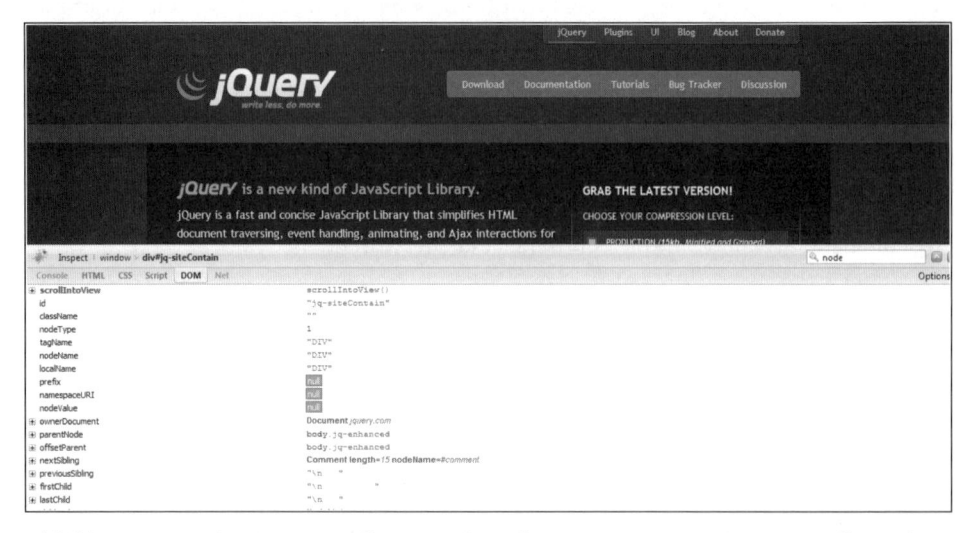

Abbildung 17.1: Die DOM-Darstellung von http://jquery.com, angezeigt im Mozilla Firebug Add-on.

17.2 Die herkömmliche Vorgehensweise

Schauen wir uns zunächst noch einmal an, wie die DOM-Struktur allein mit JavaScript durchlaufen wird. Der folgende Code zeigt, wie Drupal Elemente auf einer Seite fand (in diesem Fall das Element legend in allen reduzierbaren Feldgruppen), bevor es jQuery gab:

```
var fieldsets = document.getElementsByTagName('fieldset');
var legend, fieldset;
for (var i = 0; fieldset = fieldsets[i]; i++) {
  if (!hasClass(fieldset, 'collapsible')) {
    continue;
  }
  legend = fieldset.getElementsByTagName('legend');
```

```
if (legend.length == 0) {
  continue;
}
legend = legend[0];
...
}
```

Der aktualisierte Code von Drupal, nachdem jQuery die Bühne betreten hat, sieht dagegen so aus:

```
$('fieldset.collapsible > legend:not(.collapse-processed)',
  context).each(function() { ... });
```

Wie Sie sehen können, hält sich jQuery an seinen Slogan »Schreibe weniger, mach mehr«. jQuery kapselt die häufigen, sich wiederholenden Aufgaben der DOM-Bearbeitung mit JavaScript in einer kurzen und intuitiven Syntax. Das Endergebnis ist sehr kurz, intelligent und leicht zu lesen.

17.3 So funktioniert jQuery

jQuery ist ein Werkzeug, um Dinge in einem strukturierten Dokument zu finden. Elemente des Dokuments können mit CSS-Selektoren oder den angepassten Selektoren von jQuery (ein jQuery-Plug-In unterstützt auch die Verwendung von XPath-Selektoren) ausgewählt werden. Die Verwendung von CSS-Selektoren für den Durchlauf der DOM-Struktur ist für Entwickler hilfreich, da die meisten von ihnen bereits mit der CSS-Syntax vertraut sind. jQuery bietet die volle Unterstützung für CSS 1 bis 3. Schauen wir uns einige grundlegende Beispiele der jQuery-Syntax an, bevor wir tiefer in die Materie eintauchen.

17.3.1 Einen CSS-ID-Selektor verwenden

Wiederholen wir noch einmal kurz die grundlegende CSS-Syntax. Angenommen, der zu bearbeitende HTML-Code lautet wie folgt:

```
<p id="intro">Welcome to the World of Widgets.</p>
```

Wenn Sie die Hintergrundfarbe des Absatzes auf Blau einstellen möchten, verwenden Sie CSS, um diesen Absatz mit dem CSS-ID-Selektor #intro in Ihrem Stylesheet anzusprechen. Nach der HTML-Spezifikation, müssen die IDs innerhalb eines gegebenen Dokuments eindeutig sein, weshalb wir sicherstellen, dass kein anderes Element diese ID verwendet. In dem Stylesheet, das auf Ihr Dokument angewendet wird, macht folgender Eintrag den Absatz blau:

```
#intro {
  background-color: blue;
}
```

Beachten Sie, dass hier eigentlich zwei Aufgaben vorliegen: Finde das Element mit der ID #intro und setze die Hintergrundfarbe dafür auf Blau.

Das Gleiche können Sie mit jQuery erreichen. Doch zunächst ein Wort zur Syntax von jQuery: Damit der Code kurz und einfach bleibt, bildet jQuery seinen Namespace auf das Dollarzueichen ($) ab und verwendet dafür diese Zeile im jQuery-JavaScript-Code:

```
var jQuery = window.jQuery = function( selector, context ) {...};
...
// Bildet den jQuery-Namespace auf den mit '$' ab
window.$ = jQuery;
```

> **Hinweis**
>
> Wenn Sie daran interessiert sind, wie die jQuery-Engine funktioniert, können Sie die komplette unkomprimierte jQuery-JavaScript-Datei von *http://jquery.com/* herunterladen. Die in Drupal enthaltene Version ist komprimiert, um die Datenmenge, die Browser von Ihrer Site herunterladen müssen, gering zu halten.

Wie folgt können Sie Ihren Absatz auswählen und die Hintergrundfarbe mit jQuery in Blau ändern:

```
$("#intro").css("background-color", "blue");
```

Sie können sogar einen kleinen jQuery-Effekt einbauen und den Absatztext langsam einblenden:

```
$("#intro").css("background-color", "blue").fadeIn("slow");
```

17.3.2 Einen CSS-Klassenselektor verwenden

Hier folgt ein ähnliches Beispiel, bei dem ein CSS-Klassenselektor statt wie im vorigen Abschnitt eine CSS-ID verwendet wird. Der HTML-Code sieht folgendermaßen aus:

```
<p class="intro">Welcome to the World of Widgets.</p>
<p class="intro">Widgets are available in many sizes.</p>
```

Der CSS-Code lautet:

```
.intro {
  background-color: blue;
}
```

Folgende spezifischere Regel funktioniert ebenfalls:

```
p.intro {
  background-color: blue;
}
```

Das CSS wird wie folgt in jQuery übersetzt:

```
$(".intro").css("background-color", "blue").fadeIn("slow");
```

Oder

```
$("p.intro").css("background-color", "blue").fadeIn("slow");
```

Im ersten der vorstehenden Beispiele fordern Sie jQuery auf, alle HTML-Elemente zu finden, die die Klassifizierung `intro` haben, während die zweite hiervon leicht abweicht. Dort fordern Sie stattdessen alle Absatz-Tags der Klasse `intro` an. Beachten Sie, dass die zweite Abfrage etwas schneller ist, da jQuery nur die HTML-Elemente durchsuchen muss, die die Absatz-Tags `p.intro` verwenden.

> **Tipp**
>
> In CSS ist der Punkt ein Klassenselektor, der wiederholt in einem Dokument verwendet werden kann, während das Nummernzeichen auf einen eindeutigen ID-Selektor verweist, dessen Name nur einmal pro Seite erscheinen kann.

Da Sie jetzt einen Vorgeschmack davon bekommen haben, wie jQuery arbeitet, schauen wir uns die Verwendung von jQuery in Drupal an.

17.4 jQuery in Drupal

Die Verwendung von jQuery in Drupal ist einfach, da jQuery vorinstalliert ist und automatisch verfügbar wird, wenn JavaScript hinzugefügt wird. In Drupal werden JavaScript-Dateien über die Funktion `drupal_add_js()` hinzugefügt. In diesem Abschnitt lernen Sie die grundlegende jQuery-Funktionalität innerhalb von Drupal kennen.

17.4.1 Ein erstes Codebeispiel mit jQuery

Lassen Sie uns zuerst etwas mit jQuery herumspielen.

1. Melden Sie sich auf Ihrer Drupal-Site als *User 1* an (das administrative Konto).
2. Aktivieren Sie in VERWALTEN > STRUKTURIERUNG > MODULE das PHP-Filter-Modul.
3. Erstellen Sie einen neuen Node des Typs Seite, wobei Sie sicherstellen sollten, dass im Node-Erstellungsformular PHP CODE im Abschnitt EINGABEFORMATE ausgewählt ist (siehe Abbildung 17.2). Geben Sie Testing jQuery als Titel ein und fügen Sie Folgendes zum Body des Formulars hinzu:

```
<?php
 drupal_add_js(
 '$(document).ready(function(){
 // Versteckt alle Absätze.
 $(»p«).hide();
 // Macht sie langsam sichtbar.
 $(»p«).fadeIn(»slow«);
 });',
 'inline'
 );
?>
<p id=»one«>Paragraph one</p>
<p>Paragraph two</p>
<p>Paragraph three</p>
```

Klicken Sie auf SENDEN und laden Sie die Seite neu. Die drei erstellen Absätze werden langsam eingeblendet. Toll, nicht? Aktualisieren Sie die Seite, um sich dies erneut anzusehen. Schauen wir uns dieses Beispiel genauer an.

Der jQuery-Code ist in der Datei *misc/jquery.js* enthalten. Diese Datei wird nicht für jede Seite innerhalb von Drupal geladen, sondern bei jedem Aufruf von drupal_add_js(). Zwei Parameter werden an drupal_add_js() übertragen. Der erste ist der JavaScript-Code, der ausgeführt werden soll, der zweite (inline) weist Drupal an, den Code in ein Paar <script></script>-Tags innerhalb des <head>-Elements des Dokuments einzufassen.

> **Hinweis**
>
> Wir verwenden drupal_add_js() hier in sehr einfacher Form, doch gibt es viele weitere Möglichkeiten, die Sie unter *http://api.drupal.org/api/function/drupal_add_js/6* kennen lernen können.

17.4 jQuery in Drupal

```
Testing jQuery
  [ Anzeigen ]  [ Bearbeiten ]  [ Gliederung ]
Titel: *
[ Testing jQuery                                          ]

▼ Vokabulare

Thema:
[ - Keine ausgewählt - ▼ ]

Laune:
[ - Keine ausgewählt - ▼ ]

▶ Menüeinstellungen

Textkörper:                         [ Anrisstext an Cursorposition trennen ]
<?php
  drupal_add_js(
    '$(document).ready(function(){
      // Versteckt alle Absätze.
      $("p").hide();
      // Macht sie langsam sichtbar.
      $("p").fadeIn("slow");
    });',
    'inline'
  );
?>
<p id="one">Paragraph one</p>
<p>Paragraph two</p>
<p>Paragraph three</p>

▶ Eingabeformat
▶ Inhaltsverzeichnis
▶ Versionsinformation
▶ Einstellungen für Kommentare
▶ URL path settings
▶ Dateianhänge
▶ Informationen zum Autor
▶ Veröffentlichungseinstellungen

[ Speichern ]  [ Vorschau ]  [ Löschen ]
```

Abbildung 17.2: Versuche mit jQuery und dem PHP-Filter

Schauen wir uns den JavaScript-jQuery-Code etwas genauer an:

```
$(document).ready(function(){
  // Versteckt alle Absätze.
  $("p").hide();
  // Macht sie langsam sichtbar.
  $("p").fadeIn("slow");
});
```

Die erste Zeile benötigt eine Erklärung. Wenn der Browser eine Seite rendert, gelangt er an einen Punkt, an dem er den HTML-Code empfangen und die DOM-Struktur der Seite vollständig analysiert hat. Der nächste Schritt ist die Darstellung des DOM, was das Laden zusätzlicher lokaler – und möglicherweise sogar im Netzwerk gesicherter – Daten einschließt. Wenn Sie versuchen, JavaScript-Code auszuführen, bevor das DOM generiert wurde, kann es sein, dass der Code Fehler hervorruft und nicht richtig ausgeführt wird, da die zu bearbeitenden Objekte noch nicht vorhanden sind. JavaScript-Programmierer umgehen dies durch die Verwendung von Variationen des folgenden Codes:

```
window.onload = function(){ ... }
```

Die Schwierigkeit hierbei ist, dass auch `window.onload` zum Laden auf die zusätzlichen Dateien warten muss, was viel zu lange dauert. Außerdem erlaubt diese Lösung nur die Zuweisung einer einzigen Funktion. Um beide Probleme zu umgehen, verfügt jQuery über eine einfache Anweisung, die Sie verwenden können:

```
$(document).ready(function(){
  // Hier folgt Ihr Code.
});
```

`$(document).ready()` wird gleich nach der Generierung des DOM ausgeführt. Aufgrund der bereits erwähnten Gründe werden Sie jQuery-Code immer in die vorstehende Anweisung einschließen wollen. Der Aufruf `function()` bezeichnet eine anonyme Funktion in JavaScript – in diesem Fall enthält sie den Code, den Sie ausführen möchten.

Damit verbleibt der Hauptteil des Codes, der an diesem Punkt selbsterklärend sein sollte:

```
// Versteckt alle Absätze.
$("p").hide();
// Macht sie langsam sichtbar.
$("p").fadeIn("slow");
```

Der vorstehende Code findet alle Absatz-Tags, versteckt sie und deckt sie anschließend langsam auf der Seite auf. In der jQuery-Fachsprache wird `fadeIn()` als *Methode* bezeichnet.

17.4 jQuery in Drupal

> **Hinweis**
>
> Wir verändern alle Absatz-Tags, daher werden Sie beim Besuch einer Node-Auflistungsseite wie *http://example.com/?q=node* feststellen, dass *alle* Absatz-Tags und nicht nur die der Vorschau Ihrer Testseite beeinflusst werden! In unserem Beispiel könnten wir den Satz der ausgewählten p-Tags beschränken, indem wir die Template-Datei *node.tpl.php* so ändern, dass der Inhalt mit `<div class='standalone'>` umschlossen wird, wenn der Node auf einer eigenen Seite angezeigt wird. Das Beispiel müssen wir dann mit `$(".standalone > p")` beginnen. Diese Abfrage wählt nur die p-Elemente aus, die Nachfahren von Elementen innerhalb der Klasse `.standalone` sind.

17.4.2 Ein Element über die ID ansprechen

Wiederholen wir unser Experiment, wobei wir dieses Mal nur den ersten Absatz ansprechen, den wir mit der ID one bezeichnet haben:

```
<?php
  drupal_add_js(
    '$(document).ready(function(){
      // Versteckt den Absatz mit der ID "one".
      $("#one").hide();
      // Macht ihn langsam sichtbar.
      $("#one").fadeIn("slow");
    });',
    'inline'
  );
?>
<p id="one">Paragraph one</p>
<p>Paragraph two</p>
<p>Paragraph three</p>
```

> **Hinweis**
>
> Der Zugriff auf ein Element über die ID ist eine der schnellsten Selektormethoden in jQuery, da sie in das ursprüngliche JavaScript `document.getElementById("one")` übersetzt wird. Die Alternative `$("p#one")` ist langsamer, da jQuery alle Absatz-Tags finden muss und erst anschließend nach einer intro-ID suchen kann. Die langsamste Selektormethode in jQuery ist der Klassenselektor `$(".foo")`, da die Suche durch alle Elemente der Selektorklasse `.foo` geht. (In diesem Fall ginge es schneller, `$("p.foo")` zu verwenden.)

17.4.3 Methodenverkettung

Wir können Reihen von jQuery-Methoden verknüpfen, da die meisten Methoden in jQuery ein jQuery-Objekt zurückgeben. Lassen Sie uns also einige Methoden zu einem einzelnen Befehl verketten:

```
// Versteckt alle p-Tags, macht sie anschließend langsam sichtbar
// und verschiebt sie dann nach oben und unten.
$("p").hide().fadeIn("slow").slideUp("slow").slideDown("slow");
```

jQuery-Aufrufe werden von links nach rechts aufgerufen. Der vorstehende Code findet alle Absatz-Tags, blendet sie ein und verwendet anschließend den Verschiebe-Effekt, um den Absatz zuerst nach oben und dann nach unten zu bewegen. Da jede dieser Methoden das jQuery-Wrapper-Objekt zurückgibt, das denselben gegebenen Satz enthält (alle p-Elemente), können wir dieselbe Gruppe von Elementen immer wieder verändern, bis der endgültige Effekt erreicht ist.

17.4.4 Klassen hinzufügen und entfernen

jQuery ist in der Lage, die CSS-Klasse eines Elements dynamisch zu verändern. Hier färben wir den ersten Absatz unseres Beispiels rot ein, indem wir es über seine ID auswählen und ihm anschließend die Fehlerklasse von Drupal zuweisen:

```
$("#one").addClass("error");
```

Das Gegenstück der Methode addClass() ist removeClass(). Der folgende Code entfernt die Fehlerklasse wieder, die wir gerade hinzugefügt haben:

```
$("#one").removeClass("error");
```

Außerdem gibt es noch die Methode toggleClass(), die eine Klasse bei jedem Aufruf hinzufügt bzw. entfernt:

```
$("#one").toggleClass("error"); // Fügt die Klasse "error" hinzu.
$("#one").toggleClass("error"); // Entfernt die Klasse "error".
$("#one").toggleClass("error"); // Fügt erneut die Klasse "error"
                                // hinzu.
```

17.4.5 Vorhandene Elemente mit einem Wrapper versehen

Anstatt einfach eine Fehlerklasse zum Element `<p id="one">` hinzuzufügen, schließen wir dieses Element in ein div ein, sodass das Rot besser zur Geltung kommt. Der folgende jQuery-Code führt dies aus:

```
<?php
  drupal_add_js(
    '$(document).ready(function(){
```

```
        $("#one").wrap("<div class=\'error\'></div>");
    });',
    'inline'
  );
?>
<p id="one">Paragraph one</p>
<p>Paragraph two</p>
<p>Paragraph three</p>
```

Beachten Sie die Maskierung der einfachen Anführungszeichen. Dies ist notwendig, da wir bereits eröffnende einfache Anführungszeichen in der Funktion `drupal_add_js()` haben. Das Ergebnis der Umhüllung mit `div` wird in Abbildung 17.3 gezeigt.

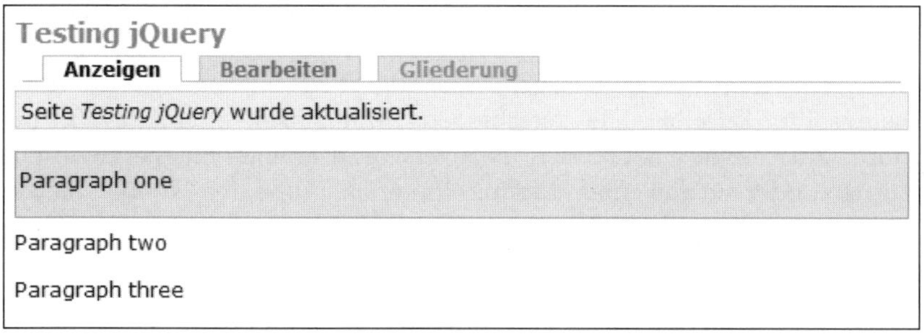

Abbildung 17.3: Der Absatz mit der ID one wird mit einem div-Tag der Klasse error umhüllt

17.4.6 Die Werte von CSS-Elementen ändern

jQuery kann für die Zuweisung oder Wiederzuweisung von Werten zu CSS-Elementen verwendet werden. Weisen wir dem Rahmen, der den ersten Absatz umgibt, eine durchgezogene Linie zu (siehe Abbildung 17.4):

```
$("#one").wrap("<div class=\'error\'></div>").css("border",
  "solid");
```

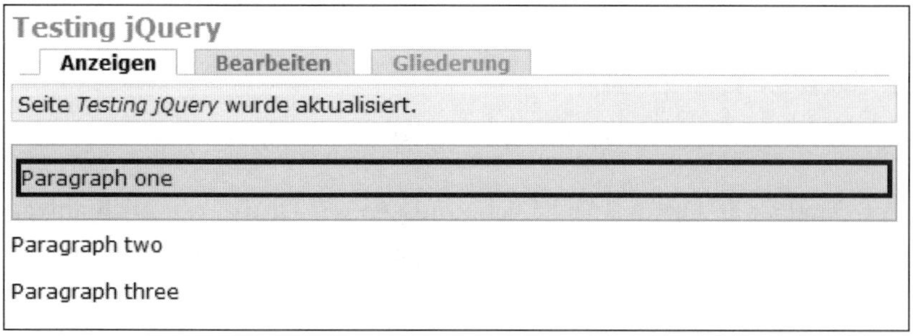

Abbildung 17.4: Die Rahmeneigenschaften des Zielelements wurden verändert

Beachten Sie, dass die Methode css immer noch auf das Element p zugreift (nicht auf das div-Element), da die Methode wrap das p-Zielelement nach der Umhüllung zurückgegeben hat.

Die vorangegangenen Beispiele haben einige grundlegenden Aufgaben veranschaulicht, die aber nur an der Oberfläche dessen kratzen, wozu jQuery in der Lage ist. Weitere Informationen erhalten Sie unter *http://jquery.com/* oder in einem guten Buch zu diesem Thema.

17.4.7 Wohin mit dem JavaScript-Code?

In den vorherigen Beispielen haben Sie jQuery ausprobiert, indem Sie JavaScript in einen Node geschrieben haben, wobei der PHP-Filter aktiviert war. Obwohl dies für Testzwecke gut geeignet sein mag, ist es für eine Produktions-Site keine gute Lösung, da empfohlene Vorgehensweisen besagen, dass der PHP-Filter möglichst nicht erreichbar sein sollte. Es gibt viele verschiedene Möglichkeiten, um JavaScript-Dateien in Ihre Drupal-Site einzubinden. Beispielsweise können Sie sie zu Ihrem Theme hinzufügen oder sie aus einem Modul einbinden. Außerdem können Sie sie auch einbinden und dabei anderen Benutzern die Möglichkeit geben, Ihren Code zu verändern oder zu umgehen.

JavaScript in der .info-Datei des Themes hinzufügen

Die komfortabelste, aber auch unflexibelste Möglichkeit zum Einbinden von JavaScript-Dateien besteht darin, sie in eine Zeile der *.info*-Datei Ihres Themes einzuschließen. Lassen Sie uns einen Effekt hinzufügen, der das Logo Ihrer Site dadurch hervorhebt, dass es ausgeblendet und beim Laden der Site wieder eingeblendet wird. Platzieren Sie folgenden JavaScript-Code in Ihrem aktuellen Theme in der Datei *logofade.js*. Wenn Sie zum Beispiel das Theme *Garland* verwenden, wäre es die Datei *themes/garland/logofade.js*.

```
// $Id$
// Wählt das Theme-Element mit der ID "logo" aus, blendet es aus
// und anschließend langsam wieder ein.
if (Drupal.jsEnabled) {
  $(document).ready(function(){
    $("#logo").fadeOut("fast").fadeIn("slow");
  });
}
```

Die JavaScript-Datei ist an Ort und Stelle, jetzt müssen wir Drupal nur noch anweisen, sie zu laden. Fügen Sie folgende Zeile zu der *.info*-Datei Ihres aktuellen Themes hinzu:

```
scripts[] = logofade.js
```

17.4 jQuery in Drupal

Der letzte Schritt besteht darin, Drupal anzuweisen, die *.info*-Datei neu zu lesen, sodass Drupal erkennt, dass es *logofade.js* laden muss. Dazu gehen Sie zu VERWALTEN > STRUKTURIERUNG > THEMES und wechseln dort vorübergehend zu einem anderen Theme, um dann wieder zum vorherigen zurückzukehren.

Diese Methode zum Hinzufügen von JavaScript ist hilfreich, wenn JavaScript auf jeder einzelnen Seite Ihrer Website geladen werden soll. Im nächsten Abschnitt erfahren Sie, wie Sie JavaScript ausschließlich dann hinzufügen können, wenn ein Modul geladen wird, das JavaScript benötigt.

Ein Modul mit jQuery

Erstellen wir ein kleines Modul, das einige jQuery-Funktionen in einer JavaScript-Datei enthält. Zunächst brauchen wir einen Anwendungsfall. Wie wäre es mit JavaScript-Code, der Blöcke steuert? Blöcke können in Drupal hilfreich sein: Sie können Ihnen Ihren Anmeldestatus mitteilen, sind hilfreich für die Navigation und können neue Benutzer der Site oder die Benutzer anzeigen, die gerade online sind. Doch manchmal möchten Sie sich einfach nur auf den Inhalt der Seite konzentrieren! Wäre es nicht toll, Blöcke standardmäßig auszublenden und sie nur zu zeigen, wenn Sie sie auch sehen wollen? Das folgende Modul führt genau dies aus und verwendet jQuery dabei zur Identifizierung und zum Ausblenden der Blöcke in der linken und rechten Sidebar. Zusätzlich stellt es eine nützliche Schaltfläche zum Wiedereinblenden der Blöcke bereit. Hier ist also die Datei *sites/all/modules/custom/blockaway.info*:

```
; $Id$
name = Block-Away
description = Uses jQuery to hide blocks until a button is clicked.
package = Pro Drupal Development
core = 6.x
```

Hier folgt die Datei *sites/all/modules/custom/blockaway.module*:

```
<?php
// $Id$
/**
 * @file
 * Verwenden Sie dieses Modul, um etwas über jQuery zu lernen.
 */
/**
 * Implementierung von hook_init().
 */
function blockaway_init() {
  drupal_add_js(drupal_get_path('module', 'blockaway') .'/blockaway.js');
}
```

Was dieses Modul bewirkt, ist lediglich die Übernahme der folgenden JavaScript-Datei, die Sie unter *sites/all/modules/custom/blockaway/blockaway.js* ablegen können:

```javascript
// $Id$
/**
 * Blendet die Blöcke in den Sidebars aus und macht sie anschließend
 * beim Anklicken einer Schaltfläche wieder sichtbar.
 */
if (Drupal.jsEnabled) {
  $(document).ready(function() {
    // Ruft alle div-Elemente der Klasse 'block' in der linken
    // Sidebar ab. Fügt alle div-Elemente der Klasse 'block' aus der
    // rechten Sidebar hinzu.
    var blocks = $('#sidebar-left div.block, #sidebar-right
      div.block');
    // Blendet sie aus.
    blocks.hide();
    // Fügt eine Schaltfläche hinzu, die die Blöcke beim Anklicken
    // wieder sichtbar macht.
    $('#sidebar-left').prepend('<div id="collapsibutton">Show
      Blocks</div>');
    $('#collapsibutton').css({
      'width': '90px',
      'border': 'solid',
      'border-width': '1px',
      'padding': '5px',
      'background-color': '#fff'
    });
    // Fügt einen Handler hinzu, der sofort beim Anklicken der
    // Schaltfläche ausgeführt wird.
    $('#collapsibutton').one('click', function() {
      // Button wurde geklickt! Vergessen Sie den Button.
      $('#collapsibutton').remove();
      // Zeigt alle ausgeblendeten Blöcke mit einem Effekt an.
      blocks.slideDown("slow");
    });
  });
}
```

Wenn Sie das Modul über VERWALTEN > STRUKTURIERUNG > MODULE aktivieren, sollten alle sichtbaren Blöcke verschwinden und durch eine einfache Schaltfläche ersetzt werden (siehe Abbildung 17.5).

Nach dem Klick auf die Schaltfläche sollten die Blöcke mit einem Einschiebeeffekt wie in Abbildung 17.6 sichtbar werden.

Abbildung 17.5: Ein Node, der mit aktiviertem blockaway.module angesehen wird

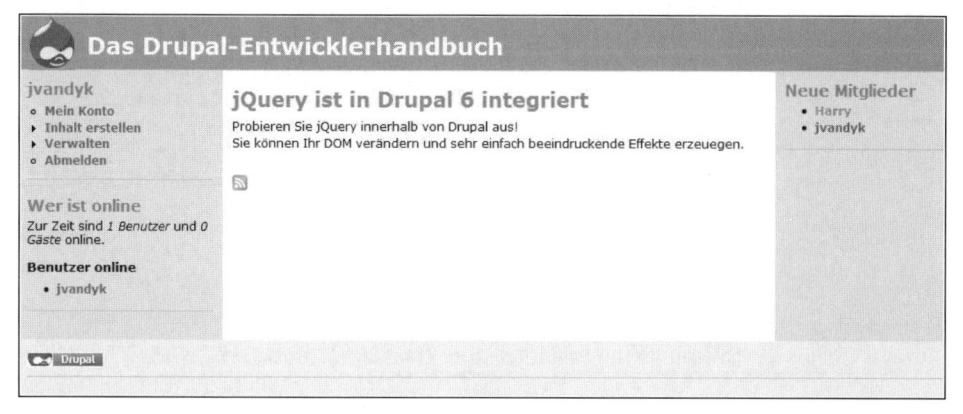

Abbildung 17.6: Nach dem Anklicken der Schaltfläche Show blocks werden die Blöcke wieder sichtbar

17.4.8 Überschreibbarer JavaScript-Code

Der Code in *blockaway.module* ist einfach und leicht zu verstehen. Er stellt einfach nur sicher, dass die Datei *blockaway.js* berücksichtigt wird. Allerdings wäre es bei einem umfangreicheren Modul für andere Benutzer besser, den Funktionsaufruf `drupal_add_js()` statt in `hook_init()` in eine Theme-Funktion einzubinden. Auf diesem Wege können Benutzer, die den JavaScript-Code ändern möchten, Ihr Modul ohne Änderung des Modul-Codes verwenden (lesen Sie in Kapitel 8, wie das Theme-System dieses Wunder vollbringt). Der folgende Code ist eine überarbeitete Version des Moduls *blockaway*, das die Theme-Funktion mit `hook_theme` deklariert, den Aufruf `drupal_add_js()` in die Theme-Funktion verschiebt und die Theme-Funktion von `hook_init()` aufruft. Die Funktionalität ist die gleiche, doch die Datei *blockaway.js* kann nun durch clevere Entwickler umgangen werden.

```
<?php
// $Id$
/**
 * @file
 * Verwenden Sie dieses Modul, um etwas über jQuery zu lernen.
```

```
 */
/**
 * Implementierung von hook_init().
 */
function blockaway_init() {
  theme('blockaway_javascript');
}
/**
 * Implementierung von hook_theme().
 * Registriert die Theme-Funktion.
 */
function blockaway_theme() {
  return array(
    'blockaway_javascript' => array(
      'arguments' => array(),
    ),
  );
}
/**
 * Die Theme-Funktion, die sicherstellt, dass unsere JavaScript-
 * Datei eingeschlossen wird.
 */
function theme_blockaway_javascript() {
  drupal_add_js(drupal_get_path('module', 'blockaway') .'/blockaway.js');
}
```

Fahren wir fort und sehen uns an, wie diese Lösung funktioniert. Wir werden das durch das Modul bereitgestellte JavaScript mit JavaScript überschreiben, das vom Theme kommt. Kopieren Sie *sites/all/modules/custom/blockaway/blockaway.js* in Ihr aktuelles Theme – beispielsweise *themes/garland/blockaway.js*. Lassen Sie uns die JavaScript-Datei leicht verändern, sodass wir erkennen können, welche Datei verwendet wird. Ändern Sie den Effekt von slideDown("slow") in fadeIn(5000). Dies führt dazu, dass die Blöcke fünf Sekunden zum Einblenden benötigen. Hier folgt die neue Datei:

```
// $Id$
/**
 * Blendet die Blöcke in den Sidebars aus und macht sie anschließend
 * beim Anklicken einer Schaltfläche wieder sichtbar.
 */
if (Drupal.jsEnabled) {
  $(document).ready(function() {
    // Ruft alle div-Elemente der Klasse 'block' in der linken
    // Sidebar ab. Fügt alle div-Elemente der Klasse 'block' aus der
    // rechten Sidebar hinzu.
    var blocks = $('#sidebar-left div.block, #sidebar-right
      div.block');
    // Blendet sie aus.
    blocks.hide();
```

17.4 jQuery in Drupal

```
      // Fügt eine Schaltfläche hinzu, die bei Betätigung die Blöcke
      // wieder erscheinen lässt. Übersetzt die Strings mit Drupal.t()
      // wie t() im PHP-Code.
      var text = Drupal.t('Show Blocks');
      $('#sidebar-left').prepend('<div id="collapsibutton">' + text +
        '</div>');
      $('#collapsibutton').css({
        'width': '90px',
        'border': 'solid',
        'border-width': '1px',
        'padding': '5px',
        'background-color': '#fff'
      });
      // Fügt einen Handler hinzu, der sofort beim Anklicken der
      // Schaltfläche ausgeführt wird.
      $('#collapsibutton').one('click', function() {
        // Schaltfläche ist angeklickt und wird entfernt.
        $('#collapsibutton').remove();
        // Zeigt alle versteckten Blöcke mit einem Effekt an.
        blocks.fadeIn(5000);
      });
    });
}
```

Die letzte Änderung, die wir vornehmen müssen, besteht darin, Drupal anzuweisen, diese neue JavaScript-Datei statt der in *sites/all/modules/custom/blockaway* zu laden. Dies erreichen wir durch Überschreiben der Theme-Funktion. Fügen Sie folgende Funktion zur Datei *template.php* Ihres Themes hinzu (sollte Ihr Theme keine *template.php*-Datei haben, erstellen Sie eine):

```php
<?php
// $Id$
/**
 * Überschreibt theme_blockaway_javascript() mit
 * folgender Funktion.
 */
function phptemplate_blockaway_javascript() {
  drupal_add_js(path_to_theme() . '/blockaway.js');
}
```

Wenn Sie sich jetzt eine Seite mit Ihrem Webbrowser ansehen, sollte die Schaltfläche BLÖCKE ANZEIGEN zu sehen sein. Ein Klick darauf sollte die Blöcke mit einem allmählichen Einblendeffekt statt mit dem Verschiebeeffekt sichtbar machen, den wir vorher verwendet haben. Glückwunsch! Sie haben gelernt, wie Sie jQuery in Ihrem Modul verwenden und wie Sie damit Code auf eine Art und Weise schreiben, die anderen Entwickler entgegenkommt. Gleichzeitig haben Sie erfahren, wie Sie JavaScript-Dateien sauber überschreiben oder verbessern können, die von anderen genauso zuvorkommenden Modul-Entwicklern bereitgestellt wurden.

Bevor wir dieses Beispiel abschließen, lassen Sie mich demonstrieren, wie eine Template-Datei überschrieben wird. Zunächst entfernen Sie die Funktion `phptemplate_blockaway_javascript()`, die Sie zur Datei *template.php* hinzugefügt hatten. Danach erstellen Sie in Ihrem aktuellen Theme eine leere Datei namens *blockaway-javascript.tpl.php*. Wenn Sie zum Beispiel das Theme Garland verwenden, erstellen Sie *themes/garland/blockaway-javascript.tpl.php*. Fügen Sie nichts in diese Datei ein. Gehen Sie jetzt zu VERWALTEN > STRUKTURIERUNG > MODULE. Durch den Aufruf dieser Seite wird die Theme-Registry neu erstellt. Drupal findet die Template-Datei und verwendet sie statt der Theme-Funktion in Ihrem Modul. Als Ergebnis dessen wird *blockaway.js* niemals geladen. Sie haben die Theme-Funktion im Grunde genommen durch die Erstellung einer leeren Template-Datei auskommentiert (denken Sie an Kapitel 8, in dem wir festgestellt haben, dass Drupal bei der Erstellung der Theme-Registry nach Template-Dateien und anschließend nach Theme-Funktionen sucht).

Fügen Sie jetzt Folgendes zur Datei *blockaway-javascript.tpl.php* hinzu:

```
<?php drupal_add_js(path_to_theme() . '/blockaway.js'); ?>
```

Bei erneutem Laden Ihrer Seite sollten Sie sehen, dass die JavaScript-Datei nun geladen wird. Erkennen Sie, wie Sie diese Technik nutzen können, um Ihre eigene verbesserte JavaScript-Datei in einem Modul von Drittherstellern einzusetzen oder eine bestimmte JavaScript-Datei vom Laden abzuhalten?

> **Hinweis**
>
> Sie können `drupal_add_js()` nicht aus *page.tpl.php* oder irgendeiner anderen Theme-Funktion heraus aufrufen, die (wie Blöcke) während der Präprozessor-Phase aufgerufen werden, da diese im Seitenaufbauprozess zu spät ausgeführt werden. In *modules/block/block-admin-display-form.tpl.php* finden Sie ein Beispiel einer Core-Template-Datei, die JavaScript hinzufügt.

17.5 Ein Abstimmungs-Widget mit jQuery erstellen

Wir wollen nun ein etwas umfangreicheres Drupal-Modul mit jQuery erstellen, nämlich ein AJAX-Abstimmungs-Widget wie in Abbildung 17.7, mit dem Benutzer eine einzelne Bewertung zu einer beliebigen Mitteilung hinzufügen können. Wir verwenden jQuery, um die Stimmabgabe zu übertragen und den Gesamtwert ohne erneutes Laden der gesamten Seite zu ändern. Zusätzlich fügen wir eine rollenbasierte Berechtigung hinzu, sodass nur Benutzer mit der Berechtigung *rate content* Wertungen abgeben können. Da Benutzer nur einen Punkt pro Abstimmung hinzufügen können, nennen wir das Modul *plusone*.

17.5 Ein Abstimmungs-Widget mit jQuery erstellen

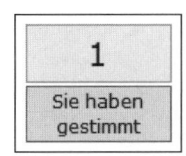

Abbildung 17.7: Das Abstimmungs-Widget

Wir müssen uns zunächst um die grundlegende Modulgestaltung kümmern, bevor wir zum eigentlichen jQuery-Teil von *plusone* kommen. Sehen Sie sich bitte Kapitel 2 an, wenn Sie zuvor noch kein Modul erstellt haben. Andernfalls lassen Sie uns beginnen.

Erstellen Sie ein Verzeichnis in *sites/all/modules/custom* (vielleicht müssen Sie *sites/all/modules/custom* auch vorher anlegen) und nennen Sie es *plusone*. Im Verzeichnis *plusone* erstellen Sie die Datei *plus1.info*, die folgende Zeilen enthält:

```
; $Id$
name = Plus One
description = "A +1 voting widget for nodes. "
package = Pro Drupal Development
core = 6.x
```

Diese Datei registriert das Modul in Drupal, sodass es in der Verwaltungsoberfläche aktiviert bzw. deaktiviert werden kann.

Als Nächstes erstellen Sie die Datei *plusone.install*. Die Funktionen innerhalb dieser PHP-Datei werden aufgerufen, wenn das Modul aktiviert, deaktiviert, installiert oder deinstalliert wird, was normalerweise beim Erstellen oder Löschen von Tabellen der Datenbank der Fall ist. In unserem Beispiel möchten wir verfolgen können, wer in welchem Node abgestimmt hat:

```
<?php
// $Id$
/**
 * Implementierung von hook_install().
 */
function plusone_install() {
  // Erstellt Tabellen.
  drupal_install_schema('plusone');
}
/**
 * Implementierung von hook_uninstall().
 */
function plusone_uninstall() {
  // Entfernt Tabellen.
  drupal_uninstall_schema('plusone');
}
/**
```

```
 * Implementierung von hook_schema().
 */
function plusone_schema() {
  $schema['plusone_votes'] = array(
    'description' => t('Stores votes from the plusone module.'),
    'fields' => array(
      'uid' => array(
        'type' => 'int',
        'not null' => TRUE,
        'default' => 0,
        'description' => t('The {user}.uid of the user casting the
          vote.'),
      ),
      'nid' => array(
        'type' => 'int',
        'not null' => TRUE,
        'default' => 0,
        'description' => t('The {node}.nid of the node being voted
          on.'),
      ),
      'vote_count' => array(
        'type' => 'int',
        'not null' => TRUE,
        'default' => 0,
        'description' => t('The number of votes cast.'),
      ),
    ),
    'primary key' => array('uid', 'nid'),
    'indexes' => array(
      'nid' => array('nid'),
      'uid' => array('uid'),
    ),
  );
  return $schema;
}
```

Fügen Sie auch die Datei *sites/all/modules/custom/plusone/plusone.css* hinzu. Sie wird nicht unbedingt benötigt, lässt aber das Abstimmungs-Widget in der Anzeige etwas schöner erscheinen (siehe Abbildung 17.8).

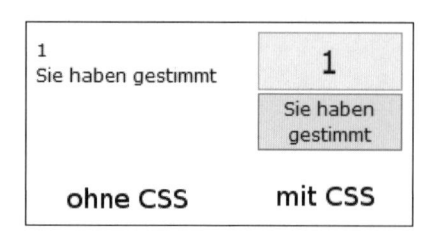

Abbildung 17.8: Vergleich des Abstimmungs-Widgets mit und ohne CSS

Fügen Sie folgenden Inhalt zu *plusone.css* hinzu:

```css
div.plusone-widget {
  width: 100px;
  margin-bottom: 5px;
  text-align: center;
}
div.plusone-widget .score {
  padding: 10px;
  border: 1px solid #999;
  background-color: #eee;
  font-size: 175%;
}
div.plusone-widget .vote {
  padding: 1px 5px;
  margin-top: 2px;
  border: 1px solid #666;
  background-color: #ddd;
}
```

Da Sie jetzt die Unterstützungsdateien erstellt haben, können wir uns auf die Moduldatei und die jQuery-JavaScript-Datei konzentrieren. Erstellen Sie zwei leere Dateien: *sites/all/modules/custom/plusone/plusone.js* und *sites/all/modules/custom/plusone/plusone.module*. In den nächsten Schritten werden Sie nach und nach Code zu diesen Dateien hinzufügen. Zusammenfassend gesagt, sollten Sie über die folgenden Dateien verfügen:

```
sites/
  all/
    modules/
      custom/
        plusone/
          plusone.js
          plusone.css
          plusone.info
          plusone.install
          plusone.module
```

17.5.1 Das Modul erstellen

Öffnen Sie die leere Datei *plusone.module* in einem Texteditor und fügen Sie die standardmäßige Dokumentation des Drupal-Headers hinzu:

```php
<?php
// $Id$
/**
 * @file
 * Ein einfaches +1-Abstimmungs-Widget.
 */
```

Als Nächstes fangen Sie mit dem Drupal-Hook an, die Sie verwenden wollen. Ein einfacher ist `hook_perm()`, mit dem Sie die Berechtigung *rate content* zur Steuerungsseite für den rollenbasierten Zugriff hinzufügen können. Diese Berechtigung dient dazu, anonyme Benutzer von der Abstimmung fernzuhalten, sodass diese zunächst ein Konto erstellen oder sich anmelden müssen.

```
/**
 * Implementierung von hook_perm().
 */
function plusone_perm() {
  return array('rate content');
}
```

Nun beginnen Sie, AJAX-Funktionalität einzuführen. Eine der großen Stärken von jQuery ist die Fähigkeit, dass Sie eigene `GET`- oder `POST`-HTTP-Abfragen einreichen können, wodurch die Abstimmung ohne Aktualisierung der gesamten Seite durchgeführt werden kann. jQuery fängt den Klick auf den Abstimmungslink ab und sendet eine Anforderung an Drupal, die die aktualisierte Gesamtzahl zurückgibt. Anschließend verwendet jQuery diesen neuen Wert zur Aktualisierung des Stands auf der Seite. Abbildung 17.9 zeigt einen Gesamtüberblick des Vorgangs.

Sobald jQuery den Klick auf den Abstimmungslink abgefangen hat, muss es in der Lage sein, eine Drupal-Funktion über einen URL aufzurufen. Wir nutzen `hook_menu()`, um den von jQuery eingereichten Abstimmungs-URL auf eine Drupal-PHP-Funktion abzubilden. Die PHP-Funktion speichert die Abstimmung in der Datenbank und gibt den neuen Stand in JSON-Form (JavaScript Object Notation) an jQuery zurück. (Richtig, wir verwenden also nicht XML, weswegen es streng genommen kein AJAX ist.)

```
/**
 * Implementierung von hook_menu().
 */
function plusone_menu() {
  $items['plusone/vote'] = array(
    'page callback' => 'plusone_vote',
    'access arguments' => array('rate content'),
    'type' => MENU_CALLBACK,
  );
  return $items;
}
```

In der vorstehenden Funktion wird jede eingehende Anforderung des Pfads *plusone/vote* durch die Funktion `plusone_vote()` verarbeitet, wenn der anfordernde Benutzer über die Berechtigung *rate content* verfügt.

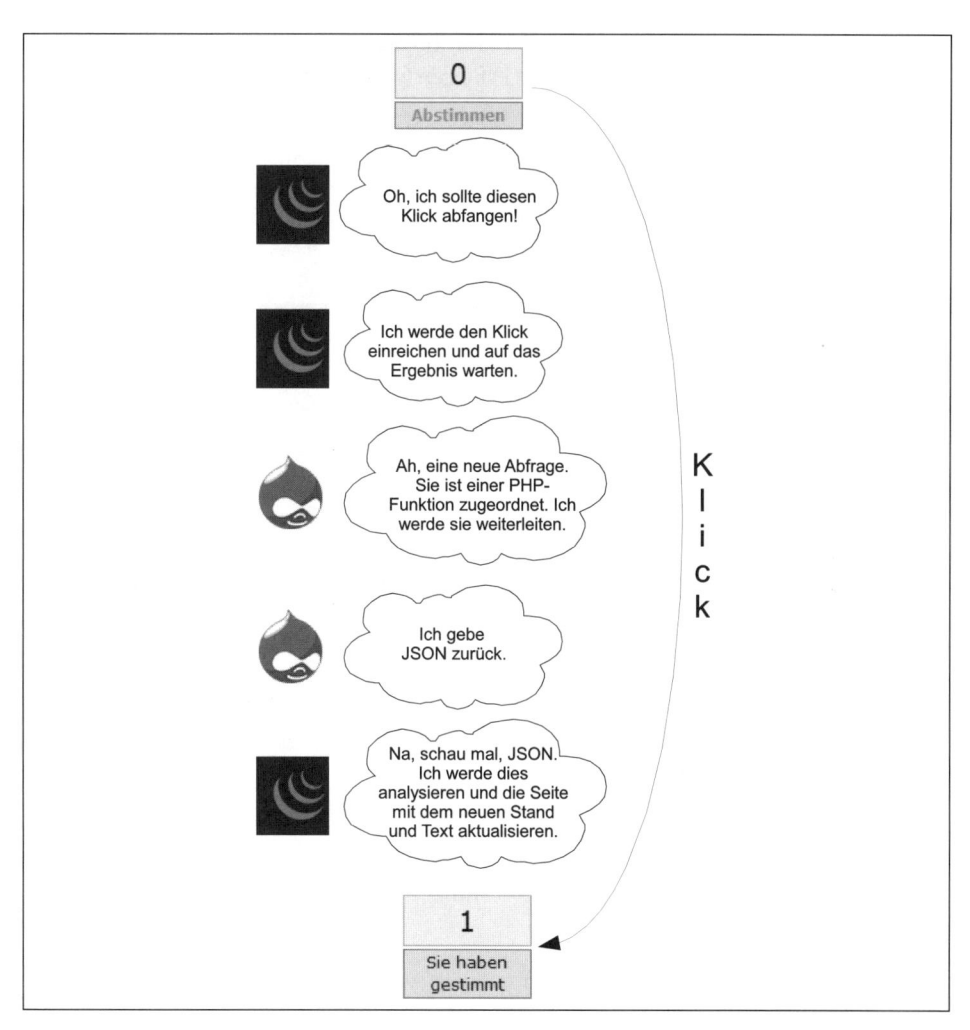

17.5 Ein Abstimmungs-Widget mit jQuery erstellen

Abbildung 17.9: Übersicht über den Aktualisierungsvorgang bei der Abstimmung

> **Hinweis**
>
> Wenn der ausführende Benutzer nicht über die Berechtigung *rate content* verfügt, gibt Drupal die Seite »Zugriff verweigert« zurück. Doch wollen wir unser Abstimmungs-Widget dynamisch gestalten und erreichen, dass nicht berechtigte Benutzer gar keinen Abstimmungslink sehen können. Beachten Sie, wie das Berechtigungssystem von Drupal uns vor diesen ruchlosen Leuten schützt, die unser Widget durch direkte Eingabe des Links *http://example.com/?q=plusone/vote* umgehen wollen.

Der Pfad plusone/vote/3 wird zum PHP-Funktionsaufruf plusone_vote(3). (Mehr über das Menü/Callback-System von Drupal erfahren Sie in Kapitel 4.)

```
/**
 * Wird von jQuery oder dem Browser aufgerufen, wenn JavaScript
 * deaktiviert ist. Reicht die Abstimmungs-Anforderung ein. Gibt
 * JSON zurück, wenn es von jQuery aufgerufen wird. Gibt die Seite
 * mit der aktualisierten Abstimmung zurück, wenn sie vom Browser
 * aufgerufen wird.
 */
function plusone_vote($nid) {
  global $user;
  $nid = (int)$nid;
  // Autoren dürfen ihre eigenen Mitteilungen nicht bewerten. Wir
  // überprüfen die Node-Tabelle, um festzustellen, ob der Benutzer
  // der Autor der Mitteilung ist.
  $is_author = db_result(db_query('SELECT uid FROM {node} WHERE nid
    = %d AND uid = %d', $nid, $user->uid));
  if ($nid > 0 && !$is_author) {
    // Ruft die aktuelle Bewertungszahl für diesen Benutzer ab.
    $vote_count = plusone_get_vote($nid, $user->uid);
    if (!$vote_count) {
      // Löscht den bestehenden Abstimmungsstand für diesen
      // Benutzer.
      db_query('DELETE FROM {plusone_votes} WHERE uid = %d AND nid =
        %d', $user->uid, $nid);
      db_query('INSERT INTO {plusone_votes} (uid, nid, vote_count)
        VALUES (%d, %d, %d)', $user->uid, $nid, $vote_count + 1);
      watchdog('plusone', 'Vote by @user on node @nid.', array(
        '@user' => $user->name, '@nid' => $nid));
    }
  }
  // Ruft die neue Gesamtzahl für die Anzeige im Widget ab.
  $total_votes = plusone_get_total($nid);
  // Überprüft, ob jQuery den Autrut gestartet hat. Der AJAX- Aufruf
  // verwendete die Methode POST und übertrug das
  // Schlüssel/Wert-Paar js = 1.
  if (!empty($_POST['js'])) {
    // jQuery hat den Aufruf durchgeführt.
    // Gibt die Ergebnisse der Anforderung von jQuery zurück.
    drupal_json(array(
      'total votes' => $total_votes,
      'voted' => t('You voted')
      )
    );
    exit();
  }
  // Es war ein Nicht-JavaScript-Aufruf. Zeigt die gesamte Seite
  // erneut mit dem aktualisierten Abstimmungsstand durch Umleitung
```

17.5 Ein Abstimmungs-Widget mit jQuery erstellen

```
  // auf node/$nid an (oder auf jeden anderen URL-Alias, der für
  // node/$nid eingerichtet wurde).
  $path = drupal_get_path_alias('node/'. $nid);
  drupal_goto($path);
}
```

Die vorstehende Funktion `plusone_vote()` speichert die aktuelle Abstimmung und gibt die Information in Form eines assoziativen Arrays an jQuery zurück, das den neuen Stand und den String *Sie haben gestimmt* enthält, der den Text *Abstimmen* unterhalb des Abstimmungs-Widgets ersetzt. Dieses Array wird an `drupal_json()` übergeben, die PHP-Variablen in ihre JavaScript-Gegenstücke umwandelt. In diesem Fall wird ein assoziatives Array in ein JavaScript-Objekt umgewandelt und die HTTP-Header in `Content-type: text/javascript`. Weitere Informationen über JSON finden Sie unter *http://de.wikipedia.org/wiki/JSON*.

Beachten Sie, dass wir die vorstehende Funktion geschrieben haben, um eine elegante Ausweichmöglichkeit zu haben. Wenn wir den jQuery-Code schreiben, stellen wir sicher, dass der AJAX-Aufruf von jQuery einen Parameter übergibt, der `js` genannt wird und die Methode `POST` verwendet. Ist `js` nicht vorhanden, wissen wir, dass der Benutzer auf die Abstimmungsschaltfläche geklickt hat und der Browser selbst den Pfad anfordert – beispielsweise *plusone/vote/3*. In diesem Fall geben wir kein JSON zurück, da der Browser eine reguläre HTML-Seite erwartet. Stattdessen aktualisieren wir den Stand der Abstimmung, um die Tatsache widerzuspiegeln, dass der Benutzer abgestimmt hat. Anschließend leiten wir den Browser wieder zur ursprünglichen Seite um, die von Drupal neu erstellt wird, und zeigen den neuen Abstimmungsstand an.

Wir haben im vorstehenden Code `plusone_get_vote()` und `plusone_get_total()` aufgerufen, also erstellen wir nun diese Funktionen:

```
/**
 * Gibt die Anzahl der Abstimmungen eines gegebenen Node-ID/User-ID-
 * Paares zurück.
 */
function plusone_get_vote($nid, $uid) {
  return (int)db_result(db_query('SELECT vote_count FROM
    {plusone_votes} WHERE nid = %d AND uid = %d', $nid, $uid));
}
/**
 * Gibt den gesamten Abstimmungsstand für einen Node zurück.
 */
function plusone_get_total($nid) {
  return (int)db_result(db_query('SELECT SUM(vote_count) FROM
    {plusone_votes} WHERE nid = %d', $nid));
}
```

Konzentrieren wir uns nun darauf, das Abstimmungs-Widget neben den Postings erscheinen zu lassen. Dazu sind zwei Schritte nötig. Zuerst definieren wir einige Variablen in der Funktion `plusone_widget()`. Anschließend übergeben wir sie an eine Theme-Funktion. Hier folgt der erste Teil:

```
/**
 * Erstellt ein Abstimmungs-Widget zur Anzeige auf der Webseite.
 */
function plusone_widget($nid) {
  global $user;
  $total = plusone_get_total($nid);
  $is_author = db_result(db_query('SELECT uid FROM {node} WHERE nid
    = %d AND uid = %d', $nid, $user->uid));
  $voted = plusone_get_vote($nid, $user->uid);
  return theme('plusone_widget', $nid, $total, $is_author, $voted);
}
```

Denken Sie daran, dass wir das Vorhandensein eines mit einem Theme versehenen Elements Drupal über `hook_theme()` bekanntgeben müssen, sodass es in die Theme-Registry übernommen wird. Fahren wir fort:

```
/**
 * Implementierung von hook_theme().
 * Gibt Drupal unsere Theme-Funktion bekannt.
 */
function plusone_theme() {
  return array(
    'plusone_widget' => array(
      'arguments' => array('nid', 'total', 'is_author', 'voted'),
    ),
  );
}
```

Nun benötigen wir noch die eigentliche Theme-Funktion. Beachten Sie, dass wir dort unsere JavaScript- und CSS-Dateien einbinden.

```
/**
 * Theme für das Abstimmungs-Widget.
 */
function theme_plusone_widget($nid, $total, $is_author, $voted) {
  // Lädt die JavaScript- und CSS-Dateien.
  drupal_add_js(drupal_get_path('module', 'plusone') .'/plusone.js');
  drupal_add_css(drupal_get_path('module', 'plusone') .'/plusone.css');
  $output = '<div class="plusone-widget">';
  $output .= '<div class="score">'. $total .'</div>';
  $output .= '<div class="vote">';
  if ($is_author) {
    // Benutzer ist Autor; Abstimmung wird verweigert.
    $output .= t('Votes');
```

17.5 Ein Abstimmungs-Widget mit jQuery erstellen

```
  }
  elseif ($voted) {
    // Benutzer hat bereits abgestimmt; keine erneute Abstimmung
    // möglich.
    $output .= t('You voted');
  }
  else {
    // Benutzer ist zur Abstimmung berechtigt
    $output .= l(t('Vote'), "plusone/vote/$nid", array(
      'attributes' => array('class' => 'plusone-link')
    ));
  }
  $output .= '</div>'; // Schließt div mit der Klasse "vote".
  $output .= '</div>'; // Schließt div mit der Klasse "plusone-
                      // widget".
  return $output;
}
```

In plusone_widget() im vorstehenden Code haben wir einige Variablen gesetzt und dann die Aktivierung des Themes für das Widget an eine von uns erstellte benutzerdefinierte Funktion namens theme_plusone_widget() übergeben. Denken Sie daran, dass theme('plusone_widget') tatsächlich theme_plusone_widget() aufruft (in Kapitel 8 erfahren Sie, wie dies funktioniert). Die Erstellung einer separaten Theme-Funktion statt des HTML-Codes innerhalb der Funktion plusone_widget() ermöglicht Designern, diese Funktion zu überschreiben, wenn sie das Markup ändern möchten.

Unsere Theme-Funktion theme_plusone_widget() stellt sicher, dass Klassenattribute für die HTML-Schlüsselelemente hinzugefügt werden, um die Verknüpfung dieser Elemente innerhalb von jQuery einfach zu gestalten. Schauen Sie sich auch den URL des Links an. Er zeigt auf *plusone/vote/$nid*, wobei $nid die eigentliche Node-ID der Mitteilung ist. Wenn ein Benutzer auf den Link klickt, wird dieser Vorgang abgefangen und von jQuery statt Drupal durchgeführt. Dies geschieht, weil wir jQuery so eingerichtet haben, dass es auf ein onClick-Ereignis für diesen Link wartet. Haben Sie gesehen, wie wir den CSS-Selektor plusone-link beim Erstellen des Links definiert haben? Beachten Sie, dass dieser Selektor später in Ihrem JavaScript als a.plusone-link erscheint. Dies ist ein Anker-HTML-Element (<a>) mit der CSS-Klasse plusone-link.

Der HTML-Code für das Widget, das auf der Seite *http://example.com/?q=node/4* erscheinen soll, sieht wie folgt aus:

```
<div class="plusone-widget">
  <div class="score">0</div>
  <div class="vote">
    <a class="plusone-link" href="/plusone/vote/4">Vote</a>
  </div>
</div>
```

Die Funktion `theme_plusone_widget()` generiert das Abstimmungs-Widget, das zum Browser gesendet wird. Sie wollen, dass dieses Widget in Node-Ansichten erscheint, sodass Benutzer es zur Abstimmung über den Node verwenden können, den sie sich ansehen. Können Sie sich vorstellen, welcher Drupal-Hook geeignet wäre? Es ist Ihr alter Freund `hook_nodeapi()`, der uns ermöglicht, jeden Node bei seiner Erstellung zu ändern.

```
/**
 * Implementierung von hook_nodeapi().
 */
function plusone_nodeapi(&$node, $op, $teaser, $page) {
  switch ($op) {
    case 'view':
      // Zeigt das Widget, aber nur, wenn der gesamte Node angezeigt
      // wird.
      if (!$teaser) {
        $node->content['plusone_widget'] = array(
          '#value' => plusone_widget($node->nid),
          '#weight' => 100,
        );
      }
      break;
    case 'delete':
      // Der Node wird samt den zugehörigen Abstimmungsdaten
      // gelöscht.
      db_query('DELETE FROM {plusone_vote} WHERE nid = %d',
        $node->nid);
      break;
  }
}
```

Wir setzen das Element `weight` auf eine große (oder »schwere«) Zahl, sodass es eher am unteren Ende der Seite als am oberen angezeigt wird. Außerdem fügen wir einen `delete`-Fall ein, um Abstimmungsaufzeichnungen zu löschen, wenn der entsprechende Node gelöscht wird.

Das ist alles für den Inhalt von *plusone.module*. Was zur Komplettierung unseres Moduls noch fehlt, ist der jQuery-Code in *plusone.js*, der den AJAX-Aufruf ausführt, den Abstimmungsstand aktualisiert und den String `Abstimmen` in `Sie haben gestimmt` ändert.

```
// $Id$
// Wird nur ausgeführt, wenn wir uns in einem unterstützten Browser
// befinden.
if (Drupal.jsEnabled) {
  // Führt folgenden Code aus, wenn das DOM vollständig geladen ist.
  $(document).ready(function () {
    // Hängt etwas Code an das Klick-Ereignis für den
```

17.5 Ein Abstimmungs-Widget mit jQuery erstellen

```
    // Link der Klasse "plusone-link" an.
    $('a.plusone-link').click(function () {
      // Legt bei einem Klick zunächst eine anonyme Funktion
      // für die Variable voteSaved fest.
      var voteSaved = function (data) {
        // Aktualisiert die Anzahl der Abstimmungen.
        $('div.score').html(data.total_votes);
        // Aktualisiert in der deutschen Sprachumgebung
        //den String "Abstimmen" auf "Sie haben gestimmt".
        $('div.vote').html(data.voted);
      }
      // Führt einen AJAX-Aufruf durch, wenn die anonyme
      // Funktion in voteSaved ausgeführt wird.
      $.ajax({
        type: 'POST', // Verwendet die Post-Methode.
        url: this.href,
        dataType: 'json',
        success: voteSaved,
        data: 'js=1' // Übergibt ein Schlüssel/Wert-Paar.
      });
      // Hält den Browser von der Verarbeitung des Klicks ab.
      return false;
    });
  });
}
```

Sie sollten den gesamten jQuery-Code in einen `drupal.jsEnabled`-Test einschließen. Dieser Test stellt sicher, dass bestimmte DOM-Methoden innerhalb des aktuellen Browsers unterstützt werden (ist dies nicht der Fall, wäre es sinnlos, unseren JavaScript-Code auszuführen).

Dieses JavaScript fügt einen Event-Listener zu `a.plusone-link` hinzu (erinnern Sie sich, wie wir `plusone-link` als CSS-Klassenselektor festgelegt haben?), sodass bei einem Klick auf den Link eine HTTP-Post-Anforderung an den angegebenen URL ausgelöst wird. Der vorstehende Code demonstriert außerdem, wie jQuery Daten zu Drupal zurückübergeben kann. Nachdem die AJAX-Abfrage abgeschlossen ist, wird der (von Drupal übergebene) Rückgabewert als Parameter `data` an die anonyme Funktion übergeben, die der Variable `voteSaved` zugewiesen ist. Das Array wird von den Schlüsseln der assoziativen Arrays referenziert, die anfangs in der Funktion `plusone_vote()` innerhalb von Drupal erstellt wurden. Abschließend aktualisiert das JavaScript den Stand der Abstimmung und ändert den Text *Abstimmen* in *Sie haben gestimmt*.

Um die Seite davon abzuhalten, vollständig neu geladen zu werden (da JavaScript den Klick verarbeitet hat), wird von der JavaScript-jQuery-Funktion der Wert `false` zurückgegeben.

17.5.2 Drupal.behaviors verwenden

Das Zusammenspiel mit JavaScript funktioniert, indem Verhalten (sprich Aktionen, die durch Ereignisse wie Mausklicks ausgelöst werden) an Elemente des DOM angefügt werden. Eine Änderung im DOM kann dazu führen, dass diese Verbindung verloren geht. Obwohl die gerade verwendete Datei *plusone.js* gut für eine einfache Drupal-Site geeignet ist, kann es doch Probleme geben, wenn andere JavaScript-Dateien das DOM verändern. Drupal stellt ein zentrales Objekt namens *Drupal.behaviors* bereit, mit dem JavaScript-Funktionen zusammenarbeiten können, um die Neuverbindung von Verhalten sicherzustellen, falls dies notwendig ist. Die folgende Version von *plusone.js* erlaubt genau wie die vorherige die Abstimmung über AJAX und stellt zusätzlich die Bindungen durch Registrierung in *Drupal.behaviors* sicher:

```
// $Id$
Drupal.behaviors.plusone = function (context) {
  $('a.plusone-link:not(.plusone-processed)', context)
  .click(function () {
    var voteSaved = function (data) {
      $('div.score').html(data.total_votes);
      $('div.vote').html(data.voted);
    }
    $.ajax({
      type: 'POST',
      url: this.href,
      dataType: 'json',
      success: voteSaved,
      data: 'js=1'
    });
    return false;
  })
  .addClass('plusone-processed');
}
```

Beachten Sie, dass wir `Drupal.jsEnabled` nicht testen müssen, da Drupal dies nun für uns übernimmt. Weitere Informationen über *Drupal.behaviors* finden Sie in *misc/drupal.js*.

17.5.3 Erweiterungsmöglichkeiten für dieses Modul

Eine schöne Erweiterung für dieses Modul bestünde darin, dem Site-Administrator zu ermöglichen, das Abstimmungs-Widget nur für bestimmte Node-Typen zu aktivieren. Dazu könnten Sie wie in Kapitel 2 vorgehen, in dem wir Ähnliches für das Modul *node annotation* eingerichtet haben. Dann müssten Sie überprüfen, ob die Abstimmung für ein gegebenes Modul innerhalb von `hook_nodeapi('view')` vor dem Hinzufügen des Widgets aktiviert war oder nicht. Es gibt viele weitere mögliche Verbesserungen, wie die Gewichtung von Abstimmungen aufgrund der Rolle oder die

Beschränkung eines Benutzers auf eine festgelegte Anzahl von Abstimmungen innerhalb von 24 Stunden. Das hier vorgestellte Modul sollte einfach bleiben, um die Interaktion zwischen Drupal und jQuery hervorzuheben.

17.5.4 Kompatibilität

Angaben zur jQuery-Kompatibilität sowie viele weitere Informationen über jQuery können unter *http://docs.jquery.com* gefunden werden. Kurz gesagt, unterstützt jQuery folgende Browser:

- Internet Explorer 6.0 und höher
- Mozilla Firefox 1.5 und höher
- Apple Safari 2.0.2 und höher
- Opera 9.0 und höher

Detailliertere Informationen über die Kompatibilität von Browsern finden Sie unter *http://docs.jquery.com/Browser_Compatibility*.

17.6 Die nächsten Schritte

Um mehr darüber zu erfahren, wie Drupal jQuery nutzt, schauen Sie sich das Verzeichnis *misc* Ihrer Drupal-Installation an. Dort werden Sie die JavaScript-Dateien finden, die für die automatische Vervollständigung der Formularfelder, die Batch-Verarbeitung, die Reduzierung von Feldgruppen, die Erstellung von Fortschrittsbalken, verschiebbare Tabellenspalten und vieles mehr verantwortlich sind. Sehen Sie sich auch die Drupal JavaScript Group unter *http://groups.drupal.org/javascript* an.

17.7 Zusammenfassung

In diesem Kapitel haben Sie Folgendes gelernt:

- Was jQuery ist
- Die allgemeinen Prinzipien, nach denen jQuery funktioniert
- Wie Sie JavaScript-Dateien in Ihr Modul einbinden
- Wie jQuery und Drupal zusammenarbeiten, um Abfragen und Daten auszutauschen
- Wie Sie ein einfaches Abstimmungs-Widget erstellen können

18 Lokalisierung und Übersetzung

Lokalisierung bedeutet, Strings in der Benutzeroberfläche durch für den Standort des Benutzers übersetzte zu ersetzen. Drupal wird von einer internationalen Community entwickelt und eingesetzt. Daher unterstützt es standardmäßig die Lokalisierung und bietet auch eine Theming-Unterstützung für Sprachen, die von rechts nach links geschrieben werden, wie Arabisch oder Hebräisch. In diesem Kapitel sehen Sie, wie Sie die Lokalisierung aktivieren und wie Sie Drupals eingebaute Strings durch die Übersetzung der Benutzeroberfläche wahlweise durch eigene ersetzen. Danach schauen wir uns vollständige Übersetzungen an und lernen, wie sie erstellt, importiert und exportiert werden. Schließlich untersuchen wir Drupals Fähigkeit, denselben Inhalt in mehreren Sprachen darzustellen (z. B. für eine kanadische Website, die den Inhalt in Englisch und Französisch anzeigt), und lernen, wie Drupal die geeignete Sprache für die Anzeige auswählt.

18.1 Das Locale-Modul aktivieren

Das Locale-Modul, das Funktionen für den Umgang mit Sprachen und Übersetzungen der Benutzeroberfläche bereitstellt, wird bei der Installation von Drupal standardmäßig nicht aktiviert. Das steht in Einklang mit der Philosophie hinter Drupal, Funktionen nur bei Bedarf zu aktivieren. Sie können das Locale-Modul unter VERWALTEN > STRUKTURIERUNG > MODULE aktivieren. Wenn Drupal in einer anderen Sprache als Englisch installiert wird, erfolgt die Aktivierung des Moduls während des Installationsvorgangs. Die Beispiele in diesem Kapitel setzen voraus, dass das Locale-Modul aktiviert ist.

18.2 Übersetzung der Benutzeroberfläche

Die Oberfläche von Drupal besteht aus Wörtern, Wendungen und Sätzen, über die die Kommunikation mit dem Benutzer erfolgt. In den folgenden Abschnitten sehen Sie, wie sie geändert werden können. Unsere Beispiele konzentrieren sich auf das Ersetzen von Strings, da hier die Grundlage einer Übersetzung das Ersetzen von Strings ist.

18.2.1 Strings

Aus der Sicht eines Programms ist ein String eine Folge von Zeichen, z. B. der aus fünf Zeichen bestehende String `Hello`. Die Übersetzung von Strings bildet die Grundlage für die Übersetzung der Benutzeroberfläche von Drupal. Wenn Drupal einen String zur Ausgabe vorbereitet, überprüft es, ob er übersetzt werden muss. Ist also die englische Sprache aktiviert, wird das Wort HELLO angezeigt, und ist die französische aktiviert, das Wort BONJOUR. Untersuchen wir nun den genauen Ablauf.

18.2.2 Strings mit t() übersetzen

Alle Strings, die der Endbenutzer in Drupal sehen kann, sollten die Funktion t() durchlaufen. Es ist die Funktion translate, wobei der Funktionsname wegen seiner häufigen Verwendung der Bequemlichkeit halber mit t abgekürzt wird.

> **Hinweis**
>
> An einigen Stellen in Drupal wird t() implizit ausgeführt, z.B. für Strings, die an watchdog() übergeben werden oder für Titel und Beschreibungen im menu-Hook. Plurale werden mit der Funktion format_plural() übersetzt, die dafür sorgt, dass t() aufgerufen wird (siehe *http://api.drupal.org/api/function/format_plural/6*).

Der locale-spezifische Teil der Funktion t() sieht wie folgt aus:

```
function t($string, $args = array(), $langcode = NULL) {
  global $language;
  static $custom_strings;

  $langcode = isset($langcode) ? $langcode : $language->language;

  // Zunächst wird auf ein Array aus benutzerdefinierten Strings
  // geprüft. Ist es vorhanden, wird das Array *anstelle* von
  // Datenbankaufrufen verwendet. Das ist ein sehr leistungsfähiger
  // Weg, um eine Hand voll Stringersetzungen vorzunehmen.
  // Beispiele
  // finden Sie in settings.php. Um die Leistungsfähigkeit zu
  // verbessern, wird die Variable $custom_strings
  // zwischengespeichert.
  if (!isset($custom_strings[$langcode])) {
    $custom_strings[$langcode] =
      variable_get('locale_custom_strings_'.
      $langcode, array());
  }
  // Benutzerdefinierte Strings funktionieren auch für Englisch,
  // sogar wenn das Locale-Modul deaktiviert ist.
  if (isset($custom_strings[$langcode][$string])) {
    $string = $custom_strings[$langcode][$string];
  }
  // Wird mit dem Locale-Modul übersetzen, wenn es aktiviert ist.
```

18.2 Übersetzung der Benutzeroberfläche

```
  elseif (function_exists('locale') && $langcode != 'en') {
    $string = locale($string, $langcode);
  }
  if (empty($args)) {
    return $string;
  }
  ...
}
```

Zusätzlich zur Übersetzung setzt die Funktion `t()` auch Werte in Platzhalter ein. Dabei handelt es sich in der Regel um Benutzereingaben, die vor der Anzeige eine Textumwandlung durchlaufen müssen.

```
t('Hello, my name is %name.', array('%name' => 'John');
Hello, my name is John.
```

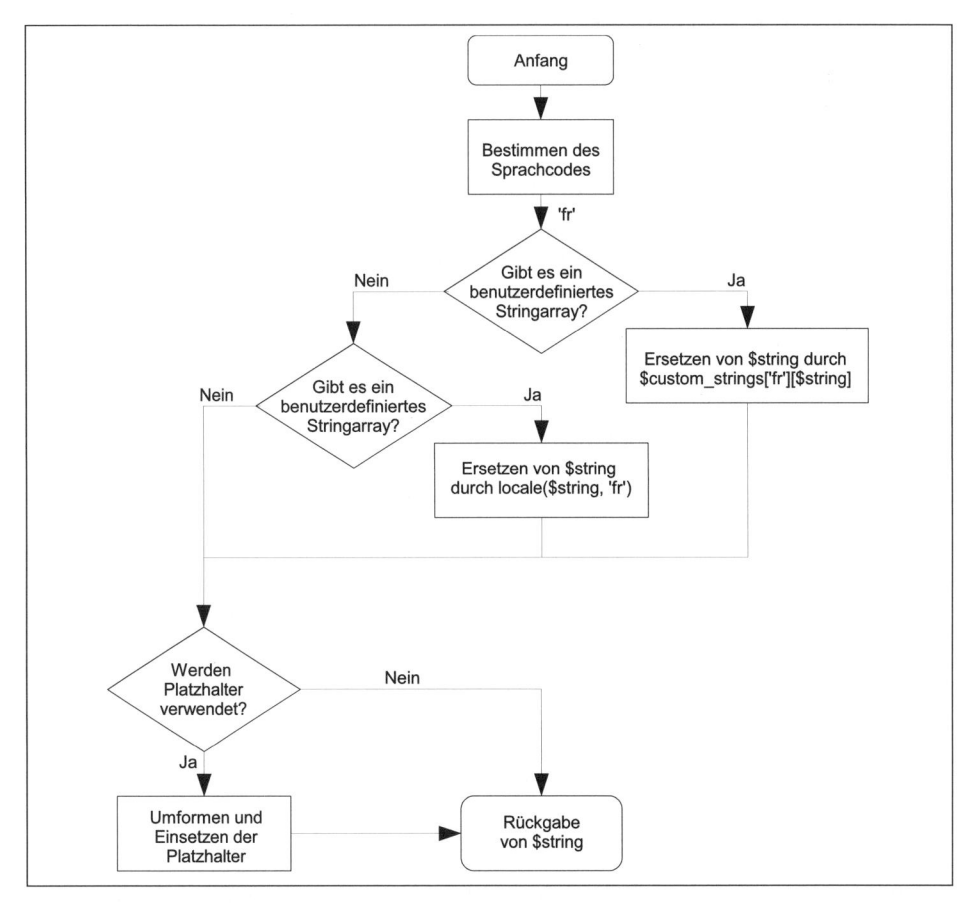

Abbildung 18.1: Übersetzung und Einsetzen von Platzhaltern durch t(). In diesem Beispiel ist die aktuelle Sprache auf Französisch gesetzt.

Die Position des einzusetzenden Texts wird durch Platzhalter angezeigt, und dieser Text ist ein assoziatives Array. Dieser Vorgang der Textumwandlung ist für die Sicherheit von Drupal entscheidend (weitere Informationen erhalten Sie in Kapitel 20). Abbildung 18.1 zeigt, wie t() die Übersetzung abwickelt. In Abbildung 18.1 sehen Sie, wie t() Platzhalter verarbeitet.

18.2.3 Eingebaute Strings durch benutzerdefinierte ersetzen

Das Übersetzen der Benutzeroberfläche besteht im Wesentlichen darin, einen String durch einen anderen zu ersetzen. Wir fangen klein an, indem wir nur einige wenige zu ändernde Strings auswählen. Es gibt verschiedene mögliche Lösungen für das Übersetzungsproblem, und wir gehen von der einfachsten zur komplexesten vor. Bei der ersten wird die *settings*-Datei bearbeitet, bei der zweiten das Locale-Modul verwendet. Beginnen wir mit einer einfachen Stringersetzung in der Breadcrumb-Navigationszeile und ersetzen anschließend Blog durch Journal.

Strings in settings.php überschreiben

Öffnen Sie Ihre Datei *settings.php* (in der Regel zu finden unter *sites/default/settings.php*). Möglicherweise müssen Sie den Schreibschutz für die Datei aufheben, bevor Sie Änderungen durchführen können, da Drupal sein Möglichstes tut, um diese Datei schreibgeschützt zu halten. Gehen Sie an das Ende von *settings.php*. Wir fügen das folgende benutzerdefinierte Stringarray hinzu:

```
/**
 * String überschreiben:
 *
 * Um einzelne Strings in Ihrer Site unabhängig von der Aktivierung
 * des Locale-Moduls zu überschreiben, fügen Sie dieser Liste einen
 * Eintrag hinzu. Diese Funktionalität ermöglicht die Änderung einer
 * kleinen Anzahl der standardmäßigen englischsprachigen
 * Oberflächeneinstellungen Ihrer Site.
 *
 * Zur Aktivierung wird das führende Nummernzeichen entfernt.
 */
# $conf['locale_custom_strings_en'] = array(
#   'forum' => 'Discussion board',
#   '@count min' => '@count minutes',
# );

$conf['locale_custom_strings_en'] = array(
    'Home' => 'Sweet Home',
);
```

Wenn Sie die Site aufrufen, stellen Sie fest, dass in der Breadcrumb-Navigationszeile HOME durch SWEET HOME ersetzt wurde, wie in Abbildung 18.2 zu sehen ist.

18.2 Übersetzung der Benutzeroberfläche

Nun, da Sie wissen, wie man Strings überschreibt, gehen wir einen Schritt weiter und ersetzen das Wort Blog durch das Wort Journal:

```
$conf['locale_custom_strings_en'] = array(
   'Blog' => 'Journal',
);
```

> **Hinweis**
>
> Anmerkung für die deutsche Ausgabe: Um das Beispiel in dieser Form nachvollziehen zu können, müssen Sie die Standardsprache unter VERWALTEN > EINSTELLUNGEN > SPRACHEN auf English stellen. Drupal verhält sich an dieser Stelle etwas gewöhnungsbedürftig. Die Übersetzung der Inhaltstypen wird bei der Installation abhängig von der gewählten Sprache vorgenommen. Sie können diese Inhaltstypen mit dem i18n-Modul zurückübersetzen.

Aktivieren Sie dann das Blog-Modul unter ADMINISTER > SITE BUILDING > MODULES. Wenn Sie CREATE CONTENT > BLOG ENTRY aufrufen, sollten Sie einen Bildschirm wie in Abbildung 18.3 sehen.

Abbildung 18.2: Der String Home in der Breadcrumb-Navigationszeile wird durch Sweet Home ersetzt

Was ist falsch? Warum wurde die benutzerdefinierte Stringersetzung ignoriert? Es liegt daran, dass der String Blog entry etwas anderes ist als der String Blog. Sie können nicht einfach Teilstrings zum Ersetzen heraussuchen; der ganze String muss passen.

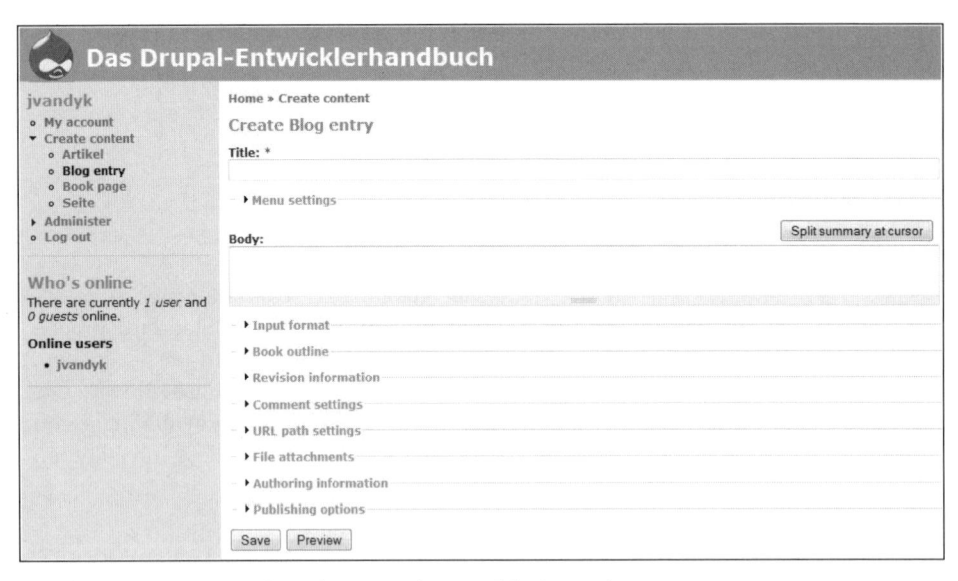

Abbildung 18.3: Der String Blog entry lautet nicht Journal entry

Wie finden Sie alle Strings, die das Wort Blog enthalten, sodass Sie in jedem von Ihnen Blog durch Journal ersetzen können? Dabei kann Ihnen das Locale-Modul helfen.

> **Tipp**
>
> Das Überschreiben von Strings in *settings.php* ist äußerst leistungsstark (aber nur für eine kleine Anzahl von Strings), da kein Datenbankaufruf benötigt wird. Der Ersatzstring wird einfach in einem Array nachgeschlagen. Sie müssen dafür nicht einmal das *Locale*-Modul aktiviert haben. Schauen Sie sich auch das Modul String *Overrides* unter *http://drupal.org/project/stringoverrides* an.

Strings mit dem Locale-Modul ersetzen

Anstatt davon, Strings durch Definition einer Liste von benutzerdefinierten Austauschwerten in *settings.php* zu ersetzen, können Sie das Locale-Module verwenden, um die gewünschten Strings zu finden und festzulegen, was ersetzt werden soll. Eine Übersetzung ist eine Menge benutzerdefinierter Stringersetzungen für Drupal. Wenn Drupal die Anzeige eines Strings vorbereitet, durchläuft dieser wie bereits erwähnt die Funktion t(). Wird eine Ersetzung in der aktuellen Übersetzung gefunden, verwendet Drupal sie, andernfalls nimmt es einfach den ursprünglichen String. Dieser Vorgang wird von der Funktion locale() durchgeführt und ist in einer vereinfachten Form in Abbildung 18.4 zu sehen. Der Ansatz besteht darin, eine Sprache mit dem Sprachcode en-US zu erstellen, die nur die Strings enthält, die wir ersetzen möchten.

18.2 Übersetzung der Benutzeroberfläche

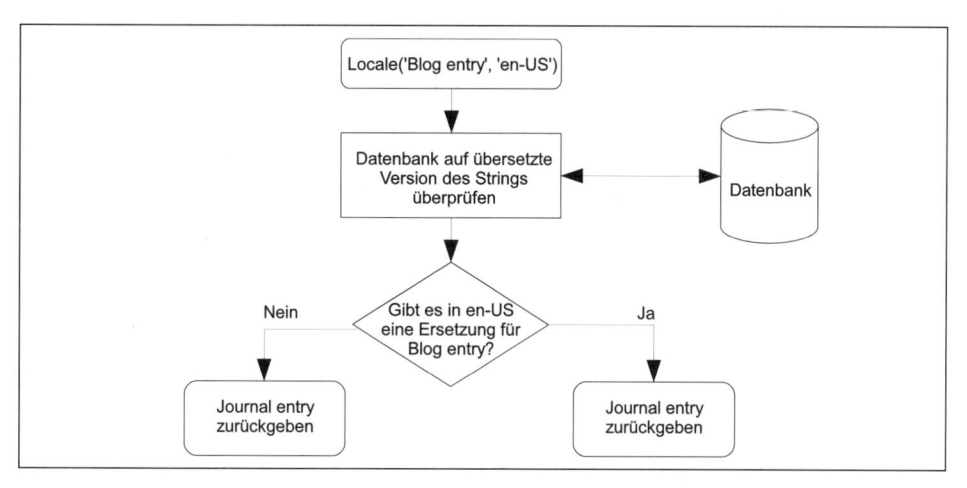

Abbildung 18.4: Wenn das Locale-Modul keinen Ersatzstring in der aktuellen Übersetzung findet, verwendet es den ursprünglichen String

> **Hinweis**
>
> Anmerkung für die deutsche Ausgabe: Sie sollten jetzt die Standardsprache unter VERWALTEN > EINSTELLUNGEN > SPRACHEN wieder auf `Deutsch` einstellen.

Beginnen wir nun damit, alle Strings, in denen `blog` vorkommt, in Strings umzuwandeln, die `journal` enthalten. Da Drupal den Originalstring verwendet, wenn es keine Übersetzung finden kann, müssen wir nur die Strings angeben, die wir ändern möchten. Wir können die Strings in eine benutzerdefinierte Sprache setzen und Drupal für die nicht angegebenen Strings auf die Originalstrings zurückgreifen lassen. Zunächst fügen wir eine benutzerdefinierte Sprache hinzu, die unsere Strings aufnimmt. Die Oberfläche hierzu ist in Abbildung 18.5 zu sehen. Wir nennen sie SCHWYZERDÜTSCH und verwenden als Sprachcode und Pfadpräfix `de-CH`.

Aktivieren Sie jetzt die neue Sprache und setzen Sie sie als Standard, wie in Abbildung 18.6 gezeigt wird. Klicken Sie auf KONFIGURATION SPEICHERN, deaktivieren Sie das Kontrollkästchen AKTIVIERT neben ENGLISH und klicken Sie erneut auf KONFIGURATION SPEICHERN, wie Abbildung 18.7 zeigt. Wenn nur eine Sprache aktiviert ist, sehen die Benutzer beim Bearbeiten ihrer Benutzerkonten nicht die etwas verwirrende Auswahl SPRACHEINSTELLUNGEN aus Abbildung 18.8.

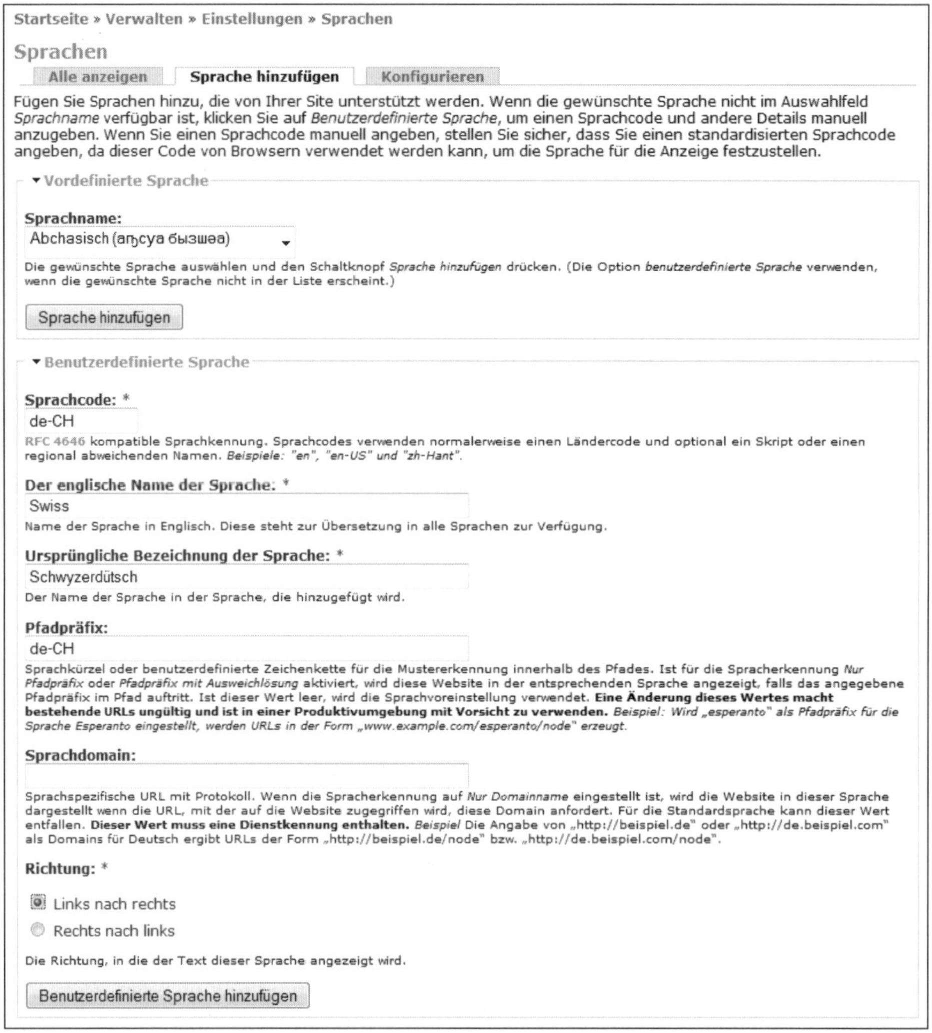

18 Lokalisierung und Übersetzung

Abbildung 18.5: Hinzufügen einer benutzerdefinierten Sprache für eine gezielte Stringübersetzung

Sie haben jetzt also eine einzelne Übersetzung mit dem Namen SWISS-SCHWYZERDÜTSCH aktiviert. Momentan ist sie leer, da wir bisher noch keine Stringersetzungen hinzugefügt haben. Daher durchläuft Drupal für jeden String den in Abbildung 18.4 dargestellten Prozess, findet keine Stringersetzung in SWISS-SCHWYZERDÜTSCH und greift auf den ursprünglichen String aus der Sprache *English* zurück. Wir werden jetzt einige Stringersetzungen vornehmen und wechseln dazu auf die Oberfläche VERWALTEN > STRUKTURIERUNG > OBERFLÄCHE ÜBERSETZEN, die in Abbildung 18.9 zu sehen ist.

18.2 Übersetzung der Benutzeroberfläche

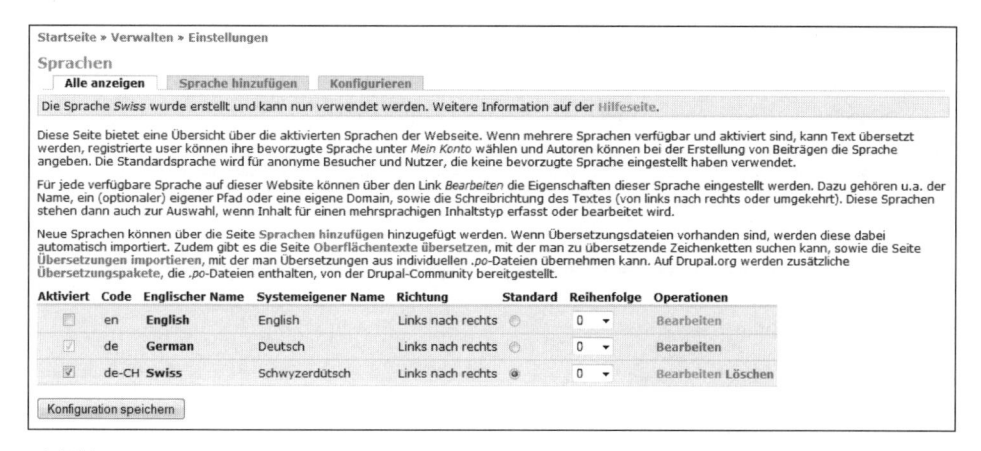

Abbildung 18.6: Die neue Sprache wird aktiviert und als Standard festgelegt

Abbildung 18.7: Deutsch und English werden deaktiviert, sodass Swiss-Schwyzerdütsch die einzige aktivierte Sprache ist

Abbildung 18.8: Die Benutzeroberfläche der Seite MEIN KONTO, auf der ein Benutzer die bevorzugte Sprache für von der Site versendete E-Mails auswählen kann. (Diese Oberfläche erscheint nur dann, wenn mehrere Sprachen aktiviert sind.)

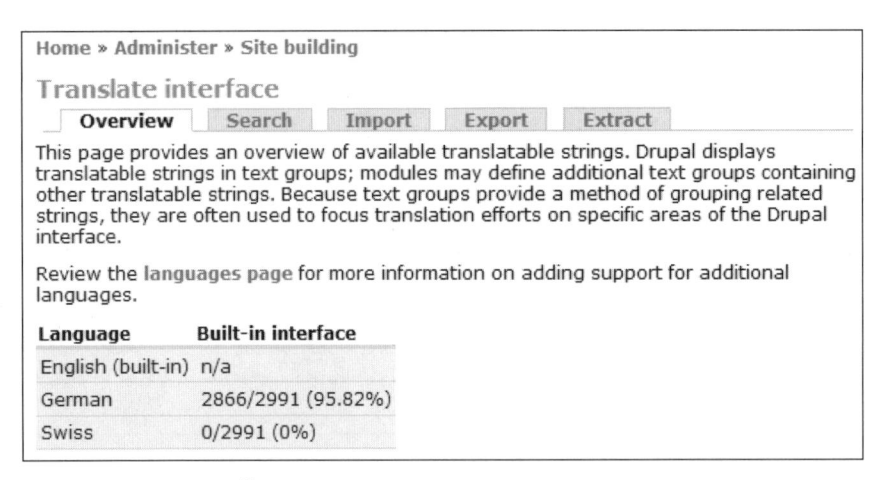

```
Home » Administer » Site building
Translate interface
| Overview | Search | Import | Export | Extract |

This page provides an overview of available translatable strings. Drupal displays
translatable strings in text groups; modules may define additional text groups containing
other translatable strings. Because text groups provide a method of grouping related
strings, they are often used to focus translation efforts on specific areas of the Drupal
interface.

Review the languages page for more information on adding support for additional
languages.
```

Language	Built-in interface
English (built-in)	n/a
German	2866/2991 (95.82%)
Swiss	0/2991 (0%)

Abbildung 18.9: Die Übersichtsseite von Translate interface

Drupal verwendet eine Just-in-Time-Übersetzung. Wenn eine Seite geladen wird, durchläuft jeder String die Funktion t() und danach die Funktion locale(), die ihn den Datenbanktabellen *locales_source* und *locales_target* hinzufügt, sofern er dort noch nicht vorhanden ist. Die Werte in der Spalte BUILT-IN INTERFACE in Abbildung 18.9 zeigen, dass 2963 Strings die Funktion t() durchlaufen haben und für die Übersetzung verfügbar sind. Klicken Sie auf ein paar andere Seiten in Drupal und kehren Sie dann zu dieser Seite zurück. Sie sollten sehen, dass sich die Anzahl der Strings erhöht hat, wenn Drupal auf immer mehr Teile der Oberfläche trifft, die eine Übersetzung benötigen. Wir verwenden jetzt die Webschnittstelle des Locale-Moduls, um einige Strings zu übersetzen.

> **Hinweis**
> Wenn Sie bereits eine andere Übersetzung importiert haben, können Sie diesen Effekt nicht beobachten.

Nach einem Klick auf die Registerkarte SEARCH sehen wir eine Suchoberfläche, mit der wir Strings für die Übersetzung finden können. Wir möchten nun alle 2963 Strings suchen, die uns bisher zur Verfügung stehen. Die Suchoberfläche ist in Abbildung 18.10 zu sehen.

18.2 Übersetzung der Benutzeroberfläche

```
Home » Administer » Site building » Translate interface
Translate interface
  Overview   Search   Import   Export   Extract
This page allows a translator to search for specific translated and untranslated strings, and is
used when creating or editing translations. (Note: For translation tasks involving many strings, it
may be more convenient to export strings for off-line editing in a desktop Gettext translation
editor.) Searches may be limited to strings found within a specific text group or in a specific
language.

─ Search ──────────────────────────────────────────────
  String contains:
  [                                                      ]
  Leave blank to show all strings. The search is case sensitive.

  Language:
    ○ All languages
    ○ English (provided by Drupal)
    ○ German
    ● Swiss

  Search in:
    ● Both translated and untranslated strings
    ○ Only translated strings
    ○ Only untranslated strings

  Limit search to:
    ● All text groups
    ○ Built-in interface

  [ Search ]
```

Abbildung 18.10: Die Suchoberfläche zur Anzeige übersetzbarer Strings

Wenn wir unsere Sprache auswählen (SWISS-SCHWYZERDÜTSCH), die Suche nach allen Strings aktivieren und das Suchfeld frei lassen, erhalten wir eine Aufstellung aller übersetzbaren Strings. Neben jedem String steht ein EDIT-Link. Hinter der Liste der Strings wird unten auf der Seite wieder die Suchoberfläche angezeigt. Da die Liste recht lang ist, möchten wir sie auf die Strings beschränken, die das Wort *Search* enthalten. Geben Sie dazu *Search* in das Feld STRING CONTAINS ein und klicken Sie auf die Schaltfläche SEARCH. Das Ergebnis ist eine Liste von Strings, die das Wort *Search* enthalten, wie in Abbildung 18.11 gezeigt wird. Wir ändern jetzt den String Search nach einem Klick auf den Link EDIT in Suechi.

Nachdem Sie den String bearbeitet haben, kehren Sie automatisch zur Registerkarte SEARCH zurück. Doch warten Sie! Sie heißt jetzt SUECHI! Und die Schaltfläche unten auf dem Suchformular hat jetzt die Beschriftung SUECHI statt SEARCH, wie in Abbildung 18.12 zu sehen ist. In der Tat wurde *jedes* Vorkommen des Worts SEARCH durch SUECHI ersetzt.

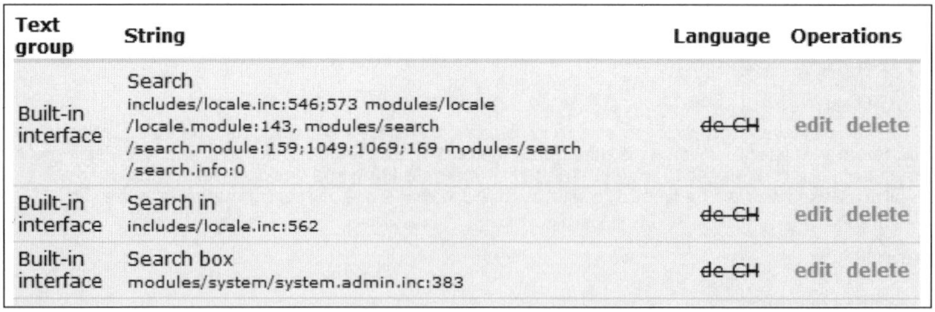

18 Lokalisierung und Übersetzung

Text group	String	Language	Operations
Built-in interface	Search includes/locale.inc:546;573 modules/locale/locale.module:143, modules/search/search.module:159;1049;1069;169 modules/search/search.info:0	de-CH	edit delete
Built-in interface	Search in includes/locale.inc:562	de-CH	edit delete
Built-in interface	Search box modules/system/system.admin.inc:383	de-CH	edit delete

Abbildung 18.11: Eine Liste übersetzbarer Strings, die das Wort Search enthalten, und ihre Status

Translate interface

Overview | **Suechi** | Import | Export | Extract

The string has been saved.

This page allows a translator to search for specific translated and untranslated strings, and is used when creating or editing translations. (Note: For translation tasks involving many strings, it may be more convenient to **export** strings for off-line editing in a desktop Gettext translation editor.) Searches may be limited to strings found within a specific text group or in a specific language.

Suechi

String contains:
[Search]
Leave blank to show all strings. The search is case sensitive.

Language:
- ◉ All languages
- ○ English (provided by Drupal)
- ○ German
- ○ Swiss

Search in:
- ◉ Both translated and untranslated strings
- ○ Only translated strings
- ○ Only untranslated strings

Limit search to:
- ◉ All text groups
- ○ Built-in interface

[Suechi]

Abbildung 18.12: Der String Search ist jetzt durch den String Suechi ersetzt

482

18.2 Übersetzung der Benutzeroberfläche

Fahren Sie fort und suchen Sie erneut nach dem String Search. In der Ergebnisliste der Strings sehen Sie jetzt, dass der Eintrag in der Spalte LANGUAGES für diesen String nicht mehr durchgestrichen ist, was anzeigt, dass der String übersetzt wurde, wie in Abbildung 18.13 zu sehen ist.

Text group	String	Languages	Operations	
Built-in interface	Search includes/locale.inc:546;573 modules/locale /locale.module:143, modules/search /search.module:159;1049;1069;169 modules/search /search.info:0	de de-CH	edit	delete
Built-in interface	Search in includes/locale.inc:562	de de-CH	edit	delete
Built-in interface	Search box modules/system/system.admin.inc:383	de de-CH	edit	delete

Abbildung 18.13: Die Liste übersetzbarer Strings nach dem Bearbeiten von SEARCH

Beachten Sie, dass der Originalstring und nicht die Übersetzung angezeigt wird. Wenn Sie zur Registerkarte OVERVIEW zurückkehren, sehen Sie, dass für SWISS-SCHWYZERDÜTSCH jetzt ein Ersatzstring verfügbar ist.

Nun, da Sie gelernt haben, wie Strings geändert werden, können wir weitermachen und alle Vorkommen von BLOG durch TAGEBUECH ersetzen. Nach dem Aktivieren des Blog-Moduls und dem Aufruf der einschlägigen Seiten (wie z.B. */node/add/blog* und *blog/1*) sollten die übersetzbaren Strings zur Verfügung stehen. Die Suche auf ADMINISTER > SITE BUILDING > TRANSLATE INTERFACE unterscheidet zwischen Groß- und Kleinschreibung, sodass uns eine Suche nach BLOG und eine weitere nach Blog alle Vorkommen anzeigen, die wir in die entsprechenden Ersatzstrings TAGEBUECH und Tagebuech ändern können.

> **Achtung**
>
> Das hier eingeführte Verfahren dient der Retusche von Drupal-Sites und ersetzt Strings in bestimmten Oberflächenelementen, ist aber nicht vollständig. Wenn z.B. ein Modul, das das Wort BLOG enthält, nicht aktiviert ist, verpassen wir die Übersetzung dieser Strings. Der Abschnitt 18.3, *Eine neue Übersetzung beginnen*, aus diesem Kapitel beschreibt einen komplexeren Ansatz.

Diese Änderung ist gut und schön, aber es ist störend, dass der URL zum Erstellen eines neuen Journaleintrags weiterhin *http://example.com/?q=node/add/blog* lautet. Sollte er stattdessen nicht *http://example.com/?q=node/add/journal* heißen? Natürlich sollte er das. Wir können das schnell erledigen, indem wir das Path-Modul aktivieren und für *node/add/blog* als vorhandenen Systempfad den Alias *node/add/journal* hinzufügen. Fertig! Alle Verweise auf BLOG sind verschwunden, und Sie können die Seite verwenden, ohne dass Sie der Anblick des Worts BLOG schaudern macht.

> **Tipp**
>
> Ein Modul, das die Stringübersetzung vereinfacht, ist *Localization client*, das unter *http://drupal.org/project/l10n_client* verfügbar ist. Es bietet eine Schnittstelle für einen Lokalisierungseditor direkt auf der Seite und macht ausgiebig Gebrauch von AJAX.

Die Übersetzung exportieren

Nachdem Sie sich die Arbeit gemacht haben, die Strings, die Sie ändern möchten, auszuwählen und zu übersetzen, wäre es schade, wenn Sie es für jede neue Drupal-Site erneut machen müssten. Auf der Registerkarte EXPORT unter ADMINISTER > SITE BUILDING > TRANSLATE INTERFACE können Sie die Übersetzung in eine so genannte portierbare Objektdatei (*.po*) speichern. Diese Datei enthält alle Strings, die Drupal durch die Funktion t() geleitet hat, sowie alle von Ihnen definierten Ersatzstrings.

Portierbare Objektdateien

Die ersten Zeilen der Datei, die beim Export unserer Übersetzung *English-custom* erstellt wird, lauten:

```
# Swiss-Schwyzerdütsch translation of Drupal 6
# Copyright (c) 2007 drupalusername <me@example.com>
#
msgid ""
msgstr ""
"Project-Id-Version: PROJECT VERSION\n"
"POT Creation Date: 2008-05-09 12:46-0500\n"
"PO-Revision-Date: 2008-05-09 12:46-0500\n"
"Last-Translator: drupalusername <me@example.com>\n"
"Language-Team: English-custom <me@example.com>\n"
"MIME-Version: 1.0\n"
"Content-Type: text/plain; charset=utf-8\n"
"Content-Transfer-Encoding: 8bit\n"

#: /example.com/?q=admin/build/translate/search
msgid "Search"
msgstr "Suechi"

#: /example.com/?q=node/add/blog
msgid "blog"
msgstr "tagebuech"
```

```
#: /example.com/?q=admin/build/modules/list/confirm
msgid "Blog entry"
msgstr "Tagebuech iitrag"

#: /example.com/?q=admin/build/translate/search
msgid ""
"A <em>blog entry</em> is a single post to an online journal, or "
"<em>blog</em>."
msgstr "A <em>journal entry</em> is a single post to an online journal."
...
```

Die *.po*-Datei besteht aus einigen Metadaten im Header, denen die übersetzten Strings folgen. Jeder String hat drei Komponenten: einen Kommentar, der angibt, wo der String zuerst aufgetreten ist, ein Attribut msgid, das den Originalstring anzeigt, und ein Attribut msgstr, das den zu verwendenden übersetzten String angibt. Eine vollständige Beschreibung des *.po*-Dateiformats finden Sie unter *http://www.gnu.org/software/gettext/manual/gettext.html#PO-Files*.

Die Datei *de-CH.po* kann jetzt mithilfe der Registerkarte IMPORT unter ADMINISTER > SITE BUILDING > TRANSLATE INTERFACE in eine andere Drupal-Site importiert werden (in der das Locale-Modul aktiviert ist).

Portierbare Objekt-Templates

Während eine Übersetzung aus einigen Metadaten und einer Vielzahl ursprünglicher und übersetzter Strings besteht, enthält eine portierbare Objekt-Template-Datei (*.pot*) alle Strings, die für eine Übersetzung verfügbar sind, aber keinen übersetzten String. Das ist nützlich, wenn Sie eine Übersetzung von Grund auf beginnen oder wenn Sie bestimmen möchten, ob seit der letzten Version vor dem Verändern Ihrer Site neue Strings zu Drupal hinzugefügt wurden. (Eine andere Möglichkeit, das herauszufinden, besteht darin, eine Kopie Ihrer Drupal-Site zu aktualisieren und nach nicht übersetzten Strings zu suchen, wie im Abschnitt 18.2.3, *Eingebaute Strings durch benutzerdefinierte ersetzen*, gezeigt wurde.)

18.3 Eine neue Übersetzung beginnen

Die Oberfläche von Drupal wurde in viele Sprachen übersetzt. Wenn Sie sich freiwillig dazu melden möchten, bei der Übersetzung zu helfen, werden Sie vermutlich mit offenen Armen empfangen. Jede vorhandene Übersetzung hat eine Projektseite, auf der die Entwicklung verfolgt wird. Die deutsche Übersetzung befindet sich z.B. unter *http://drupal.org/project/de*. Allgemeine Hilfestellungen für Übersetzungen finden Sie im Übersetzungsforum unter *http://drupal.org/project/l10n_server*.

18 Lokalisierung und Übersetzung

> **Hinweis**
>
> Ernsthafte Übersetzer, die mit anderen Sprachen als Englisch arbeiten, verwenden nicht die in diesem Kapitel zunächst eingeführten Verfahren zur Stringersetzung. Sie arbeiten gerne mit *.pot*- und *.po*-Dateien und verwenden oftmals besondere Software, die ihnen beim Bewältigen der Übersetzung hilft (siehe *http://drupal.org/node/11131*). Unter *http://drupal.org/project/l10n_server* finden Sie ein Projekt, das ein webbasiertes Werkzeug für Übersetzer erstellt.

18.3.1 .pot-Dateien für Drupal herunterladen

Die endgültigen *.pot*-Dateien für Drupal können unter *http://drupal.org/project/drupal-pot* heruntergeladen werden. Nach dem Herunterladen und Entpacken der *.tar.gz*-Datei des Drupal-Zweigs, für den Sie sich interessieren, erhalten Sie ein Verzeichnis mit *.pot*-Dateien, die Drupal-Dateien entsprechen. Beispielsweise enthält *modules-aggregator.pot* die übersetzbaren Strings aus dem Aggregator-Modul von Drupal.

```
$ gunzip drupal-pot-6.x-1.0.tar.gz
$ tar -xf drupal-pot-6.x-1.0.tar
$ ls drupal-pot
LICENSE.txt            modules-dblog.pot      modules-statistics.pot
README.txt             modules-filter.pot     modules-syslog.pot
general.pot            modules-forum.pot      modules-system.pot
includes.pot           modules-help.pot       modules-taxonomy.pot
installer.pot          modules-locale.pot     modules-throttle.pot
misc.pot               modules-menu.pot       modules-tracker.pot
modules-aggregator.pot modules-node.pot       modules-translation.pot
modules-block.pot      modules-openid.pot     modules-trigger.pot
modules-blog.pot       modules-path.pot       modules-update.pot
modules-blogapi.pot    modules-php.pot        modules-upload.pot
modules-book.pot       modules-ping.pot       modules-user.pot
modules-color.pot      modules-poll.pot       themes-chameleon.pot
modules-comment.pot    modules-profile.pot    themes-garland.pot
modules-contact.pot    modules-search.pot     themes-pushbutton.pot
```

Sie werden in der Distribution auch einige andere Dateien finden. Es gibt eine informative Datei *README.txt* (lesen Sie sie!), eine Datei namens *general.pot* und eine Datei namens *installer.pot*. Die Datei *general.pot* ist der Ausgangspunkt für eine Übersetzung, da sie Strings enthält, die an mehr als einer Stelle auftreten. Die Datei *installer.pot* enthält die Strings, die übersetzt werden müssen, wenn Sie eine Übersetzung der Installationsoberfläche erstellen möchten.

18.3.2 .pot-Dateien mit dem Translation Template Extractor erstellen

Das aus der Comunity beigesteuerte Translation-Template-Extractor-Modul (siehe *http://drupal.org/project/potx*) kann *.pot*-Dateien für Sie erstellen. Das ist nützlich, wenn Sie Ihr eigenes Modul geschrieben oder ein beigesteuertes Modul heruntergeladen haben, für das es keine Übersetzung gibt. Das Translation-Template-Extractor-Modul enthält sowohl eine Befehlszeilen- als auch eine webbasierte Version des Extraktors. Wenn Sie mit dem Unix-Programm `xgettext` vertraut sind, stellen Sie sich dieses Modul als eine Drupal-Version dieses Programms vor.

Eine .pot-Datei für ein Modul erstellen

Wir legen nun eine *.pot*-Datei für das in Kapitel 2 erstellte Annotate-Modul an.

Zunächst müssen wir das Translation-Template-Extractor-Modul von *http://drupal.org/project/potx* herunterladen und diesen Ordner in *sites/all/modules/potx* platzieren.

Die Befehlszeile verwenden

Kopieren Sie *potx.inc* und *potx-cli.php* in das Verzeichnis des Annotate-Moduls unter *sites/all/modules/custom/annotate*. Als Nächstes müssen wir den Extraktor ausführen, damit er die *.pot*-Dateien erstellen kann.

> **Achtung**
>
> Sie fügen in Ihrer Drupal-Site ein ausführbares PHP-Skript ein, das Schreibrechte in dem Verzeichnis benötigt, in dem es ausgeführt wird (damit es die *.pot*-Datei erstellen kann). Führen Sie die Template-Extrahierung stets auf einer Kopie der Site auf Ihrem Entwicklungsrechner aus, niemals auf einer Produktionssite.

Die Ausführung des Extraktors liefert folgende Ergebnisse:

```
$ cd sites/all/modules/custom/annotate
$ php potx-cli.php
Processing annotate.admin.inc...
Processing annotate.module...
Processing annotate.install...
Processing annotate.info...

Done.
```

Sehen wir uns an, was erstellt wurde:

```
annotate.admin.inc    general.pot
annotate.info         potx-cli.php
annotate.install      potx.inc
annotate.module
```

Die Ausführung des Extraktor-Skripts führte zu einer neuen Datei namens *general.pot*, die die Strings aus *annotate.module*, *annotate.info* und *annotate.install* enthält. Das Skript stellt standardmäßig alle Strings in *general.pot*, kann aber gesonderte Dateien anlegen, wenn Sie das bevorzugen. Mit dem folgenden Befehl zeigen Sie die verschiedenen Optionen des Extraktor-Skripts an:

```
$ php potx-cli.php --help
```

Im vorliegenden Fall ist es praktisch, alle Strings in einer Datei zu haben. Falls wir dieses Übersetzungs-Template gemeinsam mit anderen nutzen, erstellen wir im Verzeichnis *annotate* ein Unterverzeichnis *translations*, verschieben die Datei *general.pot* in dieses Unterverzeichnis und benennen sie in *annotate.pot* um. Wenn wir dann eine deutsche Übersetzung durch Öffnen der kombinierten *.pot*-Datei durchführen, die Strings übersetzen und sie als *de.po* speichern, sieht unser Modulverzeichnis wie folgt aus:

```
annotate.admin.inc
annotate.info
annotate.install
annotate.module
translations/
   annotate.pot
   de.po
```

Den webgestützten Extrahierer verwenden

Anstatt die Befehlszeile zu verwenden, können Sie Strings aus Ihrem Modul mithilfe der webgestützten Oberfläche extrahieren, die das Translation-Template-Extractor-Modul bereitstellt. Nachdem Sie das Modul heruntergeladen und wie zuvor beschrieben nach *sites/all/modules/potx* verschoben haben, wechseln Sie zu ADMINISTER > SITE BUILDING > MODULES und aktivieren sowohl das Annotate- als auch das Translation-Template-Extractor-Modul. Gehen Sie dann zu ADMINISTER > SITE BUILDING > TRANSLATE INTERFACE und beachten Sie die neue Registerkarte EXTRACT. Klicken Sie sie an, und Sie sind in der Lage, eine *.pot*-Datei zu erstellen, indem Sie LANGUAGE INDEPENDENT TEMPLATE auswählen und auf die Schaltfläche EXTRACT klicken, wie in Abbildung 18.14 gezeigt wird. Die *.pot*-Datei wird über Ihren Webbrowser heruntergeladen. Sie können sie dann wie im Falle des Befehlszeilenextraktors in *sites/all/modules/custom/annotate/translations* stellen.

18.3 Eine neue Übersetzung beginnen

Abbildung 18.14: Extrahieren einer .pot-Datei für das Annotate-Modul unter Verwendung der webgestützten Benutzeroberfläche des Translation-Template-Extractor-Moduls

.pot-Dateien für eine ganze Site erstellen

Wenn Sie *.pot*-Dateien für alle übersetzbaren Strings Ihrer Site anlegen möchten, müssen Sie die Dateien *potx.inc* und *potx-cli.php* in das Wurzelverzeichnis der Site stellen und sicherstellen, dass Sie Schreibzugriff auf dieses Verzeichnis haben. Führen Sie dann *potx-cli.php* aus. Wenn Sie *.pot*-Dateien mit demselben Layout wie das der Dateien unter *http://drupal.org/project/Translations* erstellen möchten, führen Sie das Skript an der Befehlszeile aus und setzen den Parameter mode auf core:

```
$ php potx-cli.php --mode=core
```

Dieses Skript gibt *.pot*-Dateien stets in dem Verzeichnis aus, in dem es sich selbst befindet. Beispielsweise wird *modules-aggregator.pot* im Wurzelverzeichnis der Site erstellt, nicht in *modules/aggregator/*. Der Name der *.pot*-Datei gibt an, wo sie gefunden wurde. Im vorstehenden Beispiel wird eine Datei namens *sites-all-modules-custom-annotate.pot* erstellt.

18.4 Eine Übersetzung installieren

Drupal kann in einer anderen Sprache als Englisch installiert werden, die Übersetzung lässt sich aber auch später hinzufügen. Wir werden beide Möglichkeiten untersuchen.

18.4.1 Eine Übersetzung zur Installationszeit einrichten

Das Installationsprogramm von Drupal erkennt eine Installer-Übersetzung an der Funktion st() anstelle von t(), die zur Installationszeit natürlich nicht verfügbar ist, weil Drupal noch nicht installiert ist. Solche Übersetzungen werden während der Installation als Auswahl angeboten und basieren auf der Datei *installer.pot* (siehe den Abschnitt 18.3.1, *.pot-Dateien für Drupal herunterladen*).

Um die Übersetzungsfähigkeiten des Installationsprogramms im Einsatz zu sehen, laden wir die französische Übersetzung von *http://drupal.org/project/Translations* herunter. Wir erhalten die Datei *fr-6.x-1.x.tar.gz*. An der Endung *.tar.gz* erkennen Sie, dass es sich um ein *.tar*-Archiv handelt, das mithilfe von GZIP komprimiert wurde. Eine Möglichkeit, das Archiv zu extrahieren, besteht in der Verwendung des Hilfsprogramms *tar* von Unix:

```
$ tar -xzvf fr-6.x-1.x.tar.gz
```

> **Achtung**
>
> Die Datei enthält eine Verzeichnisstruktur, die die von Drupal widerspiegelt. Achten Sie darauf, dass Sie ein Extraktionsverfahren verwenden, das die Verzeichnisstruktur im *.tar*-Archiv mit der Ihrer Drupal-Installation zusammenführt. Das standardmäßige Extraktionsprogramm von Mac OS X arbeitet hier nicht korrekt. Wenn Sie nach dem Extrahieren einen Ordner namens *fr-6.x-1.x-dev* sehen, hat keine Zusammenführung stattgefunden. Unter *http://www.lullabot.com/videocast/installing-drupal-translation* können Sie einen Screencast sehen, der eine korrekte Extraktion zeigt.

Nach der erfolgreichen Extraktion der Übersetzung finden Sie in den Drupal-Verzeichnissen zusätzliche Ordner namens *translations*. Beispielsweise enthält der Ordner *profiles/default* (in dem sich das standardmäßige Installationsprofil von Drupal befindet) jetzt einen Unterordner *translations* mit einer Datei *fr.po*. Das ist die französische Übersetzung des Installationsprogramms. Wenn das Installationsprogramm von Drupal ausgeführt wird, sehen Sie die neue Auswahlmöglichkeit, wie Abbildung 18.15 zeigt.

Wenn Sie FRENCH aktivieren, fährt die Installation auf Französisch fort, und die Standardsprache für die Site wird auf Französisch gesetzt.

18.4 Eine Übersetzung installieren

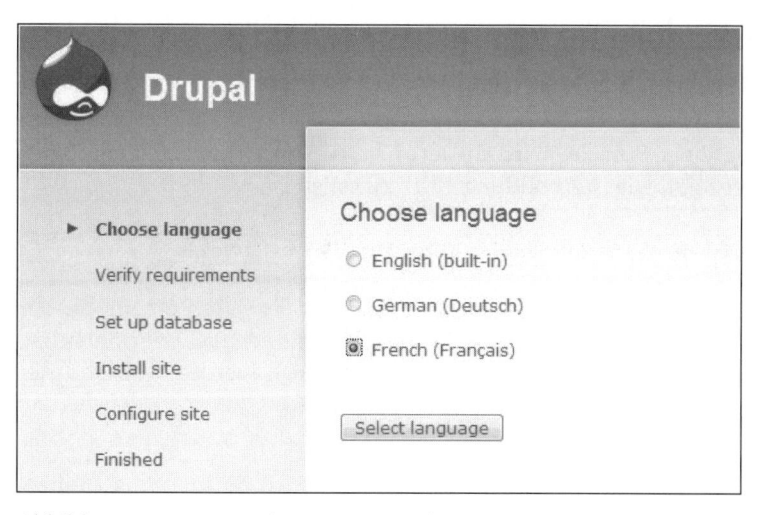

Abbildung 18.15: Wenn im Unterverzeichnis translations des Installationsprofils eine .po-Datei vorhanden ist, bietet das Installationsprogramm von Drupal die Auswahl einer Sprache für die Installation an.

18.4.2 Eine Übersetzung auf einer bestehenden Site installieren

Um eine Übersetzung auf einer bestehenden Site zu installieren, müssen dieselben Extraktionsschritte wie im vorstehenden Absatz befolgt werden. Nachdem die Übersetzungsdateien korrekt extrahiert wurden, können Sie die Sprache hinzufügen, indem Sie ADMINISTER > SITE CONFIGURATION > LANGUAGES aufsuchen und auf die Registerkarte ADD LANGUAGE klicken. Wählen Sie dann einfach die Sprache, die den extrahierten Übersetzungsdateien entspricht, und klicken Sie auf ADD LANGUAGE, wie in Abbildung 18.16 zu sehen ist. Wenn Sie die Übersetzungsdateien richtig extrahiert haben, zeigt Drupal während der Installation einen Fortschrittsbalken an. Die neue Sprache erscheint dann unter ADMINISTER > SITE CONFIGURATION > LANGUAGES.

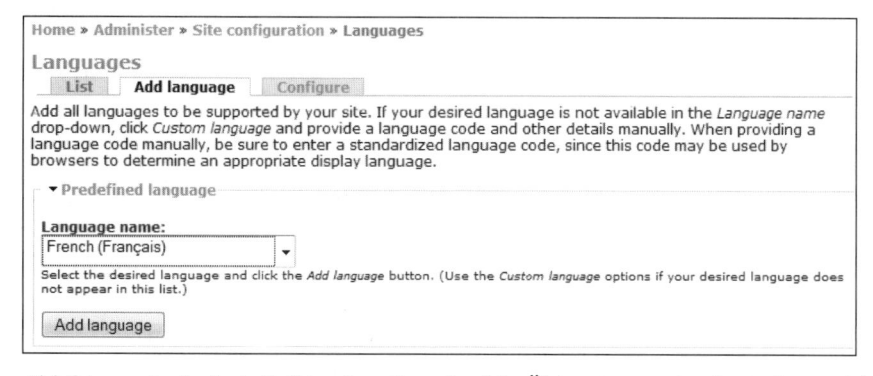

Abbildung 18.16: Installation einer Sprache (die Übersetzungsdateien müssen richtig extrahiert sein, bevor die Schaltfläche Add language angeklickt wird)

18.5 Unterstützung für von rechts nach links geschriebene Sprachen

Die Schreibrichtung einer Sprache wird in der Liste der zu Drupal hinzugefügten Übersetzungen angezeigt, wie in Abbildung 18.17 zu sehen ist.

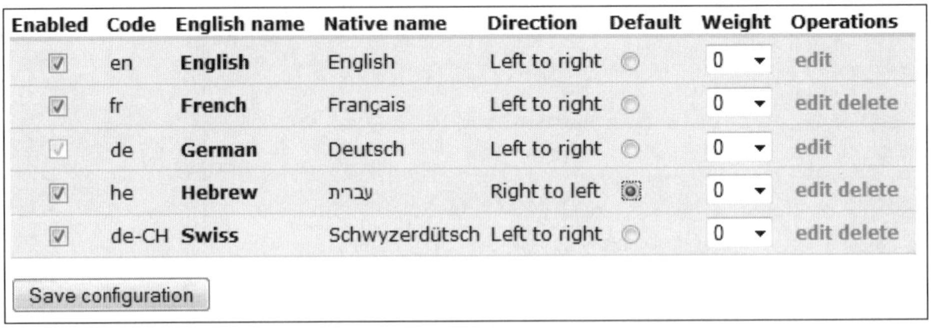

Enabled	Code	English name	Native name	Direction	Default	Weight	Operations
✓	en	**English**	English	Left to right	○	0	edit
✓	fr	**French**	Français	Left to right	○	0	edit delete
✓	de	**German**	Deutsch	Left to right	○	0	edit
✓	he	**Hebrew**	עברית	Right to left	◉	0	edit delete
✓	de-CH	**Swiss**	Schwyzerdütsch	Left to right	○	0	edit delete

[Save configuration]

Abbildung 18.17: Von rechts nach links geschriebene Sprachen sind in der Spalte Direction der Sprachtabelle zu erkennen

Die Unterstützung von Drupal für von rechts nach links geschriebene Sprachen erfolgt auf der Theming-Schicht. Wenn Drupal darüber informiert wird, dass ein Stylesheet in die aktuelle Seite eingefügt werden soll, und die aktuelle Sprache von rechts nach links geschrieben wird, sucht Drupal nach einem zugehörigen Stylesheetnamen, der auf *-rtl.css* endet. Ist das Stylesheet vorhanden, wird es *zusätzlich* zum angeforderten Stylesheet geladen. Die Logik ist in Abbildung 18.18 zu sehen. Demnach sind die Styles von Themes, die von rechts nach links geschriebene Sprachen unterstützen, in der Regel im Hauptstylesheet definiert, während CSS-Korrekturen in dem entsprechenden Rechts-nach-links-Stylesheet angegeben werden.

Wenn z.B. die aktuelle Sprache auf Hebräisch und das Theme auf *Bluemarine* gesetzt ist, fügt Drupal beim Hinzufügen des Stylesheets *themes/bluemarine/style.css* auch die Datei *style-rtl.css* mit ein. Schauen Sie sich die Rechts-nach-links-Stylesheets in den Standardthemes von Drupal an, um zu sehen, welche Arten von CSS-Elementen überschrieben werden.

Die Schreibrichtung einer Sprache kann unter ADMINISTER > SITE CONFIGURATION > LANGUAGES durch einen Klick auf den Link EDIT für die betreffende Sprache geändert werden.

Im Code kann die Schreibrichtung der aktuellen Sprache mit dem folgenden Ansatz getestet werden:

```
if (defined('LANGUAGE_RTL') && $language->direction == LANGUAGE_RTL) {
   // Tut etwas.
}
```

Das funktioniert, weil das Locale-Modul die Konstante LANGUAGE_RTL definiert. Ist dieses Modul nicht geladen, steht demnach keine Unterstützung für von rechts nach links geschriebene Sprachen zur Verfügung.

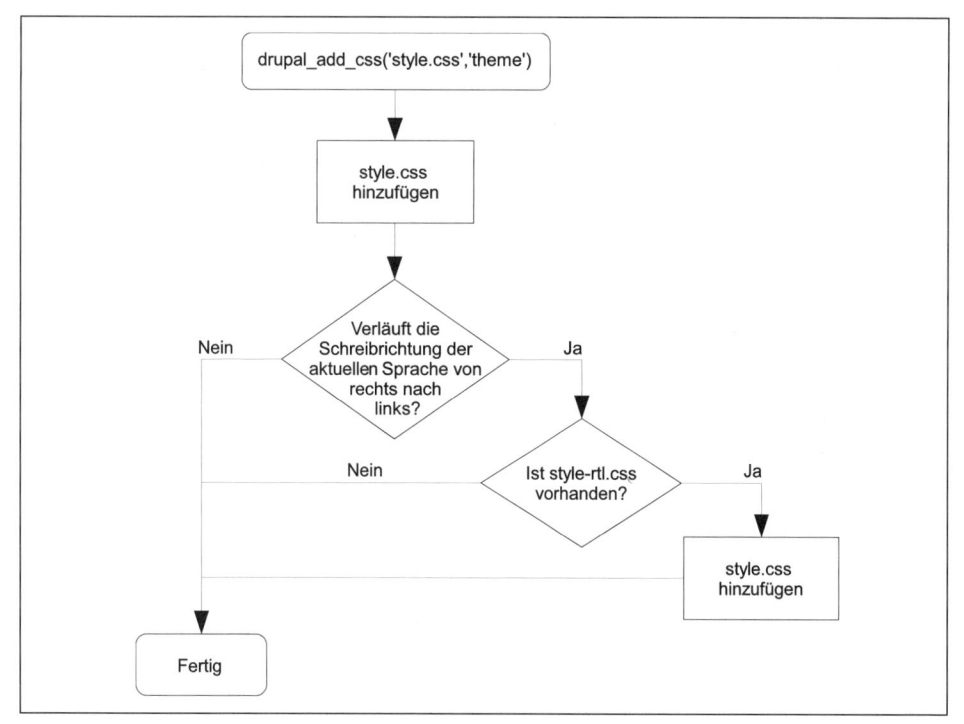

Abbildung 18.18: Wird die aktuelle Sprache von rechts nach links geschrieben, so wird ein zusätzliches Stylesheet eingefügt, sofern es vorhanden ist

18.6 Sprachaushandlung

> **Hinweis**
>
> In diesem Kapitel gehen wir davon aus, dass Sie die deutsche Sprache als Standard gewählt haben.

Drupal setzt die meisten der gängigen Verfahren ein, um die Sprache eines Benutzers zu bestimmen, sodass die bevorzugte Sprache verwendet wird, wenn mehrere auf einer Drupal-Site aktiviert sind. In den folgenden Abschnitten nehmen wir an, dass die französische Übersetzung von Drupal installiert wurde, wie im vorstehenden

Abschnitt beschrieben wurde. Wie Drupal die Spracheinstellung bestimmt, wird auf der Seite VERWALTEN > EINSTELLUNGEN > SPRACHEN auf der Registerkarte KONFIGURIEREN eingerichtet. Die entsprechende Benutzeroberfläche sehen Sie in Abbildung 18.19. Wir werden alle möglichen Optionen untersuchen.

Abbildung 18.19: Die möglichen Einstellungen für die Sprachaushandlung

18.6.1 Keine

Dies ist die standardmäßige und einfachste Option. Die als Standard eingerichtete Sprache wird für alle Benutzer verwendet. In Abbildung 18.17 sehen Sie die Benutzeroberfläche, in der die Standardsprache angegeben wird.

Vom Benutzer bevorzugte Sprache

Wenn mehr als eine Sprache aktiviert ist, sehen die Benutzer beim Bearbeiten von MEIN KONTO die in Abbildung 18.20 gezeigten Auswahlmöglichkeiten.

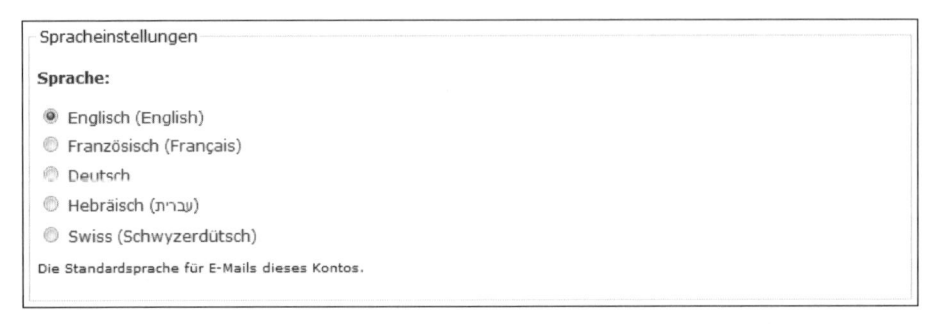

Abbildung 18.20: Auswahl einer benutzerspezifischen Sprache für E-Mail-Nachrichten

Die Sprache, die ein Benutzer ausgewählt hat, kann wie folgt ermittelt werden:

```
// Abrufen der drei bevorzugten Sprachen.
$account = user_load(array('uid' => 3));
$language = user_preferred_language($account);
```

Wenn der Benutzer keine bevorzugte Sprache eingerichtet hat, wird die Standardsprache der Site zurückgegeben. Das Ergebnis ist ein $language-Objekt. (Im nächsten

18.6 Sprachaushandlung

Abschnitt erfahren Sie mehr über $language-Objekte.) Wenn SPRACHERKENNUNG auf KEINE gesetzt ist, wird die bevorzugte Sprache des Benutzers *nur* zum Bestimmen der Sprache für E-Mails verwendet, die von der Site gesendet werden. Sie hat keinen Einfluss auf die Sprache, in der die Seiten angezeigt werden.

Das globale $language-Objekt

Sie können die aktuelle Sprache programmgesteuert bestimmen, indem Sie die globale Variable $language auswerten, die ein Objekt ist. Sie wird in der Startphase DRUPAL_BOOTSTRAP_LANGUAGE initialisiert. Wie das Objekt aussieht, erfahren Sie wie folgt mithilfe der Funktion var_dump():

```
global $language;
var_dump($language);
```

Die Ergebnisse sehen Sie hier:

```
object(stdClass) (11) {
    ["language"] => string(2) "fr"
    ["name"] => string(6) "French"
    ["native"] => string(9) "Français"
    ["direction"] => string(1) "0"
    ["enabled"] => int(1)
    ["plurals"] => string(1) "2"
    ["formula"] => string(6) "($n>1)"
    ["domain"] => string(0) ""
    ["prefix"] => string(2) "fr"
    ["weight"] => string(1) "0"
    ["javascript"]=> string(0) ""
}
```

Der Sprachkennung gemäß RFC 4646 (wie fr im vorstehenden Beispiel) kann über die Eigenschaft language des $language-Objekts abgerufen werden:

```
global $language;
$lang = $language->language;
```

18.6.2 Nur Pfadpräfix

Wenn die Sprachaushandlung auf NUR PFAD-PRÄFIX gesetzt ist, gibt es nur zwei Möglichkeiten: entweder wird ein Pfadpräfix für die Sprache im Pfad gefunden oder die Standardsprache verwendet. Nehmen wir beispielsweise an, Sie erstellen eine Site, die sowohl Englisch als auch Französisch unterstützt. Englisch ist die Standardsprache, aber auch die französische Übersetzung wurde installiert und aktiviert. Wenn Sie zu VERWALTEN > EINSTELLUNGEN > SPRACHEN wechseln und auf den Link ÄNDERN neben FRENCH klicken, erhalten Sie die in Abbildung 18.21 gezeigte Benutzeroberfläche. Beachten Sie, dass das Feld PFAD-PRÄFIX auf fr gesetzt ist. Dieser Wert kann auf einen beliebigen String geändert werden.

18 Lokalisierung und Übersetzung

Wenn das Pfadpräfix auf fr gesetzt ist, bestimmt Drupal die aktuelle Sprache, indem es sich den angeforderten URL anschaut. Der Vorgang wird in Abbildung 18.22 gezeigt.

Abbildung 18.21: Benutzeroberfläche für Sprache bearbeiten, mit dem Feld Pfad-Präfix

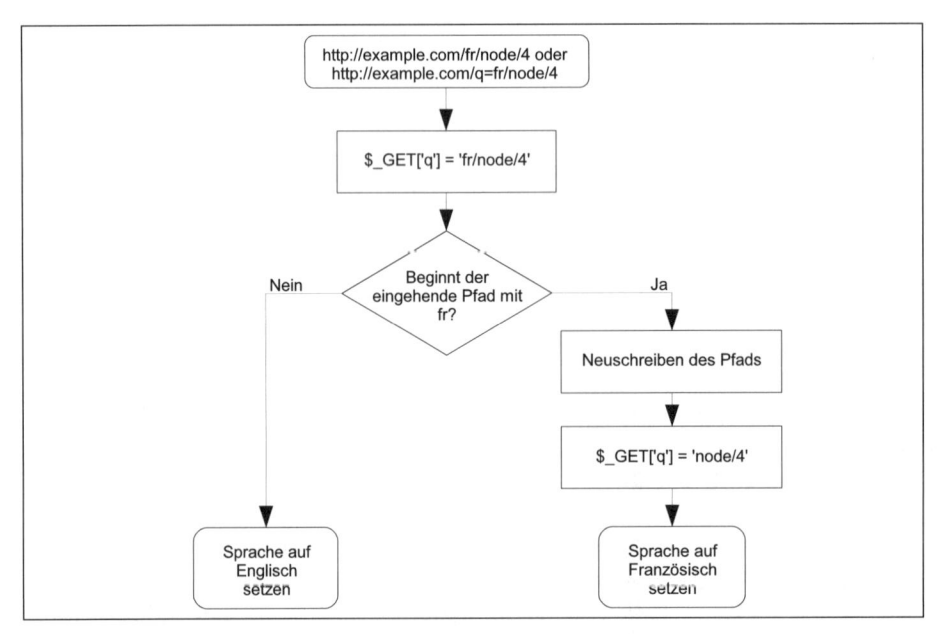

Abbildung 18.22: Bestimmen der Sprache unter Verwendung des Pfadpräfixes für Französisch

18.6.3 Pfadpräfix mit Ausweichsprache

Ist die Sprachaushandlung auf PFADPRÄFIX MIT RÜCKFALLSPRACHE gesetzt, schaut sich Drupal zunächst das Pfadpräfix an. Wird kein Treffer verzeichnet, wird die bevorzugte Sprache des Benutzers über `$user->language` ermittelt. Hat der Benutzer keine bevorzugte Sprache angegeben, versucht Drupal als Nächstes den HTTP-Header `Accept-language` in der HTTP-Anfrage des Browsers zu bestimmen. Wenn der Browser keine bevorzugte Sprache angibt, wird die Standardsprache der Site verwendet. Unter der Annahme, dass Englisch die Standardsprache der Site ist und sowohl Französisch als auch Hebräisch aktiviert sind, sieht der Vorgang der Sprachbestimmung wie in Abbildung 18.23 aus.

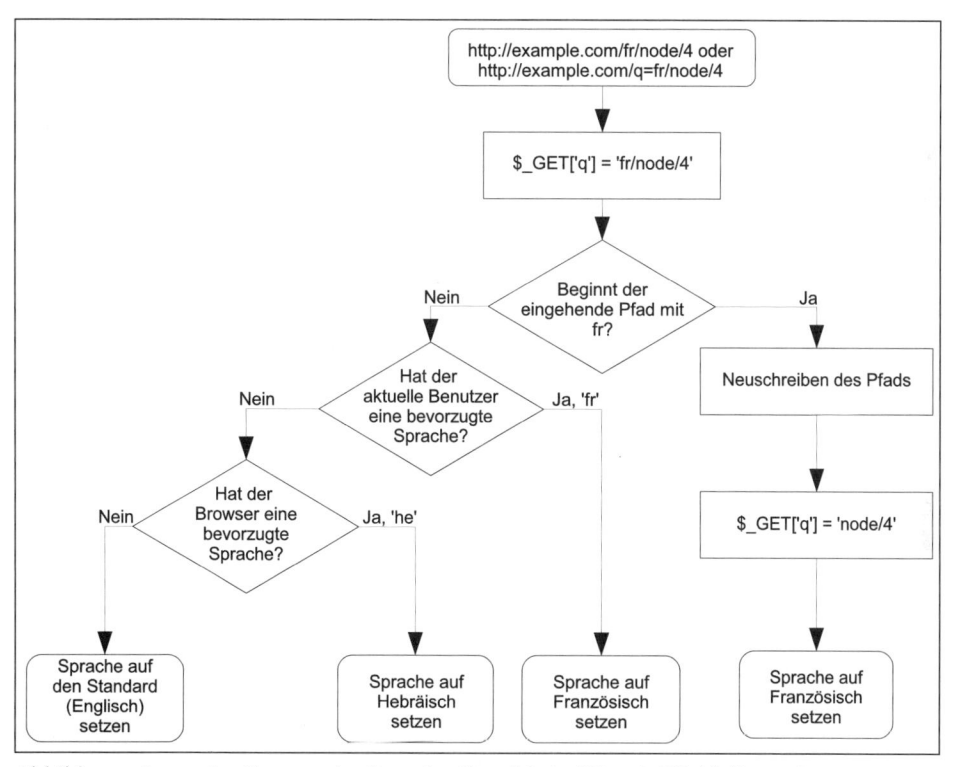

Abbildung 18.23: Bestimmen der Sprache über Pfadpräfix mit Rückfallsprache

18.6.4 Nur Domain-Name

Wenn die Sprachaushandlung auf NUR DOMAIN-NAME gesetzt ist, bestimmt Drupal die aktuelle Sprache durch einen Abgleich der Domäne des aktuellen URLs mit der im Feld SPRACHDOMAIN der Seite SPRACHE ÄNDERN einer Sprache angegebenen Sprachdomäne (siehe Abbildung 18.21). Ist z.B. Englisch die Standardsprache, setzt die Angabe der Sprachdomäne *http://fr.example.com* die aktuelle Sprache für Benutzer, die *http://fr.example.com/?q=node/2* besuchen, auf Französisch, und für Benutzer, die *http://example.com/?q=node/2* aufsuchen, auf Englisch.

> **Hinweis**
>
> Die bevorzugten Spracheinstellungen eines Benutzers auf der Seite MEIN KONTO und die Einstellungen des Browsers werden ignoriert, wenn SPRACHERKENNUNG auf NUR DOMAIN-NAME gesetzt ist.

18.7 Übersetzung des Inhalts

Bislang haben wir uns auf die Übersetzung der Benutzeroberfläche von Drupal konzentriert. Doch was ist mit dem Inhalt? Sobald die aktuelle Spracheinstellung bestimmt wurde, möchte der Benutzer wahrscheinlich auch den Inhalt in dieser Sprache sehen. Wir wollen herausfinden, wie die Übersetzung des Inhalts funktioniert.

18.7.1 Einführung in das Modul zur Inhaltsübersetzung

Drupal enthält eine eingebaute Möglichkeit, die Übersetzung von Inhalten zu verwalten: das Modul zur Inhaltsübersetzung. Es fügt den Inhaltstypen von Drupal zusätzliche Optionen zur Unterstützung für mehrere Sprachen sowie zur Übersetzungsverwaltung hinzu.

18.7.2 Unterstützung für mehrere Sprachen

Wenn Sie unter VERWALTEN > STRUKTURIERUNG > MODULE die Module zur Inhalts- und zur Locale-Übersetzung aktiviert haben, sehen Sie in der Feldgruppe EINSTELLUNGEN FÜR DEN ARBEITSABLAUF für jeden Inhaltstyp Optionen unter UNTERSTÜTZUNG VON MEHRSPRACHIGKEIT. Um diese Einstellungen zu sehen, wechseln Sie zu VERWALTEN > INHALTSVERWALTUNG > INHALTSTYPEN und klicken auf den Link ÄNDERN für den Inhaltstyp SEITE. Erweitern Sie jetzt die Feldgruppe EINSTELLUNGEN FÜR DEN ARBEITSABLAUF, sehen Sie die neuen Einstellungen für UNTERSTÜTZUNG VON MEHRSPRACHIGKEIT, die in Abbildung 18.24 gezeigt werden. Das Locale-Modul liefert die Einstellungen DEAKTIVIERT und AKTIVIERT, während die Inhaltsübersetzung die Einstellung AKTIVIERT, MIT ÜBERSETZUNG beisteuert.

Wenn Sie nun zu INHALT ERSTELLEN > SEITE wechseln, sehen Sie ein neues Dropdownfeld auf dem Formular zur Inhaltserstellung. Hier können Sie angeben, in welcher Sprache der Inhalt geschrieben wird oder ob er sprachneutral (LANGUAGE NEUTRAL) ist. Sie sehen das Feld in Abbildung 18.25.

18.7 Übersetzung des Inhalts

Abbildung 18.24: Die Spracheinstellungen für einen Inhaltstyp

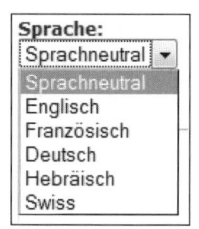

Abbildung 18.25: Das Sprachauswahlfeld auf dem Formular zur Inhaltserstellung

Nachdem Sie einige Seiten in verschiedenen Sprachen erstellt haben, können Sie sehen, dass auf der Verwaltungsseite für Inhalte unter VERWALTEN > INHALTSVERWALTUNG > INHALT jetzt die Sprachen der Beiträge angezeigt werden. Des Weiteren gibt es jetzt eine Option, die Inhalte nach der Sprache zu filtern, wie Abbildung 18.26 zeigt.

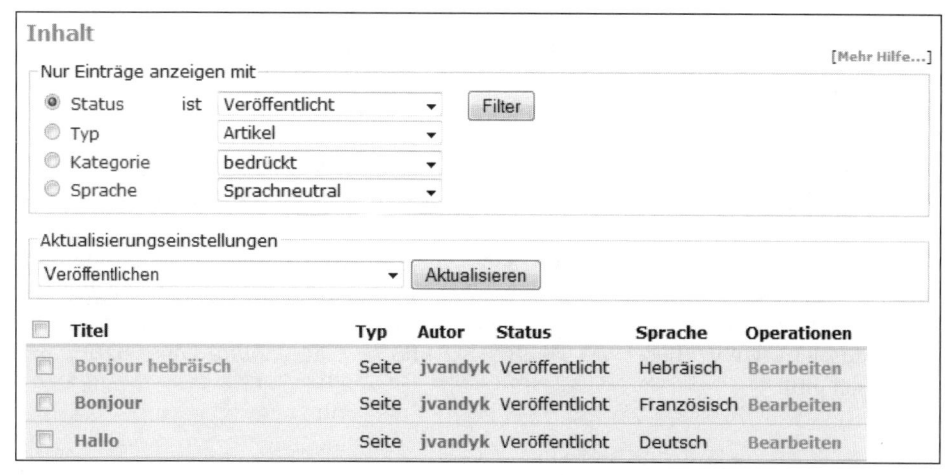

Abbildung 18.26: Die Verwaltungsseite für Inhalte mit aktivierter Unterstützung für mehrere Sprachen

18.7.3 Unterstützung für mehrere Sprachen mit Übersetzung

Es ist gut, die Möglichkeit zu haben, Inhalte in mehreren Sprachen zu erstellen. Es kommt jedoch selten vor, dass eine Site Teile des Inhalts auf Englisch und andere, davon unabhängige Teile auf Französisch enthält. Stattdessen ist der französische Inhalt in der Regel eine Übersetzung des englischen (oder umgekehrt). Das ist möglich, wenn UNTERSTÜTZUNG VON MEHRSPRACHIGKEIT für einen Inhaltstyp auf AKTIVIERT, MIT ÜBERSETZUNG gesetzt ist (siehe Abbildung 18.24). Hierbei gilt der folgende Ansatz:

1. Ein Beitrag wird in einer bestimmten Sprache erstellt. Dies ist der Quellbeitrag.
2. Übersetzungen dieses Beitrags werden erstellt.

Wir wollen uns diese Aufgaben in einem Beispiel anschauen. Stellen Sie zunächst sicher, dass die aktuelle Einstellung für UNTERSTÜTZUNG VON MEHRSPRACHIGKEIT auf AKTIVIERT, MIT ÜBERSETZUNG gesetzt ist. Erstellen Sie dann eine einfache Seite auf Deutsch. Gehen Sie auf INHALT ERSTELLEN > SEITE und geben Sie als Titel *Hallo* sowie als Body *Ich wünsche Ihnen einen schönen Tag.* ein. Setzen Sie die Sprachauswahl auf Deutsch und klicken Sie auf die Schaltfläche SPEICHERN. Sie sehen jetzt neben den üblichen Registerkarten ANZEIGEN und BEARBEITEN eine neue Registerkarte ÜBERSETZEN (siehe Abbildung 18.27).

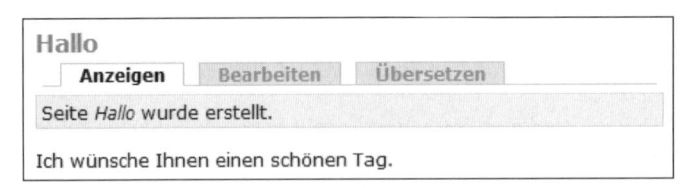

Abbildung 18.27: Der Node hat jetzt eine Registerkarte für die Übersetzung

Wenn Sie auf die Registerkarte ÜBERSETZEN klicken, sehen Sie eine Zusammenfassung des Übersetzungsstatus für den Beitrag. Wie in Abbildung 18.28 zu sehen ist, gibt es einen Quellbeitrag auf Deutsch, aber das ist alles. Wir erstellen jetzt durch nach einem Klick auf den Link ÜBERSETZUNG HINZUFÜGEN eine französische Übersetzung.

Wenn Sie auf den Link ÜBERSETZUNG HINZUFÜGEN klicken, erscheint wieder das Formular zur Nodebearbeitung, doch dieses Mal ist die Sprachauswahl auf Französisch gesetzt. Geben Sie als Titel *Bonjour* und als Body *Ayez un beau jour.* ein. Ein Klick auf die Schaltfläche SPEICHERN fügt einen neuen Node hinzu. Drupal erstellt automatisch Links zwischen dem Quellnode und den Übersetzungen, die mit der Sprache gekennzeichnet sind. Abbildung 18.29 zeigt, wie die französische Übersetzung des Quellnodes aussieht, wenn dieser auf Deutsch ist und es eine weitere Übersetzung auf Hebräisch gibt.

18.7 Übersetzung des Inhalts

Abbildung 18.28: Ein Klick auf die Registerkarte Übersetzen zeigt eine Zusammenfassung des Übersetzungsstatus an

Abbildung 18.29: Die französische Übersetzung des Quellnodes enthält Links auf die englische und auf die hebräische Version

Die Links werden von der Implementierung von `hook_link()` in *modules/translation/translation.module* erstellt:

```
/**
 * Implementierung von hook_link().
 *
 * Zeigt Links auf Übersetzungen an, wenn dieser Node Teil
 * einer Übersetzungsgruppe ist.
 */
function translation_link($type, $node = NULL, $teaser = FALSE) {
   $links = array();
   if ($type == 'node' && ($node->tnid) &&
   $translations = translation_node_get_translations($node->tnid)) {
      // Keine Anzeige eines Links auf den Node selbst.
      unset($translations[$node->language]);
      $languages = language_list();
      foreach ($translations as $language => $translation) {
         $links["node_translation_$language"] = array(
            'title' => $languages[$language]->native,
            'href' => "node/$translation->nid",
            'language' => $languages[$language],
            'attributes' => array(
               'title' => $translation->title,
               'class' => 'translation-link'
            )
```

```
        );
    }
}
return $links;
}
```

Zusätzlich zu den erstellten Links bietet das Locale-Modul einen Block zur Sprachumschaltung, der unter VERWALTEN > STRUKTURIERUNG > BLÖCKE aktiviert werden kann. Dieser Block ist nur zu sehen, wenn mehrere Sprachen aktiviert sind und die Einstellung UNTERSTÜTZUNG VON MEHRSPRACHIGKEIT auf einen Wert ungleich DEAKTIVIERT gestellt ist. Sie sehen den Block zur Sprachumschaltung in Abbildung 18.30.

Abbildung 18.30: Der Block zur Sprachumschaltung

Kehren wir zu Quellnodes und ihren Übersetzungen zurück. Wird ein Quellnode bearbeitet, erscheint auf dem zugehörigen Bearbeitungsformular eine zusätzliche Feldgruppe namens ÜBERSETZUNGSEINSTELLUNGEN. Diese Gruppe enthält ein einzelnes Kontrollkästchen mit der Bezeichnung ÜBERSETZUNG ALS VERALTET MARKIEREN, wie Abbildung 18.31 zeigt.

Abbildung 18.31: Die Feldgruppe Übersetzungseinstellungen im Bearbeitungsformular für einen Quellnode

Das Kontrollkästchen wird verwendet, um anzuzeigen, dass ein Quellnode so umfangreich bearbeitet wurde, dass eine Neuübersetzung erforderlich ist. Das Aktivieren dieses Kontrollkästchen, das Übersetzungen als veraltet kennzeichnet, führt lediglich dazu, dass das Wort ÜBERSETZUNG ALS VERALTET MARKIEREN in der Ansicht des Übersetzungsstatus eines Node angezeigt wird. Vergleichen Sie die Abbildungen 18.28 und 18.32.

Übersetzungen von *Hallo*

| Anzeigen | Bearbeiten | **Übersetzen** |

Übersetzungen eines Inhaltsteils werden mit Hilfe von Übersetzungssätzen organisiert. Jeder Übersetzungssatz besteht aus einem Quellbeitrag und je einer Übersetzung in eine der aktivierten Sprachen. Ob eine Übersetzung aktuell oder veraltet ist, wird verfolgt, indem auf signifikante Änderungen am Quellbeitrag geprüft wird.

Sprache	Titel	Status	Operationen
English	n/v	Nicht übersetzt	Übersetzung hinzufügen
French	Bonjour	Veröffentlicht - veraltet	Bearbeiten
German (source)	Hallo	Veröffentlicht	Bearbeiten
Hebrew	Bonjour hebräisch	Veröffentlicht - veraltet	Bearbeiten
Swiss	n/v	Nicht übersetzt	Übersetzung hinzufügen

Abbildung 18.32: Der Quellbeitrag wurde bearbeitet, und der übersetzte Beitrag ist als veraltet markiert

Ein Quellnode und seine Übersetzungen haben unterschiedliche Nodenummern und sind in der Datenbank als vollkommen verschiedene Nodes gespeichert. Sie sind miteinander über die Spalte `tnid` der Tabelle *node* verbunden, die als Wert die Node-ID des Quellnodes enthält. Unter der Annahme, dass die englische Version der Quellnode und auch der erste Node der Site ist und die französische und hebräische Übersetzung unmittelbar darauf hinzugefügt wurden, sieht die Nodetabelle wie in Abbildung 18.33 aus.

nid	vid	type	language	title	uid	status	created	changed	comment	promote	moderate	sticky	tnid	translate
12	12	page	he	שלום	1	1	1228859257	1228859683	0	0	0	0	10	1
11	11	page	fr	Bonjour	1	1	1228859142	1228859683	0	0	0	0	10	1
10	10	page	de	Hallo	1	1	1228773862	1228860047	0	1	0	0	10	0

Abbildung 18.33: Die Spalte tnid enthält die Beziehungen zwischen Quellnodes und ihren Übersetzungen

Beachten Sie, dass der Wert 1 in der Spalte `translate` eine veraltete Übersetzung anzeigt.

18.8 Dateien für Lokalisierung und Übersetzung

Manchmal ist es schwierig, sich zu merken, welche Teile von Drupal für welche Lokalisierungs- und Übersetzungsfunktionen zuständig sind. Tabelle 18.1 zeigt diese Dateien und ihre Zuständigkeiten.

Datei	Zuständigkeit
includes/bootstrap.inc	Führt die Phase DRUPAL_BOOTSTRAP_LANGUAGE aus, die die aktuelle Sprache bestimmt.
includes/language.inc	Wird beim Start einbezogen, wenn mehrere Sprachen aktiviert sind. Steuert Code zur Auswahl einer Sprache bei und schreibt interne URLs sprachspezifisch um.
includes/common.inc	Hier stehen die Funktionen t() und drupal_add_css(). Letztere unterstützt von rechts nach links geschriebene Sprachen.
includes/locale.inc	Enthält Benutzeroberflächen und Funktionen zur Verwaltung von Übersetzungen.
modules/locale/locale.module	Ermöglicht Stringersetzung und Übersetzungsimporte, wenn Module oder Themes installiert bzw. aktiviert werden. Fügt sprachspezifische Einstelloberflächen für Pfad, Nodes und Formulare für Node-Typen hinzu.
modules/translation/translation.module	Verwaltet Quellnodes und ihre Übersetzungen.
modules/translation/translation.admin.inc	Stellt die Übersetzungsübersicht zur Verfügung, wenn die Registerkarte ÜBERSETZEN angeklickt wird (siehe Abbildung 18.31).

Tabelle 18.1: Dateien für Lokalisierung und Übersetzung in Drupal

18.9 Weitere Quellen

Die Unterstützung für die Internationalisierung ist für das Drupal-Projekt sehr wichtig. Um den Fortschritt dieser Bemühungen zu verfolgen oder um mitzumachen, besuchen Sie http://groups.drupal.org/i18n.

18.10 Zusammenfassung

In diesem Kapitel haben Sie Folgendes gelernt:

- Wie die Funktion t() arbeitet
- Wie Sie eingebaute Drupal-Strings anpassen
- Wie Sie Ihre Anpassungen exportieren
- Was portierbare Objekt- und portierbare Objekt-Templatedateien sind
- Wie Sie portierbare Objekt-Templatedateien herunterladen und wie Sie Ihre eigenen erstellen
- Wie Sie eine vorhandene Drupal-Übersetzung importieren

18.10 Zusammenfassung

- Wie Sie Stylesheets für die Unterstützung von Sprachen verwenden, die von rechts nach links geschrieben werden
- Wie Einstellungen zur Sprachaushandlung Drupal beeinflussen
- Wie die Übersetzung des Inhalts funktioniert

19 XML-RPC

Drupal ist »teamfähig«. Gibt es einen offenen Standard, bestehen daher gute Chancen, dass Drupal ihn entweder von Haus aus oder mithilfe eines beigesteuerten Moduls aus der Community unterstützt. XML-RPC stellt dabei keine Ausnahme dar – Drupal unterstützt es bereits im Lieferzustand. In diesem Kapitel erfahren Sie, wie Sie die Fähigkeit von Drupal nutzen, XML-RPC-Aufrufe zu senden und zu empfangen.

19.1 Was ist XML-RPC?

Ein *Remoteprozeduraufruf* erfolgt, wenn ein Programm ein anderes bittet, eine Funktion auszuführen. XML-RPC ist ein Standard dafür, bei dem der Aufruf mit XML kodiert und über HTTP gesendet wird. Das Protokoll XML-RPC wurde von Dave Winer von UserLand Software in Zusammenarbeit mit Microsoft entwickelt. Es ist insbesondere für verteilte webbasierte Systeme gedacht, die miteinander kommunizieren, zum Beispiel, wenn eine Drupal-Site eine andere um Informationen bittet. Bei XML-RPC gibt es zwei Beteiligte: Die Site, von der die Anforderung ausgeht, wird als *Client* bezeichnet, diejenige, die die Anforderung empfängt, ist der *Server*.

19.2 Voraussetzungen für XML-RPC

Fungiert Ihre Site ausschließlich als Server, brauchen Sie sich keine Gedanken zu machen, weil eingehende XML-RPC-Anforderungen den Standardwebport verwenden (üblicherweise Port 80). Die Datei *xmlrpc.php* in Ihrer Drupal-Installation enthält den Code, der für eine eingehende Anforderung ausgeführt wird. Er wird als XML-RPC-Endpunkt bezeichnet.

> **Hinweis**
>
> Die Sicherheit lässt sich durch Verschleierung erhöhen, indem Sie die Datei *xmlrpc.php* umbenennen, um einen anderen XML-RPC-Endpunkt zu erhalten, was schädliche Robots daran hindert, die XML-RPC-Schnittstellen zu sondieren. Sie können sie auch vollkommen löschen, wenn die Site keine XML-RPC-Anforderungen akzeptiert.

Damit Ihre Drupal-Site als Client fungieren kann, muss sie in der Lage sein, HTTP-Anforderungen zu senden. Einige Hostingfirmen lassen dies aus Sicherheitsgründen nicht zu, sodass Ihre Versuche an der Firewall scheitern.

19.3 XML-RPC-Clients

Der Client ist der Computer, der die Anforderung sendet. Er schickt eine standardmäßige HTTP POST-Anforderung an den Server. Der Rumpf dieser Anforderung besteht aus XML und enthält nur das Tag <methodCall>. Sehen wir uns an einem praktischen Beispiel an, wie das funktioniert.

> **Hinweis**
>
> Die aufgerufene Remoteprozedur wird als *Methode* bezeichnet. Deshalb verpackt die XML-Kodierung eines XML-RPC-Aufrufs den Namen der Remoteprozedur in ein <methodName>-Tag.

19.3.1 Ein Beispiel für einen XML-RPC-Client: Die Uhrzeit abrufen

Auf der Site mit der XML-RPC-Spezifikation (*http://www.xmlrpc.com/*) finden Sie auch einige Testimplementierungen. In unserem ersten Beispiel wollen wir die Site über XML-RPC nach der aktuellen Zeit fragen:

```
$time = xmlrpc('http://time.xmlrpc.com/RPC2', 'currentTime.getCurrentTime');
```

Sie rufen die Drupal-Funktion xmlrpc() auf und weisen sie an, den Server time.xmlrpc.com mit dem Pfad RPC2 anzusprechen und ihn zu bitten, die Methode currentTime.getCurrentTime() auszuführen. Den Aufruf senden Sie ohne Parameter. Drupal wandelt ihn in eine HTTP-Anforderung um, die wie folgt aussieht:

```
POST /RPC2 HTTP/1.0
Host: time.xmlrpc.com
User-Agent: Drupal (+http://drupal.org/)
Content-Length: 118
Content-Type: text/xml

<?xml version="1.0"?>
<methodCall>
  <methodName>currentTime.getCurrentTime</methodName>
  <params></params>
</methodCall>
```

Der Server time.xmlrpc.com führt die Funktion freudig aus und gibt Folgendes zurück:

19.3 XML-RPC-Clients

```
HTTP/1.1 200 OK
Connection: close
Content-Length: 183
Content-Type: text/xml
Date: Wed, 23 Apr 2008 16:14:30 GMT
Server: UserLand Frontier/9.0.1-WinNT

<?xml version="1.0"?>
<methodResponse>
  <params>
    <param>
      <value>
        <dateTime.iso8601>20080423T09:14:30</dateTime.iso8601>
      </value>
    </param>
  </params>
</methodResponse>
```

Drupal analysiert die eingegangene Antwort und erkennt sie als Einzelwert im internationalen Datumsformat ISO 8601. Anschließend gibt Drupal nicht nur die ISO-8601-Darstellung der Uhrzeit zurück, sondern außerdem die Komponenten Jahr, Monat, Tag, Stunde, Minute und Sekunde. Das Objekt mit diesen Eigenschaften wird der Variable $time zugewiesen (siehe Abbildung 19.1).

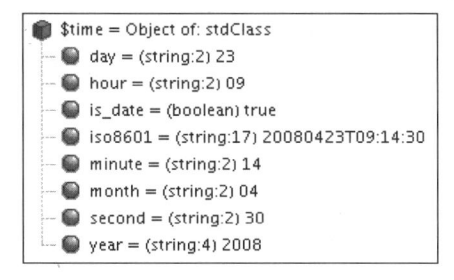

```
$time = Object of: stdClass
  day = (string:2) 23
  hour = (string:2) 09
  is_date = (boolean) true
  iso8601 = (string:17) 20080423T09:14:30
  minute = (string:2) 14
  month = (string:2) 04
  second = (string:2) 30
  year = (string:4) 2008
```

Abbildung 19.1: Ergebnis des XML-RPC-Aufrufs zum Abfragen der aktuellen Zeit

Wichtig ist hier Folgendes:

- Sie haben einen Remoteserver aufgerufen, und er hat geantwortet.
- Anforderung und Antwort wurden in XML dargestellt.
- Sie haben die Funktion xmlrpc() benutzt und ihr einen URL und den Namen der aufzurufenden Funktion mitgegeben.
- Drupal hat den Datentyp erkannt und die Antwort automatisch analysiert.
- All dies geschah mit einer einzigen Codezeile.

19.3.2 Ein Beispiel für einen XML-RPC-Client: Den Namen eines Bundesstaats abrufen

Versuchen wir es mit einem etwas komplizierteren Beispiel. Sie senden dieses Mal zusammen mit dem Namen der Remotemethode einen Parameter. UserLand Software betreibt unter der Adresse *betty.userland.com* einen Webdienst, in dem die 50 US-Bundesstaaten in alphabetischer Reihenfolge aufgelistet sind. Wenn Sie nach Staat 1 fragen, wird also Alabama zurückgegeben; Staat 50 ist Wyoming. Der Name der Methode lautet examples.getStateName. Sie soll jetzt nach Staat Nr. 3 in der Liste fragen:

```
$state_name = xmlrpc('http://betty.userland.com/RPC2', 'examples.getStateName', 3);
```

Damit wird $stateName auf Arizona gesetzt. Drupal sendet folgenden XML-Code (ab jetzt ignorieren wir zur Verdeutlichung die HTTP-Header):

```
<?xml version="1.0"?>
<methodCall>
  <methodName>examples.getStateName</methodName>
    <params>
      <param>
        <value>
          <int>3</int>
        </value>
      </param>
    </params>
</methodCall>
```

Von betty.userland.com kommt die folgende Antwort:

```
<?xml version="1.0"?>
<methodResponse>
    <params>
      <param>
        <value>Arizona</value>
      </param>
    </params>
</methodResponse>
```

Beachten Sie, dass Drupal automatisch erkannt hat, dass der von Ihnen gesendete Parameter eine Integerzahl war, und ihn in Ihrer Anforderung entsprechend kodiert hat. Was geschieht aber in der Antwort? Der Wert ist nicht mit Typ-Tags versehen! Muss es nicht `<value><string>Arizona</string></value>` heißen? Nun, das funktioniert auch, aber in XML-RPC gilt ein Wert ohne Typangabe als String, sodass Sie mit weniger Text auskommen.

So einfach ist ein XML-RPC-Clientaufruf in Drupal. Er umfasst nur eine Zeile:

```
$result = xmlrpc($url, $method, $param_1, $param_2, $param_3 ...)
```

19.3.3 Vorgehensweise bei XML-RPC-Clientfehlern

Beim Umgang mit Remoteservern kann vieles falsch laufen. Sie können beispielsweise Syntaxfehler machen, der Server kann offline sein oder das Netzwerk außer Betrieb. Sehen wir uns an, was Drupal in solchen Situationen unternimmt.

Netzwerkfehler

Für ausgehende HTTP-Anforderungen, also auch für XML-RPC-Anforderungen, setzt Drupal die Funktion `drupal_http_request()` in *includes/common.inc* ein. Innerhalb dieser Funktion wird mit der PHP-Funktion `fsockopen` ein Socket zum Remoteserver geöffnet. Scheitert das, setzt Drupal entweder einen negativen Fehlercode oder 0, was davon abhängt, auf welcher Plattform PHP ausgeführt wird und an welcher Stelle beim Öffnen des Sockets der Fehler auftritt. Zur Veranschaulichung schreiben wir nun beim Abrufen des Bundesstaats den Servernamen falsch:

```
$state_name = xmlrpc('http://betty.userland.comm/RPC2', 'examples.getStateName', 3);
if ($error = xmlrpc_error()) {
  if ($error->code <= 0) {
    $error->message = t('Outgoing HTTP request failed because the
      socket could not be opened.');
  }
  drupal_set_message(t('Could not get state name because the remote
    site gave an error: %message (@code).', array(
      '%message' => $error->message,
      '@code' => $error->code
    )
  )
);
```

Das führt zur Anzeige folgender Meldung:

```
Could not get state name because the remote site gave an error: Outgoing HTTP
request failed because the socket could not be opened. (-19891355).
```

HTTP-Fehler

Der vorstehende Code funktioniert auch bei HTTP-Fehlern, beispielsweise, wenn der Server läuft, aber in diesem Pfad kein Webdienst ausgeführt wird. Im folgenden Beispiel bitten wir *drupal.org*, den Webdienst zu starten, worauf *drupal.org* darauf hinweist, dass unter *http://drupal.org/RPC2* nichts steht:

```
$state = xmlrpc('http://drupal.org/RPC2', 'examples.getStateName');
if ($error = xmlrpc_error()) {
  if ($error->code <= 0) {
    $error->message = t('Outgoing HTTP request failed because the
      socket could not be opened.');
  }
  drupal_set_message(t('Could not get state name because the remote
    site gave an error: %message (@code).', array(
      '%message' => $error->message,
      '@code' => $error->code
    )
  )
);
```

Damit erhalten wir die folgende Anzeige:

```
Could not get state name because the remote site gave an error: Not Found (404).
```

Fehler in der Aufrufsyntax

Können Sie den Server erreichen, versuchen aber, den Namen eines Bundesstaates bei *betty.userland.com* abzufragen, ohne seine Nummer anzugeben, die als Parameter erforderlich ist, sieht Ihre Anforderung wie folgt aus:

```
$state_name = xmlrpc('http://betty.userland.com/RPC2', 'examples.getStateName');
```

Der Remoteserver gibt Folgendes zurück:

```xml
<?xml version="1.0"?>
<methodResponse>
  <fault>
    <value>
      <struct>
        <member>
          <name>faultCode</name>
          <value>
            <int>4</int>
          </value>
        </member>
        <member>
          <name>faultString</name>
          <value>
            <string>Can't call "getStateName" because there aren't
              enough parameters.</string>
          </value>
        </member>
      </struct>
    </value>
  </fault>
</methodResponse>
```

Der Server war in Betrieb und unsere Kommunikation mit ihm funktionierte wunderbar. Der vorstehende Code wird mit dem HTTP-Antwortcode 200 OK zurückgegeben. Der Fehler wird in der XML-Antwort mit einem Fehlercode und einem String bezeichnet, der den Fehler beschreibt. Ihr Fehlerbehandlungscode lautet genauso wie in den vorigen Fällen:

```
$state_name = xmlrpc('http://betty.userland.com/RPC2', 'examples.getStateName');
if ($error = xmlrpc_error()) {
  if ($error->code <= 0) {
    $error->message = t('Outgoing HTTP request failed because the
      socket could not be opened.');
  }
  drupal_set_message(t('Could not get state name because the remote
    site gave an error: %message (@code).', array(
      '%message' => $error->message,
      '@code' => $error->code
    )
  )
);
```

Dieser Code zeigt dem Benutzer die folgende Meldung an:

```
Could not get state name because the remote site gave an error:
Can't call "getStateName" because there aren't enough parameters. (4)
```

Denken Sie daran, dass Sie bei der Meldung von Fehlern drei Dinge mitteilen sollten: was Sie zu tun versucht haben, warum es nicht geht und alle weiteren Informationen, auf die Sie Zugriff haben. Häufig wird mit `drupal_set_message()` eine für Menschen lesbare Meldung als Benachrichtigung an den Benutzer angezeigt, während in Watchdog eine ausführlichere abgelegt wird, die über VERWALTEN > BERICHTE > NEUE LOG-EINTRÄGE einsehbar ist.

19.3.4 Parametertypen umwandeln

Häufig verlangt die aufgerufene Remoteprozedur, dass Parameter in bestimmten XML-RPC-Typen vorliegen, beispielsweise als Integerzahlen oder Arrays. Eine Möglichkeit, dies sicherzustellen, besteht darin, die Parameter mit PHP-Typumwandlung zu senden:

```
$state_name = xmlrpc('http://betty.userland.com/RPC2',
  'examples.getStateName', (int)$state_num);
```

Besser ist es jedoch, dafür zu sorgen, dass die Variable bereits den richtigen Typ aufweist, wenn sie an einer anderen Stelle im Code zugewiesen wird.

19.4 Ein einfacher XML-RPC-Server

Wie Sie in den Beispielen für XML-RPC-Clients gesehen haben, übernimmt Drupal einen großen Teil der schweren Arbeit. Sehen wir uns ein einfaches Serverbeispiel an. Um den Server einzurichten, müssen Sie die folgenden drei Schritte durchführen:

1. Die Funktion definieren, die ausgeführt werden soll, wenn eine Clientanforderung eingeht
2. Diese Funktion dem Namen einer öffentlichen Methode zuordnen
3. Optional eine Methodensignatur definieren

Wie immer bei Drupal wollen Sie den Code vom Kernsystem getrennt halten und ihn lediglich als Modul einbinden. Das folgende kurze Modul sagt über XML-RPC Hallo. Legen Sie zuerst die Datei *sites/all/modules/custom/remotehello.info* an:

```
; $Id$
name = Remote Hello
description = Greets XML-RPC clients by name.
package = Pro Drupal Development
core = 6.x
```

Das Modul *remotehello.module* sieht wie folgt aus:

```
<?php
// $Id$

/**
 * Implementierung von hook_xmlrpc().
 * Ordnet die externen Namen von XML-RPC-Methoden PHP-
 * Callbackfunktionen zu.
 */
function remotehello_xmlrpc() {
  $methods['remoteHello.hello'] = 'xmls_remotehello_hello';
  return $methods;
}

/**
 * Grüßt einen Benutzer.
 */
function xmls_remotehello_hello($name) {
  if (!$name) {
    return xmlrpc_error(1, t('I cannot greet you by name if you do
      not provide one.'));
  }
  return t('Hello, @name!', array('@name' => $name));
}
```

19.4.1 Die Methode mit hook_xmlrpc() zuordnen

Der XML-RPC-Hook beschreibt externe XML-RPC-Methoden, die das Modul bereitstellt. In unserem Beispiel geht es um nur eine Methode mit dem Namen remoteHello.hello. Dieser Name, der bei der Anforderung verwendet wird, ist vollkommen willkürlich. Es hat sich jedoch bewährt, den Namen als durch Punkte getrennten String mit dem Modulnamen als erstem und einem aussagekräftigen Verb als zweitem Teil zu erstellen.

> **Hinweis**
>
> Die »camelCase«-Schreibweise wird zwar in Drupal normalerweise vermieden, aber externe XML-RPC-Methodennamen bilden eine Ausnahme.

Der zweite Teil des Arrays ist der Name der Funktion, die aufgerufen wird, wenn eine Anforderung für remoteHello eingeht. In unserem Beispiel nennen wir die PHP-Funktion xmls_remotehello_hello(). Bei der Entwicklung von Modulen werden Sie zahlreiche Funktionen schreiben.

Aufgrund des »xmls« im Funktionsnamen sehen Sie auf den ersten Blick, dass diese Funktion mit der Außenwelt kommuniziert. In gleicher Weise können Sie für eine Funktion, die andere Sites aufruft, »xmlc« benutzen, was besonders günstig ist, wenn Sie ein Modul schreiben, das sich im Grunde selbst aufruft, aber auf einer anderen Website, weil die Fehlersuche andernfalls sehr verwirrend sein kann.

Stellt Ihr Modul fest, dass ein Fehler aufgetreten ist, definieren Sie mit xmlrpc_error() einen Fehlercode und einen String, der dem Client gegenüber beschreibt, was falsch gelaufen ist. Numerische Fehlercodes sind frei wählbar und anwendungsspezifisch.

Unter der Voraussetzung, dass sich die Site mit diesem Modul unter example.com befindet, können Sie Ihren Namen jetzt mit dem folgenden Code von einer anderen Drupal-Installation aus senden (etwa unter example2.com):

```
$url = 'http://example.com/xmlrpc.php';
$method_name = 'remoteHello.hello';
$name = t('Joe');
$result = xmlrpc($url, $method_name, $name);
//$result ist jetzt "Hallo, Joe."
```

19.4.2 Automatische Validierung von Parametertypen mit hook_xmlrpc()

Der XML-RPC-Hook hat zwei verschiedene Formen. In der einfacheren (siehe unser Beispiel *remotehello.module*) ordnet er einfach einen externen Methodennamen einem PHP-Funktionsnamen zu. In der erweiterten Form beschreibt er die Signatur der Methode, d.h., welchen XML-RPC-Typ sie zurückgibt und welchen Typen die einzelnen Parameter angehören (eine Liste der Typen finden Sie unter der Adresse *http://www.xmlrpc.com/spec*).

Die komplexere Form des XML-RPC-Hooks sieht für *remotehello.module* wie folgt aus:

```
/**
 * Implementierung von hook_xmlrpc().
 * Ordnet externe Namen von XML-RPC-Methoden PHP-Callbackfunktionen
 * zu. Ausführliche Syntax, die die Datentypen für Rückgabewert und
 * Parameter angibt.
 */
function remotehello_xmlrpc() {
  $methods = array();
  $methods[] = array(
    'remoteHello.hello',        // Externer Methodenname.
    'xmls_remotehello_hello',   // Auszuführende PHP-Funktion.
    array('string', 'string'),  // Typ des Rückgabewerts,
                                // danach die Parametertypen.
    t('Greets XML-RPC clients by name.') // Beschreibung.
  );
  return $methods;
}
```

Abbildung 19.2 zeigt den Lebenszyklus einer XML-RPC-Anforderung von einem XML-RPC-Client an unser Modul. Implementieren Sie den XML-RPC-Hook für Ihr Modul in der komplexeren Form, genießen Sie einige Vorteile. Erstens validiert Drupal eingehende Typen automatisch anhand der Methodensignatur und gibt dem Client bei einem Fehlschlag die Meldung -32602: Server error. Invalid method parameters zurück. (Dies bedeutet außerdem, dass Ihre Funktion wählerischer ist. Es findet keine automatische Typzwingung mehr statt, um zum Beispiel den String '3' anstelle der Integerzahl 3 akzeptieren zu können.) Außerdem geben die integrierten XML-RPC-Methoden system.methodSignature und system.methodHelp von Drupal Informationen über Ihre Methode zurück. Beachten Sie, dass die Beschreibung, die Sie in Ihrer Implementierung des XML-RPC-Hooks bereitgestellt haben, in der Methode system.methodHelp als Hilfetext zurückgegeben wird. Achten Sie also darauf, eine sinnvolle Beschreibung zu verfassen.

19.4 Ein einfacher XML-RPC-Server

```xml
<?xml version="1.0"?>
<methodCall>
  <methodName>remoteHello.hello</methodName>
  <params>
    <param>
      <value> Joe </value>
    </param>
  </params>
</methodCall>
```

↓

Eingegangen über xmlrpc.php

↓

Liste verfügbarer Methoden abrufen —hook_xmlrpc()→ Module

↓

remoteHello.hello zu remotehello_hello() zuordnen

↓

Parameter anhand der Methodensignatur validieren

↓

An Funktion remotehello_hello() abschicken

→ remote.hello

Rückgabewert in XML-RPC-Datentyp kodieren ←Hello, Joe!—

↓

XML-RPC-Antwort zurückgeben

↓

```xml
<?xml version="1.0"?>
<methodResponsel>
  <params>
    <param>
      <value><string>Hello, Joe!</string></value>
    </param>
  </params>
</methodResponse>
```

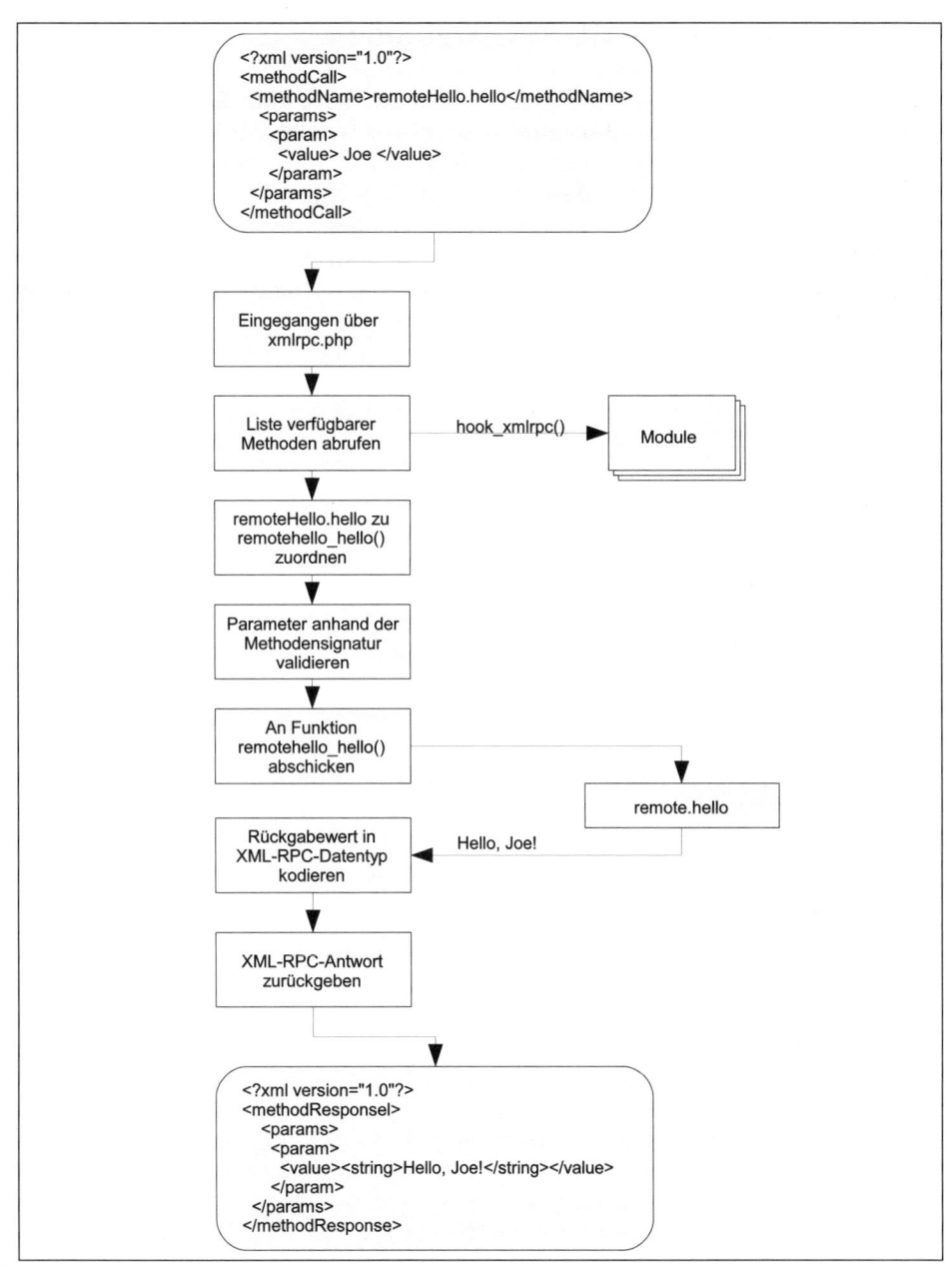

Abbildung 19.2: Verarbeitung einer eingehenden XML-RPC-Anforderung

19.5 Eingebaute XML-RPC-Methoden

Im Lieferumfang von Drupal sind einige bereits aktivierte XML-RPC-Methoden enthalten, die in den folgenden Abschnitten beschrieben werden.

19.5.1 system.listMethods

Die Methode `system.listMethods` führt auf, welche XML-RPC-Methoden zur Verfügung stehen. Mit dieser Liste beantwortet Drupal die Abfrage, welche Methoden es bereitstellt:

```
// Fragt ein Array mit den XML-RPC-Methoden ab, die auf dem Server zur Verfügung
stehen.
$url = 'http://example.com/xmlrpc.php';
$methods = xmlrpc($url, 'system.listMethods');
```

Der Server antwortet wie folgt:

```
<?xml version="1.0"?>
<methodResponse>
  <params>
    <param>
      <value>
        <array>
          <data>
            <value>
              <string>system.multicall</string>
            </value>
            <value>
              <string>system.methodSignature</string>
            </value>
            <value>
              <string>system.getCapabilities</string>
            </value>
            <value>
              <string>system.listMethods</string>
            </value>
            <value>
              <string>system.methodHelp</string>
            </value>
            <value>
              <string>remoteHello.hello</string>
            </value>
          </data>
        </array>
      </value>
    </param>
  </params>
</methodResponse>
```

Der Inhalt von `$methods` bildet nun ein Array mit den Namen der Methoden, die der Server bietet: (`'system.multicall'`, `'system.methodSignature'`, `'system.getCapabilities'`, `'system.listMethods'`, `'system.methodHelp'`, `'remoteHello.hello'`).

19.5.2 system.methodSignature

Diese in Drupal integrierte XML-RPC-Methode gibt ein Array mit Datentypen zurück. An erster Stelle steht der Datentyp des Rückgabewerts der Funktion, dann folgen alle Parameter, die eine bestimmte Methode erwartet. Die Methode `remoteHello.hello` gibt zum Beispiel einen String zurück und erwartet einen Parameter, nämlich einen String, der den Namen des Clients enthält. Rufen wir `system.methodSignature` auf, um festzustellen, ob Drupal dasselbe sagt:

```
// Ruft die Signatur für unsere Beispielmethode ab.
$url = 'http://example.com/xmlrpc.php';
$signature = xmlrpc($url, 'system.methodSignature', 'remoteHello.hello');
```

Tatsächlich wird der Wert von `$signature` zum Array (`'string'`, `'string'`).

19.5.3 system.methodHelp

Diese in Drupal enthaltene XML-RPC-Methode gibt die Beschreibung der Methode zurück, die in der Implementierung des XML-RPC-Hooks desjenigen Moduls definiert ist, das die Methode bereitstellt.

```
// Ruft den Hilfestring für unsere Beispielmethode ab.
$url = 'http://example.com/xmlrpc.php';
$help = xmlrpc($url, 'system.methodHelp', 'remoteHello.hello');
```

Der Wert von `$help` ist jetzt ein String: `Greets XML-RPC clients by name`.

19.5.4 system.getCapabilities

Diese in Drupal enthaltene XML-RPC-Methode beschreibt die Fähigkeiten des XML-RPC-Servers von Drupal, indem sie angibt, welche Spezifikationen implementiert sind. Es handelt sich um folgende:

```
xmlrpc:
specURL http://www.xmlrpc.com/spec
specVersion 1

faults_interop:
specURL http://xmlrpc-epi.sourceforge.net/specs/rfc.fault_codes.php
specVersion 20010516
```

```
system.multicall
specURL http://www.xmlrpc.com/discuss/msgReader$1208
specVerson 1

introspection
specURL http://scripts.incutio.com/xmlrpc/introspection.html
specVersion 1
```

19.5.5 system.multiCall

Eine andere erwähnenswerte mitgelieferte Methode ist `system.multiCall`, mit der Sie mehrere XML-RPC-Methodenaufrufe pro HTTP-Anforderung durchführen können. Weitere Informationen über diese Konvention (die nicht zur XML-RPC-Spezifikation gehört) finden Sie unter dem folgenden URL (beachten Sie, dass es sich um einen einzigen fortlaufenden String handelt): *http://web.archive.org/web/20060502175739/http://www.xmlrpc.com/discuss/msgReader$1208*.

19.6 Zusammenfassung

Nachdem Sie dieses Kapitel durchgearbeitet haben, sollten Sie folgende Aufgaben beherrschen:

- Von einer Drupal-Site aus XML-RPC-Aufrufe an einen anderen Server senden
- Einen einfachen XML-RPC-Server implementieren
- Die Zuordnung von XML-RPC-Methoden zu PHP-Funktionen erläutern
- Einfache und komplexe Versionen des XML-RPC-Hooks schreiben
- Die mitgelieferten XML-RPC-Methoden von Drupal auflisten

20 Sicheren Code schreiben

Nahezu täglich lesen wir Schlagzeilen darüber, dass diese oder jene Software Sicherheitslücken aufweist. Unerwünschte Gäste von unseren Internetanwendungen und -servern fernzuhalten sollte für seriöse Entwickler eine hohe Priorität haben.

Es gibt viele Wege, auf denen Benutzer mit schädlichen Absichten versuchen können, Ihre Drupal-Site zu missbrauchen. Dazu gehört es, Code in Ihr System einzuschmuggeln und auszuführen, Daten in Ihrer Datenbank zu manipulieren, Material ohne Zugriffsberechtigung einzusehen und unerwünschte E-Mails über Ihr Drupal-System zu versenden. In diesem Kapitel lernen Sie, wie Sie defensiv programmieren können, um diese Arten von Angriffen abzuwehren.

Glücklicherweise stellt Drupal Werkzeuge bereit, die die gebräuchlichsten Ursachen für Sicherheitsverletzungen ausschalten.

20.1 Benutzereingaben handhaben

Wenn ein Benutzer mit Drupal interagiert, geschieht dies normalerweise durch eine Reihe von Formularen, wie das Node- oder das Kommentar-Auswahlformular. Benutzer können mit dem Modul *blogapi* auch über XML-RPC Postings an einem Drupal-Blog senden. Die Vorgehensweise von Drupal bei der Verarbeitung von Benutzereingaben kann wie folgt zusammengefasst werden: *Speichere das Original und filtere die Ausgabe*. Die Datenbank sollte immer genau das wiedergeben, was der Benutzer eingegeben hat. Zur Vorbereitung auf den Einbau in eine Webseite werden Benutzereingaben aber gesäubert (sprich potenziell ausführbarer Code wird neutralisiert).

Sicherheitslücken können auftreten, wenn der vom Benutzer eingegebene Text nicht gesäubert und innerhalb Ihres Programms ausgeführt wird. Dies kann passieren, wenn Sie beim Schreiben Ihres Programms nicht an alle Möglichkeiten denken. Sie nehmen vielleicht an, dass Benutzer nur Standardzeichen eingeben, wobei sie in Wirklichkeit aber besondere oder verschlüsselte Zeichen wie Steuerzeichen eingeben können. Vielleicht haben Sie schon URLs gesehen, in denen der String %20 vorkommt, beispielsweise *http://example.com/my%20document.html*. Dies ist ein Leerzeichen, das in Übereinstimmung mit der URL-Spezifikation verschlüsselt wurde (siehe *http://www.w3.org/Addressing/URL/url-spec.html*). Wenn jemand eine Datei mit dem Namen *my document.html* speichert und diese von einem Webserver bereitgestellt wird, dann wird das Leerzeichen verschlüsselt. Das % zeigt ein verschlüsseltes Zeichen an und die 20, dass dies das ASCII-Zeichen 32 ist (20 ist das hexadezimale Gegenstück von 32). Die trickreiche Verwendung von verschlüsselten Zeichen durch ruchlose Benutzer kann problematisch sein, wie Sie weiter hinten in diesem Kapitel erfahren werden.

20.1.1 Überlegungen zu Datentypen

Wenn Sie mit Text in einem System wie Drupal zu tun haben, in dem Benutzereingaben als Teil einer Website angezeigt werden, ist es hilfreich, sich diese Eingaben als typisierte Variablen vorzustellen. Wenn Sie in einer streng typisierten Sprache wie Java programmiert haben, kennen Sie sich mit solchen Variablen aus. Beispielsweise ist ein Integer in Java auch wirklich ein Integer, der so lange nicht als String angesehen wird, bis der Programmierer die Konvertierung ausdrücklich durchführt. In PHP (einer schwach typisierten Sprache) behandeln Sie einen Integer je nach Kontext als String oder Integer, was von der automatischen Typkonvertierung durchgeführt wird. Gute PHP-Programmierer denken gründlich über Typen nach und nutzen die automatische Konvertierung zu ihrem Vorteil. Auf gleichem Wege können sogar Benutzereingabeformulare wie beispielsweise das Body-Feld eines Node-Auswahlformulars als Text behandelt werden, weshalb es besser ist, von *Text eines bestimmten Typs* zu sprechen. Gibt der Benutzer Klartext ein oder verwendet er HTML-Tags und erwartet, dass sie gerendert werden? Ist Letzteres der Fall, können diese Tags dann auch schädliche Tags wie JavaScript enthalten, das Ihre Seite beispielsweise durch Werbung für Handy-Klingeltöne ersetzt? Bei Seiten, die Benutzern im HTML-Format angezeigt werden, erfolgen Benutzereingaben in verschiedenen Textformat-Typen und müssen sicher in HTML umgewandelt werden, bevor sie angezeigt werden. Sich die Benutzereingaben so vorzustellen hilft Ihnen zu verstehen, wie die Textumwandlungsfunktion von Drupal arbeitet. Gebräuchliche Typen der Texteingabe und die zugehörigen Funktionen zur Umwandlung in andere Formate werden in Tabelle 20.1 gezeigt.

Quellformat	Zielformat	Drupal-Funktion	Wirkung
Klartext	HTML	check_plain()	Kodiert Sonderzeichen als HTML-Entities
HTML-Text	HTML	filter_xss()	Überprüft und säubert HTML-Code anhand einer Tag-Positivliste
Rich Text	HTML	check_markup()	Filtert Text
Klartext	URL	drupal_urlencode()	Kodiert Sonderzeichen als %0x
URL	HTML	check_url()	Streicht schädliche Protokolle wie javascript:
Klartext	MIME	mime_header_encode()	Verschlüsselt Nicht-ASCII- und UTF-8-kodierte Zeichen

Tabelle 20.1: Sichere Umwandlungen von einer Textart in eine andere

Klartext

Klartext sollte nur einfachen Text enthalten. Wenn ein Benutzer beispielsweise aufgefordert wird, seine Lieblingsfarbe in ein Formular einzugeben, werden Antworten wie »Grün« oder »Violett« ohne irgendwelches Markup erwartet. Diese Eingabe in eine andere Webseite einzuschließen, ohne zu überprüfen, dass es sich wirklich nur um Klartext handelt, stellt eine große Sicherheitslücke dar. Zum Beispiel könnte der Benutzer Folgendes statt einer Farbe eingeben:

```
<img src="javascript:window.location ='<a
href="http://evil.example.com/133/index.php?s=11&">
http://evil.example.com/133/index.php?s=11&</a>;ce_cid=38181161'">
```

Daher ist die Funktion `check_plain()` verfügbar, die dafür sorgt, dass alle Zeichen durch Kodierung als HTML-Entities neutralisiert werden. Der von `check_plain()` zurückgegebene Text enthält keine HTML-Tags irgendwelcher Art, da sie alle in Entities umgewandelt wurden. Wenn ein Benutzer das schädliche JavaScript des vorstehenden Codes eingibt, wandelt die Funktion `check_plain()` ihn in folgenden Text um, der bei der Darstellung in HTML harmlos ist:

```
&lt;img src=&quot;javascript:window.location =&#039;&lt;a
href=&quot;http://evil.example.com/133/index.php?s=11&amp;&quot;&gt;
  http://evil.example.com/133/index.php?s=11&amp;&lt;/a&gt;;
  ce_cid=38181161&#039;&quot;&gt;
```

HTML-Text

HTML-Text kann HTML-Markup enthalten. Jedoch sollten Sie niemals blind darauf vertrauen, dass der Benutzer nur »sicheres« HTML eingibt – Sie sollten im Allgemeinen Benutzer soweit einschränken, dass sie nur bestimmte HTML-Tags eingeben können. Zum Beispiel ist `<script>` kein Tag, das Sie generell zulassen sollten, da es Benutzern ermöglicht, beliebige Skripts in Ihrer Site auszuführen. Desgleichen wollen Sie Benutzern sicher nicht erlauben, das Tag `<form>` zur Einrichtung von Formularen auf Ihrer Site zu verwenden.

Rich Text

Dieser Text enthält mehr Informationen als Klartext und ist nicht zwangsläufig in HTML eingebettet. Er kann Wiki-Markup, BBCode (Bulletin Board Code) oder eine andere Markup-Sprache enthalten. Solcher Text muss einen Filter durchlaufen, um das Markup vor der Anzeige in HTML umzuwandeln.

> **Hinweis**
> Weitere Informationen über Filter finden Sie in Kapitel 11.

URL

Hierbei handelt es sich um einen URL, der aus der Benutzereingabe oder einer anderen nicht geprüften Quelle erstellt wurde. Sie haben vielleicht erwartet, dass der Benutzer *http://example.com* eingibt, doch stattdessen schreibt er `javascript: runevilJS()`. Bevor der URL in einer HTML-Seite angezeigt wird, muss er `check_url()` durchlaufen. Dies stellt sicher, dass er sauber aufgebaut ist und keinen Schadcode enthält.

20.1.2 Gesunde Ausgaben mit check_plain() und t()

Verwenden Sie `check_plain()` jedes Mal, wenn Sie Text haben, dem Sie nicht vertrauen und in dem kein Markup vorkommen soll.

Bei dem folgenden naiven Umgang mit der Benutzereingabe, wird angenommen, dass der Benutzer wirklich nur seine Lieblingsfarbe in ein Textfeld eingegeben hat.

Der folgende Code ist unsicher:

```
drupal_set_message("Your favorite color is $color!");
  // Keine Überprüfung der Eingabe!
```

Nachfolgender Code ist zwar sicher, aber schlechter Programmierstil:

```
drupal_set_message('Your favorite color is ' . check_plain($color));
```

Dies ist schlechter Code, da sich ein Textstring (das eingeschlossene Ergebnis der Funktion `check_plain()`) nicht in der Funktion `t()` befindet, die immer für Textstrings verwendet werden sollte. Wenn Sie Code wie diesen schreiben, sollten Sie sich auf Beschwerden von verärgerten Übersetzern gefasst machen, die diesen Satz nicht übersetzen können, da er nicht in `t()` übergeben wird.

Sie können nicht einfach Variablen in doppelte Anführungszeichen setzen und diese an `t()` übergeben.

Der folgende Code ist immer noch unsicher, da kein Platzhalter verwendet wird:

```
drupal_set_message(t("Your favorite color is $color!"));
  // Keine Überprüfung der Eingabe!
```

Die Funktion `t()` verfügt über eine eingebaute Möglichkeit zur Sicherung Ihrer Strings. Hierzu muss ein Platzhaltertoken wie folgt mit einem einstelligen Präfix versehen werden.

Der folgende Code ist sicher und gut geschrieben:

```
drupal_set_message(t('Your favorite color is @color', array('@color'
  => $color));
```

Beachten Sie, dass der Schlüssel im Array (`@color`) gleich dem Austauschtoken im String ist. Dies führt zu einer Nachricht wie der folgenden:

Your favorite color is brown.

Das Präfix @ weist t() an, den Wert, der für das Token eingesetzt wird, mit check_plain() zu überprüfen.

> **Hinweis**
>
> Wenn eine Übersetzung von Drupal ausgeführt wird, durchläuft das Token check_plain(), was nicht für den übersetzten String gilt. Daher müssen Sie Ihren Übersetzern vertrauen.

In diesem Fall wollen wir die Wahl des Benutzers durch die Änderung des Farbwerts in die ausgewählte Farbe hervorheben. Dies geschieht durch das Präfix %, das bedeutet: Führe theme('placeholder', $value) für den Wert aus. Dadurch wird der Wert indirekt über check_plain() übergeben, was in Abbildung 20.1 verdeutlicht wird. Das Präfix % wird am häufigsten verwendet.

Der folgende Code ist sicher und gut geschrieben:

```
drupal_set_message(t('Your favorite color is %color', array('%color' => $color));
```

Dies führt zu einer Nachricht wie der folgenden. theme_placeholder() hat den Wert nicht nur maskiert, sondern auch in die Tags <em></em> eingeschlossen.

Your favorite color is *brown*.

Wenn Sie Text haben, der bereits gesäubert wurde, können Sie Überprüfungen in t() mit dem Präfix ! deaktivieren. Beispielsweise erstellt die Funktion l() einen Link und verarbeitet den Text des Links während der Erstellung der Einfachheit halber mit check_plain(). So kann das Präfix ! im folgenden Beispiel ohne Bedenken verwendet werden:

```
// Die Funktion l() prüft Text mit check_plain() und gibt
// gesäuberten Text zurück, daher besteht für uns keine
// Notwendigkeit check_plain($link) auszuführen oder t() anzuweisen,
// dies für uns zu tun.
$link = l($user_supplied_text, $path);
drupal_set_message(t('Go to the website !website', array('!website'
  => $link));
```

> **Hinweis**
>
> Die Funktion l() übergibt den Text des Links via check_plain(), es sei denn, Sie haben l() mitgeteilt, dass der Text bereits im HTML-Format vorliegt. Dies erreichen Sie, indem Sie html im Parameter options auf TRUE setzen. Weitere Informationen finden Sie unter *http://api.drupal.org/api/function/l/6*.

Die Auswirkung der Platzhalter @, % und ! bei Stringersetzungen in t() wird in Abbildung 20.1 gezeigt. Denken Sie daran, dass Sie mehrere Platzhalter verwenden können, indem Sie sie im String definieren und weitere Member zum Array hinzufügen, auch wenn dies der Einfachheit halber nicht in Abbildung 20.1 dargestellt wird. Dies könnte beispielsweise wie folgt aussehen:

```
drupal_set_message(t('Your favorite color is %color and you like
    %food', array('%color' => $color, '%food' => $food)));
```

Seien Sie bei der Verwendung des Präfix ! besonders vorsichtig, da es bedeutet, dass der String nicht durch check_plain() überprüft wird.

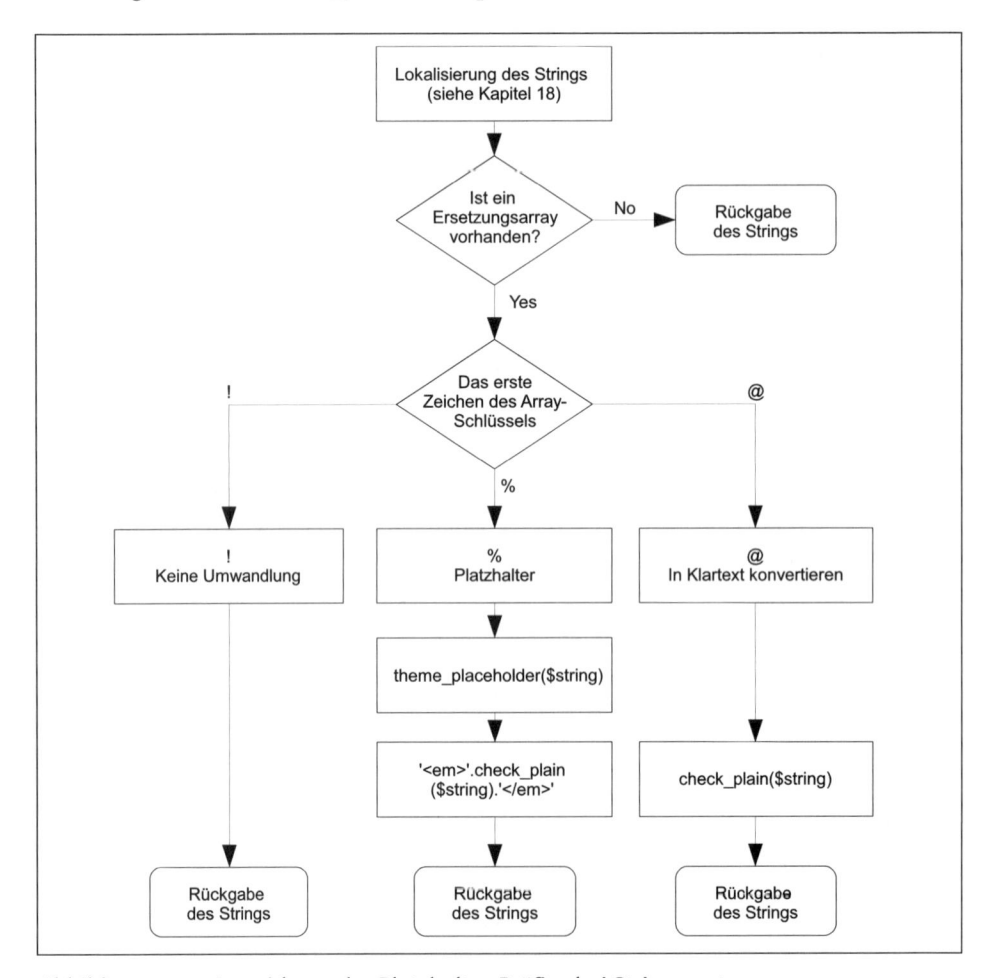

Abbildung 20.1: Auswirkung der Platzhalter-Präfixe bei Stringersetzungen

20.1.3 Mit filter_xss() Angriffe durch siteübergreifendes Scripting verhindern

Siteübergreifendes Scripting (Cross-Site Scripting, XSS) ist eine häufig auftretende Art von Angriff auf Websites, bei der der Angreifer seinen eigenen Code in eine Webseite einschleust, der anschließend für alle Arten von Unfug verwendet werden kann.

> **Hinweis**
>
> Beispiele von XSS-Angriffen finden Sie unter *http://ha.ckers.org/xss.html*.

Angenommen, Sie erlauben Benutzern Ihrer Website die Eingabe von HTML und erwarten, dass diese Folgendes eingeben:

```
<em>Hi!</em> My name is Sally, and I...
```

Stattdessen geben sie aber dies ein:

```
<script src="http://evil.example.com/xss.js"></script>
```

Auch hier lautet die Lektion, niemals Benutzereingaben zu vertrauen. Die Funktionssignatur von `filter_xss()` lautet wie folgt:

```
filter_xss($string, $allowed_tags = array('a', 'em', 'strong',
  'cite', 'code', 'ul', 'ol', 'li', 'dl', 'dt', 'dd'))
```

Die Funktion `filter_xss()` führt die folgenden Operationen auf dem gegebenen Textstring aus:

1. Sie stellt sicher, dass der zu filternde Text gültiges UTF-8 ist, um einen Bug in Internet Explorer 6 auszuschließen.
2. Sie entfernt sonderbare Zeichen wie `NULL` und Netscape-4-JavaScript-Entities.
3. Sie überprüft, ob HTML-Entities wie `&amp;` wohlgeformt sind.
4. Sie stellt sicher, dass HTML-Tags und Tag-Attribute wohlgeformt sind. Während dieses Vorgangs werden Tags, die sich nicht in der Positivliste befinden (das ist der zweite Parameter von `filter_xss()`), entfernt. Das Attribut `style` wird ebenfalls entfernt, da es mit dem Layout der Seite in Konflikt geraten könnte, indem es CSS überschreibt, oder die Linkfarbe eines Spammers zur Hintergrundfarbe der Seite macht und so Inhalte verbirgt. Alle Attribute, die mit `on` beginnen (z.B. `onclick` oder `onfocus`) werden entfernt, da sie Ereignishandler-Definitionen von JavaScript repräsentieren. Wenn Sie nur zum Vergnügen reguläre Ausdrücke schreiben und

Zeichencodes für HTML-Entities auswendig können, werden Sie Ihre Freude daran haben, sich `filter_xss()` (in *modules/filter/filter.module*) und deren Funktionen mit einem Debugger anzusehen.

5. Sie stellt sicher, dass HTML-Tags keine unerlaubten Protokolle enthalten. Erlaubte Protokolle sind `http`, `https`, `ftp`, `news`, `nntp`, `telnet`, `mailto`, `irc`, `ssh`, `sftp` und `webcal`. Sie können diese Liste durch Einrichtung der Variable `filter_allowed_protocols` ändern. Zum Beispiel können Sie die Protokolle auf `http` und `https` beschränken, indem Sie die folgende Zeile zur Datei *settings.php* hinzufügen (schauen Sie sich den Kommentar zum Überschreiben von Variablen in der Datei *settings.php* an):

```
$conf = array(
'filter_allowed_protocols' => array('http', 'https')
);
```

Das folgende Beispiel zeigt die Verwendung von `filter_xss()` aus *modules/aggregator/aggregator.pages.inc*. Das Modul *aggregator* behandelt potenziell gefährliche RSS- und Atom-Feeds. Das Modul bereitet Variablen für die Verwendung in Template-Dateien vor, die ein Feed-Objekt anzeigen:

```
/**
 * Verarbeitet Variablen für aggregator-item.tpl.php.
 *
 * @see aggregator-item.tpl.php
 */
function template_preprocess_aggregator_item(&$variables) {
  $item = $variables['item'];
  $variables['feed_url'] = check_url($item->link);
  $variables['feed_title'] = check_plain($item->title);
  $variables['content'] = aggregator_filter_xss($item->description);
    ...
}
```

Beachten Sie den Aufruf von `aggregator_filter_xss()`, die ein Wrapper für `filter_xss` ist und ein Array akzeptierbarer HTML-Tags bereitstellt. Die Funktion habe ich im folgenden Code leicht vereinfacht:

```
/**
 * Rendert den zulässigen HTML-Inhalt auf sichere Weise.
 */
function aggregator_filter_xss($value) {
  $tags = variable_get("aggregator_allowed_html_tags",
      '<a> <b> <br> <dd> <dl> <dt> <em> <i> <li> <ol> <p> <strong>
       <u> <ul>');
  // Wandelt die Tag-Liste in ein Array um, sodass wir sie als
  // Parameter übergeben können.
  $allowed_tags = preg_split('/\s+|<|>/', $tags, -1,
    PREG_SPLIT_NO_EMPTY));
  return filter_xss($value, $allowed_tags);
}
```

> **Hinweis**
>
> Als Übung zur Sicherheit können Sie in allen vorhandenen benutzerdefinierten Modulen verfolgen, wie Benutzereingaben ins System eingehen, gespeichert und wieder ausgegeben werden, um sicherzustellen, dass der Text irgendwo auf dem Weg gesäubert wird.

20.1.4 filter_xss_admin() verwenden

Manchmal soll Ihr Modul HTML für administrative Seiten erstellen. Da diese durch Zugriffssteuerung geschützt sein sollten, können wir Benutzern mit Zugriffsrechten auf administrative Seiten mehr als regulären Benutzern vertrauen. Dazu könnten Sie einen besonderen Filter für administrative Seiten einrichten und das Filtersystem verwenden, was aber mühselig wäre. Aus diesem Grund wird die Funktion filter_xss_admin() bereitgestellt, die einfach ein Wrapper für filter_xss() mit einer liberalen Liste erlaubter Tags ist, die alles außer den Tags <script> und <style> einschließt. Ein Beispiel für diese Verwendung ist die Anzeige der »Mission« in einem Theme:

```
if (drupal_is_front_page()) {
$mission = filter_xss_admin(theme_get_setting('mission'));
}
```

Die Missionsseite kann nur über die Seite VERWALTENR > EINSTELLUNGEN > SITE-INFORMATION eingerichtet werden, zu der nur der Superuser und Benutzer mit der Berechtigung *administer site configuration* Zugang haben. Also ist dies eine Situation, in der die Verwendung von filter_xss_admin() angebracht ist.

20.2 URLs sicher handhaben

Oftmals übernehmen Module von Benutzern eingegebene URLs und zeigen sie an. Einige Mechanismen werden benötigt, um sicherzustellen, dass der vom Benutzer eingegebene Wert tatsächlich ein legitimer URL ist. Drupal stellt die Funktion check_url() bereit, die im Grunde genommen nur ein Wrapper für filter_xss_bad_protocol() ist. Sie überprüft, ob sich das Protokoll unter den auf der Drupal-Site erlaubten Protokollen befindet (siehe Schritt 5 im Abschnitt 20.1.3, *Mit filter_xss() Angriffe durch siteübergreifendes Scripting verhindern*, weiter vorne) und überprüft den URL mit check_plain().

Um zu prüfen, ob ein URL gültig ist, können Sie valid_url() aufrufen. Diese Funktion durchsucht die Syntax nach http-, https- und ftp-URLs und stellt fest, ob unerlaubte Zeichen vorhanden sind. Sie gibt TRUE zurück, wenn der URL den Test besteht. Das ist ein schneller Weg, um sicherzustellen, dass Benutzer keine URLs mit dem JavaScript-Protokoll eingeben.

Achtung

Nur weil ein URL die Syntaxüberprüfung besteht, heißt dies noch nicht, dass er auch sicher ist.

Wenn Sie Informationen innerhalb eines URLs übergeben – beispielsweise in einem Abfragestring – können Sie drupal_urlencode() nutzen, um die maskierten Zeichen zu übergeben. Hierbei werden Schrägstriche, Nummernzeichen und kaufmännisches Und für die Kompatibilität mit Drupals sauberen URLs kodiert und anschließend die PHP-Funktion rawurlencode() direkt aufgerufen. Diese Vorgehensweise ist nicht sicherer, als wenn rawurlencode() direkt aufgerufen wird, doch ist sie sehr gut dazu geeignet, um Strings zu kodieren, sodass sie anschließend gut mit dem Apache-Modul *mod_rewrite* zusammenwirken.

Tipp

Die Drupal-Funktion drupal_urlencode() ist ein Beispiel einer mit einem Wrapper versehenen PHP-Funktion. Sie könnten rawurlencode() in PHP direkt aufrufen, dabei allerdings nicht den Vorteil nutzen, dass sich Drupal für Sie um die Verschrobenheiten dieser Funktion kümmert. Schauen Sie sich *includes/unicode.inc* an und suchen Sie nach ähnlichen mit Wrappern versehenen Stringfunktionen, beispielsweise drupal_strlen() statt der PHP-Funktion strlen().

20.3 Abfragen mit db_query() sicher gestalten

Ein gebräuchlicher Weg zum Missbrauch von Websites wird *SQL-Injektion* genannt. Untersuchen wir ein Modul, das jemand ohne einen Gedanken an die Sicherheit geschrieben hat. Diese Person benötigte einfach nur eine schnelle Möglichkeit, um alle Nodes eines bestimmten Typs aufzulisten:

```
/*
 * Implementierung von hook_menu().
 */
function insecure_menu() {
  $items['insecure'] = array(
    'title' => 'Insecure Module',
    'description' => 'Example of how not to do things.',
    'page callback' => 'insecure_code',
    'access arguments' => array('access content'),
```

20.3 Abfragen mit db_query() sicher gestalten

```
  );
  return $items;
}
/*
 * Menü-Callback wird aufgerufen, wenn der Benutzer zu
 * http://example.com/?q=insecure wechselt
 */
function insecure_code($type = 'story') {
  // SQL-Anweisung mit direkt in die Anweisung eingebetteter
  // Variable.
  $sql = "SELECT title FROM {node} WHERE type = '$type'";
    // Machen Sie das niemals!
  $result = db_query($sql);
  $titles = array();
  while ($data = db_fetch_object($result)) {
    $titles[] = $data->title;
  }
  // Gibt die SQL-Anweisung zu Debugging-Zwecken auf dem Bildschirm
  // aus.
  $output = $sql;
  $output .= theme('item_list', $titles);
  return $output;
}
```

Der Wechsel zu *http://example.com/?q=insecure* funktioniert wie erwartet. Wir bekommen die SQL-Anweisung und eine Liste mit Geschichten wie in Abbildung 20.2 gezeigt.

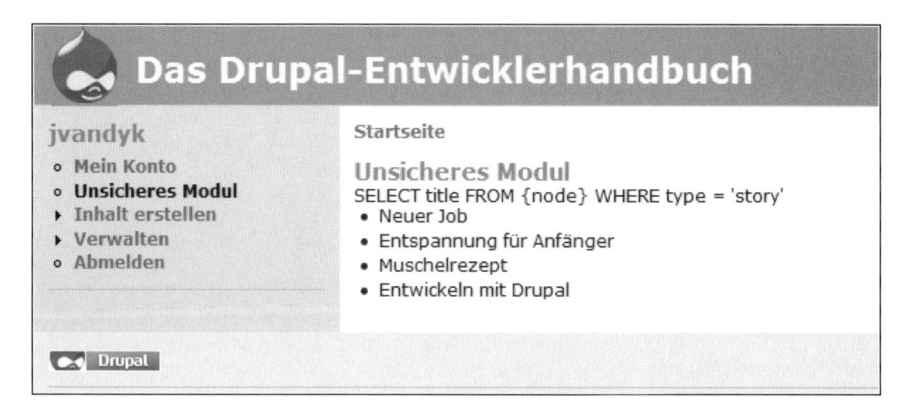

Abbildung 20.2: Einfache Auflistung von Node-Titeln des Typs story

Beachten Sie, dass der Programmierer schlauerweise der Funktion insecure_code() einen $type-Parameter gegeben hat, der standardmäßig auf 'story' steht. Dieser Programmierer nutzt die Tatsache, dass das Menüsystem von Drupal zusätzliche Pfadanweisungen als Parameter zu Callbacks hinzufügt, weshalb uns *http://example.com/?q=insecure/page* alle Node-Titel des Typs 'page' anzeigt (siehe Abbildung 20.3).

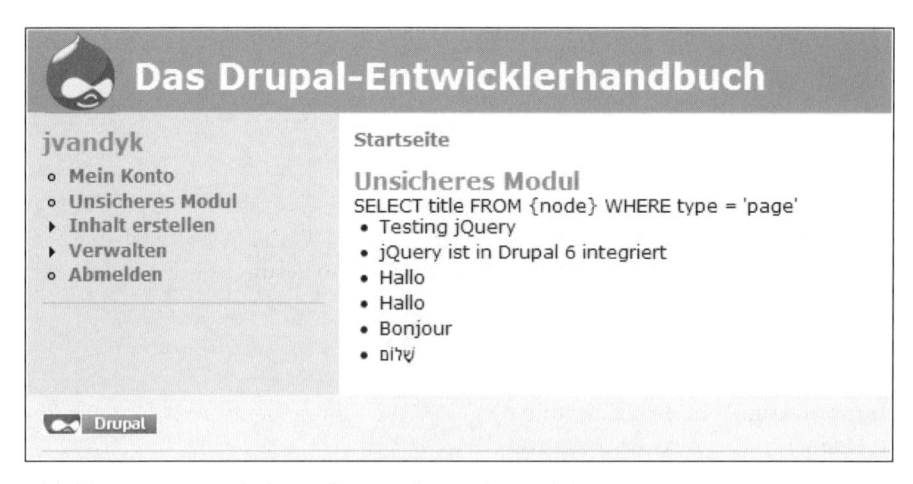

Abbildung 20.3: Einfache Auflistung der Node-Titel des Typs page

Jedoch hat der Programmierer einen schwerwiegenden Fehler gemacht. Durch Kodierung der Variable $type direkt in die SQL-Anweisung und das Vertrauen in die Variablenerweiterung von PHP wird die gesamte Website angreifbar. Rufen wir *http://example.com/?q=insecure/page'%20OR%20type%20=%20'story* auf (siehe Abbildung 20.4).

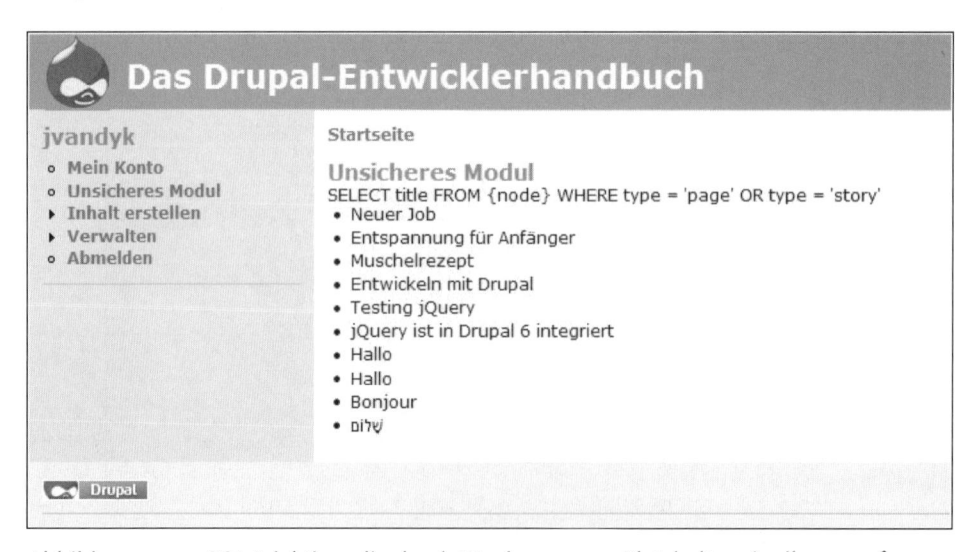

Abbildung 20.4: SQL-Injektion, die durch Weglassen von Platzhaltern in db_query() verursacht wurde

20.3 Abfragen mit db_query() sicher gestalten

Nanu! Wir sind in der Lage, SQL-Code in den URL einzugeben und auch noch auszuführen! Wie konnte das passieren? Erinnern Sie sich daran, dass %20 die kodierte Version eines Leerzeichens ist? Wir haben einfach die kodierte Version des folgenden Textes eingegeben:

```
page' OR type = 'story
```

Denken Sie an unsere unsichere Zuweisung von SQL zur Variable $sql. Schauen Sie, was passiert, wenn der Text dekodiert und Teil der Anweisung wird. Hier ist der Code von vorhin:

```
SELECT title FROM {node} WHERE type = '$type'
```

Durch die Ersetzung von $type, das nun page' OR type = 'story lautet, erhalten wir folgenden Code:

```
SELECT title from {node} WHERE type = 'page' OR type = 'story'
```

Sobald ein Benutzer in der Lage ist, die SQL-Anweisung zu ändern, die Sie zu Ihrer Datenbank senden, ist Ihre Site leicht angreifbar (siehe *http://xkcd.com/327/*). So könnte eine Verbesserung aussehen:

```
function insecure_code($type = 'story') {
  // Die SQL-Anweisung ist jetzt durch einen Platzhalter in
  // Anführungszeichen geschützt.
  $sql = "SELECT title FROM {node} WHERE type = '%s'";
  $result = db_query($sql, $type);
  $titles = array();
  while ($data = db_fetch_object($result)) {
    $titles[] = $data->title;
  }
  // Gibt die SQL-Anweisung zu Debugging-Zwecken auf dem Bildschirm
  // aus.
  $output = $sql;
  $output .= theme('item_list', $titles);
  return $output;
}
```

Wenn wir jetzt versuchen, den URL durch Aufruf von *http://example.com/?q=insecure/page'%20OR%20type%20=%20'story* zu verändern, säubert die Funktion db_query() den Wert, indem sie die eingebetteten einzelnen Anführungszeichen maskiert. Die Abfrage sieht nun wie folgt aus:

```
SELECT title FROM node WHERE type = 'page\' OR type = \'story'
```

Diese Abfrage schlägt ganz gewiss fehl, da wir keinen Node mit dem Namen »page\' OR type = \'story« haben.

Die Situation kann aber immer noch verbessert werden. In diesem Fall sollte der URL nur Mitglieder einer bestimmten Gruppe enthalten dürfen, nämlich die Node-Typen in Ihrer Site. Wir kennen die Typen, sodass wir immer bestätigen können, dass sich der vom Benutzer angegebene Wert in der Liste bekannter Werte befindet. Wenn wir zum Beispiel nur die Nodes vom Typ page und story aktiviert haben, sollten wir nur versuchen fortzufahren, wenn diese Typen in dem gegebenen URL vorkommen. Lassen Sie uns etwas Code hinzufügen, der dies erledigt:

```
function insecure_code($type = 'story') {
  // Stellt sicher, das sich $type in der Liste bekannter
  // Inhaltstypen befindet.
  $types = node_get_types();
  if (!isset($types[$type])) {
  watchdog('security', 'Possible SQL injection attempt!', array(),
  WATCHDOG_ALERT);
  return t('Unable to process request.');
  }
  // Die SQL-Anweisung ist jetzt durch die Verwendung eines
  // Platzhalters geschützt.
  $sql = "SELECT title FROM {node} WHERE type = '%s'";
  $result = db_query($sql, $type);
  $titles = array();
  while ($data = db_fetch_object($result)) {
    $titles[] = $data->title;
  }
  // Gibt die SQL-Anweisung zu Debugging-Zwecken auf dem Bildschirm
  // aus.
  $output = $sql;
  $output .= theme('item_list', $titles);
  return $output;
}
```

Hier haben wir eine Überprüfung hinzugefügt, die sicherstellt, dass $type einer unserer bestehenden Node-Typen ist. Schlägt dieser Test fehl, wird eine hilfreiche Warnung für die Systemadministratoren aufgezeichnet. Es sind aber noch andere Probleme vorhanden. Die SQL-Anweisung unterscheidet nicht zwischen veröffentlichen und unveröffentlichten Nodes, weshalb sogar Titel unveröffentlichter Nodes angezeigt werden. Unser augenblicklicher Code ruft nur die Titel aus der Datenbank ab und zeigt sie an. Lassen Sie uns diese Probleme beheben.

```
function insecure_code($type = 'story') {
  // Überprüft, ob sich $type in unserer Liste bekannter
  // Inhaltstypen befindet.
  $types = node_get_types();
  if (!isset($types[$type])) {
    watchdog('security', 'Possible SQL injection attempt!', array(),
      WATCHDOG_ALERT);
    return t('Unable to process request.');
```

```
  }
  // Die SQL-Anweisung ist jetzt durch die Verwendung eines
  // Platzhalters geschützt.
  $sql = "SELECT title FROM {node} WHERE type = '%s' AND status = 1";
  $result = db_query($sql, $type);
  $titles = array();
  while ($data = db_fetch_object($result)) {
    $titles[] = $data->title;
  }
  // Übergibt alle Elemente des Arrays über check_plain().
  $titles = array_map('check_plain', $titles);
  $output = theme('item_list', $titles);
  return $output;
}
```

Jetzt werden nur unveröffentlichte Nodes angezeigt, und alle Titel durchlaufen check_plain(), bevor sie angezeigt werden. Wir haben außerdem den Fehlerbeseitigungscode entfernt. Dieses Modul hat einen langen Weg zurückgelegt, doch ist immer noch eine Sicherheitslücke vorhanden. Falls Sie sie nicht erkennen können, lesen Sie weiter.

20.4 Private Daten mit db_rewrite_sql() schützen

Das vorstehende Beispiel der Auflistung von Nodes ist eine häufig auftretende Aufgabe für beigetragene Module (obwohl dies zurzeit weniger der Fall ist, da das *Views*-Modul die Definition von Node-Auflistungen über das Internet so einfach macht). Frage: Wenn ein Zugriffsteuerungsmodul eines Nodes auf der Site aktiviert ist, wo ist dann im vorstehenden Beispiel der Code, der sicherstellt, dass dem Benutzer nur die erlaubte Teilmenge der Nodes angezeigt wird? Richtig, der fehlt vollständig. Der Code zeigt alle Nodes eines gegebenen Typs an, *auch die, die von Node-Zugriffsteuerungsmodulen geschützt werden*. Es ist ein arroganter Code, der sich nicht darum schert, was andere Module davon halten! Ändern wir dies.

Der Code vorher:

```
$sql = "SELECT title FROM {node} WHERE type = '%s' AND status = 1";
$result = db_query($sql, $type);
```

Der Code danach:

```
$sql = "SELECT n.nid, title FROM {node} n WHERE type = '%s' AND
  status = 1";
$result = db_query(db_rewrite_sql($sql), $type);
  // Respektiert die Node-Zugriffsregeln.
```

Wir haben den Parameter $sql für db_query() in db_rewrite_sql() eingeschlossen, eine Funktion, die anderen Modulen die Änderung der SQL-Anweisung erlaubt. Abfragen, die durch `db_rewrite_sql()` übergeben werden, müssen ihr Primärfeld (n.nid) und den Tabellenalias (n) angeben, weshalb wir dies zur SQL-Anweisung hinzugefügt haben. Ein charakteristisches Beispiel eines Moduls, das Abfragen der Node-Tabelle umschreibt, ist das Modul *Node*. Es überprüft, ob Einträge in der Tabelle *node_access* vorhanden sind, die den Zugriff eines Benutzers auf Nodes eventuell einschränken und fügt Abfragefragmente hinzu, um diese Berechtigungen erneut zu überprüfen. In unserem Fall ändert das Modul die SQL-Anweisung so, dass die Klauseln AND und WHERE eingeschlossen werden, um die Ergebnisse herauszufiltern, auf die der Benutzer keinen Zugriff hat. In Kapitel 5 erfahren Sie, wie dies geschieht, und erhalten zudem weitere Informationen über `db_rewrite_sql()`.

20.5 Dynamische Abfragen

Wenn Ihre SQL-Anweisung eine schwankende Anzahl von Variablen aufweist, die bis zur Laufzeit nicht festgelegt werden kann, bedeutet dies nicht, dass Sie keine Platzhalter verwenden sollten. Sie müssen Ihre SQL-Anweisung programmatisch mit Platzhalterstrings wie '%s' oder %d erstellen und anschließend ein Array mit Werten übergeben, die diese Platzhalter füllen. Wenn Sie selbst `db_escape_string()` aufrufen, machen Sie etwas falsch. Das folgende Beispiel zeigt die Bildung von Platzhaltern, wobei angenommen wird, dass wir eine Liste von veröffentlichten Node-IDs und Titeln eines bestimmten Node-Typs erhalten möchten:

```
// $node_types ist ein Array, das einen oder mehrere Namen von Node-
// Typen wie page, story, blog usw. enthält.
$node_types = array('page', 'story', 'blog');
// Generiert eine geeignete Anzahl von Platzhaltern des
// entsprechenden Typs.
$placeholders = db_placeholders($node_types, 'text');
// $placeholders ist nun ein String, der wie '%s', '%s', '%s'
// aussieht
$sql = "SELECT n.nid, n.title from {node} n WHERE n.type IN
  ($placeholders) AND status = 1";
// Lässt db_query() die Platzhalter mit Werten füllen.
$result = db_query(db_rewrite_sql($sql), $node_types);
```

Nachdem `db_rewrite_sql()` im vorstehenden Code ausgewertet wurde, sieht der Aufruf von `db_query()` wie folgt aus:

```
db_query("SELECT DISTINCT(n.nid), n.title from {node} n WHERE n.type
  IN ('%s','%s','%s') AND status = 1", array('page', 'story',
  'blog'));
```

Jetzt werden die Namen der Node-Typen bei der Ausführung von `db_query()` gesäubert. Wenn Sie wissen möchten, wie dies geschieht, sehen Sie sich `db_query_callback()` in *includes/database* an.

Schauen wir uns ein anderes Beispiel an. Manchmal kommen Sie in eine Situation, in der Sie eine Abfrage einschränken möchten, indem Sie eine gewisse Zahl von AND-Einschränkungen zur WHERE-Klausel einer Abfrage hinzufügen. In diesem Fall müssen Sie auch bei der Verwendung von Platzhaltern vorsichtig sein. Im folgenden Code nehmen wir beliebige vernünftige Werte für $uid und $type an (z. B. 3 und page).

```
$sql = "SELECT n.nid, n.title FROM {node} n WHERE status = 1";
$where = array();
$where_values = array();

$where[] = "AND n.uid = %d";
$where_values[] = $uid;
$where[] = "AND n.type = '%s'";
$where_values[] = $type;
$sql = $sql . ' ' . implode(' ', $where) ;
// $sql ist jetzt SELECT n.nid, n.title
//                FROM {node} n
//                WHERE status = 1 AND n.uid = %d AND n.type = '%s'
// Die Werte werden jetzt sicher in die Platzhalter eingefügt.
$result = db_query(db_rewrite_sql($sql), $where_values));
```

20.6 Berechtigungen und Seitencallbacks

Ein anderer Aspekt beim Schreiben Ihres eigenen Moduls ist der Schlüssel access arguments jedes Menüobjekts, das Sie im Menü-Hook definieren. In dem früheren Beispiel für unsicheren Code haben wir folgende Zugriffsanweisungen verwendet:

```
/*
 * Implementierung von hook_menu().
 */
function insecure_menu() {
  $items['insecure'] = array(
    'title' => 'Insecure Module',
    'description' => 'Example of how not to do things.',
    'page callback' => 'insecure_code',
    'access arguments' => array('access content'),
  );
  return $items;
}
```

Es ist wichtig nachzufragen, wer auf diesen Callback zugreifen darf. Die Berechtigung access content ist *sehr allgemein*. Sie wollen wahrscheinlich eine eigene Berechtigung mit hook_perm() definieren und diese zum Schutz Ihrer Menü-Callbacks verwenden. Berechtigungen sind eindeutige Strings, die das gewährte Recht beschreiben (weitere Informationen finden Sie im Abschnitt 4.3, *Zugriffssteuerung*.

Da Ihre Implementierung des Menü-Hooks ein Torwächter ist, der Benutzern den Zugang zu dem dahinter liegenden Code (über den Callback) gewährt bzw. verweigert, ist es besonders wichtig, sich einige Gedanken über die hier verwendeten Berechtigungen zu machen.

20.7 Cross-Site Request Forgery (CSRF)

Angenommen, Sie haben sich bei *drupal.org* angemeldet und bewegen sich durch die dortigen Foren. Dabei schweifen Sie ab und gelangen auf eine andere Website. Irgendjemand mit schlechten Absichten hat dort ein Image-Tag wie folgendes erstellt:

```
<img src="http://drupal.org/some/path">
```

Beim Laden des Bilds fordert Ihr Browser einen Pfad von *drupal.org* an. Da Sie momentan bei *drupal.org* angemeldet sind, sendet Ihr Browser Ihr Cookie zusammen mit der Anfrage. Und nun die Preisfrage: Wenn *drupal.org* die Anfrage erhält, wird dann berücksichtigt, dass Sie ein angemeldeter Benutzer mit den entsprechenden Zugriffsprivilegien sind? Natürlich ist dies der Fall! Das fragwürdige Image-Tag hat im Grunde genommen Ihren Benutzerklick zu einem Link auf *drupal.org* gemacht.

Die erste Verteidigungsmaßnahme gegen diese Art von Angriff besteht darin, niemals GET-Anfragen zur Änderung von Dingen auf dem Server zu verwenden. Dadurch sind alle auf diesem Wege generierten Anfragen harmlos. Die Formular-API von Drupal folgt der *HTTP/1.1*-Konvention, die besagt, dass die GET-Methode zu nichts anderem als zur Abfrage von Daten verwendet werden soll. Drupal verwendet ausschließlich POST für Aktionen, die Änderungen am Server vornehmen (siehe *http://www.w3.org/Protocols/rfc2616/rfc2616sec9.html#sec9.1*).

Die zweite Verteidigungsmöglichkeit besteht darin, dass die Formular-API Token und eindeutige IDs verwendet, um sicherzustellen, dass Werte eingereichter Formulare von POST-Anfragen tatsächlich aus einem Formular stammen, das Drupal gesendet hat (weitere Informationen darüber finden Sie in Kapitel 10). Verwenden Sie beim Schreiben von Modulen die Formular-API für Ihre Formulare, wodurch Sie diesen Schutz automatisch erhalten. Jede Aktion, die Ihr Modul als Ergebnis einer Formulareingabe ausführt, sollte *in der Sendefunktion des Formulars* stehen. Auf diesem Weg stellen Sie sicher, dass die Formular-API Sie schützt.

Außerdem können Sie GET-Anfragen falls notwendig auch durch die Verwendung eines Tokens schützen. Dieses Token wird von `drupal_get_token()` im URL generiert und von `drupal_valid_token()` überprüft.

20.8 Dateisicherheit

Die Gefahren, denen Sie bei der Verarbeitung von Dateien und Dateipfaden mit Drupal gegenübertreten, sind die gleichen wie bei anderen Webanwendungen.

20.8.1 Dateiberechtigungen

Dateiberechtigungen sollten so eingerichtet sein, dass der Benutzer Dateien nicht verändern (hinzufügen, umbenennen oder löschen) kann. Der Webserver sollte nur die Leseberechtigung für Drupal-Dateien und -Verzeichnisse besitzen. Eine Ausnahme ist hierbei der Dateisystempfad, da der Webserver auf dieses Verzeichnis zugreifen muss, um hochgeladene Dateien schreiben zu können.

20.8.2 Geschützte Dateien

Die Datei *.htacces*, die mit Drupal ausgeliefert wird, enthält folgende Zeilen:

```
# Schützt Dateien und Verzeichnisse vor neugierigen Augen.
<FilesMatch "\.(engine|inc|info|install|module|profile|po
  |sh|.*sql|theme|tpl(\.php)?|xtmpl)$|^(code-style\.pl
  |Entries.*|Repository|Root|Tag|Template)$">
  Order allow,deny
</FilesMatch>
```

Die Direktive `Order` ist auf `allow, deny` eingestellt, wobei aber keine `Allow`- oder `Deny`-Direktiven enthalten sind. Dies bedeutet, dass das implizite Verhalten das Verweigern ist. Anders ausgedrückt werden alle Anfragen für die in Tabelle 20.2 gezeigten Dateien abgelehnt.

Übereinstimmende Dateien	Beschreibung
Endet mit *.engine*	Template-Engines
Endet mit *.inc*	Bibliotheksdateien
Endet mit *.info*	*.info*-Dateien von Modulen und Themes
Endet mit *.install*	*.install*-Dateien von Modulen
Endet mit *.module*	Moduldateien
Endet mit *.profile*	Installationsprofile
Endet mit *.po*	Portierbare Objektdateien (Übersetzungen)
Endet mit *.sh*	Shell-Skripts
Endet mit *.*sql*	SQL-Dateien

Tabelle 20.2: Dateien, die von den regulären Ausdrücken der Direktive FilesMatch in Drupals .htaccess-Datei zurückgewiesen werden

Übereinstimmende Dateien	Beschreibung
Endet mit .theme	PHP-Themes
Endet mit tpl.php	Template-Dateien von PHPTemplate
Endet mit tpl.php4	Template-Dateien von PHPTemplate
Endet mit tpl.php5	Template-Dateien von PHPTemplate
Endet mit .xtmpl	XTemplate-Dateien
code-style.pl	Skript zur Syntaxüberprüfung
Beginnt mit Entries.	CVS-Datei
Benanntes Repository	CVS-Datei
Benannter Root	CVS-Datei
Benanntes Tag	CVS-Datei
Benanntes Template	CVS-Datei

Tabelle 20.2: Dateien, die von den regulären Ausdrücken der Direktive FilesMatch in Drupals .htaccess-Datei zurückgewiesen werden (Forts.)

20.8.3 Dateiuploads

Wenn bei einem Modul der Dateiupload aktiviert ist, sollten die Dateien in einem bestimmten Verzeichnis platziert und der Zugriff durch den Code erzwungen werden.

Wenn Uploads aktiviert sind und die private Download-Methode in VERWALTEN > EINSTELLUNGEN > DATEISYSTEM ausgewählt ist, muss der Dateisystempfad auf dieser Seite außerhalb des Webstamms liegen. Anders ausgedrückt ist es kontraproduktiv, programmabhängige Benutzerberechtigungen für Dateien innerhalb des Webstamms zu erzwingen.

Die große Gefahr bei Dateiuploads liegt darin, dass jemand eine ausführbare Datei hochladen kann, die sich für den Zugriff auf Ihren Server verwenden lässt. Drupal hat für solche Fälle zwei Schutzvorrichtungen. Erstens wird die folgende *.htaccess*-Datei in das vom Dateisystempfad festgelegte Verzeichnis geschrieben:

```
SetHandler Drupal_Security_Do_Not_Remove_See_SA_2006_006
Options None
Options +FollowSymLinks
```

Die Direktive `SetHandler` weist Apache an, dass die Ausführung von Dateien in diesem Verzeichnis stets vom Handler *Drupal_Security_Do_Not_Remove_See_SA_2006_006* verarbeitet werden soll (der nicht vorhanden ist). Daher überschreibt der Handler alle von Apache definierten Handler wie

```
AddHandler application/x-httpd-php .php
```

Das Upload-Modul von Drupal implementiert außerdem die Umbenennung von Dateien mit mehrfachen Erweiterungen. Daher wird aus *evilfile.php.txt* während des Uploads *evilfile.php_.txt*. Weitere Details darüber finden Sie unter *http://drupal.org/node/65409* und *http://drupal.org/node/66763*.

> **Hinweis**
>
> Die vorstehende Lösung gilt für Apache. Wenn Sie Drupal auf einem anderen Webserver ausführen, sollten Sie sich der Sicherheitsprobleme bewusst sein, die die Möglichkeit mit sich bringt, dass Benutzer ausführbare Dateien hochladen.

20.8.4 Dateinamen und Pfade

Es kann keinem Dateinamen und keiner Dateipfadinformation von Benutzern vertraut werden! Wenn Sie ein Modul schreiben und Ihr Code die Datei *somefile.txt* erwartet, seien Sie sich bewusst, dass Sie stattdessen vielleicht etwas wie Folgendes erhalten:

```
../somefile.txt // Datei im Hauptverzeichnis.
../settings.php // Zieldatei.
somefile.txt; cp ../settings.php ../settings.txt
  // Hoffentlich wird dies in der Shell ausgeführt.
```

Die ersten beiden Beispiele versuchen den Dateipfad einschließlich der beiden Punkte zu ändern, die ein Elternverzeichnis im zugrunde liegenden Betriebssystem kennzeichnen. Beim letzten Beispiel wird darauf spekuliert, dass der Programmierer einen Shell-Befehl ausführt. Der Pfad enthält ein Semikolon, sodass nach der Ausführung des Shell-Befehls ein zusätzlicher Befehl ausgeführt wird, der *settings.php* lesbar macht und somit den Datenbanknamen und das Kennwort erkennen lässt. Alle vorstehenden Beispiele bauen darauf, dass Dateiberechtigungen nicht richtig eingerichtet sind und dass der Webserver Schreibzugriff auf andere Verzeichnisse als den Dateisystempfad hat.

Immer wenn Sie Dateipfade verwenden, sieht ein Aufruf von `file_check_location()` wie folgt aus:

```
if (!file_check_location($path, 'mydirectory') {
  // Abbrechen! Der Dateipfad ist nicht das, was erwartet wurde!
}
```

Die Funktion `file_check_location()` findet den tatsächlichen Speicherort der Datei heraus und vergleicht ihn mit dem Verzeichnis, das Sie erwartet haben. Ist der Dateipfad in Ordnung, wird er zurückgegeben, andernfalls 0.

Im Allgemeinen wollen Sie als Ihr erstes Projekt in Drupal nicht gleich ein ausgefeiltes Dateiverwaltungsmodul schreiben. Studieren Sie stattdessen dateibezogene Module, die es schon eine Weile gibt.

20.9 Mailheader verschlüsseln

Beim Schreiben von Code, der Benutzereingaben in eine E-Mail-Nachricht einbaut, bedenken Sie Folgendes:

1. E-Mail-Header werden durch Zeilenvorschübe getrennt (nur die Zeilenvorschübe, denen kein Leerzeichen oder Tabulator folgt, werden als Header-Trennzeichen gewertet).
2. Benutzer können eigene Header in den Body der E-Mail einbringen, wenn Sie nicht überprüfen, ob die Benutzereingabe frei von Zeilenvorschüben ist.

Zum Beispiel erwarten Sie, dass der Benutzer einen Betreff für seine Nachricht eingibt. Stattdessen gibt er aber einen String ein, der von einzelnen Zeilenvorschubzeichen und Leerzeichen durchsetzt ist:

```
Have a nice day%0ABcc:spamtarget@example.com%0A%0ALOw%20cOst%20mortgage!
```

Das Ergebnis sieht wie folgt aus:

```
Subject: Have a nice day
Bcc: spamtarget@example.com
LOw cOst mortgage!
...
```

Aus diesem Grund schleust die in Drupal integrierte Mail-Funktion `drupal_mail()` in *includes/mail.inc* alle Mail-Header durch `mime_header_encode()`, die Header säubert. Alle nicht druckbaren Zeichen werden gemäß RFC 2047 zu druckbaren ASCII-Zeichen kodiert und daher neutralisiert. Dabei wird das Zeichen mit dem Präfix =?UTF-8?B? versehen und das nach Base64 kodierte Zeichens plus ?= ausgegeben.

Sie sollten `drupal_mail()` verwenden, denn andernfalls müssen Sie `mime_header_encode()` selbst aufrufen.

20.9.1 Dateien für Produktionsumgebungen

Nicht alle in Drupal enthaltenen Dateien sind für Produktionssites erforderlich. Beispielsweise bedeutet die Aktivierung der Datei *CHANGELOG.txt* in einer Produktionssite, dass jeder im Netz sehen kann, welche Version von Drupal verwendet wird. (Natürlich haben die Black-Hats andere Methoden, um herauszufinden, dass Sie Drupal verwenden. Weitere Informationen finden Sie unter *http://www.lullabot.com/articles/is-site-running-drupal*.) Tabelle 20.3 listet alle Dateien und Verzeichnisse auf, die notwendig sind, um Drupal nach der Installation zum Laufen zu bekommen. Die anderen können aus einer Produktionssite entfernt werden (machen Sie aber trotzdem eine Kopie!). Alternativ kann der Lesezugriff des Webservers verweigert werden.

Datei/Verzeichnis	Zweck
.htaccess	Sicherheit, saubere URLs und Unterstützung der Zwischenspeicherung für Apache
cron.php	Erlaubt die Ausführung regelmäßig geplanter Aufgaben
includes/	Funktionsbibliotheken
index.php	Haupteinstiegspunkt für Drupal-Abfragen
misc/	JavaScript und Grafiken
modules	Core-Module
robots.txt	Hält artige Robots vom Anklopfen an Ihrer Site ab
sites/	Sitespezifische Module, Themes und Dateien
themes/	Core-Themes
xmlrpc.php	XML-RPC-Endpunkt, ist nur notwendig, wenn Ihre Site eingehende XML-RPC-Abfragen empfängt

Tabelle 20.3: Dateien und Verzeichnisse, die Drupal benötigt, um richtig zu funktionieren

20.10 cron.php schützen

In Drupal gibt es regelmäßig geplante Aufgaben, die ausgeführt werden müssen, wie beispielsweise die Kürzung von Protokolldateien, die Aktualisierung von Statistiken und Ähnliches. Dies wird durch die Ausführung der Datei *cron.php* entweder über eine geplante *cron*-Aufgabe auf einem Unix-Computer oder über den Taskplaner in Windows erledigt. Dabei kann die Datei über die Befehlszeile oder über einen Webserver ausgeführt werden. Die Ausführung der Datei führt einfach einen Neustart von Drupal durch und ruft anschließend die Funktion `drupal_cron_run()` in *includes/common.inc* auf. Diese Funktion verwendet einen Semaphor, um die Überlappung mehrerer *cron*-Ausführungen zu vermeiden, wobei die Ängstlicheren unter uns vielleicht vermeiden möchten, dass überhaupt jemand *http://example.com/cron.php* besuchen kann. Dies erreichen Sie, indem Sie folgende Zeilen zu der Datei *.htaccess* im Stammverzeichnis von Drupal hinzufügen:

```
<Files cron.php>
  Order deny,allow
  Deny from all
  Allow from example.com
  Allow from 1.2.3.4
  Allow from 127.0.0.1
</Files>
```

Die vorstehenden Direktiven weisen Apache an, den Zugriff für alle Clients außer denen in der Domäne *example.com*, dem Computer mit der IP-Adresse 1.2.3.4 und dem lokalen Computer zu verweigern.

Einige Administratoren geben *cron.php* einfach einen anderen Namen.

20.11 SSL-Unterstützung

Standardmäßig verarbeitet Drupal Benutzeranmeldungen in Klartext über HTTP. Jedoch wird Drupal dies gerne über HTTPS ausführen, wenn Ihr Webserver dies unterstützt. Dabei ist keine Änderung in Drupal nötig.

20.12 Eigenständiges PHP

Gelegentlich müssen Sie eine eigenständige PHP-Datei schreiben, statt den Code in ein Drupal-Modul einzubringen. Dabei sollten Sie Sicherheitsfragen im Hinterkopf behalten. Angenommen, Sie haben zum Testen Ihrer Website einen schnellen, unsauberen Code erstellt, um Benutzer in die Datenbank einzufügen, sodass Sie die Leistung mit vielen Benutzern testen können. Vielleicht haben Sie die Datei *testing.php* genannt und packen sie direkt neben *index.php* in den Stamm Ihrer Drupal-Site. Anschließend haben Sie sie in Ihrem Browser mit einem Lesezeichen versehen und dieses jedes Mal aufgerufen, wenn Sie eine neue Benutzertabelle benötigt haben:

```
<?php
/**
 * Dieses Skript generiert Benutzer zu Testzwecken.
 */
// Diese Zeilen sind alles, was für den vollständigen
// Zugriff auf die Funktionalität von Drupal benötigt wird.
include_once 'includes/bootstrap.inc';
drupal_bootstrap(DRUPAL_BOOTSTRAP_FULL);
db_query('DELETE FROM {users} WHERE uid > 1'); // Halt!
for ($i = 2; $i <= 5000; $i++) {
  $name = md5($i);
  $pass = md5(user_password());
  $mail = $name .'@localhost';
  $status = 1;
  db_query("INSERT INTO {users} (name, pass, mail, status, created,
    access) VALUES ('%s', '%s', '%s', %d, %d, %d)", $name, $pass,
    $mail, $status, time(), time());
}
print t('Users have been created.');
```

Das ist zu Testzwecken sehr hilfreich, doch stellen Sie sich vor, was passieren würde, wenn Sie vergessen, dass dieses Skript vorhanden ist, und es mit in Ihre Produktionssite übernehmen. Jeder, der den URL zu Ihrem Skript gefunden hat (*http://example.com/testing.php*), kann Ihre Benutzer mit einer einzigen Anfrage löschen. Daher ist es auch bei schnell erstellten Hilfsskripts sehr wichtig, eine Sicherheitsüberprüfung wie folgende einzubinden:

```php
<?php
/**
 * Dieses Skript generiert Benutzer zu Testzwecken.
 */
// Diese Zeilen sind alles, was für den vollständigen
// Zugriff auf die Funktionalität von Drupal benötigt wird.
include_once 'includes/bootstrap.inc';
drupal_bootstrap(DRUPAL_BOOTSTRAP_FULL);
// Sicherheitsüberprüfung; nur der Superuser darf dies ausführen.
if ($user->uid != 1) {
  print t('Not authorized.');
  exit();
}
db_query('DELETE FROM {users} WHERE uid > 1'); // Whoa!
for ($i = 2; $i <= 5000; $i++) {
  $name = md5($i);
  $pass = md5(user_password());
  $mail = $name .'@localhost';
  $status = 1;
  db_query("INSERT INTO {users} (name, pass, mail, status, created,
    access) VALUES ('%s', '%s', '%s', %d, %d, %d)", $name, $pass,
   $mail, $status, time(), time());
}
print t('Users have been created.');
```

Nun folgen zwei Hausaufgaben:

1. Schreiben Sie Sicherheitsüberprüfungen auch in schnell erstellte Skripts, die Sie vorzugsweise aus einem Template erstellen, das den notwendigen Code bereits enthält.
2. Denken Sie daran, dass einer der wichtigen Aufgaben bei der Bereitstellung darin besteht, den Testcode zu entfernen oder zu deaktivieren.

20.13 AJAX-Sicherheit

Die Hauptsache, an die Sie bei der Sicherheit im Zusammenhang mit AJAX-Möglichkeiten wie jQuery denken sollte, lautet, dass Sie zwar im Allgemeinen die Serverseite von AJAX unter der Vorraussetzung erstellen, dass sie von JavaScript aus aufgerufen wird, es aber keine Abwehrmechanismen gibt, die böswillige Benutzer davon abhalten, direkte AJAX-Aufrufe zu starten. Dies kann durch Befehlszeilenwerkzeuge wie *curl* oder *wget* geschehen und ist auch durch einfache Eingabe des URLs in einen Webbrowser möglich. Testen Sie Ihren Code von beiden Positionen aus.

20.14 Sicherheit in der Formular-API

Einer der Vorteile der Formular-API besteht darin, dass viele der Sicherheitsfragen für Sie geklärt werden. Beispielsweise überprüft Drupal, ob der von einem Benutzer gewählte Wert eines Dropdown-Auswahlfelds auch von Drupal bereitgestellt wurde. Die Formular-API verwendet einen festen Satz von Ereignissen, wie die Formularerstellung, die Validierung und Ausführung. Sie sollten keine Benutzereingaben vor der Validierungsphase verwenden, da diese ja noch nicht überprüft wurden. Wenn Sie zum Beispiel einen Wert von $_POST verwenden, haben Sie keine Garantie, dass der Benutzer diesen Wert nicht verändert hat. Außerdem sollten Sie wann immer möglich das Element #value statt versteckter Felder verwenden, um Informationen im Formular zu übertragen, da böswillige Benutzer versteckte Felder ändern können, aber keinen Zugriff auf #value-Elemente haben.

Alle von Benutzern eingegebenen Daten, die für die Erstellung eines Formulars verwendet werden, müssen gründlich gereinigt werden. Das folgende Beispiel verdeutlicht dies:

Unsicherer Code:

```
$form['foo'] = array(
  '#type' => 'textfield',
  '#title' => $node->title, // Verletzbarkeit durch XSS!
  '#description' => 'Teaser is: '. $node->teaser, // Angreifbar
                                                  // durch XSS!
  '#default_value' => check_plain($node->title), // Nicht notwendig.
);
```

Sicherer Code:

```
$form['foo'] = array(
  '#type' => 'textfield',
  '#title' => check_plain($node->title),
  '#description' => t('Teaser is: @teaser', array('@teaser' =>
    $node->teaser)),
  '#default_value' => $node->title,
);
```

Es ist nicht notwendig, den Standardwert über check_plain() laufen zu lassen, da die Theme-Funktion für den Formularelement-Typ (in diesem Fall theme_textfield() in *includes/form.inc*) dies ausführt.

> **Achtung**
>
> Wenn Sie Ihre eigenen Theme-Funktionen erstellen oder die standardmäßigen von Drupal überschreiben, sollten Sie sich selbst immer fragen, ob alle Benutzereingaben bereinigt werden, und dies in Ihren Code einbauen.

In Kapitel 10 erfahren Sie Näheres zu der Formular-API.

20.15 Das Superuser-Konto schützen

Der einfachste Weg, um Legitimationen für eine Drupal-Website zu erhalten, besteht wahrscheinlich darin, eine naive Sekretärin anzurufen und zu sagen: »Hallo, hier ist Joe. (Fügen Sie hier etwas Smalltalk ein.) Ich gehöre zum Support-Team und wir haben Probleme mit der Website. Wie lauten der Benutzername und das Kennwort, mit dem Sie sich normalerweise anmelden?« Leider geben viele Personen solche Informationen schnell heraus, wenn man sie danach fragt. Obwohl Technologie hilfreich sein kann, ist Erziehung die beste Verteidigung gegen solche Angriffe.

Aus diesem Grund ist es eine gute Idee, den *User 1* (Superuser) nicht selbstverständlich zuzuweisen. Stattdessen sollte jede Person, die die Website verwaltet, nur die Berechtigungen erhalten, die zur Ausführung der Aufgabe benötigt werden, für die die Person autorisiert ist. So kann der Schaden im Fall einer Sicherheitsverletzung in Grenzen gehalten werden.

20.16 eval() verwenden

Verwenden Sie nicht `eval()`! Denn damit bereiten Sie eine gute Möglichkeit zur Metaprogrammierung oder dazu, Zeilen zu löschen, da `eval()` den String eines Textes als Eingabe nimmt und mit dem PHP-Interpreter auswertet. Dies ist fast immer ein Fehler. Sollte die Möglichkeit bestehen, dass die Eingabe für `eval()` von einem Benutzer verändert wird, laufen Sie Gefahr, die Möglichkeiten des PHP-Interpreters dem Benutzer zu übertragen. Wie lange wird es dauern, bis dies zur Anzeige des Benutzernamens und Kennworts für Ihre Datenbank missbraucht wird?

Aus gleichem Grund sollten Sie auch den PHP-Codefilter in Drupal und dessen Berechtigungen nur im äußersten Notfall verwenden. Damit Sie nachts besser schlafen können, meiden Sie `eval()` und den PHP-Codefilter. Drupal verwendet `eval()` in der Core-Installation, doch wird sie nur selten benötigt und zudem in `drupal_eval()` eingeschlossen. Dadurch wird der untersuchte Code vom Überschreiben der Variablen im aufrufenden Code abgehalten. `drupal_eval()` befindet sich in *includes/common.inc*.

20.17 Zusammenfassung

Nach dem Durcharbeiten dieses Kapitels sollten Sie Folgendes beherrschen:

- Niemals Benutzereingaben vertrauen
- Die Benutzereingaben für die sichere Anzeige umwandeln
- Wissen, wie Sie XSS-Angriffe vermeiden
- Wissen, wie Sie SQL-Angriffe vermeiden
- Code schreiben, der Node-Zugriffsregeln respektiert
- CSRF-Angriffe verhindern
- Wissen, wie Drupal hochgeladene Dateien schützt
- E-Mail-Header-Angriffe verhindern

21 Bewährte Vorgehensweisen in der Entwicklung

In diesem Kapitel finden Sie all die kleinen Programmiertipps und bewährten Vorgehensweisen, die aus Ihnen einen guten Drupal-Entwickler machen und dabei helfen, dass Sie bei der Arbeit nicht verzweifeln. Ich beginne mit der Einführung der Programmierstandards von Drupal, zeige Ihnen dann, wie Sie Dokumentationen erstellen, die anderen Programmierern dabei helfen, Ihren Code zu verstehen, bringe Ihnen bei, wie Sie Dinge schnell in der Codebasis von Drupal finden, führe die Versionskontrolle ein und schließe mit den Themen Profilerstellung und Debugging.

21.1 Standards für die Programmierung

Die Drupal-Community ist übereingekommen, dass ihre Codebasis ein standardisiertes Erscheinungsbild haben muss, um die Lesbarkeit zu verbessern und den Einstieg für neue Entwickler zu erleichtern. Auch Entwickler beigesteuerter Module werden dazu ermuntert, diese Standards zu beachten. Lassen Sie es mich offen sagen: Ihre Module werden nicht ernst genommen, wenn Sie die Standards für die Programmierung nicht befolgen. Ich werde zunächst die Standards behandeln und anschließend einige automatisierte Werkzeuge einführen, die Sie bei der Überprüfung Ihres Programms unterstützen (und es sogar für Sie korrigieren!).

21.1.1 Zeileneinzug

In Drupal-Code werden für einen Einzug zwei Leerschritte verwendet – keine Tabulatoren. In den meisten Editoren können Sie die Option einstellen, dass Tabulatoren automatisch durch Leerzeichen ersetzt werden, sodass Sie die Tabulatortaste weiterhin verwenden können, um nicht gegen die Macht der Gewohnheit arbeiten zu müssen.

21.1.2 Öffnende und schließende Tags in PHP

Dateien, die Programmtext enthalten, wie z.B. *.module*- oder *.inc*-Dateien, verwenden wie folgt ein öffnendes Tag für PHP-Code:

```
<?php
...
```

Die kürzere Form <? wird niemals verwendet.

Das schließende Tag ?> ist nicht notwendig und wird in Drupal-Code nicht verwendet. Es kann sogar Probleme bereiten. Eine Ausnahme ist dann gegeben, wenn das schließende Tag in Template-Dateien genutzt wird, die den PHP-Code verlassen und zurück zum HTML-Code gehen, beispielsweise in *themes/bluemarine/block.tpl.php*:

```
<?php
// $Id: block.tpl.php,v 1.3 2007/08/07 08:39:36 goba Exp $
?>
<div class="block block-<?php print $block->module; ?>" id="block-<?php
  print $block->module; ?>-<?php print $block->delta; ?>">
  <h2 class="title"><?php print $block->subject; ?></h2>
  <div class="content"><?php print $block->content; ?></div>
</div>
```

21.1.3 Steuerstrukturen

Steuerstrukturen sind Anweisungen, die den Ausführungsfluss eines Programms steuern, z. B. Bedingungen und Schleifen. *Bedingte Anweisungen* sind `if`-, `else`-, `elseif`- und `switch`-Anweisungen, Schleifen sind `while`, `do-while`, `for` und `foreach`.

Steuerstrukturen sollten ein einzelnes Leerzeichen zwischen dem Schlüsselwort (`if`, `elseif`, `while`, `for` usw.) und der öffnenden Klammer enthalten, um sie optisch von Funktionsaufrufen zu unterscheiden (die auch Klammern verwenden, aber kein Leerzeichen haben). Die öffnende geschweifte Klammer sollte sich in derselben Zeile wie das Schlüsselwort befinden (nicht in einer eigenen Zeile). Schließende geschweifte Klammern sollten in einer eigenen Zeile stehen.

Falsch

```
if ($a && $b)
{
  sink();
}
```

Richtig

```
if ($a && $b) {
  sink();
}
elseif ($a || $b) {
  swim();
}
else {
  fly();
}
```

21.1 Standards für die Programmierung

Geschweifte Klammern sollten grundsätzlich verwendet werden, um die Lesbarkeit zu fördern und die Möglichkeiten für Fehler zu vermindern, auch wenn sie nicht unbedingt erforderlich sind.

Falsch

```
while ($a < 10)
    $a++;
```

Richtig

```
while ($a < 10) {
    $a++;
}
```

Switch-Anweisungen sollten wie folgt formatiert werden (beachten Sie, dass für den Standardfall (`default`) kein `break;` erforderlich ist):

```
switch ($a) {
   case 1:
      red();
      break;

   case 2:
      blue();
      break;

   case 3:
      purple();
      // Übergang in den Standardfall (default).

   default:
      green();
}
```

Wenn die `break`-Anweisung ausgelassen wird, weil die Ausführung zum nächsten Fall übergehen soll, sollten Sie diese Entscheidung mit einem Kommentar verdeutlichen.

21.1.4 Funktionsaufrufe

In einem Funktionsaufruf sollte der Operator (=, <, > usw.) mit einfachen Leerzeichen umgeben sein, aber kein Leerschritt zwischen dem Funktionsnamen und der öffnenden Klammer stehen. Es gibt auch kein Leerzeichen zwischen der öffnenden Klammer der Funktion und ihrem ersten Parameter. Weitere Funktionsparameter werden durch ein Komma und ein Leerzeichen abgetrennt, und es gibt kein Leerzeichen zwischen dem letzten Parameter und der schließenden Klammer. Das folgende Beispiel verdeutlicht diese Punkte:

Falsch

```
$var=foo ($bar,$baz);
```

Richtig

```
$var = foo($bar, $baz);
```

Es gibt eine Ausnahme von dieser Regel. In einem Block ähnlicher Zuweisungen können vor dem Zuweisungsoperator mehrere Leerzeichen eingefügt werden, wenn es die Lesbarkeit erhöht, wie das folgende Beispiel zeigt:

```
$a_value       = foo($b);
$another_value = bar();
$third_value   = baz();
```

21.1.5 Funktionsdeklarationen

Zwischen einem Funktionsnamen und der öffnenden Klammer steht kein Leerzeichen. Wenn Sie eine Funktion schreiben, die für einige ihrer Parameter Standardwerte verwendet, führen Sie diese Parameter als letzte auf. Ruft Ihre Funktion Daten hervor, die nützlich sein können, ist es weiterhin eine gute Praxis, diese Daten zurückzugeben, damit der Aufrufer sie gegebenenfalls verwenden kann. Die folgenden Beispiele zeigen die Funktionsdeklaration:

Falsch

```
function foo ($bar = 'baz', $qux){
  $value = $qux + some_function($bar);
}
```

Richtig

```
function foo($qux, $bar = 'baz') {
  $value = $qux + some_function($bar);
  return $value;
}
```

21.1.6 Funktionsnamen

Funktionsnamen werden in Drupal mit Kleinbuchstaben geschrieben und basieren auf dem Namen des Moduls oder Systems, dem sie angehören. Diese Konvention vermeidet Namespaceüberschneidungen. Beschreibende Teile des Funktionsnamens werden mit Unterstrichen voneinander getrennt. Nach dem Modulnamen wird die Funktion mit dem Verb ihrer Tätigkeit und dessen Objekt benannt: `modulename_verb_object()`. Im ersten der beiden folgenden Beispiele hat die falsch benannte Funktion kein Modulpräfix, außerdem sind Verb und Objekt vertauscht. Im zweiten sind diese Fehler berichtigt:

Falsch

```
function some_text_munge() {
  ...
}
```

Richtig

```
function mymodule_munge_some_text() {
  ...
}
```

Private Funktionen folgen denselben Vereinbarungen wie andere Funktionen, beginnen jedoch mit einem Unterstrich.

21.1.7 Arrays

Arrays werden mit Leerzeichen formatiert, die die einzelnen Elemente und Zuweisungsoperatoren trennen. Wenn ein Arrayblock mehr als 80 Zeichen umfasst, sollte jedes Element in eine eigene Zeile geschrieben werden. Aus Gründen der Les- und Wartbarkeit ist es ohnehin eine gute Praxis, für jedes Element eine eigene Zeile zu verwenden. Auf diese Weise können Sie Arrayelemente einfach hinzufügen oder entfernen.

Falsch

```
$fruit['basket'] = array('apple'=>TRUE, 'orange'=>FALSE, 'banana'=>TRUE, 'peach'=>FALSE);
```

Richtig

```
$fruit['basket'] = array(
  'apple'  => TRUE,
  'orange' => FALSE,
  'banana' => TRUE,
  'peach'  => FALSE,
);
```

> **Hinweis**
>
> Das Komma am Ende des letzten Arrayelements ist kein Fehler, denn PHP erlaubt diese Syntax. Es ist da, um auf Nummer Sicher zu gehen, falls ein Entwickler sich entscheidet, ein Element am Ende des Arrays hinzuzufügen oder zu entfernen. Diese Konvention ist erlaubt und wird empfohlen, ist aber nicht notwendig.

Wenn Sie interne Drupal-Arrays wie Menüelemente oder Formulardefinitionen erstellen, geben Sie immer nur ein Element pro Zeile an:

```
$form['flavors'] = array(
  '#type' => 'select',
  '#title' => t('Flavors'),
  '#description' => t('Choose a flavor.'),
  '#options' => $flavors,
);
```

21.1.8 Konstanten

PHP-Konstanten sollten vollständig in Großbuchstaben geschrieben werden, wobei Wörter wie folgt durch Unterstriche getrennt werden:

```
/**
 * Erste Startphase: Konfiguration initialisieren.
 */
define('DRUPAL_BOOTSTRAP_CONFIGURATION', 0);
```

Die Namen von Konstanten sollten als Präfix das Modul enthalten, das sie verwendet, um Namespaceüberschneidungen zwischen Konstanten zu vermeiden. Wenn Sie z. B. *tiger.module* schreiben, verwenden Sie `TIGER_STRIPED` statt `STRIPED`.

21.1.9 Globale Variablen

Von der Verwendung globaler Variablen wird dringend abgeraten. Wenn Sie sie jedoch verwenden müssen, sollten sie mit einem einzelnen Unterstrich gefolgt von Ihrem Namespace benannt werden (d.h., dem Namen Ihres Moduls oder Themes), dem ein weiterer Unterstrich und ein beschreibender Name folgen.

Falsch

```
global $records;
```

Richtig

```
global $_mymodulename_access_records;
```

21.1.10 Modulnamen

Modulnamen sollten niemals einen Unterstrich enthalten. Um den Grund dafür zu verstehen, stellen Sie sich den folgenden Fall vor:

1. Ein Entwickler erstellt *node_list.module*, das eine Funktion namens `node_list_all()` enthält.

2. In der nächsten Version von Drupal wird dem Node-Modul des Cores eine Funktion namens `node_list_all()` hinzugefügt – schon haben wir einen Namespacekonflikt!

Der vorstehende Konflikt kann vermieden werden, wenn der Entwickler die Vereinbarung befolgt, das Modul ohne Unterstriche zu benennen: `nodelist_all()` führt niemals zu Konflikten mit Kerncode.

Sie können sich das am besten merken, wenn Sie erkennen, dass alles links vom ersten Unterstrich zum Modul mit diesem Namen gehört. Beispielsweise gehört der vollständige Namespace `node_` zum Node-Modul im Core. Wenn Sie Funktionen schreiben, die mit `node_`, `user_`, `filter_` oder irgendeinem anderen Core-Namespace beginnen, wollen Sie unbedingt Ärger haben. Ein Namespacekonflikt in einem beigesteuerten Modul bedeutet zusätzliche Arbeit für Sie und für alle, die Programmtexte geschrieben haben, die von Ihrem Modul abhängen.

21.1.11 Dateinamen

Dateinamen sollten kleingeschrieben werden. Eine Ausnahme bilden Dokumentationsdateien, die in Großbuchstaben mit der Endung *.txt* geschrieben werden, wie im folgenden Beispiel:

```
CHANGELOG.txt
INSTALL.txt
README.txt
```

Am besten befolgen Sie die Grundsätze, die im Core bei der Benennung von Dateien verwendet werden. Die Dateien aus dem Book-Modul im Kern sind in Tabelle 21.1 aufgeführt.

Dateiname	Beschreibung
book.info	Modulname, Beschreibung, Kompatibilität mit dem Core, Abhängigkeiten
book.install	Schemadefinitionen; enthält Hooks, die ausgeführt werden, wenn das Modul installiert, deinstalliert, aktiviert oder deaktiviert wird
book.module	Code
book.admin.inc	Code, der beim Zugriff auf Verwaltungsseiten eingefügt wird
book.pages.inc	Code für benutzerdefinierte (selten genutzte) Funktionen
book.css	Standard-CSS für buchbezogene Klassen und IDs
book-rtl.css	CSS-Überschreibungen für von rechts nach links geschriebene Sprachen
book-all-books-block.tpl.php	Standard-Templatedatei

Tabelle 21.1: Im Book-Modul verwendete Dateinamen und modulbezogene Dateien

Dateiname	Beschreibung
book-export-html.tpl.php	Standard-Templatedatei
book-navigation.tpl.php	Standard-Templatedatei
book-node-export-html.tpl.php	Standard-Templatedatei

Tabelle 21.1: Im Book-Modul verwendete Dateinamen und modulbezogene Dateien (Forts.)

21.2 PHP-Kommentare

Drupal befolgt für Kommentare die meisten der Stilrichtlinien aus Doxygen. Alle Dokumentationsblöcke müssen die folgende Syntax verwenden:

```
/**
 * Hier steht die Dokumentation.
 */
```

Die führende Leerstelle vor den Sternchen (*) nach der ersten Zeile ist erforderlich.

> **Hinweis**
>
> Doxygen ist ein PHP-freundlicher Dokumentationsgenerator. Er extrahiert PHP-Kommentare aus dem Programmtext und erstellt eine lesbare Dokumentation. Weitere Informationen erhalten Sie unter *http://www.doxygen.org*.

Wenn Sie eine Funktion dokumentieren, muss der Dokumentationsblock unmittelbar und ohne Leerzeilen vor der Funktion stehen.

Drupal versteht die Doxygen-Begriffe aus der folgenden Liste. Auch wenn ich die meisten davon behandeln werde, wenden Sie sich bitte an die Doxygen-Site, wenn Sie genauere Informationen wünschen.

- @mainpage
- @file
- @defgroup
- @ingroup
- @addtogroup (als Synonym für @ingroup)
- @param
- @return
- @link

21.2 PHP-Kommentare

- @see
- @{
- @}

Das Schöne beim Befolgen dieser Standards besteht darin, dass Sie mit dem beigesteuerten API-Modul automatisch Dokumentationen für ihre Module erstellen können. Das API-Modul ist eine Implementierung einer Teilmenge der Dokumentationsgeneratorspezifikationen von Doxygen, die darauf abgestimmt ist, die beste Ausgabe für eine Codebasis von Drupal zu erstellen. Unter *http://api.drupal.org* sehen Sie dieses Modul bei der Arbeit, und unter *http://drupal.org/project/api* lernen Sie weitere Einzelheiten kennen.

21.2.1 Beispiele zur Dokumentierung

Wir gehen jetzt ein Modul von vorn bis hinten durch und beleuchten die verschiedenen Arten der Dokumentierung, denen wir dabei begegnen.

Die zweite Zeile eines Moduls (nach dem öffnenden Tag <?php) sollte ein CVS-Tag enthalten, um die Revisionsnummer der Datei zu verfolgen:

```
// $Id$
```

Dieses Tag wird automatisch analysiert und erweitert, wenn der Code in CVS eingecheckt wird, und nach jeder CVS-Übergabe aktualisiert. Anschließend sieht es automatisch wie folgt aus:

```
// $Id: comment.module,v 1.617.2.2 2008/04/25 20:58:46 goba Exp $
```

In Kürze lernen Sie mehr über den Einsatz von CVS. Nehmen Sie sich vor der Deklaration von Funktionen einen Moment Zeit, um die Aufgaben des Moduls im folgenden Format zu dokumentieren:

```
/**
 * @file
 * Hier steht eine einzeilige Beschreibung, was Ihr Modul tut.
 *
 * Hier stehen ein oder zwei Absätze, die Ihr Modul und sein
 * Verhalten in groben Zügen erläutern.
 */
```

21.2.2 Konstanten dokumentieren

PHP-Konstanten sollen vollständig in Großbuchstaben geschrieben werden, wobei Wörter durch Unterstriche zu trennen sind. Wenn Sie PHP-Konstanten definieren, ist es eine gute Idee, zu erläutern, wofür sie verwendet werden, wie im folgenden Codeabschnitt gezeigt wird:

```
/**
 * Rollen-ID für authentifizierte Benutzer; sollte mit dem Eintrag
 * in der Tabelle "role" übereinstimmen.
 */
define('DRUPAL_AUTHENTICATED_RID', 2);
```

21.2.3 Funktionen dokumentieren

Funktionen sollten mit der folgenden Syntax dokumentiert werden:

```
/**
 * Kurze Beschreibung, beginnt mit einem Verb.
 *
 * Hier steht eine längere Beschreibung.
 *
 * @param $foo
 * Eine Beschreibung, was $foo ist.
 * @param $bar
 * Eine Beschreibung, was $bar ist.
 * @return
 * Eine Beschreibung, was diese Funktion zurückgibt.
 */
function name_of_function($foo, $bar) {
  ...
  return $baz;
}
```

Die kurze Beschreibung sollte mit einem Verb im Imperativ Präsens beginnen, wie z.B. »Munge form data« oder »Do remote address lookups« (nicht »Munges form data« oder »Does remote address lookups«). Schauen wir uns ein Beispiel aus dem Drupal-Core aus *system.module* an:

```
/**
 * Add default buttons to a form and set its prefix.
 *
 * @ingroup forms
 * @see system_settings_form_submit()
 * @param $form
 *   An associative array containing the structure of the form.
 * @return
 *   The form structure.
 */
function system_settings_form($form) {
  ...
}
```

21.2 PHP-Kommentare

Im vorstehenden Beispiel treten die folgenden beiden neuen Doxygen-Begriffe auf:

- `@see` sagt Ihnen, welche anderen Funktionen zu referenzieren sind. Der vorstehende Code ist eine Formulardefinition, sodass `@see` auf den Submit-Handler des Formulars verweist. Wenn das API-Modul das analysiert, um eine Dokumentation zu erstellen (wie unter *http://api.drupal.org*), wandelt es den Funktionsnamen, der auf `@see` folgt, in einen anklickbaren Link um.

- `@ingroup` verbindet eine Gruppe verwandter Funktionen. In diesem Beispiel erstellt es eine Gruppe von Funktionen, die Formulardefinitionen bereitstellen. Sie können jeden beliebigen Gruppennamen verwenden. Mögliche Core-Werte sind `batch`, `database`, `file`, `format`, `forms`, `hooks`, `image`, `menu`, `node_access`, `node_content`, `schemaapi`, `search`, `themeable` und `validation`.

> **Tipp**
> Alle Funktionen einer gegebenen Gruppe sehen Sie unter *http://api.drupal.org*. Beispielsweise sind Funktionen zur Formularerstellung unter *http://api.drupal.org/api/group/forms/6* und für Themes geeignete unter *http://api.drupal.org/api/group/themeable/6* aufgeführt.

Funktionen, die übliche Drupal-Elemente wie Hooks und Funktionen zur Validierung oder zum Abschicken von Funktionen implementieren, können die Syntax mit `@param` und `@return` weglassen, sollten aber weiterhin eine einzeilige Beschreibung darüber enthalten, was die Funktion tut, wie im folgenden Beispiel gezeigt wird:

```
/**
 * Validate the book settings form.
 *
 * @see book_admin_settings()
 */
function book_admin_settings_validate($form, &$form_state) {
  ...
}
```

Es ist nützlich zu wissen, ob eine Funktion ein Menü-Callback ist (d.h., mit `hook_menu()` auf einen URL abgebildet ist):

```
/**
 * Menu callback; print a listing of all books.
 */
function book_render() {
  ...
}
```

21.2.4 Hookimplementierungen dokumentieren

Ist eine Funktion eine Hookimplementierung, ist es nicht erforderlich, den Hook zu dokumentieren. Geben Sie einfach an, welcher Hook implementiert wird, wie im folgenden Beispiel zu sehen ist:

```
/**
 * Implementation of hook_block().
 */
function statistics_block($op = 'list', $delta = 0, $edit = array() {
    ...
}
```

21.3 Den Programmierstil per Programm überprüfen

Es gibt zwei Hauptmöglichkeiten, um zu überprüfen, ob Ihr Programmierstil die Programmierstandards von Drupal befolgt: eine nutzt ein Perl-Skript und die andere ein beigesteuertes Modul.

21.3.1 code-style.pl verwenden

Im Verzeichnis *scripts* des Stammverzeichnisses von Drupal finden Sie ein Perl-Skript namens *code-style.pl*, das Ihren Drupal-Programmierstil überprüft. Hier sehen Sie, wie es verwendet wird.

Ändern Sie zunächst die Berechtigungen, um es ausführbar zu machen, andernfalls erhalten Sie die Fehlermeldung Permission denied. Das können Sie an der Befehlszeile wie folgt mit dem Befehl chmod erledigen:

```
$ cd scripts
$ ls -l | grep code-style
-rw-r--r-- 1 jvandyk jvandyk 4946 Feb 15 2007 code-style.pl

$ chmod u+x code-style.pl
$ ls -l | grep code-style
-rwxr--r-- 1 jvandyk jvandyk 4946 Feb 15 2007 code-style.pl
```

Benutzer von Windows brauchen sich nicht um die Änderung von Dateiberechtigungen zu kümmern, doch sie müssen sicherstellen, dass Perl installiert ist, um *code-style.pl* auszuführen. Informationen zu Perl finden Sie unter *http://www.perl.org*.

Sie können jetzt *code-style.pl* ausführen, wobei Sie den Speicherort des Moduls oder einer anderen zu überprüfenden Datei übergeben. Das folgende Beispiel gibt an, wie dies geschrieben werden kann:

```
$ ./code-style.pl ../modules/node/node.module
```

Die Ausgabe des Programms erfolgt normalerweise im folgenden Format:

```
Zeilennummer : 'Fehler' -> 'Korrektur' : Inhalt der Zeile
```

Das folgende Skript sagt uns beispielsweise, dass wir Leerzeichen um den Zuweisungsoperator (=) in Zeile 30 von *foo.module* benötigen, die momentan den Code `$a=1;` enthält:

```
foo.module30: '=' -> ' = ' : $a=1;
```

> **Hinweis**
>
> Vorsicht, manchmal werden auch fälschlicherweise Fehler gemeldet. Auch wenn dieses Skript gute Arbeit leistet, ist es nicht perfekt und Sie müssen jeden Bericht sorgfältig auswerten.

21.3.2 Das Coder-Modul verwenden

Unter *http://drupal.org/project/coder* finden Sie einen Schatz, der Ihnen viel Zeit und Ärger erspart. Es handelt sich um das Coder-Modul, das den Code in anderen Modulen überprüft.

Laden Sie die neueste Version herunter, kopieren Sie sie in *sites/all/modules/contrib/* und aktivieren Sie sie dann wie jedes andere Modul unter VERWALTEN > STRUKTURIERUNG > MODULE.

Damit das Coder-Modul Ihr Modul überprüft, klicken Sie in der Sitenavigation auf den Link CODE REVIEW und wählen die gewünschte Art der Überprüfung sowie das betreffende Modul oder Theme aus. Sie können auch den praktischen Link `Code Review` nutzen, den dieses Modul auf der Liste der Module unter VERWALTEN > STRUKTURIERUNG > MODULE bereitstellt.

> **Tipp**
>
> Der Einsatz des Coder-Moduls sollte als zwingend notwendig betrachtet werden, wenn Sie die Programmierstandards von Drupal ernsthaft und schnell erlernen möchten.

Sie können sogar noch einen Schritt weiter gehen und das Skript *coder_format.php* verwenden, das mit dem Coder-Modul geliefert wird. Dieses Skript behebt Ihre Programmierfehler sogar. Hier sehen Sie, wie es das Annotate-Modul überprüft, das wir in Kapitel 2 geschrieben haben:

```
$ cd sites/all/modules
$ php contrib/coder/scripts/coder_format/coder_format.php \
  custom/annotate/annotate.module
```

Das Skript ändert die Datei *annotate.module* an Ort und Stelle und speichert die Originaldatei als *annotate.module.coder.orig*. Mithilfe von `diff` sehen wir, was das Skript gemacht hat:

```
$ diff custom/annotate/annotate.module custom/annotate/annotate.module.coder.orig
```

21.4 Orientierung im Code mit egrep

Der Unix-Befehl `egrep` durchsucht Dateien nach Zeilen, die mit einem angegebenen regulären Ausdruck übereinstimmen. Wenn Sie ein Windows-Benutzer sind und diese Beispiele nachvollziehen möchten, können Sie eine vorkompilierte Version von `egrep` verwenden (siehe *http://unxutils.sourceforge.net*) oder die Cygwin-Umgebung installieren (*http://cygwin.com*). Ansonsten können Sie anstelle von `egrep` auch einfach die eingebaute Suchfunktion des Betriebssystems nutzen.

Das Tool `egrep` ist praktisch, wenn Sie im Drupal-Core nach der Implementierung von Hooks suchen oder die Stelle finden möchten, an der Fehlermeldungen erstellt werden usw. Sehen wir uns einige Beispiele für die Verwendung von `egrep` im Stammverzeichnis von Drupal an:

```
$ egrep -rl 'hook_init' .
./includes/bootstrap.inc
./includes/path.inc
./modules/aggregator/aggregator.module
./modules/book/book.module
./modules/forum/forum.module
./modules/node/node.module
./modules/poll/poll.module
./modules/system/system.module
./update.php
```

Im vorstehenden Fall durchsuchen wir unsere Drupal-Dateien rekursiv (-r) nach Instanzen von `hook_init`, indem wir im aktuellen Verzeichnis beginnen (.) und die Dateinamen der passenden Instanzen ausgeben (-l). Schauen wir nun dieses Beispiel an:

```
$ egrep -rn 'hook_init' .
./includes/bootstrap.inc:1011:  // Initialize $_GET['q'] prior to
  loading modules and invoking hook_init().
```

```
./includes/path.inc:9: * to use them in hook_init() or hook exit()
  can make them available, by
./modules/aggregator/aggregator.module:261: * Implementation of
  hook_init().
./modules/book/book.module:164: * Implementation of hook_init().
  Adds the book module's CSS.
./modules/forum/forum.module:160: * Implementation of hook_init().
./modules/node/node.module:1596: * Implementation of hook_init().
./modules/poll/poll.module:24: * Implementation of hook_init().
./modules/system/system.module:538: * Implementation of hook_init().
./update.php:18: * operations, such as hook_init() and hook_exit()
  invokes, css/js preprocessing
```

Hier durchsuchen wir unsere Drupal-Dateien rekursiv (-r) nach Instanzen des Strings `hook_init` und geben die eigentlichen Zeilen und Zeilennummern (-n) für die Treffer aus. Wir können die Suche weiter verfeinern, indem wir die Ergebnisse über eine Pipe an eine andere Suche weiterleiten. Im folgenden Beispiel suchen wir das Wort `poll` in der Ergebnismenge des vorstehenden Beispiels:

```
$ egrep -rn 'hook_init' . | egrep 'poll'
./modules/poll/poll.module:24: * Implementation of hook_init().
```

Eine andere Möglichkeit zur Verfeinerung der Suche ist die Verwendung des Schalters -v für `egrep`, der die Suche umkehrt, d.h., er zeigt die Zeilen, in denen der String *nicht* gefunden wird. Suchen wir jetzt alle Vorkommen des Worts `lock` ohne die Wörter `block` oder `Block`:

```
$ egrep -rn 'lock' . | egrep -v '[B|b]lock'
./includes/common.inc:2548: // See if the semaphore is still locked.
./includes/database.mysql.inc:327:function db_lock_table($table) {
./includes/database.mysql.inc:332: * Unlock all locked tables.
...
```

21.5 Die Vorteile der Versionssteuerung nutzen

Die Versionssteuerung ist ein Muss für jedes Softwareprojekt, und Drupal bildet hier keine Ausnahme. Bei der Versionssteuerung werden alle Änderungen an allen Dateien von Drupal verfolgt. Sie hebt einen Verlauf aller Änderungen und der zugehörigen Autoren auf. Damit können Sie buchstäblich Zeile für Zeile einen Bericht darüber erhalten, wer Änderungen vorgenommen hat und wann und warum sie durchgeführt wurden. Die Versionssteuerung vereinfacht auch die Veröffentlichung neuer Drupal-Versionen. Die Drupal-Community verwendet die bewährte CVS-Software, um den Änderungsverlauf zu pflegen.

> **Tipp**
>
> In der Mailingliste zur Drupal-Entwicklung gibt es regelmäßig Diskussionen über das Für und Wider verschiedener Versionssteuerungsysteme (Bazaar, CVS, Git, Subversion usw). Bevor Sie einen neuen Thread mit diesem Thema beginnen, sollten Sie die Archive durchsuchen, um die vorausgegangenen Diskussionen kennen zu lernen.

Die Vorzüge der Versionssteuerung sind nicht exklusiv für die Verwaltung des Drupal-Projekts reserviert. Sie können das CVS von Drupal nutzen, um Ihre eigenen Drupal-basierten Projekte zu verwalten und Ihren eigenen Verwaltungsaufwand drastisch zu verringern. Zunächst müssen Sie jedoch die Art Ihrer Drupal-Installation ändern.

21.5.1 CVS-fähiges Drupal installieren

Wenn Sie das komprimierte Drupal-Paket von der Downloadseite von *drupal.org* herunterladen, enthält diese Kopie des Codes keine der umfangreichen Versionsinformationen, die Sie über den aktuellen Stand Ihrer Codebasis informieren.

Entwickler, die CVS verwenden, können schnell Antworten auf Fragen zur Versionierung erhalten und Aktualisierungen anwenden, während alle anderen noch die neue Version herunterladen.

> **Hinweis**
>
> Der einzige sichtbare Unterschied zwischen den beiden Arten, Drupal herunterzuladen, besteht darin, dass der CVS-Checkout einen zusätzlichen Ordner namens *CVS* enthält, in dem die CVS-Informationen für alle Verzeichnisse von Drupal aufbewahrt werden. Die Datei *.htaccess* von Drupal enthält Regeln, die diese Ordner automatisch schützen, wenn Sie Apache verwenden (einige CVS-Clients wie TortoiseCVS verstecken CVS-Ordner standardmäßig).

Vielleicht haben Sie gehört, dass die CVS-Version von Drupal angeblich nicht sicher und CVS instabiler »Bleeding-Edge«-Code sei. Das ist ein häufiges Missverständnis und eine Verwechslung zweier Konzepte. Wer so etwas äußert, meint die HEAD-Version eines Projekts, d.h., die Version von Drupal (oder von jedem Projekt unter CVS), in der gerade neue Funktionen zur Vorbereitung auf die nächste Version getestet werden. CVS wird jedoch verwendet, um sowohl die HEAD- als auch die stabile Version einer Software zu verwalten.

21.5.2 CVS-fähiges Drupal verwenden

Was können Sie also mit diesem schicken CVS-Checkout von Drupal tun?

- *Sie können Sicherheitsaktualisierungen auf die Drupal-Codebasis anwenden*, sogar bevor die offiziellen Sicherheitsankündigungen veröffentlicht sind. Habe ich schon gesagt, dass es wirklich einfach ist? Anstatt eine komplette neue Version von Drupal herunterzuladen, führen Sie lediglich einen einzelnen CVS-Befehl aus.

- *Sie können eigene Änderungen im Drupal-Code verwalten.* Das Hacken des Drupal-Cores ist eine Kardinalssünde, doch wenn Sie es tun müssen, machen Sie es mit CVS. CVS wird auf intelligente Weise versuchen, selbst Ihre geänderten Core-Dateien zu aktualisieren, sodass Sie Ihre selbst erstellten Änderungen während einer Aktualisierung nicht versehentlich überschreiben.

- *Sie können CVS auch verwenden, um Hacks anderer Entwickler in den Core-Dateien von Drupal zu entdecken.* Mit einem einzigen Befehl erstellen Sie Zeile für Zeile eine Liste des Codes in Ihrer Arbeitskopie von Drupal, der sich von der ursprünglichen Codebasis auf dem zentralen Drupal-Server unterscheidet.

21.5.3 Einen CVS-Client installieren

Führen Sie den folgenden Befehl an der Befehlszeile aus, um zu überprüfen, ob ein CVS-Client installiert ist:

```
$ cvs
```

Wenn Sie den Fehler `Command not found` erhalten, müssen Sie höchstwahrscheinlich einen CVS-Client installieren. Benutzer von Windows können sich TortoiseCVS (*http://tortoisecvs.sourceforge.net/*) und Benutzer eines Mac den Artikel *http://developer.apple.com/internet/opensource/cvsoverview.html* anschauen. Linux-Benutzer sollten wissen, was zu tun ist.

Wenn Sie als Ausgabe des Befehls `cvs` die folgende CVS-Dokumentation aufgeführt sehen, können Sie loslegen!

```
Usage: cvs [cvs-options] command [command-options-and-arguments]
```

21.5.4 Drupal in CVS auschecken

Ich behandle den Einsatz von CVS an der Befehlszeile. Es gibt eine Vielzahl grafischer CVS-Anwendungen, und Sie sollten in der Lage sein, herauszufinden, wie ein GUI-basiertes CVS zu benutzen ist, wenn Sie verstanden haben, wie die Befehlszeile funktioniert. Windows-Benutzer können CVS an der Befehlszeile verwenden, indem sie die Cygwin-Umgebung installieren (siehe *http://drupal.org/node/150036*). Es ist fast immer leichter, Hilfe für CVS aus der Community zu erhalten, wenn Sie einen CVS-Client für die Befehlszeile verwenden.

Im CVS-Jargon führen Sie ein *Checkout* einer Arbeitskopie von Drupal aus dem zentralen Drupal-Repository durch. Das mag ein bisschen wortreich klingen, doch es ist wichtig, die richtigen Ausdrücke zu verwenden. Hier sehen Sie den Befehl, der Drupal 6.2 vom CVS-Server abruft:

```
cvs -d:pserver:anonymous:anonymous@cvs.drupal.org:/cvs/drupal checkout -d
~/www/drupal6 -r DRUPAL-6-2 drupal
```

Wir schauen uns diesen Befehl genauer an. Die Eingabe von `cvs` führt den CVS-Client, d.h. ein Programm namens `cvs`, auf Ihrem Computer aus:

```
cvs -d:pserver:anonymous:anonymous@cvs.drupal.org:/cvs/drupal checkout -d
~/www/drupal6 -r DRUPAL-6-2 drupal
```

Die Option `-d` des Befehls `cvs` steht für »directory« (Verzeichnis) und wird verwendet, um den Speicherort des CVS-Repositorys anzugeben:

```
cvs -d:pserver:anonymous:anonymous@cvs.drupal.org:/cvs/drupal checkout -d
~/www/drupal6 -r DRUPAL-6-2 drupal
```

Ein *Repository* ist im CVS-Sprachgebrauch der Speicherort des Verzeichnisbaums CVS-verwalteter Dateien. Wenn sich das Repository auf demselben Rechner befindet, kann die Option `-d` einfach nur `cvs -d /usr/local/myrepository` lauten. Das Drupal-Repository liegt jedoch auf einem entfernten Server, sodass wir zusätzliche Verbindungsparameter angeben müssen. Schauen wir uns diesen Befehl genauer an.

Die Parameter für die Option `-d` werden durch Doppelpunkte voneinander getrennt. `pserver` steht für »password-authenticated server« und ist die Verbindungsmethode, die Drupal für die Verbindung mit dem Repository verwendet. CVS kann sich jedoch über andere Protokolle wie SSH verbinden.

Als Nächstes werden der Benutzername und das Passwort angegeben. Für das CVS-Repository von Drupal lauten beide `anonymous`. Nach dem Symbol @ steht der Name des Hosts, zu dem die Verbindung hergestellt wird: `cvs.drupal.org`. Und schließlich müssen wir den Pfad zum Verzeichnis auf dem entfernten Rechner angeben: `/cvs/drupal`.

> **Hinweis**
>
> Nachdem Sie sich einmal an einem CVS-Server angemeldet haben, brauchen Sie keine weitere Authentifizierung mehr durchzuführen, da in Ihrem Homeverzeichnis eine Datei namens *.cvspass* angelegt wird, die die Anmeldeinformationen speichert. Nachfolgende auf dieses Repository angewendete CVS-Befehle sollten den globalen Parameter `-d` daher nicht mehr benötigen.

21.5 Die Vorteile der Versionssteuerung nutzen

Nun, da die Verbindungsparameter eingerichtet sind, können wir den eigentlichen Befehl senden, den cvs ausführen soll. In diesem Fall ist es der Befehl checkout, der eine Arbeitskopie des Drupal-Repositorys abruft:

```
cvs -d:pserver:anonymous:anonymous@cvs.drupal.org:/cvs/drupal checkout -d
~/www/drupal6 -r DRUPAL-6-2 drupal
```

Verwechseln Sie das folgende -d nicht mit der globalen Option -d, die an den cvs-Teil des Befehls übergeben wird:

```
cvs -d:pserver:anonymous:anonymous@cvs.drupal.org:/cvs/drupal checkout -d
~/www/drupal6 -r DRUPAL-6-2 drupal
```

Dieses -d wird verwendet, um eine Arbeitskopie des Repositorys in ein Verzeichnis namens *drupal6* im *www*-Verzeichnis Ihres Homeverzeichnisses zu stellen. Es ist ein optionaler Parameter, und wenn er nicht angegeben ist, wird das Repository in einen Ordner mit seinem eigenen Namen kopiert. In diesem Fall würde es also einen Ordner namens *drupal* erstellen, in den Ihre Arbeitskopie des Repositorys platziert wird, da der Name des Repositorys drupal lautet.

Der Parameter -r steht für »Revision«, das ist in der Regel ein Tag oder ein Zweig. In Kürze erfahren Sie, was Tags und Zweige sind. Im vorstehenden Befehl fragen wir nach der Revision DRUPAL-6-2, dem Tag, das der Version Drupal 6.2 entspricht. Sie können für das Tag stets die aktuelle Version von Drupal eingeben.

```
cvs -d:pserver:anonymous:anonymous@cvs.drupal.org:/cvs/drupal checkout -d
~/www/drupal6 -r DRUPAL-6-2 drupal
```

Eine Liste aller Tags und Zweige für den Core finden Sie unter *http://drupal.org/node/93997*.

Schließlich ist drupal der Name des Repositorys, das wir auschecken.

```
cvs -d:pserver:anonymous:anonymous@cvs.drupal.org:/cvs/drupal checkout -d
~/www/drupal6 -r DRUPAL-6-2 drupal
```

21.5.5 Zweige und Tags

Die Aufteilung in Zweige und die Verwendung von Tags sind Standardverfahren vieler Versionssteuerungssysteme. Wir werden untersuchen, wie diese Konzepte im Drupal-Core und für beigesteuerte Module verwendet werden. Nehmen Sie sich die Zeit, diese Konzepte zu verstehen, denn das erspart Ihnen viel Zeit und Leid.

Zweige im Drupal-Core

Wenn eine neue Version von Drupal herausgegeben wird, erstellen diejenigen, die den Code pflegen, einen *Zweig* in CVS, der im Wesentlichen ein Klon der aktuellen HEAD-Codebasis ist. Damit kann die Entwicklung an vorderster Front mit dem ursprünglichen Codestamm weitergehen, während die Community gleichzeitig ein neues Release stabilisieren kann. Auf diese Weise wurde z.B. Drupal 6 erstellt. Die momentanen kanonischen Zweignamen sind DRUPAL-4-6-0, DRUPAL-4-7-0, DRUPAL-5 und DRUPAL-6 (beachten Sie, dass sich die Namenskonventionen in Drupal 5 geändert haben, die tertiären Ziffern wurden entfernt).

Schauen wir uns an, wie das funktioniert. In den folgenden Abbildungen verläuft die Zeit entlang der vertikalen Achse. Während die Entwicklung von Drupal fortschreitet und Bugfixes und neue Funktionen in die Codebasis eingebunden werden, wird die vorderste Entwicklungsfront HEAD genannt, wie in Abbildung 21.1 zu sehen ist.

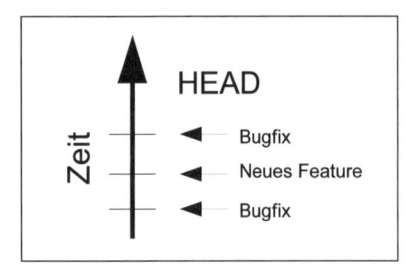

Abbildung 21.1: Zeitachse der Drupal-Entwicklung

Wenn der Code vollständig genug ist, um einen Zweig zu rechtfertigen, erstellen die Core-Herausgeber für ein gegebenes Release einen stabilen Zweig auf dem Baum. An diesem Punkt sind beide Kopien identisch. Dann werden dem HEAD weiter neue Funktionen und Bugfixes hinzugefügt, und dem stabilen Zweig Bugfixes, wie in Abbildung 21.2 gezeigt wird. Die Regel ist, dass stabile Zweige nur Bugfixes erhalten – neue Funktionen sind für HEAD reserviert. Sie werden »stabile« Zweige genannt, weil es garantiert ist, dass sie sich nicht plötzlich ändern.

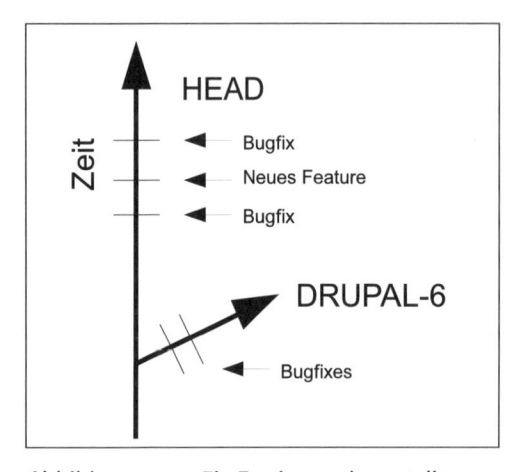

Abbildung 21.2: Ein Zweig wurde erstellt

21.5 Die Vorteile der Versionssteuerung nutzen

Wenn genügend Bugfixes in den stabilen Zweig eingebunden wurden, sodass die Core-Herausgeber entscheiden, dass es ein neues offizielles Drupal-Release geben soll, wird ein Release erstellt. Doch das neue Release wird mit Tags und nicht mit Zweigen erstellt. Schauen wir uns daher Tags an.

Tags im Drupal-Core

Tags sind Momentaufnahmen eines bestimmten Zweigs. In der Drupal-Welt werden Tags verwendet, um Beta-, Bugfix- und Sicherheitsreleases zu kennzeichnen. Auf diese Weise erhalten wir Unterversionen wie Drupal 6.1 und 6.2. Anerkannte Tag-Namen sind DRUPAL-4-7-1, DRUPAL-4-7-2, DRUPAL-5-7, DRUPAL-6-0, DRUPAL-6-1 und DRUPAL-6-2 (beachten Sie wiederum, dass die Namenskonvention in Drupal 5 geändert wurde). Eine vollständige Liste der vom Drupal-Core verwendeten Tag-Namen finden Sie unter *http://drupal.org/node/93997*.

Als Drupal 6 entwickelt wurde, wollten die Core-Herausgeber ein Beta-Release veröffentlichen, damit die Benutzer den Code einfacher testen konnten. Daher entschieden sie, ein Tag namens DRUPAL-6-0-BETA-1 zu erstellen, was in Abbildung 21.3 gezeigt wird.

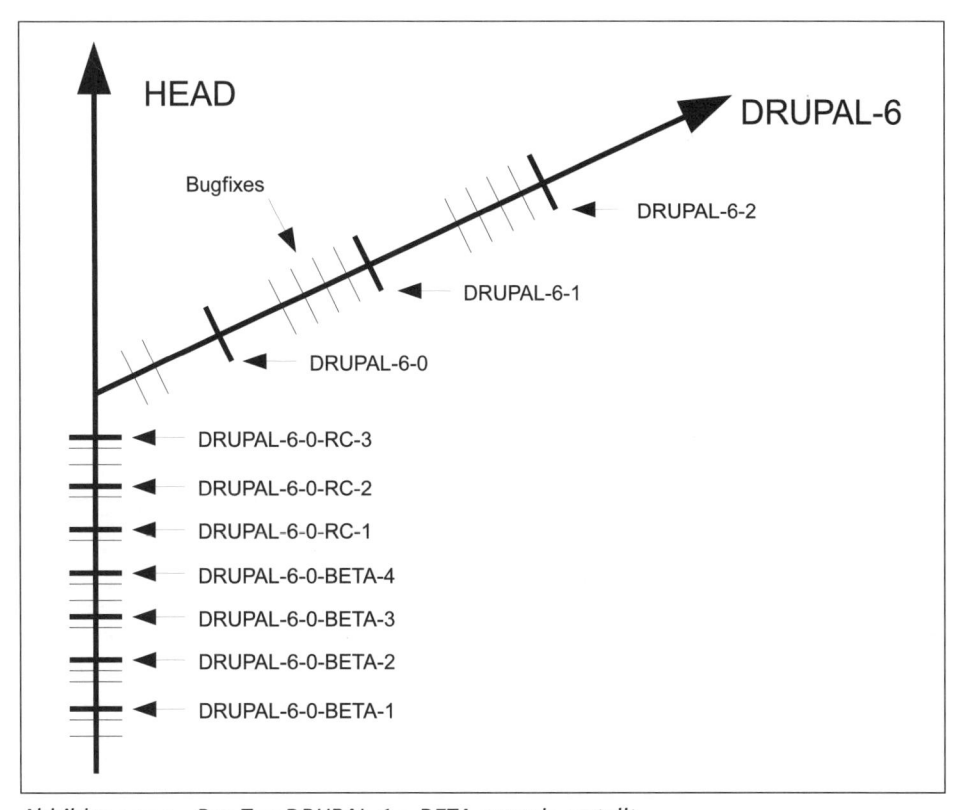

Abbildung 21.3: Das Tag DRUPAL-6-0-BETA-1 wurde erstellt

Das Tag DRUPAL-6-0-BETA-1 bezeichnet den Code in einem bestimmten Zustand, d.h., eine Momentaufnahme davon, wie der Code zu einem bestimmten Zeitpunkt genau aussah. Wenn Sie möchten, können Sie das Beta-1-Release von Drupal heute noch herunterladen.

Wenn mehr und mehr Bugs behoben sind, werden ein oder mehr Releasekandidaten mit Tags wie DRUPAL-6-0-RC-1 und DRUPAL-6-0-RC-2 versehen. Es wird ein Zweig namens DRUPAL-6 erstellt, um die Entwicklung von Drupal 6 von der Entwicklung der Codebasis abzutrennen, die Drupal 7 werden wird. Schließlich kommt der große Moment, an dem das Tag DRUPAL-6-0 erstellt wird. Es werden Artikel geschrieben, und die Blogosphäre gerät in Ekstase. Doch auf dem Drupal-6-Zweig fahren Horden von Drupal-Entwicklern mit dem Beheben von Bugs fort, was zu den Tags DRUPAL-6-1, DRUPAL-6-2 usw. führt.

Das Suffix -dev

In der Zwischenzeit ist die Entwicklung in HEAD vorangeschritten. Doch die Drupal-Community bezeichnet es nicht als HEAD, sondern stellt es sich lieber als die nächste Version von Drupal vor, weil es das ist, was tatsächlich entwickelt wird. Wie Sie in Abbildung 21.4 sehen können, findet die Entwicklung für Drupal 7 bei 7.x-dev statt.

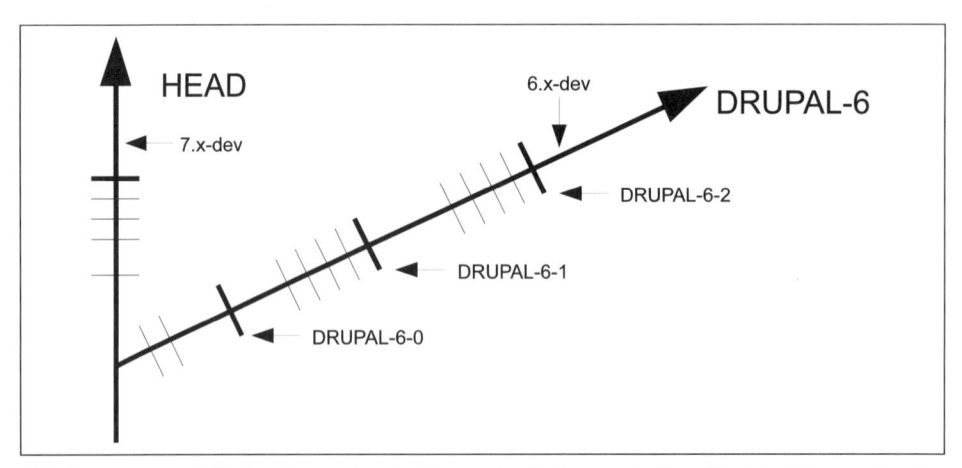

Abbildung 21.4: Mit -dev bezeichnete Momentaufnahmen stellen die Entwicklungsfront dar

Wenn die Zeit für ein Release Drupal 7 gekommen ist, werden die Core-Herausgeber einen stabilen Zweig für Drupal 7 erstellen, auf dem dann die Kennzeichnung mit Tags erfolgt. Beachten Sie daher, dass 7.x-dev kein Tag ist, weshalb es sich *nicht* auf Code in einem gegebenen Zustand bezieht. Stattdessen bezeichnet es die fortdauernde Entwicklung entlang eines Zweigs. An jedem Tag erstellt ein Packskript auf *drupal.org* eine Momentaufnahme des Zweigs und stellt sie als *Development snapshot* zur Verfügung, wie in Abbildung 21.5 gezeigt wird. Dies wird lediglich aus Zweckmäßigkeit durchgeführt und ist keine Eigenschaft von CVS.

21.5 Die Vorteile der Versionssteuerung nutzen

Version	Date	Links	Status	
7.x-dev	2008-Dec-13	Download · Release notes	Development snapshot	✗
6.8	2008-Dec-11	Download · Release notes	Recommended for 6.x	✓
5.14	2008-Dec-11	Download · Release notes	Recommended for 5.x	✓

Abbildung 21.5: Drupal stellt den »Development snapshot« der nächsten Version unter http://drupal.org/project/Drupal+project zur Verfügung

Ebenso werden Bugfixes auf dem stabilen Pfad eingebaut. Schauen Sie sich den Drupal-6-Zweig in Abbildung 21.4 an. Sie können erkennen, dass nach dem Tag DRUPAL-6-2 ein Bug behoben, doch noch kein neues Tag erstellt wurde. Es gibt nicht nach jedem Bugfix ein neues Tag, sondern nur dann, wenn genügend Bugfixes hinzugefügt wurden, sodass die Core-Herausgeber bestimmen, dass ein neues Release gerechtfertigt ist (die Ausnahme sind Sicherheitsfixes, die in der Regel sofort zu einem Release führen). Wenn die Zeit gekommen ist, erstellen die Core-Herausgeber das neue Release mit dem Tag DRUPAL-6-3.

Wenn wir uns wieder Abbildung 21.4 anschauen, sehen wir, dass der Code auf dem Drupal-6-Zweig, der hinter dem Release DRUPAL-6-2 steht, aber einen späteren Bugfix enthält, 6.x-dev genannt wird. Das bedeutet, dass er die Entwicklungsversion von Drupal 6.3 ist – dieser Code wird zu Drupal 6.3, wenn die Core-Herausgeber das Tag DRUPAL-6-3 erstellen. Danach heißt der Code am Ende des Zweigs wiederum 6.x-dev, da er zu Drupal 6.4 werden wird.

> **Tipp**
>
> Wenn Entwickler über den Code am Ende des Zweigs sprechen, möchten sie nicht immer innehalten und überprüfen, welche Version tatsächlich als nächste herauskommen wird (ist es 6.1, 6.2 oder 6.3?). In diesem Fall verwenden sie ein »x« anstelle der »1« in »6.1« oder der »2« in »6.2« und sprechen einfach von 6.x-dev – d.h., das »x« bezeichnet den Code, der die nächste Version von Drupal 6 wird, welche das auch sein mag.

Sie sollten jetzt den Unterschied zwischen einem Tag und einem Zweig kennen und wissen, wie Tags mit Releases für den Core verbunden sind. Diese Informationen sind in Tabelle 21.2 zusammengestellt.

Tag	Zweig	Release	Tarball
DRUPAL-5-7	DRUPAL-5	Drupal 5.7	drupal-5.7.tar.gz
DRUPAL-6-0	DRUPAL-6	Drupal 6.0	drupal-6.0.tar.gz
DRUPAL-6-1	DRUPAL-6	Drupal 6.1	drupal-6.1.tar.gz

Tabelle 21.2: Die Beziehungen zwischen Tags, Zweigen, Releases und Tarballs, die unter http://drupal.org/download verfügbar sind

Tag	Zweig	Release	Tarball
DRUPAL-6-2	DRUPAL-6	Drupal 6.2	drupal-6.2.tar.gz
HEAD	–	7.x-dev	drupal-7.x-dev.tar.gz

Tabelle 21.2: Die Beziehungen zwischen Tags, Zweigen, Releases und Tarballs, die unter http://drupal.org/download verfügbar sind (Forts.)

Drupal über einen Tag- oder Zweignamen auschecken

Im Abschnitt 21.5.4, *Drupal in CVS auschecken*, habe ich bereits gezeigt, wie Sie eine Version des Codes von einem Tag auf dem `Drupal-6`-Zweig erhalten. Die folgenden Beispiele verwenden diesen Code, um verschiedene Tags und Zweige abzurufen und sie in einen neuen Ordner namens `drupal` im aktuellen Verzeichnis zu platzieren.

Auschecken einer Kopie des Zweigs `DRUPAL-6` genau zu seinem ersten Beta-Release:

```
cvs -d:pserver:anonymous:anonymous@cvs.drupal.org:/cvs/drupal checkout
  -r DRUPAL-6-0-BETA-1 drupal
```

Auschecken einer Kopie von Drupal 6.2:

```
cvs -d:pserver:anonymous:anonymous@cvs.drupal.org:/cvs/drupal checkout
 -r DRUPAL-6-2 drupal
```

Auschecken einer Kopie von 6.x-dev (d.h., des aktuellsten Codes des Zweigs `DRUPAL-6` einschließlich aller Bugfixes seit dem letzten Release):

```
cvs -d:pserver:anonymous:anonymous@cvs.drupal.org:/cvs/drupal checkout
  -r DRUPAL-6 drupal
```

Auschecken einer Kopie der letzten Version von `HEAD` (d.h., 7.x-dev). Beachten Sie, dass in diesem Fall kein Zweig angegeben werden muss:

```
cvs -d:pserver:anonymous:anonymous@cvs.drupal.org:/cvs/drupal checkout
   drupal
```

21.5.6 Code mit CVS aktualisieren

Wenn Sie die letzten Codeaktualisierungen von Drupal in Ihrer Site anwenden oder sogar eine Aktualisierung auf die neueste Version durchführen möchten, können Sie das alles mit dem Befehl `cvs update` erledigen. Um zu testen, welche Änderungen dieser Befehl durchführen wird, geben Sie den folgenden Befehl ein:

```
cvs -n update -dP
```

21.5 Die Vorteile der Versionssteuerung nutzen

Er zeigt Ihnen, was geändert werden wird, ohne die Änderungen tatsächlich durchzuführen. Für die tatsächliche Aktualisierung verwenden Sie den folgenden Befehl:

```
cvs update -dP
```

Er synchronisiert Ihre Arbeitskopie von Drupal mit den letzten Änderungen auf dem Zweig, dem Sie folgen. CVS kennt diesen Zweig aufgrund der in den CVS-Ordnern gespeicherten Metadaten, die beim erstmaligen Checkout angelegt wurden, sodass Sie ihn nicht jedes Mal angeben müssen. Die Option -d erstellt alle Verzeichnisse aus dem Repository, die in Ihrer Arbeitskopie fehlen. Die Option -P entfernt leere Verzeichnisse, da sie nicht benötigt werden.

Hinweis

Sichern Sie Ihre Daten stets, bevor Sie einen CVS-Befehl ausführen, der Ihre Dateien verändert. Eine weitere bewährte Vorgehensweise zur Überführung dieser Änderungen in die Produktion besteht darin, eine CVS-Aktualisierung auf der Staging-Site durchzuführen und alle eventuellen Dateikonflikte aufzulösen, bevor diese Änderungen in der Produktionsumgebung eingeführt werden.

Die Aktualisierung auf eine andere Drupal-Version ist lediglich eine Variante des CVS-Befehls update. Nehmen wir an, Sie haben Drupal 5.7 installiert und möchten auf 6.2 aktualisieren. Stellen Sie wiederum sicher, dass Sie sich im Stammverzeichnis von Drupal befinden, bevor Sie die folgenden Befehle ausführen.

Aktualisieren Sie auf das letzte offizielle Release des vorhandenen Zweigs. Wir nehmen für dieses Beispiel an, dass es sich um Drupal 5.7 handelt. Sie müssen in dem folgenden Befehl nicht unbedingt DRUPAL-5-7 angeben (da cvs Ihren aktuellen Zweig kennt), aber wir verwenden lieber den ausführlichen Befehl, um sicherzustellen, dass Sie auch die beabsichtigten Änderungen durchführen:

```
cvs update -dP -r DRUPAL-5-7
```

Achtung

Wenn Sie auf eine neue Drupal-Version aktualisieren, sollten Sie alle Nicht-Core-Module und -Themes deaktivieren, bevor Sie cvs update ausführen, das den Core aktualisiert. Ausführliche Anleitungen erhalten Sie unter *http://drupal.org/upgrade*.

Aktualisieren Sie den Kerncode zunächst auf Drupal 6. Wir nehmen an, dass 6.2 die neueste Version ist. Daher ruft der folgende Befehl den Code vom Drupal-6-Zweig des CVS-Baums ab, der das Tag DRUPAL-6-2 erhalten hat:

cvs update -dP -r DRUPAL-6-2

Sie müssen jetzt immer noch den Rest des standardmäßigen Upgradevorgangs durchlaufen, wie das Aktualisieren beigesteuerter Module und Themes und die Aktualisierung der Datenbank mit *update.php*, aber Sie müssen jetzt nicht die neue Version des Core herunterladen und Ihre Core-Dateien überschreiben.

21.5.7 Änderungen im Drupal-Code nachverfolgen

Möchten Sie überprüfen, ob irgendjemand aus Ihrem Entwicklungsteam Core-Dateien geändert hat? Möchten Sie einen Bericht über alle Änderungen erstellen, die am Kerncode durchgeführt wurden? Der Befehl cvs diff erstellt Zeile für Zeile eine für Menschen lesbare Ausgabe der Codeunterschiede, d.h., der Aktualisierungen und Veränderungen.

> **Hinweis**
>
> An der Unix-Befehlszeile vergleicht der Befehl diff (nicht der Befehl cvs diff) zwei Dateien und zeigt die Unterschiede an. Seine Syntax lautet diff datei1 datei2. Der Befehl cvs diff vergleicht nicht zwei lokale Dateien, sondern eine lokale Datei mit einer Datei in einem CVS-Repository.

Das folgende Beispiel zeigt die Ausgabe von cvs diff, das als cvs diff -up ausgeführt wird:

```
Index: includes/mail.inc
===================================================================
RCS file: /cvs/drupal/drupal/includes/mail.inc,v
retrieving revision 1.8.2.2
diff -u -p -r1.8.2.2 mail.inc
--- includes/mail.inc    2 Apr 2008 08:41:30 -0000    1.8.2.2
+++ includes/mail.inc    15 May 2008 23:56:40 -0000
@@ -272,8 +272,8 @@ function drupal_html_to_text($string, $a
   $string = filter_htmlcorrector(filter_xss($string, $allowed_tags));
   // Apply inline styles.
-  $string = preg_replace('!</?(em|i)>!i', '/', $string);
-  $string = preg_replace('!</?(strong|b)>!i', '*', $string);
+  $string = preg_replace('!</?(em|i)((?> +)[^>]*)?>!i', '/', $string);
+  $string = preg_replace('!</?(strong|b)((?> +)[^>]*)?>!i', '*', $string);

   // Replace inline <a> tags with the text of link and a footnote.
   // 'See <a href="http://drupal.org">the Drupal site</a>' becomes
```

Die Zeilen, die mit einem einzelnen Pluszeichen (+) beginnen, wurden hinzugefügt, und diejenigen, denen ein Minuszeichen (-) vorausgeht, entfernt. Es sieht aus, als hätte jemand die regulären Ausdrücke in der Funktion `drupal_html_to_text()` geändert.

Drupal benutzt hier das vereinheitlichte Format (*unified diffs*), das von der Option `-u` verlangt wird. Des Weiteren wird die Option `-p` verwendet, die nach der Zusammenfassung der Änderungen den Namen der Funktion angibt. Das ist nützlich, um beim Lesen der Ausgabe schnell bestimmen zu können, in welcher Funktion der Code steht, da nicht alle Drupal-Entwickler die Zeilennummern der Funktionen im Kopf haben. Die folgende Zeile, die aus der vorstehenden Ausgabe von `cvs diff` genommen wurde, zeigt die Funktion an, die betroffen ist:

```
@@ -272,8 +272,8 @@ function drupal_html_to_text($string, $a
```

21.5.8 CVS-Konflikte lösen

Wenn Sie Änderungen am Kerncode von Drupal vorgenommen haben, riskieren Sie Konflikte bei CVS-Aktualisierungen. Dateien, die Zeilenkonflikte haben, werden nach dem Ausführen des Befehls `cvs update` mit einem C gekennzeichnet, und Ihre Site ist aufgrund dieser Konflikte nicht mehr funktionsfähig (der von CVS zur Kennzeichnung des Konflikts eingefügte Text ist kein gültiges PHP). CVS hat versucht, die neuen und alten Versionen der Dateien zu verbinden, das ist jedoch fehlgeschlagen, sodass jetzt ein Eingriff durch den Menschen notwendig ist, um die Dateien zu untersuchen. In Dateien, die CVS-Konflikte enthalten, finden Sie Folgendes:

```
<<<<<<< (Dateiname)
Ihre Änderungen befinden sich hier.
=======
Hier stehen die neuen Änderungen aus dem Repository.
>>>>>>> (die letzte Revisionsnummer im Repository)
```

Sie müssen die Zeilen entfernen, die Sie nicht behalten möchten, und den Code aufräumen, indem Sie die Zeichen entfernen, die den Konflikt anzeigen.

21.5.9 Kerncode sauber ändern

Sie sollten sich bemühen, den Kerncode niemals anzufassen. Doch manchmal kann das erforderlich sein. Wenn Sie hacken müssen, sollten Sie es auf eine Weise tun, mit der Sie Ihre Änderungen haargenau verfolgen können. Betrachten wir ein einfaches Beispiel: *sites/default/default.settings.php*. In Zeile 143 finden Sie den folgenden Code:

```
ini_set('session.cookie_lifetime', 2000000);
```

Dieser Wert steuert, wie lange Cookies gelten (in Sekunden). Wir nehmen an, dass sich die Tabelle *sessions* in der Datenbank viel zu schnell füllt, sodass wir die Lebensdauer dieser Sitzungen verringern müssen. Wir könnten diesen Wert einfach ändern, doch wenn sich diese Zeile in einer späteren CVS-Aktualisierung ebenfalls ändert, erhalten wir einen Konflikt und müssen das Problem manuell lösen.

Eine sauberere Lösung besteht darin, einen Kommentar um die zu ändernde Zeile einzufügen und die Zeile dahinter zu duplizieren:

```
/* Originalwert - Geändert, um die Cookie-Lebensdauer zu verringern
ini_set('session.cookie_lifetime', 2000000);
*/
ini_set('session.cookie_lifetime', 1000000); // Dies haben wir
                                              // hinzugefügt.
```

Die Idee besteht darin, dass CVS keinen Konflikt erkennt, da sich die ursprüngliche Codezeile nicht geändert hat.

21.6 Patches erstellen und anwenden

Wenn es Sie juckt und Sie einen Bug beheben, einen von einem anderen Entwickler vorgeschlagenen Bugfix testen oder aus dem einen oder anderen Grund Kerncode hacken möchten, ist es notwendig, dass Sie einen Patch erstellen oder anwenden. Ein *Patch* ist eine menschen- oder maschinenlesbare Textdatei, die die zeilenweisen Änderungen am Code-Repository von Drupal zeigt. Patches werden von dem Programm diff (oder cvs diff) erstellt (ein Beispiel haben Sie im Abschnitt 21.5.7, *Änderungen im Drupal-Code nachverfolgen*, gesehen).

Einen Patch erstellen

Der folgende Patch wurde erstellt, um die Dokumentation für die Funktion t() in *includes/common.inc* aufzuräumen:

```
Index: includes/common.inc
===================================================================
RCS file: /cvs/drupal/drupal/includes/common.inc,v
retrieving revision 1.591
diff -u -r1.591 common.inc
--- includes/common.inc    28 Mar 2007 07:03:33 -0000    1.591
+++ includes/common.inc    28 Mar 2007 18:43:18 -0000
@@ -639,7 +639,7 @@
   *
   * Special variables called "placeholders" are used to signal
   * dynamic information in a string, which should not be translated.
   * Placeholders
- * can also be used for text that that may change from time to time
+ * can also be used for text that may change from time to time
```

```
* (such as link paths) to be changed without requiring updates to
* translations.
*
* For example:
```

Nach Ausführen der Änderungen in der Datei *includes/common.inc* führte der Entwickler den folgenden Befehl im Stammverzeichnis von Drupal aus:

```
cvs diff -up > common.inc_50.patch
```

Dieser Befehl übernimmt die Ausgabe von `cvs diff` und schreibt sie in eine neue Datei namens *common.inc_50.patch*. Dann wechselt der Entwickler nach *drupal.org* und kopiert den Bug nach *http://drupal.org/node/100232*.

21.6.1 Einen Patch anwenden

Patches sind die Dateien, die die Ausgabe des Befehls `cvs diff` oder `diff` enthalten. Nachdem Sie einen Patch erstellt oder heruntergeladen haben, wechseln Sie in das Stammverzeichnis von Drupal und führen den folgenden Befehl aus:

```
patch -p0 < path/to/patchfile/patchfile.patch
```

Wenn der Patch im Stammverzeichnis einer Drupal-Installation erstellt wurde und Sie ihn im Stammverzeichnis Ihrer Drupal-Installation anwenden, sind die Pfade gleich, sodass der Schalter -p0 (mit einer Null) verwendet wird, um dem Programm `patch` mitzuteilen, dass es den in der Patchdatei gefundenen Pfad verwenden soll (d.h., null Segmente vom Pfadpräfix abstreifen).

Wenn Sie bei der Anwendung eines Patches Probleme erhalten, finden Sie Hilfe unter *http://drupal.org/node60116*.

Es kann vorkommen, dass Sie in Ihrer Produktionssite einen Patch zur Leistungssteigerung oder zum Hinzufügen einer fehlenden Funktionalität anwenden möchten. Eine bewährte Vorgehensweise hierzu ist, einen Ordner namens *patches* zu erstellen, um eine Kopie der einzelnen Patches nach ihrer Anwendung zu speichern. Wenn Sie das nicht getan haben, können Sie den Patch immer durch Ausführen von `cvs diff -up` auf der Datei neu erstellen. Sie sollten im selben Ordner auch eine Textdatei anlegen, um zu dokumentieren, warum dieser Patch angewendet wurde. Außerdem können Sie eine Namenskonvention mit kontextabhängigen Informationen verwenden, um den Zweck des Patches deutlich zu machen, wie im folgenden Beispiel gezeigt wird:

```
modulname-beschreibung-des-problems-NODEID-COMMENTNUM.patch
```

Angenommen, Sie verwenden das Workflow- und das Token-Modul, die jedoch nicht gut zusammenarbeiten. Jemand hat einen Patch eingereicht, der dieses Problem behebt, doch der Modulherausgeber hat diesen Patch noch nicht in ein neues Release eingebaut. Trotzdem brauchen Sie ihn, da Ihre Site morgen in Produktion geht. Sie benennen den Patch wie folgt:

```
workflow-conflict-with-token-api-12345-67.patch
```

Wenn es Zeit für eine Aktualisierung der Site wird, kann der dafür zuständige Administrator somit Folgendes herausfinden:

- Welche Teile der Installation wurden geändert?
- Warum wurden diese Änderungen durchgeführt?
- Wurde dieser Patch bereits in einem neuen Release angewendet?
- Falls nicht, hat jemand eine bessere Lösung veröffentlicht?

21.7 Ein Modul warten

In diesem Abschnitt durchlaufen wir das Beispiel eines Entwicklers, der ein Modul auf *drupal.org* erstellt und wartet. Wir behandeln die meisten der üblichen Aufgaben.

21.7.1 Ein Drupal-CVS-Konto einrichten

Drupal hat zwei CVS-Repositories: eines für den Drupal-Core, zu dem nur einige ausgewählte Entwickler Commit-Zugriff haben, und ein Beitragsrepository, das alle auf *drupal.org* zu findenden beigesteuerten Module, Übersetzungen und Themes sowie einige Dokumentations- und Sandbox-Verzeichnisse enthält, in dem Entwickler Codefragmente speichern können. Wenn Sie ein Modul, ein Theme oder eine Übersetzung haben, die Sie gerne beisteuern würden, können Sie ein CVS-Konto beantragen, um Schreibzugriff auf das Drupal-CVS-Beitragsrepository zu erhalten. Sie können sich dann mit Ihrem Code beteiligen und der Community etwas zurückgeben.

CVS-Konten werden nicht wie Bonbons verteilt. Sie müssen zeigen, dass Sie wirklich eins benötigen. Dabei werden Sie nach Ihrer besonderen Motivation dafür gefragt, warum Sie ein Konto haben möchten. Wenn Sie ein Modul beisteuern möchten, müssen Sie eine Kopie davon zur Überprüfung abgeben und zeigen, dass es sich wesentlich von vorhandenen Modulen unterscheidet. (Verbringen Sie einige Zeit mit dem Suchformular auf *drupal.org*, um sicherzustellen, dass Ihr Modul wirklich neu und anders ist. Sie können die Suche auf Beiträge beschränken, indem Sie das Kontrollkästchen PROJECT im Formular ADVANCED SEARCH aktivieren.) Stellen Sie außerdem sicher, dass Sie der GPL-Lizenz (GNU General Public License) zustimmen, da der gesamte Code im Beitragsrepository GPL-lizenziert sein muss.

Einzelheiten zur Bewerbung finden Sie unter *http://drupal.org/node/59*. Eine ausgezeichnete Dokumentation zum Übergeben und Verzweigen Ihrer eigenen beigesteuerten Module können Sie auf der Drupal-Site unter *http://drupal.org/handbook/cvs/quickstart* abrufen. In den nächsten Abschnitten werden wir uns außerdem einige der häufigsten Aufgaben anschauen.

Es gibt viele weitere Möglichkeiten, sich am Drupal-Projekt zu beteiligen, wie das Schreiben von Dokumentationen oder die Teilnahme an den Foren (siehe *http:// drupal.org/node/22286*).

21.7.2 Das Beitragsrepository auschecken

Wie bereits erwähnt, hat *drupal.org* zwei Repositories, eins für den Kerncode und eins für beigesteuerten Code wie Module und Themes. Nur eine Hand voll Entwickler haben Zugang zum ersten, doch auf das zweite können Horden von Entwicklern zugreifen. Sie können sich das Beitragsrepository entweder als anonymer oder als angemeldeter Benutzer anschauen. Wenn Sie Code aus dem Beitragsrepository für eine Site auschecken (beispielsweise wenn Sie CVS nur verwenden, um eine Kopie eines Moduls zu erhalten, damit Sie es ausführen können), sollten Sie das als anonymer Benutzer tun. Andernfalls wird die nächste Person, die die von Ihnen erstellte Drupal-Site warten möchte, bei der Anmeldung nach Ihrem Passwort gefragt!

Sie können das gesamte Repository auschecken:

```
cvs -z6 -d:pserver:anonymous:anonymous@cvs.drupal.org:/cvs/drupal-
   contrib checkout contributions
```

Das wird jedoch nicht empfohlen, da es die Infrastruktur des Servers stark belastet. Ein gezielterer Ansatz ist besser. Angenommen, Sie möchten ein Modul erstellen und es der Drupal-Community zur Verfügung stellen. Das bedeutet, dass Sie lediglich das Unterverzeichnis *modules* aus dem Beitragsrepository benötigen. Wenn Sie Code an das Repository übergeben möchten, müssen Sie sich anmelden (dazu benötigen Sie Ihr CVS-Konto und Ihr Passwort, siehe Abschnitt 21.7.1, *Ein Drupal-CVS-Konto einrichten*). Nachfolgend sehen Sie, wie Sie sich mit dem CVS-Benutzernamen `sproinx` anmelden:

```
cvs -d:pserver:sproinx@cvs.drupal.org:/cvs/drupal-contrib login
```

Sie werden nach dem Passwort gefragt, das Sie bei der Bewerbung für Ihr CVS-Konto angegeben haben. Es muss nicht mit Ihrem Passwort für *drupal.org* übereinstimmen.

> **Tipp**
>
> Sie können das Passwort für Ihr CVS-Konto ändern, indem Sie sich bei *drupal.org* anmelden, zu MY ACCOUNT > EDIT wechseln und auf die Registerkarte CVS klicken.

Als Nächstes checken Sie das Unterverzeichnis *modules* des Beitragsrepositorys aus (das Repository heißt `drupal-contrib`). Sie können es mit allen enthaltenen Modulen auschecken, obwohl das selten getan wird, es sei denn, Sie möchten eine Kopie aller verfügbaren Module haben (es sind mehrere Tausend), um Sie auf einem Langstreckenflug durchzulesen:

```
cvs -z6 -d:pserver:sproinx@cvs.drupal.org:/cvs/drupal-contrib checkout
  contributions/modules
```

Dieser Befehl stellt eine Kopie des Unterverzeichnisses *modules* auf Ihren lokalen Computer, die wie folgt aussehen sollte:

```
contributions/
  CVS/
    modules/
      a_sync/
      aapi/
      about_this_node/
      abuse/
      ...
```

Sie können aber auch wie die meisten Entwickler verfahren und nur das Unterverzeichnis *modules* ohne die darin enthaltenen Module auschecken:

```
cvs -d:pserver:sproinx@cvs.drupal.org:/cvs/drupal-contrib checkout
  -l contributions/modules
```

> **Hinweis**
>
> Als dieses Buch geschrieben wurde, enthielt das Unterverzeichnis *modules* ca. 300 MB Daten. Das ist der Grund für den Schalter -z6 im CVS-Befehl zum Auschecken des Unterverzeichnisses (-z6 komprimiert die Daten vor dem Versand über das Netzwerk). Sie können auch nur den Schalter -l verwenden, um das Auschecken aller dieser Module zu unterlassen.

Beachten Sie, dass in den vorstehenden CVS-Befehlen das Argument -d:pserver:sproinx@cvs.drupal.org:/cvs/drupal-contrib wiederholt wird. Da es nicht sehr praktisch ist, dieses Argument jedes Mal einzugeben, schreiben schlaue Entwickler es in die Umgebungsvariable CVSROOT:

```
export CVSROOT=:pserver:sproinx@cvs.drupal.org:/cvs/drupal-contrib
```

Von nun an sind die CVS-Befehle deutlich kürzer. Nach dem Setzen der Umgebungsvariable CVSROOT sehen die vorstehenden Befehle wie folgt aus:

```
cvs login
cvs -z6 checkout contributions/modules
cvs checkout -l contributions/modules
```

Ich nehme ab jetzt an, dass die Umgebungsvariable CVSROOT gesetzt ist.

21.7.3 Eigene Module zum Repository hinzufügen

Nun, da Sie eine Kopie des Unterverzeichnisses *modules* des Beitragsrepositorys haben, könnten Sie meinen, dass es an der Zeit sei, Ihr Modul unter die Tausenden anderen zu platzieren. Doch wir wollen nichts überstürzen! Verbringen Sie zunächst etwas Zeit damit, das Repository zu untersuchen, um zu sehen, ob bereits jemand ein Modul geschrieben hat, das Ihr Problem löst. Greifen Sie dazu auf folgende Quellen zurück:

- *http://drupal.org/project/Modules* ermöglicht das Durchsuchen von Modulen nach Kategorie, Name und Datum und das Filtern nach der Kompatibilität mit Haupt-Releases (Drupal 6, Drupal 5 usw.)
- *http://drupal.org/node/23789* skizziert grundlegende Ansätze, um Kräfte gemeinsam mit anderen zu nutzen.
- *http://drupalmodules.com* bietet eine einfache Suche nach beigesteuerten Modulen sowie Besprechungen und Bewertungen.

Wenn Sie der Ansicht sind, dass Ihr Modul geschrieben werden sollte, wird es Zeit, es zu entwickeln. Erstellen wir nun also ein Modul.

Hier ist die *.info*-Datei:

```
// $Id$
name = Foo
core = 6.x
```

Und hier ist das Modul selbst:

```
<?php
// $Id$
/**
 * @file
 * Das größte Modul aller Zeiten.
 */
```

Nun enthält das Modulverzeichnis also die folgenden zwei Dateien und sieht wie folgt aus:

```
foo/
   foo.info
   foo.module
```

Fahren Sie fort und kopieren Sie das neue Modul in Ihr neu ausgechecktes Beitragsrepository:

```
cp -R foo /path/to/local/copy/of/contributions/modules
```

Als Nächstes ist es an der Zeit, CVS von dem neuen Verzeichnis in Kenntnis zu setzen:

```
cd /path/to/local/copy/of/contributions
cvs add modules/foo
```

Sowie von den Dateien in diesem Verzeichnis:

```
cvs add modules/foo/*
```

CVS erinnert Sie daran, dass das Hinzufügen der Dateien zwar eingeplant ist, Sie aber noch ein Commit ausführen müssen:

```
cvs add: use `cvs commit' to add these files permanently
```

Enthält Ihr Verzeichnis Unterverzeichnisse, müssen Sie diese auch hinzufügen, da cvs add nicht rekursiv arbeitet:

```
cvs add modules/foo/subdir1
cvs add modules/foo/subdir1/*
```

21.7.4 Der Anfangscommit

Nun kommt der große Augenblick. Es ist an der Zeit, Ihre Dateien per commit an das Repository zu übergeben! Das ist der Zeitpunkt, um nervös zu werden. Überprüfen Sie */path/to/local/copy/of/contributions/modules/foo*, um sicherzustellen, dass alle Dateien vorhanden sind und tatsächlich den Code enthalten, den Sie übergeben möchten. Dann ist es soweit, dass Sie den schicksalhaften Befehl eingeben. Denken Sie sich einen prägnanten Satz aus, der beschreibt, was Ihr Modul tut, und fahren Sie fort:

```
cvs commit -m "Anfangscommit des Moduls foo. Dieses Modul sendet
  Badger an seine Benutzer."
```

Der Schalter -m besagt, dass in Anführungszeichen eine Nachricht folgt, die zusammen mit dem Commit des Codes zu speichern ist. Geben Sie dort nützliche Informationen an. Wenn Sie mehrere Textzeilen angeben möchten, kann es hilfreich sein, den Schalter -m wegzulassen, sofern Ihre CVS-Installation stattdessen automatisch einen Texteditor öffnet. Auf meinem OS X-Rechner öffnet sie den Editor vim, der einen Bildschirm wie den folgenden anzeigt:

```
CVS: ----------------------------------------------------------------
CVS: Enter Log. Lines beginning with `CVS:' are removed automatically
CVS:
CVS: Committing in .
CVS:
CVS: Added Files:
CVS:    foo.info
CVS:    foo.module
```

21.7 Ein Modul warten

```
CVS: -------------------------------------------------------------
~
~
```

Wenn Sie `vim` noch nie zuvor benutzt haben, kann es beängstigend sein. Gehen Sie mithilfe der Taste ↓ in die letzte Zeile, die mit `CVS:` beginnt, und drücken Sie die Taste `o`. Schreiben Sie dann Ihre längere Commit-Meldung. Wenn Sie fertig sind, drücken Sie `Esc` und geben dann die Tastenfolge `:` `w` `q` ein, um den Editor zu verlassen. Sie können Ihren Lieblingseditor in der Umgebungsvariable `CVSEDITOR` angeben. Setzen Sie sie z. B. für `emacs` wie folgt:

```
export CVSEDITOR=emacs
```

Oder wie folgt für Textmate:

```
export CVSEDITOR="mate -w"
```

21.7.5 Das eigene Modul auschecken

Nun, da sich Ihr Modul wie alle anderen im Repository befindet, können Sie es aus CVS auschecken und in Ihre lokale Entwicklungskopie von Drupal stellen (möglicherweise müssen Sie zuvor die Verzeichnisse *modules* und *contrib* erstellen).

```
cd /path/to/drupal
cd /sites/all/modules/contrib
cvs checkout -d foo contributions/modules/foo
```

Wenn Sie einen Fehler wie den folgenden erhalten, haben Sie die Umgebungsvariable `CVSROOT` nicht gesetzt (siehe Abschnitt 21.7.2, *Das Beitragsrepository auschecken*).

```
cvs checkout: No CVSROOT specified! Please use the `-d' option
cvs [checkout aborted]: or set the CVSROOT environment variable.
```

> **Tipp**
>
> Wenn Sie eine Drupal-Website mit Modulen betreuen, die aus CVS ausgecheckt sind, sollten Sie das CVS-Deploy-Modul unter *http://drupal.org/project/cvs_deploy* nutzen. Es integriert die CVS-Informationen des Moduls in das eingebaute Update-Status-Modul von Drupal, das meldet, wann ein Modul aktualisiert werden muss.

21.7.6 Ein Projekt auf drupal.org erstellen

Da Sie Ihr Modul gemeinsam mit der Community nutzen, ist es sinnvoll, einen Ort zu haben, an dem andere mit Ihnen auf eine strukturierte Art und Weise zu Ihrem Modul in Kontakt treten können. Auf diese Weise werden Sie nicht mit E-Mails überschwemmt, und es gibt ein Standardverfahren zum Nachverfolgen gewünschter Funktionen oder Bugfixes usw. Wechseln Sie nach der Anmeldung auf *drupal.org* zu *http://drupal.org/node/add/project-project* oder verwenden Sie das Sitenavigationsmenü, rufen Sie CREATE CONTENT > PROJECT auf und füllen Sie das Formular aus, wobei Sie eine besondere Aufmerksamkeit auf das Feld FULL DESCRIPTION legen sollten, in dem Sie Ihr Modul (oder Theme) beschreiben. Sobald Sie das Formular ausgefüllt haben, steht Ihr Projekt unter *http://drupal.org/project/ihrprojektname* zur Verfügung.

> **Achtung**
> Erstellen Sie ein Projekt immer, *bevor* Sie Tags oder Zweige erstellen.

21.7.7 Commit eines Bugfix

Wenn der Checkout funktioniert hat, sieht das Verzeichnis *sites/all/modules/contrib* jetzt wie folgt aus:

```
foo/
  CVS/
  foo.info
  foo.module
```

Doch o weh! Wir haben unseren Code gerade eben zum Projekt beigetragen, da hat schon jemand einen Problembericht in unserer Problemwarteschlange unter *http://drupal.org/project/ihrprojektname/issues* erstellt. Der Benutzer `flyingpizza` auf *drupal.org* weist in einem Posting unter *http://drupal.org/node/1234567* darauf hin, dass wir vergessen haben, eine Beschreibung in unserer *.info*-Datei anzugeben. Wir wollen sie jetzt hinzufügen:

```
// $Id: foo.info,v 1.1 2008/05/22 14:15:21 jvandyk Exp $
name = Foo
description = Sendet Badger an seine Benutzer.
core = 6.x
```

Beachten Sie, dass CVS die erste Zeile der Datei von `// $Id$` in die aktuelle Identifikationsnummer für die Datei geändert hat. Wenn Sie immer noch `// $Id$` sehen, arbeiten Sie nicht mit einer Version, die aus CVS ausgecheckt wurde.

21.7 Ein Modul warten

Bevor wir einen Commit dieser Änderung durchführen, schauen wir uns mit cvs diff eine Vorschau an:

```
cvs diff -up
```

Die Ausgabe sieht wie folgt aus:

```
===================================================================
RCS file: /cvs/drupal-contrib/contributions/modules/foo/foo.info,v
retrieving revision 1.1
diff -u -u -p -r1.1 foo.info
--- foo.info  22 May 2008 14:15:21 -0000 1.1
+++ foo.info  22 May 2008 14:21:54 -0000
@@ -1,3 +1,4 @@
 // $Id: foo.info,v 1.1 2008/05/22 14:15:21 jvandyk Exp $
 name = Foo
+description = Sendet Badger an seine Benutzer.
 core = 6.x
```

Beachten Sie, dass die Ausgabe die neu hinzugefügte Zeile mit einem +-Zeichen am Anfang zeigt. Nun gehen wir weiter und führen den Commit der Änderung durch:

```
cvs commit -m "#1234567 by flyingpizza: Fehlende Beschreibungszeile hinzugefügt."
```

Das #1234567 in der Commit-Meldung wird in den auf *drupal.org* einsehbaren Commit-Protokolldateien automatisch in den Hyperlink *http://drupal.org/node/1234567* umgewandelt (z.B. auf *http://drupal.org/cvs*).

> **Tipp**
>
> Commit-Meldungen sollten kurz und prägnant, aber beschreibend sein und stets eine saubere Zuordnung zu den Entwicklern geben, die dazu beigetragen haben. Binden Sie die Node-Nummer des Problems und den Namen des Entwicklers ein, der einen Patch geliefert hat oder dafür verantwortlich war, dass Sie das Problem bemerkt haben. Auf diese Weise können Sie die Diskussion auf Node 1234567 immer von der CVS-Commit-Meldung aus referenzieren. Wenn Sie Zweifel haben, ob Sie einen Benutzernamen in die Commit-Meldung aufnehmen sollen, seien Sie eher großzügig. Es ist ein gutes Gefühl, Dankbarkeit für die geleistete Arbeit zu erhalten, wenn man auf einen Bug hingewiesen oder ihn behoben hat.

Hervorragend! Unsere bisherige Entwicklung wird in Abbildung 21.6 veranschaulicht.

Abbildung 21.6: Entwicklung des Foo-Moduls

21.7.8 Den Verlauf einer Datei anzeigen

Mithilfe des Befehls `cvs log` können Sie den Verlauf einer Datei anzeigen. Schauen wir uns die beiden Commits für die Datei *foo.info* an:

```
cvs log foo.info
----------------------------
revision 1.2
date: 2008-05-22 09:28:25 -0500; author: jvandyk; state: Exp; lines: +2 -1;
  commitid: LYpsSr1ZkEut7Y3t;
"#1234567 by flyingpizza: Fehlende Beschreibungszeile hinzugefügt.
----------------------------
revision 1.1
date: 2008-05-22 09:15:21 -0500; author: jvandyk; state: Exp;
  commitid: wcK48PdiM0yZ2Y3t;
Initial commit of foo.module. Sendet Badger an seine Benutzer.
=============================================================================
```

21.7.9 Einen Zweig erstellen

Nun sehen wir, wie ein Zweig für die armen Schlucker erstellt wird, die immer noch Drupal 5 verwenden.

> **Achtung**
>
> Erstellen Sie erst dann einen Zweig für Ihr Modul, *nachdem* Sie dafür ein Projekt auf *drupal.org* eingerichtet haben.

Zuerst müssen Sie sicherstellen, dass Sie die neueste Version von HEAD verwenden:

```
cvs update -dP
```

21.7 Ein Modul warten

Der CVS-Statusbefehl bietet eine weitere Möglichkeit, das zu überprüfen. Wir überprüfen den Status der Datei *foo.info*:

```
cvs status foo.info
===================================================================
File: foo.info              Status: Up-to-date

  Working revision:    1.2    2008-05-22 09:28:25 -0500
  Repository revision: 1.2 / cvs/drupal-contrib/
contributions/modules/foo/foo.info,v
  Commit Identifier:   LYpsSr1ZkEut7Y3t
  Sticky Tag:          (none)
  Sticky Date:         (none)
  Sticky Options:      (none)
```

Beachten Sie, dass der Status als Up-to-date angegeben wird. Das bedeutet, dass Ihre lokale Datei mit der Datei im Repository übereinstimmt. Wenn sich Änderungen in der lokalen Datei befinden, die noch nicht per Commit an das Repository übergeben wurden, oder möglicherweise vergessener Debugging-Code, lautet der Status stattdessen Locally modified. Außerdem ist der Wert des Felds Sticky Tag gleich (none), was bestätigt, dass Sie HEAD verwenden.

Einen Drupal-5-kompatiblen Zweig erstellen

Fahren wir fort und erstellen den Zweig:

```
cvs tag -b DRUPAL-5
```

Lassen Sie sich nicht durch die Verwendung des Worts tag verwirren. Wir erstellen einen Zweig, kein Tag, wie die Option -b (für »branch«) anzeigt (für die Puristen unter den Lesern: ja, ein Zweig ist eine spezielle Form eines Tags, aber wir wollen den Ball flach halten). Nach Ausführen des Befehls sieht der Entwicklungsverlauf des Moduls mit unserem brandneuen Drupal-5-Zweig wie in Abbildung 21.7 aus.

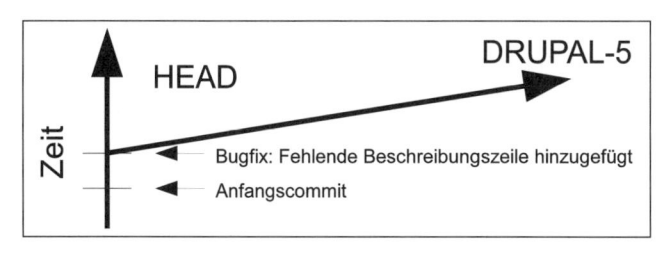

Abbildung 21.7: Entwicklungsverlauf des Moduls nach Erstellen eines Zweigs für Drupal 5

Beachten Sie, dass der Code momentan in beiden Zweigen vollkommen gleich ist, da wir keine Änderungen vorgenommen haben.

Eine schleichende Ahnung überkommt Sie. Ihr Modul hängt von dem installierten Badger-Modul ab! Doch Sie haben das nicht in der *.info*-Datei angegeben. Außerdem hat Drupal 5 eine andere Syntax zum Beschreiben von Abhängigkeiten als Drupal 6 und höher. Fügen wir daher die Drupal 5-Version zum `Drupal-5`-Zweig hinzu. Aber wie bestimmen Sie den Inhalt Ihres lokalen Arbeitsbereichs? Sind die Dateien auf Ihrer Festplatte vom `Drupal-5`-Zweig oder von `HEAD`? Geben wir an, dass wir Dateien aus dem `Drupal-5`-Zweig wünschen:

```
cvs update -dP -r DRUPAL-5
```

Das besagt Folgendes: »Gib mir die Dateien aus dem `Drupal-5`-Zweig, erstelle alle neuen benötigten Verzeichnisse und lösche alle leeren Verzeichnisse, die nicht mehr benötigt werden.« Nun ändern wir die *.info*-Datei:

```
// $Id: foo.info,v 1.2 2008/05/22 14:28:25 jvandyk Exp $
name = Foo
description = Sendet Badger an seine Benutzer.
dependencies = badger
```

Schauen wir uns die Änderungen an:

```
cvs diff -up foo.info
===================================================================
RCS file: / cvs/drupal-contrib/contributions/modules/foo/foo.info,v
retrieving revision 1.2
diff -u -u -p -r1.2 foo.info
--- foo.info 22 May 2008 14:28:25 -0000 1.2
+++ foo.info 22 May 2008 16:40:53 -0000
@@ -1,4 +1,4 @@
 // $Id: foo.info,v 1.2 2008/05/22 14:28:25 jvandyk Exp $
 name = Foo
 description = Sendet Badger an seine Benutzer.
-core = 6.x
+dependencies = badger
```

Beachten Sie, dass wir `core = 6.x` entfernt haben (da es eine Eigenschaft von Drupal 6 ist und wir uns hier auf dem `Drupal-5`-Zweig befinden). Sehen wir uns den Status an:

```
cvs status foo.info
===================================================================
File: foo.info            Status: Locally Modified

   Working revision:    1.2 2008-05-22 09:28:25 -0500
   Repository revision: 1.2 / cvs/drupal-contrib/
        contributions/modules/foo/foo.info,v
   Commit Identifier:   LYpsSr1ZkEut7Y3t
   Sticky Tag:          DRUPAL-5 (branch: 1.2.2)
   Sticky Date:         (none)
   Sticky Options:      (none)
```

21.7 Ein Modul warten

Beachten Sie, dass der Status `Locally Modified` lautet und das Feld `Sticky Tag` anzeigt, dass wir mit dem `Drupal-5`-Zweig arbeiten.

Schließlich führen wir den Commit für die Änderung durch:

```
cvs commit -m "Drupal-5-kompatible Abhängigkeit vom Badger-Modul."
```

Abbildung 21.8 zeigt, wie unser Entwicklungsverlauf jetzt aussieht.

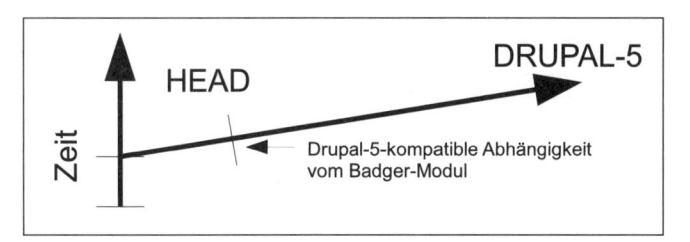

Abbildung 21.8: Entwicklungsverlauf des Moduls nach dem Commit im Drupal-5-Zweig

Ein Release kennzeichnen und erstellen

Jetzt ist das Modul bereit für Drupal 5. Wir machen weiter und erstellen ein Release, und zwar indem wir ein Tag erstellen.

> **Hinweis**
>
> Ein Tag ist eine Kennzeichnung für Dateien in einem bestimmten Status. Wenn der Benutzer einen so gekennzeichneten Code herunterlädt, erhält er die Dateien in genau demselben Zustand wie zum Zeitpunkt der Kennzeichnung. Daher ist die Kennzeichnung nützlich, um ein Release zu erstellen.

Denken Sie daran, dass ein Tag ein Release kennzeichnet. Da dies das erste Release unseres Codes auf dem `Drupal-5`-Zweig ist, wissen wir, dass das Tag `DRUPAL-5--1-0` lauten muss. Abbildung 21.9 zeigt, was dieses Tag tatsächlich bedeutet.

Vor der Kennzeichnung ist immer zu empfehlen, `cvs status` auszuführen, um sicherzustellen, dass Sie mit den richtigen Dateien arbeiten. Fahren Sie dann fort und erstellen Sie das Tag:

```
cvs tag DRUPAL-5--1-0
```

Schauen Sie sich den Entwicklungsverlauf des Moduls in Abbildung 21.10 an.

21 Bewährte Vorgehensweisen in der Entwicklung

```
                    ┌─────────────────────────┐
                    │ Kompatibel mit Drupal 5.x│
                    └─────────────────────────┘
                           ┌─────────────────────────────────────┐
                           │ Stabile Hauptversion 1 dieses Moduls│
                           └─────────────────────────────────────┘
                                            ┌──────────────┐
                                            │ Patchlevel 0 │
                                            └──────────────┘

                    Tag:             DRUPAL-5--1-0
         Resultierende Version:        5.x-1.0
```

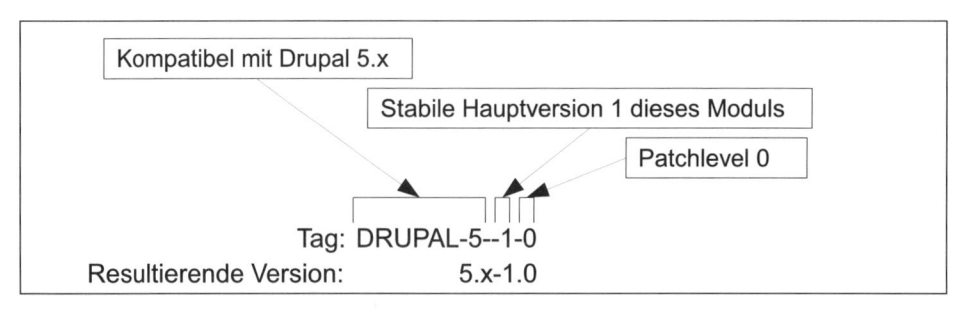

Abbildung 21.9: Beziehung zwischen dem Tag-Namen und der resultierenden Modulversion

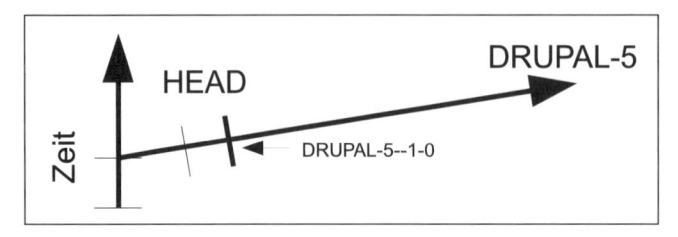

Abbildung 21.10: Entwicklungsverlauf mit Tag auf dem Drupal-5-Zweig

21.7.10 Einen Drupal-6-kompatiblen Zweig erstellen

Sie haben einen Zweig für Drupal 5 und ein Tag auf diesem Zweig erstellt. Jetzt konzentrieren wir uns auf Drupal 6 und fügen die Abhängigkeit vom Badger-Modul hinzu. Doch zunächst müssen wir eine Entscheidung treffen. Sollen wir sofort verzweigen oder stattdessen einfach HEAD verwenden? Tags können wir überall erstellen, und somit lautet die Frage, wie sinnvoll ein Drupal-6-Zweig ist. Wir werden zwei verschiedene Ansätze untersuchen.

HEAD für Releases verwenden

Ein Ansatz für das neue Release besteht darin, die Datei *foo.info* auf HEAD zu bearbeiten und die Abhängigkeitsinformationen einzufügen. Zunächst müssen wir die Dateien aus HEAD in unseren lokalen Arbeitsbereich laden, da wir mit Dateien aus dem Drupal-5-Zweig gearbeitet haben. Sie denken wahrscheinlich, dass Sie dazu den folgenden Befehl ausführen müssen:

```
cvs update -dP -r HEAD
```

Das erstellt jedoch ein Sticky-Tag in Ihrem lokalen Arbeitsbereich, und wenn Sie versuchen, mit dem auf HEAD gesetzten Sticky-Tag einen Commit auszuführen, erhalten Sie eine Fehlermeldung wie die folgende:

```
cvs commit: sticky tag `HEAD' for file `foo.info' is not a branch
cvs [commit aborted]: correct above errors first!
```

21.7 Ein Modul warten

Die Lösung ist der folgende Befehl, der Sticky-Tags zurücksetzt:

```
cvs update -A
```

Nun fügen wir die Abhängigkeitsinformationen in dem Format mit eckigen Klammern hinzu, das Drupal 6 verwendet:

```
// $Id: foo.info,v 1.2 2008/05/22 14:28:25 jvandyk Exp $
name = Foo
description = Sendet Badger an seine Benutzer.
dependencies[] = badger
core = 6.x
```

Sie können die Änderungen mit `cvs diff` und `cvs status` untersuchen. Führen Sie dann den Commit aus:

```
cvs commit -m "Drupal-6-kompatible Abhängigkeit vom Badger-Modul."
```

Abbildung 21.11 zeigt unsere letzte Änderung.

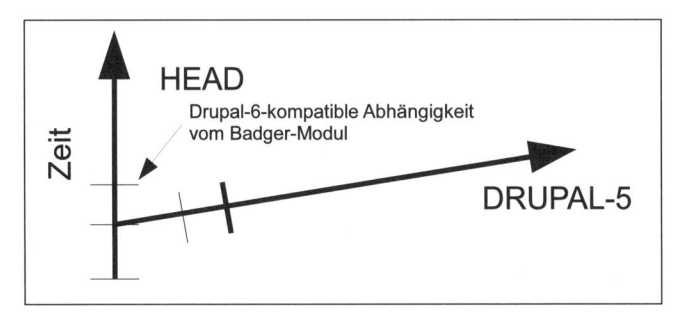

Abbildung 21.11: Der Entwicklungsverlauf zeigt den Commit auf HEAD

Solange wir noch keine Entwicklung für Drupal 7 durchführen, können wir die Dinge einfach halten und HEAD als den Ort betrachten, an dem zurzeit neue Entwicklungen stattfinden. Das bedeutet einen Zweig weniger, um den man sich kümmern muss. Weniger Zweige bedeuten weniger Stellen, an denen Bugfixes eingebaut werden müssen. Gehen wir weiter und erstellen wir unser erstes Tag für Drupal 6. Da es das erste Release ist, das mit der Serie 6.x des Drupal-Cores kompatibel ist, nennen wir es DRUPAL-6--1-0:

```
cvs tag DRUPAL-6--1-0
```

Dieses Tag wird auf HEAD erstellt, wie Abbildung 21.12 zeigt.

Angenommen, Sie haben das Modul weiter aktualisiert und einige weitere Commits und Releases erstellt. Ihr Entwicklungsverlauf wird bald aussehen wie in Abbildung 21.13.

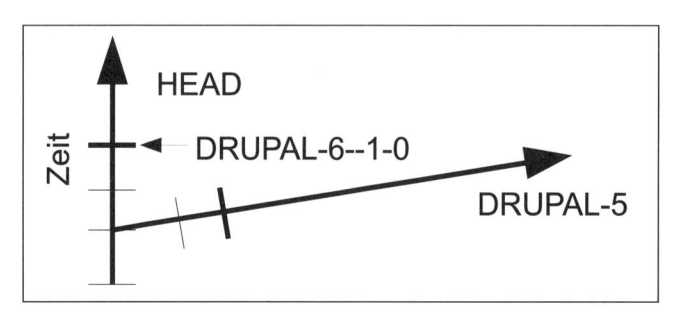

Abbildung 21.12: Ein Tag auf dem Stamm des CVS-Baums

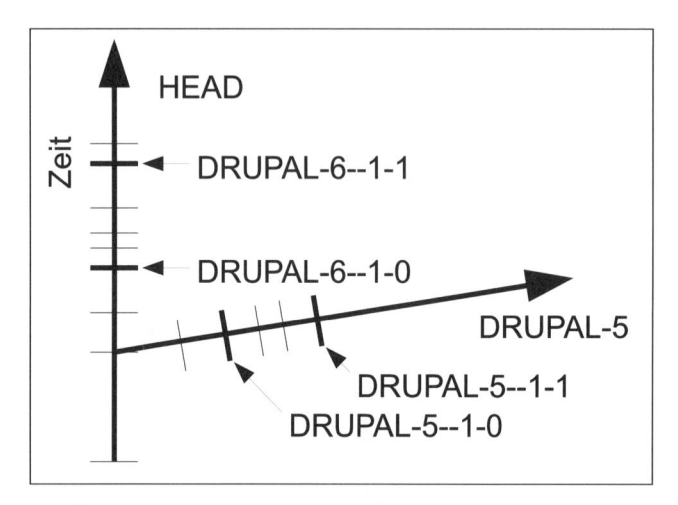

Abbildung 21.13: Entwicklung auf HEAD für Drupal-6-Releases

Einen Drupal-6-Zweig erstellen

Wenn Drupal 7 veröffentlicht wird, möchten Sie das Modul weiterhin für Drupal 6 entwickeln. Inzwischen geht Ihre Aktivität auf dem Drupal-5-Zweig nur noch im Kriechgang voran. Aber wie entwickeln Sie sowohl für Drupal 7 als auch für Drupal 6, wenn alle Ihre Commits auf HEAD erfolgen? Es ist an der Zeit, einen Zweig für Drupal 6 zu erstellen und hier mit der Entwicklung für diese Version fortzufahren. Stellen Sie zunächst sicher, dass Sie mit der neuesten Version von HEAD arbeiten, und erstellen Sie dann den Zweig für Drupal 6.

```
cvs update -A
cvs tag -b DRUPAL-6--1
```

Nun sieht Ihr Entwicklungsverlauf wie in Abbildung 21.14 aus.

Warten Sie einen Moment! Warum verwenden wir für den Drupal-6-Zweig DRUPAL-6--1 und nicht Drupal-6? Die Antwort ist einfach: Ab Drupal 6 geben Zweignamen genauer an, was sie beschreiben (Einzelheiten finden Sie unter *http://drupal.org/node/147493*). Die

21.7 Ein Modul warten

Tags, die Sie entlang des Drupal-6-Zweigs erstellen, gelten für die Releasefolge 6.x-1.x, also für Releases, die mit jeder Version von Drupal 6 kompatibel sind und sich in der ersten Folge der von Ihnen erstellten Releases befinden. Abbildung 21.15 zeigt Tags, die den Releases 6.x-1.2 und 6.x-1.3 Ihres Moduls entsprechen, Abbildung 21.16 die Releases zu den Tags.

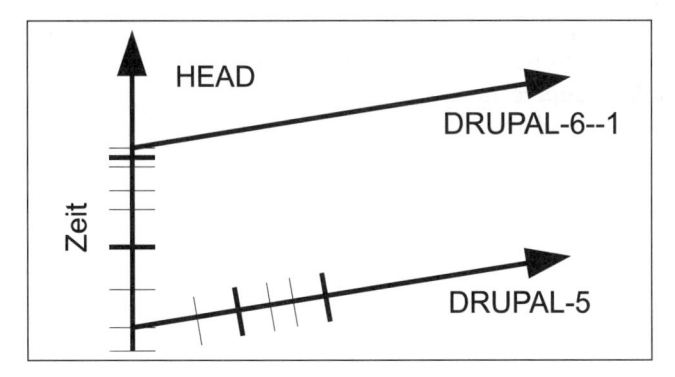

Abbildung 21.14: Einen Zweig für Drupal 6 erstellen

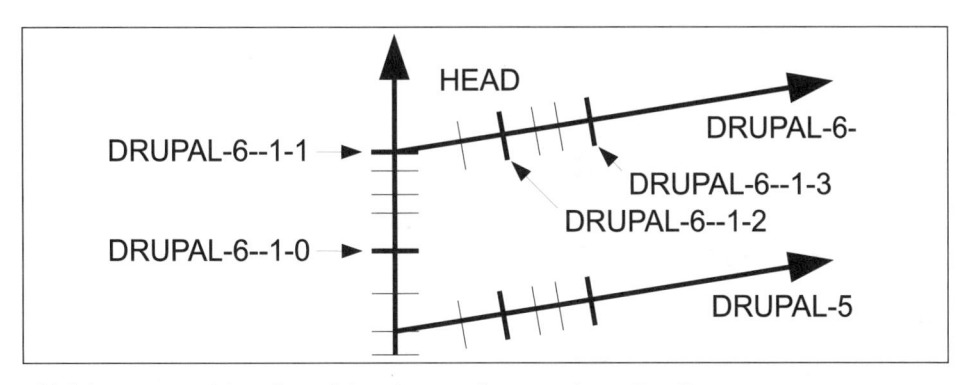

Abbildung 21.15: Die Releasefolge 6.x-1.x mit angezeigten Tag-Namen

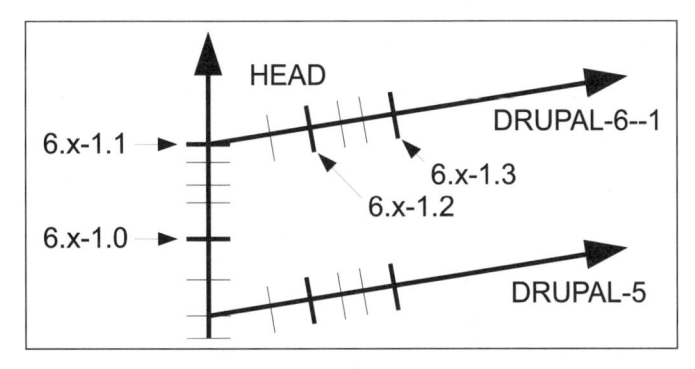

Abbildung 21.16: Die Releasefolge 6.x-1.x mit angezeigten Versionsnummern der Releases

21 Bewährte Vorgehensweisen in der Entwicklung

Tags und Versionsnummern

In Zweignamen wie `DRUPAL-6--1` und Tag-Namen wie `DRUPAL-6--1-3` stehen zwei Bindestriche in Folge. Betrachten Sie den Bindestrich unmittelbar nach der 6 einfach als Platzhalter für ein Drupal-Release. Das heißt, das Tag `DRUPAL-6--1-3`, das dem Release 6.x-1.3 Ihres Moduls entspricht, ist mit jedem Drupal-6-Release kompatibel (Drupal 6.1, Drupal 6.2, Drupal 6.3 usw.). Stellen Sie sich vor, dass der Bindestrich, der der Hauptversionsnummer im Tagnamen folgt, in das x der Releasenummer übersetzt wird, wie die folgende Darstellung zeigt:

Tag: DRUPAL-6--1-3

Modulversion: 6.x-1.3

Nun, da Sie einen Zweig für Drupal 6 eingerichtet haben, können Sie mit HEAD für die Entwicklung von Drupal 7 fortfahren – bis Drupal 8 herauskommt und Sie einen Zweig für Drupal 7 erstellen. Abbildung 21.17 zeigt, wie die Entwicklung für Drupal 7 aussieht. Beachten Sie, dass das genau derselbe Ansatz ist, den wir zuvor verwendet haben, als wir die Entwicklung für Drupal 6 nach dem Erstellen des `Drupal-5`-Zweigs begannen.

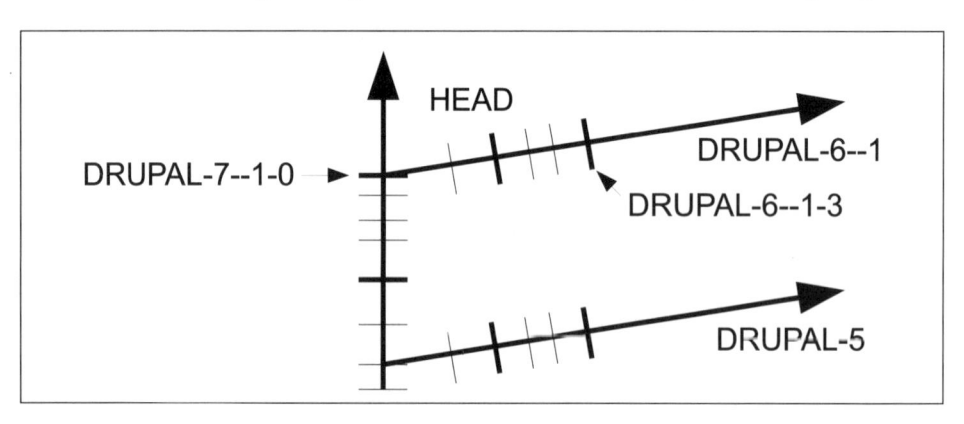

Abbildung 21.17: Entwicklung für Drupal 6 auf einem eigenen Zweig mit der Entwicklung für Drupal 7 auf HEAD

21.7.11 Erweiterte Verzweigung

In den vorstehenden Beispielen haben wir angenommen, dass es pro Hauptrelease von Drupal nur eine Hauptversion eines Moduls gibt, doch das muss nicht immer richtig sein. Nehmen wir beispielsweise an, Sie haben die Version 6.x-1.3 des Foo-Moduls herausgegeben. Dann schlägt die Inspiration zu und Sie entdecken, dass ein anderer Ansatz das Modul schneller macht und nur noch die Hälfte an Zeilen benötigt. Doch ändert das die API, sodass Module, die mit dem Foo-Modul arbeiten, fehlschlagen. Die Lösung besteht darin, Version 2.0 Ihres Moduls mit der neuen API herauszubringen. Da das Modul weiterhin kompatibel mit Drupal 6 ist, verwenden Sie das Tag DRUPAL-6--2-0 und die zugehörige Releasenummer ist 6.x-2.0.

Sie können einfach einen Commit des Codes für den Zweig DRUPAL-6--1 ausführen und allen mitteilen, dass die Version 6.x-1.3 das letzte Release der Folge 1.x Ihres Moduls ist. Doch was geschieht, wenn das Sicherheitsteam eine Sicherheitslücke in Ihrem Modul findet und Sie gezwungen sind, Version 6.x-1.4 herauszugeben? Nein, es ist keine gute Idee, den Zweig DRUPAL-6--1 zu verwenden, um Ihr Modul neu zu schreiben.

Die Lösung? Erstellen Sie einen neuen Zweig, auf dem Sie die Version 2.0 Ihres Moduls herausgeben können. Der Zweig heißt DRUPAL-6--2, und Sie können die Verzweigung von dem vorhandenen Zweig DRUPAL-6--1 aus vornehmen. Stellen Sie zunächst sicher, dass Sie die neusten Versionen der Dateien vom Zweig DRUPAL-6--1 haben, und erstellen Sie dann den neuen Zweig:

```
cvs update -dP -r DRUPAL-6--1
cvs tag -b DRUPAL-6--2
```

Ihr Entwicklungsverlauf sieht nun wie in Abbildung 21.18 aus.

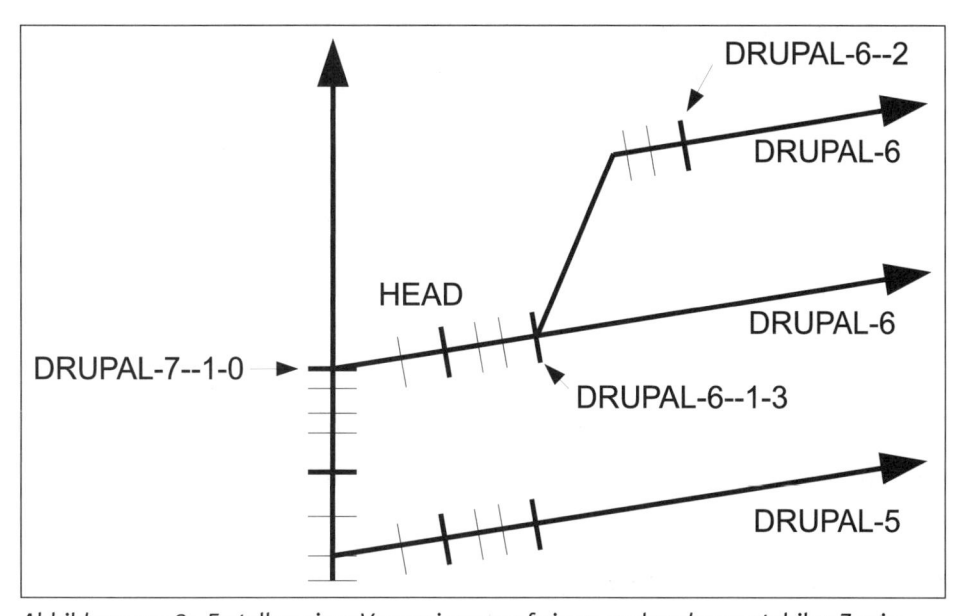

Abbildung 21.18: Erstellen einer Verzweigung auf einem vorhandenen stabilen Zweig

Wenn Sie noch keine Entwicklung für Drupal 7 vornehmen, besteht ein alternativer Ansatz darin, HEAD für die Entwicklung von Release 2.0 Ihres Moduls zu verwenden und für die Releasefolge 2.0 irgendwann von HEAD aus zu verzweigen (wie Sie es für den Zweig DRUPAL-6--1 gemacht haben). Dieser Ansatz ist in Abbildung 21.19 zu sehen.

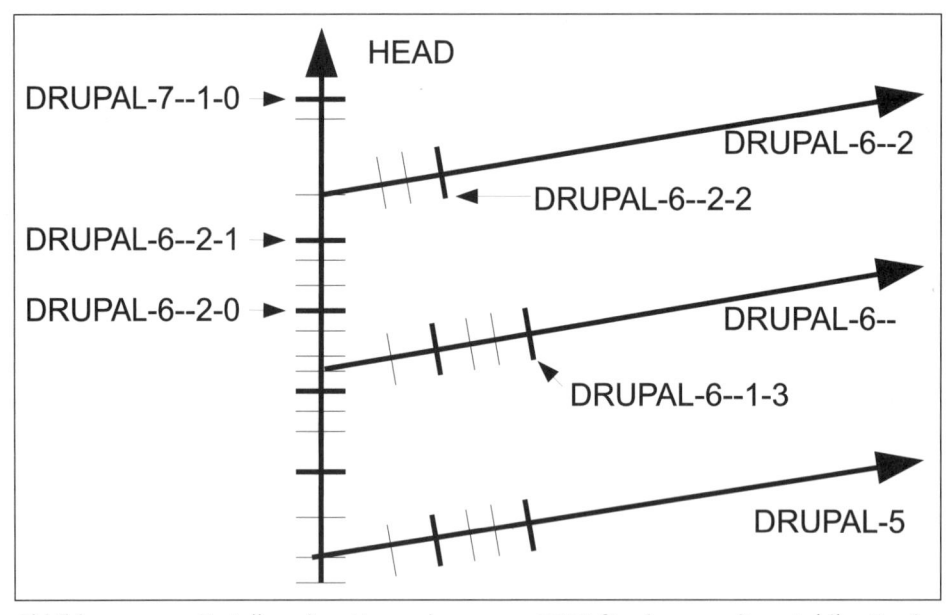

Abbildung 21.19: Erstellen einer Verzweigung von HEAD für einen zweiten stabilen Zweig eines Moduls, das ein Hauptrelease von Drupal (Drupal 6) unterstützt

Es ist Ihnen überlassen, welchen Ansatz Sie verfolgen. Im Allgemeinen ist es am bequemsten, das Erstellen eines neuen Zweigs so lange zu vermeiden, bis es unbedingt notwendig ist. Der entscheidende Faktor in Abbildung 21.19 ist der Zeitpunkt, an dem die Entwicklung für Drupal 7 begonnen wird. Er bestimmt, wann der Zweig DRUPAL-6--2 erstellt wird. Ohne den Zweig DRUPAL-6--2, auf dem die Entwicklung der Folge 2.0 des Moduls weitergeht, gibt es auf dem CVS-Baum keinen Platz für eine Entwicklung für Drupal 7.

21.7.12 Einen Release-Node erstellen

Damit andere Leute, die nicht so CVS-fit wie Sie sind, Ihr Modul herunterladen können, sollten Sie auf *drupal.org* einen Release-Node erstellen. Er bietet Informationen über ein gegebenes Release-Tag, und das Packskript auf *drupal.org* erstellt automatisch einen Tarball mit den vom Release-Tag angegebenen Dateien für Sie. Sie können z.B. einen Release-Node für das Tag DRUPAL-6--1-3 Ihres Moduls erstellen. Das Packskript nimmt die Dateien aus dem DRUPAL-6--1-Zweig Ihres Moduls genauso, wie sie waren, als Sie das Tag DRUPAL-6--1 3 angelegt haben, und erstellt einen Tarball und einen hübschen Link darauf, sodass Besucher von *drupal.org* ihn herunterladen können. Der Tarball heißt z.B. *foo-6.x-1.3.tar.gz*.

Um einen Release-Node zu erstellen, gehen Sie auf *http://drupal.org* auf die von Ihnen eingerichtete Projektseite (siehe Abschnitt 21.7.6, *Ein Projekt auf drupal.org erstellen*) und klicken auf den Link ADD RELEASE. Sie wählen dann das CVS-Tag aus, das dieses

Release darstellt, und geben an, ob die Änderungen in diesem Release Sicherheitsupdates, Bugfixes oder neue Funktionen sind.

Im Body des Release-Nodes sollten Sie die neuen Fähigkeiten dieses speziellen Releases aufführen. Stellen Sie sie sich als Release-Hinweise vor. Sie sollten eine Liste der behandelten Probleme angeben, vorzugsweise mit Links darauf. Abbildung 21.20 zeigt einen typischen Release-Node. Unter *http://cvs.drupal.org/viewvc.py/drupal/contributions/tricks/cvs-release-notes* gibt es ein praktisches Skript, das automatisch eine Liste der behobenen Probleme generiert.

```
nice_menus 6.x-1.3
add1sun - November 30, 2008 - 22:09                                    6.x · Bug fixes
Official release from CVS tag: DRUPAL-6--1-3
Download: nice_menus-6.x-1.3.tar.gz
Size: 49.62 KB
md5_file hash: 78ccedc83132988942fea5cc90f30762
First released: November 30, 2008 - 22:09
Last updated: November 30, 2008 - 22:10
View usage statistics for this release

- BUG #228323: Fixed regression that did not show user name for Navigation block title.
- TRANSLATION added. Slovak translation by etki.
```

Abbildung 21.20: Release-Node für Version 6.x-1.1 des Nice-Menus-Moduls

Sobald ein Release-Node erstellt und das Packskript ausgeführt wurde, erscheint der Release-Node auf der Projektseite, von der jeder den Tarball herunterladen kann oder die von Ihnen eingegebenen Release-Hinweise lesen kann, wie Abbildung 21.21 zeigt.

Releases				
Official releases	**Date**	**Size**	**Links**	**Status**
6.x-1.1	2008-Mar-30	45.66 KB	Download · Release notes	Recommended for *6.x* ✓
5.x-1.2	2008-Feb-09	43.97 KB	Download · Release notes	Recommended for *5.x* ✓

Abbildung 21.21: Tarballs für Releases können von der Projektseite heruntergeladen werden

21.8 SVN mit CVS für die Projektverwaltung kombinieren

Während die Drupal-Codebasis mit CVS verwaltet wird, verwendet der Rest Ihres Projekts möglicherweise ein anderes oder gar kein System zur Versionssteuerung.

Es ist üblich, ein zweites, konfliktfreies System zur Versionssteuerung wie Subversion (SVN) zu verwenden und das gesamte Projekt (einschließlich Drupal und seiner CVS-Metadaten!) in einem eigenen Repository zu speichern. Die Idee dahinter ist, dass Sie eine CVS-Aktualisierung für Drupal vornehmen (Änderungen von *cvs.drupal.org* abrufen) und sich dann umdrehen und einen SVN-Commit dieser Änderungen ausführen (der sie in Ihr SVN-Repository überführt). In diesem SVN-Repository können Sie alle eigenen Module, Themes, Bilder und sogar das Datenbankschema für Ihr Projekt speichern.

> **Hinweis**
>
> Unter *http://subversion.tigris.org* finden Sie nähere Angaben zu Subversion.

21.9 Code testen und entwickeln

Softwaretests sind ein Verfahren, verschiedene Teile eines Programms zu isolieren, um zu bestimmen, ob sie korrekt arbeiten. Tests sind ein Hauptziel für die nächste Version von Drupal. In der Tat sind Tests für bedeutende Änderungen im Core wie bei Drupal 7 notwendig. Sie bietet u. a. die folgenden Vorteile:

- Sofortiges Erkennen, ob Änderungen am Code (z. B. durch Refactoring) die Software beschädigt haben

- Automatisieren der Fehlersuche im Code. Der automatisierte Prüfstand unter *http://testing.drupal.org* ist ein Projekt, das zum Ziel hat, eingehende Patches für den Core zu überprüfen.

- Sicherstellen, dass neue Programme wie erwartet funktionieren.

Weitere Informationen zum Testen erhalten Sie unter *http://drupal.org/simpletest*. Sie können unter *http://groups.drupal.org/unit-testing* auch an der Testgruppe mitwirken.

21.9.1 Das Devel-Modul

Das Devel-Modul ist eine bunte Mischung aus Hilfsprogrammen für Entwickler, die Codebestandteile debuggen und untersuchen.

Sie können das Modul von *http://drupal.org/project/devel* herunterladen (oder ein CVS-Checkout vornehmen und Punkte gewinnen). Stellen Sie nach der Installation sicher, dass der devel-Block aktiviert ist. Die folgende Liste zeigt die nicht ganz eindeutigen Links im devel-Block mit einer Erläuterung:

- *Empty cache*: Führt die Funktion drupal_flush_all_caches() in *includes/common.inc* aus. Dasselbe passiert, wenn Sie auf die Schaltfläche CACHE LEEREN unter VERWALTEN > EINSTELLUNGEN > LEISTUNG klicken. Das bedeutet, CSS- und JavaScript-Caches werden geleert, die neu komprimierten CSS- und JavaScript-Dateien erhalten neue Namen, um das Herunterladen der neuen Dateien durch die Clients zu erzwingen, die Name-Registry und die Menüs werden neu aufgebaut, die Tabelle *node_type* wird aktualisiert und die Cachetabellen der Datenbank, die Seiten, Menüs, Nodes, Blöcke, Filter und Variablen zwischenspeichern, werden geleert. Namentlich werden die Tabellen *cache*, *cache_block*, *cache_filter*, *cache_menu* sowie *cache_page* geleert. Auch alle benutzerdefinierten Cachetabellen aus Modulen, die `hook_flush_caches()` implementiert haben, werden geleert.

- *Enable Theme developer*: Dieser Link aktiviert das Theme-Developer-Modul, mit dessen Hilfe Sie erkennen können, welche Template- oder Theme-Funktion ein Seitenelement erstellt hat. Zeigen Sie dazu mit der Maus auf das Element (siehe Kapitel 8).

- *Function reference*: Dieser Link liefert unter Verwendung der PHP-Funktion `get_defined_functions()` eine Liste von Benutzerfunktionen, die während dieser Anfrage definiert wurden. Klicken Sie auf den Namen einer Funktion, um ihre Dokumentation anzuzeigen.

- *Hook_elements()*: Dieser Link zeigt die Ergebnisse des Aufrufs von `hook_elements()` in einem leicht zu lesenden Format an, was nützlich ist, wenn Sie mit der Formular-API arbeiten.

- *Rebuild menus*: Ruft die Funktion `menu_rebuild()` auf, die die Tabelle *menu_router* leert und neu aufbaut sowie die Tabelle *menu_links* aktualisiert.

- *Reinstall modules*: Dieser Link installiert ein Modul neu, indem er `hook_uninstall()` und `hook_install()` ausführt. Die Schemaversionsnummer wird auf die Nummer der letzten Aktualisierung gesetzt. Stellen Sie sicher, dass Sie zunächst alle vorhandenen Tabellen für Module, die `hook_uninstall()` nicht implementieren, manuell löschen.

- *Session viewer*: Verwenden Sie diesen Link, um den Inhalt Ihrer $_SESSION-Variable anzuzeigen.

- *Variable editor*: Dieser Link listet die Variablen und ihre Werte auf, die momentan in der Tabelle *variables* gespeichert sind, sowie das Array `$conf` Ihrer Datei *settings.php*. Alle diese Werte können auch bearbeitet werden. Normalerweise erfolgt der Zugriff auf diese Variablen über die Funktionen `variable_get()` und `variable_set()`.

21.9.2 Abfragen anzeigen

Wechseln Sie zu *http://example.com/?q=admin/settings/devel* (oder klicken Sie auf DEVEL EINSTELLUNGEN im Development-Block, falls Sie ihn aktiviert haben). Aktivieren Sie die Kästchen neben ABFRAGEINFORMATION SAMMELN und ABFRAGEPROTOKOLL ANZEIGEN.

Sobald Sie diese Einstellungen gespeichert haben, sehen Sie am unteren Ende einer jeden Seite eine Aufstellung aller Abfragen, die zum Erstellen dieser Seite verwendet wurden. Die Liste teilt Ihnen sogar die Funktion mit, die die Abfrage erstellt hat, die Zeit, die für das Erstellen benötigt wurde, sowie die Anzahl der Aufrufe.

Sie können diese Informationen auf viele aufschlussreiche Weisen nutzen. Wird z. B. ein und dieselbe Abfrage vierzig Mal pro Seite aufgerufen, müssen Sie nach einer schlecht geschriebenen Schleife im Code suchen. Unter Umständen können Sie eine statische Variable einrichten, die das Datenbankergebnis für die Dauer der Anfrage enthält. Nachfolgend sehen Sie ein Beispiel, wie dieses Entwurfsmuster aussehen kann (aus *modules/taxonomy/taxonomy.module*):

```
function taxonomy_get_term($tid) {
  // Definition einer statischen Variable, die Daten während
  // dieser Seitenanforderung hält.
  static $terms = array();

  // Liest die statische Variable und greift nur dann auf
  // die Datenbank zu, wenn die Daten für die ID dieses
  // Ausdrucks noch nicht abgerufen wurden.
  if (!isset($terms[$tid])) {
    $terms[$tid] = db_fetch_object(db_query('SELECT * FROM {term_data} WHERE tid =
      %d', $tid));
  }

  return $terms[$tid];
}
```

Wir erstellen ein statisches Array, das die Ergebnismengen enthält. Falls die Abfrage bereits ausgeführt wurde, haben wir den Wert und können ihn zurückgeben, anstatt die Datenbank erneut abzufragen.

21.9.3 Zeitintensive Abfragen

Das folgende Beispiel zeigt, wie das Devel-Modul Ihnen dabei helfen kann, Ihre Site schneller zu machen, indem es langsame Abfragen identifiziert. Angenommen, Sie haben ein eigenes Node-Modul namens *task* geschrieben, und verwenden `hook_load()`, um Zusatzinformationen über *task* an das Node-Objekt anzuhängen. Das Tabellenschema sieht wie folgt aus:

```
CREATE TABLE task (
  nid int,
  vid int,
  percent_done int,
  PRIMARY KEY (nid,vid),
  KEY nid (nid)
);
```

Nachdem Sie *devel.module* ausgeführt und die Protokolldateien für die Abfragen eingesehen haben, stellen Sie fest, dass Abfragen an die vorstehende Tabelle Ihre Site zum Kriechen bringen. Beachten Sie, dass Abfragen, die länger als 5 Millisekunden benötigen, standardmäßig als langsam betrachtet werden (Sie können diesen Wert unter VERWALTEN > EINSTELLUNGEN > DEVEL EINSTELLUNGEN ändern).

```
milliseconds   function    query
27.16          task_load   SELECT * FROM task WHERE vid = 3
```

Warum dauert diese Abfrage so lange? Wenn es eine komplexere Abfrage mit Verknüpfungen mehrerer Tabellen wäre, sollten wir uns überlegen, wie wir die Daten besser normalisieren können, doch dies ist eine sehr einfache Abfrage. Als Erstes nutzen wir die SQL EXPLAIN-Syntax, um zu sehen, wie die Datenbank die Abfrage interpretiert. Wenn Sie einer SELECT-Anweisung das Schlüsselwort EXPLAIN voranstellen, gibt die Datenbank Informationen über den Ausführungsplan der Abfrage zurück:

```
EXPLAIN SELECT * FROM task WHERE vid = 3
```

MySQL liefert den folgenden Bericht:

```
Id  select_type  table  type    possible_keys  key   key_len  ref   rows  Extra
1   SIMPLE       task   system  NULL           NULL  NULL     NULL  1
```

Die wichtigste Spalte ist in diesem Fall keys, die den Wert NULL enthält. Das sagt uns, dass MySQL keinerlei Primärschlüssel, eindeutige Schlüssel oder indizierte Schlüssel verwendet hat, um die Ergebnismenge abzurufen, sondern jede einzelne Zeile durchsuchen musste. Daher besteht die beste Möglichkeit zur Beschleunigung dieser Abfrage darin, der Spalte vid einen eindeutigen Schlüssel hinzuzufügen.

```
ALTER TABLE task ADD UNIQUE (vid);
```

Weitere Informationen zu den EXPLAIN-Berichten vom MySQL finden Sie unter *http://dev.mysql.com/doc/refman/5.0/en/explain.html*.

21.9.4 Andere Anwendungen für das Devel-Modul

Das Devel-Modul enthält weitere nützliche Funktionen, die Ihre Fähigkeiten bei der Entwicklung erhöhen.

Beispielsweise können Sie in Echtzeit den Benutzer wechseln, der eine Drupal-Seite anschaut. Das ist für den technischen Support und für die Fehlersuche bei anderen Rollen nützlich. Um zu einem anderen Benutzer zu wechseln, rufen Sie den URL *http://example.com/?q=devel/switch/$uid* auf, wobei $uid die ID des gewünschten Benutzers ist. Alternativ können Sie den Block »Benutzer wechseln« aktivieren, der eine Gruppe von Links bereitstellt, die dasselbe machen.

Das Devel-Modul enthält einen zusätzlichen Block namens »PHP ausführen«, der nützlich für das Eingeben und Ausführen kurzer Codefragmente ist (und ein weiterer Grund dafür ist, dass das Devel-Modul auf Ihrer Produktionssite auf jeden Fall deaktiviert sein muss!).

Mit den Funktionen dpm(), dvm(), dpr() und dvr() können Sie Debug-Meldungen ausgeben, die anderen Benutzern verborgen bleiben:

- dpm() gibt eine einfache Variable (d.h., einen String oder einen Integer) im Nachrichtenbereich der Seite aus. Der Funktionsname steht für »debug print message«.

- dvm() gibt einen `var_dump()` im Nachrichtenbereich der Seite aus. Nutzen Sie dies für komplexe Variablen wie Arrays oder Objekte. Der Funktionsname steht für »debug variable message«.
- dpr() gibt eine komplexe Variable (d.h., ein Array oder ein Objekt) am Anfang einer Seite aus, wobei sie eine besondere rekursive Funktion (`dprint_r()`) verwendet, die eine schön formatierte Ausgabe erstellt.
- dvr() gibt einen schön formatierten `var_dump()` zu Beginn der Seite aus.

Die Ausgabe aller dieser Funktionen ist vor Benutzern verborgen, die nicht die Berechtigung *access level information* haben, was praktisch für eine Echtzeitfehlersuche ist.

Das folgende Beispiel zeigt die Verwendung:

```
dpr(node_load(5));    // Anzeige der Datenstruktur von Node 5.
dvr($user);           // Anzeige der Variable $user.
```

21.10 Das Modul-Builder-Modul

Es gibt ein großartiges Modul unter *http://drupal.org/project/module_builder*, mit dem Sie auf einfache Weise Gerüste für Ihre Module aufbauen können. Es fragt Sie, welche Hooks Sie erstellen möchten, und legt sie zusammen mit Beispielcode an. Dann können Sie den Text herunterladen und loslegen.

21.11 Profilerstellung für Anwendungen und Debugging

Die folgenden PHP-Debugger und IDEs (integrierte Entwicklungsumgebungen) bieten einige gute Werkzeuge, um ein Gefühl dafür zu erhalten, wo die Engpässe von Drupal liegen. Sie sind auch nützlich, um ineffiziente Algorithmen in Ihren eigenen Modulen aufzudecken:

- *Zend Studio IDE*: http://www.zend.com/
- *Komodo IDE*: http://www.activestate.com/Products/komodo_ide
- *Eclipse IDE*: http://www.eclipse.org/
- *Xdebug PHP Extension*: http://www.xdebug.org/

In den folgenden Abbildungen verwenden wir Screenshots von Zend Studio (das unstreitbar die beste Grafik hat), doch die anderen IDEs können ähnliche Ausgaben hervorrufen. Abbildung 21.22 zeigt die grafische Ausgabe einer Drupal-Anforderung, für die eine Profilerstellung durchgeführt wurde. In den Ergebnissen sind für jede Datei die in den Funktionen verbrachten Zeiten abzulesen. In diesem Fall sieht es so aus, als ob Drupal ungefähr die Hälfte der Zeit in *includes/bootstrap.inc* verbracht hat.

21.11 Profilerstellung für Anwendungen und Debugging

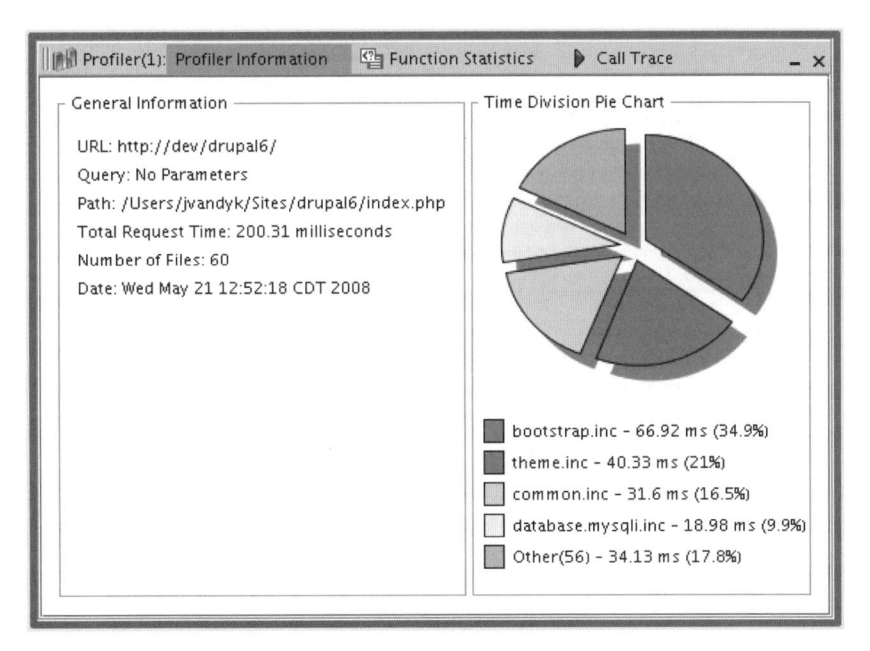

Abbildung 21.22: Ein Tortendiagramm zur zeitlichen Verteilung einer Drupal-Anforderung in der Zend-IDE

In den Abbildungen 21.23 und 21.24 arbeiten wir uns weiter vor, um zu sehen, welche Funktionen die meiste relative Prozessorzeit während einer Anforderung verbrauchen. Eine solche Funktionalität ist nützlich, um zu bestimmen, worauf Sie Ihre Optimierungsversuche konzentrieren sollten.

Echtzeitdebugging ist eine Funktion von PHP, nicht von Drupal, doch es lohnt sich, es zu behandeln, da Sie leicht als Drupal-Experte erkannt werden können, wenn ein Echtzeitdebugger auf Ihrem Laptop ausgeführt wird.

Mit einem PHP-Debugger können Sie die Programmausführung von PHP in Echtzeit anhalten (d.h., einen Breakpoint setzen), und Schritt für Schritt untersuchen, was passiert. Sich mit einem PHP-Debugger vertraut zu machen, ist eine der besten Investitionen für Ihr Entwicklerhandwerk. Code wie bei einem Film in Zeitlupe schrittweise zu durchlaufen, stellt eine großartige Möglichkeit für das Debugging dar, und gleichzeitig werden Sie mit einem solch komplexen Gebäude wie Drupal auf das Engste vertraut.

Ein Initiationsritus für angehende Drupal-Entwickler besteht darin, sich eine Tasse Tee zu bereiten, den Debugger zu starten und mehrere Stunden Schritt für Schritt eine Standardabfrage von Drupal durchzugehen, um auf diese Weise unbezahlbares Wissen aus erster Hand über die Funktionsweise von Drupal zu erlangen.

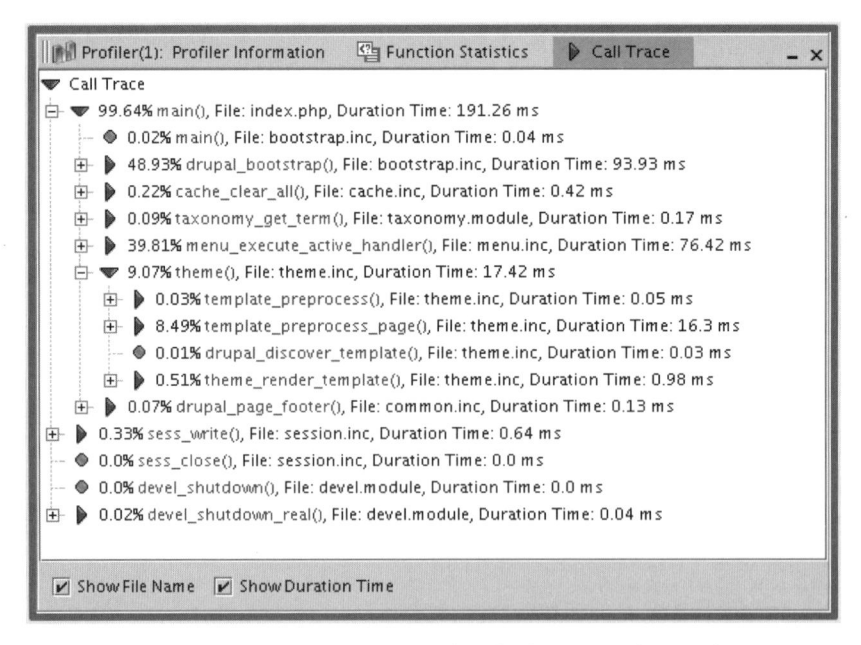

21 Bewährte Vorgehensweisen in der Entwicklung

```
Profiler(1): Profiler Information    Function Statistics    Call Trace    _ x
▼ Call Trace
  ▼ 99.64% main(), File: index.php, Duration Time: 191.26 ms
       ● 0.02% main(), File: bootstrap.inc, Duration Time: 0.04 ms
       ▶ 48.93% drupal_bootstrap(), File: bootstrap.inc, Duration Time: 93.93 ms
       ▶ 0.22% cache_clear_all(), File: cache.inc, Duration Time: 0.42 ms
       ▶ 0.09% taxonomy_get_term(), File: taxonomy.module, Duration Time: 0.17 ms
       ▶ 39.81% menu_execute_active_handler(), File: menu.inc, Duration Time: 76.42 ms
       ▼ 9.07% theme(), File: theme.inc, Duration Time: 17.42 ms
            ▶ 0.03% template_preprocess(), File: theme.inc, Duration Time: 0.05 ms
            ▶ 8.49% template_preprocess_page(), File: theme.inc, Duration Time: 16.3 ms
            ● 0.01% drupal_discover_template(), File: theme.inc, Duration Time: 0.03 ms
            ▶ 0.51% theme_render_template(), File: theme.inc, Duration Time: 0.98 ms
       ▶ 0.07% drupal_page_footer(), File: common.inc, Duration Time: 0.13 ms
  ▶ 0.33% sess_write(), File: session.inc, Duration Time: 0.64 ms
  ● 0.0% sess_close(), File: session.inc, Duration Time: 0.0 ms
  ● 0.0% devel_shutdown(), File: devel.module, Duration Time: 0.0 ms
  ▶ 0.02% devel_shutdown_real(), File: devel.module, Duration Time: 0.04 ms

[✓] Show File Name   [✓] Show Duration Time
```

Abbildung 21.23: Aufruftrace einer Drupal-Anforderung in der Zend-DIE

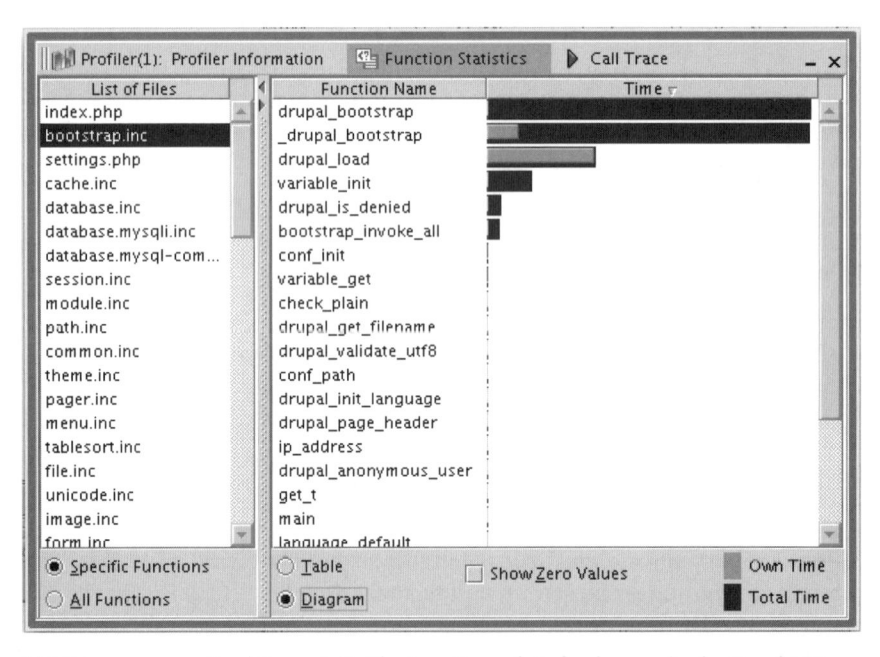

```
Profiler(1): Profiler Information    Function Statistics    Call Trace    _ x
List of Files              Function Name              Time
index.php                  drupal_bootstrap
bootstrap.inc              _drupal_bootstrap
settings.php               drupal_load
cache.inc                  variable_init
database.inc               drupal_is_denied
database.mysqli.inc        bootstrap_invoke_all
database.mysql-com...      conf_init
session.inc                variable_get
module.inc                 check_plain
path.inc                   drupal_get_filename
common.inc                 drupal_validate_utf8
theme.inc                  conf_path
pager.inc                  drupal_init_language
menu.inc                   drupal_page_header
tablesort.inc              ip_address
file.inc                   drupal_anonymous_user
unicode.inc                get_t
image.inc                  main
form.inc                   language_default

(●) Specific Functions    ( ) Table         [ ] Show Zero Values    ■ Own Time
( ) All Functions         (●) Diagram                               ■ Total Time
```

Abbildung 21.24: Funktionsstatistik einer Drupal-Anforderung in der Zend-IDE

21.12 Zusammenfassung

Nach der Lektüre dieses Kapitels sollten Sie die folgenden Aufgaben beherrschen:

- Gemäß den Programmierstandards von Drupal programmieren
- Ihren Code so kommentieren, dass die Kommentare vom API-Modul wiederverwendet werden können
- Die Codebasis von Drupal bequem mit `egrep` durchsuchen
- Drupal herunterladen und mit der Versionssteuerung auf dem neuesten Stand halten
- Den Drupal-Core sauber hacken
- Patches unter Verwendung des vereinheitlichten `diff`-Formats erstellen, das Codeänderungen anzeigt
- Patches anwenden, die andere erstellt haben
- Ein beigesteuertes Modul durch Tags und Verzweigungen warten
- *devel.module* verwenden, um Ihre Programmierproduktivität zu steigern
- Drupal-Programmierexperten an ihren bewährten Vorgehensweisen erkennen

22 Drupal optimieren

Die Core-Architektur von Drupal ist schlank und auf Flexibilität ausgerichtet. Dies hat jedoch seinen Preis. Mit steigender Anzahl von Modulen wird auch die Bedienung einer Anforderung komplexer. Der Server muss also mehr arbeiten, und wenn die Popularität einer Site wächst, müssen Sie Verfahren einrichten, um die legendäre Schnelligkeit von Drupal zu erhalten. Mit der richtigen Konfiguration kann Drupal ein Slashdotting ohne Probleme überleben. In diesem Kapitel geht es sowohl um Geschwindigkeit als auch um Skalierbarkeit. Die *Geschwindigkeit* besagt, wie schnell Ihre Site auf eine Anforderung antwortet. Die *Skalierbarkeit* hat damit zu tun, wie viele gleichzeitige Anforderungen Ihr System verarbeiten kann. Sie wird normalerweise in Anforderungen pro Sekunde gemessen.

22.1 Engpässe finden

Entspricht die Geschwindigkeit Ihrer Website nicht den Erwartungen, müssen Sie zuerst analysieren, wo das Problem liegt. Die folgenden Möglichkeiten kommen in Frage: Webserver, Betriebssystem, Datenbank und Netzwerk.

22.1.1 Eine erste Untersuchung

Wenn Sie wissen, wie Geschwindigkeit und Skalierbarkeit eines Systems gemessen werden, können Sie Systemengpässe schnell isolieren und zuverlässig darauf reagieren, selbst inmitten einer Krise. Engpässe lassen sich mit einigen einfachen Werkzeugen und durch geschicktes Fragen entdecken. Wir stellen Ihnen nun eine Methode vor, einen Server mit schlechter Leistung zu untersuchen. Ausgangspunkt ist die Tatsache, dass die Leistung von einem der folgenden Faktoren beeinträchtigt wird: Prozessor, RAM, Festplattenzugriffe oder Bandbreite. Stellen Sie sich also zunächst folgende Fragen:

- *Ist die CPU überlastet?* Wenn die Prüfung der CPU-Auslastung unter Unix mit top oder unter Windows mit dem Taskmanager CPU-Lasten von 100% ergibt, müssen Sie herausfinden, wodurch dies zustande kommt. Aus der Prozessliste können Sie entnehmen, ob der Webserver oder die Datenbank Prozessorzyklen verschlingt. Beide Probleme sind lösbar.

- *Hat der Webserver nicht mehr genügend RAM?* Dies lässt sich unter Unix mit top, unter Windows mit dem Taskmanager leicht feststellen. Ist ausreichend freier Speicher vorhanden, fahren Sie mit der nächsten Frage fort. Wenn nicht, müssen Sie die Gründe herausfinden.

- *Sind die Festplatten überlastet?* Wenn Sie das Festplattensystem mit einem Werkzeug wie `vmstat` unter Unix oder dem Systemmonitor unter Windows untersuchen und feststellen, dass die Festplattenaktivität nicht mit dem Bedarf des Systems Schritt hält, obwohl reichlich freier RAM vorhanden ist, liegt ein Zugriffsproblem vor. Mögliche Ursachen sind übermäßig umfangreiche Protokollierung, eine schlecht konfigurierte Datenbank, die zahlreiche temporäre Tabellen auf der Festplatte ablegt, Skriptausführung im Hintergrund oder Einsatz einer falschen RAID-Ebene für eine schreibintensive Anwendung usw.
- *Ist die Netzwerkverbindung ausgelastet?* Wenn die Netzwerk-Pipe voll ist, gibt es nur zwei Lösungen: entweder eine größere Pipe zu beschaffen oder weniger Daten zu senden und gleichzeitig dafür zu sorgen, dass diese korrekt komprimiert sind.

> **Tipp**
>
> Es ist auch sinnvoll, die Geschwindigkeit bei der Bereitstellung von Seiten von außerhalb des Servers zu überprüfen. Ein Werkzeug wie YSlow (*http://developer.yahoo.com/yslow/help/*) kann dabei helfen, herauszufinden, warum sich Ihre Seiten nicht so schnell herunterladen lassen, wie Sie möchten, wenn Sie bei CPU, RAM und Festplattenzugriffen nicht an die Grenzen stoßen. Einen hilfreichen Artikel über YSlow und Drupal finden Sie unter der Adresse *http://wimleers.com/article/improving-drupals-oageloading-performance*.

CPU-Engpass auf dem Webserver

Wenn Ihre CPU überlastet ist und die Prozessliste zeigt, dass nicht die Datenbank (um die geht es später), sondern der Webserver die Ressourcen verschlingt, sollten Sie danach trachten, den Aufwand des Servers für die Bedienung einer Anforderung zu reduzieren. Häufig ist die Ausführung von PHP-Code der Übeltäter.

PHP-Optimierungen

Da die Ausführung von PHP-Code in Drupal einen großen Teil der Bedienung von Anforderungen ausmacht, müssen Sie unbedingt wissen, wie Sie diesen Vorgang beschleunigen können. Bedeutende Geschwindigkeitsgewinne lassen sich durch Zwischenspeichern von PHP-Operationscodes (Opcodes) nach der Kompilierung und durch Profilerstellung für die Anwendungsschicht zur Ermittlung ineffizienter Algorithmen erzielen.

Opcode-Caching

Es gibt zwei Möglichkeiten, die CPU-Nutzung zum Ausführen des PHP-Codes zu verringern. Die eine besteht darin – was auf der Hand liegt –, den Umfang des Codes zu reduzieren, indem Sie nicht erforderliche Module deaktivieren und effizienten Code schreiben. Die andere ist Opcode-Caching. PHP analysiert und kompiliert den gesamten Code in eine Zwischenform, die aus einer Folge von Opcodes für jede Anforderung besteht. Ein Opcode-Cache gibt PHP die Möglichkeit, den zuvor kompilierten Code

22.1 Engpässe finden

wiederzuverwenden, sodass Analyse und Kompilierung wegfallen. Als Opcode-Cache werden häufig Alternative PHP Cache (*http://pecl.php.net/package/APC*), eAccelerator (*http://eaccelerator.net*), XCache (*http://xcache.lighttpd.net/*) sowie Zend Platform (*http://zend.com*) eingesetzt. Zend ist ein kommerzielles Produkt, die anderen sind kostenlos verfügbar. Die Oberfläche von APC sehen Sie in Abbildung 22.1.

Da Drupal ein datenbankintensives Programm ist, sollten Sie einen Opcode-Cache nicht als einzige Lösung, sondern als Bestandteil einer Gesamtvorgehensweise betrachten. Dennoch kann er bei minimalem Aufwand erhebliche Leistungsgewinne bringen.

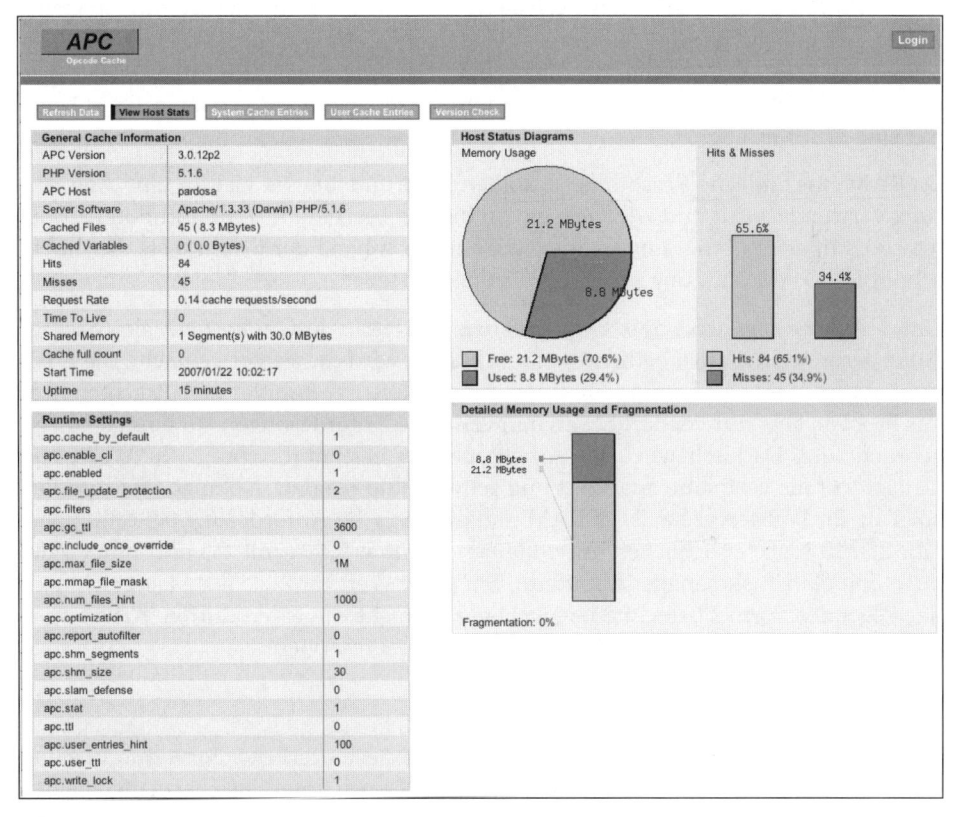

Abbildung 22.1: APC (Alternative PHP Cache) wird mit einer Schnittstelle geliefert, die die Speicherzuweisung und die im Cache befindlichen Dateien anzeigt

Profilerstellung für Anwendungen

Benutzerdefinierter Code und Module, die bei kleinen Sites vernünftig funktionieren, können beim Übergang in die Produktion zum Engpass werden. Prozessorintensive Codeschleifen, speicherfressende Algorithmen und umfangreiche Datenbankabfragen lassen sich durch Profile für Ihren Code aufdecken, die feststellen, an welchen

Stellen PHP die meiste Zeit aufwendet und worauf Sie deshalb die Fehlersuche konzentrieren sollten. In Kapitel 21 finden Sie weitere Informationen über Debugger und Profiler für PHP.

Verkraftet Ihr Webserver die Belastung trotz Opcode-Cache und Codeoptimierung nicht, ist es Zeit, einen stärkeren Rechner mit mehr oder schnelleren Prozessoren anzuschaffen oder zu einer anderen Architektur mit mehreren Webserver-Front-Ends zu wechseln.

Nicht genügend RAM auf dem Webserver

Die RAM-Belegung durch den Webserverprozess, der die Anforderung bedient, umfasst sämtliche vom Webserver geladenen Module (zum Beispiel mod_mime, mod_rewrite usw. von Apache) und den vom PHP-Interpreter genutzten Arbeitsspeicher. Je mehr Webserver- und Drupal-Module aktiviert sind, desto mehr RAM benötigt eine Anforderung.

Da RAM eine endliche Ressource ist, sollten Sie ermitteln, wie viel für eine Anforderung verwendet wird und wie viele davon Ihr Webserver laut Konfiguration verkraften soll. Mit einem Programm wie top können Sie anhand der Prozessliste die durchschnittliche RAM-Nutzung pro Anforderung feststellen.

Unter Apache legen Sie mit der Direktive MaxClients fest, wie viele gleichzeitige Anforderungen maximal bedient werden. Häufig wird der Fehler gemacht, die Erhöhung dieses Werts als Lösung für einen ausgelasteten Webserver zu betrachten, was das Problem aber nur verstärkt, weil dann zu viele Anforderungen auf einmal zu verarbeiten sind. Dadurch wird der Arbeitsspeicher erschöpft, worauf Ihr Webserver Dateien auf die Festplatte auslagert und schwerfällig reagiert. Nehmen wir zum Beispiel an, Ihr Webserver hat 2 GB RAM und jede Apache-Anforderung benötigt ungefähr 20 MB (den tatsächlichen Wert können Sie unter Unix mit top und unter Windows mit dem Taskmanager ermitteln). Ein guter Wert für MaxClients lässt sich nach der folgenden Formel berechnen, wobei Sie aber nicht vergessen dürfen, Arbeitsspeicher für das Betriebssystem und andere Prozesse zu reservieren:

```
2 GB RAM / 20 MB pro Prozess = 100 MaxClients
```

Wenn Ihr Server auch nach der Deaktivierung nicht erforderlicher Servermodule und der Profilerstellung für Benutzermodule und Code noch unter Speichermangel leidet, müssen Sie als Nächstes dafür sorgen, dass die Datenbank und das Betriebssystem als Ursachen für den Engpass ausscheiden. Liegen die Gründe dort, sollten Sie mehr RAM beschaffen. Ist weder die Datenbank noch das Betriebssystem die Schwachstelle, liegen einfach mehr Anforderungen vor, als Sie bedienen können; Sie brauchen letztendlich mehr Computer, die als Webserver fungieren.

22.1 Engpässe finden

> **Tipp**
>
> Da die Speichernutzung von Apache-Prozessen dazu tendiert, auf das Niveau der speicherhungrigsten Seite anzusteigen, die der betreffende Kindprozess bedient, lässt sich Speicher zurückgewinnen, indem Sie den Wert von `MaxRequestsPerChild` auf eine niedrige Zahl setzen, etwa 300 (je nach Situation). Apache hat dann zwar mehr Arbeit damit, neue Kindprozesse anzulegen, aber diese verbrauchen weniger Speicher als die, die sie ersetzen, sodass Sie mit weniger Arbeitsspeicher mehr Anforderungen bedienen können. Die Standardeinstellung für `MaxRequestsPerChild` ist 0, d.h., der Prozess läuft niemals ab.

22.1.2 Andere Formen der Webserveroptimierung

Es gibt noch weitere Möglichkeiten, die Effizienz Ihres Webservers zu steigern.

Apache-Optimierungen

In Verbindung mit Drupal wird als Webserver meistens Apache eingesetzt, aus dem sich mehr Leistung herauskitzeln lässt. Die folgenden Abschnitte enthalten einige Ansätze, die einen Versuch lohnen.

mod_expires

Dieses Apache-Modul veranlasst Drupal, `Expires`-HTTP-Header zu senden, und speichert alle statischen Dateien zwei Wochen lang oder bis zu einer neuen Dateiversion im Browser des Benutzers zwischen. Dies gilt für alle Bilder, CSS- und JavaScript- sowie alle anderen statischen Dateien und führt zur Reduzierung der Bandbreite und dazu, dass der Webserver weniger Datenverkehr verarbeitet. Drupal ist für die Verwendung von `mod_expires` voreingestellt und nutzt es, wenn es verfügbar ist. Die Einstellungen dafür finden Sie in der *.htaccess*-Datei von Drupal.

```
# Verlangt, dass mod_expires aktiviert ist.
<IfModule mod_expires.c>
  # Aktiviert Ablaufeinstellungen.
  ExpiresActive On

  # Speichert alle Dateien zwei Wochen ab Zugriff zwischen (A).
  ExpiresDefault A1209600

  # Dynamisch erstellte Seiten werden nicht zwischengespeichert.
  ExpiresByType text/html A1
</IfModule>
```

HTML-Inhalt können wir nicht mit `mod_expires` zwischenspeichern lassen, weil der von Drupal erstellte HTML-Inhalt nicht immer statisch ist. Aus diesem Grund hat Drupal dafür ein eigenes internes Cache-System (den Seiten-Cache).

Direktiven von .htaccess in httpd.conf verschieben

Drupal wird mit zwei *.htaccess*-Dateien geliefert. Eine befindet sich im Stamm von Drupal, die andere wird automatisch angelegt, nachdem Sie das Verzeichnis für hochgeladene Dateien erstellt und Drupal über VERWALTEN > DATEISYSTEM mitgeteilt haben, wo es sich befindet. Bei jeder Anforderung werden beide Dateien durchsucht, gelesen und analysiert. Im Gegensatz dazu wird die Datei *httpd.conf* nur beim Start von Apache gelesen. In beiden Dateien können Apache-Direktiven vorkommen. Haben Sie die Kontrolle über Ihren Server, sollten Sie den Inhalt der *.htaccess*-Datei in die Hauptkonfigurationsdatei von Apache (*httpd.conf*) verschieben und das Nachschlagen in *.htaccess* im Stamm Ihres Webservers deaktivieren, indem Sie `AllowOverride` auf `None` setzen:

```
<Directory />
  AllowOverride None
  ...
</Directory>
```

Damit hindern Sie Apache, die Verzeichnisstruktur aller Anforderungen nach einer auszuführenden *.htaccess*-Datei zu durchsuchen. Der Webserver hat dann mit den einzelnen Anforderungen weniger Arbeit und mehr Zeit, andere Anforderungen zu bedienen.

Andere Webserver

Eine andere Möglichkeit besteht darin, einen anderen Webserver einzusetzen. Benchmark-Tests haben gezeigt, dass der Webserver `lighttpd` beispielsweise für Drupal mehr Anforderungen pro Sekunde erledigt. Unter der Adresse *http://buytaert.net/drupal-webserver-configurations-compared* finden Sie ausführliche Vergleiche.

22.1.3 Datenbankengpässe

Drupal hat in der Datenbank viel zu tun, insbesondere für authentifizierte Benutzer und benutzerdefinierte Module. Häufig werden Engpässe von der Datenbank verursacht. Mit den folgenden einfachen Mitteln können Sie die Datenbanknutzung von Drupal optimieren.

Den Abfragecache von MySQL aktivieren

In Verbindung mit Drupal wird meistens MySQL als Datenbank eingesetzt. Es kann häufige Abfragen im RAM zwischenspeichern, sodass sie beim nächsten Vorkommen sofort aus dem Cache beantwortet werden können. In den meisten MySQL-Installationen ist diese Funktion jedoch *standardmäßig deaktiviert*. Um sie zu aktivieren, müssen Sie folgende Zeilen in Ihre MySQL-Optionsdatei einfügen. Die betreffende Datei heißt

22.1 Engpässe finden

my.cnf und beinhaltet Variablen und legt das Verhalten Ihres MySQL-Servers fest (siehe *http://dev.mysql.com/doc/refman/5.1/en/option-files.html*. Hier setzen wir den Abfragecache auf 64 MB:

```
# The MySQL server
[mysqld]
query_cache_size=64M
```

Die aktuelle Größe des Abfragecaches können Sie sich mit dem MySQL-Befehl SHOW VARIABLES ausgeben lassen:

```
mysql>SHOW VARIABLES LIKE 'query_cache%';
...
| query_cache_size | 67108864
| query_cache_type | ON
...
```

Normalerweise müssen Sie mit der Größe des Abfragecaches experimentieren. Ist er zu klein, verlieren zwischengespeicherte Abfragen zu häufig ihre Gültigkeit. Ist er zu groß, kann das Durchsuchen relativ lange dauern. Außerdem ließe sich der RAM dann sinnvoller für andere Dinge wie mehr Webserverprozesse, Memcache oder als Dateicache für das Betriebssystem verwenden.

> **Tipp**
>
> Einen schnellen Überblick über die Werte einiger wichtiger MySQL-Variablen bekommen Sie, wenn Sie VERWALTEN > BERICHTE > STATUSBERICHT aufsuchen und auf die MySQL-Versionsnummer klicken. Auf dieser Seite können Sie auch prüfen, ob der Abfragecache aktiviert ist.

Aufwändige Abfragen ermitteln

Müssen Sie ein Gefühl dafür entwickeln, was beim Erstellen einer bestimmten Seite abläuft, ist *devel.module* von unschätzbarem Wert. Es hat eine Option zur Anzeige sämtlicher Abfragen, die zum Erstellen der Seite erforderlich sind, und ihrer Ausführungsdauer. In Kapitel 21 können Sie Einzelheiten darüber nachlesen, wie Sie mit *devel.module* und der EXPLAIN-Syntax Datenbankabfragen erkennen und optimieren.

Eine andere Methode, herauszufinden, welche Abfragen zu lange dauern, bietet die Protokollierung langsamer Abfragen in MySQL mithilfe der MySQL-Optionsdatei (*my.cnf*):

```
# The MySQL server
[mysqld]
log-slow-queries
```

Damit zeichnen Sie alle Abfragen, die länger als 10 Sekunden dauern, in einer Protokolldatei in *example.com-slow.log* im Datenverzeichnis von MySQL auf. Die Dauer und den Speicherort können Sie wie im folgenden Code ändern, in dem wir die Schwelle für langsame Abfragen auf 5 und den Dateinamen auf *example-slow.log* setzen:

```
# The MySQL server
[mysqld]
long_query_time = 5
log-slow-queries = /var/log/mysql/example-slow.log
```

Ressourcenintensive Seiten ermitteln

Um festzustellen, welche Seiten die meisten Ressourcen beanspruchen, aktivieren Sie das zu Drupal gehörende Statistikmodul. Es erhöht zwar die Belastung Ihres Servers (weil es Zugriffsdaten für die Datenbank Ihrer Site aufzeichnet), aber das Ergebnis zeigt, welche Seiten am ehesten reif für die Abfrageoptimierung sind. Außerdem verfolgt es die Gesamtzeit für die Seitenerstellung über einen Zeitraum, den Sie in VERWALTEN > BERICHTE > ZUGRIFF AUF PROTOKOLLEINSTELLUNGEN festlegen können. Damit lassen sich unkontrollierte Webcrawler ermitteln, die Systemressourcen verschlingen, und anschließend über VERWALTEN > BERICHTE > HÄUFIGSTE BESUCHER mit einem Klick auf BAN ausschließen. Seien Sie trotzdem vorsichtig – genauso einfach ist es, einen guten Crawler auszuschließen, der Datenverkehr auf Ihre Site bringt. Denken Sie daran, die Herkunft des Crawlers zu ermitteln, bevor Sie ihn ausschließen.

Aufwändigen Code ermitteln

Betrachten Sie den folgenden ressourcenverschlingenden Code:

```
// Sehr aufwändige, dumme Methode, um Node-Titel abzurufen.
// Zuerst fragen wir die Node-IDs aller veröffentlichten Nodes ab.
$sql = "SELECT n.nid FROM {node} n WHERE n.status = 1";

// Wir verpacken unsere Node-Abfrage in db_rewrite_sql(), damit der
// Node-Zugriff respektiert wird.
$result = db_rewrite_sql(db_query($sql));

// Jetzt führen wir für jeden Node node_load() aus.
while ($data = db_fetch_object($result)) {
  $node = node_load($data->nid);

  // Wir speichern die Titel.
  $titles[$node->nid] = check_plain($node->title);
}
```

Das vollständige Laden eines Nodes ist sehr aufwändig: Hooks werden ausgeführt, Module führen Datenbankabfragen durch, um den Node hinzuzufügen oder zu ändern, und der Speicher wird benutzt, um den Node im internen Cache von node_load() zwischenzuspeichern. Ist es nicht notwendig, dass ein Modul den Node ändert, geht es schneller, die Node-Tabelle direkt abzufragen. Es handelt sich hier natürlich um ein konstruiertes Beispiel, aber das Muster ist oft anzutreffen. Häufig werden Daten mit mehreren Abfragen gewonnen, die sich zu einer einzigen zusammenfassen lassen, oder Nodes werden geladen, obwohl es überflüssig ist.

> **Tipp**
>
> Wird ein Node bei einer Anforderung mehrmals geladen, nutzt Drupal seinen internen Cachingmechanismus (eine statische Variable). Wird zum Beispiel `node_load()` aufgerufen, wird Node 1 vollständig geladen und zwischengespeichert. Erfolgt in derselben Anforderung ein weiterer Aufruf von `node_load(1)`, gibt Drupal die zwischengespeicherten Ergebnisse für den zuvor geladenen Node mit derselben ID zurück.

Tabellen optimieren

Die Langsamkeit von SQL kann durch die schlechte Implementierung von SQL-Tabellen in Modulen aus der Community bedingt sein. Die Ursache kann beispielsweise in Spalten ohne Indizes liegen. Wie Abfragen von MySQL ausgeführt werden, sehen Sie, wenn Sie einer der Abfragen, die im Protokoll für langsame Abfragen erfasst sind, das Präfix EXPLAIN voranstellen und sie an MySQL weitergeben. Als Ergebnis erhalten Sie eine Tabelle, die die verwendeten Indizes zeigt. In einem guten Buch über MySQL finden Sie weitere Informationen.

Abfragen manuell zwischenspeichern

Müssen Sie sehr aufwändige Abfragen durchführen, lassen sich die Ergebnisse möglicherweise von Ihrem Modul manuell zwischenspeichern. In Kapitel 15 können Sie Einzelheiten über die Cache-API von Drupal nachlesen.

Den Tabellentyp von MyISAM in InnoDB ändern

Häufig werden als Speicher-Engines für MySQL, die auch als *Tabellentypen* bezeichnet werden, MyISAM und InnoDB gewählt. Standardmäßig verwendet Drupal MyISAM.

MyISAM arbeitet mit Sperren auf Tabellenebene, InnoDB dagegen mit solchen auf Zeilenebene. *Sperren* sind wichtig, um die Integrität der Datenbank zu bewahren. Sie verhindern, dass zwei Datenbankprozesse versuchen, gleichzeitig dieselben Daten zu aktualisieren. In der Praxis bedeutet der Unterschied zwischen den Sperrverfahren, dass in MyISAM bei Schreibvorgängen der Zugriff auf eine ganze Tabelle blockiert ist. Auf einer gefragten Drupal-Site, auf der viele Kommentare abgegeben werden, sind damit alle Lesevorgänge blockiert, während ein neuer Kommentar eingefügt wird. In InnoDB ist dieses Problem geringer, weil nur die vom Schreiben betroffenen Zeilen blockiert werden, während die Server-Threads, die die verbleibenden Zeilen berühren, weiterlaufen. Mit MyISAM lassen sich Tabellen allerdings schneller lesen, und die Werkzeuge für Datenpflege und Wiederherstellung sind ausgereifter. Unter *http://dev.mysql.com/tech-resources/articles/storage-engine/part_1.html* und *http://dev.mysql.com/doc/refman/5.1/en/storage-engines.html* finden Sie weitere Informationen über die Tabellenspeicherarchitektur von MySQL.

Um zu prüfen, ob Tabellensperren die Ursache für geringe Leistung darstellen, können Sie die Sperrdauer in den Statusvariablen Table_locks_immediate und Table_locks_waited von MySQL einsehen.

```
mysql> SHOW STATUS LIKE 'Table%';
+-----------------------+---------+
| Variable_name         | Value   |
+-----------------------+---------+
| Table_locks_immediate | 1151552 |
| Table_locks_waited    | 15324   |
+-----------------------+---------+
```

Table_locks_immediate gibt an, wie oft eine Tabellensperre unmittelbar erworben wurde, Table_locks_waited, wie oft sich eine Sperre nicht unmittelbar einrichten ließ und eine Wartezeit erforderlich war. Wenn der zweite Wert hoch ist und Sie Probleme mit der Geschwindigkeit haben, sollten Sie umfangreiche Tabellen teilen. Sie können beispielsweise eine eigene Cachetabelle für ein benutzerdefiniertes Modul einrichten oder überlegen, wie sich die Größe oder die Häufigkeit der Tabellensperrbefehle reduzieren lässt. Bei einigen Tabellen, zum Beispiel *cache_**, *watchdog* und *accesslog*, können Sie über die Drupal-Verwaltungsoberfläche die Lebensdauer der Daten herabsetzen. Außerdem trägt es zur Verkleinerung dieser Tabellen bei, wenn Sie dafür sorgen, dass cron mindestens einmal stündlich ausgeführt wird.

Da Drupal sehr unterschiedlich eingesetzt werden kann, sind allgemeine Empfehlungen unmöglich, welche Tabelle welche Engine verwenden soll. Gute Kandidaten für den Wechsel zu InnoDB sind im Allgemeinen jedoch die Tabellen *cache*, *watchdog*, *sessions* und *accesslog*. Der Wechsel ist glücklicherweise sehr einfach:

```
ALTER TABLE accesslog TYPE='InnoDB';
```

Der Wechsel sollte natürlich erfolgen, wenn die Site offline ist und eine aktuelle Datensicherung vorliegt, und Sie sollten wissen, wie sich InnoDB- und MyISAM-Tabellen unterscheiden.

> **Hinweis**
>
> Drupal 6 verwendet den Befehl LOCK TABLES nicht im Core-Code, auch wenn die Datenbank-API für Module aus der Community die Befehle db_lock_table() und db_unlock_tables() bereitstellt, falls sie benötigt werden.

Um die Leistung von MySQL zu verbessern, sollten Sie sich das entsprechende Skript unter der Adresse *http://www.day32.com/MySQL/* ansehen, das Vorschläge für die Servervariablen enthält.

Memcached

Beim Verschieben von Daten auf oder von einem langsameren Gerät wie einer Festplatte erfährt das System häufig eine Leistungsbeeinträchtigung. Wie wäre es, diesen Vorgang für Daten, die verloren gehen dürfen (beispielsweise Sitzungsdaten), ganz und gar zu umgehen? Memcached ist ein System, das den Arbeitsspeicher liest und beschreibt. Es ist komplizierter einzurichten als andere in diesem Kapitel vorgeschlagene Lösungen, aber der Erwähnung wert, wenn die Skalierbarkeit Ihres Systems verbessert werden soll.

Drupal verfügt über einen integrierten Datenbankcache für Seiten, Menüs und andere Drupal-Daten, und MySQL kann häufige Abfragen zwischenspeichern. Was geschieht aber, wenn Ihre Datenbank überlastet ist? Sie können entweder einen weiteren Datenbankserver kaufen oder die Datenbank vollkommen entlasten, indem Sie einiges nicht dort, sondern im Arbeitsspeicher ablegen. Die Memcached-Bibliothek (siehe *http://www.danga.com/memcached*) und die PECL-Memcache-PHP-Erweiterung (siehe *http://pecl.php.net/package/memcache*) sind dafür genau richtig.

Das Memcached-System speichert beliebige Daten im RAM und stellt sie möglichst schnell bereit. Diese Art der Übermittlung geht schneller als alles, was auf Festplattenzugriffen beruht. Memcached speichert Objekte und verweist jeweils mit einem eindeutigen Schlüssel darauf. Der Programmierer legt fest, welche Objekte in Memcached abgelegt werden. Memcached kennt weder den Typ noch die Natur dessen, was eingegeben wird, sondern betrachtet alles als einen Haufen Bits mit Schlüsseln zum Abrufen.

Der Vorteil des Systems liegt in seiner Einfachheit. Wenn Entwickler Code zur Nutzung von Memcached schreiben, können sie die Daten dort zwischenspeichern, die sie für die wesentliche Ursache von Engpässen halten, also zum Beispiel die Ergebnisse von sehr häufig durchgeführten Datenbankabfragen (etwa zur Ermittlung von Pfaden) oder sogar komplexe Konstruktionen wie vollständig erstellte Nodes und Taxonomievokabulare, die zahlreiche Datenbankabfragen und umfangreiche PHP-Verarbeitung voraussetzen. Ein Memcache-Modul für Drupal und eine Drupal-spezifische API für die Arbeit mit der Memcache-PECL-Schnittstelle finden Sie unter *http://drupal.org/project/memcache*.

22.2 Drupal-spezifische Optimierungen

Die meisten Optimierungen für Drupal finden in anderen Schichten der Software statt, aber auch in Drupal selbst gibt es einige Schalter und Hebel, die erhebliche Leistungsgewinne bringen.

22.2.1 Seitencaching

Manchmal übersieht man die einfachen Dinge, weshalb sie hier noch einmal erwähnt werden sollen. Drupal verfügt über eine eingebaute Methode zur Entlastung der Datenbank, nämlich das Senden und Speichern komprimierter zwischengespeicherter Seiten, die von anonymen Benutzern angefordert wurden. Wenn Sie den Cache aktivieren, reduzieren Sie die Seiten im Grunde auf eine einzige Abfrage, die die zahlreichen Abfragen ersetzt, die sonst erforderlich gewesen wären. Das Caching ist in Drupal standardmäßig deaktiviert. Es lässt sich über VERWALTEN > EINSTELLUNGEN > LEISTUNG einrichten. Weitere Informationen dazu finden Sie in Kapitel 15.

22.2.2 Bandbreitenoptimierung

Auf der Seite VERWALTEN > EINSTELLUNGEN > LEISTUNG finden Sie eine weitere Optimierungsmöglichkeit, um die Anzahl der Anforderungen an den Server zu verringern. Ist die Funktion *CSS-Dateien optimieren* aktiviert, komprimiert Drupal die von Modulen angelegten CSS-Dateien und fasst sie zu einer einzigen Datei im Verzeichnis *css* innerhalb des Dateisystempfads zusammen. Die Funktion *JavaScript-Dateien optimieren* verkettet mehrere Dateien und legt die entstehende Datei in einem Verzeichnis namens *js* im Dateisystempfad ab, was die Anzahl der HTTP-Anforderungen pro Seite sowie die Gesamtgröße der heruntergeladenen Seite reduziert.

Beim Abrufen der Seite aus dem Cache stellt Drupal fest, ob der Browser die `gzip`-Komprimierung unterstützt. In diesem Fall wird einfach die zwischengespeicherte, komprimierte Seite zurückgegeben, andernfalls werden die Daten im Cache mit `gzinflate()` dekomprimiert und dann gesendet. In der Funktion `drupal_page_cache_header()` in *includes/bootstrap.inc* können Sie Einzelheiten dazu nachlesen.

22.2.3 Die Sitzungstabelle aufräumen

Drupal legt Benutzersitzungen nicht in Dateien, sondern in seiner Datenbank ab (siehe Kapitel 16), was die Einrichtung auf mehreren Computern vereinfacht, aber auch zusätzlichen Aufwand für die Datenbank zur Verwaltung der Sitzungsdaten mit sich bringt. Wird eine Site täglich von mehreren zehntausend Benutzern aufgesucht, können Sie leicht verfolgen, wie diese Tabelle wächst.

Mit PHP haben Sie in der Hand, wie oft alte Sitzungseinträge gelöscht werden. Die betreffenden Drupal-Einstellungen finden Sie in der Datei *settings.php*.

```
ini_set('session.gc_maxlifetime', 200000); // 55 Stunden (in
                                           // Sekunden)
```

Die Standardeinstellung für die Ausführung der Garbage Collection beträgt etwas über zwei Tage. Meldet sich ein Benutzer zwei Tage lang nicht an, wird seine Sitzung daher gelöscht. Wenn Ihre Sitzungstabelle schwerfällig wird, sollten Sie sie häufiger aufräumen.

22.2 Drupal-spezifische Optimierungen

```
ini_set('session.gc_maxlifetime', 86400); // 24 Stunden (in
                                          // Sekunden)
ini_set('session.cache_expire', 1440);    // 24 Stunden (in Minuten)
```

Beim Anpassen von `session.gc_maxlifetime` ist es sinnvoll, denselben Wert auch für die Einstellung `session.cache_expire` zu verwenden, der die Lebensdauer zwischengespeicherter Seiten der Sitzung festlegt. Beachten Sie, dass die zweite Einstellung den Wert in Minuten angibt.

22.2.4 Den Datenverkehr authentifizierter Benutzer verwalten

Da Drupal zwischengespeicherte Seiten für anonyme Benutzer bereitstellen kann, die die interaktiven Komponenten von Drupal normalerweise nicht benötigen, ist es sinnvoll, eine Grenze dafür festzulegen, wie lange Benutzer angemeldet bleiben, oder sie – was noch besser ist – nach dem Schließen des Browserfensters abzumelden. Dazu ändern Sie die Lebensdauer von Cookies in der Datei *settings.php*. In der folgenden Zeile setzen wir den Wert auf 24 Stunden:

```
ini_set('session.cookie_lifetime', 86400); // 24 Stunden (in
                                           // Sekunden)
```

Und nun melden wir Benutzer beim Schließen des Browserfensters ab:

```
ini_set('session.cookie_lifetime', 0); // Beim Schließen des
                                       // Browserfensters.
```

Der Standardwert in *settings.php* (2.000.000 Sekunden) erlaubt dem Benutzer, etwas mehr als drei Wochen angemeldet zu bleiben (solange die Garbage Collection die Zeile für seine Sitzung nicht aus der Tabelle *sessions* gelöscht hat).

22.2.5 Fehlerprotokolle straffen

Für Modulentwickler stellt Drupal die Funktion `watchdog()` bereit, die Informationen in einem Protokoll ablegt. Von Haus aus ist eine Unterstützung für Protokollierung in der Datenbank und in Syslog verfügbar.

Schweregrade

Die Schweregrade, die PHP-Code im Zusammenhang mit `watchdog()` verwenden kann, erfüllen RFC 3164. Sie sind in Tabelle 22.1 zusammengefasst.

Drupal-Konstante	Integerwert	Schweregrad
WATCHDOG_EMERG	0	Notfall: System ist unbenutzbar
WATCHDOG_ALERT	1	Alarm: Sofortiges Handeln erforderlich

Tabelle 22.1: Konstanten und Schweregrade des Watchdog-Systems von Drupal

Drupal-Konstante	Integerwert	Schweregrad
WATCHDOG_CRITICAL	2	Kritisch: Kritische Bedingungen
WATCHDOG_ERROR	3	Fehler: Fehlerhafte Bedingungen
WATCHDOG_WARNING	4	Warnung: Bedingungen, die eine Warnung erfordern
WATCHDOG_NOTICE	5	Achtung: Normaler, aber beobachtungsbedürftiger Zustand
WATCHDOG_INFO	6	Information: Informative Meldungen
WATCHDOG_DEBUG	7	Debug: Meldungen für das Debugging

Tabelle 22.1: Konstanten und Schweregrade des Watchdog-Systems von Drupal (Forts.)

Protokollierung in der Datenbank

Im Lieferzustand von Drupal ist das Modul für die Datenbankprotokollierung standardmäßig aktiviert. Die Einträge können Sie über VERWALTEN > BERICHTE > NEUE LOG-EINTRÄGE einsehen. Die Tabelle *watchdog* in der Datenbank mit diesen Einträgen kann sehr schnell wachsen, wenn sie nicht regelmäßig aufgeräumt wird. Stellen Sie fest, dass ihre Größe Ihre Site bremst, passen Sie die Einstellungen unter VERWALTEN > EINSTELLUNGEN > PROTOKOLLIERUNG UND WARNUNGEN > DATENBANK-PROTOKOLLIERUNG an, um sie schlank und rank zu halten. Beachten Sie dabei, dass diese Einstellung erst bei der nächsten Ausführung von cron wirksam wird. Erfolgt diese nicht regelmäßig, kann die Tabelle *watchdog* uneingeschränkt wachsen, was eine erhebliche Belastung bedeutet.

Protokollierung in Syslog

Das zum Drupal-Core gehörende Modul *syslog*, das standardmäßig deaktiviert ist, hält mithilfe der PHP-Funktion syslog() Aufrufe von watchdog() im Betriebssystemprotokoll fest. Dieser Ansatz macht Schreibvorgänge in der Datenbank überflüssig, wie sie das Datenbankprotokollierungsmodul vornimmt.

22.2.6 cron ausführen

Die Einrichtung von cron wird häufig übersehen, obwohl es sich um Schritt 7 der Drupal-Installationsanleitung handelt. Das kann eine Drupal-Site in die Knie zwingen. Wenn cron für eine Drupal-Site nicht ausgeführt wird, füllt sich die Datenbank mit Protokollmeldungen, alten Cacheeinträgen und anderen statistischen Daten, die das System sonst regelmäßig löscht. Es hat sich bewährt, cron frühzeitig im Rahmen der normalen Installation einzurichten. In Schritt 7 der Drupal-Datei *INSTALL.txt* finden Sie weitere Informationen dazu.

22.2 Drupal-spezifische Optimierungen

> **Tipp**
>
> Wenn Ihre Situation kritisch ist, weil cron für eine Site mit hohem Datenverkehr noch nie oder einfach nicht oft genug ausgeführt wurde, können Sie einen Teil der Tätigkeiten manuell vornehmen. Sie können die Cachetabellen jederzeit leeren (TRUNCATE TABLE 'cache', TRUNCATE TABLE 'cache_filter' und TRUNCATE TABLE 'cache_page'), denn sie werden automatisch neu angelegt. In einer Zwangslage können Sie auch die Tabellen *watchdog* und *sessions* aufräumen, um zu versuchen, eine außer Kontrolle geratene Drupal-Site wieder in den Griff zu beikommen. Beim Entfernen von *watchdog*-Einträgen gehen alle Fehlermeldungen verloren, die auf Probleme mit der Site hinweisen. Sollen sie erhalten bleiben, können Sie vorher eine Datenbanksicherung der Tabelle anlegen. Beim Kappen der Tabelle *sessions* werden die angemeldeten Benutzer abgemeldet.

22.2.7 Automatische Drosselung

Das zum Drupal-Core gehörende Modul *throttle.module* misst die Auslastung der Site, indem es die Anzahl der aktuellen Benutzer feststellt und sie abschaltet, wenn die vom Administrator festgelegte Schwelle erreicht ist. Bei der Einrichtung einer Site sollten Sie dieses Modul aktivieren, um für den Fall vorbereitet zu sein, dass eine Site Schlagzeilen macht und die Massen auf Ihren Server lockt. Die eigentliche Drosselung verursacht einigen Aufwand. Daher sollten Sie auch andere Lösungen wie zum Beispiel Memcached in Erwägung ziehen.

Das Throttle-Modul aktivieren

Beim Aktivieren des Throttle-Moduls sehen Sie, dass auf der Verwaltungsseite für Module einige zusätzliche Kontrollkästchen erscheinen. Sie können nicht nur festlegen, ob ein Modul aktiviert wird, sondern außerdem, ob es gedrosselt wird. Wenn ein Modul aufgrund hohen Datenverkehrs gedrosselt ist, erscheint es nicht in der von module_list() zurückgegebenen Liste der aktiven Module. Gedrosselte Module sind praktisch deaktiviert.

Es liegt auf der Hand, dass Sie sorgfältig überlegen müssen, für welche Module Sie die Drosselung vorsehen. Gute Kandidaten sind solche, die etwas weniger Wichtiges tun, aber Prozessorzeit belegen oder viele Datenbankabfragen durchführen. Core-Module lassen sich nicht drosseln (weil sie erforderlich sind, damit Drupal korrekt funktioniert), verstehen diese Funktion aber möglicherweise und bieten eigene Optionen für die Reduzierung der Verarbeitungszeit, wenn die Site gedrosselt wird. Das Blockmodul kann zum Beispiel nicht gedrosselt werden, wohl aber einzelne Blöcke (siehe Abbildung 22.2).

Block	Region	Lastreduzierung	Operationen
Linke Seitenleiste			
⊕ Benutzeranmeldung	Linke Seitenleiste ▼	☐	Konfigurieren
⊕ Navigation	Linke Seitenleiste ▼	☐	Konfigurieren
Rechte Seitenleiste			
⊕ Neue Mitglieder	Rechte Seitenleiste ▼	☑	Konfigurieren
⊕ Wer ist online	Rechte Seitenleiste ▼	☑	Konfigurieren
Inhalt			
Keine Blöcke in dieser Region			
Kopfbereich			
⊕ Suchformular	Kopfbereich ▼	☑	Konfigurieren
Fußzeile			
⊕ Powered by Drupal	Fußzeile ▼	☐	Konfigurieren
Deaktiviert			
⊕ Neueste Kommentare	<Keine> ▼	☐	Konfigurieren

[Blöcke speichern]

Abbildung 22.2: Unter hoher Belastung zeigt diese Site das Suchformular am oberen Rand oder die Blöcke »Neue Mitglieder« und »Wer ist online« in der rechten Sidebar nicht an, wohl aber den Navigations- und den Anmeldeblock in der linken Sidebar und den Block »Powered by Drupal« am unteren Seitenende.

Das Throttle-Modul konfigurieren

Um den Drosselmechanismus auszulösen, müssen Sie einen Schwellenwert und eine Abfragefrequenz festlegen. Nach der Aktivierung des Throttle-Moduls erfolgt dies über VERWALTEN > EINSTELLUNGEN > LASTREDUZIERUNG.

Schwellenwerte festlegen

Sie können zwei Schwellenwerte eingeben: bei welcher Anzahl anonymer und bei welcher Anzahl authentifizierter Benutzer die Drosselung beginnen soll. Da anonyme Benutzer weniger Ressourcen belegen als angemeldete, sollte der Wert für Erstere höher sein. Die genauen Einstellungen hängen von der Site ab.

Die Anzahl der Benutzer wird für einen bestimmten Zeitraum erfasst, den Sie in den Einstellungen für den Block »Who's online« festlegen und in der Drupal-Variable `user_block_seconds_online` speichern. Der Standardwert beträgt, wie Sie in Abbildung 22.3 sehen, 900 Sekunden (15 Minuten).

22.2 Drupal-spezifische Optimierungen

```
Startseite » Verwalten » Strukturierung » Blöcke
 ‚Wer ist online'-Block
   ▼ Blockspezifische Einstellungen
  Blocktitel:
  [                    ]
  Den Standardtitel des Blocks ändern. Mit <none> wird kein Titel angezeigt, wenn das Feld leer ist, wird der
  Standardtitel verwendet.
  Benutzeraktivität:
  [ 15 Minuten    ▼ ]
  Ein Benutzer gilt für diesen Zeitraum als „online", nachdem er das letzte Mal eine Seite betrachtet hat.
  Länge der Benutzerliste:
  [ 10 ▼ ]
  Beeinflusst den „Wer ist online"-Block und bestimmt, wie viele aktive Benutzer höchstens angezeigt werden.
```

Abbildung 22.3: Wie lange ein Besucher nach seinem letzten Besuch als »online« gilt, wird im Feld Benutzeraktivität der Einstellungen für den Block »Wer ist online« festgelegt

Die Erfassungsfrequenz festlegen

Um als Grundlage für den Throttle-Mechanismus die Auslastung der Site zu ermitteln, muss das Throttle-Modul die Datenbank abfragen, was den Datenbankserver zusätzlich belastet. Die Häufigkeit dieser Prüfungen (eigentlich die Wahrscheinlichkeit, dass bei einer bestimmten Anforderung eine Prüfung erfolgt) legen Sie mit der Einstellung LIMIT FÜR DIE WAHRSCHEINLICHKEIT DER AUTOMATISCHEN LASTREDUZIERUNG fest. Beim Wert 20% erfolgt die Abtastung zum Beispiel bei einer von jeweils fünf Anforderungen.

Module und Themes drosselungsfähig gestalten

Der Throttle-Mechanismus ist ein- oder ausgeschaltet. Wenn Sie eigene Module und Themes schreiben, können Sie auf den Throttle-Status reagieren:

```
// Fragt den Throttle-Status ab.
// Wir rufen throttle_status() nicht direkt auf, sondern benutzen
// module_invoke(), was auch funktioniert, wenn
// throttle.module deaktiviert wurde.
$throttle = module_invoke('throttle', 'status');
if (!$throttle) {
// Throttle ist aus.
// Hier folgen weniger wichtige CPU-intensive Aufgaben.
}
```

> **Tipp**
>
> Werden im Rahmen Ihres Themes umfangreiche, aber nicht zwingend erforderliche Mediendateien bereitgestellt, können Sie dies mithilfe der Drosselung vorübergehend stoppen, um die erforderliche Bandbreite bei starker Nachfrage Ihrer Site zu reduzieren.

22.3 Architekturen

Für Drupal stehen dieselben Architekturen wie für alle Programme der LAMP-Kombination zur Verfügung. Dies gilt auch für die Skalierungstechniken. Daher konzentrieren wir uns auf die Drupal-spezifischen Tipps und häufig auftretende Fehler bei verschiedenen Architekturen.

22.3.1 Einzelner Server

Dies ist die einfachste Architektur. Der Webserver und die Datenbank sind auf demselben Server untergebracht, der gemeinsam für mehrere oder dediziert für eine Website genutzt werden kann. Auch wenn zahlreiche kleine Drupal-Sites auf gemeinsam genutzten Hosts bereitwillig laufen, sollte ernsthaftes Webhosting, bei dem Sie mit Wachstum rechnen, auf einem dedizierten Host stattfinden.

Eine Architektur mit nur einem Server ist leicht einzurichten, weil alles auf einem einzigen Rechner stattfindet. Die Kommunikation zwischen dem Webserver und der Datenbank ist ebenfalls schnell, weil es keine Latenz durch die Übertragung von Daten über ein Netzwerk gibt. Natürlich ist ein Prozessor mit mehreren Kernen sinnvoll, damit sich der Webserver und die Datenbank nicht um Prozessorzeit streiten müssen.

22.3.2 Eigener Datenbankserver

Wenn bei Ihnen die Datenbank den Engpass bildet, brauchen Sie möglicherweise einen eigenständigen leistungsfähigen Datenbankserver. Dass dabei Anforderungen über ein Netzwerk gesendet werden, bringt zwar einen gewissen Zusatzaufwand mit sich, der die Leistung beeinträchtigt, aber die Skalierbarkeit wird verbessert.

> **Hinweis**
>
> Wenn Sie mit mehreren Servern arbeiten, sollten Sie dafür sorgen, dass sie über ein schnelles lokales Netzwerk verbunden sind.

22.3.3 Eigenständiger Datenbankserver und Webservercluster

Das Vorhandensein mehrerer Webserver bietet Ausfallsicherheit und führt dazu, dass mehr Datenverkehr gehandhabt werden kann. Für einen Cluster sind mindestens zwei Webserver erforderlich. Außerdem benötigen Sie eine Möglichkeit, den Verkehr zwischen den beiden Rechnern umzuschalten. Wenn ein Rechner nicht mehr reagiert, sollte der Rest des Clusters die Last übernehmen können.

Load Balancing

Loadbalancer verteilen den Datenverkehr auf die einzelnen Server. Für die Verteilung anderer Ressourcen, beispielsweise von Festplatten und Datenbanken, gibt es andere Methoden, doch hier geht es ausschließlich um die Verteilung von HTTP-Anforderungen. Sind mehrere Webserver vorhanden, ermöglichen Loadbalancer eine Fortsetzung der Webdienste bei einem Ausfall oder der Wartung eines Servers. Es gibt zwei grundlegende Typen von Loadbalancern: Solche auf Softwarebasis sind billiger oder sogar kostenlos, erfordern aber mehr fortlaufende Pflege und Verwaltungsaufwand als solche in Form von Hardware. Linux Virtual Server (*http://www.linuxvirtualserver.org/*) ist eines der beliebtesten Programme auf Linux-Basis. Loadbalancer in Form von Hardware sind teuer, weil sie fortgeschrittenere Algorithmen zum Umschalten der Server enthalten, und arbeiten tendenziell zuverlässiger als Softwarelösungen.

Das Vorhandensein mehrerer Webserver ermöglicht nicht nur Load Balancing, sondern bringt auch Komplikationen mit sich, in erster Linie beim Hochladen von Dateien und hinsichtlich der serverübergreifenden Konsistenz der Codebasis.

Dateiupload und Synchronisierung

Wird Drupal auf einem einzigen Webserver ausgeführt, so werden die hochgeladenen Dateien üblicherweise im Drupal-Verzeichnis *files* abgelegt. Der Speicherort lässt sich unter VERWALTEN > EINSTELLUNGEN > DATEISYSTEM einrichten. Bei mehreren Webservern müssen Sie die folgende Situation vermeiden:

1. Ein Benutzer lädt eine Datei auf Webserver A hoch, und die Datenbank wird entsprechend aktualisiert.
2. Ein Benutzer betrachtet eine Website auf Webserver B, die auf die neue Datei verweist: Datei nicht gefunden!

Natürlich müssen Sie dafür sorgen, dass die Datei auch auf Server B erscheint. Dafür gibt es mehrere Ansätze.

rsync

Das Dienstprogramm `rsync` synchronisiert zwei Verzeichnisse, indem es nur die Dateien kopiert, die geändert wurden. Weiter Informationen können Sie unter *http://samba.anu.edu.au/rsync/* nachlesen. Der Nachteil dieses Ansatzes besteht in der mit der Synchronisierung verbundenen Verzögerung und im doppelten Vorhandensein aller hochgeladenen Dateien (und den damit verbundenen Kosten).

> **Tipp**
>
> Haben Sie viele Dateien und setzen Sie `rsync` regelmäßig nach Zeitplan ein, kann eine bedingte Synchronisierung sinnvoll sein, die die Tabellen *file* und *upload* prüft und keine Synchronisierung durchführt, wenn diese unverändert sind.

Ein gemeinsam genutztes eingehängtes Dateisystem

Anstatt mehrere Webserver zu synchronisieren, können Sie ein gemeinsam genutztes eingehängtes Dateisystem bereitstellen, das Dateien an einer einzigen Stelle auf einem Dateiserver speichert. Dann können die Webserver den Dateiserver mit einem Protokoll wie NFS (Network File System) einhängen. Dieser Ansatz bietet folgende Vorteile: Sie können ohne Probleme weitere preisgünstige Webserver hinzufügen, und die Ressourcen lassen sich auf einem leistungsfähigen Dateiserver mit einem redundanten Speichersystem wie RAID 5 konzentrieren. Der wesentliche Nachteil besteht darin, dass dieses System einen singulären Ausfallpunkt hat. Fällt Ihr Server oder das eingehängte Dateisystem aus, gilt dies auch für die Site, es sei denn, Sie legen einen Cluster mit Dateiservern an.

Müssen zahlreiche große Mediendateien bereitgestellt werden, kann es am günstigsten sein, sie mit einem schlanken Server wie `lighttpd` auf einem eigenen Server unterzubringen, um die Ausführung zahlreicher langwieriger Prozesse auf dem Webserver zu vermeiden, die mit den von Drupal erledigten Anforderungen in Konflikt geraten. Eine einfache Methode besteht darin, auf Ihren Webservern eine Umschreiberegel einzusetzen, die alle eingehenden Anforderungen eines bestimmten Dateityps auf den statischen Webserver umleitet. Die folgende Regel für Apache schreibt alle Anforderungen von JPEG-Dateien um:

```
RewriteCond %{REQUEST_URI} ^/(.*\.jpg)$ [NC]
RewriteRule .* http://static.example.com/%1 [R]
```

Der Nachteil dieses Ansatzes besteht darin, dass die Zusatzarbeit für die Umleitung des Datenverkehrs auf den Dateiserver immer noch die Webserver erledigen. Besser ist es, alle Datei-URLs innerhalb von Drupal umzuschreiben, damit die Webserver nichts mehr mit der Anforderung statischer Dateien zu tun haben. Allerdings gibt es derzeit keine einfache Methode, diese Änderung im Drupal-Core zu bewirken.

Mehr als ein einzelnes Dateisystem

Wird der Speicherbedarf für ein einzelnes Dateisystem zu groß, werden Sie wahrscheinlich eigenen Code für die Speicherabstraktion schreiben. Eine Möglichkeit besteht darin, ein ausgelagertes Dateisystem, beispielsweise den Dienst S3 von Amazon, zu verwenden.

22.3.4 Mehrere Datenbankserver

Der Einsatz mehrerer Datenbankserver führt zu höherer Komplexität, weil die eingefügten und aktualisierten Daten serverübergreifend repliziert oder partitioniert werden müssen.

Datenbankreplikation

Bei der Datenbankreplikation von MySQL erfolgen alle Schreibvorgänge auf einer einzigen Masterdatenbank und werden anschließend auf einen oder mehrere Slaves repliziert. Lesevorgänge können in allen Datenbanken stattfinden. In einer mehrschichtigen Architektur können Slaves auch als Master fungieren.

Die aktuelle Problematik beim Betrieb von Drupal in einer Umgebung mit replizierten Datenbanken liegt darin, dass Drupal nicht zwischen Lese- und Schreibvorgängen unterscheidet. Da alle Datenbankabfragen die Datenbankabstraktionsschicht durchlaufen, macht es jedoch keine Mühe, eine solche Unterscheidung vorzusehen, indem die Abfrage nach den Schlüsselwörtern ALTER, CREATE, DELETE, FLUSH, INSERT, LOCK, UPDATE usw. durchsucht und dann an die passende Datenbank weitergeleitet wird. Einige Beispiele für diesen Ansatz finden Sie, wenn Sie unter der Adresse *http://drupal.org* nach »replication« suchen. Ein interessanter Blog-Beitrag steht unter *http://buytaert.net/database-replication-lag*.

Datenbankpartitionierung

Da Drupal mehrere Datenbankverbindungen unterhalten kann, können Sie Ihre Datenbankarchitektur auch auf andere Weise skalieren, nämlich indem Sie einige Tabellen in einer Datenbank auf dem einen und andere in einer Datenbank auf einem anderen Computer unterbringen. Einen Beitrag dazu leistet beispielsweise das Verschieben aller Cachetabellen in eine eigene Datenbank auf einem anderen Server, wobei Sie alle Abfragen dieser Tabellen mithilfe des Präfixmechanismus von Drupal mit Aliasnamen versehen müssen.

22.4 Zusammenfassung

Nachdem Sie dieses Kapitel durchgearbeitet haben, sollten Sie folgende Aufgaben beherrschen:

- Leistungsengpässe beheben
- Einen Webserver optimieren
- Eine Datenbank optimieren
- Drupal-spezifische Optimierungen durchführen
- Architekturen mit mehreren Servern einrichten

23 Installationsprofile

Bei der Installation von Drupal sind bestimmte Module aktiviert und bestimmte Einstellungen ausgewählt. Möglicherweise sind diese Standardwerte aber für Ihren Bedarf nicht geeignet. Die Drupal-Installationsroutine verwendet ein standardmäßiges *Installationsprofil*, in dem sie festgelegt sind. Mit einem eigenen Installationsprofil können Sie die Erstinstallation anpassen, um Ihre Sites mit allen gewünschten Modulen und Einstellungen auszustatten. Möglicherweise arbeiten Sie an einer Universität und wollen ein Installationsprofil mit einem benutzerdefinierten Modul anlegen, das die Infrastruktur der Universität für die Einmalanmeldung (Single Sign-On, SSO) übernimmt, eine neue Rolle für den Siteadministrator erstellt und Ihnen nach Abschluss der Installation eine E-Mail schickt. Das Installationssystem von Drupal gibt Ihnen die Möglichkeit, mit einem Profil die Vorgänge bei der Installation festzulegen. Wie Sie es schreiben, erfahren Sie in diesem Kapitel.

23.1 Der Speicherort der Profile

Ihre Drupal-Site enthält bereits ein Installationsprofil, nämlich das Standardprofil, das zusammen mit Drupal geliefert wird und unter *profiles/default/default.profile* zu finden ist. Wir wollen nun ein neues Profil mit dem Namen `university` anlegen und erstellen dafür die Datei *profiles/university/university.profile*. Fürs Erste schreiben wir nur eine einzige Funktion in die Datei:

```php
<?php
// $Id$

/**
 * Gibt eine Beschreibung des Profils für den Startbildschirm der
 * Installation zurück.
 *
 * @return
 * Ein Array mit den Schlüsseln 'name' und 'description', um dieses
 * Profil zu beschreiben, und optional dem Schlüssel 'language', um
 * die Sprachauswahl für sprachspezifische Profile zu überschreiben,
 * z.B. 'language' => 'fr'.
 */
function university_profile_details() {
  return array(
    'name' => 'Drupal (Customized for Iowa State University)',
```

```
        'description' => 'Select this profile to enable settings typical for a departmental
            website.',
    );
}
```

Beachten Sie, dass wir für die Datei denselben Namen wie für das Verzeichnis des Profils gewählt und ihn mit dem Suffix *.profile* versehen haben und dass alle Funktionen in der Datei *university.profile* mit university_ anfangen.

Da das Auswahlfenster für das Installationsprofil angezeigt wird, bevor die Auswahl des Locales erfolgt, hat es keinen Sinn, die Strings name und description zu übersetzen. Wichtig ist jedoch, dass Sie an den Stellen, an denen Sie normalerweise die Funktion t() benutzen, im verbleibenden Installationsprofil die Funktion st() einsetzen sollten, weil Drupal den Startvorgang noch nicht abgeschlossen hat, wenn die Installationsroutine den Code ausführt, sodass t() nicht zur Verfügung steht. Versucht jemand, unser Installationsprofil beispielsweise ins Französische zu übersetzen, wird die Übersetzung in *profiles/university/translations/fr.po* abgelegt (siehe Kapitel 18).

23.2 Funktionsweise von Installationsprofilen

Die Installationsroutine von Drupal durchsucht zu Beginn das Verzeichnis *profiles* nach möglichen Profilen. Findet sie mehrere, lässt sie den Benutzer entscheiden, welches verwendet werden soll. Wenn Sie nach dem Anlegen des Pofils university.profile und dem Hinzufügen der Funktion university_profile_details() die Seite *http://example.com/install.php* aufrufen, erscheint ein ähnlicher Bildschirm wie in Abbildung 23.1. (Natürlich funktioniert das Profil noch nicht – wir müssen noch mehr tun.)

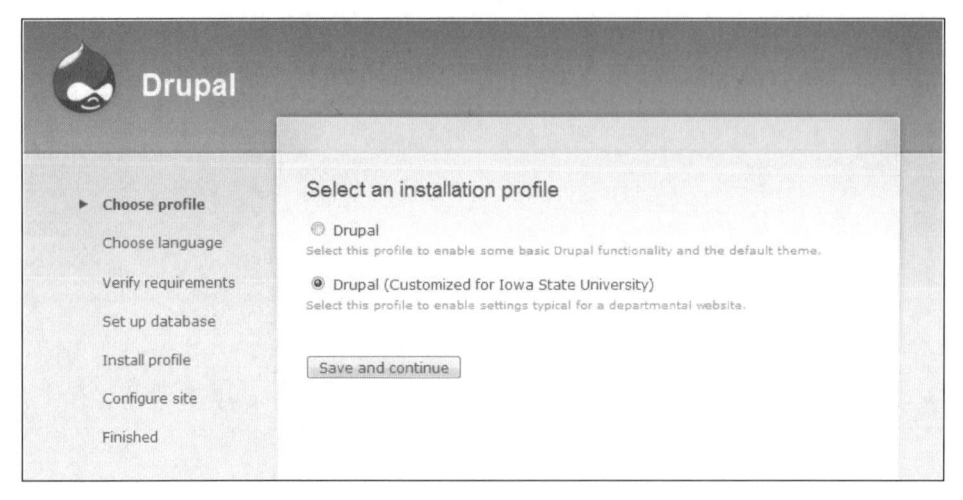

Abbildung 23.1: Drupal überlässt Ihnen die Wahl, welches Profil verwendet werden soll

> **Tipp**
>
> Findet Drupal nur ein Profil, wird es automatisch ausgewählt. Soll Ihr Profil ausgeführt werden, ohne dass der Bildschirm aus Abbildung 23.1 eingeblendet wird, löschen Sie einfach die Datei *profiles/default/default.profile*.

Auch die Drupal-Installationsroutine kommt später auf das Installationsprofil zurück. Einmal geschieht dies, um festzustellen, welche benutzerdefinierten Aufgaben auszuführen sind (um sie in die Liste links auf der Seite einzufügen). Außerdem fragt sie das Profil, welche Module aktiviert werden sollen, und erledigt dies. Am Schluss des Installationsvorgangs übergibt sie die Steuerung an das Installationsprofil, damit es die benutzerdefinierten Aufgaben ausführt. In diesem zweiten Stadium erfolgt die weitere Anpassung von Drupal. Einen Überblick sehen Sie in Abbildung 23.2.

23.2.1 Die zu aktivierenden Module angeben

Welche Module das Installationsprofil aktiviert haben möchte, teilen wir Drupal mit, indem wir die Funktion `university_profile_modules()` hinzufügen (wobei der Name der Funktion wiederum durch Verketten des Profilnamens mit `_profile_modules` entsteht). Die Funktion soll ein Array mit den betreffenden Modulnamen zurückgeben. Ordnen Sie das Array so, dass abhängige Module erst nach denjenigen aufgeführt werden, von denen sie abhängig sind.

```
/**
 * Gibt ein Array mit den bei der Installation des Profils zu
 * aktivierenden  Modulen zurück.
 *
 * Folgende Core-Module werden immer aktiviert:
 * 'block', 'filter', 'node', 'system', 'user'.
 *
 * @return
 * Array mit den zu aktivierenden Modulen.
 */
function university_profile_modules() {
  return array(
    // Aktiviert optionale Core-Module.
    'dblog', 'color', 'help', 'taxonomy', 'throttle', 'search',
      'statistics',
    // Schaltet durch Aktivieren eines Community-Moduls die
    // Einmalanmeldung ein.
    'pubcookie',
  );
}
```

23 Installationsprofile

```
Profil auswählen ──_profile_details()──▶ Installationsprofil
       │
       ▼
  Profil laden
       │
       ▼
 Sprache wählen ──_profile_modules()──▶ Installationsprofil
       │
       ▼
 Welche Module ──_hook_requirements()──▶ Module mit
  aktivieren?                            .install-Dateien
       │
       ▼
   Prüfung der
 Voraussetzungen
       │
       ▼
  ◇ Voraussetzungen ──Ja──▶ ◇ settings.php ──Nein──▶ Benutzer benachrichtigen,
     erfüllt?                beschreibbar?           dass die Installationsroutine
       │                         │                   Schreibberechtigungen
      Nein                      Ja                   braucht
       │                         │
       ▼                         ▼
  Benutzer benach-        settings.php neu
  richtigen, dass            erstellen
 Voraussetzungen                │
      fehlen                    ▼
                          Vollständiger
                         Drupal-Bootstrap
                                │
                                ▼
                             Module
                           installieren
                                │
                                ▼
                          Oberflächen-
                          übersetzungen
                           importieren
                                │
                                ▼
                          Profilaufgaben ──_profile_task_list()──▶ Installationsprofil
                           ermitteln
                                │
                                ▼
                          Vollständiger
                         Drupal-Bootstrap
                                │
                                ▼
                             Letzte ──_profile_task()──▶ Installationsprofil
                        Profilanpassung
```

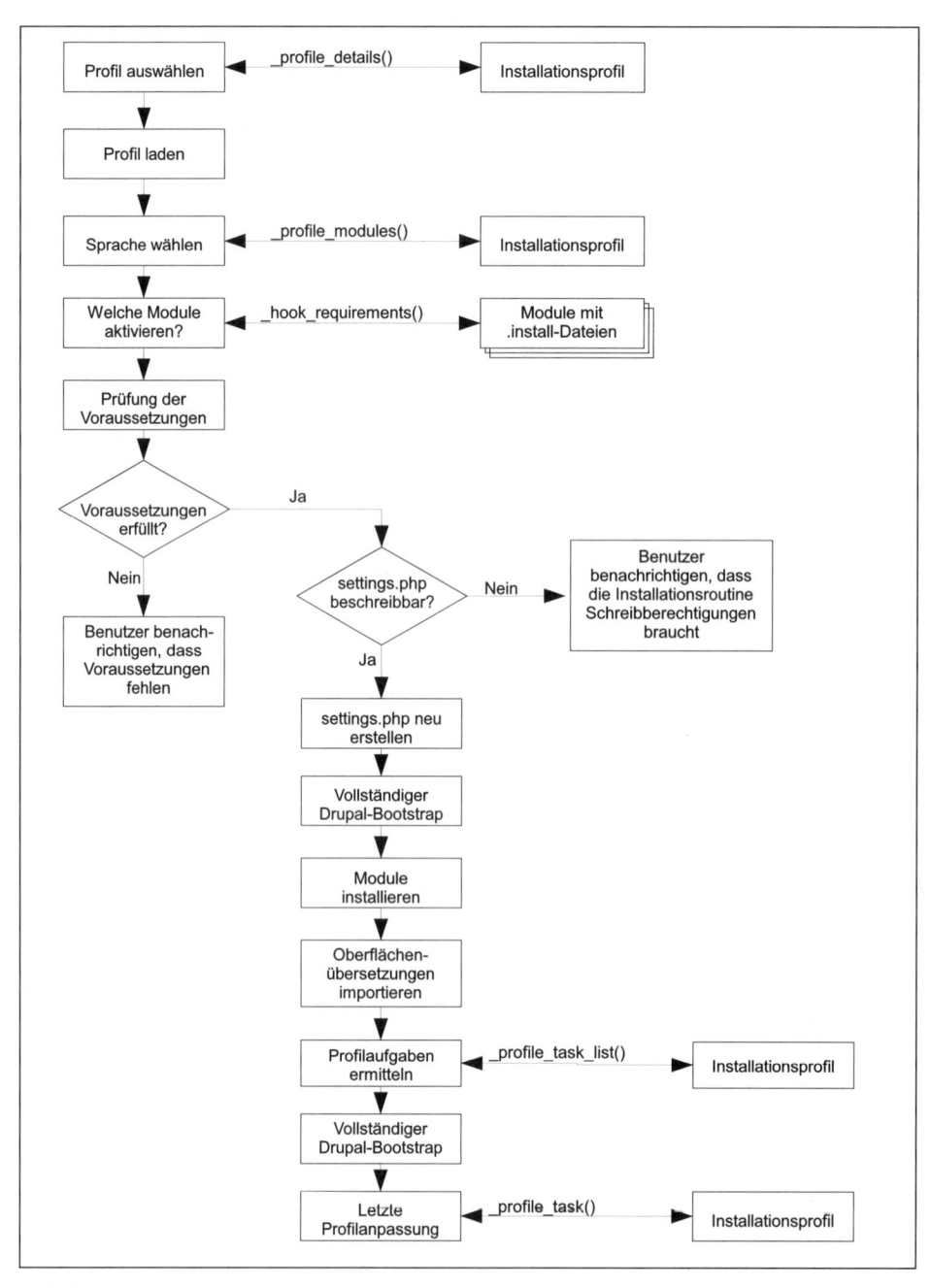

Abbildung 23.2: Interaktion von Installationsroutine und Installationsprofil

23.2 Funktionsweise von Installationsprofilen

Vor der Aktivierung der Module fragt die Installationsroutine alle Module, ob das System, auf dem Drupal installiert wird, die erforderlichen Berechtigungen besitzt, indem sie für jedes Modul die Funktion `hook_requirements('install')` aufruft. Wenn Voraussetzungen fehlen, scheitert die Installation und die Routine meldet, was fehlt.

> **Hinweis**
>
> Der Voraussetzungs-Hook ist optional. Er gibt den Modulen die Möglichkeit zu prüfen, ob die Umgebung in Ordnung ist, bevor die Installation fortgesetzt wird. Ein Modul kann zum Beispiel verlangen, dass mindestens eine bestimmte PHP-Version installiert ist. Der Hook muss in der *.install*-Datei des Moduls enthalten sein. Weitere Informationen über den Hook finden Sie unter *http://api.drupal.org/api/function/hook_requirements/6*.

Die Installationsroutine gewährleistet, dass die Module vorhanden sind, bevor sie aktiviert werden. Sie sucht sie an verschiedenen Stellen (siehe Tabelle 23.1). Da wir das Modul *pubcookie* aktivieren wollen (das nicht zum Drupal-Core gehört), müssen wir dafür sorgen, dass es an einer dieser Stellen zu finden ist, bevor wir das Installationsprofil ausführen.

Verzeichnis	Gespeicherte Module
modules	Moduele des Drupal-Cores
sites/all/modules	Module von Dritten (für alle Sites)
profiles/profilename/modules	Im Installationsprofil enthaltene Module
sites/*/modules	Module im selben Sites-Verzeichnis wie Ihre Datei *settings.php*

Tabelle 23.1: Verzeichnisse, die Drupal-Module enthalten können

Außerdem sucht die Installationsroutine Module, die am selben Ort wie Ihre Datei *settings.php* abgelegt sind. Steht sie in *sites/default*, sucht Drupal also in *sites/default/modules*, steht sie in *sites/example.com*, dann in *sites/example.com/modules*.

23.2.2 Zusätzliche Installationsaufgaben definieren

Beachten Sie die Aufgabenliste in der linken Sidebar von Abbildung 23.1 (CHOOSE PROFILE, CHOOSE LANGUAGE, VERIFY REQUIREMENTS usw.). Wir fügen noch einige Aufgaben hinzu, indem wir sie in unserem Installationsprofil definieren. Dazu schreiben wir eine Funktion, die mit dem Namen des Profils beginnt und mit `_profile_task_list` endet:

```
/**
 * Gibt eine Liste mit Aufgaben zurück, die dieses Profil
 * unterstützt.
 *
```

```
* @return
* Ein mit Schlüsseln versehenes Array der Aufgaben, die das Profil
* in der letzten Phase durchführt. Die Schlüssel werden nur intern
* verwendet, während der Benutzer die Werte in der Aufgabenliste
* der Installationsroutine sehen kann.
*/
function university_profile_task_list() {
  return array(
    'dept-info' => st('Departmental Info'),
    'support-message' => st('Support'),
  );
}
```

Die Aufgaben, die wir nun definieren, erscheinen, nachdem das Profil ausgewählt ist (siehe Abbildung 23.3).

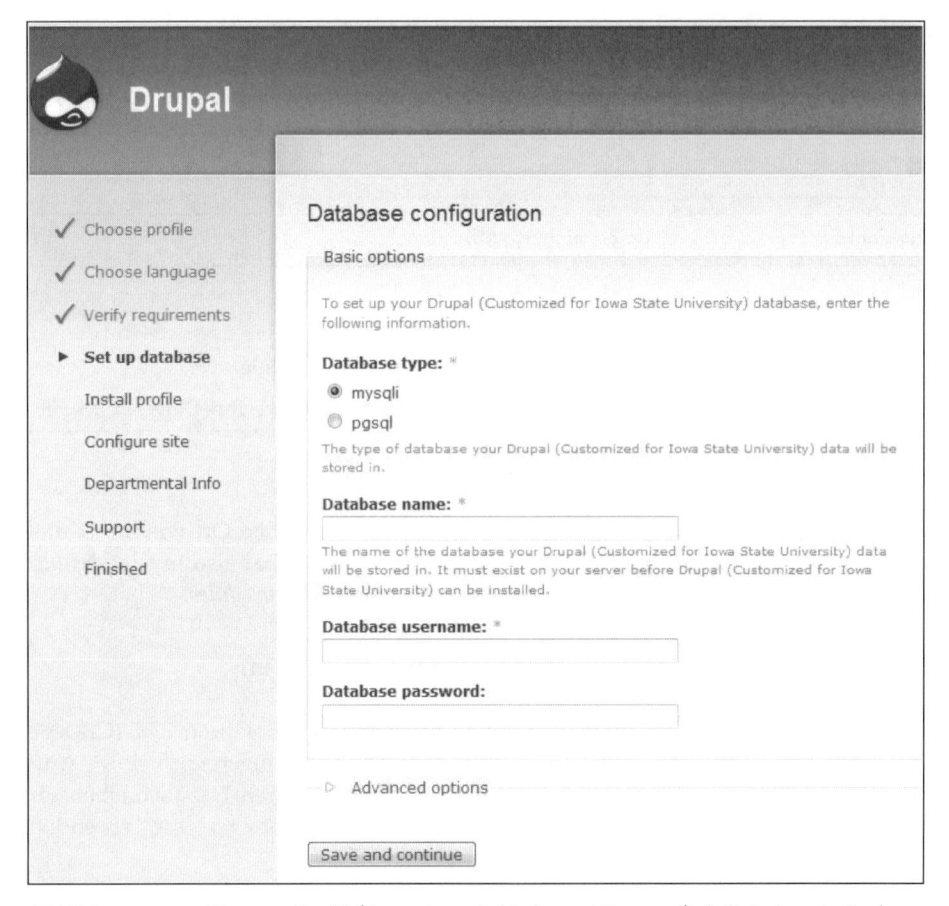

Abbildung 23.3: Die vom Profil (Departmental Info and Support) definierten Aufgaben erscheinen in der linken Sidebar

23.2 Funktionsweise von Installationsprofilen

Die Installationsroutine durchläuft eine Reihe von Aufgaben, sowohl von Drupal vorgegebene als auch solche, die Ihr Installationsprofil definiert. Die eingebauten Aufgaben sind in Tabelle 23.2 zusammengefasst. Achten Sie darauf, dass die Schlüssel, die Sie für das Aufgaben-Array wählen, nicht mit den Bezeichnern dieser Aufgaben in Konflikt geraten.

Bezeichner	Beschreibung
profile-select	Wählt das Profil aus[1]
locale-select	Wählt die Sprache aus
requirements	Überprüft die Voraussetzungen
database	Richtet die Datenbank ein
profile-install	Bereitet einen Modulbatch auf die Installation und die Aktivierung vor
profile-install-batch	Installiert das Profil (Module werden installiert und aktiviert)
locale-initial-import	Bereitet einen Batch von Übersetzungen für den Import vor
locale-initial-batch	Bereitet durch Importieren von .po-Dateien die Übersetzung vor
configure	Konfiguriert die Site (Benutzer füllt Formular aus)
profile	Übergibt die Steuerung an die Funktion _profile_tasks() des Installationsprofils
profile-finished	Bereitet den Batch der verbleibenden Oberflächenübersetzungen für den Import vor
locale-remaining-batch	Richtet die verbliebenen Übersetzungen ein
finished	Informiert den Benutzer, dass die Installation abgeschlossen ist
done	Erstellt die Menüs neu, registriert die Aktionen und zeigt die Startseite an

Tabelle 23.2: Die von der Installationsroutine ausgeführten Aufgaben in der Reihenfolge ihrer Ausführung

Die von Ihnen definierten Aufgaben stellen Schritte im Installationsvorgang dar. Die Definition erfolgt an dieser Stelle, damit Drupal die Aufgaben in die Benutzeroberfläche aufnehmen kann. Nichts hindert Sie daran, mehr Aufgaben einzubinden, als in university_profile_task_list() aufgeführt sind, wenn Sie Ihr Installationsprofil modularer gestalten wollen, die Namen der Aufgaben jedoch nicht in der Benutzeroberfläche erscheinen sollen.

---

[1] Wenn nur das Standardprofil zur Verfügung steht, wird die Aufgabe Choose profile in der Benutzeroberfläche nicht angezeigt und die Aufgabe Install profile in Install Site umbenannt.

23.2.3 Zusätzliche Installationsaufgaben ausführen

Die in `university_profile_task_list()` aufgeführten Aufgaben werden während der Profilphase der Installation ausgeführt. In dieser Phase ruft die Installationsroutine wiederholt die Funktion `university_profile_tasks()` auf und übergibt ihr die Variable `$task`, die den Namen der Aufgaben und einen URL für die eventuelle Verwendung in Funktionen des Formulars enthält. Beim ersten Aufruf enthält die Variable den String `profile`.

Nach jeder Aufgabe fordert Drupal den Browser auf, mithilfe der Funktion `install_goto()` in *includes/install.inc* eine HTTP-Umleitung und danach einen vollständigen Start durchzuführen, bevor er zur nächsten Aufgabe übergeht. Wenn alle Aufgaben erledigt sind, setzen Sie `$task` auf `profile-finished`, damit die Installationsroutine `university_profile_tasks()` nicht mehr aufruft, sondern fortfährt.

Der folgende Code enthält das Gerüst der Funktion `university_profile_tasks()`:

```
function university_profile_tasks(&$task, $url) {
  if ($task == 'profile') {
    // Beim ersten Aufruf hat $task den Wert 'profile'.
    // Richtet alles ein, was ein Standardinstallationsprofil
    // umfasst.
    require_once 'profiles/default/default.profile';
    default_profile_tasks($task, $url);
    // Nun folgt die benutzerdefinierte Einrichtung.
    // Setzt $task auf die nächste Aufgabe.
    $task = 'dept-info';
    // Gibt ein Formular aus, das einige Daten anfordert.
    return drupal_get_form('university_department_info', $url);
  }
  if ($task == 'dept-info') {
    // Sendet eine E-Mail mit der Information, dass eine Site
    // eingerichtet wurde.
    // Setzt $task auf den Schlüssel der nächsten Aufgabe.
    $task = 'support-message';
    // Erstellt eine Ausgabe.
    return $output;
  }
  if ($task == 'support-message') {
    // Gibt die Steuerung an die Installationsroutine zurück.
    $task = 'profile-finished';
  }
}
```

Da die Einrichtung fast genauso aussehen soll wie bei einer üblichen Drupal-Site, laden wir das Drupal-Standardprofil und rufen einfach `default_profile_tasks()` auf, anstatt den gesamten Code in unser Installationsprofil zu kopieren. Eine weitere Möglichkeit besteht darin, den Code aus dem Standardprofil in die erste Aufgabe zu übernehmen.

23.2 Funktionsweise von Installationsprofilen

> **Tipp**
>
> Ein einfaches Installationsprofil braucht nicht mehrere Aufgaben zu implementieren. Es kann die ihm übergebenen Parameter einfach ignorieren und Code ausführen, wenn es aufgerufen wird. Sobald die Installationsroutine erkennt, dass $task nicht geändert wurde, geht sie zu den auf die Installation folgenden Schritten über. Das Drupal-Standardprofil ist ein Profil dieser Art, weshalb wir die Funktion default_profile_tasks() aufrufen können, ohne uns Sorgen zu machen, dass sie den Wert von $task ändert.

Beachten Sie die Struktur des vorstehenden Codes. Er besteht aus einer Folge von if-Anweisungen, eine für jede Aufgabe. Am Ende jeder Aufgabe wird die als Referenz übergebene Variable $task geändert und die gesamte Ausgabe zurückgegeben, was ein zusätzliches Fenster ergibt, mit dem der Benutzer arbeiten kann. Da die Datenbank in Betrieb ist, bevor die benutzerdefinierten Installationsaufgaben ausgeführt werden, legt die Installationsroutine den Namen der aktuellen Aufgabe in einer dauerhaften Drupal-Variable ab, indem sie zum Schluss der Aufgabe die Funktion variable_set ('install_task', $task) aufruft. Wollen Sie Informationen aus einer Aufgabe an eine andere übergeben, können Sie dieselbe Technik benutzen. Denken Sie nur daran, die verwendeten Variablen hinterher mit variable_del() zu löschen. Sehen wir uns eine vollständig ausgestattete Version der Funktion university_profile_tasks() an:

```
/**
 * Führt abschließende Installationsaufgaben für dieses
 * Installationsprofil durch.
 */
function university_profile_tasks(&$task, $url) {
  if ($task == 'profile') {
    // $task wird beim ersten Aufruf der Funktion auf 'profile'
    // gesetzt. Richtet alles ein, was ein
    // Standardinstallationsprofil umfasst.
    require_once 'profiles/default/default.profile';

    // Setzt voraus, dass die von modules/comment/comment.module
    // definierten Konstanten im Gültigkeitsbereich liegen.
    require_once 'modules/comment/comment.module';

    default_profile_tasks($task, $url);
    // Wenn der Administrator das Kommentarmodul aktiviert,
    // sollen Kommentare für Seiten deaktiviert werden.
    variable_set('comment_page', COMMENT_NODE_DISABLED);

    // Definiert den Node-Typ News Item.
    $node_type = array(
      'type' => 'news',
      'name' => st('News Item'),
```

```
    'module' => 'node',
    'description' => st('A news item for the front page.'),
    'custom' => TRUE,
    'modified' => TRUE,
    'locked' => FALSE,
    'has_title' => TRUE,
    'title_label' => st('Title'),
    'has_body' => TRUE,
    'orig_type' => 'news',
    'is_new' => TRUE,
);
node_type_save((object)$node_type);

// Nachrichtenelemente sollen standardmäßig veröffentlicht und
// auf die Startseite verlagert werden. Nachrichtenelemente
// sollen standardmäßig neue Überarbeitungen anlegen.
variable_set('node_options_news', array('status', 'revision',
  'promote'));

// Wenn der Administrator das Kommentarmodul aktiviert,
// sollen auch Kommentare für Nachrichtenelemente aktiviert
// werden.
variable_set('comment_news', COMMENT_NODE_READ_WRITE);
// Legt das Vokabular News Categories zum Klassifizieren von
// Nachrichten an.
$vocabulary = array(
  'name' => st('News Categories'),
  'description' => st('Select the appropriate audience for your
  news item.'),
  'help' => st('You may select multiple audiences.'),
  'nodes' => array('news' => st('News Item')),
  'hierarchy' => 0,
  'relations' => 0,
  'tags' => 0,
  'multiple' => 1,
  'required' => 0,
);
taxonomy_save_vocabulary($vocabulary);

// Definiert einige Begriffe zum Kategorisieren von Nachrichten.
$terms = array(
  st('Departmental News'),
  st('Faculty News'),
  st('Staff News'),
  st('Student News'),
);

// Übermittelt programmgesteuert für jeden Begriff das Formular
// "Add term".
```

23.2 Funktionsweise von Installationsprofilen

```
    $form_id = 'taxonomy_form_term';
    // Das Formular taxonomy_form_term steht nicht in
    // taxonomy.module, sodass es durch Laden von taxonomy.admin.inc
    // in den Gültigkeitsbereich gebracht werden muss.
    require_once 'modules/taxonomy/taxonomy.admin.inc';
    foreach ($terms as $name) {
      $form_state['values']['name'] = $name;
      $form_state['clicked_button']['#value'] = st('Save');
      drupal_execute($form_id, $form_state, (object)$vocabulary);
    }

    // Fügt eine Rolle hinzu.
    db_query("INSERT INTO {role} (name) VALUES ('%s')", 'site
    administrator');

    // Richtet das Modul pubcookie ein.
    variable_set('pubcookie_login_dir', 'login');
    variable_set('pubcookie_id_is_email', 1);
    // ... weitere Einstellungen

    // Setzt $task auf die nächste Aufgabe, damit die
    // Installationsoberfläche korrekt ist.
    $task = 'dept-info';
    drupal_set_title(st('Departmental Information'));
    return drupal_get_form('university_department_info', $url);
  }
  if ($task == 'dept-info') {
    // Meldet per E-Mail, dass eine neue Drupal-Site installiert
    // wurde.
    $to = 'administrator@example.com';
    $from = ini_get('sendmail_from');
    $subject = st('New Drupal site created!');
    $body = st('A new Drupal site was created: @site', array(
        '@site' => base_path()));
    drupal_mail('university-profile', $to, $subject, $body, $from);

    // Setzt $task auf die nächste Aufgabe, damit die
    // Benutzeroberfläche der Installationsroutine korrekt ist.
    $task = 'support-message';
    drupal_set_title(st('Support'));
    $output = '<p>'. st('For support, please contact the Drupal
    Support Desk at 123-4567.') .'</p>';
    // Erstellt den Link 'Continue', der zur nächsten Aufgabe führt.
    $output .= '<p>'. l(st('Continue'), $url) .'</p>';
    return $output;
  }

  if ($task == 'support-message') {
    // Geht zum benutzerdefinierten Theme über.
```

```
  $themes = system_theme_data();
  $theme = 'university';
  if (isset($themes[$theme])) {
    system_initialize_theme_blocks($theme);
    db_query("UPDATE {system} SET status = 1 WHERE type = 'theme'
      AND name = '%s'", $theme);
    variable_set('theme_default', $theme);
    menu_rebuild();
    drupal_rebuild_theme_registry();
  }

  // Gibt die Steuerung an die Installationsroutine zurück.
  $task = 'profile-finished';
  }
}
```

Die erste benutzerdefinierte Aufgabe hat ein interaktives Formular für den Benutzer angezeigt, das wir jetzt definieren wollen. Dafür können wir die standardmäßige Formular-API verwenden, müssen aber daran denken, $form['#redirect'] auf FALSE zu setzen und die Aktion des Formulars mit dem URL zu belegen, den die Installationsroutine bereitstellt. Wie gewöhnlich wird das Formular von einem Übermittlungshandler verarbeitet. Der Code enthält das Formular und den Handler, die Ausgabe sehen Sie in Abbildung 23.4.

```
/**
 * Definiert das von der Installationsaufgabe dept-info verwendete
 * Formular.
 *
 * @param $form_state
 * Mit Schlüsseln versehenes Array, das den Formularstatus enthält.
 * @param $url
 * URL der aktuellen Seite der Installationsroutine. Wird von ihr
 * selbst bereitgestellt.
 */
function university_department_info($form_state, $url) {
  $form['#action'] = $url;
  $form['#redirect'] = FALSE;
  $form['department_code'] = array(
    '#type' => 'select',
    '#title' => st('Departmental code'),
    '#description' => st('Please select the correct code for your
      department.'),
    '#options' => array('BIOL', 'CHEM', 'COMP', 'DRUP', 'ENGL',
      'HIST', 'MATH', 'LANG', 'PHYS', 'PHIL'),
  );
  $form['submit'] = array(
    '#type' => 'submit',
    '#value' => st('Save and Continue'),
```

23.2 Funktionsweise von Installationsprofilen

```
  );
  return $form;
}

/**
 * Übermittelt das Formular für university_department_info.
 */
function university_department_info_submit($form, &$form_state) {
  // Richtet eine dauerhafte Variable ein.
  variable_set('department_code', $form_state['values']['department_code']);
}
```

> **Hinweis**
>
> Im gesamten Installationsprofil verwenden wir nicht t(), sondern st(), damit die Übersetzung des gesamten Profils in einer Übersetzungsdatei, der so genannten *.po*-Datei im optionalen Übersetzungsverzeichnis des Installationsprofils, gespeichert werden kann. In Kapitel 18 finden Sie weitere Informationen über *.po*-Dateien.

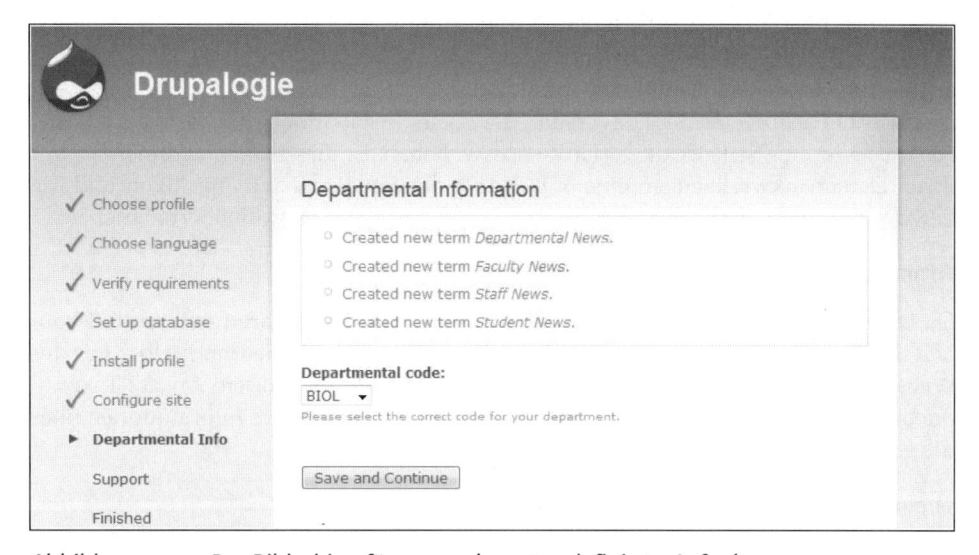

Abbildung 23.4: Der Bildschirm für unsere benutzerdefinierte Aufgabe

Drupal-Variablen festlegen

Drupal-Variablen lassen sich einfach mithilfe der Funktion variable_set() belegen:

```
variable_set('pubcookie_login_dir', 'login');
```

Node-Typen erstellen

Müssen Sie mithilfe der in Drupal eingebauten Unterstützung für Inhaltstypen Node-Typen erstellen, brauchen Sie lediglich die Funktion node_type_save() mit einer Definition des Typs aufzurufen. Im vorstehenden Beispielprofil hatten wir zum Schluss zwei Node-Typen: page für normale Webseiten (angelegt vom Standardprofil beim Aufruf von default_profile_tasks()) und news für Nachrichtenelemente. Anschließend haben wir mit variable_set() Standardoptionen für Nodes festgelegt, sodass die Nachrichtenelemente auf der Titelseite erscheinen, die Seiten dagegen nicht.

Haben Sie Module aktiviert, die Node-Typen bereitstellen, sind diese über den Hook node_info() der betreffenden Module bereits für Drupal verfügbar.

Informationen in der Datenbank speichern

Manchmal soll ein Installationsprofil auch einige Datenbankeinstellungen verändern. Da die Datenbankverbindung steht, kann die Datenbank mit db_query() geändert werden. In unserem Beispielprofil haben wir der Drupal-Site eine Rolle hinzugefügt. Möglicherweise wollen Sie in Ihrem Profil darüber hinausgehen, indem Sie beispielsweise in die Tabelle *permissions* Berechtigungen einfügen.

Ein einfacher Weg zu korrekten Abfragen besteht darin, eine Drupal-Installation ohne irgendwelchen Schnickschnack durchzuführen und sie anschließend so einzurichten, wie Sie es gerne möchten, wenn Ihr Installationsprofil fertig ist. Das kann auch einige Nodes als Platzhalter mitsamt URL-Aliasnamen einschließen. Vielleicht möchte der Fachbereich der Universität, der dieses Installationsprofil verwendet, eine ABOUT-Seite, eine Seite COURSES TAUGHT usw. haben. Ist dies erledigt, können Sie mit Ihren Datenbankwerkzeugen eine SQL-Kopie der Sitedatenbank anfertigen und die gewünschten SQL-Einfügebefehle daraus in das Installationsprofil übernehmen.

Formulare programmgesteuert übertragen

Da Drupal die programmgesteuerte Übertragung von Formularen unterstützt, können Sie Formulare mit drupal_execute() so übermitteln, als ob Sie unmittelbar mit der Website arbeiteten. Im vorstehenden Beispiel haben wir mit diesem Ansatz Taxonomiebegriffe in die Site eingefügt. In Kapitel 10 finden Sie weitere Informationen über die genannte Funktion.

Themes während der Installation festlegen

Den Wert des Standard-Themes speichert Drupal in der dauerhaften Variable theme_default, sodass Sie auf diesem Weg bestimmen können, welches Theme nach der Installation der Site verwendet wird. Im vorstehenden Beispielprofil haben wir ein benutzerdefiniertes Theme namens university ausgewählt.

```
// Wechselt zum benutzerdefinierten Theme.
$themes = system_theme_data();
$theme = 'university';
if (isset($themes[$theme])) {
```

23.2 Funktionsweise von Installationsprofilen

```
system_initialize_theme_blocks($theme);
db_query("UPDATE {system} SET status = 1 WHERE type = 'theme' AND
    name = '%s'", $theme);
variable_set('theme_default', $theme);
menu_rebuild();
drupal_rebuild_theme_registry();
}
```

Nun bleibt noch ein wenig Aufräumarbeit zu erledigen. Mit dem Aufruf von `system_theme_data()` und der Prüfung, ob `$themes['university']` definiert ist, stellen Sie sicher, dass Drupal das benutzerdefinierte Theme gefunden hat. Die Blöcke im neuen Theme müssen eingerichtet, das Theme als solches aktiviert und das Menü und die Theme-Registrierung neu erstellt werden.

Wir gehen so vor, dass wir zunächst die Funktion für den Prozess suchen, der Sie interessiert (in diesem Fall die Aktivierung und die Festlegung eines Standard-Themes) und sie dann entweder aufrufen oder die Funktionalität in die Profilaufgabe kopieren. Im vorstehenden Beispiel wurde der Code von `system_themes_form_submit()` in *modules/system/system.admin.inc* übernommen.

Die Batch-API verwenden

Gelegentlich müssen Sie eine Reihe langwieriger Aufgaben durchführen – so langwierig, dass es zu einem PHP-Timeout kommen kann. Glücklicherweise stellt Drupal eine API für diesen Fall bereit. Sie brauchen nur anzugeben, was erledigt werden soll, und es an die Batchverarbeitung zu übergeben, was üblicherweise nach der Übermittlung eines Formulars geschieht, aber nicht so sein muss. Als Nächstes sehen wir uns die Verwendung der Batch-API in der Installationsroutine an und überlegen, wie sie im Zusammenhang mit der Übermittlung eines Formulars eingesetzt werden kann.

Module mit der Batch-API aktivieren

Die Grundidee hinter der Batch-API besteht darin, eine Reihe von Operationen sowie einige Informationen über Fortschrittsanzeigen und die Art der Ausführung zusammenzufassen, die dann an die Batch-Engine übergeben werden. Die Engine arbeitet sich durch die Operationen, führt dabei nach Bedarf HTTP-Aktualisierungen durch und bringt die Fortschrittsanzeige auf den neuesten Stand. Wenn alle Operationen erledigt sind, ruft sie die letzte angegebene Funktion auf.

Der folgende Code zeigt in einer vereinfachten Version, wie die Installationsroutine mit der Batch-API Module aktiviert:

```
$operations = array();
foreach ($modules as $module) {
  $operations[] = array(
    '_install_module_batch', // Name des Callbacks.
    array($module, $files[$module]->info['name']), // Array mit
                                                    // Parametern.
  );
```

```
}
$batch = array(
  'operations' => $operations,
  'finished' => '_install_profile_batch_finished',
    // Ruft nach Abschluss den folgenden Code auf.
  'title' => st('Installing @drupal', array(
    '@drupal' => drupal_install_profile_name()
  ),
  'error_message' => st('The installation has encountered an
    error.'),
);
batch_set($batch);
batch_process($url, $url);
```

Zuerst wird ein Array mit Operationen angelegt. Jede besteht aus dem Namen einer aufzurufenden PHP-Funktion und einem Array, das die zu übergebenden Parameter auflistet. Die Funktion wird als *Callback* bezeichnet, weil sie später bei der Ausführung zurückgerufen wird.

Anschließend wird ein *Batchsatz* definiert, der das Array mit den Operationen, den Namen des nach Abschluss der Verarbeitung aufzurufenden Callbacks, einen während der Verarbeitung zu verwendenden Titel und eine Fehlermeldung für den Fall umfasst, dass etwas furchtbar falsch läuft. Der Batchsatz wird mit batch_set() geprüft, woraufhin mit dem Aufruf von batch_process() die Verarbeitung beginnt.

> **Tipp**
>
> In diesem Fall rufen alle Operationen dieselbe Funktion auf, nur mit unterschiedlichen Parametern. Sie können jedoch beliebige Funktionen als Operationen verwenden.

Für jede Operation wird der folgende Code der Funktion _install_module_batch() aus *install.php* ausgeführt:

```
/**
 * Batchcallback für die Batchinstallation von Modulen.
 */
function _install_module_batch($module, $module_name, &$context) {
_drupal_install_module($module);
  // Wir aktivieren das installierte Modul sofort, damit es mit den
  // nachfolgenden Batchanforderungen von drupal_bootstrap() geladen
  // wird und andere möglicherweise von ihm abhängige Module ihre
  // Installationsschritte ohne Probleme durchführen können.
```

23.2 Funktionsweise von Installationsprofilen

```
  module_enable(array($module));
  $context['results'][] = $module;
  $context['message'] = 'Installed '. $module_name .' module.';
}
```

Einen Batchsatz definieren

Wie bereits erwähnt, wird eine Gruppe von Operationen als Batchsatz bezeichnet. Die Batch-API kann mehrere davon verarbeiten, ohne sie zu vermischen. Batchsätze werden nacheinander verarbeitet, jeder mit einer eigenen Fortschrittsanzeige.

Wir sehen uns ein Beispiel an. Anstatt es ins Installationsprofil einzubinden, schreiben wir es als eigenständiges Modul, damit Sie es testen, Fehler beheben und mit ihm spielen können, ohne jedes Mal die Datenbank aufräumen und Drupal neu installieren zu müssen. Denken Sie daran, das Sie in Ihrem Installationsprofil genauso verfahren können, indem Sie die Batchverarbeitung als Antwort auf ein Formular in Gang setzen, das Sie dem Benutzer im Verlauf einer benutzerdefinierten Profilaufgabe vorlegen.

Für unsere Situation benutzen wir den häufigen Fall, dass jemand von einem eigenen Content-Management-System zu Drupal wechselt. Es gibt eine Datenbanktabelle mit Benutzern, die als SQL-Abzug wie folgt aussieht:

```
CREATE TABLE old_users (
  user_id int(32) NOT NULL,
  username varchar(32) NOT NULL,
  email varchar(32) NOT NULL,
  pass varchar(32) NOT NULL
);
INSERT INTO old_users VALUES (3, 'mary', 'mary@example.com', 'foo');
INSERT INTO old_users VALUES (4, 'joe', 'joe@example.com', 'bar');
INSERT INTO old_users VALUES (6, 'fred', 'fred@example.com', 'zou');
INSERT INTO old_users VALUES (7, 'betty', 'betty@example.com',
  'baz');
INSERT INTO old_users VALUES (8, 'friedrich',
  'friedrich@example.com', 'fre');
INSERT INTO old_users VALUES (9, 'martin', 'martin@example.com',
  'aoi');
INSERT INTO old_users VALUES (10, 'fozzie', 'fozzie@example.com',
  'lii');
INSERT INTO old_users VALUES (11, 'steve', 'steve@example.com',
  'doi');
```

Jetzt erstellen wir einen Batchsatz, der diese Benutzer als Drupal-Benutzer importiert, wenn der Administrator auf ein Formular wie das in Abbildung 23.5 klickt.

Abbildung 23.5: Formular zur Auswahl, wie viele Benutzer in einem Zyklus importiert werden sollen

Der folgende Code zeigt die *.info*-Datei für unser Modul, die Sie in *sites/all/modules/custom/importusers/importusers.info* ablegen sollten:

```
; $Id$
name = Import Users
description = Imports users from a database using the batch API.
package = Pro Drupal Development
core = 6.x
```

Zuerst implementieren wir den Menü-Hook, verfassen unsere Formulardefinition und schreiben den Handler für die Übermittlung von Formularen. Anschließend folgt der Ausgangscode für *sites/all/modules/custom/importusers/importusers.module*:

```
<?php
// $Id$

/**
 * @file
 * Beispiel für die Verwendung der Batch-API.
 */

/**
 * Implementierung von hook_menu().
 */
function importusers_menu() {
  $items['importusers'] = array(
    'title' => 'Import users',
    'page callback' => 'drupal_get_form',
    'page arguments' => array('importusers_form'),
    'access arguments' => array('administer users'),
  );
  return $items;
}
```

23.2 Funktionsweise von Installationsprofilen

```
/**
 * Menücallback: Definiert das Formular zum Starten des
 * Benutzerimports.
 */
function importusers_form() {
  $form['size'] = array(
    '#type' => 'select',
    '#title' => t('Import how many users per pass?'),
    '#description' => t('Choose a value and click the Begin
      button.'),
    '#options' => drupal_map_assoc(array(1, 5, 10, 25, 50)),
  );
  $form['submit'] = array(
    '#type' => 'submit',
    '#value' => t('Begin'),
  );
  return $form;
}

/**
 * Verarbeitet das Formular durch Starten der Batchoperation.
 */
function importusers_form_submit($form_id, &$form_state) {
  $size = $form_state['values']['size'];
  $batch = array(
    'operations' => array(
      array('importusers_import', array($size)),
      array('importusers_optimize', array()),
    ),
    'finished' => 'importusers_finished',
    'title' => t('Importing Users'),
    'init_message' => t('The user import process is beginning.'),
    'progress_message' => t('Imported @current of @total.'),
    'error_message' => t('The importation process encountered an
      error.'),
  );
  batch_set($batch);
  // batch_process() wird hier nicht benötigt, weil es sich um einen
  // Handler für die Übermittlung von Formularen handelt; die
  // Formular-API findet den Batch und ruft automatisch
  // batch_process() auf.
}
```

Die Funktionen für den Menü-Hook und die Formulardefinition sollten Ihnen inzwischen vertraut sein (schlagen Sie andernfalls in Kapitel 4 und Kapitel 10 nach). Interessant wird es bei der Funktion importusers_form_submit(), in der wir unseren Batchsatz definieren. Das assoziative Array eines Batchsatzes kann folgende Schlüssel enthalten, von denen allein operations erforderlich ist:

- `operations`: Ein Array aus Arrays, die jeweils zwei Member enthalten: den Namen einer Callbackfunktion und ein Array mit Parameterwerten, die dem Callback bei der Ausführung übergeben werden.

- `finished`: Der Name einer Callbackfunktion, die aufgerufen wird, wenn alle Operationen abgeschlossen sind. Sie nimmt Informationen über den Verlauf der Verarbeitung auf, damit sie analysiert, via `drupal_set_message()` zusammengefasst oder anderweitig genutzt werden können.

- `title`: Der Titel für die Seite mit den Fortschrittsinformationen. Ist kein Titel angegeben, wird `t('Processing')` verwendet.

- `init_message`: Die Meldung, die bei der Initialisierung der Verarbeitung des Batchsatzes angezeigt wird. Ist keine Meldung angegeben, wird `t('Initializing')` verwendet.

- `progress_message`: Die Meldung, die während der Verarbeitung des Batchsatzes angezeigt wird. Darin können folgende Platzhalter vorkommen: `@current`, `@remaining`, `@total` und `@percent`. Die Werte ändern sich entsprechend dem Stand der Verarbeitung. Ist keine Meldung angegeben, wird `t('Remaining @remaining of @total.')` verwendet.

- `error_message`: Die Meldung an den Benutzer, wenn bei der Verarbeitung ein Fehler auftritt. Ist keine Meldung angegeben, wird `t('An error has occurred.')` verwendet.

- `file`: Liegen die Callbackfunktionen für `operations` und `finished` während einer normalen Drupal-Anforderung nicht im Gültigkeitsbereich, muss der Pfad der Datei angegeben werden, in der sie enthalten sind. Er ist relativ zu `base_path()` der Drupal-Installation und lässt sich mit `drupal_get_path()` bequem erstellen. Der Schlüssel `file` ist nicht erforderlich, wenn sich die Funktionen bereits im Gültigkeitsbereich befinden.

Dieser Batchsatz ist recht einfach und besteht aus nur zwei Operationen. Zuerst ruft die Batch-Engine wiederholt die Funktion `importusers_import($size)` auf, bis diese meldet, dass alle Benutzer importiert sind. Denken Sie daran, dass der Parameter `$size` die Anzahl der bei jedem Aufruf zu importierenden Benutzer angibt. Er ist wichtig, weil er bestimmt, wie viel Arbeit in jedem Anforderungszyklus erledigt wird, bevor die Batch-API den Client eine weitere HTTP-Anforderung starten lässt. Müssen Sie beispielsweise 100 Benutzer importieren, führt die Einstellung von `$size` auf 1 zu 100 HTTP-Anforderungen, während die Einstellung auf 50 nur zwei Anforderungen veranlasst. Wie viel Sie in jeder Anforderung zu erledigen versuchen, hängt von der Leistungsfähigkeit und der Beanspruchung Ihres Servers sowie der Menge der Arbeit ab.

Ein Callback für eine Batchoperation

Nach dem Importieren der Benutzer wird `importusers_optimize()` aufgerufen, nach Abschluss dieser Operation der im Schlüssel `finished` angegebene Callback (die Funktion `importusers_finished()`). Im folgenden Code sehen Sie die Funktion `importusers_import()`:

23.2 Funktionsweise von Installationsprofilen

```
/**
 * Batchcallback-Operation: Importiert Benutzer.
 *
 * @param $size
 * Anzahl der in jeder Operation zu importierenden Benutzer.
 * @param $context
 * Batchkontext mit Zustandsinformationen.
 */
function importusers_import($size, &$context) {
  // Initialisiert sandbox beim ersten Durchlauf.
  if (!isset($context['sandbox']['progress'])) {
    $context['sandbox']['progress'] = 0;
    $context['sandbox']['current_user_id'] = 0;
    $context['sandbox']['max'] = db_result(
  db_query('SELECT COUNT(DISTINCT user_id) FROM {old_users}'));
  }

  // Ruft einige Benutzer aus der Tabelle old_users ab.
  $result = db_query_range("SELECT user_id, username AS name, email
    AS mail, pass FROM {old_users} WHERE user_id > %d ORDER BY
    user_id", $context['sandbox']['current_user_id'], 0, $size);

  // Wandelt sie in Drupal-Benutzer um.
  while ($account = db_fetch_array($result)) {
    $new_user = user_save(array(), $account);

    // Aktualisiert die Fortschrittsinformationen.
    $context['sandbox']['progress']++;
    $context['sandbox']['current_user_id'] = $account['user_id'];
    $context['message'] = t('Importing user %username',
      array('%username' => $new_user->name));

    // Speichert die Benutzernamen, falls der Callback 'finished'
    // sie braucht.
    $context['results'][] = $new_user->name;
  }

  // Teilt der Batch-Engine mit, wie nah der Abschluss ist.
  if ($context['sandbox']['progress'] == $context['sandbox']['max']) {
    // Fertig!
    $context['finished'] = 1;
  }
  else {
    $context['finished'] = $context['sandbox']['progress'] /
      $context['sandbox']['max'];
  }
}
```

```
/**
 * Batchcallback-Operation: Optimiert die Benutzer.
 * Im Augenblick tut die Funktion nichts.
 *
 * @param $context
 * Batchkontext mit Zustandsinformationen.
 */
function importusers_optimize(&$context) {
  // Hier kann Code stehen.
  // Informiert die Batch-Engine über den Abschluss.
  $context['finished'] = 1;
}
```

Beachten Sie, dass die Funktion `importusers_import()` außer den im Array für die Batchsatzoperationen enthaltenen Parametern noch den Parameter `$context` übernommen hat. Dieses als Referenz übergebene Array enthält Informationen von der Batch-Engine über den Stand des laufenden Batchsatzes in folgender Form:

- sandbox: Dieser Bereich steht den Callbackfunktionen zur Verfügung. Sie können hier alles ablegen, was sie brauchen; es bleibt erhalten. In unserem Beispiel sind es Informationen wie die Anzahl der zu importierenden Benutzer oder welcher Benutzer gerade importiert wird usw. Bei der Batchverarbeitung sollten Sie Daten nicht in $_SESSION, sondern hier ablegen. Verwenden Sie $_SESSION und öffnet der Benutzer ein neues Browserfenster, kann Schlimmes geschehen.

- results: Ein Array mit Ergebnissen, die die Callbackfunktion nach Ende der Ausführung verwenden kann, beispielsweise, wenn der Benutzer eine Liste der importierten Benutzernamen sehen möchte.

- message: Eine Meldung, die auf der Fortschrittsseite angezeigt werden kann.

- finished: Eine Fließkommazahl zwischen 1 und 0, die angibt, wie viele Daten verarbeitet sind. Wenn alles erledigt ist, setzen Sie den Wert auf 1, um der Batch-Engine anzuzeigen, dass sie zur nächsten Operation übergehen kann.

Der folgende Callback wird aufgerufen, wenn alle Batchoperationen ausgeführt worden sind:

```
/**
 * Wird aufgerufen, wenn alle Callbackoperationen abgeschlossen
 * sind.
 */
function importusers_finished($success, $results, $operations) {
  if ($success) {
    drupal_set_message(t('User importation complete.'));
  }
  else {
    // Während der Batchverarbeitung ist ein schwerer Fehler
    // aufgetreten.
    $error_operation = reset($operations);
```

23.2 Funktionsweise von Installationsprofilen

```
    $operation = array_shift($error_operation);
    $arguments = array_shift($error_operation);
    $arguments_as_string = implode(', ', $arguments);
    watchdog('importusers', "Error when calling operation
      '%s'('%s')", array($operation, $arguments_as_string));
    drupal_set_message(t('An error occurred and has been recorded
      in the system log.'), 'error');
  }
}
```

Fehlerbehandlung

Nun ändern wir die zweite Operation, `importusers_optimize()`, um zu zeigen, was geschieht, wenn etwas falsch läuft:

```
/**
 * Batchcallbackoperation. Führt die Fehlerbehandlung vor.
 */
function importusers_optimize() {
  // Verursacht durch den Aufruf einer nicht vorhandenen Funktion
  // einen schweren Fehler.
  go_bananas();
}
```

Die Batch-Engine fängt den Fehler ab und leitet den Benutzer auf eine Fehlerseite um, die vom Callback `finished` im vorigen Abschnitt gehandhabt wird.

Umleitung

Eine letzte Umleitung findet statt, nachdem die Batchverarbeitung abgeschlossen ist und die Funktion `finished` ausgeführt wurde. Das Ziel steht in der Variable `$destination`, die zu Beginn der Batchverarbeitung belegt wurde. Ist dies nicht der Fall, wird der Wert von `$form_state['redirect']` aus dem Handler zur Formularübermittlung verwendet, schlägt dies fehl, dann wird `$batch['redirect']` genommen. Scheitern alle Möglichkeiten, wird auf den URL der Seite umgeleitet, auf der sich der Benutzer zu Beginn der Batchverarbeitung befand.

Progressive und nichtprogressive Batchsätze

Ein progressiver Batchsatz ist ein normaler Batchsatz, der eine Fortschrittsanzeige benutzt, um eine Rückmeldung an den Benutzer zu geben. Wenn Sie ein Formular programmgesteuert via `drupal_execute()` übermitteln, wollen Sie dies jedoch nicht. Die Formular-API erkennt die programmgesteuerte Ausführung und wandelt den Batchsatz in diesem Fall in einen nichtprogressiven um, der alle Operationen in einer einzigen Anforderung ausführt. Wie progressive und nichtprogressive Batchsätze eingerichtet werden, sehen Sie in Abbildung 23.6.

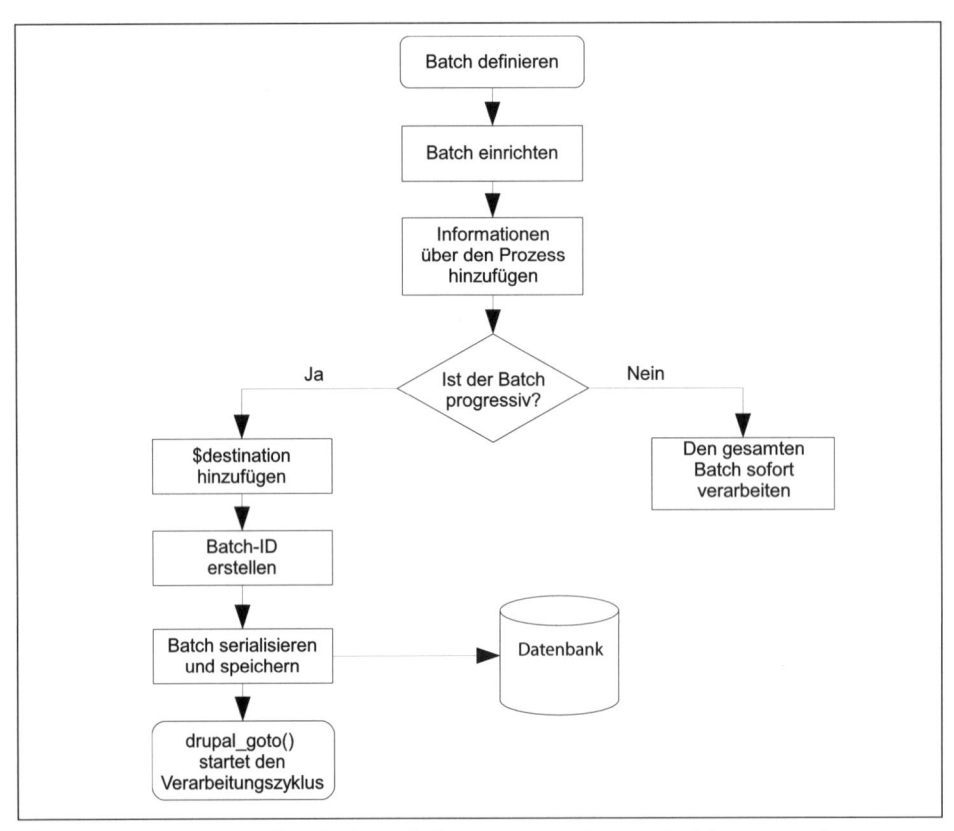

Abbildung 23.6: Der Beginn der Verarbeitung progressiver und nichtprogressiver Batchsätze

Der Anforderungszyklus eines Batches

Während die Operationen durchgeführt werden, kümmert sich die Batch-Engine um die Aktualisierung der Fortschrittsseite, um einen PHP-Timeout zu verhindern. In Abbildung 23.7 ist der Zyklus grafisch dargestellt. Den Code finden Sie in *includes/batch.inc*.

23.2.4 Quellen

Installationsprofile zu schreiben kann knifflig sein. In unserem Beispiel mussten wir das Kommentarmodul in den Gültigkeitsbereich bekommen, um einige seiner Konstanten zum Festlegen von Voreinstellungen nutzen zu können, obwohl wir das Modul nicht in `university_profile_modules()` eingebunden hatten. Ebenso mussten wir den Eintrag `$form_state['clicked_button']` definieren, als wir das Formular übermittelten, das Taxonomiebegriffe eingibt, weil der Übermittlungshandler für das Formular es erwartete. Rechnen Sie damit, dass die Ausarbeitung solcher Feinheiten in Ihren Installationsprofilen einiges an Zeit kostet.

23.2 Funktionsweise von Installationsprofilen

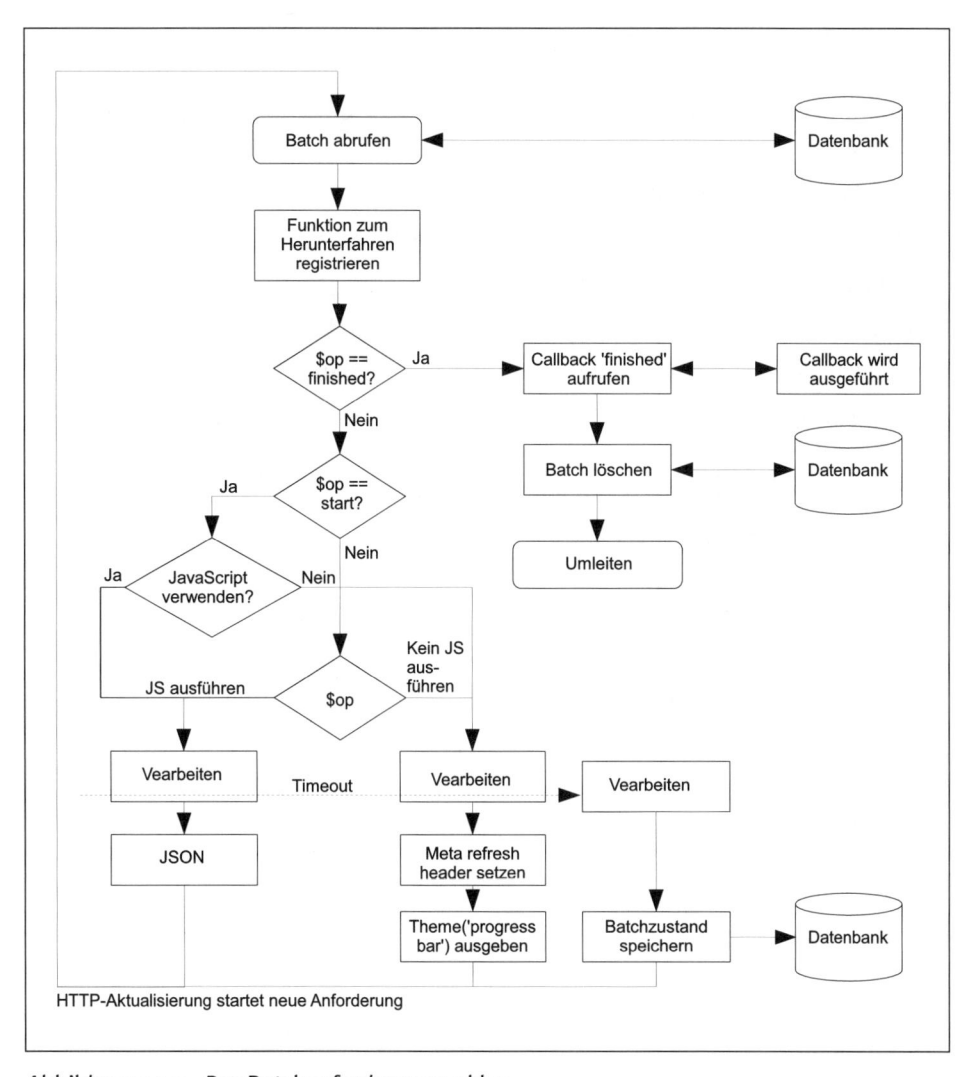

Abbildung 23.7: Der Batchanforderungszyklus

Diese zusätzliche Zeit lässt sich zurückgewinnen, indem Sie einen Installationsprofilgenerator einsetzen. Unter *http://drupal.org/node/180078* finden Sie dazu weitere Informationen. Haben Sie Interesse daran, an der Weiterentwicklung von Installationsprofilen mitzuwirken, sollten Sie sich der Gruppe Distribution Profiles unter *http://groups.drupal.org/distributions* anschließen.

23.3 Zusammenfassung

Nachdem Sie dieses Kapitel durchgearbeitet haben, sollten Sie folgende Aufgaben beherrschen:

- Installationsprofile erläutern
- Den Speicherort für Installationsprofile festlegen
- Ein einfaches Installationsprofil einrichten
- Festlegen, welche Module nicht installiert werden sollen
- Profilaufgaben angeben, die bei der Installation ausgeführt werden sollen
- Drupal während des Installationsstadiums ändern, in dem die Profilaufgaben ausgeführt werden
- Die Batch-API in der Installationsroutine einsetzen
- Einen eigenen Batchsatz erstellen

A Referenz zu Datenbanktabellen

Dieser Anhang erläutert die Datenbanktabellen und -felder, aus denen der Drupal-Core besteht. Die Beschreibungen stammen aus der Implementierung von `hook_schema()` in den *.install*-Dateien des Core-Moduls, wobei der Übersicht halber minimale Veränderungen vorgenommen wurden. Diese Informationen werden hier wiedergegeben, damit Sie bequemer darauf zugreifen können.

Primärschlüssel werden durch fettgedruckte kursive Zeichen dargestellt, Indizes durch fettgedruckte Zeichen. Mehrspaltige Indizes werden nicht aufgeführt, es sei denn, der Index ist der Primärindex für die Tabelle. Die aktuellen Tabellendefinitionen finden Sie in Ihrer Drupal-Installation innerhalb des Schema-Hooks der *.install*-Datei. Sie können auch das aus der Community beigetragene Schema-Modul verwenden, das Sie unter *http://drupal.org/project/schema* finden. Definitionen von Core-Tabellen, die nicht zu Modulen gehören, finden Sie in der Datei *modules/system/system.install*. Wenn eine Tabelle hauptsächlich von einem bestimmten Modul verwendet wird, wird es in den runden Klammern nach dem Tabellennamen aufgeführt. Verweise auf andere Tabellennamen sind in geschweifte Klammern gefasst.

A.1 access (User-Modul)

Diese Tabelle speichert Site-Zugriffsregeln.

Name	Typ	NULL	Standard	Beschreibung
aid	serial	Nein		Primärschlüssel: eindeutige Zugriffs-ID
mask	varchar(255)	Nein	' '	Textmaske für den Zugriff auf Filter
type	varchar(255)	Nein	' '	Typ einer Zugriffregel: name, mail oder host
status	int:tiny	Nein	0	Erlaubt die Regel (1) oder verweigert sie (0)

A Referenz zu Datenbanktabellen

A.2 accesslog (Statistics-Modul)

Diese Tabelle speichert Site-Zugriffsinformationen für Statistiken.

Name	Typ	NULL	Standard	Beschreibung
aid	serial	Nein		Primärschlüssel: eindeutige Zugriffsprotokoll-ID
sid	varchar(64)	Nein	' '	Die ID der Browsersitzung des Benutzers, der die Seite besucht hat
title	varchar(255)	Ja		Titel der besuchten Seite
path	varchar(255)	Ja		Interner Pfad zur besuchten Seite (relativ zum Stamm von Drupal)
url	varchar(255)	Ja		Verweis-URI
hostname	varchar(128)	Ja		Hostname des Benutzers, der die Seite besucht hat
uid	int, unsigned	Ja	0	Die {user}.uid des Benutzers, der die Seite besucht hat
timer	int, unsigned	Nein	0	Zeit in Millisekunden, die die Seite zum Laden brauchte
timestamp	int, unsigned	Nein	0	Zeitstempel, der angibt, wann die Seite besucht wurde

A.3 actions (Trigger-Modul)

Diese Tabelle speichert Informationen über Aktionen.

Name	Typ	NULL	Standard	Beschreibung
aid	varchar(255)	Nein	'0'	Primärschlüssel: eindeutige Aktions-ID
type	varchar(32)	Nein	' '	Das Objekt, auf dem die Aktion ausgeführt wird (node, user, comment, system oder benutzerdefinierte Typen)
callback	varchar(255)	Nein	' '	Die Callback-Funktion, die ausgeführt wird, wenn die Aktion ausgeführt wird
parameters	text:big	Nein		Parameter, der an die Callback-Funktion übertragen wird
description	varchar(255)	Nein	'='	Beschreibung der Aktion

A.4 actions_aid (Trigger-Modul)

Diese Tabelle speichert Aktions-IDs für nicht standardmäßige Aktionen. Zudem dient Sie als Sequenztabelle für konfigurierbare Aktionen.

Name	Typ	NULL	Standard	Beschreibung
aid	serial	Nein		Primärschlüssel: eindeutige Aktions-ID

A.5 aggregator_category (Aggregator-Modul)

Diese Tabelle speichert Kategorien für Aggregator-Feeds und Feed-Objekte.

Name	Typ	NULL	Standard	Beschreibung
cid	serial	Nein		Primärschlüssel: eindeutige Kategorie-ID des Aggregators
title	varchar(255)	Nein	''	Titel der Kategorie
description	text:big	Nein		Beschreibung der Kategorie
block	int:tiny	Nein	0	Die Anzahl der bereits angezeigten Objekte innerhalb des Kategorie-Blocks

A.6 aggregator_category_feed (Aggregator-Modul)

Diese Brückentabelle ordnet Feeds zu Kategorien zu.

Name	Typ	NULL	Standard	Beschreibung
fid	int	Nein	0	Die {aggregator_feed}.fid des Feeds
cid	int	Nein	0	Die {aggregator_category}.cid, der der Feed zugewiesen ist

A.7 aggregator_category_item (Aggregator-Modul)

Diese Brückentabelle ordnet Feed-Objekte zu Kategorien zu.

Name	Typ	NULL	Standard	Beschreibung
iid	int	Nein	0	Die {aggregator_item}.iid des Feed-Objekts
cid	int	Nein	0	Die {aggregator_category}.cid, zu der das Feed-Objekt zugewiesen ist

A.8 aggregator_feed (Aggregator-Modul)

Diese Tabelle speichert Feeds, die durch den Aggregator übertragen werden sollen.

Name	Typ	NULL	Standard	Beschreibung
fid	serial	Nein		Primärschlüssel: eindeutige Feed-ID
title	varchar(255)	Nein	''	Titel des Feeds
url	varchar(255)	Nein	''	URL zum Feed
refresh	int	Nein	0	Das Intervall in Sekunden, nach dem nach einem Feed-Objekt gesucht werden soll
checked	int	Nein	0	Der letzte Zeitpunkt, an dem nach neuen Objekten wie z.B. einem Unix-Zeitstempel im Feed gesucht wurde
link	varchar(255)	Nein	''	Die Elternwebsite des Feeds, die aus dem Element <link> im Feed abgerufen wird
description	text:big	Nein		Die Beschreibung der Elternwebsite des Feeds, die aus dem Element <description> im Feed abgerufen wird
image	text:big	Nein		Ein Bild, das den Feed repräsentiert
etag	varchar(255)	Nein	''	Entitäts-Tag des HTTP-Antwortheaders, der zur Überprüfung des Caches dient
modified	int	Nein	0	Zeitpunkt der letzten Änderung des Feeds (Unix-Zeitstempel)
block	int:tiny	Nein	0	Anzahl der Objekte, die im Block des Feeds angezeigt werden sollen

A.9 aggregator_item (aggregator-Modul)

Diese Tabelle speichert einzelne Objekte, die aus Feeds importiert wurden.

Name	Typ	NULL	Standard	Beschreibung
iid	serial	Nein		Primärschlüssel: eindeutige ID des Feed-Objekts
fid	int	Nein	0	Die {aggregator_feed}.fid zu der das Objekt gehört
title	varchar(255)	Nein	''	Titel des Feed-Objekts
link	varchar(255)	Nein	''	Link zu dem Feed-Objekt
author	varchar(255)	Nein	''	Autor des Feed-Objekts
description	text:big	Nein		Body des Feed-Objekts
timestamp	int	Ja		Einsendedatum des Feed-Objekts (Unix-Zeitstempel)
guid	varchar(255)	Ja		Eindeutiger Bezeichner des Feed-Objekts

A.10 authmap (User-Modul)

Diese Tabelle speichert die Zuordnung für die verteilte Authentifizierung.

Name	Typ	NULL	Standard	Beschreibung
aid	serial	Nein		Primärschlüssel: eindeutige ID der Authentifizierungs-Zuordnung
uid	int	Nein	0	Die {users}.uid des Benutzers
authname	varchar(128)	Nein	''	Eindeutiger Authentifizierungsname
module	varchar(128)	Nein	''	Das Modul, das die Authentifizierung steuert

A.11 batch (batch.inc)

Diese Tabelle speichert Angaben über Batches (Prozesse, die in mehreren HTTP-Anfragen ausgeführt werden).

Name	Typ	NULL	Standard	Beschreibung
bid	serial	Nein		Primärschlüssel: eindeutige Batch-ID
token	varchar(64)	Nein		Ein String-Token, der anhand der aktuellen Benutzersitzungs-ID und der Batch-ID generiert wurde. Er soll sicherstellen, dass nur der Benutzer, der den Batch eingereicht hat, darauf zugreifen kann.
timestamp	int	Nein		Ein Unix-Zeitstempel, der angibt, wann dieser Batch für die Verarbeitung eingereicht wurde. Abgelaufene Batches werden bei der Ausführung von cron bereinigt.
batch	text:big	Ja		Ein serialisiertes Array, das die Berechnungsdaten für den Batch enthält

A.12 blocks (Block-Modul)

Diese Tabelle speichert Blockeinstellungen wie Regionen und Sichtbarkeitseinstellungen.

Name	Typ	NULL	Standard	Beschreibung
bid	serial	Nein		Primärschlüssel: eindeutige Block-ID
module	varchar(64)	Nein	' '	Das Modul, aus dem der Block stammt, beispielsweise 'user' für den Block »Who's Online« oder 'block' für alle benutzerdefinierten Blocks
delta	varchar(32)	Nein	'0'	Eindeutige ID für den Block innerhalb eines Moduls
theme	varchar(64)	Nein	' '	Das Theme, unter dem die Blockeinstellungen angewendet werden
status	int:tiny	Nein	0	Der Aktivierungsstatus des Blocks (1 bedeutet aktiviert, 0 deaktiviert)
weight	int:tiny	Nein	0	Das Gewicht des Blocks in einer Region
region	varchar(64)	Nein	' '	Region des Themes, in die der Block eingefügt ist

A.12 blocks (Block-Modul)

Name	Typ	NULL	Standard	Beschreibung
custom	int:tiny	Nein	0	Ein Flag, das angibt, ob die Benutzer die Sichtbarkeit des Blocks steuern können (0 bedeutet, dass Benutzer nicht eingreifen können; 1 heißt, dass der Block standardmäßig aktiviert ist, aber versteckt werden kann; 2 besagt, dass der Block standardmäßig versteckt ist, aber sichtbar gemacht werden kann).
throttle	int:tiny	Nein	0	Ein Flag, das angibt, ob ein Block entfernt werden soll oder nicht, wenn die Auslastung auf der Website hoch ist (1 bedeutet drosseln, 0 nicht drosseln).
visibility	int:tiny	Nein	0	Ein Flag, das anzeigt, wie Blöcke auf Seiten angezeigt werden (0 bedeutet, dass der Block auf allen Seiten außer den aufgelisteten erscheint; 1 heißt, dass er nur auf aufgelisteten Seiten zu sehen ist, und 2, dass benutzerdefinierter PHP-Code verwendet wird, um die Sichtbarkeit festzulegen).
pages	text	Nein		Inhalte des Blocks Pages; je nach visibility-Einstellung ist dies entweder eine Liste der Pfade, die eingeschlossen bzw. ausgeschlossen werden sollen, oder PHP-Code.
title	varchar(64)	Nein	' '	Benutzerdefinierter Titel des Blocks (bei einem leeren String wird der Standardtitel des Blocks verwendet, bei <none> wird der Titel entfernt und bei text der festgelegte Titel verwendet).
cache	int:tiny	Nein	1	Binäres Ein Flag, das angibt des Cache-Modus des Blocks (-1 bedeutet kein Cache, 1 Caches für jede Rolle, 2 Caches für jeden Benutzer, 4 Caches für jede Seite und 8, dass der Block-Cache global ist). In Kapitel 9 finden Sie eine Erklärung des Cache-Modus für Blöcke.

A.13 blocks_roles (Block-Modul)

Diese Tabelle speichert Zugriffsberechtigungen für Blöcke aufgrund von Benutzerrollen.

Name	Typ	NULL	Standard	Beschreibung
module	varchar(64)	Nein		Das Ursprungsmodul des Blocks aus {blocks}.module
delta	varchar(32)	Nein		Das eindeutige Delta des Blocks innerhalb des Moduls aus {blocks}.delta
rid	int, unsigned	Nein		Die Rollen-ID des Benutzers aus {users_roles}.rid

A.14 book (Book-Modul)

Diese Tabelle speichert Zusammenfassungsinformationen des Buches und verbindet jeden Node in der Zusammenfassung mit einem eindeutigen Link zur Tabelle *menu_links*.

Name	Typ	NULL	Standard	Beschreibung
mlid	int, unsigned	Nein	0	{menu_links}.mlid der Buchseiten
nid	int, unsigned	Nein	0	{node}.nid der Buchseiten
bid	int, unsigned	Nein	0	Die Buch-ID ist die {book}.nid der Top-Level-Seite

A.15 boxes (Block-Modul)

Diese Tabelle speichert den Inhalt von selbsterstellten Blöcken.

Name	Typ	NULL	Standard	Beschreibung
bid	serial	Nein		Die {blocks}.bid des Blocks
body	text:big	Ja		Die Inhalte des Blocks
info	varchar(128)	Nein	''	Die Beschreibung des Blocks
format	int:small	Nein	0	Das {filter_formats}.format des Block-Bodys, beispielsweise bedeutet 1 gefiltertes HTML

A.16 cache

Die generische Tabelle cache dient zum Zwischenspeichern von Dingen, die nicht in ihre eigenen Cache-Tabellen ausgelagert werden. Beigetragene Module können diese Tabelle auch verwenden, um Objekte zwischenzuspeichern.

Name	Typ	NULL	Standard	Beschreibung
cid	varchar(255)	Nein	' '	Primärschlüssel: eindeutige Cache-ID
data	blob:big	Ja		Eine Sammlung von Daten für die Zwischenspeicherung
expire	int	Nein	0	Ein Unix-Zeitstempel, der angibt, wann der Cache-Eintrag verfallen soll (0 für niemals)
created	int	Nein	0	Ein Unix-Zeitstempel, der angibt, wann der Cache-Eintrag erstellt wurde
headers	text	Ja		Alle benutzerdefinierten HTTP-Header, die zu den zwischengespeicherten Daten hinzugefügt werden sollen
serialized	int:small	Nein	0	Ein Flag, das angibt, ob der Inhalt serialisiert ist (1) oder nicht (0)

A.17 cache_block (Block-Modul)

Dies ist die Cache-Tabelle, in der das Block-Modul bereits erstellte Blöcke speichert. Sie werden anhand ihres Moduls, Deltawerts und verschiedener Kontexte identifiziert, die den Block verändern können, z.B. anhand der jeweils festgelegten Themes, Locales oder Caching-Modi.

Name	Typ	NULL	Standard	Beschreibung
cid	varchar(255)	Nein	' '	Primärschlüssel: eindeutige Cache-ID
data	blob:big	Ja		Eine Sammlung von Daten für die Zwischenspeicherung
expire	int	Nein	0	Ein Unix-Zeitstempel, der angibt, wann der Cache-Eintrag verfallen soll (0 für niemals)
created	int	Nein	0	Ein Unix-Zeitstempel, der angibt, wann der Cache-Eintrag erstellt wurde
headers	text	Ja		Alle benutzerdefinierten HTTP-Header, die zu den zwischengespeicherten Daten hinzugefügt werden sollen
serialized	int:small	Nein	0	Ein Flag, das angibt, ob der Inhalt serialisiert ist (1) oder nicht (0)

A.18 cache_filter (Filter-Modul)

Die Cache-Tabelle, in der das Filter-Modul bereits gefilterte Textteile speichert, die anhand des Eingabeformats und des MD5-Hashes für den Text identifiziert werden.

Name	Typ	NULL	Standard	Beschreibung
cid	varchar(255)	Nein	''	Primärschlüssel: eindeutige Cache-ID
data	blob:big	Ja		Eine Sammlung von Daten für die Zwischenspeicherung
expire	int	Nein	0	Ein Unix-Zeitstempel, der angibt, wann der Cache-Eintrag verfallen soll (0 für niemals)
created	int	Nein	0	Ein Unix-Zeitstempel, der angibt, wann der Cache-Eintrag erstellt wurde
headers	text	Ja		Alle benutzerdefinierten HTTP-Header, die zu den zwischengespeicherten Daten hinzugefügt werden sollen
serialized	int:small	Nein	0	Ein Flag, das angibt, ob der Inhalt serialisiert ist (1) oder nicht (0)

A.19 cache_form

Die Cache-Tabelle, in der das Formular-System kürzlich erstellte Formulare und deren Speicherdaten ablegt, um sie in nachfolgenden Seitenanforderungen zu verwenden.

Name	Typ	NULL	Standard	Beschreibung
cid	varchar(255)	Nein	''	Primärschlüssel: eindeutige Cache-ID
data	blob:big	Ja		Eine Sammlung von Daten für die Zwischenspeicherung
expire	int	Nein	0	Ein Unix-Zeitstempel, der angibt, wann der Cache-Eintrag verfallen soll (0 für niemals)
created	int	Nein	0	Ein Unix-Zeitstempel, der angibt, wann der Cache-Eintrag erstellt wurde
headers	text	Ja		Alle benutzerdefinierten HTTP-Header, die zu den zwischengespeicherten Daten hinzugefügt werden sollen
serialized	int:small	Nein	0	Ein Flag, das angibt, ob der Inhalt serialisiert ist (1) oder nicht (0)

A.20 cache_menu

Die Cache-Tabelle, in der das Menü-System Routerinformationen und generierte Linkstrukturen für zahlreiche Menü/Seiten/Benutzer-Kombinationen speichert.

Name	Typ	NULL	Standard	Beschreibung
cid	varchar(255)	Nein	' '	Primärschlüssel: eindeutige Cache-ID
data	blob:big	Ja		Eine Sammlung von Daten für die Zwischenspeicherung
expire	int	Nein	0	Ein Unix-Zeitstempel, der angibt, wann der Cache-Eintrag verfallen soll (0 für niemals)
created	int	Nein	0	Ein Unix-Zeitstempel, der angibt, wann der Cache-Eintrag erstellt wurde
headers	text	Ja		Alle benutzerdefinierten HTTP-Header, die zu den zwischengespeicherten Daten hinzugefügt werden sollen
serialized	int:small	Nein	0	Ein Flag, das angibt, ob der Inhalt serialisiert ist (1) oder nicht (0)

A.21 cache_page

Diese Tabelle dient zur Speicherung komprimierter Daten für anonyme Benutzer, wenn die Zwischenspeicherung der Seite aktiviert ist.

Name	Typ	NULL	Standard	Beschreibung
cid	varchar(255)	Nein	' '	Primärschlüssel: eindeutige Cache-ID
data	blob:big	Ja		Eine Sammlung von Daten für die Zwischenspeicherung
expire	int	Nein	0	Ein Unix-Zeitstempel, der angibt, wann der Cache-Eintrag verfallen soll (0 für niemals)
created	int	Nein	0	Ein Unix-Zeitstempel, der angibt, wann der Cache-Eintrag erstellt wurde
headers	text	Ja		Alle benutzerdefinierten HTTP-Header, die zu den zwischengespeicherten Daten hinzugefügt werden sollen
serialized	int:small	Nein	0	Ein Flag, das angibt, ob der Inhalt serialisiert ist (1) oder nicht (0)

A.22 cache_update

Die Cache-Tabelle, in der das Aktualisierungsmodul vom zentralen Server abgerufene Informationen über verfügbare Veröffentlichungen speichert.

Name	Typ	NULL	Standard	Beschreibung
cid	varchar(255)	Nein	''	Primärschlüssel: eindeutige Cache-ID
data	blob:big	Ja		Eine Sammlung von Daten für die Zwischenspeicherung
expire	int	Nein	0	Ein Unix-Zeitstempel, der angibt, wann der Cache-Eintrag verfallen soll (0 für niemals)
created	int	Nein	0	Ein Unix-Zeitstempel, der angibt, wann der Cache-Eintrag erstellt wurde
headers	text	Ja		Alle benutzerdefinierten HTTP-Header, die zu den zwischengespeicherten Daten hinzugefügt werden sollen
serialized	int:small	Nein	0	Ein Flag, das angibt, ob der Inhalt serialisiert ist (1) oder nicht (0)

A.23 comments (Comment-Modul)

Diese Tabelle speichert Kommentare und zugehörige Daten.

Name	Typ	NULL	Standard	Beschreibung
cid	serial	Nein		Primärschlüssel: eindeutige Kommentar-ID
pid	int	Nein	0	Die {comments}.cid des Kommentars, auf den mit diesem Kommentar geantwortet wird. Ist der Wert 0, handelt es sich nicht um eine Antwort auf einen bestehenden Kommentar.
nid	int	Nein	0	Die {node}.nid des Nodes, auf den mit diesem Kommentar geantwortet wird.
uid	int	Nein	0	Die {users}.uid des Benutzers, der den Kommentar autorisiert hat. Ist der Wert 0, wurde der Kommentar von einem anonymen Benutzer erstellt.
subject	varchar(64)	Nein	''	Der Titel des Kommentars
comment	text:big	Nein		Der Body des Kommentars

Name	Typ	NULL	Standard	Beschreibung
hostname	varchar(128)	Nein	''	Der Hostname des Autors
timestamp	int	Nein	0	Der Zeitpunkt (als Unix-Zeitstempel), an dem der Kommentar vom Autor erstellt oder zuletzt bearbeitet wurde.
status	int:tiny, unsigned	Nein	0	Der Veröffentlichungsstatus eines Kommentars (0 bedeutet veröffentlicht, 1 heißt nicht veröffentlicht).
format	int:small	Nein	0	{filter_formats}.format des Kommentar-Bodys
thread	varchar(255)	Nein		Die Vancode-Darstellung des Platzes, den der Kommentar in einem Thread einnimmt
name	varchar(60)	Ja		Der Name des Kommentarautors. Wenn der Benutzer angemeldet ist, wird {users}.name verwendet, andernfalls der Wert, der in das Kommentarformular eingegeben wurde.
mail	varchar(64)	Ja		Die E-Mail-Adresse des Kommentarautors wird bei anonymen Benutzern aus dem Kommentarformular ausgelesen, falls die Einstellung »Anonymous users may/must leave their contact information« aktiviert ist.
homepage	varchar(255)	Ja		Die Adresse der Homepage des Kommentarautors wird bei anonymen Benutzern aus dem Kommentarformular ausgelesen, falls die Einstellung »Anonymous users may/must leave their contact information« aktiviert ist.

A.24 contact (Contact-Modul)

In dieser Tabelle befinden sich Kategorieeinstellungen für Kontaktformulare.

Name	Typ	NULL	Standard	Beschreibung
cid	serial	Nein		Primärschlüssel: eindeutige Kategorie-ID
category	varchar(255)	Nein	''	Name der Kategorie
recipients	text:big	Nein		Durch Kommas getrennte Liste mit E-Mail-Adressen von Empfängern
reply	text:big	Nein		Text der automatischen Antwortnachricht

Name	Typ	NULL	Standard	Beschreibung
weight	int:tiny	Nein	0	Das Gewicht der Kategorie
selected	int:tiny	Nein	0	Ein Flag, das angibt, ob eine Kategorie standardmäßig ausgewählt wird (1) oder nicht (0)

A.25 files (Upload-Modul)

Diese Tabelle speichert Informationen über hochgeladene Dateien.

Name	Typ	NULL	Standard	Beschreibung
fid	serial	Nein		Primärschlüssel: eindeutige Datei-ID
uid	int, unsigned	Nein	0	Die {users}.uid des Benutzers, der mit der Datei verbunden ist
filename	varchar(255)	Nein	''	Name der Datei
filepath	varchar(255)	Nein	''	Pfad zu der Datei, relativ zum Stamm von Drupal
filemime	varchar(255)	Nein	''	Der MIME-Typ der Datei
filesize	int, unsigned	Nein	0	Die Größe der Datei in Bytes
status	int	Nein	0	Ein Flag, das angibt, ob die Datei temporär (1) oder permanent (0) ist
timestamp	int, unsigned	Nein	0	Ein Unix-Zeitstempel für den Zeitpunkt, an dem die Datei hinzugefügt wurde

A.26 filter_formats (Filter-Modul)

Diese Tabelle speichert Eingabeformate, also benutzerdefinierte Gruppen von Filtern wie beispielsweise *Filtered HTML*.

Name	Typ	NULL	Standard	Beschreibung
format	serial	Nein		Primärschlüssel: eindeutige ID des Formats
name	varchar(255)	Nein	''	Name des Eingabeformats (beispielsweise Filtered HTML)
roles	varchar(255)	Nein	''	Ein durch Kommas getrennter String aus Rollen, der auf {role}.rid verweist
cache	int:tiny	Nein	0	Ein Flag, das angibt, ob das Format zwischengespeichert werden kann (1) oder nicht (0)

A.27 filters (Filter-Modul)

Diese Tabelle verknüpft Filter (beispielsweise *HTML corrector*) mit Eingabeformaten (beispielsweise *Filtered HTML*).

Name	Typ	NULL	Standard	Beschreibung
fid	serial	Nein		Primärschlüssel: automatisch inkrementierte Filter-ID
format	int	Nein	0	Fremdschlüssel: Das {filter_formats}.format, zu dem dieser Filter zugewiesen ist
module	varchar(64)	Nein	''	Das Ursprungsmodul des Filters
delta	int:tiny	Nein	0	Die ID, mit der bestimmt wird, auf welchen Filter innerhalb des Moduls verwiesen wird
weight	int:tiny	Nein	0	Das Gewicht des Filters innerhalb des Formats

A.28 flood (Contact-Modul)

Diese Tabelle steuert die Schwellenwerte von Ereignissen wie die Anzahl der Kontaktversuche.

Name	Typ	NULL	Standard	Beschreibung
fid	serial	Nein		Primärschlüssel: eindeutige ID des *flood*-Ereignisses
event	varchar(64)	Nein	''	Name des Ereignisses (z. B. Kontakt)
hostname	varchar(128)	Nein	''	Hostname des Besuchers
timestamp	int	Nein	0	Zeitstempel des Ereignisses

A.29 forum (Forum-Modul)

Diese Tabelle speichert die Beziehung zwischen Nodes und Forumbegriffen.

Name	Typ	NULL	Standard	Beschreibung
nid	int, unsigned	Nein	0	Die {node}.nid des Nodes
vid	int, unsigned	Nein	0	Primärschlüssel: {node}.vid des Nodes
tid	int, unsigned	Nein	0	{term_data}.tid des Forumbegriffs, der dem Node zugewiesen ist

A.30 history (Node-Modul)

Diese Tabelle speichert Aufzeichnungen darüber, welche Benutzer welche Nodes gelesen haben.

Name	Typ	NULL	Standard	Beschreibung
uid	int	Nein	0	Die {users}.uid, die {node}.nid gelesen hat
nid	int	Nein	0	Die {node}.nid, die gelesen wurde
timestamp	int	Nein	0	Ein Unix-Zeitstempel des Zeitpunkts, an dem der Node gelesen wurde

A.31 languages (Locale-Modul)

Diese Tabelle speichert eine Liste aller verfügbaren Sprachen im System.

Name	Typ	NULL	Standard	Beschreibung
language	varchar(12)	Nein	''	Sprachcode, beispielsweise 'de' oder 'en-US'
name	varchar(64)	Nein	''	Name der Sprache in Englisch
native	varchar(64)	Nein	''	Eigenname der Sprache
direction	int	Nein	0	Schreibrichtung der Sprache (0 steht für von links nach rechts und 1 für von rechts nach links)
enabled	int	Nein	0	Aktivierungs-Flag (1 für aktiviert, 0 für deaktiviert)
plurals	int	Nein	0	Anzahl der Pluralindizes in dieser Sprache
formula	varchar(128)	Nein	''	Pluralformel in PHP-Code, die zum Erlangen der Pluralindizes ausgewertet werden muss
domain	varchar(128)	Nein	''	Domäne, die für diese Sprache verwendet wird
prefix	varchar(128)	Nein	''	Pfadpräfix für diese Sprache
weight	int	Nein	0	Gewicht, das in Sprachlisten eingesetzt wird
javascript	varchar(32)	Nein	''	Speicherort der JavaScript-Übersetzungsdatei

A.32 locales_source (Locale-Modul)

Diese Tabelle speichert eine Liste englischer Quellstrings.

Name	Typ	NULL	Standard	Beschreibung
lid	serial	Nein		Eindeutiger Bezeichner dieses Strings
location	varchar(255)	Nein	' '	Der Drupal-Pfad im Fall von online entdeckten Übersetzungen oder ein Dateipfad für importierte Strings
textgroup	varchar(255)	Nein	'default'	Eine durch Module definierte Gruppe von Übersetzungen (siehe auch hook_scale())
source	text	Nein		Der ursprüngliche String in Englisch
version	varchar(20)	Nein	'none'	Die Version von Drupal, in der der String zuletzt verwendet wurde (zur Optimierung der Locales)

A.33 locales_target (Locale-Modul)

Diese Tabelle speichert übersetzte Versionen von Strings.

Name	Typ	NULL	Standard	Beschreibung
lid	int	Nein	0	Die ID des Quellstrings, die {locales_source}.lid referenziert
translation	text	Nein		Wert des Übersetzungsstrings in dieser Sprache
language	varchar(12)	Nein	' '	Sprachcode, der {languages}.language referenziert
plid	int	Nein	0	Übergeordnete lid (lid des letzten Strings in der Pluralkette), wenn Pluralstrings vorhanden sind; referenziert {locales_source}.lid
plural	int	Nein	0	Anzahl der Pluralindizes, wenn Pluralstrings vorhanden sind

A.34 menu_custom (Menu-Modul)

Diese Tabelle enthält Definitionen von Menüs der obersten Ebene (beispielsweise Primärlinks).

Name	Typ	NULL	Standard	Beschreibung
menu_name	varchar(32)	Nein	' '	Primärschlüssel: eindeutiger Schlüssel für das Menü. Wird als Block-Delta verwendet, weshalb die Länge 32 beträgt, um mit {blocks}.delta übereinzustimmen
title	varchar(255)	Nein	' '	Titel des Menüs, der oberhalb des Blocks angezeigt wird
description	text	Ja		Beschreibung des Menüs

A.35 menu_links (Menu-Modul)

Diese Tabelle enthält die einzelnen Links innerhalb eines Menüs.

Name	Typ	NULL	Standard	Beschreibung
menu_name	varchar(32)	Nein	' '	Der Name des Menüs. Alle Links mit gleichem Menünamen (wie 'navigation') sind Teil desselben Menüs
mlid	serial	Nein		Die Link-ID des Menüs ist der ganzzahlige Primärschlüssel.
plid	int, unsigned	Nein	0	Die übergeordnete Link-ID ist die mlid des Links, der sich in der Hierarchie darüber befindet. Der Wert ist 0, wenn sich der Link auf der obersten Ebene in seinem Menü befindet.
link_path	varchar(255)	Nein	' '	Der Drupal- oder externe Pfad, auf den dieser Link zeigt
router_path	varchar(255)	Nein	' '	Bei Links, die einem Drupal-Pfad zugeordnet sind (0 bedeutet externer Pfad), verbindet dies den Link mit einem {menu_router}.path für JOIN-Operationen.
link_title	varchar(255)	Nein	' '	Der Text, der für den Link angezeigt wird und der von einem in {menu_router} gespeicherten Titel-Callback verändert werden kann

A.35 menu_links (Menu-Modul)

Name	Typ	NULL	Standard	Beschreibung
options	text	Ja		Ein serialisiertes Array mit Optionen, die an die Funktionen url() oder l() übergeben werden sollen (beispielsweise Abfragestrings oder HTML-Attribute)
module	varchar(255)	Nein	'system'	Der Name des Moduls, das diesen Link generiert hat
hidden	int:small	Nein	0	Ein Flag, das angibt, ob der Link in Menüs berechnet werden soll oder nicht (1 weist auf ein deaktiviertes Menüobjekt hin, das nur Administratoren angezeigt werden soll, -1 verweist auf einen Menü-Callback und 0 auf einen normalen sichtbaren Link)
external	int:small	Nein	0	Ein Flag, das angibt, ob der Link auf einen vollständigen URL zeigt, der mit einer Protokollangabe wie *http://* beginnt (1 steht für extern, 0 für intern)
has_children	int:small	Nein	0	Ein Flag, das angibt, ob andere Links diesem Link untergeordnet sind (1 bedeutet, das Kinder vorhanden sind, 0 heißt, es keine gibt)
expanded	int:small	Nein	0	Flag, das angibt, ob dieser Link in Menüs erweitert gerendert werden soll. Erweiterte Links zeigen immer die Kinderlinks an, was bei nicht erweiterten Links nur dann der Fall ist, wenn Sie sich in der aktiven Spur befinden (1 bedeutet erweitert, 0 nicht erweitert)
weight	int	Nein	0	Das Gewicht des Links unter den Links im selben Menü auf gleicher Tiefe
depth	int:small	Nein	0	Die Tiefe relativ zur obersten Ebene. Ein Link mit plid == 0 hat depth == 1
customized	int:small	Nein	0	Ein Flag, das angibt, dass der Benutzer den Link manuell erstellt bzw. verändert hat (1 steht für verändert und 0 für nicht verändert)
p1	int, unsigned	Nein	0	Die erste mlid im materialisierten Pfad. Wenn N = depth ist, muss pN gleich der mlid sein. Ist depth > 1, muss p(N-1) gleich der plid sein. Alle pX mit X > depth müssen gleich 0 sein. Die Spalten p1 bis p9 werden auch als die Eltern bezeichnet.
p2	int, unsigned	Nein	0	Die zweite mlid im materialisierten Pfad. Siehe p1.

Name	Typ	NULL	Standard	Beschreibung
p3	int, unsigned	Nein	0	Die dritte mlid im materialisierten Pfad. Siehe p1.
p4	int, unsigned	Nein	0	Die vierte mlid im materialisierten Pfad. Siehe p1.
p5	int, unsigned	Nein	0	Die fünfte mlid im materialisierten Pfad. Siehe p1.
p6	int, unsigned	Nein	0	Die sechste mlid im materialisierten Pfad. Siehe p1.
p7	int, unsigned	Nein	0	Die siebte mlid im materialisierten Pfad. Siehe p1.
p8	int, unsigned	Nein	0	Die achte mlid im materialisierten Pfad. Siehe p1.
p9	int, unsigned	Nein	0	Die neunte mlid im materialisierten Pfad. Siehe p1.
updated	int:small	Nein	0	Ein Flag, das angibt, dass dieser Link während der Aktualisierung von Drupal 5 generiert wurde.

A.36 menu_router

Diese Tabelle ordnet Pfade mehreren Callbacks zu (beispielsweise Zugriffs-, Seiten- und Titel-Callbacks).

Name	Typ	NULL	Standard	Beschreibung
path	varchar(255)	Nein	''	Primärschlüssel: der Drupal-Pfad, den dieser Eintrag beschreibt
load_ functions	varchar(255)	Nein	''	Ein serialisiertes Array von Funktionsnamen (wie node_load), das aufgerufen wird, um ein Objekt zu laden, das dem Teil des aktuellen Pfads entspricht
to_arg_ functions	varchar(255)	Nein	''	Ein serialisiertes Array von Funktionsnamen (wie user_uid_optional_to_arg), das aufgerufen wird, um einen Teil des Routerpfads durch einen anderen String zu ersetzen
access_ callback	varchar(255)	Nein	''	Der Callback, der den Zugriff auf diesen Routerpfad bestimmt. Der Standard ist user_access.
access_ arguments	text	Ja		Ein serialisiertes Array von Anweisungen für Zugriffs-Callback

A.36 menu_router

Name	Typ	NULL	Standard	Beschreibung
page_callback	varchar(255)	Nein	''	Der Name der Funktion, die die Seite rendert
page_arguments	text	Ja		Ein serialisiertes Array mit Anweisungen für den Seiten-Callback
fit	int	Nein	0	Eine numerische Darstellung der Angabe, wie genau der Pfad ist
number_parts	int:small	Nein	0	Anzahl der Teile in diesem Routerpfad
tab_parent	varchar(255)	Nein	''	Nur für lokale Aufgaben (Registerkarten): der Routerpfad der Elternseite (die ebenfalls eine lokale Aufgabe sein kann)
tab_root	varchar(255)	Nein	''	Routerpfad der nahesten Elternseite, die keine Registerkarte hat. Bei Seiten, die keine lokalen Aufgaben sind, ist sie mit dem Pfad identisch.
title	varchar(255)	Nein	''	Der Titel der aktuellen Seite oder bei einer lokalen Aufgabe der Titel der Registerkarte.
title_callback	varchar(255)	Nein	''	Eine Funktion, die den Titel verändert. Der Standard ist t().
title_arguments	varchar(255)	Nein	''	Ein serialisiertes Array mit Anweisungen für den Titel-Callback. Ist es leer, wird der Titel als einziges Argument für den Titel-Callback verwendet
type	int	Nein	0	Die numerische Darstellung des Typs des Menüobjekts, z.B: MENU_LOCAL_TASK
block_callback	varchar(255)	Nein	''	Name einer Funktion, die zur Darstellung des Blocks auf der Verwaltungsseite des Systems für dieses Menüobjekt verwendet wird
description	text	Nein		Eine Beschreibung dieses Menüobjekts
position	varchar(255)	Nein	''	Die Position des Blocks (rechts oder links) auf der Verwaltungsseite des Systems für dieses Menüobjekt
weight	int	Nein	0	Gewicht des Elements. Leichtere Gewichte werden weiter oben dargestellt, schwere weiter unten.
file	text:medium	Ja		Die Datei, die in dieses Element eingeschlossen werden soll. Normalerweise befindet sich die Seiten-Callback-Funktion in dieser Datei.

A.37 node (Node-Modul)

Dies ist die grundlegende Tabelle für Nodes.

Name	Typ	NULL	Standard	Beschreibung
nid	serial	Nein		Der primäre Bezeichner eines Nodes
vid	int, unsigned	Nein	0	Der aktuelle {node_revisions}.vid-Versionsbezeichner
type	varchar(32)	Nein	''	Der {node_type}.type dieses Nodes
language	varchar(12)	Nein	''	Die {languages}.language dieses Nodes
title	varchar(255)	Nein	''	Der Titel dieses Nodes, der immer als Klartext ohne Markup behandelt wird
uid	int	Nein	0	Die {users}.uid, die diesen Node besitzt, anfänglich der Benutzer, der sie erstellt hat
status	int	Nein	1	Ein Boole'scher Wert, der angibt, ob der Node veröffentlicht ist (auch für Benutzer einsehbar, die keine Administratoren sind)
created	int	Nein	0	Der Unix-Zeitstempel des Zeitpunkts, an dem der Node erstellt wurde
changed	int	Nein	0	Der Unix-Zeitstempel des Zeitpunkts, an dem der Node zuletzt gesichert wurde
comment	int	Nein	0	Legt fest, ob Kommentare in diesem Node erlaubt sind oder nicht (1 bedeutet, dass Kommentare nur lesbar sind, 2 dagegen, dass Kommentare gelesen und geschrieben werden können)
promote	int	Nein	0	Boole'scher Wert, der angibt, ob der Node auf der ersten Seite angezeigt werden sollte
moderate	int	Nein	0	War früher ein Boole'scher Wert, der anzeigte, ob der Node moderiert wird. Wird derzeit nicht vom Core verwendet.
sticky	int	Nein	0	Boole'scher Wert, der angibt, ob der Node in der Liste, in der er erscheint, ganz oben dargestellt werden soll
tnid	int, unsigned	Nein	0	Die Übersetzungssatz-ID für diesen Node, die in jedem Satz identisch mit der Node-ID des Quellpostings ist
translate	int	Nein	0	Ein Boole'scher Wert, der angibt, ob diese Übersetzungsseite aktualisiert werden muss

A.38 node_access (Node-Modul)

Diese Tabelle bezeichnet die Realm-/Rechte-Paare, die ein Benutzer haben muss, damit er bestimmte Nodes ansehen, aktualisieren oder löschen kann.

Name	Typ	NULL	Standard	Beschreibung
nid	int, unsigned	Nein	0	Die {node}.nid, auf die dieser Eintrag Einfluss nimmt
gid	int, unsigned	Nein	0	Die Rechte-ID, die ein Benutzer im spezifizierten Realm haben muss, um die Zeilenberechtigungen für den Node zu erhalten
realm	varchar(255)	Nein	''	Der Realm, in dem der Benutzer die Rechte-ID haben muss. Jeder Nodezugriffs-Node kann einen oder mehrere Realms definieren.
grant_view	int:tiny, unsigned	Nein	0	Boole'scher Wert, der angibt, ob ein Benutzer mit dem Realm/Rechte-Paar diesen Node ansehen kann
grant_pdate	int:tiny, unsigned	Nein	0	Boole'scher Wert, der angibt, ob ein Benutzer mit dem Realm/Rechte-Paar diesen Node bearbeiten kann
grant_delete	int:tiny, unsigned	Nein	0	Boole'scher Wert, der angibt, ob ein Benutzer mit dem Realm/Rechte-Paar diesen Node löschen kann

A.39 node_comment_statistics (Comment-Modul)

Diese Tabelle pflegt Statistiken von Nodes und Kommentarmitteilungen, um die Flags new oder updated anzuzeigen.

Name	Typ	NULL	Standard	Beschreibung
nid	int, unsigned	Nein	0	Die {node}.nid, für die die Statistiken zusammengestellt werden
last_comment_timestamp	int	Nein	0	Der Unix-Zeitstempel (von {comments}.timestamp) des letzten Kommentars, der in diesen Node gesendet wurde
last_comment_name	varchar(60)	Ja		Der Name des letzten Autors, der ein Posting zu diesem Node gesendet hat (von {comments}.name)

Name	Typ	NULL	Standard	Beschreibung
last_comment_uid	int	Nein	0	Die Benutzer-ID des letzten Autors, der ein Posting zu diesem Node gesendet hat (von {comments}.uid)
comment_count	int, unsigned	Nein	0	Die Gesamtzahl der Kommentaren in diesem Node

A.40 node_counter (Statistics-Modul)

Diese Tabelle speichert Zugriffsstatistiken für Nodes.

Name	Typ	NULL	Standard	Beschreibung
nid	int	Nein	0	Die {node}.nid für diese Statistiken
totalcount	int:big, unsigned	Nein	0	Die Gesamtzahl, wie oft {node} angesehen wurde
daycount	int:medium, unsigned	Nein	0	Die Gesamtzahl, wie oft {node} heute angesehen wurde
timestamp	int, unsigned	Nein	0	Das letzte Mal, das {node} angesehen wurde

A.41 node_revisions (Node-Modul)

Diese Tabelle enthält Informationen über jede gespeicherte Version eines Nodes.

Name	Typ	NULL	Standard	Beschreibung
nid	int, unsigned	Nein	0	Der {node}, zu dem diese Version gehört
vid	serial	Nein		Der primäre Bezeichner für diese Version
uid	int	Nein	0	Die {users}.uid, die diese Version erstellt hat
title	varchar(255)	Nein	''	Der Titel dieser Version
body	text:big	Nein		Der Body dieser Version
teaser	text:big	Nein		Die Vorschau dieser Version
log	text:big	Nein		Der Protokolleintrag, der die Änderung in dieser Version erklärt
timestamp	int	Nein	0	Ein Unix-Zeitstempel, der angibt, wann diese Version erstellt wurde
format	int	Nein	0	Das Eingabeformat, das vom Body dieser Version verwendet wird

A.42 node_type (Node-Modul)

Diese Tabelle speichert Informationen über alle definierten {node}-Typen.

Name	Typ	NULL	Standard	Beschreibung
type	varchar(32)	Nein		Der maschinenlesbare Name dieses Typs
name	varchar(255)	Nein	''	Der von Menschen lesbare Name dieses Typs
module	varchar(255)	Nein		Das Modul, das diesen Typ implementiert
description	text:medium	Nein		Eine kurze Beschreibung dieses Typs
help	text:medium	Nein		Hilfeinformationen, die dem Benutzer bei der Erstellung eines {node} dieses Typs angezeigt wird
has_title	int:tiny, unsigned	Nein		Boole'scher Wert, der angibt, ob dieser Typ ein {node}.title-Feld verwendet
title_label	varchar(255)	Nein	''	Das Label, das im Bearbeitungsformular für das Titelfeld angezeigt wird
has_body	int:tiny, unsigned	Nein		Boole'scher Wert, der angibt, ob dieser Typ ein {node_revisions}.body-Feld verwendet
body_label	varchar(255)	Nein	''	Das Label, das für das Body-Feld im Bearbeitungsformular angezeigt wird
min_word_count	int:tiny, unsigned	Nein		Die Mindestzahl der Wörter, die das Body-Feld enthalten muss
custom	int:tiny	Nein	0	Ein Boole'scher Wert, der angibt, ob dieser Typ von einem Modul (0) oder einem Benutzer über ein Modul wie Content Construction Kit (1) definiert wird
modified	int:tiny	Nein	0	Ein Boole'scher Wert, der angibt, ob dieser Typ von einem Administrator verändert wurde (wird derzeit nicht verwendet)
locked	int:tiny	Nein	0	Ein Boole'scher Wert, der angibt, ob der Administrator den Maschinennamen dieses Typs ändern kann
orig_type	varchar(255)	Nein	''	Der ursprüngliche maschinenlesbare Name dieses Node-Typs, der sich vom aktuellen Namen unterscheiden kann, wenn das Feld *locked* auf 0 steht

A.43 openid_association (Openid-Modul)

Name	Typ	NULL	Standard	Beschreibung
idp_endpoint_uri	varchar(255)	Ja		Der URI des OpenID-Providerendpunkts
assoc_handle	varchar(255)	Nein		Primärschlüssel, über den diese Assoziation in nachfolgenden Nachrichten angesprochen wird
assoc_type	varchar(32)	Ja		Der verwendete Signaturalgorithmus: MHAC-SHA1 oder HMAC-SHA256
session_type	varchar(32)	Ja		Gültige Assoziationssitzungs-Typen: no-encryption, DH-SHA1 und DH-SHA256
mac_key	varchar(255)	Ja		Der MAC-Schlüssel (Shared Secret) für diese Assoziation
created	int	Nein	0	Der Unix-Zeitstempel für die Erstellung der Assoziation
expires_in	int	Nein	0	Die Lebensdauer dieser Assoziation in Sekunden

A.44 permission (User-Modul)

Diese Tabelle speichert Berechtigungen für Benutzer.

Name	Typ	NULL	Standard	Beschreibung
pid	serial	Nein		Primärschlüssel: eindeutige Berechtigungs-ID
rid	int, unsigned	Nein	0	Die {role}.rid, der die Berechtigungen zugewiesen sind
perm	text:big	Ja		Liste der zugewiesenen Berechtigungen
tid	int, unsigned	Nein	0	Ursprünglich für Taxonomie-Berechtigungen vorgesehen, doch niemals verwendet

A.45 poll (Poll-Modul)

Diese Tabelle speichert spezifische Informationen für Poll-Nodes.

Name	Typ	NULL	Standard	Beschreibung
nid	int, unsigned	Nein	0	Die {node}.nid des Polls
runtime	int	Nein	0	Die Anzahl der vergangenen Sekunden nach {node}.created, in denen der Poll offen ist
active	int, unsigned	Nein	0	Boole'scher Wert, der angibt, ob der Poll offen ist oder nicht

A.46 poll_choices (Poll-Modul)

Diese Tabelle speichert Informationen über alle Auswahlmöglichkeiten für alle Polls.

Name	Typ	NULL	Standard	Beschreibung
chid	serial	Nein		Primärschlüssel: eindeutiger Bezeichner für eine Poll-Auswahl
nid	int, unsigned	Nein	0	Die {node}.nid, zu der diese Auswahl gehört
chtext	varchar(128)	Nein	''	Der Text dieser Auswahl
chvotes	int	Nein	0	Die Gesamtzahl der Abstimmungen, die diese Auswahl von allen Benutzern erhalten hat
chorder	int	Nein	0	Die Anordnungsreihenfolge dieser Auswahl unter allen Auswahlen desselben Nodes

A.47 poll_votes (Poll-Modul)

Diese Tabelle speichert Abstimmungen pro Benutzer für jeden Poll.

Name	Typ	NULL	Standard	Beschreibung
nid	int, unsigned	Nein		Der {poll}-Node, für den diese Wahlstimme gilt
uid	int, unsigned	Nein	0	Die {users}.uid, von der diese Wahlstimme stammt

Name	Typ	NULL	Standard	Beschreibung
chorder	int	Nein	-1	Die {users}-Abstimmung für diesen Poll
hostname	varchar(128)	Nein	' '	Die IP-Adresse, von der diese Wahlstimme kommt, es sei denn, der Benutzer war angemeldet

A.48 profile_fields (Profile-Modul)

Diese Tabelle speichert Profilfeld-Informationen.

Name	Typ	NULL	Standard	Beschreibung
fid	serial	Nein		Primärschlüssel: eindeutige Profilfeld-ID
title	varchar(255)	Ja		Titel des Felds, das dem Endbenutzer angezeigt wird
name	varchar(128)	Nein	' '	Interner Name des Felds, das in Formular-HTML und URLs verwendet wird
explanation	text	Ja		Erklärung des Felds für den Endbenutzer
category	varchar(255)	Ja		Die Profilkategorie, unter der das Feld gruppiert wird
page	varchar(255)	Ja		Titel der Seite, der zur Sache nach dem Feldwert dient
type	varchar(128)	Ja		Typ des Formularfelds
weight	int:tiny	Nein	0	Gewicht des Feldes im Verhältnis zu anderen Profilfeldern
required	int:tiny	Nein	0	Zeigt an, ob eine Benutzereingabe zur Eingabe eines Werts notwendig ist (0 für nein, 1 für ja)
register	int:tiny	Nein	0	Legt fest, ob das Feld im Benutzerregistrierungsformular angezeigt wird oder nicht (1 für ja, 0 für nein)
visibility	int:tiny	Nein	0	Der Grad der Sichtbarkeit des Felds (0 steht für versteckt, 1 für privat, 2 für öffentlich auf Profilseiten, doch nicht für Auflistungsseiten von Mitgliedern, und 3 für öffentlich auf Profil- und Auflistungsseiten)

Name	Typ	NULL	Standard	Beschreibung
autocomplete	int:tiny	Nein	0	Bestimmt, ob die automatische Vervollständigung aktiviert ist (0 bedeutet deaktiviert, 1 aktiviert)
options	text	Ja		Liste mit Optionen, die in einem Listenauswahlfeld verwendet werden können

A.49 profile_values (Profile-Modul)

Diese Tabelle speichert Werte für Profilfelder.

Name	Typ	NULL	Standard	Beschreibung
fid	int, unsigned	Nein	0	Die {profile_fields}.fid des Felds
uid	int, unsigned	Nein	0	Die {users}.uid des Profilbenutzers
value	text	Ja		Der Wert für das Feld

A.50 role (User-Modul)

Diese Tabelle speichert Benutzerrollen.

Name	Typ	NULL	Standard	Beschreibung
rid	serial	Nein		Primärschlüssel: eindeutige Rollen-ID
name	varchar(64)	Nein	''	Eindeutiger Rollenname

A.51 search_dataset (Search-Modul)

Diese Tabelle speichert Objekte, nach den gesucht werden soll.

Name	Typ	NULL	Standard	Beschreibung
sid	int, unsigned	Nein	0	Die ID des Suchobjekts, beispielsweise die Node-ID für Nodes
type	varchar(16)	Ja		Typ des Objekts, beispielsweise node
data	text:big	Nein		Liste durch Leerzeichen getrennter Wörter des Objekts
reindex	int, unsigned	Nein	0	Wird gesetzt, um die Neuindizierung des Nodes zu erzwingen.

A.52 search_index (Search-Modul)

Diese Tabelle speichert den Suchindex und zugehörige Wörter, Objekte und Werte.

Name	Typ	NULL	Standard	Beschreibung
word	varchar(50)	Nein	' '	Das {search_total}.word, das mit dem Suchobjekt assoziiert ist
sid	int, unsigned	Nein	0	Die {search_dataset}.sid des suchbaren Objekts, zu dem dieses Wort gehört
type	varchar(16)	Ja		Der {search_dataset}.type des suchbaren Objekts, zu dem das Wort gehört
score	float	Ja		Der numerische Wert des Worts, wobei Wörter mit höherem wichtiger sind

A.53 search_node_links (Search-Modul)

Diese Tabelle speichert Objekte (wie Nodes), die mit anderen Nodes verknüpft sind. Sie dient zur Verbesserung von Suchwerten für Nodes, die häufig verlinkt werden.

Name	Typ	NULL	Standard	Beschreibung
sid	int, unsigned	Nein	0	Die {search_dataset}.sid des suchbaren Objekts, das den Link zum Node enthält
type	varchar(16)	Nein	' '	Der {search_dataset}.type des suchbaren Objekts, das den Link zum Node enthält
nid	int, unsigned	Nein	0	Die {node}.nid des Nodes, zu der dieses Objekt verlinkt
caption	text:big	Ja		Des Text, der für die Verknüpfung zu {node}.nid verwendet wird

A.54 search_total (Search-Modul)

Diese Tabelle speichert Suchergebnisse für Wörter.

Name	Typ	NULL	Standard	Beschreibung
word	varchar(50)	Nein	' '	Primärschlüssel: eindeutiges Wort im Suchindex
count	float	Ja		Die Häufigkeit des Wortes im Index, wobei Zipfs Gesetz zum Ausgleichen der Wahrscheinlichkeitsverteilung verwendet wird

A.55 sessions

Der Sitzungs-Handler von Drupal liest und schreibt in diese Tabelle. Jeder Eintrag steht für eine Benutzersitzung, die entweder anonym oder authentifiziert sein kann.

Name	Typ	NULL	Standard	Beschreibung
`uid`	int, unsigned	Nein		Die {users}.uid, die einer Sitzung zugeordnet ist. 0 steht für einen anonymen Benutzer.
`sid`	varchar(64)	Nein	''	Primärschlüssel: eine Sitzungs-ID. Der Wert wird von der PHP-Sitzungs-API generiert
`hostname`	varchar(128)	Nein	''	Die IP-Adresse, die diese Sitzungs-ID zuletzt verwendet hat (sid)
`timestamp`	int	Nein	0	Der Unix-Zeitstempel, der angibt, wann die Sitzung zuletzt eine Seite angefordert hat. Alte Aufzeichnungen werden von PHP automatisch bereinigt. Siehe `sess_gc()`.
`cache`	int	Nein	0	Der Zeitpunkt des letzten Postings von diesem Benutzer. Dieser Wert wird verwendet, wenn für die Site eine `minimum_cache_lifetime` festgelegt ist. Siehe `get_cache()`.
`session`	text:big	Ja		Der serialisierte Inhalt von `$_SESSION`, einem Array von Name/Wert-Paaren, die über mehrere Seitenanfragen dieser Sitzungs-ID hinweg bestehen. Drupal lädt `$_SESSION` von hier am Anfang jeder Anfrage und speichert sie am Ende.

A.56 system

Diese Tabelle enthält eine Liste aller Module, Themes und Theme-Engines, die im Dateisystem von Drupal installiert sind.

Name	Typ	NULL	Standard	Beschreibung
`filename`	varchar(255)	Nein	''	Der Pfad der Primärdatei dieses Elements relativ zum Stamm von Drupal (zum Beispiel *modules/node/node.module*)
`name`	varchar(255)	Nein	''	Der Name des Elements, beispielsweise `node`

Name	Typ	NULL	Standard	Beschreibung
type	varchar(255)	Nein	' '	Der Typ des Elements: module, theme oder theme_engine
owner	varchar(255)	Nein	' '	Das übergeordnete Elements eines Themes; kann ein Theme oder eine Engine sein
status	int	Nein	0	Boole'scher Wert, der angibt, ob ein Objekt aktiviert ist oder nicht
throttle	int:tiny	Nein	0	Boole'scher Wert, der angibt, ob ein Objekt deaktiviert ist, wenn *throttle.module* Objekte deaktiviert, die gedrosselt werden können
bootstrap	int	Nein	0	Boole'scher Wert, der angibt, ob dieses Modul während der frühen Startphase geladen wird (beispielsweise sogar bevor der Seitencache konsultiert wird)
schema_version	int:small	Nein	-1	Die Versionsnummer des Datenbankschemas. Der Wert beträgt -1, wenn das Modul nicht installiert ist und seine Tabellen somit nicht vorhanden sind. Wenn das Modul installiert ist, ist der Wert 0 oder das größte N der Modulfunktion hook_update_N(), das entweder ausgeführt wurde oder bereits bestanden hat, als das Modul zum ersten Mal installiert wurde.
weight	int	Nein	0	Die Reihenfolge, in der diese Modul-Hooks relativ zu anderen Modulen aufgerufen werden sollten. Gleichgewichtige Module werden nach Namen angeordnet.
info	text	Ja		Ein serialisiertes Array, das Informationen von der *.info*-Datei des Moduls enthält. Mögliche Schlüssel sind name, description, package, version, core, dependencies, dependents und php.

A.57 term_data (Taxonomy-Modul)

Diese Tabelle speichert Begriffsinformationen.

Name	Typ	NULL	Standard	Beschreibung
tid	serial	Nein		Primärschlüssel: eindeutige Begriffs-ID
vid	int, unsigned	Nein	0	Die {vokabulary}.vid des Vokabulars, dem der Begriff zugeordnet ist
name	varchar(255)	Nein	' '	Der Name des Begriffs

Name	Typ	NULL	Standard	Beschreibung
description	text:big	Yes		Eine Beschreibung des Begriffs
weight	int:tiny	Nein	0	Das Gewicht dieses Begriffs in Bezug zu anderen Begriffen

A.58 term_hierarchy (Taxonomy-Modul)

Diese Tabelle speichert die hierarchische Beziehung zwischen Begriffen.

Name	Typ	NULL	Standard	Beschreibung
tid	int, unsigned	Nein	0	Primärschlüssel: die {term_data}.tid des Begriffs
parent	int, unsigned	Nein	0	Primärschlüssel: die {term_data}.tid des Elternbegriffs. 0 bedeutet, dass keine Eltern vorhanden sind.

A.59 term_node (Taxonomy-Modul)

Diese Tabelle speichert die Beziehung zwischen Begriffen und Modulen.

Name	Typ	NULL	Standard	Beschreibung
nid	int, unsigned	Nein	0	Die {node}.nid des Nodes
vid	int, unsigned	Nein	0	Primärschlüssel: die {node}.vid des Nodes
tid	int, unsigned	Nein	0	Primärschlüssel: die {term_data}.tid eines Begriffs, der dem Node zugeordnet ist

A.60 term_relation (Taxonomy-Modul)

Diese Tabelle speichert nicht hierarchische Beziehungen zwischen Begriffen.

Name	Typ	NULL	Standard	Beschreibung
trid	serial	Nein		Primärschlüssel: eindeutige Relations-ID des Begriffs
tid1	int, unsigned	Nein	0	Die {term_data}.tid des ersten Begriffs in einer Beziehung
tid2	int, unsigned	Nein	0	Die {term_data}.tid des zweiten Begriffs in einer Beziehung

A.61 term_synonym (Taxonomy-Modul)

Diese Tabelle speichert Synonyme für Begriffe.

Name	Typ	NULL	Standard	Beschreibung
tsid	serial	Nein		Primärschlüssel: eindeutige Synonym-ID des Begriffs
tid	int, unsigned	Nein	0	Die {term_data}.tid des Begriffs
name	varchar(255)	Nein	' '	Der Name des Synonyms

A.62 trigger_assignments (Trigger-Modul)

Diese Tabelle verknüpft Trigger mit Hook- und Operations-Zuweisungen aus dem Modul *Trigger*.

Name	Typ	NULL	Standard	Beschreibung
hook	varchar(32)	Nein	' '	Primärschlüssel: der Name des internen Drupal-Hooks, auf den eine Aktion abzielt, beispielsweise *nodeapi*
op	varchar(32)	Nein	' '	Primärschlüssel: die festgelegte Operation des Hooks, auf den eine Aktion abzielt, beispielsweise *presave*
aid	varchar(255)	Nein	' '	Primärschlüssel: die {actions}.aid der Aktion
weight	int	Nein	0	Das Gewicht der Trigger-Zuweisung im Verhältnis zu anderen Triggern

A.63 upload (Upload-Modul)

Diese Tabelle speichert Informationen zu hochgeladenen Dateien und Tabellenassoziationen.

Name	Typ	NULL	Standard	Beschreibung
fid	int, unsigned	Nein	0	Primärschlüssel: die {files}.fid
nid	int, unsigned	Nein	0	Die {node}.nid, die mit der hochgeladenen Datei assoziiert ist
vid	int, unsigned	Nein	0	Primärschlüssel: die {node}.vid, die mit der hochgeladenen Datei assoziiert ist

Name	Typ	NULL	Standard	Beschreibung
description	varchar(255)	Nein	' '	Beschreibung der hochgeladenen Datei
list	int:tiny, unsigned	Nein	0	Legt fest, ob die Datei sichtbar im Node aufgelistet werden soll (1 für ja, 0 für nein)
weight	int:tiny	Nein	0	Gewicht dieses Uploads im Verhältnis zu anderen Uploads in diesem Node

A.64 url_alias (Path-Modul)

Diese Tabelle enthält eine Liste von URL-Aliasen für Drupal-Pfade. Ein Benutzer kann entweder den Quell- oder den Zielpfad besuchen.

Name	Typ	NULL	Standard	Beschreibung
pid	serial	Nein		Ein eindeutiger Bezeichner für Pfad-Aliase
src	varchar(128)	Nein	' '	Der Drupal-Pfad, für den dieser Alias besteht, beispielsweise node/12
dst	varchar(128)	Nein	' '	Der Alias dieses Pfads, beispielsweise title_of_the_story
language	varchar(12)	Nein	' '	Die Sprache, für die dieser Alias gültig ist. Ist kein Wert vorhanden, wird er für eine unbekannte Sprache verwendet. Jeder Drupal-Pfad kann einen Alias für jede unterstützte Sprache aufweisen.

A.65 users (User-Modul)

Diese Tabelle speichert Benutzerdaten.

Name	Typ	NULL	Standard	Beschreibung
uid	serial	Nein		Primärschlüssel: eindeutige Benutzer-ID
name	varchar(60)	Nein	' '	Eindeutiger Benutzername
pass	varchar(32)	Nein	' '	Kennwort des Benutzers (MD5-Hash)
mail	varchar(64)	Ja	' '	E-Mail-Adresse des Benutzers
mode	int:tiny	Nein	0	Anzeigemodus für Kommentare nach einzelnen Benutzern (Anzeige nach Threads oder flach). Wird vom Modul {comment} verwendet.

A Referenz zu Datenbanktabellen

Name	Typ	NULL	Standard	Beschreibung
sort	int:tiny	Ja	0	Sortierungsreihenfolge für Kommentare nach einzelnen Benutzer (neueste oder älteste zuerst). Wird vom Modul {comment} verwendet.
threshold	int:tiny	Ja	0	Wurde zuvor vom Modul {comment} für Voreinstellungen nach einzelnen Benutzer verwendet, wird aber nicht mehr eingesetzt.
theme	varchar(255)	Nein	''	Das Standard-Theme des Benutzers
signature	varchar(255)	Nein	''	Die Signatur des Themes
created	int	Nein	0	Zeitstempel des Zeitpunkts, an dem der Benutzer erstellt wurde
access	int	Nein	0	Zeitstempel für den letzten Besuch des Benutzers auf der Site
login	int	Nein	0	Zeitstempel der letzten Anmeldung
status	int:tiny	Nein	0	Zeigt an, ob der Benutzer aktiv (1) oder inaktiv (0) ist
timezone	varchar(8)	Ja		Zeitzone des Benutzers
language	varchar(12)	Nein	''	Standardsprache des Benutzers
picture	varchar(255)	Nein	''	Pfad zum hochgeladenen Bild des Benutzers
init	varchar(64)	Ja	''	E-Mail-Adresse, die für die ursprüngliche Kontoerstellung verwendet wurde
data	text:big	Ja		Ein serialisiertes Array von Name/Wert-Paaren für den Benutzer. Alle Formularwerte, die der Benutzer bei der Bearbeitung eingegeben hat, werden während der Ausführung von user_load() im Objekt $user gespeichert. Von der Verwendung dieses Felds wird abgeraten. Wahrscheinlich wird es in zukünftigen Versionen von Drupal nicht mehr vorhanden sein.

A.66 users_roles (users)

Diese Tabelle verknüpft Benutzer mit Rollen.

Name	Typ	NULL	Standard	Beschreibung
uid	int, unsigned	Nein	0	Primärschlüssel: die {users}.uid des Benutzers
rid	int, unsigned	Nein	0	Primärschlüssel: die {users}.rid der Rolle

A.67 variable

In dieser Tabelle werden von Drupal oder von anderen Modulen erstellte Variable/Wert-Paare gespeichert. Alle Variablen werden am Anfang jeder Drupal-Anfrage im Arbeitsspeicher zwischengespeichert, sodass Entwickler auf die gespeicherten Werte Acht geben sollten.

Name	Typ	NULL	Standard	Beschreibung
name	varchar(128)	Nein	' '	Primärschlüssel: der Name der Variable
value	text:big	Nein		Der Wert der Variable

A.68 vocabulary (Taxonomy-Modul)

Diese Tabelle speichert Vokabularinformationen.

Name	Typ	NULL	Standard	Beschreibung
vid	serial	Nein		Primärschlüssel: eindeutige Vokabular-ID
name	varchar(255)	Nein	' '	Name des Vokabulars
description	text:big	Ja		Beschreibung des Vokabulars
help	varchar(255)	Nein	' '	Hilfetext, der für das Vokabular angezeigt wird
relations	int:tiny, unsigned	Nein	0	Gibt an, ob verwandte Begriffe innerhalb des Vokabulars aktiviert sind oder nicht (0 steht für deaktiviert, 1 für aktiviert)
hierarchy	int:tiny, unsigned	Nein	0	Der Typ der im Vokabular erlaubten Hierarchie (0 steht für keine, 1 für einfach und 2 für mehrfach)
multiple	int:tiny, unsigned	Nein	0	Gibt an, ob mehrere Begriffe dieses Vokabulars einem Node zugewiesen werden können (0 bedeutet deaktiviert, 1 aktiviert)
required	int:tiny, unsigned	Nein	0	Zeigt an, ob Begriffe für Nodes erforderlich sind, die dieses Vokabular verwenden (0 steht für nicht erforderlich, 1 für erforderlich)
tags	int:tiny, unsigned	Nein	0	Gibt an, ob das freie Tagging für das Vokabular aktiviert ist (1) oder nicht (0)
module	varchar(255)	Nein	' '	Das Modul, das das Vokabular erstellt hat
weight	int:tiny	Nein	0	Das Gewicht des Vokabulars im Verhältnis zu anderen Vokabularen

A.69 vocabulary_node_types (Taxonomy-Modul)

Diese Tabelle speichert, mit welchen Node-Typen Vokabularen verwendet werden können.

Name	Typ	NULL	Standard	Beschreibung
vid	int, unsigned	Nein	0	Primärschlüssel: die {vokabulary}.vid des Vokabulars
type	varchar(32)	Nein	''	Primärschlüssel: der {node}.type des Node-Typs, für den das Vokabular verwendet werden kann

A.70 watchdog (Dblog-Modul)

Diese Tabelle enthält Protokolle aller Systemereignisse.

Name	Typ	NULL	Standard	Beschreibung
wid	serial	Nein		Primärschlüssel: eindeutige Watchdog-Ereignis-ID
uid	int	Nein	0	Die {users}.uid des Benutzers, der das Ereignis ausgelöst hat
type	varchar(16)	Nein	''	Typ der Protokollnachricht, beispielsweise ''user'' oder ''page not found''
message	text:big	Nein		Text der Protokollnachricht, der an die Funktion t() übergeben wird
variables	text:big	Nein		Serialisiertes Array mit Variablen, die mit dem Nachrichtenstring übereinstimmen, der in die Funktion t() übergeben wird
severity	int:tiny, unsigned	Nein	0	Der Schweregrad des Ereignisses. Die Werte reichen von 0 (Notfall) bis 7 (Debugging)
link	varchar(255)	Nein	''	Link zur Anzeige des Ergebnisses für das Ereignis
location	text	Nein		URL des Ursprungs des Ereignisses
referer	varchar(128)	Nein	''	URL der referenzierten Seite
hostname	varchar(128)	Nein	''	Hostname des Benutzers, der das Ereignis ausgelöst hat
timestamp	int	Nein	0	Unix-Zeitstempel des Zeitpunkts, an dem das Ereignis auftrat

B Quellen

Für Drupal-Entwickler sind viele Quellen verfügbar. Die nützlichsten davon sind hier aufgeführt.

B.1 Code

In diesem Abschnitt finden Sie einige Quellen für Drupal-Code.

B.1.1 Drupal-CVS

http://cvs.drupal.org

Der Zugriff auf den CVS-Baum, der die Codebasis des Drupal-Cores und die beigesteuerten Elemente enthält, wurde in Kapitel 21 besprochen. Über den hier angegebenen URL steht jedoch eine komfortable Weboberfläche zum Durchsuchen der Repositorys zur Verfügung. Besonders nützlich ist die Möglichkeit, schnelle Vergleiche mit Farbmarkierungen durchzuführen.

B.1.2 Drupal-API-Referenz

http://api.drupal.org

Die Kommentare zu den Drupal-Funktionen sowie die im Bereich *contributions/docs/developer* des CVS-Repositorys verfügbaren Dokumentationen können unter *http://api.drupal.org* abgerufen werden. Der Code ist durchsuchbar, mit Querverweisen versehen und nach Hauptversion geordnet. Sie sollten sich die Zeit nehmen, sich mit dieser Site vertraut zu machen. Tatsächlich können Sie sogar Ihre eigene lokale Version einrichten (Anweisungen dazu finden Sie unter *http://drupal.org/node/26669*).

B.1.3 Sicherheitsratschläge

http://drupal.org/security

Sicherheitsratschläge sind per E-Mail erhältlich oder können als RSS-Feed von dieser Seite bezogen werden. Sie können die Ratschläge dieser Seite abbonieren, wenn Sie bei *http://drupal.org* angemeldet sind.

B.1.4 Module aktualisieren

http://drupal.org/update/modules

Wenn sich eine API bei der Veröffentlichung einer neuen Version von Drupal ändert, werden die technischen Folgen hier dokumentiert. Diese Seite ist für die Anpassung Ihrer Module an die Änderungen des Drupal-Basiscodes unerlässlich.

B.1.5 Themes aktualisieren

http://drupal.org/update/theme

Diese Seite enthält die gleiche Art von wichtigen Informationen wie die unter *Module aktualisieren*, doch geht es hier um Themes. Diese Seite ist für die Aktualisierung von Themes von einer Drupal-Version zu einer anderen von entscheidender Bedeutung.

B.2 Handbücher

Die Online-Handbücher unter *http://drupal.org/handbooks* werden ständig aktualisiert und verbessert. Zusätzlich sind hier viele Dokumente enthalten, die Schritt für Schritt erklären, wie bestimmte Aufgaben erledigt werden können.

B.3 Foren

Die Foren unter *http://drupal.org/forum* sind ein sehr guter Ort, um Hilfe zu Drupal zu erhalten. Normalerweise hat jemand anderes das Problem schon erlebt und dies in den Foren dokumentiert. Bei Problemen, die eindeutig auf Fehler beigesteuerter Module zurückzuführen sind, ist es jedoch am besten, dieses Thema im Problembereich des betreffenden Moduls aufzuwerfen, da Entwickler hier eher auf Ihren Beitrag stoßen als direkt im Forum.

> **Tipp**
>
> Versuchen Sie, eine Suchmaschine auf Suchergebnisse von *http://drupal.org* einzuschränken. Zum Beispiel durchsucht die Google-Abfrage `"installation profiles" site:drupal.org` die gesamte Site *http://drupal.org* nach dem String `installation profiles`.

B.4 Mailinglisten

Es sind Mailinglisten zu vielen verschiedenen Themen verfügbar. Die Abonnementverwaltung dieser Listen und Archive finden Sie unter *http://lists.drupal.org/listinfo*.

B.4.1 development

Diese Liste ist für Drupal-Entwickler vorgesehen und enthält allgemeine Diskussionen über die Zukunft von Drupal, entwicklungsspezifische Fragen und die Vorzüge verschiedener Vorgehensweisen. Wenn eine grundlegende Änderung erfolgt, wird dies normalerweise hier erläutert.

B.4.2 documentation

Diese Liste ist für Autoren von Dokumentationen da. Die Dokumentation des Codes und Verhaltens von Drupal ist eine Aufgabe, die niemals zu Ende geht. Sie ist allerdings ein wesentlicher Faktor für den Erfolg von Drupal, und über ihre Verbesserungen wird hier diskutiert. Neue Entwickler finden hier wertvolle Informationen finden, wenn sie sich zum Durchsehen etwas Zeit nehmen.

B.4.3 drupal-cvs

Diese Liste enthält alle CVS-Commitmeldungen und dient dazu, herauszufinden, was in den CVS-Repositorys vor sich geht. Zu den Alternativen zählen RSS-Feeds wie *http://drupal.org/cvs?rss=true&nid=3060* für das Repository des Drupal-Cores und die Liste der kürzlich erfolgten Commits, die Sie unter *http://drupal.org/cvs* finden.

B.4.4 infrastructure

Diese Liste ist für diejenigen gedacht, die Ihre Zeit mit der Verwaltung der Infrastruktur verbringen, in der das Drupal-Projekt ausgeführt wird. Dazu gehören der Webserver, der Datenbankserver, die CVS-Repositorys, Mailinglisten usw.

B.4.5 support

Obwohl bereits viel Unterstützung durch die Foren (*http://drupal.org*) zur Verfügung steht, sind auch Mailinglisten vorhanden, in denen sich Anwender gegenseitig helfen, um Drupal aufzusetzen und zum Laufen zu bekommen.

B.4.6 themes

Diese Liste ist für Entwickler von Themes vorgesehen, die hier entsprechende Probleme besprechen.

B.4.7 translations

Diese Liste ist für diejenigen vorgesehen, die die Oberfläche von Drupal in andere Sprachen übersetzen.

B.4.8 webmasters

Diese Liste dient den Personen, die Website unter *http://drupal.org* verwalten.

B.4.9 CVS-applications

CVS-Konten für die Ergänzung von Code zum Beitrags-Repository sind nicht für jeden verfügbar. Um ein neues Konto zu erhalten, muss ein Entwickler eine Anwendung zu dieser Liste senden und erklären, warum ein Konto benötigt wird. Das Programm wird von erfahrenen Entwicklern bewertet und anschließend angenommen oder abgelehnt (siehe *http://drupal.org/cvs-account*).

B.4.10 consulting

Hier werden von Drupal-Fachberatern, -Dienstleistern und -Hostanbietern Themen bezüglich kommerzieller Drupal-Dienste besprochen.

B.5 Benutzer- und Interessengruppen

Lokale oder regionale Benutzergruppen und diejenigen, die an einem bestimmten Aspekt von Drupal arbeiten, können die Infrastruktur unter *http://groups.drupal.org* verwenden, um sich zu organisieren und zu kommunizieren. Dazu verwendet die Site das Modul *organic groups*. Von besonderem Interesse für unerfahrene Entwickler ist die Drupal-Gruppe *Dojo* (*http://groups.drupal.org/drupal-dojo*). Das Ziel dieser Gruppe ist die Vermittlung technischer Kenntnisse an unerfahrene Entwickler mit dem Versprechen, sie zu erfahrenen Entwicklern auszubilden.

B.6 Internet Relay Chat

Der Internet Relay Chat (IRC) wird hauptsächlich von Drupal-Entwicklern als Echtzeit-Chat verwendet, um sich gegenseitig zu helfen und Probleme bezüglich Drupal zu besprechen. Nicht alle Entwickler sind am Internet Relay Chat beteiligt, und einige glauben, dass die hier gegebene Unterstützung unzureichend ist, da die Antworten zu den gestellten Fragen nicht für andere einsehbar sind, wie es in den Foren unter *http://drupal.org* oder bei Mailinglisten der Fall ist. Doch hat der Internet Relay Chat seine Daseinsberechtigung, wenn eine schnelle Antwort zu einem Problem benötigt wird. Außerdem lernen sich Entwickler über den Chat auf informelle Weise kennen.

Mehrere Kanäle haben mit Drupal zu tun. Zeitweise werden besondere Kanäle für Programmiermarathons (bei denen intensiv an einem bestimmten Bereich von Drupal gearbeitet wird) oder für die Fehlerbeseitigung bei der Vorbereitung eines neuen Releases eingerichtet.

Es gibt im IRC einen Verhaltenskodex, daher sollten Sie zur Vermeidung von Missgriffen den Artikel »How to Use IRC Effectively« unter *http://drupal.org/node/108355* lesen.

Alle Kanäle in diesem Abschnitt sind im Freenode-Netzwerk (*http://freenode.net*) verfügbar.

B.6.1 #drupal-support

In diesem Kanal beantworten Teilnehmer Fragen über Drupal. Der Schwerpunkt liegt darin, Drupal über webbasierte Verwaltungsseiten zu verwenden sowie herauszufinden, welches Modul was bewirkt. Fragen zum Code werden eher in #*Drupal* beantwortet.

B.6.2 #drupal-themes

Diskussion über Themes von Drupal, z. B. über ihre Erstellung, Änderung und Verteilung.

B.6.3 #drupal-ecommerce

In diesem Kanal geht es um die Verwendung von Drupal für E-Commerce (siehe *http://drupal.org/project/ecommerce*).

B.6.4 #drupal

Dieser Kanal dient als Chat für die Entwicklung von Drupal, und viele Code-Entwickler sind hier zu finden. Fragen zum Code sind in diesem Kanal genau richtig, wohingegen alle anderen Arten von Supportanfragen hier nicht zugelassen sind. Bei anderen Fragen verwenden Sie #*drupal-support* oder die Foren unter *http://drupal.org*.

B.6.5 #drupal-dev

Dieser Kanal ist für Diskussionen über Code reserviert, die einen ruhigen Ort benötigen. Entwickler kommen oft hierher, wenn es in #*drupal* zu unruhig ist, oder die Diskussion über ein bestimmtes Modul oder eine Funktion für #*drupal* nicht von Interesse ist.

B.6.6 #drupal-consultants

Drupal-Berater, die kommerzielle Unterstützung für Drupal bereitstellen, sind in diesem Kanal zu finden (ebenso wie im Drupal-Dienstforum unter *http://drupal.org/forum/51*). Gespräche über Gebühren erfolgen privat.

B.6.7 #drupal-dojo

Hier werden Kurse für die Drupal-Gruppe Dojo (siehe »Benutzer- und Interessengruppen«) durchgeführt.

B.7 Videocasts

Manchmal ist es einfacher, etwas zu demonstrieren, anstatt es zu beschreiben. Eine wachsende Sammlung von Videocasts und Screencasts ist unter *http://drupal.org/videocasts* verfügbar.

B.8 Weblogs

Weblogs sind Online-Journale. Viele Drupal-Entwickler führen Weblogs, in denen sie ihre Erfahrungen mit Drupal aufzeichnen.

B.8.1 Planet Drupal

http://drupal.org/planet

Hier werden Mitteilungen aus Weblogs gesammelt, die sich auf Drupal beziehen. Lesen Sie sich diesen Aggregator regelmäßig durch, um immer auf dem neuesten Stand darüber zu sein, was in der Drupal-Community passiert.

B.9 Konferenzen

Die Drupal-Community trifft sich auf Konferenzen, die Präsentationen, Diskussionen und viel Spaß bieten. Normalerweise finden diese Konferenzen im Frühjahr in Nordamerika und im Herbst in Europa statt. Konferenzen sind eine gute Gelegenheit, um mehr über Drupal zu erfahren, Verbindungen zu knüpfen und neue Freunde zu finden. Sollte sich Ihnen die Chance bieten, an einer Konferenz teilzunehmen gehen, nehmen Sie sie auf jeden Fall wahr. Nähere Informationen finden Sie unter *http://drupalcon.org*. Der IRC-Kanal *#drupalcon* wird vor und während der Konferenz verwendet, um andere Teilnehmer zu finden und miteinander zu kommunizieren.

Ein Programmiermarathon wird oftmals für die Zeit vor oder nach einer Konferenz angesetzt.

B.10 Eigene Beiträge

Personen, die Beiträge liefern, sind die wertvollste Bereicherung von Drupal und auch der Grund, warum sich Drupal nicht nur als Entwicklungsplattform, sondern auch als Community weiterentwickelt.

Unter *http://drupal.org/contribute* können Sie nicht nur Entwicklungen zu Drupal beisteuern, sondern auch Dokumentationen, Übersetzungen, Usability, Spenden, Marketing und mehr. Diese Seite ist der Ausgangspunkt für Beiträge jeglicher Art.

Stichwortverzeichnis

Symbole
$ 442
%% 133
& 60
.po-Dateien 486
    Installationsprofile 652
.pot-Dateien 486, 487
    erstellen 486
? 223
@
    Doxygen-Konstrukte 556
@see 559
_ (Unterstrich) 553, 554

A
a1/a2 91
Abfragecache 612
Abfragen
    Abfragen anderer Module ändern 152
    Abfragen für andere Module bereitstellen 150
    Abfragen manuell zwischenspeichern 615
    anzeigen 599
    Datenbankengpässe 612
    durchführen 132
    dynamische Abfragen 536
    Ergebnisse abrufen 134
    Platzhalter 133
    sicheres Programmieren 530
    Suchabfragen 345
    Taxonomieabfragen 400
    temporäre Tabellen 155
    zeitaufwändige Abfragen 600
Abfragestrings 224
Abfrageweises Caching mit statischen Variablen 422
Abstimmungs-Widget
    erstellen 456
    mit und ohne CSS 458

Abstraktion
    Datenbankabstraktionsschicht 129
    Taxonomie 385
access arguments
    definieren 110
    Fehler 127
access callback
    definieren 108, 110
    Fehler 127
    Zugriff auf Menüs 108
access content 185
access-Komponente 162
access_arguments 674
access_callback 674
accesslog 656
account 163
action 284, 306
action_ids 91
action_info() 78, 79, 81
actions 90, 656
actions_aid 90, 657
actions_do() 91
active 681
Add language 491
addClass 448
admin 348
admin.inc 555
Ältere Datenbanken
    Nicht-Drupal-Datenbanken 153
    Nicht-Node-Inhalt indizieren 358, 360
after_build 310
    Formulare ändern 299
    post 307
Aggregator-Modul 528, 657
aggregator_category 657
aggregator_category_feed 657
aggregator_category_item 658
aggregator_feed 657
aggregator_filter_xss() 528
aggregator_item 659
Aggressives Caching 417
AHAH 321, 323

AJAX
    jQuery-Abstimmungs-Widget 456
    Sicherheit 545
Aktionen 73
    benutzerfreundlicher Name 76
    Beziehung zwischen
        Hooks/Operationen/Triggern 75
    configurable 79
    einfache und erweiterte Aktionen 80
    erstellen 76
    für jegliche Trigger 79
    Funktionen 73
    Funktionssignatur ändern 84
    Gründe 92
    in actions_do() aufrufen 91
    konfigurierbar 79
    Kontext durch Trigger-Modul
        vorbereiten 84
    Kontext einrichten 86
    Kontext untersuchen 88
    Kontext verwenden 96
    mit drupal_alter() ändern 85
    Parameter 77
    speichern 92
    Trigger definieren 92
    Trigger zu bestehenden Hooks
        hinzufügen 94
    Typen 77
    unterstützte Operationen auflisten 76
    unterstützte Trigger ändern 78
    zuweisen 77
Aktions-IDs 90
Aktuelle Benutzeraktion blockieren 85
alerts 382
Aliase
    Callback-Zuordnung 97
    durchsuchbare Pfadaliase 349
    übliche Werte für primary_table 151
    url_alias 689
allow_insecure_uploads-Variable 381
alter 204
alternative PHP Cache (APC) 609
AND in URLs 392
Anforderungen bedienen 41
    Eingangspunkt 40
    Startvorgang 43
    Webserver 41
Anmeldeverlauf 174
Anmeldungen
    Anmeldeverlauf 174
    Benutzeranmeldung 170
    externe Anmeldung 175
    überprüfen 163
    user_external_login_register() 177
    user_login_authenticate_validate() 177

user_login_final_validate() 177
user_login_name_validate() 177
Anmerkungen
    Anmerkungsformular 59
    Einschränken auf Node-Typen 49
    Einstellungsformular 48
    Links zum Annotation-Modul 63
    pro Node 68
    werden gelöscht 65
annotate
    Tabelle 57
    Verzeichnis 488
annotate.admin.inc 48, 62
annotate.info 46, 488
annotate.install 57, 488
annotate.module 47, 52, 488
annotate.pot 488
annotate_admin_settings() 64
annotate_admin_settings_validate() 66
annotate_entry_form() 55
annotate_install() 58, 59
annotate_menu() 48
annotate_nodeapi() 55
annotations 59
Annotations per node 65
Annotations will be deleted 68
Anonyme Benutzer
    Anzeigevoreinstellungen speichern 429
    Blöcke anzeigen 271
    Code in Beitragsrepository 579
    Seitencaching 412, 413
    Sitzungen 429
    Sitzungsinformationen speichern 429
    user-Objekt 433
    user_is_anonymous() 162
anonyme Funktionen 446
Anwendungsprofile 602
    CPU-Engpässe 609
Anzeigevoreinstellungen 429
Apache
    MaxClients 610
    MaxRequestsPerChild 611
    mod_expires 611
    mod_rewrite 34
    Saubere URLs 42
APC (Alternative PHP Cache) 609
API-Modul 47
    Doxygen-Dokumentation 557
APIs
    API-Referenz 693
    Batch-API 643
    Block-API 255, 256
    Cache-API 422
    Datei-API 370
    Filter-API 338

Stichwortverzeichnis

Formular-API 273
Schema-API 136
Such-API 346
Approval-Modul 263, 270
approval.info 263
approval_block() 267
Architekturen 33, 624
   einzelner Server 624
   getrennte Datenbankserver 624
   mehrere Datenbankserver 626
   Webservercluster 624
archiveoffline_menu_alter() 96
args 151
Argumente
   Seitencallback 103
   Titelargumente 110, 112
Arrays 553
   array_filter() 316
   db_fetch_array() 135
assoc_handle 680
assoc_type 680
Atom-Feeds 528
Aufgaben 635
   Batch-API 643
   Drupal-Variablen festlegen 641
   Formulare programmgesteuert
      übertragen 642
   Informationen speichern 642
   Node-Typen erstellen 642
   regelmäßige Aufgaben 40
   Themes festlegen 642
   zusätzliche Installationsaufgaben
      633, 636
Authentifizierte Benutzer
   Datenverkehr optimieren 619
   Sitzungen 429
Authentifizierung
   Benutzeranmeldung 170
   externe Authentifizierung 169, 175
   Hooks für den Download 382
   user_authenticate_finalize() 432
   user_login_authenticate_validate() 177
   verteilte Authentifizierung 169
authmap 179, 659
author 659
   Variable 243
auto_start 430
autocomplete 683
automatische Drosselung 621

B
b
   Option 587
   Platzhalter 133

Bandbreitenoptimierung 618
   Engpässe 612
bar 323, 326
base_path 236
Basis-URL 42
batch 660
Batch-API 643
   Anforderungszyklus 652
   Callback 648
   Fehlerbehandlung 651
   Module aktivieren 643
   Umleitung 651
batch_process() 644
batch_set() 644
Batchanforderungszyklus 653
Batchsätze 645
   progressiv/nicht progressiv 651
Bedingte Anweisungen 550
beep_action_info() 76, 78
beep_multiple_beep_action_xyz() 81
Befehlszeile
   .pot-Dateien erstellen 487
Begriffe 385
   Abstraktion 385
   AND und OR in URLs 392
   automatische RSS-Feeds 394
   benutzerdefinierte Pfade 397
   einzelne und mehrfache Begriffe 387
   Elternbegriff 388
   flache Liste 389
   Gewichte 388
   hierarchische Liste 390
   hinzufügen/bearbeiten 403
   HTML mit Begriffen 240
   in Node-Objekten finden 400
   in Nodes laden 400
   Inhalt anzeigen 392
   mehrfach hierarchische Liste 391
   Node-Zugriff beschränken 208
   Nodes finden 407
   Sammlung 386
   Synonyme 386
   Tagging 386
   taxonomy_node_get_terms() 400
   verwandte Begriffe 388
Beitragsrepository 579
   Anfangscommit von Dateien 582
   Code auschecken 579
   Module auschecken 580
   Module hinzufügen 581
Benennungskonventionen
   Dateinamen 555
   Dokumentationsdateien 555
   für Themes geeignete Elemente 229, 232

Funktionen 553
Hooks 36
Konstanten 554
lokale Aufgaben 123
Modulnamen 554
private Funktionen 553
Tags 569
Template-Dateien 224
Benutzer
   aktuellen Benutzer ermitteln 159
   Anmeldeverlauf 174
   Anmeldevorgang 169
   Anmeldung 170
   Anmeldung überprüfen 162
   Beispiele für Drupal-Ereignisse 71
   Benutzerregistrierung 166
   Block für noch nicht aktivierte Benutzerkonten hinzufügen 270
   Blöcke für angemeldete Benutzer anzeigen 272
   Datenverkehr authentifizierter Benutzer optimieren 619
   Einstellungen überprüfen 70
   Einstellungsformular anzeigen 64
   externe Anmeldung 175
   externe Authentifizierung 175
   hook_user 163
   Informationskategorien 175
   Kategorien 164
   Profil-Modul 168
   Sitzungskonversationen 435
   umleiten 281
   users_roles 690
   Wechseln 601
Benutzerdefinierte Blöcke 255, 258
Benutzerdefinierte Strings
   eingebaute Strings ersetzen 474
   Sprache hinzufügen 491
Benutzereingaben 521
   check_plain 524
   Datentypen 522
   filter_xss 527
   filter_xss_admin() 529
   t() 524
   XSS-Angriffe 527
Benutzergruppen 696
Benutzerkonto 163
Benutzerprofilseite 165
Benutzerregistrierungsformular 168
Benutzerspezifische Sichtbarkeitseinstellungen 257
Benutzersuche 346
Benutzerverwaltung 64

Berater
   drupal-consultants 698
Berechtigungen
   anderes Theme auswählen 217
   Dateiberechtigungen 539
   hook_node_grants() 208
   Informationen speichern 642
   Programmierstil überprüfen 560
   rate content 461
   rollenbasierte Berechtigungen speichern 259
   Seitencallbacks 537
   spezifische Berechtigungen für Node-Typen 192
   temporäre Tabellen 155
   Zugriff auf Menüs 108
Berichte 148
Betriebssysteme 34
Bibliotheken
   Bibliotheken häufiger Funktionen 39
bid 259
Bilder
   Mediendateien 365
   misc 39
Binäre Platzhalter 133
Blink-Tag 289
block 243
   aggregator_feed 659
Block-API 255, 256
Block-Modul
   blocks 660
   blocks_roles 662
   boxes 662
   cache_block 663
block.tpl.php 242
   Automatisch einfügen 225, 226
   Beschreibung 555
   Blöcke mit Themes versehen 260
   Geyscale-Theme 226
   Variablen für Block-Templates 243
   Vorschlagshierarchie 242
BLOCK_CACHE_ 421
BLOCK_CACHE_XYZ 261
block_callback 675
block_get_cache_id() 421
block_id 243
BLOCK_NO_CACHE 421
block_zebra 243
blocks 259, 271, 660
blocks_roles 259, 662
Blöcke 255
   aktivieren 271
   Aktivierung angeben 262

Stichwortverzeichnis

angemeldete Benutzer 272
anonyme Benutzer 272
Anordnung 262
anzeigen 266
Array der vom Modul definierten
    Blöcke 262
benutzerdefinierte Blöcke 255
benutzerdefinierte Titel 260
benutzerspezifische Einstellungen
    257, 259
Beschreibung 39, 190, 255
Block für noch nicht aktivierte
    Benutzerkonten 270
Blockeigenschaften speichern 259
Blockregionen 255
Blockübersichtsseite 257, 264
Blockverwaltungsseiten 257, 263
Blöcke mit Themes versehen 260
cache_block 412
Caching 260, 261, 419
Datenbankschema 258
deaktivierte Blöcke 238, 259
definieren 258
Einwegblock 255
erstellen 263
hook_block() 256, 258, 261
ID des zurückzugebenden Blocks 262
Inhalts- und Eingabeformattyp
    speichern 259
Konfigurationsformular 262
Konfigurationsoptionen 264
mit ausstehenden Kommentaren 266
Modulblöcke 261
Name der Region 259
Name des Moduls 259
nicht veröffentlichte Nodes 270
Phasen definieren 262
platzieren 259
Regionen definieren 252
relative Position 259
rollenbasierte Berechtigungen
    speichern 259
rollenspezifische Einstellungen 257
Schlüssel für eindeutigen Block
    speichern 259
show_blocks 238
Sichtbarkeit 257, 259, 271
Site-Administratoren 261
standardmäßig verbergen 451
Standardregion 262
Standardtitel 260
Theme-Funktion 227
Theme-Namen speichern 259
Titel 267
Vergleich mit Nodes 186, 255

vom Modul bereitgestellt 255
Vorschlagshierarchie 242
zu drosselnde Blöcke 259
Body-Ansicht 239
body_classes 236
body_label 194, 679
book 662
bootstrap 686
bootstrap.inc 42, 504
    Sitzungseinstellungen 430
bootstrap_invoke_all() 415
box.tpl.php 244
boxes 259, 662
Breadcrumb-Navigation
    HTML 236
    theme_breadcrumb() 229
breadcrumb-Variable 236
breadcrumb.tpl.php 231
breadcrumb_delimiter 232
break-Anweisung
    annotate_nodeapi() 55
    Programmierstandard 560
Browser
    Browser nachverfolgen 427
    JavaScript 439
    Sitzungen 429
    Sitzungskonversationen 435
Bugfixes 591
build_id-Eigenschaft 305
build_mode-Variable 240
button_type 319

C

Cache-API 422
    cache_get() 423
    cache_set() 422
    Caches leeren 424
Cache-Funktionen
    block_get_cache_id() 421
    drupal_flush_all_caches() 425
    drupal_page_cache_header() 417
    hook_flush_caches() 425
    menu_cache_clear_all() 412
Cache-Komponente 162
cache_block 412, 663
cache_clear_all() 424
cache_expire 619
cache_filter 334, 336, 413, 664
    Änderungen an Standardlänge von
        Node-Vorschau 413
cache_form 412, 664
cache_get() 423
cache_menu 412, 665
cache_page 412, 665
CACHE_PERMANENT 411

705

cache_set() *422*
    Iterationsmuster *423*
CACHE_TEMPORARY *411*
cache_update *666*
Cacherouter-Modul *417*
Caches leeren
    drupal_flush_all_caches() *598*
    hook_flush_caches() *425, 599*
Caching
    abfrageweises Caching mit statischen
        Variablen *422*
    abgelaufene Cache-Inhalte *417*
    aggressives Caching *417*
    angepasste Cachinglösungen *417*
    Blockcaching bestimmen *260, 261*
    Blöcke *420*
    Cache-API *422*
    cache_get() *423*
    cache_set() *422*
    Caches leeren *424*
    Datenbankengpässe *612*
    deaktivieren *339*
    deaktivierte Seiten *415*
    deaktivierter Seiten *415*
    Drupal-Core *412*
    drupal_clear_css_cache() *381*
    drupal_flush_all_caches() *598*
    fastpath *417*
    Filter *334, 336, 339*
    früher Seitencache *42*
    gefilterte Eingabe *412*
    internen Cache leeren *424*
    Laden von Nodes optimieren *615*
    Memcache-Modul *409*
    memcached *617*
    Menüsystem *412*
    Mindestlebenszeit *417*
    MySQL-Abfragencache aktivieren *612*
    neue administrative Kategorie
        erstellen *63*
    normale Seiten *415*
    Opcode-Cache *608*
    page_cache_fastpath() *42*
    Seiten *413*
    Seitencaching für Optimierung *618*
    später Seitencache *43*
    steuern *224*
    Variablen *413*
callback *379, 381, 656*
Callback-Argumente
    Arrays mit Schlüsseln *104*
    Seitencallback *103*
    übergeben und anzeigen *104*

Callback-Funktionen *44*
    Präfixname *190*
Callback-Zuordnung *97*
    Dispatching *97*
    Links zu Navigationsblock
        hinzufügen *105*
    Pfad *97*
    Routing *97*
    Routing und Linkerstellung *100*
    Schlüssel *98*
    Seitencallback *103*
    Seitencallbacks in anderen Dateien *105*
    Seitentitel überschreiben *102*
    URLs zu Funktionen zuordnen *98*
Callbacks
    Anzeige als Registerkarten *123*
    Aufrufe durch JavaScript *322*
    Aufrufe von verschiedenen
        Menüelementen *104*
    Batch-API *643*
    Batchoperationen *650*
    Berechtigungen und Seitencallbacks *537*
    Beschreibung *98*
    Hooks *36*
    Registrierung *43*
    Titelcallbacks *111*
    Validierungs-Callbacks *281*
    zuweisen *123*
caption *684*
category
    Parameter *163*
CCK (Content Construction Kit) *183*
changed *185*
char *141*
check_markup() *522*
check_plain() *241, 522*
    Benutzereingaben *527*
    URLs *529*
check_url() *522, 524*
    URLs *529*
checkout *566*
Chinese Word Splitter *355*
chmod *560*
chorder *681*
chtext *681*
chvotes *681*
Clients
    XML-RPC-Clients *508*
closure *236*
Code
    Änderungen nachverfolgen *574*
    aktualisieren *572*
    Datenbankengpässe *612*
    Kerncode ändern *575*

Stichwortverzeichnis

sicheres Programmieren 521
Stil überprüfen 560
suchen mit egrep 562
testen und entwickeln 598
Wiederverwendung 291
Code anpassen
   CVS 565
code-style.pl 540, 560
Codefilter-Modul
   prepare-Operation 340
Coder-Modul
   Programmierstil überprüfen 561
Coderessourcen 693
   Drupal-API-Referenz 693
   Drupal-CVS 693
   Module aktualisieren 694
   Sicherheitsratschläge 693
   Themes aktualisieren 694
collapsed 287, 319
collapsible 286, 287, 319
cols 312
comment
   Variable 243
comment.tpl.php 243
comments 666
common.inc 504
conf_init() 437
configurable
   konfigurierbare Aktionen 79
contact 667
content (Variable)
   box.tpl.php 244
   comment.tpl.php 243
   node.tpl.php 239, 246
   page.tpl.php 226, 236, 239
Content-Management-Kategorien 64
context
   actions_do() 91
   konfigurierbare Aktionen 84
   Kontext durch Trigger-Modul
      vorbereiten 84
   Kontext einrichten 86
   Kontext untersuchen 88
   Kontext verwenden 96
cookie_domain 437
cookie_lifetime 619
Cookies
   Ablaufzeit ändern 436
   Browser nachverfolgen 427
   Daten speichern 434
   Interaktion mit Drupal 159
   PHP-Sitzungsverwaltung
      überschreiben 431
   sessions_use_only_cookies 432
   Sitzungen 427

Sitzungseinstellungen 436
Sitzungskonversationen 435
Sitzungslebenszyklus 433
Sitzungsverwaltung 431
Core 35, 36
   Funktionalität hinzufügen 45
   Repository 578
Core-Module
   drosseln 621
   Ordner 39
count 684
CPU-Nutzung
   Engpässe 607, 612
   PHP-Code 608
created 160
creativejuice_filter() 338
creativejuice_filter_tips() 341
creativejuice_sentence() 340
cron
   Hook 75
   HTML-Indexer 353
   Überfällig 621
cron.php 40, 543
Cross-Site Request Forgery (CSRF) 538
CSS
   body_classes 236
   CSS-Dateien optimieren 618
   Dateien 555
   Dateien optimieren 618
   drupal_add_css() 239
   Elemente auswählen 441
   filter_xss() 527
   ID-Selektor 443
   Klassenselektor 442
   PHPTemplate-Theme 217
   Präprozessor-Engine 224
   reduzierbare CSS-Selektoren 202
   Syntax 441
   Websites anpassen und überschreiben 38
   Werte von CSS-Elementen ändern 449
customized 673
CVS (Concurrent Versions System) 563
   Änderungen nachverfolgen 574
   Anfangscommit von Dateien 582
   Authentifizierung gegenüber
      CVS-Server 566
   Backup vor der Ausführung von CVS 572
   Beitragsrepository 579
   benutzerdefinierte Änderungen
      pflegen 565
   Bugfixes 591
   checkout 566
   Code aktualisieren 572
   Commit-Meldungen 585
   Core-Code ändern 575

cvs-Befehl 565
CVS-Client installieren 565
CVS-fähiges Drupal 564, 565
CVS-Identifizierungs-Tag 46
CVS-Konflikte 575
Dateiverlauf 586
Drupal 5-kompatibler Zweig 587
Drupal 6-kompatibler Zweig 590
Drupal auschecken 565
Drupal-CVS 693
drupal-cvs 695
Drupal-CVS-Konto 578
Entwickler-Hacks 565
erweiterte Verzweigung 594
Module auschecken 580
Module hinzufügen 581
Passwort für CVS-Konto ändern 579
Projekte auf drupal.org erstellen 583
Release-Node erstellen 596
Repositories 566, 579
Sicherheit 565
Sicherheitsaktualisierungen 565
SVN und CVS mischen 597
Tag- oder Zweignamen verwenden 571
Tags und Zweige 567
TortoiseCVS 564
Zweig für neue Versionen 567
Zweige erstellen 584
Zweige im Drupal-Core 567
cvs log 586
cvs update
    HEAD für Drupal 6-Releases 590
CVS-applications 696
cvs-Befehl
    Arbeitskopie von Drupal auschecken 565
    CVS-Client installieren 565
    Option d 566
cvspass
    Authentifizierung gegenüber
        CVS-Server 566
CVSROOT 580

D

d
    checkout 566
    cvs 566
    cvs update 572
    Daten speichern 57
    Datenbankabfrage 133
Dataset
    search_dataset 683
date
    comment.tpl.php 243
    node.tpl.php 239

Datei-API 370
    Authentifizierungshooks 382
    Dateien 370
    Datenbankschema 370
    Funktionen 371
    Upload 371
Dateiberechtigungen 539
Dateien
    cron.php 40
    Datei-API 370
    Dateiberechtigungen 539
    Dateinamen 541
    Dateisystempfad 371, 373
    Daten speichern 371
    Festplattenplatz 382
    gefährliche Dateien neutralisieren 381
    gemeinsam genutztes, eingehängtes
        Dateisystem 626
    Geschützte Dateien 539
    index.php 40
    install.php 40
    kopieren 372
    löschen 377
    Mediendateien 365
    notwendige Dateien für
        Produktionsumgebung 542
    öffentliche Dateien 366
    Pfade 365, 541
    PHP-Einstellungen für Upload 367
    Private Dateien 367
    robots.txt 41
    sicheres Programmieren 539
    Speicherort 375
    Suche in Verzeichnissen 379
    Template-Dateien 224
    temporäres Verzeichnis 368, 381
    update.php 41
    Upload 375
    URLs 365
    Verlauf anzeigen 586
    verschieben 379
    Verzeichnisse überprüfen 374
    xmlrpc.php 41
Dateilayout 39
Dateinamen
    Programmierstandards 560
    sicheres Programmieren 541
Dateitoken 47
Dateiupload
    Datenbank und Webserver getrennt 625
    PHP-Einstellungen 367
    Schnittstelle 318
    Sitzungen 429

Daten
  in Dateien speichern 371
  in Sitzungen speichern 437
  löschen 198
  mit Themes versehen 44
  Originaldaten von Benutzern niemals ändern 336
  term_data 686
Datenbankabstraktionsschicht 129
  Gründe 147
  MySQL- und PostgreSQL-Verbindungen 154
  Schreiben 155
Datenbanken
  .install-Dateien 146
  Abfrageergebnisse abrufen 134
  Abfrageleistung 132
  Abfrageplatzhalter 133
  Daten speichern 57
  Datenbankabstraktionsschicht 129, 155
  Datenbankparameter 129
  Datenbanktreiber 155
  Datenbankverbindungen 129
  db_set_active() 154
  Drupal-Architektur 34
  Drupal-spezifische SQL-Syntax 131
  drupal_write_record() 148
  erstellen 57
  Informationen speichern 642
  mehrere Datenbanken 626
  MySQL- und PostgreSQL-Verbindungen 154
  Nicht-Drupal-Datenbanken 153
  Partitionierung 627
  Replikation 627
  Taxonomien speichern 395
  Typ deklarieren 144
  Verbindungen 131
  Verbindungen zu mehreren Datenbanken 157
  Verweisen auf Datenbanken 60
  Zuordnung zwischen Schema und Datenbank 141
Datenbankengpässe 612
  Abfragen manuell zwischenspeichern 615
  aufwändige Abfragen 613
  aufwändige Seiten 614
  aufwändiger Code 614
  memcached 617
  MyISAM in InnoDB ändern 615
  MySQL-Abfragencache aktivieren 612
  Seitencaching für Optimierung 618
  Sitzungen optimieren 618
  SQL-Anweisungen optimieren 615

Datenbankinitialisierung 42
Datenbankintegrität
  sperren 615
Datenbankphase 42
Datenbankschema 41, 370
Datenbankserver-Architekturen
  einzelne Server 624
  getrennte Architektur 624
  mehrfache Architekturen 626
  Webservercluster 624
Dateneingabeformular 53
Datentypen
  Benutzereingaben sicher handhaben 521
  deklarieren 144
  HTML-Text 523
  Klartext 522
  MySQL- und PostgreSQL-Typen 144
  Rich Text 523
  sichere Konvertierung 522
  URL 524
  Zuordnung zwischen Schema und Datenbank 141
dates
  format_date() 243
datetime 143
daycount 678
db_escape_string() 536
db_fetch_array() 135
db_fetch_object() 130, 135
db_last_insert_id() 142
db_lock_table() 616
db_query()
  Abfrageleistung 132
  Daten mit db_rewrite_sql() schützen 535
  Datenbankabstraktionsschicht 129
  dynamische Abfragen 536
  Ergebnisbereich einschränken 135
  Informationen speichern 642
  Parameter 132
  sichere Abfragen 530
db_query_callback() 536
db_query_range() 135
db_query_temporary() 154
db_result() 61, 134
db_rewrite_sql()
  Abfrageergebnisse abrufen 134
  Abfragen für andere Module bereitstellen 150
  Daten schützen 535
  dynamische Abfragen 536
  Eingeschränkte SQL-Syntax 152
  Einsatzgebiet 151
db_set_active() 154
db_type_map() 141
db_unlock_tables() 616

db_url
 Datenbanktyp bestimmen 130
 DNAbase-Datenbanktreiber 156
 Verbindungen zu mehreren
  Datenbanken 157
Dblog-Modul
 watchdog 692
Debugging
 Benutzer wechseln 601
 Debugging-Meldungen ausgeben 601
 Devel 598
 dpm() 601
 dpr() 601
 dvm() 601
 dvr() 601
 Profilerstellung und Debugging 549
default 340
default_profile_tasks() 636, 642
default_value 51, 310, 320
 Schlüssel 68
DELETE 134
delete
 Operation 75
Deny-Direktive 539
Devel
 aufwändige Abfragen 613
 Benutzer wechseln 601
 Code testen und entwickeln 598
 Empty Cache 598
 Function reference 599
 Rebuild menus 599
 Reinstall modules 599
 Session viewer 599
 Variable editor 599
diff 562, 574
dir 379
Direktiven
 Formulareigenschaften 50
 sessions_use_only_cookies 432
 von .htaccess in httpd.conf
  verschieben 612
Dispatching 97
 Callback-Zuordnung 97
DNAbase 155
do-while-Schleife 550
Dojo-Gruppe 696
 drupal-dojo 698
Dokumentation 556
 automatisch generieren 557
 Doxygen 556, 557
 Funktionen 558
 Konstanten 554
 Mailingliste 695
Dokumentationsdateien 555

DOM (Document Object Model) 439
 CSS-Selektoren 441
 durchlaufen 439
 JavaScript 440
 jQuery-Code 446
done 635
Download
 Authentifizierungshooks 382
 Sicherheit 365
Doxygen 556, 557
 ingroup 559
 Konstrukte 556
 see 559
dpm() 601
dpr() 601
Drosseln 621
 automatische Drosselung 621
 Module und Themes drosselungsfähig
  machen 623
 Throttle-Modul konfigurieren 622
Drupal
 Aktionen 73
 API-Referenz 693
 Architekturen 624
 Blöcke 255
 Caching 409
 Callback-Zuordnung 97
 Core 35
 CVS 693
 Datei-API 370
 Datenbankreferenz 655
 drupal (IRC-Kanal) 696
 empfohlene Vorgehensweisen 549
 Ereignisse und Trigger 71
 externe Anmeldung 175
 Filter 329
 Formular-API 273
 Installationsprofile 630
 Installationsroutine 40
 jQuery 443
 Lokalisierung 471
 Menüsystem 97
 nächste Version 570
 Optimierung 608
 Pager 135
 Pfad 102
 Quellen 693
 Schema-API 136
 sicheres Programmieren 521
 Sitzungen 427
 Taxonomie 385
 Theme-System 213
 Trigger 71
 Verwendung 33
Drupal 5-kompatibler Zweig 587

Stichwortverzeichnis

Drupal 6-kompatibler Zweig 590
Drupal-Community
   benutzerdefinierte Such-Engine 345
   Theme-Engine 213
drupal-consultants 698
drupal-contrib 217
drupal-cvs 695
drupal-dev 697
drupal-dojo 698
drupal-ecommerce 697
Drupal-Pfad 97
Drupal-Site
   ausgesperrt 222
drupal-support 697
drupal-themes 697
Drupal.behaviors 468
drupal.org
   Foren 694
   Module warten 578
   Passwort für CVS-Konto ändern 579
   Projekt erstellen 583
   Release-Node erstellen 596
drupal_add_css() 239, 504
drupal_add_feed() 236
drupal_add_js() 443, 444
   Aufruf aus page.tpl.php 456
   überschreibbares JavaScript 453
drupal_alter() 85
drupal_bootstrap() 415
DRUPAL_BOOTSTRAP_LATE_PAGE_CACHE 415
DRUPAL_BOOTSTRAP_SESSION 433
drupal_clear_css_cache() 381
drupal_cron_run() 543
drupal_discover_template() 251
drupal_eval() 547
drupal_execute() 300, 642
drupal_flush_all_caches() 425, 598
drupal_get_destination() 267, 352
drupal_get_form()
   auf Funktionen prüfen oder hook_forms() aufrufen 292
   Aufrufreihenfolge der Validierungs- und Übertragungsfunktionen 292
   Einstellungsformular anzeigen 64
   Formular anzeigen 64
   Formular-ID festlegen 275
   Formular-IDs 285
   Formulare rendern 280
   Formularverarbeitung initialisieren 275
   Hooks implementieren 48
   parameters 306
drupal_get_title() 237
drupal_get_token() 538
drupal_goto() 281, 307

drupal_http_request() 511
drupal_install_schema() 137
drupal_json() 463
drupal_mail() 542
DRUPAL_MAXIMUM_TEMP_FILE_AGE 378
drupal_page_cache_header() 417
drupal_prepare_form() 306
drupal_private_key 275
drupal_render() 279
drupal_retrieve_form() 306
drupal_set_html_head() 237
drupal_set_message() 428
   Dateinamen ändern 381
   Daten speichern 57
   Formulare mit mehreren Seiten 304
   XML-RPC-Clientfehler 511
drupal_set_title() 102, 111, 126
drupal_urlencode() 522, 530
drupal_valid_token() 538
drupal_write_record() 148
dvm() 601
dvr() 601
Dynamische Abfragen
   sicheres Programmieren 536
Dynamische Websites
   Caching 409
Dynamischer Inhalt
   HTML-Indexer 361
   statischen Inhalt durch Drupal-Variablen ersetzen 223

E

E-Commerce 697
E-Mail 542
   drupal_mail() 542
   E-Mail-Header 542
E-Mail-Header verschlüsseln 542
E/A-Engpässe 608
eAccelerator
   Opcode-Caching 608
Eclipse 602
effect 322
egrep 562
Eigenschaften erkennen 284
eindeutiger Index 139
Einfügevorgänge
   drupal_write_record() 148
Eingabeformate
   Filter 329
   Filter hinzufügen und entfernen 332
   Filter zuweisen 330
   Filtered HTML 342

Formular für Eingabeformat
    hinzufügen 331
  Full HTML 332
  PHP-Code 332
  Reihenfolge der Filterausführung 332
  Standard-Eingabeformate 333
Eingaben
  Benutzereingaben sicher handhaben 521
Eingebaute Strings durch eigene ersetzen 474
einzelner Server 624
element_info()
  Formularelementdefinitionen
    erfassen 275, 277
  Standardwerte 308
Elementspezifische Validierung 281, 296
else 550
elseif 550
Elternbegriff 388, 390
Empfohlene Vorgehensweisen
  Abfragen anzeigen 599
  Code mit egrep suchen 562
  Code testen und entwickeln 598
  Devel 598
  Dokumentation 556
  Module warten 578
  module_builder 602
  Patches erstellen 576
  PHP-Kommentare 556
  Profilerstellung und Debugging 549
  Programmierstandards 549
  SVN und CVS mischen 597
  Versionssteuerung 563
  zeitaufwändige Abfragen 600
Empty cache 598
Enable theme developer 599
enabled 670
enctype 318
Engpässe
  CPU-Nutzung des Webservers 608
  Datenbankengpässe 612
  Ermitteln 607
  RAM auf dem Server 607, 609
  Seitenleistung 608
Entwickler
  Dojo-Gruppe 696
  Drupal-API-Referenz 693
  Internet Relay Chat (IRC) 696
  Mailingliste 695
Entwicklung
  dev 570
  drupal (IRC-Kanal) 696
  drupal-dev (IRC-Kanal) 697
  Drupal-Entwicklungsgeschichte 568
  Mailingliste 695

Ereignisse 71
  Drupal-Verhalten 468
  JavaScript-Ereignisse 322
Erfassungsfrequenz 623
Erforderliche Vokabulare 386
Ergebnisse
  einzelner Wert 134
  Ergebnisarray 650
  Ergebnisbereich einschränken 135
  formatieren 349
  mehrere Zeilen 134
  seitenweise Anzeige 135
error_message 648
Erweitertes Suchformular 347
etag 658
eval() 547
executes_submit_callback 319
expanded 673
Expires-HTTP-Header 611
EXPLAIN
  Optimierung 617
  zeitaufwändige Abfragen 601
explanation 682
export-html.tpl.php 556
extensions
  file_munge_filename() 382
external 673
Externe Anmeldung 175
  Ausführungspfad 178
Externe Authentifizierung 169, 175
  verteilte Authentifizierung 169
Extraktoren 487

F

f 132
fadeIn 442, 443, 446
fastpath 417
feed_icons 236
Feeds
  aggregator_category_feed 657
  aggregator_category_item 658
  aggregator_feed 657
  aggregator_item 659
  drupal_add_feed() 236
Fehler
  Cannot use string offset as array in
    form.inc 284
  Fehler der Aufrufsyntax 512
  Fehlermeldungen 429
  Fehlerprotokolle optimieren 619
  form_set_error() 294
  HTTP-Fehler 511
  Netzwerkfehler 511
  Protokollierung in der Datenbank 620

Protokollierung in syslog 620
Schweregrade 619
Validierungsfehler 237
XML-RPC-Clientfehler 511
xmlrpc_error() 515
Fehler der Aufrufsyntax
XML-RPC-Clients 514
Fehlerbehandlung 651
Felder
    anzeigen 205
    profile_fields 682
Feldgruppen 286, 319
Feldtypzuordnung 141
Festplattenplatz 382
fid 370
field_prefix 311
field_suffix 311
file
    Schlüssel 648
file path 62, 105
file_check_directory() 374
file_check_location() 375, 541
file_check_path() 374
file_copy() 372
FILE_CREATE_DIRECTORY 374
file_create_path() 373
file_create_url() 379
file_delete() 373
file_directory_path() 371, 376
file_directory_temp() 381
FILE_EXISTS_ 372
file_limit 379
FILE_MODIFY_PERMISSIONS 374
file_move() 373
file_munge_filename() 382
file_save_data() 372
file_save_upload() 376
file_scan_directory() 379
file_space_used() 382
file_unmunge_filename() 381
file_validate_extensions() 378
file_validate_image_resolution() 376
file_validate_is_image() 378
file_validate_name_length() 379
file_validate_size() 379
filemime 370
filename
    file_munge_filename() 382
filepath 370
FILES 375
files 668
    Ordner 39
filesize 370
FilesMatch-Direktive 539

Filter 329
    array_filter() 316
    benutzerdefinierte Filter 336
    cache_filter 334, 336, 412
    Caching 413
    Caching deaktivieren 339
    Caching-Ebene 334, 336
    Codefilter-Modul 340
    default 340
    description 338
    Eingabeformate 330
    Einsatzgebiet 334
    Filtered HTML 342
    Formularschnittstelle zur
        Konfiguration 339
    gefilterte Ausgaben indizieren 356
    gruppieren 330
    hinzufügen und entfernen 332
    hook_filter() 329, 337
    hook_filter_tips() 341
    HTML-Filter 331, 340
    HTML-Korrektor 331
    installieren 333
    installierte Filter 331
    Lebenszyklus eines Textfiltersystems 335
    Leistungsgewinn 334
    list 338
    mehrere Filter 338
    no cache 339
    Node-Module erstellen 195
    PHP ausführen 332
    PHP-Evaluierer 332, 356
    prepare 340
    process 340
    Reihenfolge der Filterausführung 332
    Schutz gegen schädliches HTML 343
    Text filtern 522
    Text transformieren 329
    unerwünschtes Markup entfernen 329
    URL-Filter 331
    Verwandtschaft mit Modulen 333
    Zeilenumbruchkonverter 331
    zu Eingabeformaten zuweisen 330
Filter-API 338
Filter-Modul
    cache_filter 664
    Filter 668
    filter_formats 668
filter_allowed_protocols 528
filter_formats 668
filter_xss() 522, 527
filter_xss_admin() 529
filter_xss_bad_protocol() 529
Filtered HTML 342
filters 669

Stichwortverzeichnis

finished
  Schlüssel *648*
fit *675*
Flags
  MENU_NORMAL_ITEM *122*
  Menüelementtyp *121, 122*
float
  Datentyp *143*
  Platzhalter *133*
flood *669*
footer *236*
footer_message *237*
for-Schleife *550*
foreach-Schleife *550*
Foren *694*
form (Variable)
  post_render *307*
  pre_render *307*
form_alter() *175*
form_builder()
  Formularaufbau *277*
  Formulare nach dem Erstellen durch
    Funktionen ändern *278*
form_clean_id() *306*
form_error() *297*
form_expand_ahah() *321*
form_id *275*
form_item *374*
form_set_error()
  elementspezifische Validierung *281*
  Felder validieren *196*
  Validierungsfunktion schreiben *293*
form_set_value() *294*
form_state
  annotate_entry_form() *55*
  Benutzer umleiten *281*
  Daten übergeben *296*
  Formulare mit mehreren Seiten *303, 305*
  Formulare neu erstellen *297*
  Übertragungsfunktion schreiben *298*
format_date() *243*
format_plural() *472*
formula *670*
Formular mit erweiterten Optionen *67*
Formular-API *273*
  Aufrufreihenfolge der Validierungs- und
    Übertragungsfunktionen *292*
  beliebige Formulare ändern *299*
  Benutzer umleiten *281*
  CSRF *538*
  Daten mit form_set_value()
    übertragen *294*
  Daten mit form_state übertragen *296*
  Daten mit Validierungsfunktionen
    übergeben *294*
  Eigenschaften *284*
  Einführung *273*
  einzelne Formulare ändern *299*
  elementspezifische Validierung *296*
  Feldgruppen *286*
  Formular-ID festlegen *275*
  Formular-IDs *285*
  Formularaufbau *278*
  Formulare ändern *299*
  Formulare erstellen *282*
  Formulare mit mehreren Seiten *300*
  Formulare nach dem Erstellen durch
    Funktionen ändern *278*
  Formulare neu erstellen *297*
  Formulare senden *281*
  Formulare validieren *280*
  Formulare vor dem Erstellen durch
    Module ändern *278*
  Formulare vor dem Rendern durch
    Module ändern *279*
  Formularelementdefinitionen
    erfassen *275*
  Formularverarbeitung *273*
  Get-Methode *285*
  initialisieren *275*
  interner Formularwert *310*
  markup *289*
  mit Themes versehen *288*
  prefix *288*
  programmgesteuert senden *300*
  sicheres Programmieren *546*
  suffix *288*
  Theme-Funktion festlegen *291*
  Theme-Funktion suchen *279*
  Theme-Funktion verwenden *289*
  Tokens festlegen *275*
  Übertragung prüfen *278*
  Übertragungsfunktion schreiben *298*
  Übertragungsfunktion suchen *278*
  Validierungs- und Sendefunktionen
    festlegen *291*
  Validierungsfunktion schreiben *293*
  Validierungsfunktion suchen *277*
Formular-API-Eigenschaften *284, 305*
  access *309*
  action *306*
  after_build *310*
  ahah property *321*
  attributes *308*
  build_id *306*
  cache *307*
  default_value *310*
  description *308*
  Eigenschaften erkennen *284*
  Eigenschaften für alle Elemente *308*

Stichwortverzeichnis

Eigenschaften für Formularstamm 305
Formularelemente 321
   id 306
   method 306
   parameters 306
   parents 308
   post 307
   post_render 307
   pre_render 307
   prefix 310
   process 309
   programmed 305
   redirect 307
   required 308
   Schlüssel und Eigenschaften 284
   suffix 310
   theme 310
   title 310
   token 306
   tree 308
   Unterschiede zu Elementen 284
   weight 310
Formular-API-Elemente 310
   Änderungen mit JavaScript zulassen 321
   AHAH 321
   Bearbeiten bei der Formularerstellung 309
   Datum 317
   Eigenschaften für alle Elemente 308
   elementspezifische Validierung 296
   Feldgruppe 319
   file 318
   Funktionsarray aufrufen 310
   gerendertes Element mit Präfix versehen 310
   gerendertes Element mit Suffix versehen 310
   image_button 320
   Inhalt hinzufügen 288
   item 321
   Kontrollkästchen 315
   Markup 320
   nicht validierte Elemente hervorheben 292
   Optionsschalter 315
   password_confirm 312
   Passwort 312
   Schaltflächen 319
   select 313
   Standardwert 311
   submit 319
   textarea 312
   textfield 311
   Theme-Funktion suchen 310
   title 310
   Typ deklarieren 309
   Unterschiede zu Eigenschaften 284
   verborgen 316
   weight 310, 317
   Wert 316
Formular-IDs 285
   Eindeutigkeit erzwingen 306
   überschreiben 285
   zu Validierungs- und Übertragungsfunktionen zuordnen 291
Formularbaum
   Formulare nach dem Erstellen durch Funktionen ändern 278
Formulardefinitionsfunktion 81, 82
Formulare
   an Seiteninhalt anhängen 56
   Anmerkungsformular auf Drupal-Webseite 55
   Beschreibung 52
   cache_form 664
   default_value 51
   Eigenschaften für Caching 307
   eindeutig bezeichnen 285
   eindeutiges Token 306
   Eindeutigkeit der IDs erzwingen 306
   Einstellungsformular anzeigen 64
   einzelne Instanzen bezeichnen 306
   Feldgruppen 286
   Formular-ID überschreiben 285
   Formulare erstellen 282
   Formulare mit mehreren Seiten 300
   Formulareigenschaften 50
   HTML-Markup 289
   Inhalt vor und hinter Elementen hinzufügen 288
   mit Themes versehen 252
   options 50
   programmgesteuert senden 306
   programmgesteuert übertragen 642
   Standardwerte 308
   system_settings_form() 52
   title 51
   type 50
Formulare mit mehreren Seiten 300
Formulareinreichung 306
Formularelemente 321
Formularstamm 305
Formularverarbeitung 273
   Benutzer umleiten 281
   eingebaute Validierung 280
   elementspezifische Validierung 281
   Formular-ID festlegen 275
   Formularaufbau 277

Formulare nach dem Erstellen durch
    Funktionen ändern 278
Formulare rendern 278
Formulare senden 281
Formulare validieren 280
Formulare vor dem Erstellen durch
    Module ändern 278
Formulare vor dem Rendern durch
    Module ändern 279
Formularelementdefinitionen
    erfassen 275
    initialisieren 275
    Theme-Funktion suchen 279
    Tokens festlegen 275
    Tokenvalidierung 280
    Übertragung prüfen 278
    Übertragungsfunktion suchen 277
    Validierungs-Callbacks 281
    Validierungsfunktion suchen 277
Formwizard-Modul 300
formwizard_multiform() 303
Fortschrittsbalken 323, 325
forum 669
früher Seitencache 42
fsockopen() 511
Function reference 599
Funktionen
    actions_do() 91
    aggregator_filter_xss() 528
    annotate_admin_settings() 64
    annotate_admin_settings_validate() 66
    annotate_entry_form() 55
    annotate_install() 58, 59
    annotate_menu() 48
    annotate_nodeapi() 55
    approval_block() 267
    archiveoffline_menu_alter() 96
    array_filter() 316
    Aufrufsyntax 551
    batch_process() 644
    batch_set() 644
    Benennungskonvention 552
    Bibliotheken 39
    block_get_cache_id() 421
    bootstrap_invoke_all() 415
    cache_clear_all() 424
    cache_get() 423
    cache_set() 422
    check_markup() 522
    check_plain() 241, 522, 524, 529
    check_url() 522, 524, 529
    conf_init() 437
    Datei-API 371
    Daten mit Validierungsfunktionen
        übergeben 294

db_escape_string() 536
db_fetch_array() 135
db_fetch_object() 135
db_last_insert_id() 142
db_lock_table() 616
db_query() 131, 530
db_query_callback() 536
db_query_range() 135
db_query_temporary() 154
db_result() 61, 134
db_rewrite_sql() 150, 535
db_set_active() 154
db_type_map() 141
db_unlock_tables() 616
default_profile_tasks() 636
dokumentieren 558
dpm() 601
dpr() 601
drupal_add_css() 239
drupal_add_feed() 236
drupal_add_js() 443, 444
drupal_alter() 85
drupal_bootstrap() 415
drupal_clear_css_cache() 381
drupal_cron_run() 543
drupal_discover_template() 251
drupal_eval() 547
drupal_execute() 300
drupal_flush_all_caches() 425, 598
drupal_get_destination() 267, 352
drupal_get_form() 48, 56, 64
drupal_get_title() 237
drupal_get_token() 538
drupal_goto() 281
drupal_http_request() 511
drupal_install_schema() 137
drupal_json() 463
drupal_mail() 542
drupal_page_cache_header() 417
drupal_render() 279
drupal_retrieve_form() 306
drupal_set_html_head() 237
drupal_set_message() 60, 304, 428, 513
drupal_set_title() 102
drupal_urlencode() 522, 530
drupal_valid_token() 538
drupal_write_record() 148
dvm() 601
dvr() 601
element_info() 275, 308
eval() 547
file_check_directory() 374
file_check_location() 375, 541
file_check_path() 374
file_copy() 372

Stichwortverzeichnis

file_create_path() 373
file_create_url() 379
file_delete() 373
file_directory_path() 371
file_directory_temp() 381
file_move() 373
file_munge_filename() 382
file_save_data() 372
file_save_upload() 376
file_scan_directory() 379
file_space_used() 382
file_unmunge_filename() 381
file_validate_extensions() 378
file_validate_image_resolution() 376
file_validate_is_image() 378
file_validate_name_length() 379
file_validate_size() 379
filter_xss() 522, 527
filter_xss_admin() 529
filter_xss_bad_protocol() 529
form_alter() 175
form_builder() 278
form_clean_id() 306
form_error() 297
form_expand_ahah() 321
form_set_error() 196, 294, 297
form_set_value() 294
format_date() 243
format_plural() 472
Formulare nach dem Erstellen ändern 278
Formularvalidierung 293
formwizard_multiform() 303
für Themes geeignete Elemente 229, 232
Funktionsarray nach Elementaufbau aufrufen 310
Funktionsdeklarationen 552
Funktionsnamen 552
get_defined_functions() 599
gzinflate() 618
hook_access() 192
hook_block() 256, 258, 261, 263, 420, 421
hook_boot() 415
hook_db_rewrite_sql() 150
hook_delete() 198
hook_elements() 275
hook_exit() 415
hook_file_download() 382
hook_filter() 329, 337
hook_filter_tips() 341
hook_flush_caches() 425, 599
hook_footer() 236
hook_form() 193
hook_form_alter() 278, 347
hook_forms() 291
hook_help() 237
hook_hook_info() 92
hook_insert() 197
hook_install() 599
hook_link() 240
hook_load() 198
hook_menu_alter() 95
hook_node_access_records() 208
hook_node_grants() 208
hook_node_info() 189
hook_nodeapi() 198, 203, 334
hook_perm() 108
hook_profile_alter() 165
hook_requirements() 633
hook_schema_alter() 147
hook_search() 347, 349, 359
hook_search_page() 349, 352
hook_taxonomy() 398
hook_theme() 200, 246
hook_uninstall() 599
hook_update() 197
hook_update_index() 348, 357, 358
hook_user() 163
hook_validate() 196
hook_view() 199
hook_xmlrpc() 514, 516
Hookimplementierungen 560
Hooks 36
Hooks implementieren 48
image_get_info() 378
importusers_finished() 648
importusers_form_submit() 647
importusers_import() 648, 650
importusers_optimize() 648
include() 42
include_once() 42
ini_set() 432
install_goto() 636
install_module_batch() 644
l() 525
load() 117
locale() 476
menu_cache_clear_all() 412
menu_rebuild() 126, 412, 599
Menüelemente erstellen 100, 101
mime_header_encode() 522, 542
mit Schlüsseln zu Funktionsparametern zuordnen 104
moderate_db_rewrite_sql() 152
module_invoke_all() 49, 426
node_access() 209
node_access_acquire_grants() 209
node_access_rebuild() 208
node_get_types() 51
node_load() 116, 400

node_type_save() 642
node_view() 358
page_cache_fastpath() 42
pager_query() 136
pathfinder_search_page() 353
phptemplate_blockaway_javascript() 455
phptemplate_theme() 247
plusone_get_total() 463
plusone_get_vote() 463
plusone_vote() 460, 463, 467
plusone_widget() 464, 465
rawurlencode() 530
referenzieren 559
register_shutdown_function() 362
request_uri() 306
search_index() 362
Seitencallback 103
sess_read() 431, 433
sess_write() 433, 434
st() 490, 630
statistics_exit() 415
Steuerstrukturen 550
Stringübersetzung 51
system_check_directory() 278
system_cron() 378
system_settings_form() 52, 65
system_theme_data() 642
t() 51, 472, 524, 526, 630
tablesort_sql() 353
Taxonomiefunktionen 401
taxonomy_del_term() 402
taxonomy_del_vocabulary() 402
taxonomy_get_children() 405
taxonomy_get_parents() 404
taxonomy_get_parents_all() 404
taxonomy_get_synonym_root() 407
taxonomy_get_synonyms() 406
taxonomy_get_term() 402
taxonomy_get_term_by_name() 403
taxonomy_get_tree() 405
taxonomy_get_vocabulary() 401
taxonomy_node_get_terms() 400
taxonomy_node_get_terms_by_vocabulary() 403
taxonomy_render_nodes() 407
taxonomy_save_term() 403
taxonomy_save_vocabulary() 401
taxonomy_select_nodes() 400, 407
taxonomy_term_path() 397
taxonomy_vocabulary_load() 401
Teile der Drupal-Seite überschreiben 38
template_preprocess() 250
template_preprocess_node() 250
Theme-Funktionen 227, 252
theme_blocks() 260

theme_breadcrumb() 229, 230
theme_links() 240
theme_mark() 244
theme_placeholder() 525
theme_plusone_widget() 465, 466
theme_render_template() 249, 252
theme_textfield() 280
theme_user_profile() 164
throttle_exit() 415
to_arg() 118
Übertragungsfunktionen 81, 83, 291, 292
university_profile_modules() 631
university_profile_tasks() 636, 637
Unterstrich-Präfix 553
upload_space_used() 382
URLs zuordnen 43, 97
user_access() 109
user_authenticate_finalize() 432
user_autocomplete() 311
user_external_login_register() 177
user_is_anonymous() 162
user_is_logged_in() 162
user_load() 171
user_login_authenticate_validate() 177
user_login_final_validate() 177
user_login_name_validate() 177
user_register() 275
user_save() 162
user_search() 346
user_validate_picture() 376
valid_url() 529
Validierungfunktionen 291
var_dump() 495, 602
variable_del() 637
variable_get() 51, 69
variable_set() 51, 266, 641
watchdog() 472
xmlrpc() 508
xmlrpc_error() 515
xmls_remotehello_hello() 515
Funktionsaufrufe
    JavaScript 446
    Programmierstandards 560
Funktionsdeklarationen 552
Funktionsnamen 552

G
Garbage Collection 377
    Sitzungen 430
gc_maxlifetime 430
    Sitzungen optimieren 618
Gemeinsame Funktionen 39
general.pot 486
    .pot-Dateien erstellen 487

Stichwortverzeichnis

Generische Module für den Umgang mit
  Dateien
    Mediendateien 365
Geschützte Dateien 539
Gesteuerte Vokabulare 386, 388
GET-Anforderungen
  CSRF 538
  jQuery 460
Get-Funktionen
  variable_get() 51
Get-Methode
  Formular-API 285
  Menü-API 307
get_defined_functions() 599
getCapabilities 519
getCurrentTime 508
getElementById 447
getStateName 510
global.css
  bei Pfadänderung nicht laden 223
  Global.css in Style.css umbenennen 223
Globale Variablen 554
Glossar-Modul 386
GNU General Public License (GPL) 578
grant_delete 677
grant_update 677
grant_view 677
Greyscale-Theme
  .info-Datei 220
  aktivieren 222
  Node-Templatedatei hinzufügen 226
  PHPTemplate erstellen 220
  Template-Variablen hinzufügen und
    bearbeiten 232
  zusätzliche Seiten-Templates 245
gzinflate() 618

H

Handler
  PHP-Sitzungsverwaltung überschreiben
    431
has_children 673
has_garbage_value 320
hash_function 433
head 237
HEAD-Version
  alternativer Verzweigungsansatz 594
  dev 570
  HEAD für Drupal 6-Releases 590
  neueste Version von HEAD 586
  Sicherheit 565
  Zweig für neue Versionen 568
head_title 237
header 237

headers
  cache 663
hidden
  Attribut 126
Hierarchie
  hierarchische Liste von Begriffen 390
  Informationen über Begriffshierarchie
    abrufen 404
  mehrfach hierarchische Liste von
    Begriffen 391
  term_hierarchy 396, 687
  Tiefe von Vokabularen 393
Hilfetext 341
Hinweise zu Webseiten 52
history 670
homepage 667
hook_access() 192, 193
hook_action_info()
  Aktionen erstellen 75
  konfigurierbare Aktionen 79, 81
hook_block() 420
  Block für noch nicht aktivierte
    Benutzerkonten hinzufügen 270
  Block-API 256
  Block-Hook verwenden 261
  Blockcaching 420, 421
  Blöcke definieren 259
  Blöcke erstellen 264
  Parameter 261
  Schlüssel für eindeutigen Block
    speichern 259
hook_comment() 73
hook_db_rewrite_sql()
  Abfragen anderer Module ändern 152
  Abfragen für andere Module
    bereitstellen 150
  Einsatzgebiet 151
  Parameter 151
hook_delete() 198
hook_elements()
  Formularelementdefinitionen
    erfassen 275
  Standardwerte für Elemente 308
  TinyMCE-Modul 276
hook_exit() 415
hook_file_download() 382
hook_filter() 329, 337
hook_filter_tips() 341
hook_flush_caches() 425, 599
hook_footer() 236
hook_form() 193
hook_form_alter()
  beliebige Formulare ändern 299
  benutzerdefinierte Suchseite 345
  einzelne Formulare ändern 299

Formulare ändern *299*
Formulare vor dem Erstellen durch
    Module ändern *278*
pre_render *307*
Übertragungsfunktion schreiben *299*
hook_forms() *291*
hook_help() *237*
hook_hook_info() *92*
    Beziehung zwischen
        Hooks/Operationen/Trigger *75*
    interne Ereignisse *73*
    Trigger definieren *92*
    Trigger zu vorhanden Hooks
        hinzufügen *95*
hook_insert() *197*
hook_install() *599*
    Blöcke aktivieren *271*
    Tabellen erstellen *137*
hook_link() *240*
    Unterstützung für mehrere Sprachen mit
        Übersetzung *500*
hook_load() *198*
    Zeitaufwändige Abfragen *600*
hook_menu()
    Berechtigungen und Seitencallbacks *537*
    häufige Fehler *127*
    Hooks implementieren *48*
    Menüelemente erstellen *100*
    neue administrative Kategorie
        erstellen *61*
    Seitenargumentschlüssel hinzufügen *103*
hook_menu_alter()
    Menücallbacks ändern *191*
    Menüelemente anderer Module
        ändern *119*
    Trigger zu vorhanden Hooks
        hinzufügen *95*
hook_menu_link_alter() *121*
    vorhandene Menüelemente
        verbergen *126*
hook_node_access_records() *208, 209*
hook_node_grants() *208*
hook_node_info() *189*
    Node-Formular für Node-Typ
        anpassen *194*
    Node-Typen erstellen *642*
hook_nodeapi()
    Beziehung zwischen
        Hooks/Operationen/Trigger *75*
    Daten speichern *57*
    Dateneingabeformular *53*
    Formular für annotat.module *53*
    HTML-Indexer *361*
    interne Ereignisse *72*
    Metadaten zu Nodes hinzufügen *358*

Node-Objekt *204*
Nodes bearbeiten *203*
Revisionen statt ganzer Nodes
    löschen *198*
URL-Filter verwenden *334*
veränderbare Parameter *204*
hook_perm() *192*
    Berechtigungen und Seitencallbacks *537*
    Zugriff auf Menüs *108*
hook_profile_alter() *165*
hook_requirements() *633*
hook_schema() *145*
hook_schema_alter() *147*
hook_search() *347, 349, 350*
    keys *347*
    Nicht-Node-Inhalt indizieren *359, 362*
    op *347*
hook_search_page() *349*
    benutzerdefinierte Suchseite *345*
hook_taxonomy() *398*
    Beziehung zwischen
        Hooks/Operationen/Trigger *75*
hook_theme()
    Felder anzeigen *200*
    Theme-Funktion verwenden *289*
    Theme-Registry *248*
hook_uninstall() *147, 599*
hook_update() *197*
hook_update_index()
    HTML-Indexer *361*
    Nicht-Node-Inhalt indizieren *357, 358*
hook_user() *163*
    Beziehung zwischen
        Hooks/Operationen/Trigger *75*
    interne Ereignisse *72*
    Registrierungsformular *168*
hook_validate() *196*
hook_view() *199*
hook_xmlrpc() *514, 516*
Hooks
    auslösen *36*
    Authentifizierungshooks *382*
    Benennungskonvention *36*
    Beschreibung und Einführung *36, 73*
    Beziehung zwischen
        Hooks/Operationen/Trigger *75*
    Dateneingabeformular *53*
    Funktionen dokumentieren *558*
    HTML-Indexer *361*
    HTML-Indizierung *357*
    implementieren *48*
    interne Ereignisse *71*
    Module mit mehreren neuen Hooks *94*
    Name an Modul anhängen *49*
    Node erstellen *186*

Operationen *73*
Trigger hinzufügen *94*
unterstützte Hooks *37, 49*
Hosts
  ausschließen *42*
htaccess-Datei
  auto_start *430*
  cron.php schützen *543*
  Drupal-Architektur *34*
  gefährliche Dateien neutralisieren *381*
  geschützte Dateien *539*
  in httpd.conf verschieben *612*
  mod_expires *611*
  mod_rewrite *41*
  Sitzungseinstellungen *430, 436*
HTML
  Asynchronous HTML und HTTP (AHAH) *321*
  content *236*
  Drupal-Theme-Sites *215*
  Eingabeformat *332*
  für Themes geeignete Elemente *229*
  HTML überprüfen und bereinigen *522*
  HTML-Indexer *353*
  in Entities umwandeln *340*
  indizieren und Tokenbewertungen zuweisen *356*
  Indizierungs-Hooks *357*
  Moduldateien bearbeiten *213*
  Nodes in HTML *227*
  PHPTemplate-Theme *217*
  Schutz gegen schädliches HTML *343*
  Theme-Ebene *38*
HTML-Entities
  filter_xss() *527*
  Sonderzeichen kodieren *522*
HTML-Filter *331, 340*
  Caching *413*
  filter_xss() *527*
  Filtered HTML *342*
  nach URL-Filter ausführen *332*
  unerwünschtes Markup entfernen *329*
HTML-Formulare
  Eigenschaften für alle Elemente *308*
  Eigenschaften für Formularstamm *305*
  Formular-API-Eigenschaften *305*
  Formular-API-Elemente *310*
  Formulare erstellen *282*
  Formularelemente *321*
  Formularverarbeitung *273*
  generieren/validieren/verarbeiten *274*
  in allen Elementen erlaubte Eigenschaften *309*

HTML-Indexer *353*
  dynamischer Inhalt *357*
  einklinken *358*
  Einsatzgebiet *353*
  gefilterte Ausgaben *356*
  interne Links *357*
  Metadaten zu Nodes hinzufügen *358*
  Nicht-Node-Inhalt indizieren *357, 358*
  numerische Daten *356*
  Token *355*
HTML-Korrektor *331*
html.tpl.php *556*
HTTP
  Beschreibung *432*
  Expires-HTTP-Header *611*
  HTTP GET/HTTP POST-Anforderungen *460*
  HTTP-Headerantworten speichern *411*
  JavaScript-HTTP-Anforderungen *323*
HTTP-Anforderungen
  Anforderungen bedienen *41*
  Anforderungen verarbeiten *44*
  Beispiel mit Staatennamen *510*
  Beispiel mit Zeitbestimmung *510*
  drupal_http_request() *511*
  Eingangspunkt *40*
  fsockopen *511*
  JavaScript *323*
  Lebenszyklus *516*
  mehrere XML-RPC-Methodenaufrufe *520*
  temporäre Tabellen *155*
  XML-RPC *41, 507, 508*
  XML-RPC-Clients *508*
HTTP-Antworten
  Beispiel mit Staatennamen *510*
  Beispiel mit Zeitbestimmung *508, 510*
  Fehler der Aufrufsyntax *512*
HTTP-Fehler *511*
httpd.conf
  htaccess-Datei verschieben *612*
Hyperlinks
  Web- und E-Mail-Adressen konvertieren *331*

I
id
  Template-Dateien *239*
ID-Selektor *443*
  CSS *441, 442*
  jQuery *447*
IDEs *602*
idp_endpoint_uri *680*
IDs *208*

if-Anweisung 550
IIS
    saubere URLs 42
image_button 320
image_gallery 396, 398
image_get_info() 378
importusers_finished() 648
importusers_form_submit() 647
importusers_import() 648, 650
importusers_optimize() 648
inc-Dateien 549
include() 42
include_once() 42
includes 39
    Dateien für Produktionsumgebung 542
    menu.inc 97
Index
    search_index 684
    Tabellen erstellen 137
index.php 40, 41
    Dateien für Produktionsumgebung 542
Indextoken 118
    vordefinierte Ladeargumente 118
Indizierung
    dynamische Inhalte 357
    Einsatzgebiet 354
    gefilterte Ausgaben indizieren 356
    hook_update_index() 357, 358
    HTML indizieren und Tokenbewertungen
        zuweisen 356
    HTML-Indexer 353
    Metadaten zu Nodes hinzufügen 358
    Nicht-Node-Elemente 358
    Nicht-Node-Inhalt indizieren 357
    update index 204
info-Dateien
    Beschreibung 555
    erstellen 220
    Formulare erstellen 282
    Gründe 46
    JavaScript hinzufügen 450
    Node-Module erstellen 189
Infrastruktur-Mailingliste 695
Ingroup-Konstrukt 559
Inhalt
    nach Begriffen geordnet anzeigen 392
    statischen Inhalt durch Drupal-Variablen
        ersetzen 223
    steuern 224
    Titel 239
Inhaltsübersetzungsmodul 498
ini_set()
    PHPSESSID im Abfragestring 432
    Sitzungseinstellungen 430

init_message 648
Initialisierung der Session 43
InnoDB 615
INSERT 133
insert
    externe Authentifizierung 179
    Kontext einrichten 86
    Operation 75
install-Suffix 57
install.php 40
install_goto() 636
install_module_batch() 644
Installationsdateien
    Blöcke aktivieren 271
    Daten zur Ladezeit zum user-Objekt
        hinzufügen 171
    Deinstallations-Hook 146
    Drupal soll Module vergessen 59
    Installationsdateien für Module 136
    jQuery-Abstimmungs-Widget 456
    Node-Module erstellen 187
    Tabellen pflegen 145
Installationsprofile 40, 630
    Batch-API 643
    Batchanforderungszyklus 653
    Batchoperationscallback 648
    Batchsatz 645
    Drupal-Variablen festlegen 641
    Fehlerbehandlung 651
    Formulare programmgesteuert
        übertragen 642
    Informationen speichern 642
    Installationsprofil auswählen 630
    Interaktion mit Installationsroutine 631
    Module aktivieren 643
    Node-Typen erstellen 642
    Profile speichern 629
    Profilmodule benennen 631
    progressive und nichtprogressive
        Batchsätze 651
    Quellen 652
    Standardprofil 629
    Themes festlegen 642
    Umleitung 651
    university_profile_modules() 631
    Verzeichnisse für Module 633
    zu aktivierende Module 631
    zusätzliche Installationsaufgaben
        633, 636
Installationsroutine
    Eingangspunkt 40
installer.pot 486
Integer 142
Integer-Platzhalter 133

Stichwortverzeichnis

Interessengruppen 696
interne Arrays 554
interne Ereignisse 71
internen Cache leeren 424
Internet Relay Chat (IRC) 696
interval 323
intro 441, 442
IP-Adressen
    Hosts ausschließen 42
IRC (Internet Relay Chat) 696
is_front 235, 237
is_Variable 235
item 321
items
    Seitenargumentschlüssel hinzufügen 103

J
JavaScript
    Ändern von Formularelementen
        zulassen 321
    Browser 439
    DOM durchlaufen 440
    drupal_add_js() 443, 444
    Ereignis anzeigen 322
    Ereignisse auslösen 322
    Funktionsaufrufe 446
    JavaScript-Dateien optimieren 618
    JavaScript-HTTP-Anforderungen 323
    jQuery-Code 446
    Menüelemente aufrufen 321
    misc 39
    schädliches JavaScript aus URLs
        entfernen 522
    schreiben 439
    über .info-Datei hinzufügen 450
    überschreibbares JavaScript 453
javascript 670
JavaScript-Dateien optimieren 618
JOIN 153
jQuery 441
    Beschreibung 439, 441
    CSS-ID-Selektor 441
    CSS-Klassenselektor 442
    Elemente auswählen 441
    Elementzugriff 447
    HTTP GET/HTTP POST-
        Anforderungen 460
    Kompatibilität 469
    Methoden verketten 448
    Offizielle Website 439
    Plug-Ins 440
    Syntax 441
    XPath-Selektoren 441

jQuery in Drupal 443
    Drupal.behaviors 468
    Elemente nach ID ansprechen 447
    JavaScript über .info-Datei
        hinzufügen 450
    jQuery-Abstimmungs-Widget 456
    Klassen hinzufügen und entfernen 448
    Methoden verketten 448
    Modul erstellen 459
    Modul erweitern 468
    überschreibbares JavaScript 453
    vorhandene Elemente mit Wrapper
        versehen 448
    weitere Informationen 469
    Werte von CSS-Elementen ändern 449
jQuery-Engine 442
jQuery-Methode 448
jQuery-Methoden
    addClass 448
    css 449
    fadeIn 442, 443, 446, 454
    getElementById 447
    removeClass 448
    slideDown 454
    toggleClass 448
    wrap 449
jquery.js 444
js 321
jsEnabled-Test
    Drupal.behaviors 468
JSON (JavaScript Object Notation)
    drupal_json() 463
    weitere Informationen 463
Just-in-time-Übersetzung 480

K
Kategorien 164, 165
    aggregator_category 657
    aggregator_category_feed 657
    Beschreibung 161
key
    zeitaufwändige Abfragen 601
keys 347, 348
Kindelemente 279
Klammern 550
Klartext 522
Klassenselektor
    CSS-Klassenselektor 442
    jQuery 447
Kodierte Zeichen 522
Kommentar-Modul
    comments 666
    node_comment_statistics 677
    Sitzungen 428
    Theme-Funktion 227

Kommentare *186*
  Block mit ausstehenden
      Kommentaren *266, 267*
  Dateitoken *47*
  Formular zur Kommentar-
      übertragung *244*
  Module schreiben *47*
  PHP-Kommentare *556*
Kommentarzeichen im Perl-Stil *437*
Komodo IDE *602*
Kompatibilität *469*
Konferenzen *698*
Konfigurationsdateien
  default.settings.php *40*
Konfigurationsformular
  annotate.module *52*
  save *262*
Konfigurationsinitialisierung *42*
Konfigurationsoptionen
  PHP-Änderungen *431*
Konfigurationsoptionen für Blöcke *257*
Konfigurationsphase *42*
Konfigurierbare Aktionen *79*
  configurable *79*
  context *83*
  Kontext durch Trigger-Modul
      vorbereiten *84*
  Kontext einrichten *86*
  Kontext untersuchen *88*
  object *83*
Konstanten *554*
Kontakt-Modul
  contact *667*
  flood *669*
Kontrollkästchen *315*

L

l() *525*
language
  page.tpl.php *239*
language.inc *504*
LANGUAGE_RTL *492*
languages *670*
layout *237*
left
  block.tpl.php *226*
  page.tpl.php *239*
legacysearch.info *360*
legacysearch.module *361*
legacysearch_search() *363*
legalagree-Modul *166*
Leistung
  Anwendungsprofile *609*
  CPU-Nutzung *608*
  CPU-Nutzung des Webservers *608*

Daten im user-Objekt speichern *163*
E/A *609*
Engpässe *607*
Filter *334, 335*
Netzwerke *608*
normale Seiten zwischenspeichern *415*
Opcode-Caching *608*
PHP-Optimierungen *608*
RAM auf dem Server *607*
RAM auf dem Webserver *610*
user-Hook *171*
lighttpd *612, 626*
LIMIT *135*
link_path *672*
link_title *672*
Links
  Callbacks ohne Link zum Menü
      zuweisen *123*
  HTML-Indexer *361*
  Links zu Navigationsblock
      hinzufügen *105*
  menu_links *98*
  Menülinks anderer Module ändern *121*
  primary_links *238*
  Routing und Linkerstellung *100*
  search_node_links *684*
  secondary_links *238*
  theme_links() *240*
  URLs konvertieren *340*
links
  comment.tpl.php *243*
  node.tpl.php *239*
Linux Virtual Server
  Load Balancing *625*
listMethods *518*
load
  hook_user() *173*
  user-Hook *171*
load arguments *117*
load()
  zusätzliche Argumente *117*
load_functions *674*
Loadbalancing *624*
locale()
  Just-in-time-Übersetzung *480*
  Strings ersetzen *476*
locale-initial-batch *635*
locale-initial-import *635*
Locale-Modul
  aktivieren *471*
  locales_source *671*
  locales_target *671*
  Sprachen *670*
  Strings ersetzen *476*
  Webschnittstelle *480*

Stichwortverzeichnis

locale-remaining-batch 635
locale-select 635
locale.inc 504
locale.module 504
locales_source 671
locales_target 671
Localization-Clientmodul 484
LOCKS 616
log 690
logged_in 235, 237
login
    Benutzeranmeldung 170
    Operation 75
login_history 173
Loginhistory-Modul 171
logo 237
Logos 40
logout
    Operation 75
Lokale Aufgaben 123
    Fehler 127
    Menüelemente als Registerkarten 123
Lokalisierung
    Dateien 503
    Inhaltsübersetzung 498
    Locale-Module aktivieren 471
    Locale-spezifischer Teil von t() 472
    Sprachaushandlung 493
    von rechts nach links geschriebene
        Sprachen 492

M

mac_key 680
Mailinglisten 695
map
    vordefinierte Ladeargumente 117
Markup
    check_markup() 522
    unerwünschtes Markup entfernen 329
markup
    Attribut 306
max_depth parameter 405
max_execution_time 368
max_input_time 368
MaxClients 610
maximum_dimensions 378
maxlength
    eingebaute Validierung 280
MaxRequestsPerChild 611
MD5 433
    Hashwert für Textstring 334
Mediendateien 365
Mehrere Begriffe 387
    front_page 237

Mehrere Datenbanken 626
Meldungen bestätigen 585
memcache
    Datenbankengpässe 612
memcached 617
menu.inc 97
menu_cache_clear_all() 412
MENU_CALLBACK 95, 126
menu_custom 672
MENU_DEFAULT_LOCAL_TASK 109, 123
menu_links 98, 126, 672
MENU_LOCAL_TASK 95, 123, 127
MENU_NORMAL_ITEM
    Flags 122
    Links zu Navigationsblock
        hinzufügen 105
    Platzhalter in Menüelementen 113
    type 121
menu_rebuild() 126, 412, 599
menu_router 674
    Callback-Zuordnung 97
    Menübaum speichern 126
    Menütitelstring 110
    Seitentitel überschreiben 102
MENU_XYZ 121, 122, 126
Menü-Modul
    menu_custom 672
    menu_links 672
    verwenden 126
Menübaum
    Datenstruktur 126
Menücache
    Fehler 127
    neue administrative Kategorie
        erstellen 63
Menücallbacks ändern 191
Menüelemente 121
    access arguments 109
    access callback 108, 109
    Callback von mehreren Menüelementen
        aufrufen 104
    Callback-Zuordnung 59 97
    durch JavaScript aufgerufene Elemente
        kennzeichnen 321
    erstellen 100
    file 105
    load arguments 117
    Menüelemente als Registerkarten 123
    Menüelemente anderer Module
        ändern 119
    Menüelementtyp 121, 122
    Menülinks anderer Module ändern 121
    neue administrative Kategorie
        erstellen 63

725

page arguments 104
page callback 101
Platzhalter 113
Seitencallback 103
Titelargumente 112
Titelcallbacks 111
title 102, 109
title arguments 112
title callback 110
type 106, 121
verschachteln 107
vorhandene Menüelemente
   verbergen 126
weight 106
Menüs
   cache_menu 412, 665
   Callbacks ohne Link zum Menü
      zuweisen 123
   Entwicklungsprobleme 122
   Fehler 127
   implementieren 48, 53
   Rebuild menus 599
   Registerkarten 125
   Zugriff steuern 108
Menüsystem 97
   Berechtigungen 108
   Caching 412
   Callback-Zuordnung 97
   erforderliche Codedatei 97
   Hauptverantwortlichkeiten 97
   Optionale Codedatei 97
   verschachteln 107
   Zugriffssteuerung 108
Menufun-Modul 100
messages
   page.tpl.php 239
   show_messages 238
Metadaten
   Module zur Definition von
      Node-Typen 190
   zu Nodes hinzufügen 358
methodCall 508
Methoden
   Formular-API 285
   Menü-API 307
   Verkettung 448
methodHelp 518, 519
methodName 508
methodSignature 518, 519
mime_header_encode() 522, 542
min_depth 379
min_word_count 189, 679
Mindestlebenszeit 417
minimum_dimensions 378

misc 39, 543
mission 237
Mitwirkende 699
mod_expires 611
mod_rewrite 34
mod_rewrite-Regel 41
moderate_db_rewrite_sql() 152
modified 679
Moduldateien
   Beschreibung 555
   Node-Module erstellen 189
Module
   .install-Dateien 146
   .pot-Dateien erstellen 487
   Abfragen 150
   Abfragen ändern 151
   Aggregator 528
   aktivieren im Installationsprofil 631
   Aktualisieren 694
   annotate.info 46
   annotate.module 47
   API 47, 557
   Approval 263, 270
   Array definierter Blöcke 262
   auschecken 583
   Batch-API 643
   beigetragene Module 186
   benennen 46
   Beschreibung und Einführung 36
   Beziehungen zwischen Filtern 333
   Blöcke aktivieren 271
   Cacherouter 417
   Chinese Word Splitter 355
   Codefilter 340
   Coder 561
   Comment 243, 429
   Creativejuice 337
   Dateien erstellen 45
   Daten speichern 57
   Dateneingabeformular 53
   Devel 598, 600
   Dokumentation 557
   Dokumentation automatisch
      erstellen 557
   Drosseln 621
   Einstellungen speichern 67
   Einstellungen überprüfen 70
   Einstellungsformular anzeigen 64
   Entwicklung 63
   Entwurfsmuster Steuerungs-
      umkehrung 36
   erforderliche Moduldefintionen 655
   externe Authentifizierung 175
   Formulare vor dem Erstellen ändern 278

Formulare vor dem Rendern ändern 279
Formwizard 301
Funktionalität zum Drupal-Core
　　hinzufügen 46, 49
gespeicherte Werte mit variable_get()
　　abrufen 69
Glossar 386
gruppieren 46
Hooks 36, 48
HTML bearbeiten 213
image_gallery 396, 398
Inhaltsübersetzung 498
interne Ereignisse 71
JavaScript 450
jQuery 455
Konfigurationsformular 52, 66
Legalagree 166
Locale 471, 476
Localization-Client 484
Loginhistory 171
mehrere neue Hooks 94
Memcache 409
menu.module 126
Menüelemente ändern 119
Menülinks ändern 121
Menufun 100
mod_expires 611
module_builder 602
modulspezifische Einstellungen 49
Namespaceüberschneidungen 174
neue administrative Kategorie
　　erstellen 61
neue Caches 410
Node 186
Node-Typen 189
Pathauto 245
Pfad 246
pflegen 563
Porter-Stemmer 354, 355
Profile 168, 175
Pubcookie 633
README.txt 69
Reinstall modules 599
Remotehello 514
Schema 139
Schemaversionen 145
schreiben 45
sitespezifische Module 256
speichern 45
String Overrides 476
Syslog 620
System 558
Tabellen beim Deinstallieren löschen 146

Taxonomie 385
Theme-Entwicklermodul 252
Throttle 255, 259, 621
TinyMCE 276
Translation Template Extractor 487
Trigger 73, 84, 88
Upload 368
User 85
Userapproval 270
Verzeichnisse 633
　　zum Repository hinzufügen 581
　　zusätzliche Module aktivieren 36
module
　　Schlüssel 197, 198, 203
module.inc 415
module_builder 602
module_invoke() 93
module_invoke_all() 49, 93, 426
modules
　　Verzeichnis 40, 543, 633
Modulgestützte Vokabulare 396
Modulnamen 554
multiCall 520
my.cnf 613
MyISAM 615
MySQL
　　Datenbankabstraktionsschicht 130
　　Datenbankverbindungen 129
　　MySQL-Abfragencache aktivieren 612
　　MySQL-Verbindungen 154
　　systemeigene Datentypen 144
　　Werte von MySQL-Variablen 612
mysql_type 144

N
name
　　node.tpl.php 239
Namespaceüberschneidungen
　　Einstellungen in Variablen speichern 68
　　vermeiden 174
navigation.tpl.php 556
Navigationsblock 105
Navigationsmenüs
　　Caching 412
　　Platzhalter in Menüelementen 113
Netzwerkbandbreite 608
Netzwerkfehler 511
Neuindizierung 683
new 244
nid 371
no cache 339
node
　　annotate_entry_form() 55
　　annotate_nodeapi() 55

comment.tpl.php 243
node.tpl.php 239
page.tpl.php 239
node (Tabelle)
    Nodes speichern 206
Node-Eigenschaften 204, 241
    für Template-Datei verfügbar
        machen 251
    Verhaltenseigenschaften 38
node-export-html.tpl.php 556
Node-Formulare
    anpassen für Node-Typ 193
    Eingabeformat 342
Node-ID ($nid) 183
node-joke.tpl.php 200, 202
Node-Modul
    .info-Datei 188
    .install-Datei 187
    .module-Datei 189
    ändern 198
    bearbeiten 203
    Daten aktualisieren 197
    Daten löschen 198
    Daten speichern 196
    erstellen 187
    Felder anzeigen 199
    Felder validieren 196
    Filterformate 195
    history 670
    Informationen über Node-Typen
        angeben 189
    Menücallbacks ändern 191
    Node 676
    Node-Formular für Node-Typ
        anpassen 193
    node_access 677
    node_revisions 678
    node type 679
    Revision löschen 198
    spezifische Berechtigungen für
        Node-Typen 192
    Zugriff auf Node-Typ beschränken 192
Node-Objekte 206
    Taxonomiebegriffe 400
Node-Suche 346
Node-Templates
    Detaillierungsgrad 239
Node-Typen
    Begriffe für Site-Administratoren 183
    Beschreibung 38
    CCK 207
    Informationen über Node-Typen
        angeben 189
    Inhaltstypen 183, 184
    mit Hooks erstellen 186

Node-Formular anpassen 193
Node-Typen erstellen 642
überprüfen 54
Verhaltenseigenschaften 38
vocabulary_node_types 395, 692
Vokabulare verknüpfen 386
von grundlegenden Nodes ableiten 184
von Modulen definiert 189
Zugriff beschränken 192
Node-Zugriffsregeln 150
node.tpl.php file 239
    automatisch in page.tpl.php einfügen
        225, 226
    Greyscale-Theme 226
    Nodes in HTML umwandeln 227
    Variablen für Node-Templates 240
node_access 677
    Realms 208
    Standardeintrag 208
    Zugriff auf Nodes beschränken 208
node_access() 208
node_access_acquire_grants() 209
node_access_rebuild() 208
node_comment_statistics 677
node_counter 678
node_get_types() 51, 194
node_load() 116, 117
    Taxonomiebegriffe laden 400
node_revisions
    Nodes speichern 206
node_type 679
node_type_save() 642
node_url 240
node_view() 358
Nodes 183
    Attribute 184
    aufwändiger Code 614
    Begriffe für Site-Administratoren 183
    Beispiele für Drupal-Ereignisse 71
    benutzerdefinierte Suchseite 345
    Beschreibung und Einführung 38
    Blöcke vergleichen 255
    changed 185
    comment 185
    created 185
    einfügen 54
    einzelne oder mehrere Begriffe 387
    gefilterte Ausgaben indizieren 356
    IDs 208
    Inhaltstypen 183, 184
    Klassifizierung 385
    Kommentare 186
    language 185
    löschen 58
    Metadaten hinzufügen 358

Stichwortverzeichnis

moderate *186*
modulspezifische Einstellungen *49*
nach Begriffen geordnet anzeigen *392*
nicht veröffentlichte Nodes auflisten *270*
Nicht-Node-Elemente *358*
Node auf Titelseite anzeigen *185*
Node-ID ($nid) *183*
Node-Id (nid) *184*
Node-Inhalt zwischenspeichern *411*
Node-Listings mit Themes versehen *235*
Node-Module erstellen *186*
Node-Revisionen *400*
Node-Typ überprüfen *54*
Node-Typen ableiten *184*
Node-Typen mit CCK erstellen *207*
Node-Zugriff *210*
nodeapi-Hook *53*
Nodes in HTML umwandeln *227*
Nodes mit bestimmten Begriffen finden *407*
PHP-Evaluierer *356*
promote *185*
Realms *208*
Rechte-ID *208*
Release-Node erstellen *596*
Revisions-ID (vid) *184*
search_node_links *684*
speichern *207*
status *185*
sticky *186*
Taxonomiebegriffe laden *400*
taxonomy_node_get_terms() *400*
taxonomy_select_nodes() *400*
Template-Datei *251*
template_preprocess_node() *250*
term_node *395, 687*
Titel *183*
title *185*
tnid *186*
translate *186*
User-ID (uid) *185*
Verhaltenseigenschaften *38*
veröffentlicht/nicht veröffentlicht *185*
vocabulary_node_types *395*
Zeitstempel *185*
Zugriff auf Nodes beschränken *208*
nodes *401*
nomask *379*
Normale Seiten zwischenspeichern *415*
number_parts *675*
numeric *143*
Nur Pfadpräfix *495*

O

object-Parameter *84, 91*
Objekte
    db_fetch_object() *135*
    Node-Objekt *206*
    Verweise auf Node-Objekte *54*
Objektorientierung *183*
Öffentliche Dateien *366*
Öffnende Tags *549*
onClick *465*
Onlinehandbücher *694*
onload *446*
op
    annotate_nodeapi() *55*
Opcode-Cache *608*
openid_association *680*
Operationen *73, 75*
operations *647, 648*
Optimierung *608*
    .htaccess-Datei verschieben *612*
    Apache-Webserver *611*
    Architekturen *624*
    automatische Drosselung *621*
    Bandbreitenoptimierung *618*
    CPU-Nutzung *608*
    CPU-Nutzung des Webservers *608*
    cron ausführen *620*
    cron überfällig *621*
    Datenbankengpässe *612*
    Datenverkehr durch authentifizierte Benutzer *619*
    Drupal-spezifische Optimierungen *617*
    Engpässe *607*
    Fehlerprotokolle optimieren *619*
    lighttpd *612*
    mod_expires *611*
    PHP-Optimierungen *608*
    RAM auf dem Server *607*
    RAM auf dem Webserver *610*
    Seitencaching *618*
    Sitzungen kürzen *618*
options
    Formulare *50*
Optionsschalter *315*
OR *392*
Ordner
    drupal-contrib *217*
    includes *39*
    misc *39*
    modules *40*
    profiles *40*
    scripts *40*
    Standard-Ordnerstruktur *39*
    themes *40, 217*

orig_type *679*
owner *686*

P

page
   annotate_nodeapi() *55*
   node.tpl.php *239*
page arguments
   Fehler *127*
   Platzhalter *114*
   Seitencallbackargumente
      definieren *103, 104*
page callback *101*
page-user.tpl.php *245*
page.html *218*
page.tpl.php *224, 235, 236, 239*
   benutzerdefiniertes Seiten-Template *246*
   drupal_add_js() *456*
   neue Blockregionen *252*
   page.html umbenennen *220*
   Regionsvariablen *239*
   statischen Inhalt durch Drupal-Variablen
      ersetzen *223*
   Templates automatisch einfügen *225, 226*
   Templates mit mehreren Seiten *245*
   Theme-Funktion *227*
   Variablen für Seiten-Templates *235*
   zusätzliche Seiten-Templates *245*
page_arguments *675*
page_cache_fastpath() *42*
page_callback *675*
Pager *135*
pager_query() *136*
pages.inc *555*
Pakete *46*
Parameter
   Datenbankparameter *129*
   Platzhalter *115*
   XML-RPC-Parametertypen
      konvertieren *513*
params *508*
parents *308*
Partitionierung *627*
Passwörter *312*
password *312*
password_confirm *312*
Patches *576*
path *668*
Path-Modul *245*
   url_alias *689*
Pathauto-Modul *245*
pathfinder.info *349*
pathfinder.module *350*
pathfinder_search_page() *353*
PECL Memcached *617*

Performance-Seite
   Bandbreitenoptimierung *618*
permission *680*
Pfade
   Aliase *98*
   autocomplete_path *311*
   base_path *236*
   Benutzerpfadumleitung *307*
   Callback-Zuordnung *97*
   Dateien in Systempfad kopieren *372*
   Dateisystempfad *371*
   Drupal-Pfad *97, 102*
   durchsuchbare Pfadaliase *349*
   file_create_path() *373*
   Pfade aus Platzhaltern *118*
   Pfade zu Themes *235*
   sicheres Programmieren *541*
   Speicherort überprüfen *375*
   Taxonomiebegriffe *400*
   taxonomy_term_path() *397*
   überprüfen *382*
   URLs für Funktionen *98*
Pfadphase *43*
Pfadpräfix mit Ausweichsprache *497*
pgsql_type *144*
PHP
   Anwendungsprofile *609*
   ausführen *332*
   Codeeingabeformat *332*
   CPU-Engpässe *608*
   Drupal-Architektur *33*
   Kommentare *556*
   Konstanten *554*
   öffnende und schließende Tags *46, 549*
   Opcode-Caching *608*
   PHP-Funktion *516*
   PHP-Optimierungen *608*
   PHP-Sitzungsverwaltung
      überschreiben *431*
   rawurlencode() *530*
   sicheres Programmieren *544*
   syslog() *620*
   Theme-Engine *216*
   Typkonvertierung *513*
PHP-Dateien neutralisieren *381*
PHP-Evaluierer *332, 357*
PHP-Filter
   empfohlene Vorgehensweisen *450*
   jQuery *445*
php.ini
   PHP-Einstellungen für Upload *367*
   Sitzungseinstellungen *436*
PHPSESSID *427, 432*
PHPTAL *215, 216, 217*

PHPTemplate
.info-Datei 220
Dateierweiterung 216
Drupal-Community 214
Template-Dateien 540
Template-Sprachen 213
Theme erstellen 217
vorhandene HTML- und CSS-Dateien nutzen 217
zusätzliche Seiten-Templates 245
phptemplate_blockaway_javascript() 455
phptemplate_theme() 247
picture
comment.tpl.php 243
node.tpl.php 239, 246
Planet Drupal 698
Platzhalter 113
% 113
d 60
Daten speichern 57
Datenbankabfrage 133
Drupal-spezifische SQL-Syntax 132
dynamische Abfragen 536
Parameterersetzung 115
Pfade erstellen 118
Platzhalterwerte verwenden 114
s 60
Seitencallbackargumente 113
theme_placeholder() 525
Werte in Strings einfügen 473
Pluralformen übersetzen 472
plurals 670
plusone_get_total() 463
plusone_get_vote() 463
plusone_vote() 460, 463, 467
plusone_widget() 464, 465
poll 681
Poll-Modul 681
poll_choices 681
poll_votes 681
Porter-Stemmer-Modul 354, 355
position 675
post 307
POST-Anforderungen
CSRF 538
jQuery 460, 463, 467
method 306
XML-RPC-Clients 508
POST-Daten
Formular-API-Sicherheit 546
Formulare validieren 280
Kopie der ursprünglichen POST-Daten 307
post_max_size 367
post_render 280, 307

PostgreSQL
Datenbankabstraktionsschichten 130
Datenbankverbindungen 129
PostgreSQL-Verbindungen 154
systemeigene Datentypen 144
potx-cli.php/potx.inc 487
Präprozessorfunktionen
Ausführungsreihenfolge 234
Paare 250
style.css 223
Template-Variablen 232, 253
template_preprocess() 250
Theme-Funktion 227
Variablen setzen 227
pre_render 307
Formulare vor dem Rendern durch Module ändern 279
prepare translation 204
presave
Operation 75
Primärschlüssel
Datenbankreferenz 655
Tabellen erstellen 137
zeitaufwändige Abfragen 601
primary_field 151
primary_links 238
primary_table 151
Private Dateien 365, 367
Private Daten 535
Private Funktionen 553
process
textarea 312
TinyMCE-Modul 276
processed 309
Produktionsumgebung
notwendige Dateien 542
Sicherheitsüberprüfung 545
Profil-Modul
Benutzerregistrierung 168
Informationskategorien 175
profile_fields 682
profile_values 683
Profildateien
Profile speichern 629, 630
Profile
auswählen 630
Installationsprofile 630
Profilerstellung und Debugging 549
Profilmodule benennen 631
speichern 629, 630
Standardprofil 629
profile-finished 636
profile-install 635
profile-install-batch 635
profile-select 635

profile_fields *682*
profile_values *683*
profiles
    Ordner *39*
programmed *305*
Programmierkonventionen *549*
Programmierstandards *549*
    Arrays *553*
    bedingte Anweisungen *550*
    Coder-Modul *561*
    Dateinamen *555*
    Dokumentationsdateien *555*
    Funktionsaufrufe *551*
    Funktionsdeklarationen *552*
    Funktionsnamen *552*
    globale Variablen *554*
    Konstanten *554*
    Modulnamen *554*
    öffnende und schließende Tags *549*
    Programmierstil überprüfen *560*
    Schleifen *550*
    Steuerstrukturen *550*
    Zeileneinzug *549*
progress *323, 326*
progress_message *648*
Projekte auf drupal.org erstellen *583*
Projektverwaltung *597*
Protokolle
    cron ausführen *620*
    Fehlerprotokolle optimieren *619*
    filter_xss() *527*
    filter_xss_bad_protocol() *529*
    watchdog *692*
    zustandsloses Protokoll *427*
Protokolleinträge
    Sitzungen *429*
Pubcookie-Modul *633*
punchline *199*

Q
Quellen *693*
    Benutzergruppen *696*
    Coderessourcen *693*
    Foren *694*
    Interessengruppen *696*
    Internet Relay Chat (IRC) *696*
    Konferenzen *698*
    Mailinglisten *695*
    Mitwirkende *699*
    Onlinehandbücher *694*
    Videocasts *698*
    Weblogs *698*
query *151*

R
radios *315*
RAM *607, 610*
rate content *461*
rawurlencode() *530*
README.txt *46, 69*
ready() *446*
Realm *677*
Realms *208*
rebuild
    Formulare mit mehreren Seiten *303*
    Neuerstellen von Formularen *297*
    Übertragungsfunktionen *298*
Rebuild menus *599*
Rechte-ID *208*
recipients *667*
recurse *379*
redirect
    Benutzer umleiten *281*
    Eigenschaft *306*
    form_state *298*
    Übertragungsfunktion schreiben *298*
Reduzierbare Feldgruppen *440*
Reduzierbarkeit *202*
refresh *658*
region
    box.tpl.php *244*
Regionen
    Blockanordnung *255, 262*
    Blöcke mit Themes versehen *260*
    definieren *252, 258*
    Name der Region *259*
    relative Position von Blöcken *259*
    Standardregion *262*
Regionsvariablen *239*
register_shutdown_function() *362*
Registerkarten
    Callbacks *127*
    Fehler *127*
    lokale Aufgaben *125*
    Menüelemente *123*
    rendern *123*
    Zeileneinzug *549*
Registrierung *166*
Regulärer Index *139*
Reinstall modules *599*
Rekursive Suche *562*
Releases
    Beziehung zu Tags/Zweigen/
        Tarballs *571*
    erstellen *589*
    HEAD für Drupal 6-Releases *590*
    Release-Node erstellen *596*
    Tag-Namen *594*
    Tags *590*

Stichwortverzeichnis

Relevanzsuche 354
remotehello.module 514
Remoteserver 509
removeClass 448
Rendern
    drupal_render() 279
    Formulare 278
    Formulare mit Themes versehen 288
    Formulare vor dem Rendern durch Module ändern 279
    jQuery-Code 446
    post_render 307
    pre_render 307
    theme_render_template() 249, 252
Replikation 627
reply 667
Reports 64
Repositories 566, 579
    Anfangscommit 582
    Beitragsrepository 578
    Core-Repository 578
    Module auschecken 580
    Module hinzufügen 581
request_uri() 285, 306
requirements 635
resizable 312
return 227
Revisionen löschen 198
Rich Text 523
right 237
Robots
    ausschließen 41
    Sitzungsinformationen speichern 429
    xmlrpc.php 507
robots.txt 41, 543
role 683
Rollen
    blocks_roles 259
    rollenspezifische Sichtbarkeitseinstellungen 257
router_path 672
Routing 97
    menu_router 98, 674
    Routing und Linkerstellung 100
rows 312
RPC (Remote Procedure Call)
    methodName 508
    XML-RPC 507
rss item 204
RSS-Feeds
    Automatische RSS-Feeds 394
    Link 236
rsync 625
rtl.css 492, 555
run 75
runtime 681

S

Sandbox 650
Saubere URLs 34, 42, 97
save 262, 265
Schaltflächenelement 319
Schema-API 136
    .install-Dateien 146
    Feldtypzuordnung 141
    Funktionen 145
    Schema-Modul 139
    Schemas ändern 146
    Tabellen beim Deinstallieren löschen 146
    Tabellen erstellen 137
    Tabellen pflegen 145
    Typ deklarieren 144
Schema-Modul 139
schema_version 686
Schemaversionen
    Datenbankschema aktualisieren 41
    Module 145
Schleifen 550
Schließende Tags 549
    Leerraum 47
Schlüssel
    Arrays 104
    Eigenschaften 284
Schreibrichtung 670
Schwellenwerte für Throtte-Modul 622
Schweregrade 619
score 684
scripts
    Variable 237
    Verzeichnis 40, 560
search 348, 351
search result 204
Search-API 346
search_box 238
search_dataset 683
search_index 684
search_index() 362
search_node_links 684
search_total 684
secondary_links 238
Seitencaching 413
    aggressives Caching 417
    Caching deaktivierter Seiten 415
    fastpath 417
    Mindestlebenszeit 417
    normale Seiten zwischenspeichern 415
Seitencallbackargumente 103

Links zu Navigationsblock
  hinzufügen 105
Platzhalter in Menüelementen 113
Seitencallbacks in anderen Dateien 105
Seitentitel
  anzuzeigender Text 236
  Standard- oder anderer Titel 126
  während der Codeausführung
    überschreiben 102
SELECT 133
select 313
selected 668
selector 323
Send e-mail 88
serial 142
Serverarchitekturen
  einzelner Server 624
  getrennte Datenbankserver 624
  mehrere Datenbanken 626
  Webservercluster 624
sess_ 431
sess_read() 431, 433
sess_write() 433, 434
SESSION
  Daten speichern 434
  Formulare mit mehreren Seiten 305
  Inhalte anzeigen 599
session_type 680
sessions 685
sessions (Tabelle)
  Komponenten für user-Objekt 161
Set-Funktionen 51
settings.php
  cookie_lifetime 436
  Core-Code ändern 575
  Datenbankverbindungen 129
  Konfigurationsinitialisierung 42
  Sitzungen optimieren 618
  Sitzungseinstellungen 430
  Standardkonfigurationsdatei 40
  Strings überschreiben 474
  Verbindungen zu mehreren
    Datenbanken 157
  Verzeichnisse für Module 633
severity 692
show_blocks 238
show_messages 238
Sicheres Programmieren
  Abfragen 530
  AJAX 545
  Benutzereingaben 521
  Berechtigungen und Seitencallbacks 537
  check_plain() 524
  cron.php 543
  CSRF 538

Dateiberechtigungen 539
Dateien 539
Dateinamen 541
Dateiupload 540
Daten mit db_rewrite_sql() schützen 535
Datentypen 522
dynamische Abfragen 536
E-Mail-Header 542
eigenständiges PHP 544
Einführung 521
eval 547
filter_xss() 527
filter_xss_admin() 529
Formular-API 546
geschützte Dateien 539
HTML-Text 523
Klartext 522
Pfade 541
Rich Text 523
sichere Konvertierung 522
Sicherheitsüberprüfung 545
SSL 544
Superuser-Konto 547
t() 524
Testcode deaktivieren 545
URLs 529
XSS-Angriffe 527
Sicherheit
  CVS-fähiges Drupal 565
  Dateien 539
  Formular-Token 275
  öffentliche Dateien 366
  PHP ausführen 332
  PHP-Codeeingabeformat 332
  private Dateien 365, 367
  Schutz gegen schädliches HTML 343
  Sitzungen kapern 432
  URL-basierte Sitzungsverwaltung 432
  xmlrpc.php 507
  Zugriff auf Menüs 108
Sicherheitsratschläge 693
Sichtbarkeitseinstellungen 257
  Blockkonfigurationsseite 271
  seitenspezifische
    Sichtbarkeitseinstellungen 258
Sidebars 237
signature
  comment.tpl.php 243
Site building 45
Site configuration 48, 63
Site-Administrator
  Blockbeschreibung 261
  Einstellungen überprüfen 70
  Einstellungsformular anzeigen 64
site_name 238

site_slogan 238
Siteverzeichnis 40
    Dateien für Produktionsumgebung 542
    mehrere Ordner 132
    Module speichern 45
    Verzeichnisse für Module 633
Sitzungen
    .htaccess-Datei 430
    Ablaufzeit für Cookies ändern 436
    auto_start 430
    Beschreibung 432
    bootstrap.inc 431
    Browser nachverfolgen 427
    cookie_domain 437
    cookie_lifetime 436
    Cookies 432
    Daten speichern 434
    hash_function 433
    Initialisierung der Session 43
    Name ändern 437
    PHP-Sitzungsverwaltung
        überschreiben 431
    PHPSESSID 427
    Session viewer 599
    session_inc 431
    session_write_interval 434
    sessions_use_only_cookies 432
    settings.php 430
    Sitzungen kapern 432
    Sitzungseinstellungen 430
    Sitzungsinformationen speichern 432
    Sitzungskonversationen 435
    Sitzungslebenszyklus 433
    Sitzungsverwaltung mit Cookies 432
    URL-basierte Sitzungsverwaltung 432
    use_trans_sid 432
    user-Objekt instanzieren 435
    Verwendung 428
    Websites mit mehreren Subdomains 437
Sitzungsfunktionen 427
Skalierbarkeit 607
    früher Seitencache 42
    memcached 617
Skripts 545
slideDown 454
Smarty 215, 217
Sonderzeichen 522
source
    file_copy() 372
Später Seitencache 43
Speichernutzung
    .info-Dateien 47
Speicherorte 373

Sperren
    db_lock_table() 616
    db_unlock_tables() 616
    Gründe 607
    Tabellensperren 616
Sprachaushandlung 493
    keine 494
    nur Domain-Name 497
    nur Pfadpräfix 495
    Pfadpräfix mit Ausweichsprache 497
Sprachbestimmung 43
Sprachdomäne 670
Sprachen
    aktivieren 481
    Ausweichsprache 497
    benutzerdefinierte Sprache für
        Strings 477
    benutzerspezifische Sprache 494
    bevorzugte Sprache auswählen 479
    deaktivieren 477
    Domain-Name 497
    globale Variable 495
    Pfadpräfix 495, 496
    Sprachaushandlung 493
    Standardsprache 494
    Übersetzung auf bestehender Site
        installieren 491
    Übersetzung zur Installationszeit 490
    Übersetzungen 503
    von rechts nach links geschriebene
        Sprachen 492
Sprachumschaltung 502
SQL
    Anmerkungen 56
    Daten speichern 57
    Datenbankabfragen 133
    Drupal-spezifische Syntax 132
    dynamische Abfragen 536
    MySQL-Abfragencache aktivieren 612
    tablesort_sql() 353
SQL-Injektionsangriffe
    Daten speichern 57
    Drupal-spezifische SQL-Syntax 133
    Sicheres Programmieren 530
src 320
SSL 544
st()
    Profile speichern 630, 641
Standard-Suchformular 346
Standardkonfigurationsdatei
    settings.php 40
Standardprofil 629
Standards 549
Standardverzeichnis 40

Startvorgang 43
  Abschluss 43
  Datenbankinitialisierung 42
  drupal_bootstrap() 415
  DRUPAL_BOOTSTRAP_
    LANGUAGE 495
  früher Seitencache 42
  Initialisierung der Session 43
  Konfigurationsinitialisierung 42
  Pfad 43
  PHP-Sitzungsverwaltung
    überschreiben 431
  Sitzungseinstellungen 430
  Sitzungsinformationen speichern 432
  Sitzungslebenszyklus 433
  später Seitencache 43
  Sprachbestimmung 43
  Zugriffssteuerungsphase 42
Statische Variablen 422
Statistics-Modul
  accesslog 656
  node_counter 678
statistics_exit() 415
Statistiken 677
status
  comment.tpl.php 243
  hook_search() 348
Steuerstrukturen 550
Steuerungsumkehr 36
sticky
  Attribut 186
Sticky Tag
  Drupal 5-kompatibler Zweig 589
  HEAD für Drupal 6-Releases 590
  HEAD-Version prüfen 587
storage 303, 305
String Overrides 476
Stringersetzung 526
Stringplatzhalter 132
Strings
  benutzerdefinierte Sprache für
    Strings 477
  eingebaute Strings durch eigene
    ersetzen 474
  ersetzen 476
  Hashwert für Textstring 334
  s 60
  Stringübersetzungsfunktion 51
  Suchschnittstelle 481
  t() 472
  überschreiben in settings.php 474
  übersetzen 109
  Übersetzungen exportieren 484
  Werte in Strings einfügen 473

Stringübersetzung 51
style 527
style.css 223
styles 223, 239
submit 319
submitted
  comment.tpl.php 243
  node.tpl.php 246
Such-Modul
  search_dataset 683
  search_index 684
  search_node_links 684
  search_total 684
Suchabfragen 345
Suchen
  benutzerdefinierte Suchseite 345
  Code mit egrep suchen 562
  erweiterte Suchoptionen 347
  Node-Suche 346
  rekursive Suche 562
  Standardbenutzerschnittstelle 346
  user_search() 346
Suchergebnisse formatieren 349
Suchformulare
  durchsuchbare Pfadaliase 349
  ergänzen 347
  erweitert 347
  hook_search() 347
  hook_search_page() 349
  Standard 346
Suchindex zurücksetzen 348
Suchmaschinen 345
Suchrelevanz 354
Suchseite 345
  durchsuchbare Pfadaliase 349
  erweitertes Suchformular 347
  hook_search() 347
  hook_search_page() 349
  Standardsuchformular 346
  Suchformular ergänzen 347
suffix
  Formulare rendern 279
Superuser 35
  Konto schützen 547
  Zugriffssteuerung 208
Support 697
Support-Mailingliste 695
SVN 597
switch-Anweisung 550, 551
  annotate_nodeapi() 55
Symbole
  misc 39

Stichwortverzeichnis

Synchronisierung
    Datenbank- und Webserver 625
    gemeinsam genutztes, eingehängtes
        Dateisystem 626
    rsync 625
Synonyme
    Informationen über Synonyme abrufen
        406
    Taxonomie 385
    term_synonym 396, 688
synonyms 404
syslog 620
syslog() 620
system 685
System-Modul 558
system_check_directory() 278
system_cron() 378
system_settings_form() 52
    Einstellungsformular anzeigen 65
system_theme_data() 642
Systemeigene Datentypen
    MySQL und PostgreSQL 144
Systemmonitor 608

T
t() 51
    % 525
    @ 524
    implizit ausführen 472
    Just-in-time-Übersetzung 480
    Localespezifischer Teil 472
    Profile speichern 630
    Strings übersetzen 109, 488
    title arguments 112
    Werte in Platzhalter einfügen 473
tab_parent 675
tab_root 675
Tabellen
    .install-Dateien 146
    aktuelle Definitionen 655
    Anmerkungen 61
    beim Deinstallieren löschen 146
    cache_form 412
    Cachetabelle 410
    Daten speichern 57
    Datenbanken erstellen 57
    Datenbankengpässe 612
    db_lock_table() 616
    db_unlock_tables() 616
    erstellen 136
    pflegen 145
    sperren 615
    Taxonomie 395
    temporäre Dateien 155

    Typ ändern 615
    übliche Werte für primary_table-
        Aliase 151
    verweisen auf Datenbanken 60
Tabellennamen 132
Tabellentypen 615
Table_locks_immediate 616
Table_locks_waited 616
tablesort_sql() 353
tabs 239
Tagging 385, 386
Tags 569
    Beschreibung 555
    Beziehungen zwischen
        Tags/Zweigen/Releases/
        Tarballs 571
    Bindestriche in Zweignamen 594
    CVS-Tags 557
    Drupal auschecken 571
    HTML überprüfen und bereinigen 522
    öffnende und schließende Tags 549
    Release-/Versions-Nummern 594
Tarballs 571
Task-Manager
    Engpässe 607
    Prozesse auflisten 610
Taxonomie 385
    Arten 388
    Begriffe in Node-Objekten finden 400
    speichern 395
    Tabellen 395
    Taxonomieabfragen 400
    weitere Quellen 408
Taxonomie-Modul 385
    term_data 686
    term_hierarchy 687
    term_node 687
    term_relation 687
    term_synonym 688
    trigger_assignments 688
    vocabulary_node_types 692
    Vokabular 691
Taxonomiefunktionen 401
    Begriffe hinzufügen/ändern 403
    Begriffe löschen 404
    Begriffshierarchie 404
    Begriffsinformationen 402
    Nodes mit bestimmten Begriffen
        finden 407
    Synonyme 406
    Vokabulare hinzufügen/ändern 401
    Vokabulare löschen 402
    Vokabularinformationen 401

737

taxonomy 240
taxonomy_del_term() 402
taxonomy_del_vocabulary() 402
taxonomy_get_children() 405
taxonomy_get_parents_all() 404
taxonomy_get_synonym_root() 406
taxonomy_get_synonyms() 407
taxonomy_get_term() 402
taxonomy_get_term_by_name() 403
taxonomy_get_tree() 405
taxonomy_node_get_terms() 400
taxonomy_node_get_terms_by_
  vocabulary() 403
taxonomy_render_nodes() 407
taxonomy_save_term() 403
taxonomy_save_vocabulary() 401
taxonomy_select_nodes() 400, 407
taxonomy_term_path() 397
taxonomy_vocabulary_load() 401
teaser
  node.tpl.php 246
Template-Dateien 224
  .pot-Dateien 486
  andere .tpl.php-Dateien 244
  automatisch in page.tpl.php
    einfügen 225, 226
  Benennungskonvention 225
  Beschreibung 218
  block.tpl.php 226, 242
  box.tpl.php 244
  comment.tpl.php 243
  drupal_discover_template() 251
  Ersatz für Theme-Funktionen 248
  Felder anzeigen 200
  für Themes geeignete Elemente
    überschreiben 229
  neue Blockregionen 252
  Node-Eigenschaften bereitstellen 251
  node.tpl.php 226, 239
  page.tpl.php 224, 235
  phptemplate_blockaway_javascript() 455
  Template auswählen 251
  Template-Variablen hinzufügen und
    bearbeiten 232
  Templates mit mehreren Seiten 245
  überschreiben 455
  Variablen für alle Templates 235
  Vorschlagshierarchie 242
Template-Engines
  themes 40
Template-Präprozessorfunktion 247, 249
Template-Sprachen 213
  Dateierweiterungen 216

template.php
  phptemplate_blockaway_javascript() 455
  Template-Variablen hinzufügen und
    bearbeiten 232
  Zweck 233
template_files 239
template_preprocess() 250
template_preprocess_node() 250
Temporäre Dateien 367
Temporäre Tabellen 155
Temporäres Verzeichnis 381
term 403
term_access 208
term_data 395, 686
term_hierarchy 396, 687
term_node 395, 400, 687
term_relation 396, 687
terms 240
Text
  Filter 522
  Filter für Textbearbeitungen 339
  Filtertransformation 329
  Hashwert für Textstring 334
  HTML-Text 523
  Klartext 522
  Rich Text 523
  sichere Konvertierung 522
text
  Datentyp 142
textarea 312
textfield 311
Textfiltersystem 335
textgroup 671
Theme-Developer-Modul 252
Theme-Engines 213
  installieren 213
  PHPTemplate 213, 220
  Template-Sprachen 213
  Verzeichnisstruktur 214
Theme-Funktionen 227, 252
  Ausführungsfluss 229
  Formulare rendern 279
  Gültigkeitsbereich 247
  Template-Dateien verwenden 248
  Theme-Funktion suchen 277
  theme_breadcrumb() 229
  überschreiben 230
  verwenden 289
  zu verwendende Funktion angeben 290
  Zweck 233
Theme-Registry 246
Theme-Schicht 258
Theme-System-Komponenten 213
theme_blocks() 260

theme_breadcrumb() 229, 230
theme_default 642
theme_links() 240
theme_mark() 244
theme_node() 227
theme_placeholder() 525
theme_plusone_widget() 465, 466
theme_render_template() 249, 252
theme_textfield() 280
theme_user_profile() 164
Themes 215
   .info-Datei 220
   absoluter Pfad zum Verzeichnis 236
   aktivieren 222
   aktualisieren 694
   Benennungskonvention 229
   Beschreibung und Einführung 38, 213
   Blöcke mit Themes versehen 260
   drupal-themes 697
   Ebene 38
   Enable theme developer 599
   erstellen 217
   erweiterte Drupal-Themes 246
   Formulare mit Themes versehen 252, 288
   für Themes geeignete Elemente überschreiben 229
   Funktion festlegen 290
   Funktion suchen 277
   Funktion verwenden 289
   Funktionen 229
   hook_theme() 200
   installieren 217
   JavaScript über .info-Datei hinzufügen 450
   Komponenten 213
   Liste für Themes geeigneter Elemente 226
   Mailingliste 695
   markup 289
   mehrere Themes 217
   Module und Themes drosselungsfähig machen 623
   neue Blockregionen 252
   Node-Listings mit Themes versehen 235
   Pfade 246
   PHPTemplate-Theme 217
   prefix 288
   relativer Pfad zum Verzeichnis 236
   Sites mit Drupal-Theme und einfachem HTML im Vergleich 215
   suffix 288
   Template-Dateien 224, 230
   Template-Variablen hinzufügen/bearbeiten 232
   vorgefertigte Themes herunterladen 215

   vorhandene HTML- und CSS-Dateien nutzen 217
   während der Installation festlegen 642
themes 40, 217
   Dateien für Produktionsumgebung 542
thread 667
Throbber-Symbol 325
Throttle-Modul 621, 622
   Erfassungsfrequenz 623
   Module/Themes drosselungsfähig machen 623
   Schwellenwerte 622
   Sichtbarkeit von Blöcken 257
   zu drosselnde Blöcke nachverfolgen 259
throttle_exit() 415
time.xmlrpc.com 508
timer 656
TinyMCE-Modul 276
Titel
   Menüelement 102
   Node 183
Titelargumente 110, 112
Titelcallbacks 111
title
   box.tpl.php 244
   comment.tpl.php 243
   Formulare 51
   im Menüelement definieren 102, 110
   node.tpl.php 246
   page.tpl.php 239
title callback 110
title_arguments 675
title_callback 675
title_label 189, 679
tnid 186, 503
to_arg() 118
to_arg_functions 674
toggleClass 448
Token
   drupal_get_token() 538
   drupal_valid_token() 538
   Erstellung 353
   Formulartoken 275
   HTML-Indizierung 357
   Tokenbewertungen 355
   Validierung 280
top 610
TortoiseCVS 564
totalcount 678
tpl.php 540, 555
translation 671
Translation Template Extractor 487
translation.admin.inc 504
translation.module 504
Treiber 155

Trigger 71
    Aktionen 79
    Aktionen erstellen 76
    Benutzerschnittstelle 77
    Beziehung zu Hooks/Operationen 75
    definieren 92
    unterstützte Trigger ändern 78
    zu bestehenden Hooks hinzufügen 94
    Zuweisung 74
Trigger-Modul 84
    actions 656
    actions_aid 657
    Kontext einrichten 88
    vorbereiten 91
trigger_assignments 688
type (Eigenschaft)
    Formulare 50
type (Flags/Schlüssel)
    MENU_NORMAL_ITEM 121
    Menüelementdefinition 105
    Menüelementtyp 121, 122
type (Spalte)
    access 655
Typen
    db_type_map() 141
    Feldtypzuordnung 141
    node_type 679
    Typ deklarieren 144
Typisierte Variablen 522
Typkonvertierung 513

U
Übermittlungs-Handler
    Daten mit form_set_value()
        übertragen 296
    Formulare in Feldgruppen aufteilen 288
    Formulare mit mehreren Seiten 304, 305
Überschreibbares JavaScript 453
Überschreiben
    für Themes geeignete Elemente 229
    HTML bearbeiten 213
    Strings 474
    Teile der Drupal-Seite überschreiben 38
    Template-Dateien 230, 456
    Theme-Funktionen 229
Übersetzungen
    .po-Dateien 486
    .pot-Dateien 486
    Dateien 503
    eingebaute Strings ersetzen 474
    exportieren 484
    Inhaltsübersetzung 498
    Just-in-time-Übersetzung 480
    Localization-Clientmodul 484

Mailingliste 695
mehrsprachige Unterstützung 500
neue Übersetzung beginnen 485
Pluralformen übersetzen 472
Strings ersetzen 476
Strings in settings.php überschreiben 474
Strings übersetzen 109
t() 472
übersetzbare Strings anzeigen 481
Übersetzung auf bestehender Site
    installieren 491
Übersetzung zur Installationszeit 490
Übersetzungen installieren 490
veraltete Übersetzungen 502
Übertragungsfunktionen
    Aufrufreihenfolge 292
    Daten mit form_set_value()
        übertragen 294
    Daten mit form_state übertragen 296
    Formulare mit mehreren Seiten 303
    Formulare programmgesteuert
        übertragen 300
    konfigurierbare Aktionen 81, 82
    schreiben 298
    suchen 277
    Übertragungsfunktionen festlegen 291
uid
    Anmeldung überprüfen 162
Umleitung 651
unicode.inc 530
university_profile_modules() 631
university_profile_tasks() 636, 637
Unix-Zeitstempel 411
Unterstrich
    Funktionsnamen 552
    globale Variablen 554
    Modulnamen 554
UPDATE 134
update
    Operation 75
update index 204
Update-Funktionen 145
update.php 41
Updates 33
    cache_update 666
    drupal_write_record() 148
Upload 371
upload 688
Upload-Modul
    files 668
    Mediendateien 365
upload_max_filesize 368
upload_space_used() 382
url 323

URL-Filter *331*
　　Einsatzgebiet *334*
　　Vor HTML-Filter ausführen *332*
url_alias *350, 689*
URLs
　　AND und OR in URLs *392*
　　Basis-URL *42*
　　Basis-URL und Pfad trennen *41*
　　db_query() *532, 533*
　　drupal_urlencode() *530*
　　Funktionen zuordnen *98*
　　in anklickbare Links konvertieren *340*
　　node_url *240*
　　Pfad *97*
　　Pfad zum URL-Abfrageparameter
　　　　zuweisen *41*
　　PHPSESSID im Abfragestring *432*
　　saubere URLs *34, 42, 97*
　　sicheres Programmieren *529*
　　Syntaxüberprüfung *530*
　　URL-basierte Sitzungsverwaltung *432*
　　URLs für Dateien *379*
　　valid_url() *529*
use_trans_sid *432*
user *235*
User-Modul
　　access *655*
　　authmap *659*
　　Kontext durch Trigger-Modul
　　　　vorbereiten *84*
　　permission *680*
　　role *683*
　　users *689*
user-Objekt
　　account *163*
　　ändern *163*
　　Anmeldung überprüfen *162*
　　anonyme Benutzer *159, 438*
　　Beschreibung *161*
　　Daten speichern *161, 434*
　　Daten zur Ladezeit hinzufügen *171*
　　Initialisierung der Session *43*
　　instanzieren *435*
　　Komponenten *161*
　　Sitzungslebenszyklus *433*
user_access() *109*
user_authenticate_finalize() *432*
user_autocomplete() *311*
user_block_seconds_online *622*
user_external_login_register() *177*
user_is_anonymous() *162*
user_is_logged_in() *162*
user_limit *379*
user_load() *171*
user_login_authenticate_validate() *177*

user_login_final_validate() *177*
user_login_name_validate() *177*
user_logout() *119*
user_profile_item *164*
user_register() *275*
user_save() *162*
user_search() *346*
user_validate_picture() *376*
Userapproval-Modul *270*
UserLand-Software *510*
users *689*
　　alle Zeilen löschen *433*
　　Daten im user-Objekt speichern *162*
　　externe Authentifizierung *179*
　　keine Übereinstimmung mit sessions-
　　　　Tabelle *433*
　　Komponenten für user-Objekt *161*
users_roles *690*

V
valid_url() *529*
validate
　　Validierungsfunktion suchen *277*
Validatorfunktionen *280*
validators *376*
Validierung
　　automatische Parametertyp-
　　　　validierung *516*
　　Benutzeranmeldung *170*
　　eingebaute Validierung *280*
　　Einstellungen überprüfen *70*
　　elementspezifische Validierung *281*
　　Felder validieren *196*
　　file_validate_image_resolution() *376*
　　Formulare validieren *280*
　　Formularelemente hervorheben *292*
　　Sicherheit der Formular-API *546*
　　Tokenvalidierung *280*
　　user_login_authenticate_validate() *177*
　　user_login_final_validate() *177*
　　user_login_name_validate() *177*
　　user_validate_picture() *376*
　　Validierungs-Callbacks *281*
　　Validierungsfehler *237*
Validierungsfunktionen
　　angeben *290*
　　Aufrufreihenfolge der Validierungs- und
　　　　Übertragungsfunktionen *292*
　　Daten mit form_set_value()
　　　　übertragen *294*
　　Daten mit form_state übertragen *296*
　　Daten übergeben *294*
　　elementspezifische Validierung *296*
　　file_save_upload() *377*

form_set_error() *294*
konfigurierbare Aktionen *81, 82*
Schreiben *293*
suchen *277*
var_dump() *495*
    Debugging-Meldungen ausgeben *602*
varchar *141*
Variable *236*
variable *691*
Variable editor *599*
variable_del() *637*
variable_get()
    Dateneingabeformular *54*
    Einstellungen über Variablen abrufen *68*
    file_directory_path() *371*
    gespeicherte Werte abrufen *69*
    Variablen speichern *413*
    Werte speichern und abrufen *51*
variable_set()
    Blöcke erstellen *266*
    Drupal-Variablen festlegen *641*
    Einstellungen in Variablen speichern *68*
    Node-Typen erstellen *642*
    Variablen speichern *413*
    Werte speichern und abrufen *51*
    zusätzliche Installationsaufgaben *633*
Variablen
    Caching *413*
    Drupal-Variablen festlegen *641*
    globale Variablen *554*
    typisierte Variablen *522*
variables
    Tabelle *68*
    Variable *234, 251*
Verbindungen
    Datenbank *131*
    Datenbankabstraktionsschicht *130*
    Datenbankverbindungen *129*
    db_set_active() *153*
    mehrere Datenbanken *136*
    MySQL und PostgreSQL *154*
    Nicht-Drupal-Datenbanken *153*
Vereinheitlichtes diff-Format *575*
Verhalten *468*
Veröffentlicht/nicht veröffentlicht *185*
Verschachtelung von Menüs *107*
version *671*
versions *133*
Versionsnummern *593*
Versionssteuerung *563*
    node_revisions *678*
    SVN mit CVS kombinieren *597*
    Tags und Zweige *567*
    Zweig für neue Versionen *567*
Verwaltungseinstellungen
    Einstellungen speichern *67*
    Einstellungen überprüfen *70*
    Einstellungsformular anzeigen *64*
    gespeicherte Werte mit variable_get() abrufen *69*
    Kategorien *61*
    Links zu Annotation-Modul *63*
    zurücksetzen *67*
Verwaltungskategorien
    erstellen *61*
    Pfade *64*
Verwaltungsoberfläche *35*
    Blockcaching *420*
    Greyscale-Theme *222*
Verwaltungsseite *61*
Verwandte Begriffe *388*
Verzeichnisse
    Dateien finden *379*
    Dateien synchronisieren *625*
    Siteverzeichnis *40*
    Standardverzeichnis *40*
    temporäres Verzeichnis *381*
    überprüfen *382*
Verzeichnisstruktur *39*
    Core-Theme-Engines *215*
    eigene Theme-Engines *215*
    Standard-Ordnerstruktur *39*
Videocasts *698*
Videodateien *370*
view
    hook_access() *193*
    Operation *75*
vim *582*
vmstat
    Engpässe *612*
vocabulary *691*
vocabulary_node_types *395, 692*
Vokabulare *386*
    Begriffshierarchie *404*
    erforderliche Vokabulare *386*
    Formular *387*
    gesteuerte Vokabulare *386*
    hinzufügen/bearbeiten *401*
    Informationen abrufen *401*
    löschen *402*
    modulgestützte Vokabulare *396*
    Node-Typen *386*
    Tagging *386*
    Tiefe von Vokabularen *393*
    über Änderungen informiert bleiben *398*
Von rechts nach links geschriebene Sprachen *492*
Vorschauansicht *239, 413*
Vorschlagshierarchie *242*

W

watchdog 692
    Fehlerprotokolle optimieren 619
    Schweregrade 619
    t() implizit ausführen 472
    Tabelle 692
Webcrawler
    Sitzungsinformationen speichern 429
Webdienste 510
Weblogs 698
Webmasters-Mailingliste 696
Webseiten
    Anmerkungsformular 59
    cache_page 412, 665
    Caching 413
    Datenbankengpässe 612
    Eindeutigkeit von IDs erzwingen 306
    früher Seitencache 42
    Funktionen zum Überschreiben 38
    Hinweise hinzufügen 52
    Inhalt steuern 239
    Seitencaching für Optimierung 618
    Seitenleistung 608
    später Seitencache 43
Webservercluster
    Dateiuploads und Synchronisierung 625
    getrennte Datenbankserver 624
    Load Balancing 625
Webserveroptimierung
    Apache-Webserver 610
    CPU-Nutzung 608
    lighttpd 612
    RAM 607
    RAM auf dem Webserver 610
Websites
    .pot-Dateien erstellen 487
    anpassen/überschreiben 38
    ausgesperrt werden 222
    Blöcke 255
    Browser nachverfolgen 427
    Caching 409
    Inhalte hinzufügen 329
    Installationsprofile 40
    mehrere Subdomains 437
    Missionstext 237
    Sites mit Drupal-Theme und einfachem HTML im Vergleich 215
    Sitzungskonversationen 435
    Übersetzung auf bestehender Site installieren 491
weight 371
    Menüelementdefinition 106
    Reihenfolge der Registerkartendarstellung 123
while-Schleife 550
wildcard 424
window.onload 446
word 684
Wortaufteilung 355
Wortstammsuche 355
wrap 449
wrapper 322

X

XCache 609
Xdebug 602
XML-RPC
    Anforderungen senden 508
    Aufrufe mit Parameter senden 510
    Beispiel mit Staatennamen 510
    Beispiel mit Zeitbestimmung 508
    Beschreibung 516
    Beschreibung der Methoden 519
    camelCase-Schreibweise 515
    Clientaufrufe 511
    Clients 508
    eingebaute Methoden 518
    Endpunkt 507
    externe Methoden zu PHP-Funktion zuordnen 516
    Fehler 511
    Fehler der Aufrufsyntax 512
    getCapabilities 519
    getCurrentTime 508
    getStateName 510
    HTTP-Fehler 511
    Lebenszyklus 516
    Liste der verfügbaren Methoden 518
    listMethods 518
    methodHelp 518, 519
    methodSignature 518, 519
    multiCall 520
    Netzwerkfehler 511
    Parametertypen konvertieren 513
    Parametertypen umwandeln 513
    remotehello.module 514
    Server 514
    Server aufsetzen 514
    Sicherheit 507
    Spezifikation 508
    Voraussetzungen 507
xmlc 515
xmlrpc 508
xmlrpc.php 41, 507, 543
xmlrpc_error() 515
xmls 515
xmls_remotehello_hello() 515
XPath-Selektoren 441

XSS (Cross Site Scripting) 527
    aggregator_filter_xss() 528
    filter_xss() 522, 527
    filter_xss_admin() 529
    filter_xss_bad_protocol() 529
    HTML-Filter 331

Y
YSlow 608

Z
z6 580
zebra 235
    block_zebra 243
Zeilen 148
Zeileneinzug 549
Zeilenumbruchkonverter 331
Zeilenumbrüche
    E-Mail-Header 542
Zeitstempel 185
Zend Platform 609
Zend Studio IDE 602
Zugriffssteuerung
    Daten mit db_rewrite_sql() schützen 535
    Menüsystem 109
    Node-Rechte definieren 208
    Node-Zugriff 210
    node_access 677
    Realms 208
    Rechte-ID 208
    Superuser 192
    Zugriff auf Nodes beschränken 208
Zugriffssteuerungsphase 42
Zuordnung
    authmap 659
    Callback-Zuordnung 97
    db_type_map() 141
    Feldtypzuordnung 141
    Menüelemente erstellen 100
    Seitencallback 103
    Titel definieren 102
    URLs zu Funktionen zuordnen 98
Zuordnungstoken 117
Zustandsloses Protokoll 427
Zuweisungen
    trigger_assignments 688
Zweige
    Beziehungen zwischen
        Tags/Zweigen/Releases/Tarballs 571
    Bindestriche in Zweignamen 594
    Drupal 5-kompatibler Zweig 587
    Drupal 6-kompatibler Zweig 590
    erstellen 586
    erweiterte Verzweigung 594
    HEAD für Drupal 6-Releases 590
    Momentaufnahme 569
    Tag/Zweig-Name 571
    Zweige im Drupal-Core 567